フォークロリズムから見た
今日の民俗文化

河野 眞
Kono Shin

創土社

❖お地蔵さまの赤い前掛け

　紅色や赤色は中国では古くから縁起がよく、あるいは邪悪を払う色とされ、日本でも古墳の内部が赤く塗られた例につながるともみられる。江戸時代でも疱瘡送り（天然痘の予防や治癒）には赤色がもとめられ、滝沢馬琴の日記には室内を赤色で仕立てて発病した孫が癒えたことが記されている。江戸末期に江戸近郊の湯治場の土産として始まった〈こけし〉が多く〈赤もの〉であったのも一連であると言われる。頭・精神を守る虚空蔵菩薩（七五三など）に対して地蔵は身体の守り手。しかしそうした〈原義〉を現代にあてはめると却って事態を見誤る。

①会津の六地蔵をとりあげたＪＲのポスター（2005年）

④古墳の内部の丹塗りを伝える新聞記事『中日新聞』
（2009年10月23日付）

②北京朝陽門外の道教の大観、東嶽廟の参道
（2007年3月）

③東嶽廟の紅い奉納札

❖ インフィオラータ（花の絨毯）

　1625年にヴァチカン宮殿の聖パウロの墓所が花の絨毯で飾られたのが評判になり、やがて聖体大祝日の演出としてイタリア各地（ジェンツァーノなど）、さらにイベリア半島（エレスコリアールなど）でも行われようになった。19世紀に入ってアルプス以北のドイツやオーストリアにもひろまって伝統行事となった。一部で色紙が用いられ、紙吹雪を派生させた。日本では、1990年代に神戸（震災復興に因む穴門商店街の企画）と岐阜市（柳ケ瀬商店街）でイヴェントに導入され、次いで長野（善光寺参道）で試みられ、さらに、仙台と横浜で大規模な恒例の催し物となった。

⑤善光寺参道のインフィオラータ 『中日新聞』

⑥ジェンツァーノ（ローマ近郊）のインフィオラータの模様（1864年）

⑦南西ドイツ、テュービンゲン市内ヒルリンゲンの聖体大祝日の花の絨毯、神の子羊（1980年）

❖服飾描写の変化

『ザルツブルク身分服飾図集』(18世紀末)から2点　服飾が身分や地位の表示であることに力点がある描き方。

⑧ピンツガウの農民の青年

⑨ラウフェンの水運業者の妻の正装

⑩アルプホルンを吹くシュビューツ州の青年
スイスがエキゾチックでロマンチックな風土として描かれるに伴い、服飾の描き方はラフになっていった。
1820年代のスイスへの案内書(石版画集)より。

❖ JRのポスター「三都夏祭り」

　祇園祭(京都)、天神祭(大阪)、港祭り(神戸)の三つが一連のイヴェントして新しい視点から広報された。

⑪ＪＲのポスター「三都夏祭り」（2000年）

❖ ミュンヒェンのプラッツル劇場のパンフレット（1990年頃）

　プラッツルはミュンヒェンの都心の盛り場、そこに1901年に"Theater am Platzl"と呼ばれる寄席が誕生し、1999年に一世紀の幕を閉じるまで、多くの（主にお笑い系の）藝能人が活躍した。絶頂期のヴァイス・フェルトルのほか、ケルンのコメディアン、ヴィリー・ミロヴィッチュも客演した。またバイエルンの民俗衣装、樵（きこり）のしぐさ、牛の鈴など、民俗的な要素を取り入れるのが特色であったが、現代の波には立ち遅れた。

⑫
⑬プラッツル劇場のパンフレット（1990年頃）

❖伝統行事の伝播にみる現代：オクトーバーフェストの世界への拡大

　1810年にドイツのバイエルン王国の首都ミュンヒェンではじまったオクトーバーフェストは、当初、皇太子の結婚祝賀を機に企画された農業祭であったが、やがて種々のアトラクションをそろえた祭典となった。伝統行事の伝播の担い手の一つは国際的なホテルチェーンで、各社がそれぞれにハロウィンやパリ祭などをとりあげてきた。オクトーバーフェストでは、東アジアに強みをもつアメリカ系のホテル資本の仲介がみられ、同系列の日本のホテルでも同様の企画がおこなわれてきた。またテーマ・パークも世界の文化の伝播に大きな役割を果たしている。

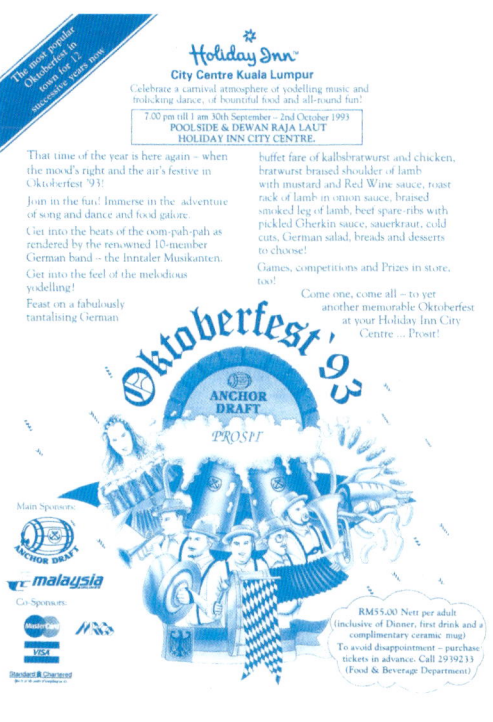

⑭クアラルンプール（マレーシア）のホリディ・インのオクトーバーフェスト（1993年）

⑮テーマパーク「リトル・ワールド」（愛知県犬山市）のオクトーバーフェスト

⑯原点：ミュンヒェンのオクトーバーフェストのチラシ（1993年）

❖民衆に近くあることを演出するのは政治の本質のひとつ

政治形態やイデオロギーにかかわらず、政治家は素朴な民衆と無媒介に接続する姿で登場する。

⑰バイエルンの民俗衣装を着けたヒトラー（1933年）

⑱⑲子供の祭りに姿を見せたレーニンという筋立ての児童書（1944）の挿絵（1954年／日本語版1956年）

⑳ハロウィンのカボチャの出荷場に現れたブッシュ米大統領

❖ハロウィンのヨーロッパへの伝播

長く駐留米軍や軍属の催しであったハロウィンがヨーロッパに根づいた転機の一つは、1997年のフランス・テレコム社のアトラクション。同社はこの年のハロウィンの期間に、携帯電話の新機種を〈オラウィン〉と名づけ㉑、エッフェル塔を背景に、トロカデル広場に8500個のカボチャを並べた㉒㉓㉔。

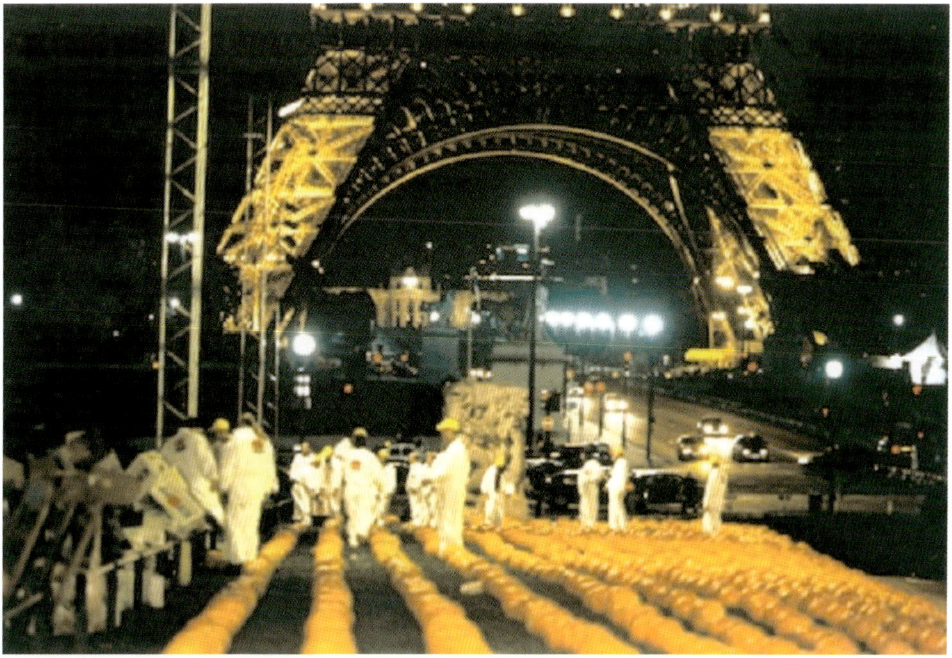

㉒

㉓

㉔

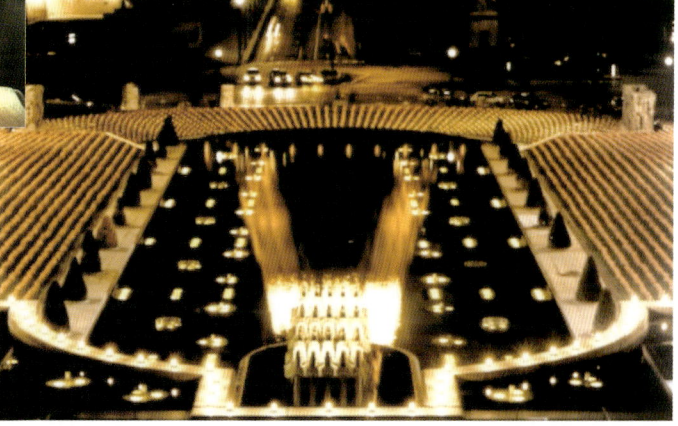

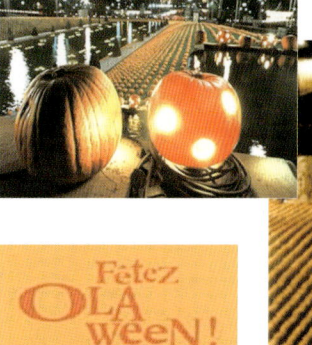

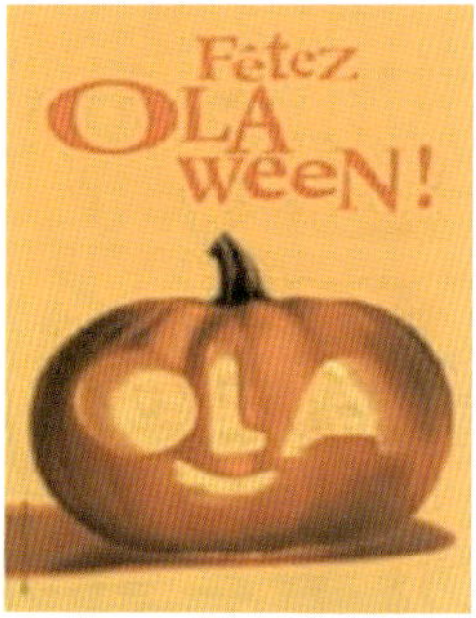

㉑

❖新趣向や新機軸を狙うのは祭の一面＆
観光・地域振興も動機だが、伝統を重視するのは現代社会の深い息づき

古くからの祭を守り伝えるのも選択の一つであり現代社会が必然的に併せもつ動機。

㉕とよがわ流域市民祭（左）
愛知県豊橋市で企画されたイヴェントのチラシ　世界一長いのり巻 1.5km への挑戦
（2002年5月）

㉖安久美神戸神明社（豊橋市）の鬼祭り
国の重要無形文化財
（MAPPLE 観光ガイド 提供写真）

㉗江陵の端午祭（韓国、江原道）
世界遺産に登録を果たした世界の祭りから
（登録 2005 年）

㉘車体に花祭りをデザインしたバスの写真入りの「豊鉄観光」社のパンフレット（2010 年秋）
　花祭りは愛知県北設楽郡など奥三河地方につたわる冬の行事として、日本民俗学では指標的な位置を占めてきた。後継者難の一方、ユネスコの世界遺産に登録を、との運動も始まっている。

目　次

論考の部

はじめに	3
フォークロリズムを指標とした研究の背景（*2012*）	4
1. 民俗学・文化人類学・社会学の共通の課題として	4
2. 日本でのフォークロリズム理解の初期の事情	14
3. ドイツ民俗学という楕円の焦点	20
フォークロリズムから見た今日の民俗文化	
――ドイツ民俗学の視角から（*1992*）	22
外から見た日本の民俗学（*1994*）	45
1.『世界民俗学文献目録』にちなんで	45
2. 二十世紀始め頃のスイスとドイツの民俗学	48
3. 柳田國男と同時代のスイスとオーストリアの民俗学との	
すれ違い	53
4. 現代フォークロアの方法をめぐって	56
a. ドイツ民俗学の転回／b. 民俗学の対象の範囲――科学技術はブラック・ボックス？／c. 科学技術と民俗文化――ヘルマン・バウジンガーの理論から／d. 現代の怪奇現象に因んで、日本の民俗学を探る／e. 日本の民俗研究の特殊な性格／2012 年の刊行にあたって補記	

目次

現代社会と民俗学（2002） ... 72
はじめに——民俗学の定義 ... 72
民衆文化における伝統と現代 ... 74
ヘルマン・バウジンガーの見解／科学技術の浸透によって生活の枠組みが変化した事例——〈隣村〉という伝統的区分の消滅
現代社会における異質文化としての民俗文化（付：概念図） ... 77
現代社会における民俗文化の実際
——食生活における連続性と非連続性 ... 79
［事例1］民間療法／［事例2］ビジネスと風水信仰／［事例3］ファッションと古い民家の組み合わせ／異質文化としての民俗文化／［事例1の評価］／［事例2の評価］／［事例3の評価］

フォークロリズムの生成風景
——概念の原産地への探訪から（2003） ... 87
定義と具体例 ... 88
玉手箱と煙のあいだで ... 90
民俗知識の還流と逆発想 ... 94
事例検証：オーバーアマガウ村の受難劇 ... 96
オーバーアマガウ村の受難劇へのリールの論評 ... 98
ヘルマン・バウジンガーの再論評：
フォークロリズムへの展開 ... 102
二つの境界——〈ユビキタス〉と〈プレグナント〉 ... 104

民俗文化の現在
——フォークロリズムから現代社会を考える（2004） ... 107
（1）出発点：フォークロリズムという概念 ... 107
（2）事例検証：現代社会において民俗文化とは何か ... 110
［事例1］京阪神三都夏祭り／［事例2］インフィオラータ／花フェスタの系譜
（3）考察 ... 118

〈ユビキタス〉な民俗文化 (2004) 121
Ⅰ．現代社会のなかの民俗 121
最近の話題から／ユビキタスの概念／フォークロリズム／課題
Ⅱ．雲南省怒江傈僳族自治州への旅と現代フォークロアへの刺激 129
現代フォークロアの視点から／秘境と〈生きた化石〉／演出された民俗／民俗の現代化の過程／民俗学と現代フォークロアの間で／結語

〈民俗文化〉の語法を問う (2005) 140
はじめに 140
和歌森太郎の〈民俗文化〉への解説／『日本民俗大事典』の解説／アメリカの文化人類学における"Folk Culture"／地域民俗の総合としての〈民俗文化〉／宮本常一の語法／民俗文化研究調査会の機関誌『民俗文化』の場合／二つの『日本民俗文化大系』／研究誌『民俗文化』／民俗学の関係者によるさまざまな語法／文化人類学系の研究者における〈民俗文化〉の事例／〈民俗〉の語法／『美濃民俗』の〈民俗文化〉／韓国の数例／中国における数例／古義からみた合成語〈民俗文化〉／〈民俗文化〉という曖昧表現

民俗学にとって観光とは何か
――フォークロリズム概念の射程を探る (2006) 173
1．ツーリズムとフォークロリズム 173
2．ヘルマン・バウジンガーによるシミュレーション 185
3．ポスト・フォークロリズムの位相 190

ナトゥラリズムとシニシズムの彼方
――フォークロリズムの理解のために (2007-2009) 195
1．はじめに 195
2．伊藤幹治氏のフォークロリズム批判に寄せて
――概念の誤認への修正、ならびに生成過程への補足 199
フォークロリズムは価値評価の概念に非ず／フォークロリズム概念を

めぐるドイツ民俗学史の一齣

3. 〈文化産業〉との関係から見たフォークロリズム................ 218
　　フォークロリズムをめぐる論議の経緯から／バウジンガーによる
　　フォークロリズム概念への一層の関与／アドルノと文化産業の概念／
　　フォークロリズムと文化産業／ポジティヴな民衆文化／アメリカ文化
　　と文化産業を前にした民衆文化／伝統文化という課題に向かって

4. J.G. フレイザーの民俗理解
　　──底流としてのナトゥラリズム................................ 244

5. 19世紀のナトゥラリズム──衝動と欲望の自然人間............ 250

6. 自然状態の理想化の系譜──もう一つのナトゥラリズム...... 260
　　モンテーニュ／牧歌散見

7. ヨーロッパ文化における自然をめぐる補足
　　──和辻哲郎のヨーロッパ風土＝牧場の論について................ 273
　　牧歌的なヨーロッパの農村像の問題点／窮屈な社会／農業労働の虚実
　　／ヨーロッパ牧場論の背景

8. フォークロリズムを遡る.. 285
　　事例1：オーベルストドルフの野人踊り／A1：オーベルストドルフの
　　野人踊りをめぐる最近の解説／A2：バウジンガーが注目した19世紀
　　半ばの新聞記事／B：ハンス・モーザーによる解明／C：ヘルマン・バ
　　ウジンガーによるオーベルストドルフの野人踊りの系譜の解釈／事例
　　2：女のファスナハトは〈古き慣はし〉？

9. フォークロリズムとシニシズム................................ 303
　　民俗行事へのハンス・モーザーが挙げた違和感の諸例から／a. ラジオ・
　　テレビで報道される指相撲など／b. 嗅ぎ煙草のコンクール／c. 民俗
　　的なコンクールの流行

10. 民俗イヴェントへのシニカルなコメント？
　　──詩人ハイネの反応.. 308

11. 日本民俗学におけるハインリヒ・ハイネ................ 314
　　二点の留意事項

12. 文学における〈異教〉の観念
　　──バレエ作品『ジゼル』に見るハイネとゴーティエ................ 326
　　ロマンティック・バレエ「ジゼル」の成立事情から／エンタテイメン

トの枠組み：〈キリスト教 VS 異教〉
　13. 民俗要素の文学化──ゲーテからハイネへ................................ 337
　　　民俗行事に対するゲーテの位置／民俗行事に対するハイネの位置
　14. ふたたびハイネの民謡批評.. 349
　　　『スイス風俗図集』と『ザルツブルク身分人物図集』／ピンツガウの農
　　　民の息子の夏服姿／ラウフェンの水運業者の夫人の正装
　10.〜14. のまとめ... 357
　　　付記

資料の部：フォークロリズム概念の成立をめぐるドキュメント

民俗学の研究課題としてのフォークロリズム（1964）

　ハンス・モーザー 363
　1. 伝承の現場のエピソードから... 363
　　　民俗学知識の民間への逆流／フィールドワーク／通俗民俗学
　2. 民俗行事の復活と民俗学の知識.. 369
　　　ペルヒテ巡幸行事の最近の事例／民俗事象の手直し、映画の刺激から
　　　民俗的なアトラクションへ／ペルヒテ行事の出張公演／ファスナハト
　　　行事に起きた異変
　3. 民俗行事の在来連関からの切り離し.. 380
　　　近代の産物としての民俗行事と上古への遡旧志向
　4. 民俗を取り巻く現実の諸条件.. 385
　　　啓蒙主義と民俗要素／国民教育とフォークロリズム／理想的な民衆像
　　　と民俗性／愛国主義、歴史愛好、〈国民祭典〉／民俗衣装の導入、国家
　　　行政の視点の参画／舞台上のフォークロリズム、ミュンヒェンの劇場、
　　　観光産業へ／観光、初期の民俗学誌での問題提起、民俗行事の実習と
　　　演出
　5. 民俗文物の保存の初期の情勢とフォークロリズム.................... 397
　　　民俗保存と応用民俗学
　6. 応用民俗学とフォークロリズム.. 402

目次

　　　ナチ時代のフォークロリズム——オーデンヴァルトの事例／ケッツィングのプフィングストル／民俗の創作例から／伝統民俗の改変／大都市民俗学に因んで／ショーウィンドウのフォークロリズム／バラエティにおける民俗応用

　7. 新聞広告に載る民俗行事 ……………………………………… 412
　　　ツーリズム／保養地の諸相、映画のシーンからアトラクションも／テレビと指相撲など／民俗的なコンクールの流行／ふるさとクラブ／フォークロリズムは幅の広い概念

ヨーロッパ諸国のフォークロリズム
——ドイツ民俗学会から各国へ送付されたアンケート
　　ヘルマン・バウジンガー ……………………………………… 449

スイスのフォークロリズム
　　ハンス・トリュムピ ……………………………………………… 461

ポーランドのフォークロリズム
　　ヨゼフ・ブルスタ ………………………………………………… 474

ハンガリーのフォークロリズム
　　テクラ・デーメーテール ………………………………………… 490

ポルトガルのフォークロリズム
　　ジョルヘ・ディアス ……………………………………………… 501

後記

　フォークロリズムのドキュメントを
　　ドイツ民俗学史から読み直す ……………………………………… 515

　初出一覧と転載にあたっての謝辞 ………………………………… 545
　あとがき：*1969—1989—2009—20* 年刻みの三つのエポック ……… 547
　索引 ………………………………………………………………… 555

口絵一覧

❖ **お地蔵さまの赤い前掛け**
　①会津の六地蔵をとりあげたＪＲのポスター（2005年）
　②北京朝陽門外の道教の大観、東嶽廟の参道（2007年3月）
　③東嶽廟の紅い奉納札

❖ **インフィオラータ（花の絨毯）**
　⑤善光寺参道のインフィオラータ『中日新聞』（2003年4月29日朝刊1面）
　⑥ジェンツァーノ（ローマ近郊）のインフィオラータの模様（1864年）
　⑦南西ドイツ、テュービンゲン市内ヒルリンゲンの聖体大祝日の花の絨毯、神の子羊（1980年）

❖ **服飾描写の変化**
　⑧ピンツガウの農民の青年
　⑨ラウフェンの水運業者の妻の正装
　⑩アルプホルンを吹くシュビューツ州の青年

❖ **ＪＲのポスター「三都夏祭り」**
　⑪ＪＲのポスター「三都夏祭り」（2000年）

❖ **ミュンヒェンのプラッツル劇場のパンフレット（1990年頃）**
　⑫⑬プラッツル劇場のパンフレット（1990年頃）

❖ **伝統行事の伝播にみる現代：オクトーバーフェストの世界への拡大**
　⑭クアラルンプール（マレーシア）のホリディ・インのオクトーバーフェスト（1993年）
　⑮テーマパーク「リトル・ワールド」（愛知県犬山市）のオクトーバーフェスト
　⑯原点：ミュンヒェンのオクトーバーフェストのチラシ（1993年）

❖ **民衆に近くあることを演出するのは政治の本質のひとつ**
　⑱⑲子供の祭りに姿を見せたレーニンという筋立ての児童書（1944）の挿絵（1954年／日本語版1956年）
　⑳ハロウィンのカボチャの出荷場に現れたブッシュ米大統領

❖ **ハロウィンのヨーロッパへの伝播** ㉑㉒㉓㉔

❖ **新趣向や新機軸を狙うのは祭の一面＆観光・地域振興も動機だが、伝統を重視するのは現代社会の深い息づき**
　㉕とよがわ流域市民祭
　㉖安久美神戸神明社（豊橋市）の鬼祭り
　㉗江陵の端午祭（韓国、江原道）
　㉘車体に花祭りをデザインしたバスの写真入りの「豊鉄観光」社のパンフレット（2010年秋）

本書は、平成二十三［2011］年度愛知大学学術図書出版助成金による刊行図書である。

論考の部

はじめに

　本書は、フォークロリズムに関する筆者の論考に、同概念の成立事情にかかわる資料を併せたものである。

　フォークロリズム概念の日本への紹介は、先行例があるが、筆者が1992年に発表した「フォークロリズムから見た今日の民俗文化」が、ある程度まとまった情報となったようである。以来、筆者も、この概念の理解と、その適応を試みてきた。なかには何度も引用されるなど民俗学の分野などで一定の定着を見たものも含まれている。そのため本書を編むにあたっては、諸誌に発表した論考には原則として手を加えなかった。その都度その都度の状況のなかで試みをドキュメントとして、いわば時系列に整理することに、むしろ重点をおいたのである。

　なお最も早い「フォークロリズムから見た今日の民俗文化」は、筆者が関係する会誌への掲載にあたって注記を省いた。そのため、今回、注記を添えた。

　また他の論考についても、本文の変更はできるだけ手控えたが、文中の引用の出典や参考文献の指示では、発表時から今日までに翻訳が現れたものを中心に多少の文献情報を加え、それには［補記］と明記した。

論考の部

フォークロリズムを指標とした研究の背景　2012

1. 民俗学・文化人類学・社会学の共通の課題として

　本書は、民俗学におけるフォークロリズムに関する考察である。フォークロリズムの概念は、今日、民俗学の分野で次第に一般化してきているが、それに止まらず、文化人類学、社会学その他においても注目され、それぞれの観点から研究上の試みがなされている。仄聞によれば、このところ、大学院の入試問題などでも、フォークロリズムの概念を提示して説明をもとめる事例がみられるようである。日本の民俗学事典の他、欧米の社会学事典などに、この術語が見出し語となっていることが関係しているであろうが、より大きな背景は、一般的な状況であろう。またそれに関係する幾つかの学問分野のなかでの問題意識もそこにはからんでいる。民俗学で言えば、〈現代フォークロア〉ないしは〈現代民俗学〉と呼ばれる領域が課題として無視できなくなってきたのである。一昔か二昔前、民俗学が現代の動向に取り組み始めた頃は〈都市民俗学〉がキイ・ワードとして話題をあつめた。昭和50（1975）年前後からの動向で、特にその初めの頃は、都鄙の連続・不連続や、〈都市に民俗ありや無しや〉といった論議がなされたようである[1]。議論の仕方においてそうした問いの立て方になったのには、日本民俗学の基本理論である柳田國男の農村・都市観の影響があったようである。のみならず、それは今日もなお形を変えて続いているところがある。またその広がりの特殊な性格と

なると、それはそれで別に取り扱うほかない[2]。しかし概括的に言えば、都市が現代的で、農村は昔ながらの伝承的世界という対比が成り立つわけではない。それが、少なくとも空間の特定に限られない表現であるフォークロリズムが術語として受け入れられた素地の一つであったと思われる。

　民俗学における〈フォークロリズム〉の術語は、1960年代にドイツの民俗研究者ハンス・モーザーによって提唱された[3]。また提唱をうながす理論的な土台となったのは、ヘルマン・バウジンガーの最初の主要著作『科学技術世界のなかの民俗文化』[4]であった。そして自己の理論がフォークロリズムの

---

1) 参照、「都市民俗をめぐるシンポジウム」大塚民俗学会編『民俗学評論』第16号（昭和53年）所収。それに続いて現れた代表的な成果には次の諸書・論考がある。参照, 宮田登『都市民俗論の課題』未来社 1982; 金沢民俗をさぐる会（編著）『都市の民俗・金沢』（国書刊行会 昭和59年，これには1983年までの都市民俗研究についての詳細な文献目録が付されている）; 宮田登（他・著）『都市と田舎：まちの生活文化』（小学館「日本民俗文化大系11」 1985）岩本通弥・倉石忠彦・小林忠雄（編）『都市民俗学へのいざない』2巻（雄山閣 平成1）; 小林忠雄『都市民俗学 ― 都市のフォークソサイエティー』（名著出版 1990）; 倉石忠彦『都市民俗学序説』）（雄山閣 平成2）; また専門誌上の論考では次の諸文献が注目される。高桑守史「都市民俗学」（『日本民俗学』124 昭和54）; 大月隆寛「〈都市民俗学〉の本質的性格」（『日本民俗学』157/8 昭和60）
2) 柳田國男の都鄙論が拡大されて解され影響力を持続していることに筆者は予て関心を寄せている。次の拙論を参照,「現代民俗学への視点をめぐって―ドイツ語圏の民俗研究との比較において」愛知大学文学会『文學論叢』第106輯（平成6）、p.80-63.; 本書所収の「外から見た日本の民俗学」; また本書と並行して手がけている次の拙論を参照,「〈不安〉が切りひらいた地平と障壁――日本民俗学にとって現代とは（1）」愛知大学国際コミュニケーション学会『文明21』第25号（2010年）、p. 1-31.; 同（2）『文明21』第27号（2012年）、p. 1-33.
3) 参照、本書の「資料の部」に収録したハンス・モーザーの提唱論文「民俗学の研究課題としてのフォークロリズム」。
4) 次の拙訳を参照、ヘルマン・バウジンガー（著）河野眞（訳）『科学技術世界のなかの民俗文化』文楫堂 2005.（Original: Hermann Bausinger, *Volkskultur in der technischen Welt*. 1961.）

概念の措定につながったことを受けて、バウジンガー自身もこの概念に取り組むようになった。1969年に当時ドイツ民俗学の機関誌の編集責任者であったバウジンガー自身が中心になって、ヨーロッパ各国に向けてフォークロリズムについて説明がおこなわれ、同時にアンケートへの回答がもとめられたのである[5]。バウジンガーはさらに1971年には独自の概説書『フォルクスクンデ』[6]の2つの節にフォークロリズムを見出しとして掲げた。これらについては、本書所収の論考においてやや詳しく取り上げた。同時に、それと並行して数人の論者が今も里程標とされる論考を発表したことも見逃せない。ヴォルフガング・ブリュックナーによる〈政治的フォークロリズム〉の概念の提唱[7]、あるいはフォークロリズムを文化史を通じて適用できる概念として措定したコンラート・ケストリーンの試みなどである[8]。フォークロリズムが国際的に知られることになったのはドイツ民俗学のかかる動きによってであった。

注目すべきは、背景にある課題と関心の種類が、民俗学にとどまるものではないことである。幾つかの隣接学のなかでも、とりわけ文化人類学がそうであろう。おおざっぱな見方にはなるが、民族学ないしは文化人類学は、もとは欧米社会が欧米以外の、主要に西洋的な基準から遅れた諸文化を観察し、解明することを課題としていた。これについては、たとえば最近でもインターカルチュラル・コミュニケーション研究のなかで、次のようなまとめ方がされている[9]。

---

5) 参照, 本書の「資料の部」に収録したヘルマン・バウジンガーのアンケートへの説明文と、各国からの回答。

6) 次の拙訳を参照, ヘルマン・バウジンガー（著）河野眞（訳）『フォルクスクンデ――上古学の克服から文化分析の方法へ』文緝堂 2010.（Original: Hermann Bausinger, *Volkskunde. Von der Altertumsforschung zur Kuturanalyze.* 1971, 3. Aufl. 1999.）.

7) 参照、Wolfgang Brückner, *Heimat und Demokratie. Gedanken zum politischen Folklorismus in Westdeutschland.* In: Zeitschrift für Volkskunde, 61 (1965), S. 205-213.

8) 参照、Konrad Köstlin, *Folklorismus und Ben Akiba.* In: Rheinisches Jahrbuch für Volkskunde, Bd.20 (1969), S.234-256.

エスニシティに関係した学問として、フォルクスクンデ（Volkskunde）とフェルカークンデ（Völkerkunde）のあいだの歴史的に条件づけられた任務分担自体は無理のないものであった。フォルクスクンデ（民俗学）は、18世紀の初めに始まって以来、〈自己のもの〉すなわち自己のナショナルな文化にかかわる学問と解され、他方、フェルカークンデ（民族学）は、〈まったく別の〉文化、それも遠くよそのエキゾチックな（特に植民地）諸民族にかかわってきた。

しかし二つの深刻な要請が文化人類学の古典的な使命に変革を迫ったように思われる。一つは、他ならぬ欧米社会自体を射程におくことができるどうかが学問分野としての有効性を問われたことである。欧米諸国あるいは広く近・現代の社会の諸事象と関わることができるかどうかは文化人類学にとっては一つのハードルであったであろうし、事実それは克服されることになった。と言うよりそのための方法的な試行は今もつづいているところがあるように思われる。比較的早い時期から具体的例をとるなら、クロード・レヴィ＝ストロースが「処刑されたサンタクロースを」を執筆したのは1950年代初めのことで、ディジョン大聖堂の聖職者たちが、アメリカから渡来した現代的なサンタクロースに反撥して死刑を宣告したできごとへの文化人類学からのアプローチであった[10]。また1970年代に、コンラッド・フィリップ・コタックが北米カリフォルニア州のディズニーランドなどを文化人類学の観点か

---

9) 参照、クラウス・ロート（著）河野眞（訳）「現代ヨーロッパの国際コミュニケーションにおける〈隣人〉と〈隣国〉」愛知大学国際問題研究所『紀要』第139号（2012）、p.301-322, here p. 302-303.（Original: Klaus Roth, *Nachbarn und Nachbarschaftsbeziehungen in Europa als Forschungsproblem der Europäischen Ethnologie und der Interkulturellen Kommunikation*. In: Klaus Roth(Hg.), Nachbarschaft. Interkulturelle Beziehungen zwischen Deutschen, Polen und Tschechen. Münster /New York /München 2001, S. 9-36, here S. 10.）

10) Claude Lévi-Straus; *Le Père Noel supplicité*. In Les Tems modernes 77(1952), p. 31-53.

ら解きほぐすことを試みたことも挙げてよい[11]。しかしまた文化人類学が現代社会を直視するにはハードルがあったことは、今挙げた事例からも推測することができる。コタックの著作の初版の表紙には、夕陽を背に弓矢を手にして立つアフリカ先住民の写真が全面を占めている。沈みゆく真っ赤な強い光のために先住民の姿は黒いシルエットであり、背景にはまばらな潅木の向こうに地平線まで荒野が広がっている。正に文化人類学の古典的な現場と言ってよい。著作の中身の多くは、いわゆる〈未開の〉諸民族への探求であり、ただそれを欧米文化に等級づけるのではなく、〈多様な〉諸文化という観点が強調されるのである。

とは言え、ディズニーランドのような対象は、民俗学にとっても必ずしも取り扱うのに容易ではなく、また着目と研究に蓄積があるわけでもない[12]。さらに、テーマ・パークのような目を引きやすい対象に限定した議論をもって現代社会を射程においたことになるかどうかという問題も問われよう。それは、テーマ・パークと並ぶ今日の話題であるユネスコの世界遺産をめぐる議論にも言えることである[13]。この問題は、つまるところ、現代社会に取り組む上で、課題に相応しい概念や、またその土台になる理論がどこまで形成されているかが問われるということになろう。

---

11) Conrad Phillip Kottak, *Anthoropology. The Exploration of Human Diversity.* New York［Random House］1974, 6. Ed.:1997, p. 472-476.
12) ドイツ民俗学界のなかではゴットフリート・コルフがパリのディズニーランドの成立前後のヨーロッパ各界の反応を分析したことがあり、類似した対象への文化人類学と民俗学のアプローチとの異同を見ることができる。参照，コルフ（著）河野（訳）「ユーロ・ディズニーを考える——文化間の接触と対比をめぐる諸問題の検討」愛知大学『一般教育論集』第 36 集（2007），p. 61-87.（Original: Gottfried Korff, *Disney-Diskurse. Bemerkungen zum Problem transkultureller Kontak-und Kontrast-Erfahrungen.* In: Schweizerisches Archiv für Volkskunde, 1994, S.207-232.）
13) たとえば 2010 年にオーストリアの民俗行事、イームスト（チロール州）の仮面者行列（Imster Schemenlauen）がユネスコの世界遺産（無形文化財）に登録されたが、それを扱った研究文献は非常に少ない。

これに因んで言えば、ドイツ民俗学界でそれに真剣に取り組んだのはヘルマン・バウジンガーであった。たとえば、都市民俗学の進め方を批判した次のような一節などは、一般的な留意点としても受けとめることができる[14]。

　　都市民俗学の背景には一つの考え方がひそんでいる。農村と都市という対立を理念型的なものとみなす見方である。都市民俗学の研究者はこの境界線を跳びこえることもありはするが、その跳び越しには、多くの場合、いわば婀娜っぽいごまかしの風情がただよっている。……農民学を構成する概念だけでこれを行なおうとするのである。

　すなわち、都市に生起する過去の民俗事象の継続とみえる諸現象を、農村の民俗行事と同じ概念や用語をもちいて観察し記録することへの批判である。それは勢い、都市の当該の現象を農村に伝承した原型の延命と理解することにつながるであろう。しかもそれが必ずしも当を得ているわけではないことを薄々感じているため、〈婀娜っぽいごまかしの風情〉とならざるを得ない。同様の事情は、未開社会や非欧米社会を解明することを主たる課題にして形成され蓄積された概念や理論で現代社会に取り組む際にも避けられないであろう。
　二番目は、いわゆる未開社会や非欧米系社会もまた、過去の伝統にだけ生きているのではなく、むしろより多く現代の世界の趨勢のなかにあることである。その方面からの文化人類学の変質とそれに関係した理論的成果を吸収することに本邦で意をもちいているのは、例えば観光人類学であろう[15]。その教えるところによれば、いわゆる先進国などの観光客が期待をこめて訪れる辺地でも、地元民は、観光客を相手にする場合は狩猟文化以来の呪術的儀

14) 参照、バウジンガー（著）河野（訳）『科学技術世界のなかの民俗文化』p. 25.
15) 参照、山下晋司『観光人類学』新曜社 1996.; この他、関連する動向については本書所収の拙論「フォークロリズム概念の容量を探る――民俗学から見た観光研究に寄せて」において取り上げた。

礼やダンスを披露し、普段はテレビやインターネットをそなえた今日の世界のスタンダードな環境で生活をしているといったことは幾らもあろう。因みにヘルマン・バウジンガーの概説書には、次のような一節が入っている[16]。

　報道によると、アメリカの内務長官スチュアート・ユーダルが1963年にサモア諸島を訪問したとき、地元の民俗舞踏が演じられたが、長官と随員が去った直後、島の人々はツウィストとマジソン・ダンスを踊りはじめた。この事例を他に適用するのは、少しも無理なことではない。……

　もとより、かかる〈仮象と真実〉の個々の実態にそれぞれの文化的構造を見ることはできるであろうし、それは重要な課題であろうが、大局的には、欧米文化から未開・非欧米文化を観察する古典的な構図は崩壊したとは言い得るであろう。しかしまた、その崩壊のあり方、そこに根強く残る欧米を基準とした価値観とその巧みな再生、またそれへの非欧米文化側の反撥と欧米の基準への密かな擦り寄りという問題もまた検討されなければならない。
　フォークロリズムの概念がその提唱された分野である民俗学だけでなく、文化人類学の関係者が関心を寄せることになったのは、両分野ともに近似した問題に直面していたからであろう。民俗学の場合、フォークロリズムの概念は、伝承的な文化やその文物を、伝承的なものとして観察し評価することから脱却する第一歩であった。言い換えれば、伝承文化をめぐる現実は、もはや伝承文化（だけ）ではないわけである。そこで問われるのは、民俗学が過去の文化体系を説明する概念しか用意していなかったことである。しかもその概念装置は一世紀に垂んとする蓄積の成果でもあった。おそらく文化人類学においてそれと重なるのは、欧米の基準とは異なったものとしての未開社会・非欧米社会とそれを理解してきた概念装置であろう。そうした概念装置が作動していたことは、トーテミズム、アニミズム、集団表象、連想的思考、

---

16)　参照、バウジンガー（著）河野（訳）『フォルクスクンデ』p.185.

通過儀礼、贈与、カーゴ・カルトといったよく知られたターミノロジーを挙げるだけでも知られよう[17]。対象設定とそれを理解する概念装置の組み合わせは、一般に学問分野が学問分野として成り立つ基本でもあるが、民俗学に戻るなら、それが疑問に付されたのである。少なくとも見直しが迫られたのである。あるいは、見直しがの動きは一つだけでも一回きりでもなかったということを加味すれば、見直しはここからも起きたのであった。

　フォークロリズム概念に関しては、2点の制約にも言及しておかなくてはならない。一つは、民俗学の従来のあり方に対してなされてきた批判的検討の理論を背景にしており、むしろそれを指し示す簡便な合言葉だったことである。たしかに、民俗事象やそれと重なる概観を呈する現象を、過去の脈絡においてではなく、現代（ないしはそれが行なわれる現実の状況）のなかでの意味と機能を問うことは、動かない基本である。またそこに伝承文化を伝承文化として理解し、その意識的な導入や応用の面に光を当てたこともそのプラス面であった。しかし同時に、時代的な限定については、漠然としている面がある。当初から指摘されたように、例えば中世後期以降の宮廷の催しものや近代初期（日本史の概念では近世）の都市祭礼などでも農村行事や伝承文化の意識的な応用が幾らもみとめられるが、それらもまたフォークロリズムの範疇に入るのかどうかとなると、その曖昧な性格を露呈することに

---

17) これらの諸概念が今日多かれ少なかれ文化人類学の研究者によって批判的に言及されることにも併せて注意しておきたい。例えば、本邦でも主要著作が翻訳されているジェイムズ・クリフォードは、オリエンタリズム批判でも知られるが、フィールドワークや民族誌の伝統への強い批判を表明している。参照、ジェイムズ・クリフォード（著）太田好信・慶田勝彦・清水展・浜本満・古谷嘉章・星埜守之（訳）『文化の窮状――二十世紀の民族誌、文学、芸術』（人文書院 2003:［原著］James Clifford, *The predicament o culture: twentieth-century ethnography, literature and art.* Harvard Univ. Pr. 1988.); ジェイムズ・クリフォード（著）毛利嘉孝・有元健・柴山麻紀・島村奈生子・福住廉・遠藤水城（訳）『ルーツ 20 世紀後期の旅と翻訳』（月曜社 2002:［原著］James Clifford, Routes, *Travel and Translation in the Late Twentieth Century.* Harvard Univ. Pr. 1997.)

なった[18]。また20世紀にハンガリーで推進された民衆・民族音楽の採集と活用をフォークロリズムと呼ぶことができるとしても、ショパンの作曲や、あるいはアマリア・ロドリゲスのファドにも等しく当てはまるかどうかという問題は残る[19]。さらに言い添えれば、ハイドンやモーツァルトにも、民間の音楽から材料を得て、それを自己の藝術とした事例は決して少なくない[20]。〈フォークロリズム〉は、背景となった理論を簡略化し、合言葉の形態にしたため、その辺りの事情が表面上見えなくなったところもあったのだ。しかしまた、それが国際的な概念にまでなったのは、(ドイツ語圏の民俗学史と絡み合った) やや特殊で深刻な理論から一先ず切り離しがなされたためであった。

制約の二つ目は、フォークロリズムが現代社会での民俗的な性格を帯びた

---

[18] この問題については、アンケートへの回答者であったスイスのハンス・トリュムピ (当時、バーゼル大学民俗学科教授) が指摘していた。参照、本書の「資料の部」における次のドキュメント、ハンス・トリュピ「スイスのフォークロリズム」；またフォークロリズムの概念を歴史的にどこまで遡って適用できるかの理解が当初は区々であったことは、ここに収録した諸資料からも知られる。

[19] フォークロリズムの術語は、当初は主要にはハンガリーで民族音楽を新たな視点から収集・評価した2人の作曲家バルトーク・ベーラとコダーイ・ゾルタンの活動を指すものであった。これについては本書所収の「フォークロリズムから見た今日の民俗文化」を参照。またショパンやアマリア・ロドリゲスについては、本書の「資料の部」にドキュメントとして収録したポーランドとポルトガルの民俗研究者の報告によって知られる。

[20] この方面の古典的な研究として次を参照、Karl M. Klier, *Haydn und das Volkslied seiner Heimat*. In: Burgenländische Heimatblätter, 1. Jg. (1932), S. 29ff.; Ders., *Das Volksliedthema einer Haydn-Capriccios*. In: Das deutsche Volkslied, Bd. 34. Wien 1932, S. 88ff, 100. ヨーゼフ・ハイドンのその種の作例は少なくないが、特に有名なものとしてオラトリオ『天地創造』(1798年初演) の第24曲を挙げておく。; Heinrich Simon, *Mozart und die Bauernmusik*. In: Das deutsche Volkslied, Bd.32, S.61ff.; Emil Karl Blümml, *Aus Mozarts Freundes- und Familienkreis*. Wien 1923. モーツァルトにも民間音楽からの刺激が指摘されている作品が少なくないが、一例を挙げると、セレナーデ第9番ニ長調いわゆる「ポスト・ホルン」(1779作曲 K320) は詳細な成立事情は不明ながら、その関連でもよく知られている。

すべての事象を射程に置くことができるわけではないことである。近年の話題で言えば、それは、例えばハロウィンに関する共同研究においても指摘された点である。ドイツ民俗学会は2001年にヨーロッパ諸国でのハロウィンの広がりについてアンケート調査を行ない、研究方法を含む提案に加えて10ヶ国からの報告を併せて学会誌に掲載した[21]。そこでの一つの留意事項は、すこぶる現代的な動向であるヨーロッパへの北米のハロウィンの波及と流入は必ずしもフォークロリズムの観点からは捉えきれない部分を含んでいるとの認識にかかわっていた。当時話題をあつめたように、1997年秋にフランス・テレコム社が携帯電話の新機種の販売のために、エッフェル塔を背景にしてパリのトロカデル広場に8500個のカボチャを並べてハロウィンと重ねた派手な宣伝をおこなったのが、ヨーロッパ各国でのハロウィン・ブームの起爆剤となった。その点では、1930年代にコカコーラ社が冬場の売れ行き不振を払拭すべく紅いマントのサンタクロースをイメージ・キャラクターとして採用したことがサンタクロース像を一新して世界的な広まりにつながったのと似てもいる。そうなると、古い民俗事象の応用や民俗学知識の民間への逆流が事態を決定的な意味を与えているかどうかは疑問になり、それらの要素を重視するフォークロリズムの観点は必ずしも適切ではないことになる。むしろ、伝統の要素に重心を置かず、消費行動の仕組みを文化形態として措定することがより実態に敵うことにもなる。近年、話題になりつつある、いわゆる〈消費人類学〉（consuming anthropology）の観点である[22]。しかしこれ自体も、フォークロリズムを指標にして研究が進展したからこそ見えてきた問題性という面はあるであろう。

---

21) ゴットフリート・コルフ（Gottfried Korff、当時はテュービンゲン大学教授）が中心になって推進されたこの共同研究は近年話題を呼んでいるが、筆者はそのドキュメントを次の大学研究室紀要に連載した。拙訳・解説「ヨーロッパ諸国のハロウィン」愛知大学語学教育研究室『言語と文化』第35-38号（2005-06）。Original; „Halloween in Europa". In: Zeitschrift für Volkskunde, 97/II (2001), S. 177-290.
22) Orvar Löfgren, *Consuming Interests*. In: Culture and History, 1990, p. 7-36.

論考の部

2. 日本でのフォークロリズム理解の初期の事情

　次に、日本へのフォークロリズム概念の導入とその広がりに触れておきたい。フォークロリズムを最初に紹介したのは坂井洲二氏で、『ドイツ民俗紀行』(1982年)のなかの「フォークロリスムスとトリスムス」の小見出しが付けられた次の一節がそれである[23]。フォークロリズムが今日話題となることが多いことから、学史理解の面からも振り返っておきたい。

　　チュービンゲン大学の民俗学科では、この地方で一番大きな祭であるファスナハトのグループ研究を行なっている。助手を頂点とする博士課程の学生十名前後が手分けし、アンケート用紙をもって各村を回って歩き、村人の意見をきいてその統計をとるのである。調査はもう何年か続いており、そろそろまとめの段階に入りつつあるが、しかしまだ現在のところは未発表である。／アンケートは全部で81問もあるかなり大掛かりなものである。例えば、「ファスナハトはこの土地に古くから伝わる習慣であるから、育てていかなければいけないと思うか」とか、「ファスナハトのような古い習慣は、現代にはもうむいていないと思うか」とか、「ファスナハトを豊饒祈願の祭と思うか」とか、「ファスナハトは、つねづねのうっぷんをはらすための大騒ぎをする日として価値があると思うか」などというのがそのなかに含まれている。／アンケート全体をとおして、はっきりみてとれることは、この研究の目的が祭に対する村人の意識調査にある、ということである。即ち、祭が歴史的にどのような起源や由緒をもつものであるか、などという従来の民俗学の主要な問題は、彼らにとってはもう枝葉の問題になってしまっている。事実、現在のファスナハトの祭に参加している人々の様子をみていると、彼らが穀物や家畜の豊饒祈願を行なっている、など

23）坂井洲二『ドイツ民俗紀行』(法政大学出版局 1982) p. 100-104.

という気配はみじんも感じることができない。ファスナハトの祭を、現代の問題として受けとめようとするならば、たしかにこのチュービンゲン大学の民俗学科がやっているように、村人の意識調査にこそ、的を合わせてその研究を進めるべきであろうと思う。／かつて祭は、ほとんどすべて宗教行事と関係をもっていた。しかし祭の宗教性が薄れ、現在の西ドイツの祭のように、ほとんど宗教性が皆無になってしまった場合には、いったい祭についてどのような概念を問題にすればよいのであろうか。そのような場合、ひとりチュービンゲン大学に限らず、西ドイツの民俗学者たちが近頃もちだす概念が二つある。即ちフォークロリスムス（Folklorismus 民俗熱）とトリスムス（Tourismus 旅行熱）がそれである。／日本もこのごろは、民芸ブームと旅行ブームにわきかえっているが、西ドイツのそれは、おそらく日本のそれを上回っているであろう。西ドイツでも、民芸品や民族衣裳や民族舞踊はブームであり、旅行ブームがそれとからんで、彼らは各地へその地の民俗的雰囲気を味わおうとおしかけてゆく。...／ともかく、祭とか伝統演芸などという現象を理解しようとする場合、現在ではもう宗教性とか起源論だけでは納得のいく解釈ができなくなっている、というところが現実であろう。

次いで、フォークロリズムを独自の関心を寄せたのは、世界の民族音楽の研究家である小泉文夫氏であった。平凡社の『世界音楽大事典』第5巻（1983年）の「民俗音楽」の項目のうち、同氏の執筆による概論の箇所で言及され、巻末の索引にも"folklorism"が取り上げられたのである[24]。フォークロリズムの語は、民俗学よりも音楽部門において先ず使用されたこと[25]、またそれを射程においた社会学の術語であったことを勘案すれば、それは決して不思議

---

24) 『世界音楽大事典』第5巻（平凡社 1983）「民俗音楽 folk music」p.2466 以下，（総論／執筆：小泉文夫）p.2469b.；また同事典第6巻「索引」p.129.
25) これについては、本書所収の拙論「フォークロリズムから見た今日の民俗文化」で触れた。

ではなかった。

　以上の 2 例が先駆的な着眼で、それからしばらくして、筆者がハンス・モーザーの提唱論文そのものの訳出・紹介（1989-90 年）を手懸け[26]、また続けて解説と日本社会への適用について検討を始めたのであった[27]。それを試みたのは、東海地方の民俗学に関係した 7 団体の大会においてであったが、そのときの招待講演者が宮田登氏であった。それもあって、宮田氏が翌年には早速それを取り上げられたのが、日本民俗学界にフォークロリズムが知られる上で弾みになった[28]。『〈心なおし〉はなぜ流行る』（小学館）の第 IV 章「現代都市社会の再生をもとめて」の第二節では「セコ・ハンの活用」の見出しのもとにフォークロリズムが扱われたのがそれである。これまた近い過去ながら、学史を振り返る意味もこめて、その箇所を再録する。

　　ドイツの民俗学におけるフォークロリズムの概念は、現代民俗をとらえる上できわめて興味深いものがある。それは伝統社会とか前近代社会の民俗を再構成するという従来の視点をがらりと変えて、現代の今日的意味をもつ民俗文化を対象とすることをより可能とする概念といえるからだ。フォークロリズムは、現代社会の著しい生活環境の変動がいわゆる民俗行事のあり方を大きく変えていることを前提としている。つまり民俗を支えていた生活基盤が消滅しかけている事態があり、それに対応する民俗現象を説明する概念として 1960 年代後半に登場したのである。／その場合、現代民俗を担う人達は、都市であろうと村落であろうと、これまで伝わってきている祭りや行事の意義を認め、その消滅を防ごうと意識的に取り組んで

---

26) 今回、改めて原資料を一般に供するために本書に収録した。参照,, ハンス・モーザー「民俗学の研究課題としてのフォークロリスムス」、ヘルマン・バウジンガー「ヨーロッパ諸国のフォークロリスムス」

27) 本書所収の拙論「フォークロリズムから見た今日の民俗文化」（1992 年）がそれに当たる。

28) 宮田登（著）『〈心なおし〉はなぜ流行る』小学館 1993 年 3 月、p. 236-238.

おり、これは現代人に特有の認識論にもとづいている。ヘルマン・バウジンガーは、そうした認識論を「内部エキゾチシズム」というとらえ方をしている。現代の民俗は、エキゾチシズムと同様の魅力をもって現代人に訴えかけており、それはきわめて作為的に演出されているのである。民俗の担い手である現代人は、学校教育で得た知識やマスコミの情報にもとづいて判断し、その結果を行事に反映させている。たとえ地域の古老であっても、多かれ少なかれ、民俗学的知識の断片を情報として修得しているという実態があり、その現象はたんなる過去の再構成だけではなく、現代社会に生き生きと伝承されてゆくという現実に注目する必要がある。/たとえば、都市の正月の町角のショーウィンドーに、商品の購入意欲を高めるような飾りが毎年デザインされる。門松一つとっても、意匠をこらしているが、この段階で門松はすでに現代における正月の民俗行事としての一面を示すことになるのである。デザイナーたちが、門松という正月のシンボルを、伝統的民俗の伝承ととらえ、都会人の要求に応えるようにデザインするということは、「セカンド・ハンドによる民俗文化の継受と演出」であり、それは事柄の原義によらない第二義的な意味合いとなり、それ故に新しい意味をもち、次の世代に受け継がれるという認識をもつことが現代民俗にアプローチするためには必要になってくる。(注 河野眞「フォークロリズムからみた今日の民俗文化」)/こうしたフォークロリズムの視点については、当然議論があるだろう。民俗行事の発生時点でいだかれた本来の意味は、ここではあまり問題にならず、いわばセコ・ハンの民俗行事となる。しかも企画・演出というイベントに伴う作為が働いている。しかし地域社会にそれぞれ民俗資料館・博物館が設置されており、地域の民俗文化の存在価値を知らしめる機能がある。盛んにイベントを催し、レプリカによる展示を行なうケースがしばしばある。また商店街・デパートの商業政策の一環として、あるいは観光に一役かって地域の振興策に役立たせるような行事には事欠かない。/近年の「ふるさと創生」は、お上からの地域振興策として有名であるが、「ふるさと」にかこつけて、さまざまなアイディアが

地域文化の活性化というスローガンのもとに指示され、かつ実施された。その功罪を問うことは今後の課題であるが、いわゆる町おこし・村おこしが、すでに消滅しかけていた民俗行事の再現という名目で活用された事例も多く認められる。／さらに、大都市の中で都市生活と結びついて恒常的に行われるようになった行事のそれぞれが、現代民俗として展開している情況はフォークロリズム以外の何ものでもないだろう。

日本民俗学の中心に位置していた宮田登氏がかかる紹介をされたのは節目であったろう。それは二つの意味においてである。

　一つには、宮田氏の理解が正確かとなると、幾らか問題も含んでいたと言わなければならないことである。それが収録された著作を贈られたのには恐縮したが、論説にはやや意外な感じがしたものである。しかしその元になったのは、坂井氏の一文と私の発表記録[29]だけであったので、資料はやはり不足していたのであろう。同時に、日本民俗学の土台にしている場合、別の脈絡からの情報を取り入れるにあたっては、自他のすり合わせが深刻になることも感じたのであった[30]。しかしそれをも勘案すると、宮田氏がさまざまな情報を敏感かつ貪欲なばかりに取り入れ、関心の対象領域を広げておられたことは、やはり特筆すべきであろう。

　それを言うのは、二つ目の点とかかわっているからである。以後、私もフォークロリズムについて幾つかの報告や実験的な考察の文章を書き、また他にも情報は増えてきたが、それにも拘わらず、問題があまり改善されていないのである。フォークロリズムが日本民俗学のなかで取り上げられるようになっているにしては、その理解がもう一つなのである。一部に早とちりから来ると思われる誤認があり、そのために、反撥も奇妙なものとなっている場

---

29) 参照、本書所収の「フォークロリズムからみた今日の民俗文化」（1992年）。
30) 先に（注2）に挙げた拙論「〈不安〉が切りひらいた地平と障壁――日本民俗学にとって現代とは」は、柳田國男の基礎理論が日本民俗学における現代社会の理解にどのように影響しているかを確かめる試みである。

合が見受けられる。最近、おそらく反撥を代表する一人で、環境問題と民俗学を組みあわせようとする向きが、環境問題への活用を射程に置いた民俗文化は〈単なるフォークロリズムではない〉という文章を発表しているのに出会った。これは意味をなさない語法である。また文化人類学の分野でもフォークロリズムを論じる人がいるが、正確な理解をおこたったまま反撥を先立たせているようである。本書所収の「ナトゥラリズムとシニシズムの彼方」はそれへの再反論をきっかけに執筆した。理解を欠いたまま一部では賛成論が、同時に大方は反撥という構図が、日本民俗学界の中央でも、また文化人類学界の一部でもみられる現実は改まる方がよいであろう。と言うより、情報と知識が増えてくれば自然に改まるはずである。

　しかしそこに大きな壁がある。これまた宮田登氏を指標にすると、氏がその早すぎる死の直前まで見せておられた旺盛な活躍のなかでは、さまざまな情報を取り入れ、活用しようとの動きがあきらかであった。それは北見俊夫氏も同様で、いずれも民俗研究の枠を広げる姿勢を強く持っていた先達であった。筆者も、ドイツ民俗学の情報を系統的に伝えることへと何度も催促と励ましを受けたものである。筆者がドイツ民俗学史に多少の時間を割いてきたのは、それがものごとの手順であることに加えて、これらのリーダーたちの促しもあったのである。しかし、そうした志向は、これらの先人が逝くと共に霧消したかのようである。

　以上は、フォークロリズムというドイツ社会学のなかで提唱され、やがてドイツ民俗学界を経て国際的となった概念をとりあげるにあたって、その故土の事情と、それに注目した先人に言及した。今回収録した論考を通読して改めて空白に気づいたのであるが、これらに必ずしも言及していなかったようである。はじめに背景の事情にふれるのは、そのためである。

3. ドイツ民俗学という楕円の焦点

　フォークロリズムを取り上げるにあたっての、筆者のより大きな見取り図にもふれておきたい。先に筆者は、『ドイツ民俗学とナチズム』[31]を上梓した。ドイツ民俗学の推移を明らかにしようとしたのであるが、それは過去の事情そのものを解明することだけが目的ではなかった。第二次世界大戦後の、さらに今日にいたるまでのドイツ民俗学の特殊性を理解するためであった。もっとも、特殊性とは言っても、ドイツ民俗学が特殊で、日本も含め他の国々は特殊ではないという意味ではない。民俗学は、いずれの国の場合もかなり深いところで歴史や風土や国情に沿って発展したところがあり、そこが文化人類学との違いでもある。しかしまた特殊性の奥には、普遍的なものがひそんでいることも予想されるであろう。

　ドイツ民俗学の特殊性について、筆者が最も関心をよせたのは、第二次世界大戦後の展開であった。またそれを理解するにあたって、筆者は、戦後のドイツ民俗学の原動力に着目した。言い換えれば、その展開にさいして軸となったのはいかなる問題意識であったか、という問いである。そして、それは二つの大課題に絞ることができるのではないかと考えた。つまり二つ焦点をもつ楕円に喩えたのである。その二つの焦点とは、一つはナチズムとの相乗に陥った過去の清算である。もう一つは、現代社会をあつかうことができる学問としての民俗学への転換である。そしてこの二つの課題は相互にからみあっていた。その輪郭によって、多少図式的になるにせよ、第二次世界大戦のドイツ民俗学の展開を解明できるのではないかというのが、筆者の見通しであった。

　二つの焦点のうち、ナチズム問題は、前著によっておおまかながら理解を提示した。そして今回は、もう一つの焦点である現代社会との取り組みとい

---

31) 参照、河野眞『ドイツ民俗学とナチズム』創土社、2005。

う課題である。もっとも、その課題をドイツ民俗学界がどのような意識し、いかなる試みを重ねたかについての大筋は、すでに前著においてスケッチを試みていた。しかし、そこではナチズム問題を主軸していた点で制約があった。そのため、現代社会との取り組みについて一度まとまった考察を加える必要を覚えたのである。

　もとより、フォークロリズムは、現代社会のみ限定されるものでなく、またフォークロリズム概念がドイツ民俗学における現代研究のすべてはないという問題もありはする。しかし、フォークロリズムが提唱されたことによって現代フォークロア研究が進展したとは言い得よう。

　そうした幅をもたせつつ、本書ではドイツ民俗学の理解における楕円の二つ目の焦点をあつかうのである。

論考の部

フォークロリズムからみた今日の民俗文化
——ドイツ民俗学の視角から——

1992

第22回東海民俗研究発表大会（1991年6月2日 於：愛知大学）の記録[1]

★

　今回の総合テーマである「現代社会と民俗」に因んで、私がこのところ覗いておりますドイツ語圏の民俗研究の動向から、多少ヒントになりそうなものがあればと言うことで、一言申し述べようかと思います。

　ドイツ語圏と言いますのは、昨年の十月に統一した東西ドイツ、それにオーストリア、またスイスの人口の約六割ということですが、こうしたドイツ人の国々では民俗学がたいへん盛んです。民俗学が盛んな国として、日本とドイツは世界でも例外的と言ってもよいくらいで、その点では大きな共通性があるのですが、幾らか踏み込んで眺めますと、同じ民俗学と言っても、色合いにはやや違いがあるようです。

　日本では民俗学は大層人気があり、特に一般向きの出版物の多さは格別です。また「日本民俗文化大系」といった、学術的な性格も併せもった、ときには10巻を超えるような大きな叢書が企画され、しかもそれが一般書として広く読まれているといったこと、あるいは民俗藝能などを記録したヴィデオなども、学術目的での製作はともかく、一般向けの商品として大量に売れるといったことなども、ドイツでは可能性が小さいように思われます。

1）「東海民俗研究発表大会」は愛知・岐阜・三重三県の民俗学の研究会・同好会7団体の共催によって昭和44年以来毎年行なわれており、この年の第22回大会は三河民俗談話会が担当して愛知大学（豊橋キャンパス）で開催された。本稿は翌年『三河民俗』第3号に掲載された。なお本書に収録するにあたって脚注を補う。

しかし他方、日本では、一般社会での人気とは裏腹に、大学で「民俗学」という学科や講座を設けているところは意外に少ないようです。民俗学が、「民俗学」という名称の専門科目となっていることは比較的稀で、むしろ歴史学、特に日本史、また国文学、地理学、社会学、文化人類学といったさまざまな専門学の周辺で継受されているといった状況がなお続いているのではないかと思われます。

ドイツでも、以前は似たような状況でした。1950年代には民俗学の講座は数大学にしか設置されていず、60年代でも、まだそう多くはなかったようです。ところが、1970年代に、折から大学の新設や機構改革の波が起き、それに乗るかたちで次々に設けられてゆき、現在では総合大学の場合、ほとんどすべてに設置されています。単に設けられているだけでなく、高い人気をあつめている科目でもあります[2]。

ではドイツでは民俗学はどのように行なわれているかですが、もちろんドイツの伝統民俗について、ドイツ人がそれらを細かくフォローしているのは当然です。日本人が日本の民俗事象を責任をもって把握しなければならないのと同様で、日本で行なわれているのと重なるような活動も少なくありません。しかしそれと共に、現代の事象にも力を入れているのが特色です。

---

2) 本稿を執筆した当時は、かかる解説も無理のないものであった。それは1970年代以来、民俗学が大学において一定の地歩を占めるようになったのが制度的に持続していたからである。しかし1990年代末から、大学や大学教員の過剰感が指摘されるようになり、2002年にはシュレーダー首相によって大学教員の大幅削減の方向が明言されるなど、特に文科系については状況が変化し、大学によっては民俗学の教員枠が廃止された事例も見られる（パッサウ大学など）。因みに、ドイツ語圏（ドイツ、オーストリア、スイスのドイツ語圏）の諸大学での民俗学関係の講座・教員ポストの今日の設置状況を概観するには、この方面を志望する学生への案内として編まれた次の便覧が便利である。Harm-Peer Zimmermann (Hrsg.), *Empirische Kulturwissenachaft / Europäische Ethnologie / Kulturanthropologie / Volkskunde. Leitfaden für das Studium einer Kulturwissenchaft an deutschsprächigen Universitäten. Deutschland - Österreich - Schweiz.* Marburg [Jonas Verlag] 2005.

先に、1970年代に民俗学が大学の専門科目として急に広まったと申しましたが、これは1970年代に入って民俗的な方面への一般社会やアカデミズムの関心が高まりを見せたというわけではありません。そういう側面がまったくなかったとは言えませんが、むしろ民俗学の方が現代社会を正面から問題にするようになったというのが、より大きな原因です。そしてそれに先立つ1960年代、およびそれに続く1970年代の前半あたりは、〈現代社会〉、ないしはもう少し広く歴史的な幅を含めて言えば〈近代社会〉を民俗学があつかうためのさまざまな理論が考え出された時代であったのです。

　因みに、経済の分野では、発展途上国が、伝統的な農村経済の段階から工業社会段階へ浮上することを、〈テイク・オフ〉、つまり離陸と呼んでいます。今、その用語を借りるなら、民俗学も、伝統的な農村社会に専ら関心を向けている段階から、近代・現代の社会をあつかえるところにまで〈テイク・オフ〉する必要があり、またそのためにはどんな理論や方法が有効か議論されたのが、1960年代から70年代にかけてのドイツの民俗学界でした。本日、話しをしようとしている〈フォークロリズム〉も、そうしたテイク・オフのための理論のひとつと言うことができます。

　もっとも、こんないいかたを、いささか奇異に聞こえるかも知れません。なぜなら、これから少し紹介しようとすることがらは、1960年代のドイツ民俗学界での理論活動の一端であり、したがって今から30年近く前の事情だからです。実は、多少の例外はあるにせよ、海外の民俗学の動向には、日本ではこれまであまり関心が向けられなかったのです。もっとも、それが一概にマイナスであったと言うのは早計でしょう。むしろ、人文・社会科学のほとんどの分野が欧米の動向を気にし過ぎるところから鯱張った感じをあたえるのに対して、この数十年間の日本の民俗研究はのびのびと展開を遂げたということは言えると思います。しかし何事もプラスにばかりはたらくことはあり得ないので、視野を限ってきたことによって死角が生じたところもないではないようです。しかしそれは、気付いた時点で挽回すればよいとも言えます。ともあれそういう問題圏があることを御承知いただくと共に、そのひとこま

を取り上げるというふうに受けとめて下さい。

　前置きが長くなりましたが、本題に入りますと、このフォークロリズムという概念を提唱したのは、ハンス・モーザーという人です。しかしこの言葉自体は、この人が創り出したのではなく、それ以前からありました。どこで使われていたかと言うと、社会学においてです。ドイツの社会学事典にはこれが見出し語になっていますが、主要には音楽の世界を対象にしています[3]。代表的な例を挙げますと、現代音楽のひとつの方向の基礎を築いた作曲家に、ハンガリーのゾルタン・コダーイ（Zoltan Kodaly 1882-1967）とベーラ・バルトーク（Bela Bartok 1881-1945）がいますが、この二人は、民間の音楽を採録し、それを活用して、現代音楽のひとつの行き方を探り出しました。今日ではこの二人の作品は、それ自体が古典的な位置を占めていますが、彼らの方

3）社会学と絵画・音楽の分野でこの術語が用いられた事情には微妙なものがあり、またドイツ語の言語形態に特有の現象も絡んでいるので、以下に解説をほどこす。ドイツの代表的な社会学者の一人ルネ・ケーニヒが編集した社会学事典（1958年）には、この〈Folklorismus〉が「社会変容」の箇所で術語の一つとして挙げられている。在来の土着文化（autochtonische Kultur）が自明のものではなくなる過程を論じた箇所で、次のような脈絡である。〈文化接触と文化摩擦が高まると共に進行する文化の分散の過程で、知的リーダーが意味をもつのは、土着文化が自明なものではなくなることにある。それは、西洋の諸社会の間でも特に19世紀に現実のものとなった。そこでの表現としては、例えば、社会主義イデオロギーに立脚した労働者の間でのプロレタリアートの集団意識があり、また部分的には、地域主義やフォークロリズムやナショナリズム原理もそうである。〉すなわち、在来の文化諸形態の変質や消滅のなかで、新たに擡頭した社会的・心理的な結集の原理の一つとしてフォークロリズムが名指されたのである。参照、Rene König（Hg.）*Soziologie*. Frankfurt a. M. 1958（Das Fischerf Lexikon）, S. 273-274.；なおその後の社会学事典では、1970年代初めの2種類を見ると、見出し語になっている場合もあれば――参照、Günter Hartfiel（begründet）Karl-Heinz Hillmann（Neu bearbeitet）, *Wörterbuch der Soziologie*. Stuttgart [Kröner] 1972――、まったく触れられないこともあり、例えば次の事典はそれ以後であるがフォークロリズムを見出しに挙げていない。cf. Werner Fuchs, Rolf Klima, Rüdiger Laumann, Otthein Rammstedt u. Hanns Wienold（Hg.）, *Lexikon für Soziologie*. Opladen [Westdeutscher Verlag] 1973.

法、つまり民間の音楽を意識的に活用して現代人の心や内面を表現するという姿勢が、フォークロリズムと呼ばれるのです。民俗学での使用も、基本的にはそれを踏まえています。したがって、民俗学の概念としてのフォークロリズムは、内容的には非常に新しいというわけではないのです。しかし、音楽において起きているのと同じ仕組みを、ほとんどあらゆる現象にみとめ、世界を覆って進行する巨大な動きとして強調したところに特色がありました。またそれによって、世界各国に刺激となっていったのです。そしてそれを行なったのが、ハンス・モーザーでした。この人は、1903年に生まれ、昨年の1990年に87歳という高齢で亡くなりました。第二次世界大戦後のドイツ民俗学の再建に尽力してきた学界の最長老で、ドイツ民俗学では〈名誉会員〉として広く尊敬をあつめていた人でもあります。この人はあまり派手な理論家ではなく、むしろ地道な採録者で、また特定地域の文書資料（日本で言えば地方（ぢかた）・村方（むらかた）文書に当たるような文献史料）の精査を通じてその地域の特定の時代について民俗の実態を解明するという行き方を推進した人でもあります。そのモーザーが1962年に、このフォークロリズムの概念を提唱し、また二年後の1964年にも再度それを論じたのでした[4]。

　では、何故、今、この概念を紹介するのかと言うと、本日のメイン・テーマである〈現代民俗〉を考える上で、またこの概念が提唱されたドイツだけでなく、日本においても、これによって説明がつくような現象が少なくないと思われるからです。

★★

　レジュメにも書いておきましたが、民間習俗や伝統行事は、本来、ある特

---

[4] ハンス・モーザーの論考については、本書に付した翻訳の解説を参照。なお"Folklorism"の英語での早い事例としては、口承文藝や民俗を意味するときの"folklore"の集合名詞として（一般的ではないが）行なわれていたことは、"OED"1936年版から知ることができる。

定の社会的な仕組みや時代環境と結びついて、特定の意味と機能をもっているものと言ってよいでしょう。また注目すべきは、特に祭りなどに顕著に見られることとして、本来の意義が縁起譚として伝承されていることもあります。つまり、ある祭りはある時代にある機縁によって、たとえば稲作の豊穣を願ったり、年貢皆済を記念して始まったとされ、またある祭りは戦没した武者たちの霊を慰めるためとされ、またある神社の神事は疫病が流行ったのを鎮めるために始められたと伝えられているといった具合です。そのなかには、一回きりの出来事に帰せられるものもありますが、またそれ自体は一回きりの事件であっても、自然や風土とそこでの人間の生き方の基本的な関係と結びついたものもあります。日本の至るところに伝わる多種多様な稲作儀礼は、日本の生業体系の土台になってきた稲作と結びついて行なわれてきたという観点から見れば、その代表的なものと言えるでしょう。また自然環境に対応するものもあります。虫送りの行事は、害虫を退散させるための祈願の意味をもっていました。またお地蔵さまに紅い前掛けを着せるのは（幾つかの解釈があって、必ずしも一定しないようですが）疱瘡送りという民間療法の意味をもっているとも言われています。

　ところが今日起きているのは、これらの行事と対応していた自然的な条件や社会的な仕組みが消滅したり根本的に変化をきたしているという事態です。江戸時代の身分制度は消滅して久しく、明治時代も今では歴史的なものになってしまったと言って過言ではないでしょう。自然条件も、大きく変化しています。洪水や疫病の危険性は治水や灌漑の整備によって大幅に解消され、またかつては猛威を揮った幾つかの病気も医学の発達と医療制度の整備に拠って解決されてきています。もっとも、それに代わって、これまでなかった大きな危険性が新たに発生しているという事実はやはり無視できません。つまり、洪水や虫害は解決されたものの、新たに原子力発電所とか森林破壊といった事態が生じており、結核や天然痘は解決された一方、新たに水俣病やエイズの暴威に曝されているといった問題があるのですが、これらは従来の民俗学の課題のいわば枠外のテーマと言えます。こうした種類の問題と民

俗学との関係は、別の機会に考えることにして、本日は省いておきます。

　ともあれ、疱瘡、つまり天然痘などは、地球上から消滅したことが国連の世界保健機構によって宣言されており、むろんこれは結構なことですが、問題はそれにも拘らず、疱瘡送りの意味を持っていた民俗行事が今も行なわれることがあるという事実です。それは、稲作儀礼でも同様です。もはや農業を営んでいるのではない人々が、もとは稲作儀礼であった伝統行事をまもり伝えたりしています。

　もっとも、祭りをはじめ、行事というものは、一般には一定のまとまりをもった行為、つまりある程度の完結性を帯びたシステムですから、社会的な背景や自然条件が大きく変化しても、形式的には存続することは、少しも不思議なことではなく、また事実、そうした背景の変化にもかかわらず存続もしているわけです。その点で、もとは稲作の作柄占いであった行事が今も行なわれていたり、疫病が流行る心配をもたないまま、疫病退散の意味に遡ることのできる行事が続けられていること自体は、少しも奇異ではありません。

　しかしその場合、その行事の意味は、かなり違ったものになっていると言ってよいでしょう。少なくとも、それを伝えている人たちが、祖先と同じく、作柄占いのなりゆきを必死の面持ちで見ているとか、疫病の流行に恐れおののいているといったことはありません。

　もっとも、過去においても、民俗行事が常に生命や生活の浮沈をかけた切羽詰まった意識と対になっていたかどうかは、かなり疑問です。以前の場合でも、そうした行事には、ある程度は遊びの要素がはらいていたり、行事の実際の効果とは別に、それらを〈演じていた〉という面があったと見るべきで、その意味では民俗行事は、原始人や未開民族のあいだでの狩猟占いや病気占いなどとは根本的に異なった、いわば演じものの要素を含んでいると言えます。

　実は、以上のような、民俗現象の背景の変化と、それにも拘らずそれらが存続しているという現代において特に顕著に見られる動きを説明するために、提唱されたのが、このフォークロリズムの概念です。しかし、それに入る前

に、そこへ至る経緯にも少し眼を向けておこうと思います。

★★★

　ドイツ語圏の諸国では、第二次世界大戦後、民俗学がめざましい発展を遂げましたが、それには二つの推進力がありました。ひとつは、主要にドイツにおいて、民俗学が特に20世紀前半を通じてナショナリズムに大きく傾斜したことを反省し、学問的な客観性を取り戻そうとした動きです。もうひとつは、過去とは大きく変化してしまっている現代社会を民俗学が相手にする上での理論や方法の模索です。両者は密接にからみあって展開したのでしたが、細かい動きはともかく、今注目しようとするのは、そのなかの重要なひとこまであるオーストリアの民俗学者レーオポルト・シュミットの考え方です。

　レーオポルト・シュミットは、第二次世界大戦後のドイツ民俗学の第一世代を代表する大きな学者で、また民俗学という専門学の再建の土台をつくった人でもありますが、この人は、従来さまざまな観念やイデオロギーがしがみついていた民俗学を洗い直し、特殊な色合いを一切排除した単純で簡潔な事実に出発点を定めようとして努力しました。そこでシュミットが行なったのが、民俗学とは〈伝承的秩序のなかでの人間の生き方をあつかう学問〉であるという有名な定義です[5]。1947年のことです。この定義はその後さまざまに議論されてゆくのですが、ここで注意したいのは、〈伝承的秩序〉についてシュミットがほどこした解説です。

　シュミットによると、伝承的秩序の本質的な特徴は、それが無意識のうちに受け継がれてゆくことにあると言うのです。シュミットが挙げている例を紹介しますと、ヨーロッパの人々は、挨拶のときに右手を差し出して握手をするが、この動作は、人間なら誰もが自然に行なうというものではない、つ

---

5) Leopold Schmidt, *Volkskunde als Geisteswissenschft*. 1947: 次の抄訳がある。レーオポルト・シュミット「精神科学としての民俗学」（愛知大学国際問題研究所『紀要』第89号［1989年］p. 9-52.）

まり地球上には握手という挨拶の形態とは無縁な地域が幾らもあることからも分かるように、右手を差し出すことは生物学的な根拠をもった反応といったものではない、と共に、それは特定の個人に還元できるような意図的な行為でもない、多数の人々が共同体生活のなかでおこなっているものであり、従って特定の文化ないしは文化圏と結びついた伝承的な行為であるということになります。

　またもうひとつ注意すべきことがらは、握手のときに右手を差し出す人は、挨拶をしなければならないという意識をもってそれを行なうのであっても、それが伝承であるというふうには意識していない、つまり行為の伝承的意義については無意識であるというのです。しかしその無意識の行為は、特定の文化圏の特徴でもあるわけです。そして無数の事実について、それぞれがどのような分布や機能や歴史をもっているかを調査してゆくことが大事なのだと力説しています。

　シュミットの構想は、当時のドイツ民俗学の再建と密接にからんでおり、また多面的に見てゆかなければなりませんが、今、問題にしようとするのは、シュミットが民俗学の課題をできるだけ単純な土台の上に築こうとして行なった説明についてです。つまり、民俗学とは〈伝承的秩序をあつかう学問〉で、伝承的秩序とは、〈人が繰り返したり、継ぎ送ったりしている無意識の行為〉という説明です。

★★★★

　このシュミットの考え方は、民俗学を成り立たせる基本的な観点を、最も単純な姿で示そうとしたもので、ドイツの民俗研究に従来つきまとっていたイデオロギーや思い込みを払拭する上で大きな力がありました。その定義はまた、民俗学を過去の文化の追跡に限定した行き方から解放するという方向性をも含んでいました。またシュミットの定義は、当時の学界の状況を克服するという明確な問題意識にも裏付けられていたのですが、その背景の状況の深刻さが薄れるにつれて、あまりに単純化されたその定義の限界も見えて

きました。つまり民俗学が相手にする世界や対象は、そんな簡単な見方ではとうてい済まないことが、シュミットの定義によって逆にはっきりしてきたのです。もっとも、今日から見ても、シュミットの考え方の全体が間違っているというわけではないのですが、その定義からはみ出るものも少なくないのです。

ともあれ、シュミットの説明に対して正面から疑義を唱えたのが、今日のドイツ民俗学の代表者として知られるヘルマン・バウジンガーです。もっとも、バウジンガーの説が出現するにあたっては、これはこれで先行例も幾つかあるのですが、独自の体系を提示し、そのなかでシュミットとは根本的に異なった学問原理を提唱したということで、やはり画期的なものでした。そのバウジンガーの理論を、ここでは目下の問題点に絞って紹介します。

それはバウジンガーの主著『科学技術世界のなかの民俗文化』(1961)[6]のなかでの指摘ですが、民俗や伝承文化は、果たしてシュミットが言うように〈無意識のうちに継受される〉ものであろうか、事実はそうではないのではないではないか、というのがその疑義です。特に民俗のなかでも行事の性格の強い祭りや儀式といったもの、これらはまた、従来、民俗学が好んで取り上げてきた対象でもありますが、これらは無意識に継受けされるどころか、意識的に、それもシュミットが留保条件に入れていた〈その都度その都度の機縁と結びついた意識〉といったものではなく、まさに民俗学そのものと言ってもよいような意識を伴っていることが多いのではないかとの指摘です。要するに、祭りや行事や伝承し、受け継いでいる人たちは、その伝統文化としての意義を自覚し、それゆえに衰滅から救い出そうとしていると言うのです。

バウジンガーは、祭りなどの行事だけでなく、方言を保存しようとする運動にもその姿勢があることを指摘しています。またそれを現代人に特有の歴史意識という面から解明を行ないました。そしてそうした現象を指し示すの

---

6) Hermann Bausinger, *Volkskultur in der technischen Welt*. 1961: 今日では次の拙訳がある。
参照、ヘルマン・バウジンガー『科学技術世界のなかの民俗文化』（文楫堂　2005）

に、幾つかの新しい術語を考え出しもしています。〈内部エキゾチシズム〉（国内エキゾチシズム）も、そのひとつです。つまり民俗事象が現代の人々の心に訴えるのは、見知らぬ土地のめずらしい品物のもつ魅力、つまりエキゾチシズムと通じ合うところがあるとの指摘です。またびっくりするような表現ですが、〈民俗事象におけるハイゼンベルク効果〉という言い方もしています。

　バウジンガーは、思いもよらない、気の利いた（見ようによっては幾分気障な）、しかし社会的状況や思想界でのテーマや話題をたくみに採り入れた説明をおこなったひとでもあり、この用語などには、そういう特徴があらわれています。ハイゼンベルクとは物理理学者のヴェルナー・ハイゼンベルクのことで、不確定性原理の提唱者として知られています。もとの理論は、電子の位置と運動量の測定値に関する量子力学に固有の法則のようですが、その後、何らかの物象をめぐる対象像は確固不動ではなく、対象と観察者ないしは行為者の相関関係によってきていされるものであるという一般化された考え方が、ハイゼンベルクの名前と共に社会科学や人文科学の分野に普及することになりました。そうしたいわば流行のアイデアを民俗学の分野にも取り入れたのが、この〈民俗事象におけるハイゼンベルク効果〉という言葉です。

　またこの種の指摘は、バウジンガーがはじめてというわけではありません。たとえば1950年代の終わり頃にエルンスト・トーピッチュ[7]という社会哲学者もおこなっています。それによると、民俗事象の多くは、その担い手となっている人々が、学者の説とどこかで触れた経験をもっていたり、あるいは学校教育やマス・コミの情報を判断基準としていたり、それどころか民俗

―――――

7）Ernst Topitsch（1919 in Wien - 2003 in Graz）ウィーン出身の社会哲学者。ハイデルベルク大学、グラーツ大学の教授を歴任した。ヘーゲルの社会哲学を支配イデオロギーの面から批判的に検討したことで知られる。また、学問知識が社会に受容されると、やがてそれがフィードバックして学問のあり方に影響する相互作用をも考察した。

学の書物を読んで民俗学者と変わらない眼をもっていることも少なくなく、しかもその知識を自分たちの伝承的行為に反映させていたりすることが多く、その意味で民俗の実態は、〈民俗学の理論が、民俗の担い手に逆流している〉という要素を組みこんで捉えるのでなければならないと言うのです。

★★★★★

こうした考え方の流れがあり、特にバウジンガーの理論を直接の土台として提唱されたのが、ここで問題にしている〈フォークロリズム〉の概念です。もっとも、理論の性格から言えば、バウジンガーの考察が、現代における伝統民俗の変化の法則を全体として把握しようとしたのに対して、一部の現象を抜き出して詳しく検討したというところがあり、また理論としても単純な定式化の面もないわけではありません。しかし単純化されただけに、提唱されるや、次第に力を強めてゆきました。

提唱論文には、先にふれたように1962年と1964年の2篇がありますが、後者は私が訳出したことがあります。参考までに、その書き出しの文章を引用してみます。

ミュンヒェンでは、ある著名な学者の体験が、一種の笑い話として語り継がれている。それは、第二次世界大戦前のことだったが、その学者は高地バイエルンのアルプスに連なる地方へ出掛けて、そこで催される祭り行事に参加した。彼は、その行事については、もちろん文献を通じて既に知っており、またおそらく講義でも取り上げたことがあったのであろうが、ともあれその行事がその土地ではどのように意識されており、また何のために挙行され、さらにどのくらい古くから行なわれてきたか等を、実際の見聞によって確かめようとした。またそれを地元の人に質問としてぶつけてみようとも考えた。そしてちょうど自分の傍らに、白い髭をたくわえた典型的な地元民とおもわれる老人が立っていたので、早速、考えていた質問にとりかかった。この学者のその地方の方言にも堪能であったので、こ

れまでにもよくそうしてきたように、如才の無い気の利いた質問をしたが、特に変わった、蒙を啓くがごとき答えが返ってくるはずがないことも承知していた。〈ええ、こいつは古くからの祭りでね〉とか、〈ここでは昔からこれをやっていますよ、私のお祖父さんのときにもありましたから〉といった、その行事が誰ももはや特に懸念を抱かないほど当然のことがらとなっているといった内容の答えを予想していたのである。ところが、この老人の場合は、そうはならなかった。実直そうなその老人は、ナイーヴな質問をした他所者を調べるような眼つきで見詰めていたが、やがて事情を知った人に特有の考えこんだ表情を浮かべて、このとき以来慣用句になってゆく言葉を口にした。〈まあ、フォークロア的なものですよ〉。

モーザーが論文の始めに置いているこのエピソードは、現代における民俗行事のあり方を端的に示す一種のシミュレーションと見ることができます。なお使われた言葉いついて少し解説をしますと、最後の老人の言葉は原文では〈フォークロリスティッシュ〉という形容詞になっています。これはあまり一般的な言葉ではありませんが、フォークロアの形容詞形の一つとも見なせます。同時に、フォークロアから派生させた抽象語フォークロリズムの形容詞にもなります。したがってこれは、〈まあ、民俗学ですよ〉と訳しても構いません[8]。とにかく、いかにも土地の古老と見えた人物が、民俗行事の意味を問われて、要するに民俗学ですよ、さらに言えば民俗文化財として伝え

---

8) 細かく見ると、土地の古老が〈folkloristisch〉の語を用いたとのエピソードあるいはシミュレーションには背景がある。ドイツ語では民俗学を指す語として〈Volkskunde〉があり、その形容詞系〈volkskundlich〉もあるが、19世紀の最後の四半世紀から英語の術語〈folklore〉が流行したのである。またそれは、個々の民俗事象よりも〈民俗学〉という学術分野を指していた。従って、土地の古老までがフォークロアという学問名称を知っている様子が鮮明になる。日本に置き換えて、やはり土地の古老が〈要するにフォークロアだよ〉と、英語の学問名称を口にする様子を想像すればよいわけである。

ているのですよ、と返答したことになり、古老と言えば素朴に故習をまもっている存在で、そこには古来の原義や観念がなお生き続けているなどと想像していた学者は意表を突かれたという場面です。土地の古老も、意外なことに、(実際には当然にも) 現代社会に生きる人間そのものであったということになります。

★★★★★★

ともあれ、このエピソードを冒頭に置いて、モーザーは、次にフォークロリズムの諸相を取り上げ、また民俗行事がフォークロリズムの性格において行なわれるようになる趨勢の歴史を分析したりしています。一概にフォークロリズムと言っても、その内容にはさまざまな段階があって、何らかの民俗物象を文化財として保存しようとする意識のこともあれば、ショーウィンドウに見られるような最新のオートクチュールを古い民具と取り合わせるなどの活用もあると言うのです。

またバウジンガーが後年の1969年にフォークロリズムの説明に用いた例も、当時としては(あるいは今日でも)大変刺激的でした。それによると、バウジンガーが説明の仕方を考えていたとき、ちょうどテレビの画面にベルギーでのデモの様子が映っていたとのことです。〈革新政党のデモ隊の先頭に民俗衣装を着た女性の一団が歩いているのだが、これはその共産党が伝統文化を大切にする政党であることを示すためのものであり、これもフォークロリズムということになる〉。

以上は、フォークロリズムの概念をドイツの民俗研究者たちが挙げている事例の一部を紹介しながら案内したのですが、これがドイツとかヨーロッパだけのことでないのは、改めて申すまでもないでしょう。

ところでモーザーは、その提唱論文のなかで、フォークロリズムの概念を自ら定義もしています。それによると、フォークロリズムとは、〈セカンド・ハンドによる民俗文化の継受と演出〉ということになります。セカンド・ハンドと言うと、日本で言うセコハン、つまり中古品にもなり、それとも重な

らないわけではありませんが、ここでは第一義的な意味、いわゆる原義の故に行なわれているのではなく、第二義的な意味合いにおいてなされているというふうに理解すればよいでしょう。つまり民俗文化が本来の意味合いにおいてでなく、現代の状況のなかで別の新しい意味をもち、またそれゆえに継ぎ送られたり、演出されたりすると言うのです。

　なおこの〈演出〉という言葉も、かなり挑発的と言えるかも知れません。つまり民俗行事は、今日では、あたかも演劇を上演するのと同じように、企画されたり、効果を計算して、観客の前に呈示されたりするものとして存続していると言うのです。しかしこの演出という性格は、見ようによれば、行事の性格の強い民俗には多かれ少なかれ本質的とも言えます。目下よく耳にする言葉を使えば、イヴェントの性格を帯びているということなります。

　これは、民俗に対する一般のイメージに対しては、ある意味では挑戦的な発言ですが、驚くのは、モーザーが地道な民俗採訪者タイプの研究者で、しかも昨年90歳近い高齢で亡くなった世代の人であることです。しかも本人は、そうした指摘は、長年の調査活動から実感したもので、民俗の実際に接すれば接するほど、民俗が本来の意味においてなされていることはほとんどなく、現代社会に特有の関係性のなかで別の意味を帯びていることが分かるはずと言うことを、何度も述べています。

　このあたりは、日本の民俗学との異同を考えてみたくなる問題を含んでいます。おそらく日本でも、民俗の実態は、ドイツとそう変わったものではないかと思われます。しかし日本では、モーザーと同年齢どころか、はるかに若い世代の研究者でも、民俗現象をそんな角度からは見ていないのではないかと思えるのです。まったく見ていないとはいえないでしょうが、それを正面から問題にする趨勢には至っていないようです。

　なおひとつ補足しておきますが、〈フォークロリズム〉の定義には、もうひとつあります。それは、1969年にバウジンガーが行なったものです。もともとこの概念をモーザーが言い出すにあたっては、バウジンガーの理論をヒントにしたところがあり、その後も両者の協力関係によって広く知られていっ

たという経緯があります。そのひとつとして、先にもふれたことですが、1969年に、当時ドイツ民俗学会の機関誌の編集責任者であったバウジンガーが〈フォークロリズム〉の実態について、各国にアンケートを送付するというできごとがあり、もまもなくそのアンケートの文章と各国からの回答が機関誌『ドイツ民俗学』に掲載されました。〈フォークロリズム〉という言葉が世界的に知られるようになったのも、この企画によるところが大きかったのです。そしてそのアンケートのなかで、バウジンガーは、モーザーの定義は厳密というより含蓄のある表現と言うべきものであるとして、自分なりの定義をほどこしています。それによると、フォークロリズムとは、何らかの民俗的な文化事象が〈本来、それが定着していた場所の外で、新しい機能をもち、また新しい目的のために行なわれること〉と言うのです。本質的にはモーザーがそれにこめた意味とそう違わないのですが、より即物的ないしは客観的な表現になっているとは言えるでしょう。

★★★★★★★★

ところで、私たちの周りでもフォークロリズムとして捉えることができる現象があちこちで目に付くことは、既にお気づきでしょう。事実、私たちの身近な世界のあり方を考える上でも、有効性の高い観点であると思えたからこそ、この概念を紹介してみたのです。特に民俗学を専門とする方々は、ここまで聴けば要点の見通しはついたと仰ることでしょうが、蛇足を承知で、二三の補足をしておきます。

日本でも、伝承的な文化事象である民俗の多く、殊に行事や藝能の性格にあるものが、本来の意味をそのまま現在に持ち伝えているのでないことは、そうした営為を保存会が担っている例が圧倒的であることによって明らかでしょう。国や地方自治体も民俗文化財の指定を盛んにおこなっています。民俗学系の博物館や資料館の設立もかなり前からブームになっています。また商店やデパートには、民俗的な要素を採り入れた商品があふれています。方言の保存を意図した運動や、方言を活かしたドラマの製作、さらに地元の方

言をもちいた地方放送局の番組だけでなく、特定の方言による全国向けの番組も人気を集めています。ふるさと祭りも、すでに広く歓迎されるようになって久しく、またそうした趨勢を見据えた〈ふるさと創生〉という政策が進行してもいます。あるいはまた総選挙になれば、政党の党首が、戦勝を願って餅搗きの杵を振り上げている写真が、新聞や週刊誌に載ったりします。その他、観光や町起こし・村起こしのために民俗文化が活用されるといったことは、今日ではいたるところで見られます。これらは、ただいま問題にしているフォークロリズムの概念によって捉えることができる面をもっていると言ってよいでしょう。

☆☆

　なかでもイヴェント的な催し物には、フォークロリズムの性格を濃厚に見ることができます。またそれらは、現代文化のさまざまな要素や局面が凝縮している現象でもあります。しかし、それほど一般的な現象でありながら、解きほぐすのは容易ではありません。またその本質をとらえるところまで目指すなら、フォークロリズムという、どちらかと言えば現象に密着した概念装置だけでは核心に迫り切れないことが予想されるほどです。
　ともあれ、そうした問題点の幾つかを、具体的な形で取り上げておくのがよいかと思われます。たとえば、この東三河地方で大変評判を呼んでいる催し物に、新城市の「奥三河芸能祭」[9]があります。昨年のテーマは〈鬼〉で、鬼とは何かという詩人や学者の講演があり、また鬼の登場する各地の民俗藝能を一堂にして舞台にのせるという企画があり、最後は太鼓を用いた創作舞台で盛り上げるという趣向でした。
　これが昔ながらの民俗藝能をその本来の場所から切り離し、今日の状況のなかで受け入れられる形態になることを目指して組み上げたものであること

---

9)「奥三河芸能祭」は、郷土文化の発見と町おこしのイヴェントとして、1987年に愛知県新城市役所の企画で始められた。

フォークロリズムからみた今日の民俗文化 (1992)

は、イヴェントいうあり方からもあきらかです。と言うことは、そこで私たちが眼にするのは、〈昔ながらの〉という意味での〈民俗〉ないしは〈伝統行事〉そのものではないということになります。過去から続いてきた形態が、あるがままの姿で目に入ってきているのではなく、着目され、取り上げられ、呈示されているのです。その一連の現象を作り上げている動機は、むしろ現在の環境のなかにひそんでいると言わなければなりません。そういう面から見ると、たとえば次のような場面は、どういう意味をもつことになるでしょうか。

いよいよ民俗藝能の実演に入りますと、先ず登場したのは、秋田県男鹿半島の民俗として有名な〈なまはげ〉です。そのときには、写真やテレビでお馴染みの〈なまはげ〉の出で立ち、つまり藁でこしらえた乱髪、大きな仮面、それに手には刃物という姿の鬼たちが、観客のあいだを鉈を振り上げながら、〈怠げ者はいねが、泣ぐ子はいねが〉と大声を挙げて歩き、それに連れて会場に嬌声や悲鳴や爆笑が沸き起こるなかを舞台に上がるという進行が見られました。サーヴィス精神なのでしょうが、たぶん、なまはげの出張公演のときの決まった型でもあるのでしょう。

続いて地元からは、豊橋市の神明社の「鬼祭り」が披露されました。それにあたっては、著名な民俗藝能研究家が、鬼の仕草のひとつひとつについて、それらが本来何を意味しているのかという原義を解説したのでした。

こうした現象は、積極的な評価をあたえることもできれば、マイナス面からコメントを加えることもできるものです。プラスの意義ということでは、伝統的な文化の要素を採り入れた新しい市民行事は、ふるさとの過去を改めて人々に認識させることになり、それがまた人間と人間との今日的な関係作りに役立っているということでしょう。またマイナス面からのコメントとして考えられるのは、そうした催し物は、もとの民俗信仰や伝統藝能と一体になっていた厳粛なたたずまいや真剣な雰囲気をだいなしにしてしまうものであり、本来の意義を貶めているといったことでしょう。言うなれば、伝承的なものとしての民俗や伝承藝能のパロディーです。しかしそうした手厳しい

批判に対しては、ある種の臨機応変も民俗が本質的に含んでいる要素ではないかとして即断を留保することも可能です。ともあれ、ポジティヴ、ネガティヴ、いずれにおいても、その意味や機能は重層的です。そしてそれらを通じて、観客や参加者たちは、何かを満たされたり、あるいは白けた気持ちにさせられたりするのです。民俗学において、今日もとめられているのは、過去の民俗のそうした現代社会のなかでのあり方についても、その全体像を解明できるような理論や概念ではないでしょうか。

☆☆☆

　ところで、ここでひとつ注目したいのは、こうしたイヴェントのなかで民俗学者が果たしている役割です。それは、ひとことで言えば、伝統民俗や民俗行事について、その本来の意味や脈絡を解説するということでしょう。たしかに、行事次第や民俗藝能のなかの仕草の意味は、解説をきかなければ分からないといったものが少なくありません。

　ところが、今日、伝統民俗や民俗藝能が行なわれる根拠や理由は、そうした学者が解説してくれる意味とは、あきらかに別のものであることが多いのです。つまり、市役所の内部やその周辺で企画がなされ、予算措置がとられ、ポスターの製作とチケットの販売に進み、また当日には併せて地元の物産の即売場が設けられるといったイヴェント全体の意味は、主催者側に指名された学者がその期待に応えて人々に説く民俗行事や民俗藝能の〈原義〉とは、当然のことながらまったく重ならないのです。

　先程、民俗要素を採り入れたイヴェントが、時として人を白けた気分にさせると言いましたが、その原因にひとつは、これらにおける民俗学者の関与のあり方と関係しているようです。その種のイヴェントが、現代の真っ只中に鄙びた村のたたずまいを設定するものであっても、企画全体が私たちの日常の生活サイクルからの分離に成功しているときには、言い換えれば新しい藝術や藝能になっているときには、私たちはそこに共感を寄せることができます。白けた気分になるのは、そういう分離に至らないまま、今日の私たち

のなかにも、昔ながらの稲作儀礼や、かつて修験者が説いた彼岸の観念が生きているといった説明がなされるときです。実際にはイヴェントの全体には、地元の振興のために人々を集めることができるアイデアをもとめたという側面があり、したがって民俗的要素を活用したイヴェントの代わりに、もしそれを上回る効果を見込むことができていたならロックやポップスのライヴ・コンサートでもよかったという脈絡もあるのです。そうしたときに、取って付けたように、昔ながらの民俗的な観念が、今なお皆さんの頭の中に走っていると言わんばかりの解説を聴かされることが、快いはずがないのです。一般的に言えば、イヴェントであると割り切って、演出などもその方面のプロに任せた企画の方が、伝統の見直しといった民俗学的な性格を強調した場合よりも成功の度合いが高いのは、このためです。参加して後味がよいのも、そうした催し物の方でしょう。

　すなわち、イヴェント全体の意味と、そこに走っていると解説される原義とが掛け離れ、その乖離がきちんと処理されてもいないのは、民俗的要素を活用しようとした企画に起き勝ちな欠陥です。逆に言うと、そのあたりが解決されれば、過去の民俗や藝能もまた、現代社会を豊かなものにする要素であることになります。

☆☆☆☆

　昨年、奥三河で行なわれた「白山行事」の復活も意欲的な企画[10]で、またフォークロリズムの観点から興味深いものでした。同時に、現代に特有の脈絡が表面にあらわれてもいたようです。百数十年前に行なわれたことが記録されているものの、詳細は不明な修験道系の民俗行事を、同系統で今も伝承されている〈花祭り〉を参考にして復元したとのことでした。しかしこれもまた、本来その行事にこめられていた意義が改めて必然的になってきたために復元されたというわけではありません。復元への推進力は、どこまでも現代社会の歯車であったと見なければならないでしょう。

　特に、現代の民俗行事とは切っても切れないものであるマス・メディアが

表面に出てきていた点でも、その企画は、今日のひとつの典型と言ってよいものでした。それは、主催者が会場で説明していたことでもありますが、かつての行事の再現をそもそも発案したのはNHKであったとのことでした。〈花祭りという大変な財産がある、これを是非活用しなくては〉というのが、放送局が説得に使った言葉であったとのことで、同時にそれはまたそのアイデアを受け入れた地元の反応でもあったようです。因みに、これは、民俗文化財に対する今日の一般的な見方でもあります。そして花祭りを専門にしている民俗学者が復元にあたり、花祭りをめぐるその持論である〈生まれ清まり〉の行事として再現する運びになったようです。

　野外の会場には、祭り研究の専門家や民俗写真家が多数顔を見せ、撮影にはげんでいました。しかし撮影の中心はやはりテレビ局で、〈正規の撮影はNHKにお願いしております……〉という注意が時折スピーカーで伝達されるのでした。

　こういう催し物の評価、特に成功なのか失敗なのかという判断は難しいものです。マス・メディアの発案であることを以って、異質な要素の混入が感じられるといった受けとめ方もあるでしょうが、これまた簡単には言い切れないものです。発案者が地元の実行委員会であっても、その意識がテレビ局と本質的に異ならない場合が幾らもあるはずです。

---

10) 1990年11月23日に愛知県北設楽郡豊根村において開催された。それに先立って同村教育長で民俗研究家の山崎一司氏の寄稿になる新聞のコラムは事態を的確に把握していた。参照、「134年ぶり、生れかわりの行事復活——豊根村の〈白山〉、23日　村の活性化を願う大掛かりな野外劇」『朝日新聞』(1990年11月20日・夕刊「文化」欄)：このコラムでは江戸後・末期の神事・藝能の実態とその宗教的・信仰的な意味が詳しく取り上げられると共に、またその社会経済的な背景に注目し、現代と近似した脈絡がみとめられるとして次の指摘がなされている。：それは〈この地方一帯の近世農民生活史上最も困窮した時期〉であり、〈当時の村人が実施した大神楽も、今回再現される白山行事を中心とした大神楽も〉〈経済的には直接結び付かないが、気勢があがる間接的な事業〉として〈村おこしの方策〉を〈ねらったものではないかと思う〉。

ただ、幾つか注意すべき点はあるでしょう。テレビ局が、その放映に当たって、地元から自ずと沸き起こった祭り行事であると解説するなら、それは事実ではないことになります。同じく、民俗学者が、今なおその土地では〈生まれ清まり〉の観念が脈々と生きつづけていると考えたり説いたりすれば、やはり間違いということになります。それは、祭りの原義、すなわち過去の事実を説明するために考え出された一つの学説に過ぎません。むしろ、今日の一般的な傾向から推測するなら、地元の振興を図る意思の方が、祭りの復元においてはるかに優勢な要素であることになるでしょう。

☆☆☆☆☆

　伝承文物としての民俗、それも生活のなかでの自然な継受という形態ではかなり前から衰微の過程に入っていたり、時にはすでに堙滅してしまったりした種類のものが、意外に人々を惹きつける力があるのは、今日における注目すべき事実です。またこの事実を各方面の人々が自覚したり、注目したりしています。

　しかも人々を惹きつける材料になるのは、伝承文化としての民俗に限定されるわけではありません。伝承としての民俗の認識である民俗学にまで、イヴェント化の波は及んでいます。数年前に始められた「柳田國男ゆかりサミット」[11]などが、それを示しています。言うまでもなく、サミットとは、1975年にフランスのランブイエで始まった「先進国首脳会議」のことですが、以来、「○○サミット」が流行になっています。この場合には、柳田國男の生涯や学問にゆかりのある土地の自治体の首長が会合をもつということのようです。因みに、この種のアイデアには、今日、各地で出遭うことができます。同じ地名の自治体どうしの提携や、歴史上の人物に縁のある土地の共同行事とかです。たとえば、〈木曾義仲は山猿ではなく、立派な武将であった〉とし

---

11) 「柳田國男ゆかりサミット」は第1回が1987年に、岩手県遠野市で開催された後、千葉県我孫子市や愛知県伊良子半島なども会場となった。

て、その名誉の回復を図るゆかりの市町村の会合、「明智光秀サミット」といった企画が計画されたりしています。([補記]また1992年の近隣の事例から拾うと、長良川河口堰問題に因んだ「しじみサミット」、安城・碧南両市の油ケ淵の汚染を食い止めることを目指した「水質浄化サミット」、国産羊毛・羊肉の普及を図る「全国ひつじサミット」などがある[12]。

　したがって「柳田國男ゆかりサミット」の場合は、何らかの伝承民俗そのものに接しようとして人々が集まってくるわけではありません。むしろ、自治体と自治体の間の交流の性格が強いようです。しかし注目すべきは、人々がこれに集まるときの意識は、実際の伝承としての民俗を呼び物にしている催し物に際してそこに集まる人々が携えている意識と、根本的に違ったものではないと考えられることです。となると、逆に、実際に伝承文化が行なわれている場合でも、それが人々の心のいかなる琴線に訴えているかは、微妙な問題になってきます。

　それは、おそらく一様なものではないでしょう。伝承文化の自覚という共通項の奥には、それぞれの立場や条件と結びついたさまざまな期待や思惑が広がっているはずです。すなわち、その伝承文化の地元民、マス・メディア、それに参加者もです。そしてさらにその背景には、現代社会というより大きな共通の環境が横たわっていることでしょう。こうした、きわめて複雑な要素を併せながら行なわれているのが、今日の民俗行事であると言うことができます。その全体をどのようにして解明するのか、これは、民俗行事のなかでその行事の本来の意味を解説する以上に、今日の日本の民俗研究者の方々に期待される課題ではないかと思われます。フォークロリズムという概念が、その糸口になるなら幸いです。

---

12) 1991年6月に口頭で発表した後、1992年に印刷に付した際に、これを加えた。

外から見た日本の民俗学

1994

1.『世界民俗学文献目録』にちなんで

　この報告に「外から見た日本の民俗学」というタイトルを選んでみました。これには何通りかの意味をもたせています。私が、もともと日本の民俗学を専攻したわけではないことも含まれています。それはともかく、2冊の本を手掛かりにして、問題を考えてみようと思います。

　一冊は、『世界民俗学文献目録』(International Folklore and Folklife Bibliography) です。ここにあるのは、その1991/1992年号です。かなり大部な本ですが、2年ごとに刊行されています。つまり過去2年の間に世界各国で発表された民俗学の文献についての情報が収録されています。研究成果は、どこの国でも学術雑誌に発表されるものが非常に多いのですが、それらをできるだけ網羅しようとしており、多いときには、一号に1万点くらいが挙がっていることもあります。現在では、世界の約50か国が、自国の民俗研究の情報をこれに掲載するシステムをとっています。従って、国際的にも、指標的な刊行物と言ってよいでしょう。次に書誌データを挙げておきます[1]。

　　Internationale Volkskundliche Bibliographie—Inernational Folklore and Folklife Bibliography—Bibliographie Internationale des Artes et Tradtitions Populaires. エードゥアルト・ホフマン＝クライヤーは、さらに早く1911年に発表され

た文献を対象にして試行的な目録を作成していたが、やがてヨーン・マイヤーを通じ、当時のドイツ民俗学協会連合の強力を得て、文献情報誌の刊行を実現させた。その第一巻の 1917 年号が刊行されたのは 1919 年であった。*Volkskundliche Bibliographie für das Jahr 1917, im Auftrag deutscher Vereine für Volkskunde*, hrsg. von Hoffmann-Krayer. Strasburg［Karl J.Trübner］1919. この文献目録の継続的な刊行は難事業であり、戦争や資金難のために出版地や出版社、また支援団体はたびたび変更した。刊行年次も大きくずれたことがあった。その刊行状況は次の通り。1918 年号（1920、出版はこれ以後は Berlin-Leipzig: de Gruyter 社が担当）。1919 年号（1922）、1920 年号（1924）、1921/22 年号（1927）、1923/24 年号（1929）、1925/26（1931、編集はこれ以降 Hoffmann-Krayer and Paul Geiger）、1927 年号（1933）、1928 年号（1933）、1929/30 年号（1935）、1931/32 年号（1937）、1933/34 年号（1939）、1935/36 年号（1941）、1937/38 年号（1957、編集はこれ以降 Robert Wildhaber、出版はこの号のみ Berlin: Akademie-Verlag 社が担当）、1939-41 年号（1949、この号からユネスコの支援を受けるようになる；Commission International des Artes et Traditions Populaires［CIAP］──Volume publie avec le concours de l' UNESCO）、1942-47 年号（1950、編集はこれ以降 Paul Geiger and Robert Wildhaber, CIAP and UNESCO）、1948/49 年号（1954、編集はこれ以降 Robert Wildhaber、出版はこれ以降 Bale: G.Kerbs 社が担当）、1950/51 年号（1955）、1952-54 年号（1955）、1955/56 年号（1962、出版はこれ以降 Bonn: Rudolf Habelt 社が担当）、1957/58 年号（1962）、1959/60 年号（1964）、1961/62 年号（1965）、1963/64 年号（1967）、1965/66（1969）、1967/68 年号（1970）、1971/72 年号（1974）、1973/74 年号（1977、編集はこれ以降 Rolf

---

1）［補記］本稿の発表時（1994 年）には書誌データを注記としていたが、今回、本文に組み入れた。またその後も変遷があった。本稿の発表当時の編集者はロルフ・ブレードニヒ（Rolf W. Brednich 独ゲッティンゲン大学）であったが、その後ライナー・アルスハイマー（Rainer Alsheimer 独ブレーメン大学）が担当し、さらに 2002 年からはエストニアのタルトゥ大学において集計と編集が行われている。

W.Brednich and Robert Wildhaber)、1975/76（1979、編集はこれ以降 Rolf W.Brednich)、1977/78（1981)、1979/80 年号（1985)、1981/82 年号（1986、編集はこれ以降 James R.Dow and Rolf W. Brednich)、1983/84 年号（1988)、1985/86 年号（1991、編集はこれ以降 Reiner Alsheimer)、1987/88 年号（1992)、1989/90（1993)、1991/92 年号（1993).

また現在これに参加している国々の国名もあげておきます。次の 48 か国・地域です[2]。

コロンビア、プエルト・リコ、ヴェネズエラ、ウルグアイ、アルゼンチン、サント・ドミンゴ、パナマ、エクアドル、チリ、ボリビア、ホンジュラス、グァテマラ、ペルー、メキシコ、ジャマイカ、カナダ、アメリカ合衆国、スウェーデン、スペイン、ハンガリー、アイスランド、デンマーク、ルーマニア、旧ユーゴスラヴィア諸国、フランス、フィンランド、ギリシア、アルバニア、ポーランド、チェコ、スロヴァキア、ノルウェー、アイルランド、ロシア、グルジア、エストニア、リトアニア、イギリス—スコットランド、ポルトガル、ベルギー、ルクセンブルク、イタリア、ブルガリア、オランダ、ドイツ、オーストリア、スイス。

しかし、日本の民俗学はこれに参加していず、また研究者の方々も、こういうものがあること自体をほとんど見落としているようです。文部省から出ている『学術雑誌所蔵目録』、あるいは「学術情報センター」に登録されている文献を検索する限りでは、幾つか所蔵している機関があることが分かりますが、国立大学でこれを備えているところは一校も見当たらないという状態

---

2) ［補記］1994 年以後、特にユーゴスラヴィアの解体とチェコスロヴァキアの二カ国への分割などが起き、現在では、そこから成立した数カ国が参加しているが、なお過度期の様相がみられる。

です。民俗学の分野でよく名前の挙がる研究機関や文化庁にも備えられていないようです。

　こういう状況から見ると、この情報誌が最近刊行され始め、未だ知られていないからだと思われるかも知れませんが、実際には 1917 年号が 1919 年に刊行され、それ以来すでに 75 年も続いています。しかも、すでに初めの方の号を開いても、かなり充実した内容をもっています。また、こういうものを作るのは、資金的にも大変なことなので、第二次世界大戦後は、国際連合の一機関であるユネスコが刊行を援助しています。たぶんユネスコを通じて、日本にも何部かが送られてきているのではないかと思われるのですが、あまり注意をしている人はいないようです。

　なぜこういうことを話題に取り上げたかと言いますと、こういう簡単な事実からも、日本の民俗学が世界の動きとはあまり関係をもっていないことが分かるからです。もっとも、外国とつながりを持っているかどうかということと、研究が良い方向で行なわれているか、そうでないかは、別の問題です。しかし、なぜこういうことが起きたのか、またその影響が、今日どういうところに現れているかを考えてみることは、無駄ではないでしょう。

2. 二十世紀始め頃のスイスとドイツの民俗学

　先ず、この目録を、誰がいつ頃、どういう考えで作り始めたかという問題があります。そのあたりの事情を見てゆきますと、どうして日本の民俗学の研究者が『世界民俗学文献目録』を見逃してきたかが、大体分かってきます。

　民俗研究者たちが、国際的に情報を交換する必要があると考えて、これを企画したのは、スイスのエードゥアルト・ホフマン＝クライヤー（Eduard Hoffmann-Krayer 1864-1936）です。また、これに賛同して、その企画を実現させる上で力があったのは、ヨーン・マイヤー（John Meier 1864-1953）という人です。この人も、当時の民俗学界の中心人物のひとりです。

ところで、この二人には、考え方の上で共通性がありました。それは、19世紀以来の民俗学の伝統に批判的であったことです。そこで先ず、彼らが批判した、ヨーロッパの19世紀の民俗学がどうであったかを、ドイツ語の国々について簡単に見ておきます。

ヨーロッパの民俗学が成立するに当たって、重要な位置にあるのは、有名なグリム兄弟（Jacob Grimm 1785-1863, Wilhelm Grimm 1786-1859）です。しかし、グリム兄弟自身は、民俗学という学問を作ろうという意図をもっていたわけではありません。グリム兄弟は、もともと言語学者であり、言語研究を土台にして、古い時代のヨーロッパの文化を、特に神話を中心に解明していったのです。そしてグリム兄弟の弟子たちが、それを受け継いで、民俗学へ発展させました。ヴィルヘルム・マンハルト（Wilhelm Mannhardt 1831-1880）とか、カール・ヴァインホルト（Karl Weinhold 1823-1901）とかです。これらの人々は、神話学派と呼ばれています。それは、彼らが、次のような前提で民俗の研究をおこなったからです。

すなわち、現行の民間習俗は、古代から連綿と続いており、そのなかには古い時代の物の考え方が継続しているという見方です。また、その古い時代の文化とはキリスト教以前の文化であるというのです。そういう前提に立って、これらの人々は、村々に残っている珍しい風習や俗信を収集しました。そのさい、いわば指導要領の役割を果たしたのは、グリム兄弟の考え方でした。兄弟の兄ヤーコプの大著『ドイツ神話学』（1935年）のなかの次の言葉などはその代表的なものの一つです[3]。

キリスト教徒たちは、彼らの先人が持っていた神々への信仰を、たちまち放棄したのでも、完全に捨てたのでもなかった。したがって、異教の神々

---

3) 参照、Jacob Grimm, *Deutsche Mythologie. Bd. II. S.* 765f. ——ヤーコプ・グリムのこの著作は何度も復刻されているが、同じ版に依拠しているので、頁の指示によって検索は容易である。

は、一挙に彼らの記憶から消えてしまったわけではない。それらは、一部の頑なな人々の前に、場所を変え、しかも後退した場所で姿を現した。それらは、信頼されるような性格や親しみやすい特徴を失い、黒い恐ろしい力へと変貌し、またそのようにして、ある種の影響力を永く保持することになった。

こういう見方はグリム兄弟より前からも行なわれていないわけではなかったのですが、兄弟の表現によって一種綱領的な性格をもつようになったのは、時代思潮がそれをもとめていたということでしょう。もっとも、グリム兄弟の仕事は言語学の面からの丹念な比較研究と一体で、また兄弟は、非常な努力を費やすことによってはじめて、僅かづつ上古の事情が明らかになるとの感慨もいだいていました。ヤーコプ・グリムは次のような文章も残しています[4]。

　　最古の遺物が、私たちに、始原を指示してくれるのではない。過去に向ってたゆみなく歩むことによって、私たちの方が、それに近づいてゆくのである。

ヤーコプ・グリムのかかる精緻な研究の姿勢は時人の注目するところともなったらしく、〈瑣末なものへの信仰心〉の持ち主と呆れられたほどでした。この評言は、元はグリム兄弟の昔話をからかって言われたのですが、いつしか兄弟の綿密な探求の姿勢を肯定的に言いあてるものとみなされ、よく引用されます[5]。このエピソードからもうかがえるよに、グリム兄弟にとっては、ゲルマン上古は、学問的な努力を通じてようやく見えてくるものでした。ところが、既にグリム兄弟の同時代に出現していた兄弟のエピゴーネンたちは、ゲルマン上古が学問的に辛うじて復元できるものであることを顧慮すること

---

4) 参照、Jacob Grimm, *Kleinere Schriften*.Bd.4 ［1884］, S,551.

なく、それを確固たる事実とみなすところから議論するようになってゆきました。もちろん学問的な水準の人もいたのですが、それを上回る勢いで、民俗学の愛好ブームがひろがり、各地に自主的なクラブがつくられてゆきました。グリム兄弟の弟のヴィルヘルムは社交的で、そうした団体からもとめられると励ましの手紙などを書いてもいたのです。そうした時代の潮流ともなっていった民俗学のあり方は、神話学系統の民俗学とよばれます。

　この神話学派系統の人々は、また民俗的な文化とそれを生み出す人間の関係についても特異な見方をしていました。民俗的な文化、たとえば民謡や昔話、それに民俗工藝、祭り、さまざまな俗信、それに民俗的な儀礼と行事（しきたりとならわしないしは慣行・習俗）[6]などです。神話学派の人々が特に関心を示したのは、しきたりやならわしのなかでも、ちょっと変わった珍しい習俗、それにまた民謡や昔話といった言語的な伝承、また祭りや俗信です。こうした文物は、無名の民衆のなかで自ずと形成された、と神話学派の人々は考えました。つまり、民衆の全体には、個人的な藝術家とは違った種類の想像力があって、それがかたちをとったのが民俗であると言うのです。従って、民謡や昔話には、民衆の魂が息づいているという考え方です。個人の作り上げる藝術には、ひよわであったり、形式を重んじたりするところがあるのに対して、すべての創造の源泉は無名の民衆が全体としてつくるまとまりのなかにある、と考えたのです。

　こういう考え方は、なかなか魅力的で、一概に否定できません。しかし、

---

5) この評言については、次の学史文献を参照、Ingeborg Weber-Kellermann u.a., *Einführung in die Volkskunde / Eine Wissenschaftsgeschichte*. 3.Aufl. Stuttgart 2003, S. 89. ［補記］現在、次の拙訳が刊行されている；参照，インゲボルク・ヴェーバー＝ケラーマン（他・著）河野（訳）『ヨーロッパ・エスノロジーの形成／ドイツ民俗学史』文緝堂 2011, p.119.

6) ドイツ語圏の民俗学では、ロマン派以来の、民俗学の対象として "Sitte und Brauch" が挙げられてきた。〈儀礼と行事〉でも〈慣行と習俗〉でもよいが、ドイツ語に多い重ね言葉のひとつで、両概念の差異は必ずしも明瞭ではなく、今日ではその意味するところが曖昧であるとの批判が屡々である。

あまり強調されると、個人主義を否定して、全体主義に向うことになります。また、これと結びついたもうひとつ重要な要素があります。それは、民俗の主な担い手は農民であると考えて、農民に大きな意義をみとめたことです。このため、民俗学は、農民を研究する学問という性格をもちました。これらは、初期のものはロマン派、後のものはネオ・ロマン派の民俗学ということになります。

　ところが20世紀に入りますと、そうした行き方に対して、批判がおきてきました。それが、スイスのエードゥアルト・ホフマン＝クライヤーや、ドイツのヨーン・マイヤーでした。彼らは、現在おこなわれている民俗を、キリスト教以前の古い時代の文化が生き続けているものと見ることは、おかしいと考えました。つまり、一見、素朴に見える民俗も、実際には、ずっと後の時代に複雑な歴史的過程の中で形成される場合が多いことに気づいたのです。

　たとえば、ヨーン・マイヤーの主な研究領域は民謡ですが、若い頃に民謡の古い写本を調べているうちに、面白い発見をしました。それは、誰もが民謡と思っている歌が、もとは個人が作ったものである場合があることです。また写本を時代順に並べると、個人の作った歌が少しづつ歌い変えられて民謡となってゆく過程が分かってきたのです。もちろん、それは数編の歌についてだけでしたが、その観点からみると、民謡のあり方については納得がゆくことが多いということにもなりました。

　因みに、ヨーロッパの民謡は、そう古いものではありません。今日では、だいたい14世紀から15世紀頃に、宮廷の抒情詩が民間に流れて、かなり短期間に基本的な骨格ができたことが分かっています。ヨーン・マイヤーは、そういう民謡の科学な研究の基礎を築いた人です。また昔話にしても、そう古いものではありません。グリム兄弟があつめた昔話、と言うよりその元になった話の多くは、中世が過ぎて、近世に入ってからできたものと見るべきでしょう。

3. 柳田國男と同時代のスイスとオーストリアの民俗学とのすれ違い

　ところで、こういう動きと、日本の民俗学のあいだに接触がなかったことについては、原因があるようです。柳田國男が、それに気づかなかったらしいのです。日本の民俗学の大きな特徴は、創始者である柳田國男の考え方が今も基本的な骨組みになっていることでしょう。もちろん、過去にそうした偉大な人がいて、その考え方が今も生命力を発揮しているのは素晴らしいことです。それは、その分野が非個性的ではないことを意味するからです。しかし、それが絶対的な支配力を持ちつづけているとすれば、マイナスの影響もあることになるでしょう。つまり、柳田國男の視野に入っていなかったものは、その後もなかなか射程に近づかないようなのです。今の場合も、そうした現象と言えるでしょう。

　そこで、その辺りの事情を少し取り上げてみます。柳田國男が民俗学を打ち立てようとしていた時期は、ドイツやスイスでは、19世紀の神話学派から、それを批判する人々へと中心が移っていた頃でした。1910年代から20年代です。柳田國男は、1921年から1923年にかけて、国際連盟の一機関、信託統治領委員会の日本代表メンバーとして、2度、ジュネーヴへ赴任しています。またその機会を活かして、各地を訪ねています。民俗学を樹立するという構想もすでにはっきりしており、スイスでは先史時代の湖上家屋などに興味を示したようです。しかし、同時代の研究動向との接触は意外に希薄であったようなのです。おそらく、独自の民俗学の構想が、もう固まっていたのでしょう。と言うのは、その頃、スイスではホフマン＝クライヤーが民俗学会の会長をしていました。またドイツではヨーン・マイヤーがドイツ全土の民俗学関係の団体の頂上組織である「民俗学クラブ連合」[7]の会長でした。したがって、同時代のドイツ語圏での民俗学の動向に関心があれば、当然、この二人に接触するか、注目するか、したはずなのですが、その形跡は見えないのです。従って、この二人が民俗学の国際的な情報交換のために推

進してきた『世界民俗学文献目録』も、ちょうどそのころ最初の結実を見て、学界の大きな話題であったにも拘らず、日本には知られずに終わってしまいました。

　柳田國男が注目したのは、同時代ではあっても、神話学派の流れを汲む人々の仕事であったようです。その代表者は、イギリスのジェームズ・ジョージ・フレイザーです。言うまでもなく、『金枝篇』の著者です。大層有名なものですが、学問史的には、先に挙げたグリム兄弟の弟子であるヴィルヘルム・マンハルトの考え方を受け継いで拡大させたものという性格を帯びています。もっとも、日本では、フレイザーの原型がマンハルトにあることは、あまり知られていません。ともあれ、このフレイザーに柳田國男は、ライヴァル意識を持っていたとも言われています。

　もっとも、柳田國男は、時代が重なる人のなかでは、フランスのポール・セビヨ（Paul Sebillot 1846-1918）の民俗研究をかなり詳しく検討したようです。セビヨも、基本的な考え方では必ずしもロマン派の原初回帰の思考を脱していたとは言えませんが、民間習俗の特定のものに拘泥して、そこに原初の神話の延命を読むというドイツ・ロマン派の弱点を強く共有してはいず、むしろ民間習俗を広く見渡して体系的に記述する方向をとっているのが特色です。柳田國男の幅広い研究とは、共通するものはあると思います。

　また柳田國男は、詩人ハイネ（Heinrich Heine 1797-1856）の『流刑の神々』という著作を民俗学の観点から評価しています[8]。ハイネがこれを書いたの

---

7) ドイツでは、19世紀末から各地に民俗学の研究会や愛好家の団体が成立したが、それらの連合である頂上組織「ドイツ民俗学クラブ連合」（Der Verband deutscher Vereine für Volkskkunde）が1904年に結成された。ヨーン・マイヤーは1911年から1936年までその会長であった。

8) ハイネの『流刑の神々』（Heinrich Heine, *Götter im Exil*. 1853）は、民俗学史から見ると、グリム兄弟の生前から盛んに現れていた周辺的な産物のひとつである。ただし、ハイネの場合は、当時の流行の神話観に仮託して自己の思想を表明していると見ることができ、その面からは重要性をもっている。しかしそれは、民俗学にとっての意味ではなく、ハイネ研究にとっての意義と見るべきであろう。

は1850年代ですから、当時からも見ても、60年か70年前のものです。内容は、キリスト教が広まって力を得たことにより、古いギリシアの神々やゲルマン神々は名前が変わったり、悪魔にされたりしたというものです。これは、1830-40年代の神話学の初期に流行った考え方です。したがって、ハイネの独創ではありません。もっとも、ハイネの場合は、むしろ、このアイデアに仮託して、ヨーロッパ社会の支配構造と一体になったキリスト教会の禁欲主義に抗して、官能の復権を謳いあげることに重点がおかれています。したがって、広い意味での文学の世界の産物なのです。事実、ドイツの民俗学の発達史のなかでは、これは、重要な文献と見られたことは一度もないのです。柳田國男は、民俗学の理論としてではなく、ロマン派の詩人ハイネの作品としてこれに出遭ったと思われますが、どうも民俗学の理論として意義があるという読み方をしたようです。そのあたりにも、すでにずれがあったことになりますが、日本では、今日に至るまで、柳田國男が評したために、古典ということになって岩波文庫に入ったりしています。

　ここで考慮しておかなければならないのは、柳田國男が、同時代のヨーロッパの民俗研究とはすれ違ってしまったとしても、それ自体は無理からぬものであったことです。自然ななりゆきと言ってもよいものがあります。つまり、民俗学が始まるときには、日常生活のなかの普通では説明がつかないような風習や、またその背後にある民衆の情念のあり方に注目が向うことになります。またそれにあたっては、常識では不可解な現象を相手にしているので、何か隠れた要素がそこにはたらいているのではないか、と考えるのは自然なことです。それが、ヨーロッパで言えばキリスト教、日本で言えば仏教といった、支配的な宗教が普及する前の信仰や思考の名残ではないか、という着想になります。また先住民族とか、まだ知られていない古い文化の痕跡といった仮説が立てられることになります。そうした仮説そのものは、その後、歴史的な研究が進めば、どこが当たっていて、どこがはずれていたかが分かってきます。

　また、事実、その後の日本では、民俗研究は特にめざましい広がりを見る

ことになりました。とりわけ、堅実な発展を遂げたのには、多くの研究者が歴史学の手堅い手法が身につけていたからでしょう。仏教文化も、民俗学の側から手懸けられるようになりました。また農民に偏重していた民俗学のなかに、現代の都市文化の諸相も取り入れられるようになってきています。

そのさい注目すべきは、民俗学が、柳田國男以後も、外部との接触をあまりもたずに独自に展開を遂げたと考えられることです。これは、学問の諸分野を見渡してもあまり例をみないことでしょう。それには、プラスとマイナスの両面があるでしょう。日本の場合は、おそらくプラスの方が大きかったでしょう。しかし、全体としてプラスであっても、それが特異な展開であることには変わりはありません。つまり、研究の多くは、日本の文化や歴史の特殊な条件に依拠しているために、明確な方法論をとることが少なかったのは、その大きな現れでしょう。柳田國男を〈無方法の大家〉と呼んだ人もいます。しかし、その推論は、方法論が明確な形態をとっていないにも拘らず、驚くほど当たっていることが多いようです。そのときどきのテーマの周辺部分で軽く触れられている文言が、洞察を感じさせることです。金科玉条として箔を張り重ねるような深読みは問題ですが、読み進んで無理がないということは、その思考が日本文化に固有の脈絡と合致するところが多いのでしょう。

4. 現代フォークロアの方法をめぐって

a. ドイツ民俗学の転回

日本の民俗学が外部とあまり接触せず、そのため特殊な形をとることになったのではなかろうかとの疑問を投げたのですが、同時にそれが、どちらかと言えばプラスにはたらいたとのコメントも付けてみました。それは、その後のドイツを中心にした民俗学が大変悪い方向へ進んだからです。ホフマン＝クライヤーは1936年に亡くなりました。ヨーン・マイヤーは69歳まで

生き、戦前から戦争中には学界の中心人物でした。それは、ちょうどドイツがナチズムに向かい、また最後は第二次世界大戦に突入していった時期に当たります。そのなかで、民俗学はナチズムに積極的に加担した面がありました。ヨーン・マイヤーの弟子のなかからも、そういう人物が出てきます。また、民俗学は、ナチ党が特に国内の思想統一のために利用した分野でもありました。最近、ドイツでは、ナチ時代のひとりひとりの学者の行動を明らかにしようとする動きが起きています。もちろん簡単に進むテーマではないのですが、そういう研究をみますと、ヨーン・マイヤーは、ナチ党の要求に対して老獪な対応をしていたようです。老獪な、と言うのは、決して潔癖なだけではなく、ナチ党の御用学者を理事に引き入れて学術組織の防衛も図ったりしてもいたからです。そして、ともかくも政治色を排除した学問研究を維持しようと努めたとされており、今でもその姿勢は高く評価されています。

しかし、民俗学の大勢はナチズムに流れたところがあり、第二次世界大戦後はそれを指弾されて、社会的な信用を失ってしまいます。そこで、民俗学は、自己の過失で招いた事態とは言え、存亡の危機に見舞われました。そして、その危機のなかで、逆に、独創的な研究者が、ドイツだけでなく、スイスやオーストリアからも出現して、民俗学という学問を新しく作りなおしてゆきました。いわば一からやり直したことになりますが、それだけに、そこでの動きには目覚しいものがありました。それを担った人たちも、当時を振り返って〈小さな革命であった〉と言っています。そして、世界の主に先進国と呼ばれている諸国の民俗研究者の関心を集めてきました。

このあたりに事情に注意を向けている日本の研究者は、私の知る限りでも決して少なくありません。しかし、全体としては、民俗学が成立したときのすれ違いを今だに引きずっているところがあって、情報が系統的に入ってくるというわけではなかったようです。

そこで最後に、このところのドイツの民俗研究の傾向から、その特徴をひとつ挙げておきます。それには、やはりヘルマン・バウジンガー（Hermann Bausinger 1926生）を取り上げるのが一番よいでしょう。戦後のドイツ語圏で

は、新しい研究方法が幾つか出てきました。もっとも、その新機軸が、一般性をもつかどうかという問題はあり、必ずしも日本にとってどれもが刺激になるというわけではありません。そのなかで、多くの国々の民俗研究に本質的な刺激をあたえ、また国際的によく知られているのは、やはりテュービンゲン大学のヘルマン・バウジンガーです。

その最も重要な著作が出版されたのは、今から30年以上も前の1961年です。『科学技術世界のなかの民俗文化』[9]と言います。始めに挙げたもう一冊の本とは、これのことです。

b. 民俗学の対象の範囲──科学技術はブラック・ボックス？

一般的な言い方になりますが、民俗学は、機械を扱うことが苦手のようです。それは、民俗学者の方々が、車の運転や電気製品に不得手という意味ではありません。民俗学という学問のなかで、科学技術の産物をどう組み込んでよいのかについて戸惑いがあり、これという解答が出ていないように見えるということです。現実には、今日の私たちの生活は、電車や自動車や電話やテレビや冷蔵庫、またコンピュータなどのなかで営まれています。これらを除いたものが、民俗学なのでしょうか。

私は、自分がかかわっている研究会に、日本のある著名な民具研究家が講演に来られたとき、講演の後の雑談のなかで、民具の範囲について尋ねたことがあります。〈乗り物のなかで、どこまでが民具でしょうか？あるいは、民俗学の対象になるのでしょうか？たとえば、駕籠、馬車、自動車。〉 すると、その先生の答えはこうでした。〈精々、馬車まででしょう。〉 そこで、〈何故ですか？〉と尋ねますと、〈自動車は、ブラック・ボックスがあるから〉と言

---

[9] Hermann Bausinger, *Volkskultur in der technischen Welt*. 1961. ［補記］この小論の後、次のように拙訳が刊行された。ヘルマン・バウジンガー（著）『科学技術世界のなかの民俗文化』（愛知大学国際コミュニケーション学会「ディスカッション・ペーパー2」2001年3月）；ヘルマン・バウジンガー（著）『科学技術世界のなかの民俗文化』（文楫堂 2005）

われました。これは、今日の民俗学のなかでは、決して悪い回答ではないでしょう。もちろん、民具の定義となると、幾つか指標的なものが提唱されていますが、それはまた別の問題です。

ブラック・ボックスが、人によって異なるとは、一般的に言えるかも知れません。テレビの技術者にとっては、テレビにはブラック・ボックスは存在しないと見ることもできます。もちろん、これは図式的な区分以上ではありません。それはともかく、逆に、仕組みを知らない者にとっては、水道の蛇口をひねると水が出てくるのは、不思議なことです。これに因んで言えば、おそらく欧米先進国でできた傲慢な作り話でしょうけれども、後進国からやってきた人が水道が便利なのに感心して、蛇口をお土産に持って帰ったという古い笑い話も残っています。また、マッチを擦って火がつくのも、科学反応であることが頭に浮かばなければ、ブラック・ボックスということになります。しかし、そんなことを強調するのは、一種の揚げ足取りでしょう。常識的に、そうした区分の線を引くことは不可能ではありません。そして、その一方が、民俗学の対象になる世界です。

しかし、その場合、民俗学の対象となる世界からは、ほとんどの科学技術製品は排除されているのではないでしょうか。たとえば、洗濯機は、どうしても民俗学の対象にはなりにくいでしょう。しかし、そうは言っても、洗濯板での洗濯は理解できるけれども、洗濯機となるとお手上げでは、民俗学は原始的な生活しか扱えないことになります。それは勢い昔の生活ということになります。しかし、昔の生活にしても、それはそれで、もっと複雑なものであったはずです。

c. 科学技術と民俗文化——ヘルマン・バウジンガーの理論から

実は、この辺りの問題をある程度解決したのが、ドイツのヘルマン・バウジンガーです。『科学技術世界のなかの民俗文化』という本は、大変評判になり、刊行から数年の間に世界各国で出た書評は 100 種類にも上りました。科学技術を民俗学がどう取り込むかについての理論的な指針は、当時、それほ

どまでに歓迎されたのでした。私は、その当時の書評のうちバウジンガー本人の手元にあるものについてはコピーを貰ったのですが、それを見ますと、書評の半数近くは、アメリカやイタリアなど、ドイツ以外の欧米諸国のものです。また民俗学だけでなく、社会学の学会誌とか、エンジニアの人たちの情報誌などでも話題になったことが分かります。

今、そのバウジンガーの考え方を取り上げてみます。バウジンガーは、要約すると、次のように言います。

科学技術の産物を、一般に民俗学の研究者は一面的にしか見ていない。と言うより、民俗学が慣れ親しんだ世界を衰退に追いやった元凶として科学技術を口に上せはするものの、だからとてそれを正面から考えたこともないのが大勢であり、また注意を向けて言及する場合でも一面的でしかなく、しかもその見方は平板である。つまり、温かな伝統と対立する〈非人間的で合理的で冷たい〉メカニックな世界。しかし、実際に私たちの日常生活のなかに散らばっている科学的な技術機器は、必ずしもそういうものではない。そういうものではないことも含めた現実を理論として取り出すなら、問題解決の糸口が見えてくるはずである。それは、三つの側面で考えることになるだろう。

先ず、第一に、日常生活という場での科学的な技術機器との交わりにおいては、誰も、その都度その都度、自分が関わっている機械の仕組みを頭に浮かべたり、化学方程式を頭でなぞったりしているわけではない。そこにははたらくのは、機器のメカニズムを理知的に抑えてゆくのとは、まったく違った種類の心理である。それは今日の普通の日常生活のなかでも同様であるが、それを諸々の契機として取り出すには、歴史を振り返ることによって、むしろ容易になる。すなわち、科学技術の産物が闖入したような状況であり、またそれは闖入の風聞でも同じ事である。科学的な技術機器が、魔法のように受けとめらる事態がそれである。しかし、それはいつまでも続くのではなく、次第に慣れ親しまれて、普通の世界となってゆく。これが第二の局面である。しかし、それを覆す第三の局面が現れる。まったく慣れし親しみ、自然のよ

うにまでなった技術機器も、いつ故障を起こして、人間を撥ね付ける冷たい存在に変わるかも知れない。この三つの契機があり、そのいずれもが、民俗文化を触発させる。

　科学技術を扱った民話や世間話を追ってゆくと、その過程を知ることができる。たとえば、汽車が走り始めた頃のこととして、汽車を怪物と思って怖がった話が伝わっている。しかし、そうした時期が過ぎると、汽車も飛行機も、恐ろしい魔物であることを止めて、子供たちの童謡に歌われるようにもなる。それは、ペットに対するような親しみ方でもある。しかし、機械は、どんなに親しんでいても、故障や事故を起こして、それが人間に対立する。つまり、あたかも〈自然のような〉環境を構成するかに見えた機械が、突如、冷たい無機的な存在に変わってしまう。――科学技術のもつこうした三つの側面は、いずれも民俗的な観念を引き寄せ、民俗文化を誘発させる。

　そこで、最後に挙げた、科学技術の産物が制御不能に陥るかもしれない外的な物体であるという側面と、そこでの民俗文化の結びつきを見てみます。

　機械が言うことをきかないという事態は、意識が突然断ち切られ、一種の真空状態が生まれると言うことです。そこで、その空白部分をうずめるための、すなわち納得するための模索がなされます。その模索は、純粋に科学技術の線上であれば、どこに故障が起きたかという思考がはたらくかたちでなされるはずですが、そういう一方方向に限定されないのが生活の場の特質です。とりわけ、その事態は、科学技術に慣れていたそれまでの経過が中断され、その外に投げ出されるのですから、あらゆる方向に向けて、いわば手当たり次第の模索になります。そこに生活者としての人間の歴史的な過去でもあり、また一人一人の人間の幼年期やそれに近い時期の経験世界の構成素でもある魔術的な観念が、科学技術の中断によって生じた真空状態に吸い寄せられるように昇ってきます。かくして、科学技術と魔術的な観念との結合が起きることになります。また、それは一回きりのものではありません。機械が言うことをきかないのは、科学技術の本質的な一面であり、経験的に誰もが知っていることです。そこで、機械が走行不能や制御不能になり、その事

態が、魔術的な観念の支援を得て納得されるという一連の経過の全体が、一種の様式となって独り立ちしてゆきます。またそこから、さまざまなヴァリエーションが発展してゆきます。そのようにして、科学技術世界のなかの民俗文化が成立します。

　そうした推移をよく表しているものに、科学技術を材料にして成り立っている口承文藝を挙げることができます。たとえば、乗り手が事故に巻きこまれる不吉なオートバイといったものです。乗り手が事故で死んだ後、オートバイは売り飛ばされてしまい、それを知らない新しい乗り手が事故に遭い、オートバイは再び次の犠牲者をもとめて、どこかへ消えてゆく、そういう種類の話です。これは、信じている人がおれば、現代の迷信になります。フィクションとして楽しんでいるとすれば、現代の怪談（horror tale）ということになるでしょう。もちろん、怖い話だけが、民俗文化ではないのは当然です。バウジンガーは、モータリゼーションが始まった頃の民衆文化から多くの材料をとっていますが、そのなかに次のような一口話が見られます。

　　自動車が動かないので、毒づいているドライヴァーがいました。これを見た一人の司祭が、ドライヴァーに、非常時のお祈りを唱えるように勧めました。ドライヴァーが、言われた通り祈ったところ……何と、エンジンは始動したのです。すると司祭は、首を傾げ、下を向いて、こう呟いたものです。〈面白くない奴だ。まさか、効くとは思わなかった。〉

　この話は、あちこちの町で採集されており、また幾つかのヴァリエーションもあります。毒づいているドライヴァーに向って、車に文句を言うなら、地元の言葉で言わなければ駄目だとけしかける人が出てきて、その土地の訛りで命令するとエンジンは音を立てはじめた、というのもそのひとつです。つまり、まじないとか、方言といった、古い文化の形態が科学技術の途切れた隙間に入り込むのですが、そうした隙間は、科学技術がどれほど発達しても決してなくならないので、この種の口承文藝の発生する土壌と言ってもよ

いのです。概念的な言い方をすれば、科学技術における民俗情念の接合の契機ということになります。

　もっとも、こういう話も、今日ではもはや新鮮な笑いの種にならないでしょう。オートバイや自動車が走り始めた頃だからこそ、その新しい技術機器を何か意思がある生き物のように見立てることが、気の利いた思い付きになり、またその思いつきに普遍的な背景があったのです。同じことは、電気が通じ始めた頃なら、電気に因んだ新しい言い回しができたことにも当てはまります。〈呑み込みが悪い〉のを〈送電中　auf der Leitung〉と言ったり、〈鈍い奴〉を〈長い電線　lange Leitung〉と言い回したりしたようです。日本でも、少し年配の方なら、反応が鈍いのを〈蛍光灯〉と言うような表現があったのを覚ええおられるでしょう。また〈鑵詰めになる〉とか、〈歯車が噛み合わない〉とか、〈ブレーキをかける〉とか、〈ピンぼけ〉とか、〈自転車操業〉といったものも、その種類の日常的な言い回しということになります。なお、この数例によっても、どちらかと言うと軽い否定のニュアンスを含んでいるものが多いようです。それは、こうした技術機器を折り込んだ言語表現が、それらの品物が導入されてあまり時間が経過していず、したがって新鮮であると共に拒否反応が残っている段階でできたからでしょう。もっとも、その拒否反応は、機械そのものへの反撥という原初的な反応に限られるわけではありません。便利なので使いはするものの、なかなか点灯しないので、性能が完全でないところがやたらに目に付くといった軽い不如意の意識のことも多いのです。

　新しい言い回しは、世の中に変化が起きていることを映していると共に、人間がそれになじんでゆく過程でもあります。つまり、技術機器の人間化と、技術機器を固い冷たい物体として認識するという二つの契機を併せながら、生活の場に科学的な技術機器が組み込まれてゆくのです。その過程は、科学的な技術機器の浸透に合わせて幾つかの波動を生活の場につくりながら、定着してゆきます。それは、人間の側から見ると、一人一人の子供のときの経験や文化史的な基層として保存されてゆきます。それは、生活の場の様相で

もあります。すなわち、〈科学技術世界のなかの民俗文化〉なのです。

d. 現代の怪奇現象に因んで、日本の民俗学を探る

ところで、今、かいつまんで紹介したような理解の仕方は、日本の民俗学のなかには見当たらないように思えるのです。もちろん、日本でも、現代の迷信や怪談への関心には根強いものがあるようです。殊に、異常な事件や怪奇な現象、またそれらを題材にして成り立っている現代の怪談などは、人気のあるテーマです。ここでは、細かな検討するわけではありませんので、研究者の名前は挙げませんが、現代の東京で平将門の首塚への俗信が強まっているとか、口避け女が現れたとの噂とか、新興宗教の変わった風俗とか、あるいはどこかの自動車道の三叉路で雨の日に幽霊が出るといった自動車にまつわる怪奇譚、これらについても民俗学の分野で何人もの人が解明を試みています。それらは、もちろん一様ではなく、また鋭い指摘も散見されます、しかしまた、幾らか離れたところから見ますと、大きな傾向のようなものがあって、それが日本での研究の特徴をつくっているように思えるのです。それは、一口に言えば、大都会の住民がいだく不安や、現代社会の不透明性のなかでの心の不安定から説明するという行き方です。

迷信や怪談の奥に、何らかの不安心理を想定することは、無理な考え方ではないでしょう。あるいは、常識的な見解であるとも言えます。しかし、日本の民俗研究では、それには、はっきりした経路があるように思えます。都会や現代社会の世相についての柳田國男の考え方です。柳田國男は、古い民俗の解明を進めながら、一部では同時代の世相も取り上げていました。全集でそうしたものを拾ってゆくと、それはそれでかなりの分量になり、なかには大変鮮やかな解明も少なくありません。しかし全体の構図は、これまた明らかで、農村に民俗の基本（それはまた人間存在の基本とも考えられています）をみとめ、そこから離れたとき、人間が経験することになる変化を重く見るという行き方です。そうした構図からも、そこでは〈不安〉が強調されることになります。つまり、都市の住民は、〈自ら耕したり、織ったりしなく

なる〉ために不安をいだいているとされ、それは一種スローガン的に〈土を離れた消費者心理〉という表現にもなります。その辺りの柳田國男の文章を幾つか見ておきましょう。たとえば昭和4年の「都市と農村」では「町人の故郷も村」の小見出しの下に、日本の都市の非自立性が指摘され、農村への依存的な体質を歴史的に裏づけられています[10]。

……創設当初の日本の都市は、今より遥かに村と近いものであった。所謂屋敷町にはつい此頃まで、まだ沢山の田舎風の生活法が残つて居た。といふわけは士は殆ど全部、やはり亦農村から移つて来た者であつて...。しかも其町人が大抵は亦村から転業して来た人であつた。是は三四世紀前には都市と名づくべきものが、日本には無かつたのだから当然の事であるが、町で富豪と謂はれ旧家と認められる者の由緒書を見ると、殆ど一軒として元どこかの田舎の地主の子で無かつた者は無い。...猶太人の様に先祖代々、商ひの道しか知らぬといふ家筋は、我邦には殆ど無かつたので、従うてそれから以後も商人の卵を養成するのに、いつでも年季奉公を村民のなかに求め、亦其中から次々に立派な新居が崛起した。単にそればかりで無く番頭手代の律儀亦精勤なる者を見立てて家の娘を娶はせ、或ひは株を譲り或ひは幼弱なる弟息子を後見させ、又は衰へかかつた家道を恢復させるなどは、日本特有のしかも普通なる町風であつた。敷銀と称して多額の持参金を携へ、在所の物持の次男三男が、養子に入込むといふ例も多かつたらしく、是を一種の資本調達法として居たことが、西鶴其蹟の小説にはしばしば見えて居る。要するに都市には外形上の障壁が無かつた如く、人の心も久しく下に行通つて、町作りは乃ち昔から、農村の事業の一つであつた。どこの国でも村は都市人口の補給場、貯水池の如きものだと言はれて居るが、我々のやうに短い歳月の間に、是ほど沢山の大小雑駁の都会を産んだり育てたりした農民も珍しい……

---

10) 柳田國男「都市と農村」(昭和4年)『定本柳田國男集』第16巻、p. 247-252.

続いて「土を離れた消費者心理」の小見出しにおいて次の表現が見えますが、これなどは本邦のその後の都市・理解において綱領的な役割を果たしたようです。

　衣食住の材料を自分で作らぬといふこと、即ち土の生産から離れた心細さが、人を俄に不安にも又鋭敏にもしたのでは無いかと思ふ。

続く「宿駅生活の変化」でも次の表現が見られます。

　かういふ消費者心理は久しい間、可なり著しく町の成長を抑制して居たやうである。... 農業に冷淡なる近世地主の発生地、茶屋商売を町の繁昌の種にしようといふ類の、感心し難い気風の養成場として、長く累を農村に及ぼした宿駅が、元は自分も亦一個の農村であつたといふことは、我々の為には至つて大切なる教訓である。

さすがに風格のある文章ですが、また突き放して読んでみますと、常識的、ないしは通俗的な理解で、柳田國男にしか思いつかなかったというものでもないでしょう。もっとも、それがある種の説得性も具えていることも否定できませんが、その説得性を帯びるのは、たとえば田園生活や土いじりが児童教育においてセラピーの一種となっている現代の状況と通じるからなのです。ともあれ、日本では、柳田國男が、そういう方向から現代社会をとらえ、それが、今日の民俗学においても基本になっているように思えるのです。民俗学は、何といっても、過去の農村あるいは農漁村を主要な対象とする学問でしょうから、それを土台にする以上、現代社会が民俗学の対象とされるにしても、周辺的な位置付けしか得ないのは必然的でしょう。

　しかし、その行き方では、死角が生じるのも致し方がないことです。先に、機械をあつかった口承文藝として、不吉なオートバイと、まじないで言うことをきくエンジンの２つを取り上げました。片方は、不気味な譚で、もう一

方は愉快な一口譚ですから、その効果は正反対です。そこで先の不安心理ですが、怖い話や現代の迷信については、都市住民や現代人の心理から説明できないではありません。もっとも、ホラー・テイルも、ただもう恐ろしいばかりでなく、実際にはその怖さを楽しんでいるところに特質があるはずなのです。しかし、陽気な話となれば、不安心理を正面に据えて説明するのは、どうしても無理が出てきます。

このように見てゆきますと、現在主に行なわれているような説明は、部分的には当たっていても、どうも事の本質からはずれたところで論を立てているのではないか、ということになります。しかし、土に密着して生きることを人間存在の基本と定め、そこから離れた人間が不安をいだくという見方は、民俗学的な物の見方から言えば、本道であり正統的な理解と言うべきでしょう。それゆえ、正統的な理解を以ってすると、事の本質から逸れてしまうことになり、意外に深刻な事態なのです。

今日、私たちの周りには、民俗的な要素をもったさまざまな現象がみとめられます。今の事例を敷衍するなら、工業社会の産物を折りこんだ笑い話やウィットなどがあり、また子供たちは陽気なキャラクターのお化けや、科学技術の力を充填された怪獣の映画を楽しんでいます。これらは、サイエンス・フィクション、つまりSFという現代を特徴付ける分野へ延びてゆくものでもあります。こういう広大なサブ・カルチャーのなかには、民俗文化として理解することができる脈絡が縦横に走っているはずなのです。しかし、農村文化、それも過去の一時期の農村生活を固定して、そこにこそ人間の生き方の基本があるという観点からは、その脈絡はおそらく視界を去ってゆくことでしょう。

e. 日本の民俗研究の特殊な性格

しかし、柳田國男に基本をもとめ、そのテキストを読み替えたり、拡大解釈しながら進んでゆく日本の民俗学の行き方を否定するのではありません。否定してもしなくても、それは、日本人のものの考え方の特質と一体になっ

ているところがあるため、それ以外の道はあり得ないほど重みを持っています。ただ、それを絶対視しないことが重要であると思います。絶対視するのでなければ、それは、他では見られない角度からの取り組みとして、プラスの特徴になるでしょう。

　改めて考えてみますと、東アジアの幾つかの国々で〈民俗学〉という漢字語が用いられているということは、それらの国々の民俗学が日本とつながりをもっていることでしょう。〈民俗〉という言葉は、古代中国の書物に見出されます。しかしその古語を掘り起こして、〈民俗学〉という術語を考案したのは、日本の研究者でした。そして、その術語と共に、世界のなかで独自の路線を歩み始めたのでした。それは決して悪いことではなかったのですが、良し悪しはともかく、その歩みが既に70年以上も続いています。その歳月の重みからも、日本で方向転換が起きるとは考え難いのです。そういう日本の特殊な学問形態を冷静に判断し、他の国々での動きとも突き合わせることができる場所があるとすれば、大きな意義があると思います。

2012年の刊行にあたって補記

　本稿は1994年に発表したが、『世界民俗学文献目録』についての言及を訂正しなければならない。柳田國男がヨーロッパ諸国の文献にどこまで目配りしていたかをめぐって、2006年に『柳田國男とヨーロッパ』という詳細な研究が現れた。柳田國男の所蔵図書の調査にもとづいたもので、随所で柳田國男の発言との突き合わせもおこなわれている。それによると、柳田國男の蔵書には、1919年に刊行された上述の年鑑の第一巻が存在し、またドイツ民俗学クラブ連合（後のドイツ民俗学会）の機関誌や、スイス民俗学会の機関誌もほぼ10年分があつめられているとのことである。さらにホフマン＝クライヤーなどへの柳田國男の言及も確認される。それに因んで、同書の編者で、柳田國男とドイツ書の関係の項目を担当された高木昌史氏は、次のように記しておられる。なお「独逸民間伝承団連合」は上記の「ドイツ民俗学クラブ連合」への柳田國男の表記である。

「独逸民間伝承団連合」（Verband deutscher Vereine für Volkskunde）は、J. マイアー（1864-1953）とホフマン＝クライヤーによって基礎が築かれ、前述E. モーク等が総裁を務めたあと、H. クライアーが再興したが、ちょうどその時期に柳田はジュネーヴに滞在してヨーロッパにおける民俗学の興隆を目の当たりにしたのだった。地理的に西欧世界の中心に位置する小国スイスが当時、民俗学の活動拠点の一つになっていたこと、そしてそこに柳田が滞在したことは運命的な出会いを感じさせる。

――高木昌史（編）『柳田國男とヨーロッパ　口承文芸の東西』三交社 2006, p.22.

　この調査研究は、筆者が気つかずにいた多くのデータを明るみに出しており、裨益するところすこぶる大きい。その上で付言するなら、それにもかかわらず、本稿の趣旨は、基本的には改める必要を覚えないのである。上記の文献目録を柳田國男が入手しており、ホフマン＝クライヤーの名前をも挙げていることは明らかな事実であるが、同時に、ホフマン＝クライヤーの民俗学の理論もヨーン・マイヤーの視点も、柳田國男は具体的に検討してはいなかったと思われるのである。両者がロマン主義の民俗学を否定する観点に立っていたことには本稿でも言及したが、それに気づいたなら、柳田國男にとっては自己と正反対ともいえる物の見方の故に一言も二言も述べずにはおれなかったであろう。それは同じく柳田國男がその存在を意識していた『ドイツ迷信事典』（Handwörterbuch des deutschen Aberglaubens）についても言い得ることで、書誌データをおさえる以上には進まなかったと思われる。シンボリックなことがらを言えば、〈民俗学事典〉のタイトルに〈迷信〉の語が選ばれた理由を説いた事典の編纂方針の説明文も読んでいなかったのではなかろうか。読んでおれば、これまた柳田國男の立脚点とは異なる視点であることに気づいたであろう。

　かかる判断への傍証として、柳田國男がハイネの「流刑の神々」をその後も重く見ていたことに留意しておきたい。そもそもハイネの作品がドイツ民俗学のなかで学説として評価されたことはなく、またハイネのような観点は、

ホフマン゠クライヤーやヨーン・マイヤーが否定したものにほかならなかった。

　これらを勘案すると、柳田國男はホフマン゠クライヤーが活動していた同じ時期にスイスにいながら、その学説をつかんでいず、したがって交流や相互理解という意味での〈運命的な出会い〉などではなかったと思われる。むしろ、前代のグリム兄弟の弟子筋が築いた神話学としての民俗学を真っ向から否定する新しい潮流の代表者としてエードゥアルト・ホフマン゠クライヤーやヨーン・マイヤーが影響力を強めていた民俗学史上の激動期に遭遇しながら、激動の構図に気づかずにいたという意味で〈運命的な〉すれ違いであった。

　もうひとつ言い添えるなら、上記の調査研究では、民俗学事典として未完に終わったヨハネス・ボルテとルッツ・マッケンゼンの『昔話事典』(*Handwörterbuch des deutschen Märchens*, Bd.1.1930, Bd.2.1933)が評価され、また柳田國男がそれに目を走らせていたことが称えられているが、現代史の脈絡のなかにおいてみると微妙な問題をはらんでいる。特にマッケンゼンは若くしてその分野の事典の編集を実質的に担うなど有能な人物だったのだろうが、同時にナチスに親近な学者として旗幟鮮明であった。その傾向の門下生も多く、弟子の秀才たちを、政権政党となったナチスの幹部に引きあわせて、陽の当たる場所で活動させるなど面倒見のよい大学教授でもあったが、それはとりもなおさずドイツ民俗学がナチズムと重なっていった動きの一部分はルッツ・マッケンゼンの教室だったことを意味している。柳田國男は、よくも悪しくも、同時代のドイツ語圏の民俗学者の思想にまで踏み込んではいなかったのである。

　繰り返しになるが、本稿で指摘したように、柳田國男の民俗学の基本的な視点は、ヨーロッパの民俗学史との関係では、同時代を遡ること30年から50年に相当する19世紀後半の思潮と重なっており、同時代のドイツ民俗学界の問題意識との絡み合いは希薄であったと見るべきであろう。柳田國男がスイスに滞在した1920年代は、民俗学のありかたをめぐるドイツ語圏の研究者た

ちの論争がなお尾を引いており、またその起点になったエードゥアルト・ホフマン＝クライヤーの講演論文「学問としての民俗学」はその創刊にかかる『スイス民俗学アルヒーフ』の第一巻（1902）に掲載され、その号を柳田國男は収集していた。しかし管見では、柳田國男がその論争を感知した形跡は見えない。なおその論争の事実は後に関敬吾によって民俗学の〈本質論争〉として伝えられるが、その場合もなお核心をつかんだ理解であったかどうかは疑問である。

　とまれ、柳田國男の民俗学は、ヨーロッパの人類学・民俗学界のやや古い時期に属する二三の刺激を敏感に受けとめ、独自に構想されたものと考えるのが実情にあっている。そのさい、西洋諸国も日本も（進度には差はあれ）等しく近代化の過程にあったことでは、土台に共通性があったとは言い得よう。民俗学はいかにあるべきか、という根本問題では、ヨーロッパに滞在した頃の柳田國男はすでに一方の成熟した大家であり、白紙で学ぶ必要を覚えることからは遠かったのである。

論考の部

現代社会と民俗学[1]

2002

はじめに——民俗学の定義

　本日の話は、民俗学とは何であるかをはっきりさせておくことから始めようと思います。ひとつの学問を定義するのはいささか冒険です。しかし小さな問題をあつかう場合でも、その問題が属する学問分野の性格を明確に意識することが、時には必要になります。これから取り上げる話題では、特にそういう観点が大切でしょう。すると、こういうことが言えるのではないでしょうか。「民俗学とは、民衆の生活文化の伝統的な形態を系統的に解明する学問である」ということです。これは特に斬新な定義ではありません。民俗学をめぐる常識的なイメージをなぞるという程度です。ですから余り異論は出ないでしょう。むしろ陳腐であると批判されかねない位です[2]。

　次にこの定義を分解して幾つかの要素に分けてみます。すると、ここには3つのことがらが含まれていることが分ります。第一は、民俗学は民衆の生活文化を扱う学問であるということ、第二は、民俗学は伝統的形態に着目す

---

1) 本稿は2001年11月9日に中国の西北大学（陝西省西安市）において西安市社会科学院民俗文化研究所の主催で開催された民俗文化研究会でおこなった講演にもとづいている。主催者の趙宇共所長、司会を務められた周星教授、通訳をして下さった林美茂氏（愛知大学大学院博士課程修了、現在は中国人民大学哲学系助教授 [補記] その後、教授）に感謝を申し上げる。

るということ、第三は、民俗学はそれらの系統的な解明をめざすものであるということです。この3つの要素もまた民俗学についての一般のイメージから懸け離れてはいないでしょう。これらについて、もう少し補足しましょう。

第一の、民俗学は生活文化をあつかうということは、民俗学は生活文化の担い手である人々を対象とする学問ということになります。すなわち、無名の多くの人々の日常の営みに着目するわけです。これは必然的に民俗学は民衆学であることを意味します。また生活レベルの営みという点で、他の学問とは趣が異なります。すなわち歴史学や政治学や経済学、さらに文化史研究も民衆を対象としますが、民俗学とはやはり重点の置き方において相違すると言わなければなりません。

第二は、そうした生活文化を伝統的な形態において探求するということです。たとえば衣食住のような基本的な項目についても、民俗学があつかうのは、長く伝統を形づくってきた文物です。すなわち古い時代の社会的な区分の標識であった服飾のあり方や晴着と普段着の区別など（いわゆる民俗衣装）、また各地の伝統的な食文化のあり方（晴れの食事と普段の食事の具体的な形態など）、さらに四合院などの伝統的な家屋建築の形態などです。逆から見れば、現代の最先端の現象であるファッションやファーストフード店のメニ

2）ここでの定義は『民俗研究ハンドブック』上野和男・高桑守史・野村純一・福田アジオ・宮田登　編、吉川弘文館　1978、p. 7/8　の次の解説に沿っている。〈民俗学の対象とする民俗は、一般には民間伝承と呼ばれ、衣・食・住をはじめとして、人々が先祖より受け継いできた日常生活の上で繰り返し行なわれる生活事実のすべてを意味する。いま少し具体的にいうならば、私たちの身のまわりで、日常的に繰り返して行なわれている冠婚葬祭、隣人や親戚などとのつきあいや贈答、さらには祖先たちのころより生活の糧を得るために行なわれてきた生産活動や消費生活、およびそれに使用される用具類、衣食住など、人々が昔からしきたりごととして、いわば無意識のうちに、それゆえ類型的な様式をもって行なわれる行為や存在が広い意味での民俗あるいは民間伝承であるということができよう。〉

　なお今日の日本民俗学界では従来の行き方を修正するさまざまな試みがあるが、果敢な批判としては次を参照、大月隆寛「民俗学という不幸」（青弓社　1992年）。

ューやOA機器が装備されたオフィスビルの仕様などは、民俗学が何にも増して注目すべき対象ではないということになります。

　第三は、そうした対象をあつかうにあたって、系統的な解明を心がけるということです。特定の現象に絞った調査・研究は重要ですが、それに終わらないのです。たとえば小麦の栽培について、播種や刈取りの実態やそれに伴う儀礼を詳細に観察し、克明な記録を行うことは大切なことですが、それはさらに大きな脈絡のなかに位置づけることが期待されます。すなわち直接問題にしている集団と、他の集団（他の地域の人々や他の民族など）との関係、つまり同じ種類の民俗が行なわれている場合には、両者のあいだにはどのような関連があるのか、またそれらの歴史的な変遷などです。

民衆文化における伝統と現代

　そこで本日のテーマです。民俗学が研究の対象としてきた、また今も主要に対象としているのは、生活文化の伝統的な形態です。ところが、これは大きな問題を含んでいます。伝統とは異った要素が一定の比重を占めている現実があってはじめて、〈伝統〉という言葉が意味をもつものになるからです。言いかえれば、〈伝統〉は、〈現代的〉や〈同時代的〉と対立する概念、もしくは対比されるときの概念です。では伝統を駆逐したり、それに取って代わって優勢になっている現代的な形態とは何でしょうか。またそのとき伝統的形態はどういう様相にあるのでしょうか。

　これは現代社会の特質とは何であるかという問いでもあります。したがってきわめて大きな問いの立て方で、何を手がかりに答えるべきか戸惑わせるほど茫洋とした設問です。またこの設問への取り組み方は、立場や観点によっても異なるでしょう。政治史などでは、現代社会の成立を大雑把には封建制や封建遺制から民主主義や社会主義への進展にあるとされることもあるでしょう。また経済学の視点からは資本主義や市場経済の展開をもって今日

の特色とされるかも知れません。さらにジェンダーの観点からは女性の社会進出をもって過去と今日の最も大きな差違になるかも知れません。では民俗学の立場からはどうでしょうか。

ヘルマン・バウジンガーの見解

この点では、世界の民俗学界で重視されている理論を紹介する方がよいでしょう。テュービンゲン大学（ドイツ）のヘルマン・バウジンガー教授で、民俗学を、現代社会を扱うことができる学問に向かわせる上で重要な理論を提唱してきた人です。私事ながら、私はバウジンガー先生から直接教わったことがあり、またその学説を日本に紹介してきたのですが、現代の民俗学のあり方が問題になるときには、その学説は世界の多くの国々において基礎理論のひとつとなっています。そのバウジンガー先生の説によると、民俗の変質が根本的には何によって起きたかというと、それは科学技術の浸透であったとされます。近・現代において著しく発達した科学技術、とりわけその産物である多種多様な技術機器が生活の隅々までは入り込んだことによってもたらされた変化に、民俗学は最も注目しなければならないというのです。伝統的な生活文化の形態が大きく変化してしまったのも、突き詰めればそこに原因があるというのです[3]。

この説はまことに尤もなところがあります。私たちの身の回りでも、そこには100年あるいは150年前には存在しなかった数え切れないほどの技術機器が動いています。電灯、ラジオ、テレビ、電話（現在では携帯電話）、汽車、電車、さまざまな種類の自動車（乗用車、バス、トラックなど）、電気洗濯機、電気冷蔵庫、電気掃除機、音響機器など、数え上げれば切りがありません。

---

3) ［補記］ヘルマン・バウジンガーの著作には拙訳がある。参照、「科学技術世界のなかの民俗文化」（愛知大学国際コミュニケーション学会ディスカッション・ペーパー第2号、2001年3月）；その後、次の形で一般書となっている。ヘルマン・バウジンガー『科学技術世界のなかの民俗文化』（文楫堂 2005）

また生活のレベルでは直接見えてはいないものの、技術機器の関与が自明のようになっている状況もあります。たとえば麺類を食べるという食習慣は昔も今も同じであるとしても、元になる穀類の生産から家庭やレストランでの調理に至る一連の過程には、農作業における耕運機や種蒔き機やコンバインや脱穀機や製粉機から、輸送における自動車の使用、さらに調理の段階での電気器具の使用まで、数多くの技術機器が介在しています。しかもそうした技術機器の存在や活用は、私たちには至極当然な生活環境なのです。つまり現代の私たちの生活は、科学的な技術機器との自然な交流のなかで営まれています。

　こうして私たちは科学技術が一般化した環境に暮らしているのですが、そうした今日の状況が過去の生活文化とは違ったものとなっていることは、誰もが何らかのかたちで感じています。テレビや携帯電話が欠かせない生活のあり方が、伝統的な生活の形態と異なることは明らかです。昔は存在しなかった個々の機器が機能しているだけでなく、それらの機器は全体として生活の大きな枠組みを変化させてきた面もあります。それを具体的な事例で考えてみます。

科学技術の浸透によって生活の枠組みが変化した事例
　　——〈隣村〉という伝統的区分の消滅

　〈村〉という概念があります。民俗学は、この〈村〉という人間のまとまりを大変重視してきました。村はひとつの完結性の強いまとまりとされ、したがってその境界は大きな意味をもっていました。ところが、近代に入って交通や通信が発達すると、この伝統的なまとまりは根本的な変化を被ることになりました。つまり鉄道が通じ、道路に自動車が行き交うようになると、これまでのような決定的な境界の性格をもたなくなります。たとえば、これまでの村と村の境界を超えて多くの人々が通勤をするようになります。また電話が普及すると、遠く離れた場所と場所のあいだでも音信が成り立ち、ビジネスがなされるようになります。そうなると、本来、徒歩による一定の行動

の限界とか農作業や手仕事に規定された空間の区切りである伝統的な村境はほとんど意味をもたなくなります。どこが境界であったのかすら忘れられてゆきます。あるいはその伝統的な狭隘な区切りが何らかの阻害要因とみられるようになることもあります。そうして、幾つかの村が合併されて新しい市を形成したり、村が既存の市や町に編入されたりしますと、行政区画の上でも、村境は消滅してしまいます。つまり、この百年ほどの科学技術の発展の結果、何百年にもわたって人々の生活の枠組みであった村の境界が崩壊してしまうのです。

現代社会における異質文化としての民俗文化

概念図

　以上はバウジンガー教授の説を紹介したのですが、これを基礎にして、さらに考察を進めようと思います。そこで、以下の説明のために、3種類の図を用意しました。図Aは、過去の生活文化の概念図です。そこでは手仕事や人力（それに加えて精々、家畜の使役による動力）が主要な動力になって一般的なレベルができており、そこにその時代その時代の先端的な科学技術という網の目が細く薄くかぶっているという状況を示しています。逆に言いますと、いつの時代にも科学技術は機能していたのですが、今日とは違って、それは日常の生活とは距離のある特殊な知識であったと言えるでしょう。他方、図B-1は、現代の様相を示しています。すなわち科学的な技術機器との交流が日常的となり、それが一般的な平面となって、そこに手仕事や、伝統的な文物が点々と浮いています。それらは一般的な土台となっているのではなく、孤島のように、あるいは穴が口を開けるように存在しているということを示しています。そして現代の私たちは、一般的な平面と、孤島ないしは穴のあいだを行き来しています。しかしここで重要なのは、伝統や民俗文化との関わりは、自然な仕方で、つまりあまり意識せずになされるのではなく、

論考の部

（概念図）

図A　　　　　　科学技術のネットワーク

一般の生活（伝統的社会）

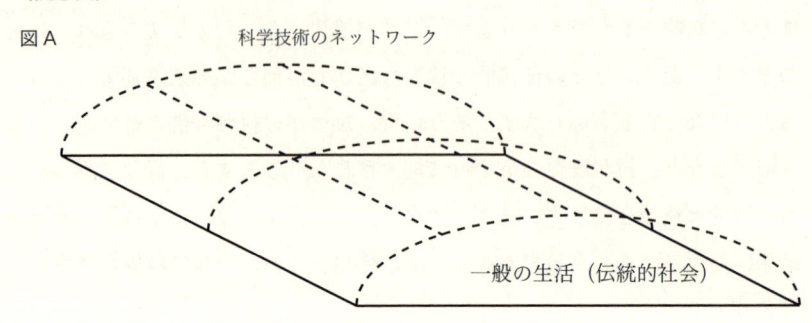

図B-1　　　　一般の生活（現代社会）
　　　　　　（科学的な技術機器との交流）

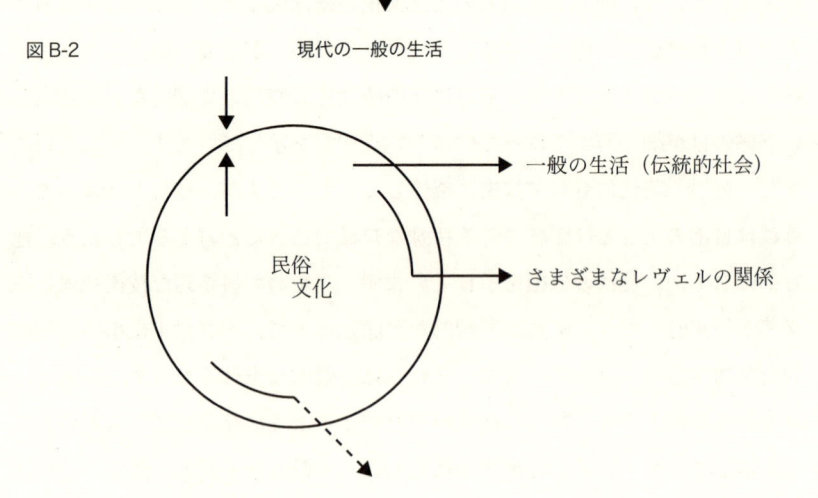

民俗文化

図B-2　　　　　　現代の一般の生活

民俗
文化

一般の生活（伝統的社会）

さまざまなレヴェルの関係

多かれ少なかれ緊張したものであることです。そして図 B-2 は、一般的な平面と伝統・民俗文化の関わりの部分を拡大したものです。つまり生活文化の通常のレベルと民俗文化の間では、人はその両方を行き来するのですが、そこには一種の決断や跳躍があるということです。すなわち異質なものとの関わりの意識なのです。

現代社会における民俗文化の実際
　——食生活における連続性と非連続性

　次に、生活文化の伝統的な形態、すなわち民俗文化が現代社会においてはどのような位置にあるかをさらに突っ込んで考えてみる必要があります。つまり、現代の私たちが民俗文化への関わってゆく仕方にはさまざまなタイプやレベルがあって、決して単純ではないからです。またそれを分類する視点もひとつしかないというものではではありません。たとえば、連続性と非連続性という2分法も可能です。

　連続的というのは、現在の状況のなかに伝統的な様式が自然にとけこんでいる場合です。具体例を挙げれば、食生活は一般に保守的な性格をもっています。子供のときに覚えた舌の感触は大人になっても簡単には変わりません。いわゆる〈家庭の味〉とか〈お袋の味〉です。それは多くの場合その土地その土地の郷土料理と重なりますので、そのようにして伝統が持ち伝えられて行きます。郷土料理やその味付けも変化してゆきますが、比較的長い時間をかけて緩やかに動いてゆくということなのでしょう。もっともこのように断言すると、目下至るところで盛況を博しているエスニック料理はどうなのかという疑問が起きるかも知れません。これは言ってみれば、食生活における非連続的な要素です。実際、各国の変わった料理の店が繁盛しているのは世界的な現象です。昔は生魚を食べるのは日本独特の珍しい食習慣と受けとめられていましたが、それすらも現在では様変わりしており、たとえばイギリスのロンドンだけでもこの 10 年ほどのあいだに 60 軒を越える回転寿司店が

できているとされています。また各国の料理だけでなく、同じ国のなかでも各地の郷土色を盛り込んだレストランが多くの客を集めています。中国は国土の広大な国ですから、地方によって料理も大変異なります。西安のような大都会であれば、代表的な地方料理の店が幾つもあって、食生活を一層華やかにしています。すると、こういう多彩な現象はどう理解すればよいのかということになります。私の見解を言いますと、食生活は基本において保守的なものであり、そのしっかりした土台があるからこそ、表層においては多様な関心が花開き、またその表層の関心は一定せず絶えず目先の変わったものへ向かう流動性をしめすことができるということではないでしょうか。

　食生活の根幹部分のように自然に継承されている民俗文化が少なくないことは事実ですが、他方で、多くの民俗文化が非連続なあり方にあることにも注目する必要があると思います。民俗文化は、食文化を例に挙げて説明したような自然な連続性において今日も生き残っていると考えられ勝ちです。特に民俗学の研究者はそういう見方をします。そしてその残存するものが少ないことを嘆いたりします。しかし多くの民俗文化は今日では消滅してしまったか、消滅しつつあるかであると理解する方がよいでしょう。それは先に挙げた〈隣村〉との境界の消滅を見本にとってみてもあきらかです。民俗文化の継承を必然的にさせてきた基盤そのものが無くなってしまったのです。

　しかしそれにもかかわらず民俗文化は存在しています。問題はその存在の仕方です。今、例にとった食文化との関連で言えば、そこでは連続性が土台であり、非連続性が副次的な位置を占めていましたが、民俗文化の他の分野では、むしろここで非連続性と呼んだ要素の方が主要な位置をしめることが多いように思われます。非連続性とは、別の言い方をすれば、異質性ということです。すなわち民俗文化は今日の生活文化の一般の位相とは異質な文化として存在したり、機能したりしていることが多いのです。先にそれを図Bで示したのですが、今度はそれを幾つかのモデル・ケースによって考えてみます。

[事例1] 民間療法

　近代科学のなかで交通・通信や家電製品とならんで、もっとも身近になっているものなに医療があります。伝統的な民俗の一分野であった民間療法は、近代医学によって大部分が駆逐されたといってもよい位です。昔は、天然痘（疱瘡）やコレラやペストや肺結核といった恐ろしい病気の前に人間は無力も同然でした。それゆえ多種多様な呪術がおこなわれてきました。天然痘の邪気に対抗するために衣類をはじめ紅い色のものを用意したことは多彩な民間療法となっていましたが、今日では有難いことに天然痘は地球上から駆逐されてしまいました。しかしそれに代るかのように、恐ろしい病気が幾つも出現しています。癌疾もなお最終的な克服には至っていず、またエイズとかエボラ熱といったこれまでなかったような難病も発生しています。たしかに大局的には、現代の医学や衛生学のめざましい発展と共に病気の危険は低下し、それと共にその方面の心配は消え民間療法は衰微しています。しかしそれにもかかわらず、僅かながらにせよ、近代医学と民俗は並列して進行することがあります。それが起きる典型的な事例は、現代の医学がその機能を放棄する場合です。そうしたときに、人はたいそう戸惑います。その反応は人によってさまざまでしょうが、そのなかの幾らかの人々は、その瞬間から宗教や迷信の分野に入ってゆきます。これまで余り縁がなかった仏教の寺院や道教の観やその他の宗教の施設に参詣したり、時には祈祷師や呪文との接触に向かったりします。本人だけでなく、周囲の人々のそういう行動をとることがあります。その時、人は最新の医学の限界線に立っていることを思い知らされるのです。

[事例2] ビジネスと風水信仰

　次に、合理的な推論や理知的な判断力の限界線上で伝統的なものとの接触が起きるという点では、難病や死病の場合と似通っているものの、やや趣の異なった事例を挙げてみます。それは例えば、ビジネスを営む人が、店舗の立地や開店の時期や門構えや屋号などを選択する上で風水師の占いを尊ぶと

いう行動です。しかもそれは田舎の小さな商店や老齢の経営者に限られるといったものではありません。大学で経営学を学んだり、現代的な経営戦略を率先して実行している実業家においても珍しくはないのです。ちなみに数年前に日本のテレビ放送で、北京において経済活動の活発化と共に風水が流行していることが特集番組になったことがありました。今日の中国では改革開放政策によって個人や団体のビジネスのチャンスが飛躍的に高まり、それが経済面での活況につながっています。それと平行して、現実的な利益を願って多種多様な福神への帰依が強まっているようです。財神としての関帝や、有名な道教の八仙人への信奉などです。さらにそこに風水も加わってきているようです。背景には、個人の裁量によって経済活動に参加するチャンスが増えてきたという趨勢が挙げられるでしょう。それはまた個人がリスクを負う度合いも高まったということで、それだけ多くの人にとって不可知の部分とのふれあいが切迫した様相になってきたということになります。そこに伝統的なものが浸透する契機があるわけです。

［事例3］ ファッションと古い民家の組み合わせ

　最後にもうひとつ別の事例を挙げておきます。それは写真広告やイヴェントや観光における民俗文化の活用です。たとえば伝統的な家屋を背景に女性のモデルがポーズをとっているといった写真は、観光や新商品の紹介から藝術写真にいたるまで、今日では珍しくありません。古い民家や家具や道具類などと新しいファッションの衣装との組み合わせが、斬新な映像世界を作りだすのです。これは、決してファッションや新製品の新しさを強調するために、敢えて古ぼけた品物を傍に置くといったものではありません。そんな単純な対比には、私たちは少しも魅力を感じないでしょう。むしろ民俗的文物が多少とも意表をつくような印象を与えることができる要素になっていることが、そうした組み合わせの背景と考えるべきでしょう。要するに、それらは日常生活の延長ではない何物かなのです。それゆえ、当然のことながら、最新のファッションをつけた女性に取り合わせるのは、古い民家に限定され

ません。アラスカの氷山とか熱帯の竹林とかでも構わないのです。逆に言うと、今日、民俗的要素は、アラスカの風物や熱帯雨林とも代替可能な文物なのです。

異質文化としての民俗文化

　以上は見本として数例を挙げたのですが、言うまでもなくこれらは珍しい現象ではありません。ありふれた出来事をモデル・ケースの形にしてみたまでです。すると、こうした変哲もない事象においても、民俗文化が現代社会において占めている位置があきらかになってきます。以上の3例から、3つのことがらを読み取ることができます。第一は、現代の私たちは、伝統的な文化とさまざまな仕方で関わっているということです。科学的な思考や科学技術が浸透したからと言って、伝統的な生活文化の様式は消えてしまうのではありません。ただしこの場合に注意すべきは、古い民俗が昔ながらのままで延命していると理解するのは適切ではないでしょう。それらは古い民俗が本来占めていた意味や機能においてではなく、今日の状況に即した変質を遂げているのです。したがって、更に時間が経過すれば、いずれは消えて行くという性格のものではありません。現代の文化的状況の有機的な構成要素となっているのです。第二は、伝統的な文化との関係は私たちにとっては仕来たりや義務や社会的な約束といった拘束的な性格ではなく、私たちが自由に選択してそれと関わって行くということです。民俗、すなわち生活文化の伝統的な形態は、以前は社会的なルールでもありました。つまり、村の生活における仕来たりであり、ならわしであったのです。しかし今日それらは、ここで取り上げた3例の場合も、社会的な強制力によるものではなく、また誰かに強いられてなされるのではありません。これは古い民俗を今に伝えている場合の多くに見られることです。結婚式を昔ながらの過門戸帳児から相看、放定と進んで当日の拝天地の手続きなどを踏んで行うか、それともそういったものを無視したり、流行の西洋風の形態で行うかといったことは、関係者の自由に委ねられています[4]。従って、昔ながらの儀礼を守る場合も、それ

は関係者たちが選択した結果なのです。もとより関係者の意識は、場合によって昔ながらの仕来たりを守るほかないような状況がないとは言えませんが、その度合いは非常に小さくなってきているというべきでしょう。少なくとも、それは社会規範としての拘束性をほとんどもたなくなってきています。第3は、私たちが伝統的な文化の形態に接続するときには、多かれ少なかれそれが普段の生活のレベルとは違ったものと関わっているとの意識を伴いながら、それを行なっていることです。伝統的な文化の形態、すなわち民俗文化は、普段の生活とは異質な要素をもっており、その効果を強く意識しながら、私たちはそれに関わるということです。

民俗文化が今日では通常の生活のレベルからは異質なものになっているという点をもう少し踏み込んで考えてみます。先に挙げた3例は、種類の違うものですが、いずれも民俗文化が通常とは違った質を帯びているということを軸にして成り立っています。しかし異質な内容や異質な度合いには差違があるわけです。

[事例1の評価]

一番切羽詰まっているのは第一の事例です。すなわち合理的な思考や判断の世界から非合理的な呪術の世界への転移であって、しかも別の世界観へのその飛び移りは全身全霊をもって行なわれるのです。必死の跳躍と言ってもよく、それゆえその当人は周りの人々からはまるで別人になってしまったように映ったとしても不思議ではありません。

[事例2の評価]

それにたいして第2の事例は、同じく古い宗教的な気圏への先祖返りと言っても、その度合いは軽微です。ビジネスの不可知な限界線上で風水や占いと接触するのですが、その中身は一様ではなく、当人が真剣に信じている場合もあれば、宝籤でも買うような軽い気持ちで関わっていることもありま

---

4) 中国の婚姻儀礼に関わる用語は北京東郊について記録した次の文献による。直江広治「中国の民俗学」（岩崎美術社〈民俗・民芸双書13〉 1967）197頁以下。

す。極端な場合には、店構えの造作に風水の占いの結果を取り入れて、風水の教えるその縁起の良さを宣伝材料に活用するという計算づくのこともあり得るのです[5]。民俗文化に手を伸ばすにしても余裕をもって行なうのであり、止めようと思えばいつでも放棄できるという自由意志が勝っているのがこの第2の事例です。

[事例3の評価]

　第3の事例になると、その性格はさらに強まります。ここでは行動を支配しているのは、民俗文化をその効果を勘案して活用しようとする意図であると言えます。しかしそれは別段悪い意味ではありません。それが私たちの生活を豊かにし、私たちの文化を幅のあるものにしている面があります。ではなぜ民俗文化が活用されるかと言うと、それが私たちの日常を構成している通常の要素とは多少とも異なったところがあるからで、それゆえそれを導入することによって一種の異化作用を計算できるからです。異化作用とは、生活文化のなかに落差をつくり出すことです。レヴェルの違ったものを配置することによって、平面を起伏に変えるのです。すなわち、四合院建築を背景にした最新のファッションを身につけた女性モデルの映像は、異なった2つの文化の出会いないしは衝突という効果を生み出すのです。

☆

　本日は、とりわけ民俗文化が現代の社会のなかで占めている位置について考えてみました。伝統文化と現代社会の関係は多面的でありますから、ここで取り上げたのは、一部分に過ぎません。またそうした問題を本格的にとりあつかうには、それに相応しい方法や、諸々の現象を整理するための概念や

---

5) 風水の歴史を溯ると、そこにはむしろ合理的な計算が働いていたと考えられる。すなわち風水が盛んになったのは中国でも朝鮮半島でも12世紀頃からであるが、それは折から臺頭した中世社会の担い手である開墾地の推進者たちが、古代的な権威である貴族や寺社の荘園や権益を犯して成長してゆくさいの対抗的権威の意味合いがあったようである。

用語の検討も必要です。しかし概念や用語を整えるのと並んで重要なのは、あるいは用語の洗練度などよりもずっと重要なのは、やはり基本的なものの見方でしょう。民俗文化は、今日、さまざまな形で私たちの生活のなかに組みこまれています。その様態はまことに多彩でありますが、その多くは、昔ながらの文化が今なおしぶとく生きつづけているといった観点からは理解できないものなのです。〈今なお〉という見方をした途端、事態の本質が見えなくなってしまうといった現象が沢山あって、またそこに現代社会の文化的な特色があるといってもよい位です。そういう視点から私たちが暮らしている状況を見直そうという気持ちで、拙い話をいたしました。有難うございました。

フォークロリズムの
生成風景
―― 概念の原産地への探訪から ――

2003

　民俗学の分野にフォークロリズムという術語が現れて40年、それが日本へ伝わって10年余が経過したことになります。外国で登場した学術用語への着目として、その時間が悠長であったか素早かったかはともかく、社会のあり方にも学界の問題意識にもそうしたものに入用を感じる時節が来ていたということでしょうか。なお言い添えれば、その紹介はどちらかと言えば目立たない場所でしたが、思いの他、多数の関心が寄せられました[1]。それと共に、一旦取り入れられると、工夫や機転が動き出して多彩な研究が生まれ、生産的な光景が広がってきています。今回の企画などはそれを如実に示すものと言えるでしょう。もはや伝達者の仕事は幾らも残っていないのですが、半分はこれまでの要約、半分は補足という程度でお伝えしようと思います。

---

1) フォークロリズムは、ハンス・モーザーが提唱した概念で、次の2篇の論考がある。Hans Moser, *Vom Folklorismus in unserer Zeit*. In: Zeitschrift für Volkskunde, 58(1962), S. 177-209; Derselbe, *Der Folklorismus als Forschungsproblem der Volkskunde*. In: Hess. Bl. f. Vkde. f 55(1964), S. 9-57. またヘルマン・バウジンガーがフォークロリズムをドイツ民俗学会の機関誌で特集をおこなったとき、それに先立って各国に配布された説明文として次がある。Hermnn Bausinger, *Über Folklorismus*. In: Zeitschr. f. Vkde. 65Jg. (1969). なおハンス・モーザーの1964年の論文とヘルマン・バウジンガーの案内文については次の拙訳がある。参照、ハンス・モーザー『民俗学の研究対象としてのフォークロリスムス』愛知大学国際問題研究所「紀要」90、91号(1990年) 所収[補記：本書所収]。またフォークロリズムの概念が提唱された事情などについては、次の拙論を参照、『フォークロリズムからみた今日の民俗文化』(「三河民俗」3号、1992年所収)。

定義と具体例

フォークロリズムという術語自体は、それ以前にも多少用いられていたのですが[2]、民俗学の分野に採り入れられたのは 1960 年代で、当時の西ドイツの民俗学界においてでした。発案し推進したのはハンス・モーザー（1903-1990）とヘルマン・バウジンガー（1926 生）の 2 人です。以来、民俗学の概念としては珍しく国際化したのですが、背景には、本来それぞれの文化圏に内在的で微妙な論理によって成り立っている民俗が変質をきたしていることが挙げられるでしょう。あるいは、民俗をめぐる環境にグローバルな規模での平準化が進行しているという状況です。もっともそんなことを言うと始めから結論へ向かって先走ることになりかねません。ともあれ先ず提唱者たちの説明文のなかから定義にあたるものを紹介します。一口に言うと、〈セカンド・ハンドによる民俗文化の継受と演出〉です。あるいは、民俗的な文化物象が〈本来それが定着していた場所の外で、新しい機能をもち、新しい目的のためにおこなわれること〉です。具体例としては、次のようなものを挙げることができます。

第一は、フォークロリズムという術語のもとになったエピソードで、ハンス・モーザーによる提唱論文の冒頭におかれています。

---

[2] 拙論「フォークロリズムからみた今日の民俗文化」では、フォークロリズムの先行例として、特に現代音楽の分野でのハンガリーの作曲家バルトークとコダーイの活動への呼称であることをドイツの社会学事典の記載に因んで言及した。なおフォークロリズムに関してヘルマン・バウジンガーが送付したアンケートへの回答でも音楽の分野への注目はかなり見られるが、その場合、フォークロリズムの概念が幅広く理解されているのが注目される。特に、ポーランドとポルトガルかの回答（本書所収）においてそれが顕著であり、前者では、ショパンやミフケウィッチの活動もその観点から言及され、後者では同国の民衆音楽のジャンルとして知られるファドが取り上げられる。

ミュンヒェンでは、ある著名な学者の体験が笑い話として語り継がれている。その学者はアルプスのある村で催される祭り行事について調査したのだが、その種の行事については十分知っており、地元において特に新しい知識が得られるとも思えなかった。行事の起源を尋ねても、《古い祭りですよ、お祖父さんのときからずっとやっていましたからね》という程度の回答であろうとの予測であった。ともあれ学者は、いかにも土地の古老という風貌の白い髭をたくわえた老人に、地元の方言をつかって如才なく質問をはじめた。すると老人は、素朴な質問をする学者を調べるような目つきで見回しながらこう言った。《まあフォークロア的なものだね。》……

　ここで〈フォークロア的〉と訳した語は、〈フォークロリスティッシュ〉で、これを抽象名詞にするとフォークロリスムス、英語形ではフォークロリズムになります。つまり、民俗行事の意味を問われて、老人は、要するに民俗学ですよ、あるいは民俗文化財として保存しているのだよ、と答えたのです。土地の古老から、行事の原義やその素朴な変形や、あるいは伝承地に特有の誤伝などを期待していた学者の方が意表を突かれたというシミュレーションです。

　第二は、現代ではどこででも見られる民俗的な文物の多彩な活用です。これまたハンス・モーザーの挙げているものからですが、例えば、ショーウィンドーに最新のオートクチュールに古い荷車を取り合せるディスプレイがなされているような光景です。あるいは藝能の分野では、寄席の出し物に、民俗衣装や方言や、昔ながらの生活道具を取り入れるといったものです。ちなみに後者については、特にミュンヒェンの場末にあるプラッツルという大衆演劇場が知られています。寸劇のなかでアルプスの牧場の牛鈴が意表を突くような使われ方をしたり、民俗衣装の革の半ズボンを穿いた男たちの踊りがあったり、方言を面白可笑しく取り混ぜたりといった出し物が定番になっています。日本で言えば、出身地の方言を得意藝にしているタレントなどが多少重なるでしょう。

第三は、1969年にドイツ民俗学会がフォークロリズム特集のためにヨーロッパ各国に向けて送付したアンケートに付けられた説明文のなかの一例です。企画したのは学会誌の編集責任者であったヘルマン・バウジンガーです。世界各国で学園紛争が起き、騒然とした時期でもありましたが、ちょうど映っていたテレビの報道をそのまま使ったとのことです。〈共産党のデモの様子が映っていた。先頭を行くのは民俗衣装の女性の一団だが、それは共産党が伝統を大切にする、社会秩序に寄与する政党であることを示すための演出で、正にフォークロリズムである〉。この解説には、共産党の存在が禁止されていた当時の西ドイツの状況が微妙に陰を落としているように思われますが、フォークロリズムが政治の分野にも延びてゆく事例として引いてみました。
　なおバウジンガーは、ヨーロッパの各国15ヶ所に向けて発送した説明文では、フォークロリズムを9項目に分けて解説しており、テレビのクイズ番組に因んだ事例なども入っているのですが、ここに挙げた3種類程度でも理解に支障はないでしょう。

玉手箱と煙のあいだで

　ところで、これを見るだけでも、フォークロリズムが適用範囲の広い術語であることが分かります。今回の日本民俗学会の企画も、正にそれに呼応しています。とりわけ特集の第二部に予定されている「現代日本におけるフォークロリズムの諸相」の計画表をみると、他のどんな術語を以ってしてもこれだけのテーマは揃わないだろうと感じられます。レトロブーム、ツーリズム、町おこし・民話観光、桃太郎と黍団子(郷土とアイデンティティ)、幸福寿司と節分、お土産と郷土食、映像メディアとふるさと（NHK「ふるさとの伝承」、民藝と民俗（地方物産と都市民の地方趣味)、郷土玩具、葬儀とフォークロリズム、農村と政治的フォークロリズム、等々。もとよりこの当初案の通りになって現れるのかどうかは別ですが、それだけに特集の実際が

どうなるかには玉手箱を開けるような楽しみがあります。

　そこで考えてみたいのは、この多様な現象を包含できる術語の性格です。民俗や伝統行事の非常に多くを、この概念のもとに扱うのですが、何となく怪しいとの印象が起きるかも知れません。さらに、頭から不信をあらわにする人があっても、それまた不思議ではありません。なぜなら、概念の原産地においても怪訝や不信が起き、やがて克服されたからです。もっとも外部の文物は大きな誤解もなく導入すれば、それ以上いつまでも故土の事情を有難がるのは却って弊害でもあります。それゆえ規矩準縄という意味ではなく、むしろ歴史の教訓として耳を傾けようと思うのです。

　フォークロリズムは、世界各国の民俗学が共通の課題として意識する数少ないテーマのひとつになったのですが、そこまで行かずに消えてしまう可能性もあったのです。節目になったできごとを挙げますと、1962年と1964年にハンス・モーザーがフォークロリズムを提唱したものの、当初はまったく反応がなかったのです。その状況のなかで、1966年にヘルマン・バウジンガーがその主宰するテュービンゲン大学の民俗学科に西ドイツの代表的な民俗研究者をあつめて討論会を行ないました[3]。その頃、討論会は他にも幾つか開かれましたが、これはその後の民俗学の展開のゆく上で大きなエポックになりました。背景には、バウジンガーが『科学技術世界のなかの民俗文化』（1959年にテュービンゲン大学に教授資格論文として提出、1961年刊行）によって基本的な理論を完成させていたということがあり、討論会は、その構想がドイツ語圏の民俗学界全体に影響してゆく転機にもなったからです[4]。

---

3) Hermnn Bausinger, *Zur Kritik der Folklorismuskritik.* In: Populus Revisus. Tübingen [Tübinger Vereinignug für Volkskunde e. V. Schloß] 1966, S. 61-75.（Volksleben, Bd. 14
4) Hermann Bausinger, *Volkskukltur in der technischen Welt.* Stuttgart [Kohlhammer] 1961. 2. Aufl. Frankfurt a. M. /New York [Campus] 1986. 次の拙訳を参照、ヘルマン・バウジンガー『科学技術世界のなかの民俗文化』（愛知大学国際コミュニケーション学会紀要『文明21』別冊2、2001年）；［補記］その後、次の形態で一般書として刊行を見た。ヘルマン・バウジンガー『科学技術世界のなかの民俗文化』文楫堂、2005年。

そこでは幾つかのテーマが俎上に上ったのですが、そのひとつがフォークロリズムでした。それを引き受けたのはバウジンガー自身で、タイトルは「フォークロリズム批判への反批判」でした。ところがバウジンガーが〈フォークロリズム批判〉と名指し闘いを挑んだ相手とは、特定の誰彼の言説ではなく、無言の批判すなわち無視という事態なのでした。要するに、新しい概念の提唱に対して冷淡であった一般的な状況に切り込んだもので、バウジンガーの論争術が存分に発揮され、痛快なところがあります。もっとも、ドイツ語圏の民俗学に特有の脈絡がからんだ議論が多いので、日本にすぐにあてはまるようなものではなく、すぐにはピンと来ないところもあります。しかし折角ですから、雰囲気だけでも伝えてみましょう。講演のちょうど中ほどです。

　最近、フランクフルトの動物園で大きな変化があった。サルの檻から、これまでの樹木の遊具と木製の輪を取り払い、プラスチックとゴムに変えたのである。結果はどうなったか。サルは大変喜んだ。ところが入園者たちは、樹木ではなくなったことに不平を鳴らした。これは民俗学における判断基準の喩えになる。〈役割の継続〉とは何かという問題である。喩えを延長してみよう。やがてサルは進化した。そして森の保存協会を設立し、そこにプラスチックの森をこしらえた。かつて樹木が無くなったと言って腹を立てた人たちなら、今度もまた怒るだろう。事実は、〈保存された〉森は、森にしてプラスチックであり、総合（ジュンテーゼ）なのである。
　かくしてフォークロリズムの特徴のひとつが明らかになる。フォークロリズムとは、役割継続の産物であるということ。言い換えれば、フォークロリズムへの忌避とは、排他的なものが民主主義化してゆくことへの忌避に他ならない。

民俗における〈本物〉とは何か（本当の民俗とは何か）という議論の一部です。このように喩えを挙げたり、具体例に注意を喚起したりしながら、フ

ォークロリズムへの沈黙という事態を解剖したのでした。そのさいバウジンガーがドイツの同時代の思想活動とつながり、その一部ともなっていたことは、こんなコメントからも知ることができます。

　　ニュートラルな観察に徹することによって、フォークロリズムの議論に対峙しようとする動きもあろう。しかしニュートラルな観察とは、〈過去の模範的な理論の枠内で意味解釈をおこなうこと以外ではない〉。

　これは、ユルゲン・ハーバーマスを援用しているのです[5]。こんな風に舌鋒鋭く学界の状況が解剖されると、さすがに議論は広がりに向かって動き出さないわけにはゆかなかったようです。またこういう片鱗からも、当時のドイツ語圏の民俗学界には勢いがあったことがうかがえます。バウジンガーを一人相撲に終わらせなかったのは、学界のなかに何か顫動するものが潜んでいたのでしょう。

　またそれにも理由があります。ドイツ語圏の民俗学は、ナショナリズムに傾斜するなかで、最後はナチズムに加担したという過誤があり、そのため戦後はまったく信用を失墜して一から出直したのです。危機を背景に、結果的には規模の大きな学究が輩出して民俗学を新しく作り変えていったのですが、バウジンガーはその第二世代にあたります。つまり戦後まもなく民俗学の再建に取り組んだ第一世代をさらに克服しようとの意図をもって台頭した世代の代表者です。ここでは学問史には立ち入りませんが、こうした議論があり、次いで1969年にバウジンガーが学会誌の編集者としてフォークロリズム特集を企画し、ヨーロッパの多くの国々に呼びかけて一般化したというのがおよその推移です。煙となって雲散霧消する運命にあったかも知れない提唱さ

---

5) ハーバーマスの出典は次の通り。Jürgen Habermas, *Gegen einen positivistisch halbierten Rationalismus*. In: Kölner Zs. f. Soziologie und Sozialpsychologie, 16. Jg. 1964, S. 635-659, hier S. 638.

れたばかりの概念が前面へ出て行ったのは、民俗学という分野全体がなお切羽詰まった状況にあったことと無縁ではなかったのです。

民俗知識の還流と逆発想

　次にハンス・モーザーに焦点を当ててみます。この概念の提唱者を特定するとすれば、それはハンス・モーザーということになるからです。モーザーは、第二次世界大戦の前から始まっていた『ドイツ民俗地図』の作成に早くからかかわっていた筋金入りの民俗研究家です。そういう人が〈民俗の実際が分かれば分かるほど上古の伝統と言うのでは説明がつかない〉との問題意識をもったのが出発点でした。そういう問題意識の学史的な背景はともかく、モーザーは民俗の実態調査と文献史料の突きあわせをかさねるなかで、伝統行事をはじめとする民俗事象の多くが、時代の推移のなかで変動してきたことを痛感したようです。つまりその時代ごとの思潮によって民俗や伝統行事は幾度も変化を遂げてきたというのです。

　もっともそれ自体は別段目新しい発見とはいえないでしょう。問題は時代思潮を構成する要素のなかに、他ならぬ民俗学が入っていることです。民俗学の知識をもつ者が行事の伝承にかかわったり、また必ずしも学者が直接関与するというものでなくても、民俗知識が一般化することによって民俗の継ぎ送りに変化が起きたりする場合が少なくないことです。

　またモーザーがそうした関心を、ひとつの概念の提唱にまで引き上げるにあたって拠りどころにしたのが、ヘルマン・バウジンガーの理論でした。バウジンガーの『科学技術世界のなかの民俗文化』が1961年に刊行されたことは先にふれましたが、そこには、民俗学や民俗知識の民俗の担い手への還流があつかわれ、民俗学の受容による変化という動態において民俗を把握することの必要性が説かれていたのです。バウジンガーの理論の全体から言えば、重要ではあっても、それだけを取り出せるようなものでもない面があります

が、ともあれそれがフィールドワークの達人を刺激したようです[6]。

　もっとも、民俗学の民俗の現場への還流という現象には、それまでにも気づいた人は幾らもいたのです。と言うより、いつの時代にも正確な観察者はそうした要素を見逃してきたわけではなかったでしょう。しかし民俗の原形や原義をたずねることに主眼がおかれているときには、それらは邪魔者として乱暴に捨象され、また良心的な場合には慎重に取り除かれます。しかしそうした要素はまた、まったく種類の異なる民俗や伝統行事にも程度の差はあれ含まれるのですから、見方を変えれば、民俗や伝統行事における共通の要素ということができます。つまり共通の不純物です。採集した資料を篩にかけてその要素を取り除くと、民俗の本来のかたちが見える、と普通は考えられます。しかしそれほど共通のものであるのなら、そこに視点を据えて観察をやり直すと事態はどう見えてくるのか、というのがモーザーにおけるフォークロリズムの要点なのです。つまり、民俗の本来の形にだけ眼を向けるのではなく、時代推移という共通項、とりわけ民俗学の知識という形態に凝縮した時代思潮の面から見直すと、事態はどのように見えてくるかというように見方をひっくり返してみたのです。つまり一種の逆発想であったのです。

　しかしその効果には、めざましいものがありました。民俗知識を活用することが根幹あるいは根幹の一部となっている事象が、正面から射程に入ってきたからです。この一世紀か一世紀半ほどの間に数多く始められた各地の〈ふるさと祭り〉や、大小さまざまな催し物で伝統文化の色合いに比重を置いている種類です。それらは比較的最近、あるいはごく最近新しく企画され創出されたことが周知であるだけに、民俗や伝統行事の範疇に入れるのは難しく、それゆえ民俗学が自信をもって対象とできるものではなかったのです。

6）ヘルマン・バウジンガーの理論においては、関心は主要に民俗学の成立根拠に向けられている。すなわち、民俗学に一般に見られ種類の観点や知識を社会が要求するようになったことが民俗学というディシプリンを成立させたとし、それは必然的に民俗知識が一般化することを意味するというのである。ハンス・モーザーは、その理論をフィールドワークの現場に置き直したのである。

研究がなされるとしても精々周辺的であり、取り組むには躊躇がつきまとっていたのです。しかし民俗知識の還流に焦点を当てる方法を以ってすれば、それらを研究対象とすることはただの眼移りではなくなります。しかも古習として非の打ちどころのない民俗や伝統行事とも一連のものとして見ることができるようになります。

　とは言え、その観点が画期的であるとすることには留保が必要です。フォークロリズムは、決してその名称でなければ指定できないものではないのです。それ以前にも〈民俗応用〉あるいは〈応用民俗学〉と訳せるような術語があり、重なるところが少なくなかったのです[7]。敷衍すれば、民俗学がおこなわれるところなら、同様の現象は必ず意識されてきたと思われますが、ドイツ語圏では、先行する語彙から新しい術語に衣替えをしたことが、意外な局面の展開をもたらしたのです。モーザーの論文のタイトル「民俗学の研究対象としてのフォークロリズム」は、そうした新たな状況を期せずして言い表しています。

事例検証：オーバーアマガウ村の受難劇

　ここで具体的な事例をもとに、やや詳しく検証してみようと思います。ところが、ドイツの民俗や伝統行事と言っても、日本ではほとんど知られていません。できるだけ共通認識のある事例という観点からは困るのですが、そ

---

7) ヘルマン・バウジンガー自身も、テュービンゲンでの発表のなかで、たとえば〈民俗応用〉(angewandte Volkskunde)の概念がフォークロリズムと重なることを、フォークロリズムの第一の特徴としている。参照、Hermann Bausinger, *Zur Kritik der Folklorismuskritik.* S. 62. なお〈民俗応用〉は、20世紀に入った頃からの民俗知識を活用したセレモニーや新しい工藝品などを指すのに用いられた。たとえば青少年運動やその一分派であるボーイスカウトの集会における演出（飾り付け、キャンプファイアーその他）などがそれにあたる。

のなかで幾つか世界的に知られたものがあります。ケルンのカーニヴァル、ミュンヒェンのオクトーバーフェスト、そしてこれから取り上げるオーバーアマガウ村の受難劇といったものです。

　受難劇とは、復活祭に至る聖週間の期間に、典拠である聖書に記されたイエス・キリストの事跡を、特に十字架上の刑死をクライマックスとして演じる伝統的な演劇のことです。オーバーアマガウ村は、その種の演劇を今に伝える場所のひとつなのです。1633年に、当時猖獗をきわめていたペストから逃れるために受難劇を行なうとの立願を村で行なったのが始まりとされており、1634年から始まったその演劇は今も10年に一度演じられています。村には5000人の観客を収容できる劇場があり、村人の大半、約1500人から2000人が演技に参加します。そしてイエススの十字架上での刑死とそれに至る聖書の諸事件を再現するのです。またそれを見物するために、開催年には世界中から50万人もの観客がやってきます。日本でもチケットが販売されるものの、入手が困難なくらいです。

　そんなことで日本でも早くから研究がなされてきただけでなく[8]、マスメディアによってもときどき取り上げられてきました。そのひとつとして数年前に「NHKスペシャル」として放映されたことがあります[9]。その番組の主旨はこうです。受難劇はイエススの受難と刑死が主題ですから、勢いユダヤ人が悪役になるのですが、ユダヤ人を非難するような場面や台詞が適切かどうかという抗議があったりしたことから、台本の修正が問題になっているというのです。それを時事的な材料にしながらオーバーアマガウ村の行事を紹介するというのが輪郭と言ってよかったと思います。

　それを見ますと、さまざまなことを考えさせられます。そのひとつは、マスメディアが民俗や伝統行事を取り上げるときの類型ということです。番組

---

[8] 上演台本の系統分類に焦点を当てて演劇史の面から考察した次の文献を参照、永野藤夫『オーベルアムメルガウ受難劇研究』（中央出版社、昭和25年）

[9] NHKスペシャル「アルプス山麓　祈りの大舞台――360年守り続けた村の誓い」2000年7月22日NHK総合テレビ放映。

には、長年伝えられてきた台本を変更してもよいのかという村人の悩みに因んで、オーバーアマガウ村では、村人が伝統をいかに真剣にまもってきたかが強調されたのでした。すなわち、昔ながらのあり方が忠実に伝承されてきたことを先ず強調し、次いで、最近そこに異変が生じた、と捻るのです。この二段構えは、マスメディアが民俗や伝統行事や藝能を取り上げるときによく見られる型と言ってもよいでしょう。

オーバーアマガウ村の受難劇へのリールの論評

これを話題に選んだもうひとつの理由は、ヘルマン・バウジンガーが、フォークロリズムを論じるさいに、やはり材料の一部に取り上げているという事情です。1969年のドイツ民俗学会誌上での「フォークロリズム特集」にはふれましたが、バウジンガーはその後もこれを論じています。1971年に刊行された概説書『フォルクスクンデ——上古学の克服から文化分析の方法へ』がそれで、そこでは「ツーリズムとフォークロリズム」と「フォークロリズムと文化産業」の2つの節が設けられています[10]。これから紹介するのは、そのなかの話題です。

バウジンガーはその受難劇を分析するにあたって、古い証言に注目しました。ヴィルヘルム・ハインリヒ・リール（Wilhelm Heinrich Riehl 1823-1897）です。リールは、若くしてジャーナリストとしてめざましい活躍をみせ、やがて民俗学に接した分野で大きな足跡を残しました。特に、グリム兄弟に連なる民俗学のあり方とは異なった同時代に密着した民俗学を提唱した人として知られ、ドイツ語圏の民俗学界では、曲がり角の度に、〈リールに帰れ〉が

---

10) Hermann Bausinger, *Volkskunde. Von der Altertumsforschung zur Kulturanalyse.* Darmstadt [Carl Habel] 1971. ; Nachdruck: Tübingen [Tübinger Vereinigung für Volkskunde e. V. Schloß] 1979. ［補記］今日では拙訳がある（文緝堂 2010）。

指標となってきた経緯があります。しかし同時に、リールが反動的な思想家であったことも問題視されてきました。そのように毀誉褒貶の激しかった人物で、またバウジンガーはリールを否定的に見る代表者でもあります。しかしリールが、鋭敏な世相観察家であったことは事実であり、しばしば引き合いに出してもいます。これもそのひとつです。リールは、1872年にオーバーアマガウ村の受難劇をこう評していたのです。

　気づいた者はほとんどいない。この受難劇が自分たちをとりこにするのは、それがこの上なく矛盾に満ちたものであることを。農民によって演じられると言うのだが、その農民たるや、未だ農民になっていないところが幾分か、そして既に農民ではないという要素が大部分という具合である。逆にいえば、そもそも俳優ではない者たちが俳優であるところに、その魅力がある。つまり半分は自然、半分は作為、半分は田舎風、半分は首都の香り。寒村で誕生し寒村で維持されるのだが、その実、アルプスの谷間に大舞台が出現し、ありとあらゆる国々からやってきた見物人の前で演技がなされる。一口に言えば、そこには見たいものがすべてある。ただ原初性や調和や充実だけはかけらもない。率直に言おう。このあいまいなごった煮こそ、食傷気味の観衆にはこの上ない魅力なのである。

ちょっと分かり難い表現が混じってはいますが、要するにリールは、オーバーアマガウ村の受難劇に不純なものを感知したのでした。その頃でもすでにオーバーアマガウ村の受難劇は、ひたすら故習をまもるというものではなく、外国からの見物人をも計算に入れた〈文化産業〉であったのです[11]。リールがオーバーアマガウ村の受難劇に失望したのは、裏返せば、昔ながらの文

---

11) オーバーアマガウ村の受難劇は19世紀中頃には既にイヴェントの性格を帯び、都会からの観光客をあつめていたことについては、幾つかの記録がある。例えば次の案内書に付けられた文献目録を参照、Roland Kaltenetter, *Oberammergau und die Passionsspiele 1634-1984*. München/Wien[Langen Müller]1984.

化が純粋に伝承されている様子を望んでいたからと言えるでしょう。しかしリールの眼は、先入観や願望によって曇らされることなく、現実を見てしまったのでした。今日なお極東のテレビ局が〈まるで中世〉とか、〈昔ながら〉を連発するのは致し方のないことですが、既に130年前にその国のジャーナリストは、それが純粋な信仰心やしきたりの素朴な遵守によって維持されているのではなく、故意と作為が芬々としていることを指摘していたのです。それと共に注目すべきは、観察が演者に対してだけでなく、観客にも向けられていることです。オーバーアマガウ村の行事が継続されたのは、観客に歓迎されたからです。観客が敢えて山奥まで足を運んだのは、それが素人によって演じられる行事で、その熟さない演技が本物と見えたからでした。しかし他方で、それは決して素朴なものではなく、精一杯計算した素人演技、しかも素人の魅力まで計算に入れたものでもありました。そこでリールは、演じる側にも観客にも胡散臭いものを見たのでした。興行者の作為だけでなく、観客の心理の歪みにも観察を怠らなかったのは、さすがと言ってよいでしょう。

　因みに、NHKの番組を通じて知る限りでも、オーバーアマガウの受難劇における一種の作為、ないしは作為が固定して様式化している箇所に幾らも気づかせられます。そのひとつは、十字架上のイエススが〈エリ、エリ、サバクタニ〉の絶叫する場面ですが、そこでNHKの放映では次のナレーションが付けられます。

　　イエスが十字架にはりつけられる場面の練習です。観客が最も感動するこの場面は、イエスが本当にはりつけられたように見えなくてはなりません。出演者はかなりの演技力を要求されます。

まことに屈託のない解説ですが、本当にそうでしょうか。と言うのは、受難劇の伝承例の実態と較べると事情はやや異なるからです。観光化した事例ではなく、地元民だけという小規模な宗教劇では別の報告にも接することにな

ります。もっとも、受難劇の伝承は1950年代にほぼ消滅するか、それともオーバーアマガウほどではないにせよ変質して延命するかの分岐を起こしたのですが、その消滅に瀕していた場所については、演劇とはいうものの〈大声をあげることもなく、抑揚もなく、呟くようである〉という様式的な特徴が指摘されています[12]。指摘したのは、オーストリアの民衆劇研究の第一人者であるミュンヒェン大学のクレッツェンバッハーですが、氏は、〈都会風の農民劇場のもつ写実的な通俗趣味からは程遠い〉との観察をおこなっています。それは受難劇だけのことではなく、同じく村の民衆劇としてのエヴリマン劇については、様式的な特徴を挙げています。

〈……宗教的な民衆劇は、すでにその冒頭から一種の典礼的な雰囲気のなかにあるのであり、藝術的効果を狙うどんな技巧からも程遠く……手書きの台本に沿って、韻文とは言え、あまり流暢でもない喋り方で……仮面の奥から単調な口調でささやきを漏らす〉

すなわち、現代人の嗜好には合いそうにもない無骨で生硬で冗長でこなれない演技や発声であるに注目しているのです。
　クレッツェンバッハーの研究自体が、消え行く伝承へのオマージュという面があるのですが、少なくとも、興業を第一義とはせず、むしろ民衆信心に比重がある伝承では、演技力に重点がおかれていないことがうかがえます[13]。

───────────────────

12) 参　照、Leopold Kretzenbacher, *Lebendiges Volksschauspiel in Steiermark*.Wien 1951. (Österreichische Volkskultur. Forschungen zur Volkskunde.6) .; また同じ著者の次の著作はミュンヒェン大学での一般講義であり、その南東ヨーロッパ研究の抜粋版の性格にあるが、本文は主にそこで次の指摘を抜粋した。レーオポルト・クレッツェンバッハー（著）河野眞（訳）『民衆バロックと郷土─南東アルプス文化史紀行』（名古屋大学出版会 1988; 原著:Leopold Kretzenbacher, *Heimat im Volksbarock. Kulturhistorische Wanderungen in den Südostalpenländern*. Klagenfufrt 1961)、特にその「シュタイアマルクの農民イエダマン」の章。

ヘルマン・バウジンガーの再論評：フォークロリズムへの展開

　次に時間を 100 年飛ばして、30 年前のバウジンガーの見解を聞くことにしましょう。リールが引用されたのは、その慧眼を称えるためではなく、時代の制約とはいえ認識が至らなかった点を指摘しつつ、民俗文化の行方を明らかにするためでした。

　リールはなぜオーバーアマガウ村の演劇行事に苛立ったのでしょうか。それは、リールが民俗学者だったからです。そこには、広い意味で民俗学者でもなければ、気にとめないような仕組みが隠れていたのです。すなわち、〈本来のもの〉が演じられ、その実、本来のものではないという仕組みです。本来のものとは、村人のあいだでの伝承です。農民のあいだの素朴な伝承、それをリールはいみじくも〈自然〉と呼んでいますが、自然と接しようとするのは現代にも通じる志向です。それに応えて村人たちは〈自然〉を演じるのですが、そうなるとそれはもはや〈自然〉ではなくなってしまいます。しかもそこにはたらく計算の一部には、伝承が伝承らしく見えるための工夫が入っています。それは伝承に関する知識を踏まえていることを意味しますので、民俗学が組み込まれているということでもあります。民俗学の気配がする民俗に、本物ではないとして、民俗学者がいらだったのです。逆に言うと、民俗は〈本物〉でなければならない、〈自然〉でなければならないという視点

13）［本稿の本書への収録にあたって補記］この指摘は、宗教性が勝っている場合の一般的な特徴として経験することができる。たとえば、受難（灰の金曜）の前日のいわゆる〈洗足の木曜〉の典礼では、信徒の代表が使徒として祭壇に並び、キリストに代わって司祭がその足を洗うという演劇的な場面が繰り広げられるが、キリスト役の司祭も使徒役の信徒の代表たちも、俳優のように振る舞わず、むしろぎごちないことが多い。それにもかかわらず、それは疑いもなく厳粛で感動的なのである。宗教性が生きている場合には、演技力は必要ではないことは、（日本も含めて）世界中のキリスト教会で等しく行なわれている儀礼の実態からも知ることができる。

を、民俗学者リールはもっていたということです。そこでバウジンガーはこう言います。

　リールにおいて認められるものは、民俗研究者やふるさと文化の保存活動家や行事のまもり手にもあてはまる。すなわち、古きものを声高く、かつ情熱的に追いもとめ、古きものを古きものとして認識すべきとし、それによってその古きものという性格そのものを変化させてしまうのである。

　リールの認識が不足していた二番目は、リールが、オーバーアマガウ村を特殊な事例とみなしたことです。つまりリールは、多くの村々では当時なお〈本物の〉民俗が伝承されているのに対して、オーバーアマガウ村は不純であると判断したのでした。しかし事は程度の差にすぎなかったのです。

　もっと大事なことがある。リールが論評したオーバーアマガウ村での展開は、決して特殊な事態ではなかった。それは、他の諸々の伝統をも巻き込んで敷かれることになるフォークロリズムという軌道の前触れであった。しかしリールにはそこまでは見えなかったのである。

　非常に多くの民俗、殊に伝統行事には、独特の刺激や効果があることを、今日では多くの人々が認識しています。そして絶えず多彩な企画がなされています。すなわち文化産業（Kulturindustrie）です[14]。この kultur （culture）と industrie （industry）と二語の合成語は1947年にドイツの哲学者テーオドル・W・アドルノ（Theodor W. Adorno 1903-1969）が〈大衆文化〉を考察するにあたって考案したとされています。文化産業と一応直訳しておきますが、

---

14)　„Kulturindustrie" はアドルノとホルクハイマーの『啓蒙の弁証法』の見出しに挙げられた。参照、Max Horkheimer / Theodor W. Adorno, *Dialekt der Aufklärung*. Amsterdam 1947.

日本語の語感からは(和製の用法を加味すれば)文化ビジネスあたりが通りがよいかも知れません。この文化と産業の両語の合成に意外なほどの衝突の感覚があることは、私たちにはなかなか分かり難いのですが、そういう西洋文化に特有の脈絡もあって、挑発性に富んだ術語だったのです。アドルノは、大衆社会という、人間社会がこれまで経験したことのない新しい段階に入ったことにより、従来の価値観や判断基準、さらに語彙使用に構造的な変動が起きていることを考察した人です。それゆえ各方面に刺激をあたえたのですが、民俗学の分野でそれを受けとめて独自に研究をおこなったのがヘルマン・バウジンガーです。もっとも大衆社会を民俗学がどう組み込むかという問題意識は民俗学のなかにもあって、試行錯誤が繰り返されていたという背景もあるにはあったのです。

二つの境界——〈ユビキタス〉と〈プレグナント〉

以上の説明で、フォークロリズムという概念の性格とその形成過程が伝わっておればよいのですが、最後にこの概念の境界に触れておこうと思います。外へ向けての境界と内側への境界です。第一は、これまでにも指摘した、適用の範囲がきわめて広いということです。そうした広い範囲をカヴァーする概念であることを、バウジンガーは刺激的な表現で説明しています。曰く、〈フォークロリズムの遍在 (Ubiquität)、すなわち普遍的な広がり〉[15]。その語は強調字体で打たれていますが、それは果敢な比喩だったからです。つまり、キリストの遍在を言い表す神学の用語であることを踏まえているのです。ところが面白いことに、それが日本で最近にわかに使われるようになっています。〈ユビキタス〉です。語源はラテン語の〈ubique〉(どこでも)で、そこ

---

15) Hermann Bausinger, *Volkskunde. Von der Altertumsforschung zur Kulturanalyse. Nachdruck*: Tübingen 1979, S. 196. [補記:河野(訳) p. 208-209.]

からできた英語 ubiquitous が、外出先からでもどこからでも操作ができる完全 IT 化の〈ユビキタス・マンション〉などという和製用法で新聞広告にも登場しています。どの程度定着するかはともかく、カタカナ語の仲間入りをしているようです。近頃のそんな話題にもつながる言葉ですが、それを使ってなされた説明です。かくして、フォークロリズムは至るところに見出されり、あたかも神がいずこにもいますがごとく、と言うことになります。もっともそこでも限定がはたらいてはいます。すなわち、フォークロリズムの持ち味は深く歴史に突き入るところにではなく、現代の様相に向かうところにあることです。たしかに古い時代でも、イヴェントは企画され、民間の風俗を意識的に採用することは幾らもあったでしょうし、そもそも行事とはそういう要素を含むものでもありますが、長い時間を経過しているものなら歴史的事象の多面性として、その過程と結果を考察すればよいことになります。しかし近・現代における多面性は、どこへ向かっているのか、なお不透明なのです。完了した結果を再発見すべき歴史ではなく、これからの行方が課題なのです。そうした課題をかかえるありとあらゆる現象に、網をかけることができるのですが、それは、フォークロリズムが指し示すものが現代という状況の基本的な仕組みの部分だからです。しかし注意すべきことに、投げた網を手繰り寄せることができるかどうかは、また別なのです。

　それが内側へ向かう境界の問題です。ふたたびバウジンガーの解説ですが、フォークロリズムが学術的な概念としては限界があることが言及されています。因みに限界とは欠陥の謂ではなく、機能や効果が及ぶ限度のことです。それは、先に挙げたテュービンゲン大学での討論会では、頭韻による語呂合わせを用いて、次のように表現されます。フォークロリズムは、〈präzis というより prägnant な概念〉である、と [16]。このドイツ語の単語はどちらも英語と共通で、precise と pregnant、つまり厳密な概念ではなく、含みのある（簡潔に言い表す）概念なのです。言い換えれば、フォークロリズムという概念

---

16) Hermann　Bausinger, *Zur Kritik der Folklorismuskritik.* S. 64.

のこれが境界であるということになります。

　たとえば先のオーバーアマガウ村の受難劇は、文化産業の側面をもっていました。それは必ずしも営利だけを意味するのではなく、供給と需要を結ぶ心理的・社会的な照応関係のことでもあります。観客は、村人の伝承、すなわち〈自然〉に接することをもとめてやって来ますが、何故〈自然〉が吸引力になるのかという中味になると、もはやフォークロリズムでは解けないのです。それはまた一般化することもできます。すなわち、多種多様な民俗的な現象が、過去の香りのする現代の構成部分という側面でとらえることができ、それゆえユビキタスなのですが、しかしまたそうした構成部分が必然的である所以やメカニズムの深部にまでは、フォークロリズムは立ち入らないのです。それゆえ方向の指示であり、そこから次の問いと考察が始まるスタート地点の表示です。すなわちプレグナントなのです。

　以上は、フォークロリズムの境界に触れてみました。フォークロリズムは、伝統にふれながら視野を広げることを促しますが、その広がりは現代という水準に沿っています。それは、私たち自身の行方を問うということでもあります。その緊張があれば、そこには、伝統と現在にまたがる多彩できらびやかな玉手箱さながらの光景が広がります。しかし緊張が緩めば、模糊として広がるだけの概念になってしまいます。と言うことは、場合によっては、民俗学者が現代の浦島太郎であることを白日の下にする煙となって虚空に消えてゆくのです。

民俗文化の現在（*2004*）

民俗文化の現在

――フォークロリズムから現代社会を考える[1]――

2004

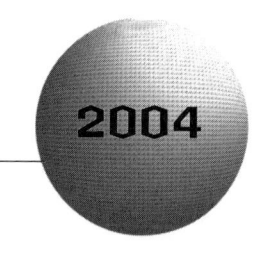

（1）出発点：フォークロリズムという概念

　本日のテーマに〈フォークロリズム〉（Folklorism）という術語を挙げました。これは日本民俗学会の最近の話題と関わっています。昨年2003年の11月に刊行された学会の機関誌『日本民俗学』第236号が、この〈フォークロリズム〉の特集だったのです[2]。フォークロリズムは1960年代のドイツの民俗学界で提唱された概念ですが、現代世界のなかでの民俗の変質を指し示す術語として、広く関心を集めています。一口に言えば、〈民俗事象が元の機能

---

1) 本稿は2004年6月10日から12日まで韓国江原道江陵で開催された「第7次國際亜細亜民俗學會學術大會」で行なった発表である。その要旨は同大会で配布された『國際學術大會要旨集』pp. 241-256に載録されており、また本稿の朝鮮語訳は大会の論集に収録される予定である。なおこの大会は、折から江陵において恒例の「江陵端午祭」が「2004江陵國際観光民俗祭」として開催されたのに合わせたものでもあった。江陵端午祭については、片茂永教授（愛知大学国際コミュニケーション学部）の引率指導のもとに本学学生が1999年と2000年に行なったフィールドワークの報告集が作成されており、そこには片教授の解説がある。参照、「韓国フィールドワーク報告集」。また江陵國際民俗祭ならびにその特に規模が拡大された本年の催しについては、改めて取り上げたい。
2) 参照、日本民俗学会（編）『日本民俗学』第236号（2003年11月）、誌上で組まれた「小特集」

や意味をもちつづけるのではなく、新しい状況のなかで新しい機能と意味をになって行なわれること〉を指しています。たとえば、元は稲作儀礼であった虫送りのような行事が、今日では会社に勤めるビジネスマンによって担われているといった変化、あるいは起源的には疫病退散のために挙行された祭礼が観光振興のアトラクションになっているといった活用、さらに民俗的な文物や行事を有形・無形の文化財として保護する行政の側からの取り組みなどといったものです。これらは民俗的要素の応用が一番分かりやすい事例ですが、それだけでなく、古い民俗が継続しているように見える場合でも、担い手の意識や保存のメカニズムまで探ってゆけば、フォークロリズムの性格を帯びていることが多いのです。そうした状況をまとめて検討するというのが、特集の目的だったのです。それには14人の学会関係者が報告を寄せており、第一部の概念の説明には私も加わりましたが、注目すべきは第二部の「現代日本におけるフォークロリズムの諸相」です。この術語をタイトルに入れていると否とは別にして、いずれも現代の民俗を問う試みです。

そのテーマを見ますと、〈節分〉という暦の節目に巻き寿司を食べる風習が食品産業によって形成された歴史、高千穂神社（九州）において観光客のために〈夜神楽〉が演じられるようになった経緯、〈桃太郎〉伝説の土地と比定される岡山県でその昔話が地域アイデンティティとツーリズムに寄与している状況などです。いずれも労作であり、民俗的な要素が現代の脈絡なかで変質している様子を、民俗学の専門家ならではの観察眼によって捉えた研究と言えます。因みに、フォークロリズムという面からの民俗研究の広がりにふれますと、1960年代に当時の西ドイツで提唱された後、1970年前後にヨーロッパ各国で共通のテーマとなりました。また1970年代後半からはアメリカでも民俗研究にその観点が取り入れられるようになりました[3]。日本では

---

3) アメリカでのこの概念の受容については、上記の特集に収録された次の文献を参照、八木康之「フェイクロアとフォークロリズムについての覚え書き」（『日本民俗学』第236号 pp. 20-48.

1990年代にその概念が紹介され、幾つかの取り組みを経て、今回の学会誌での特集につながったのです。さらに注目すべきは、最近、中国の民俗学界においてもフォークロリズムへの関心が起きていることです[4]。中国社会の急激な変化を考えれば、伝統的な観点だけでは民俗現象の説明が難しいとの問題意識が起きるのは当然の動きと言えるでしょう。

　なお補足ですが、フォークロリズムは、民俗が元の機能や昔ながらの意味ではなくなっていることを一般的に指す用語であって、個々の事例について細部のメカニズムに踏み込めるものではありません。限界や欠陥というわけではなく、もともと一般的な状況に注意を喚起するための啓蒙的な概念なのです。したがって、フォークロリズムが指し示した機能や意味の変化を具体的な解明するには、改めて問を立てて考察を進めなければなません。

　本日のテーマもそうしたもののひとつということになりますが、何らかの個別事例をめぐる細部のメカニズムを問うのではなく、民俗学の課題に関する問題をとりあげてみようと思うのです。

　現代社会で民俗的要素が果している役割や意味への関心が高まったこと自体は、フォークロリズムの概念によって切り開かれた新しい地平と言ってよいでしょう。民俗研究者がそれに積極的に取り組むのも生産的なことです。しかし、そこにはひとつの落とし穴が隠れているように思えるのです。すなわち、民俗の研究者は、民俗的な要素に焦点を当てて、その現代的な様相を論じます。しかし現代社会の諸現象には、民俗的な要素が含まれる現象がある一方、含まれない現象もあります。そのうち、民俗研究者は、前者に専門家として注目するのですが、正にそこに問題が潜んでいます。言い換えると、民俗的な要素が含まれている事例と、含まれていないことがらとを区分する

---

4) 中国への紹介については、次の中山大学民俗学科の機関誌に、ヘルマン・バウジンガーの『科学技術世界のなかの民俗文化』を紹介したアメリカ人研究者の短評の中国語訳が収録されており、そこに〈フォークロリズム〉が〈民俗主義〉として言及されている。参照、丹本―阿莫斯(著)/李揚(訳)「科学世界中的民間文化　序言」in：中山大学民俗研究中心(刊)『民俗学』第4輯、pp. 20-22.（澳門出版社、2003年6月）。

場合、その区分にどれほどの根拠があるであろうか、という問題です。もとより、民俗研究者の側には、その専門家としてのレパートリーとの関わりでは、区分することに根拠があるわけです。しかし、その区分は現代社会に内在的なものでしょうか。もちろん、民俗の研究者は、民俗的な要素が含まれない現象には深く関わる必要はないでしょう。しかし、専門家として対象にほどこした境界が、対象そのものに内在する本質的な境界であるかどうかを認識しておくことは必要であろうと思うのです。またそれは、今日において民俗をどう理解するかという、根本的な問題ともからんでいます。私はこのところその問題を考えているのですが、本日は、それを問題提起として皆様に聞いていただこうと思います。

（2）事例検証：現代社会において民俗文化とは何か

　検討の材料として具体例を挙げてみます。
　[事例1] 京阪神三都夏祭り　2000年夏に日本の京都・大阪・神戸の3都市が〈京阪神三都夏祭り〉という企画を行ないました。それを構成することになったのは、京都の祇園祭、大阪の天神祭、そして神戸まつりの3つの祭りでした。祇園祭は古代末期に疫病折伏のために始まった神社祭礼です。天神祭は大阪の天満宮の年祭で、近世に商都大阪を代表する夏季の祭りとなりました。最も新しいのは神戸まつりですが、1990年は、貿易港神戸でこの祭りが始まってちょうど30周年にあたりました。その3種類の祭りの、いわばジョイント・フェスティヴァルが企画されたのです。ポスターは日本各地に配布され、とりわけ幹線鉄道であるJRの駅に貼られたものです。祭りの性格は、すでにそのポスターが直裁に表わしていますので、それを見ながら考えてゆきたいと思います（本書口絵掲載）[5]。

---

5)「京阪神三都夏祭り」ポスター（2000年6月）

民俗文化の現在（2004）

　ポスターには、3つの祭りを表すイラストが組み合わせられています。祇園祭は鉾の巡幸、天神祭は神輿渡御です。しかし神戸の港祭りは新しい祭りです。そこには、龍を象った作りもののイラストが入っています。中国の龍頭行事が採り入れられているのです。それだけでなく、リオのカーニヴァルも入っています。たぶんアトラクションに招かれたのでしょう、小麦色の肌をした女性ダンサーのイラストが入っています。

　そこで設問に返ります。この〈三都夏祭り〉は民俗行事と言ってよいのでしょうか。それとも、民俗とは関わりのない、まったく新しいイヴェントでしょうか。たしかに至るところに伝統的な要素や民俗的な要素が認められます。しかしそれらの要素が果す役割には変化が見られます。ひとつひとつの構成要素は伝統行事なのですが、ジョイント・フェスティヴァルの全体は、それまでになかった新しいイヴェントなのです。その全体を理解するには、個々の要素の古くからの意味を検討したり説明したりする民俗学の伝統的な

111

手法とは違った視点が必要になるでしょう。しかもそうした動態は、今日行なわれている多くの民俗行事に共通しているのです。

［事例2］インフィオラータ　次に、もう少し複雑な事例をとってみます。昨年の4月末、日本の中部地方において、幾つかの新聞は、〈インフィオラータ・イン・NAGANO〉を報道しました。昨年だけでなく、今年もまもなく同じ種類の記事が掲載されることでしょう。ここでは昨年の記事を再録します[6]。

花にひかれて善光寺参り

御開帳でにぎわう長野市の善光寺参道の路上に28日、長さ約130メートル、幅約8メートルの巨大な花のじゅうたんが表れた。……信州の春を象徴する祝祭「インフィオラータ・イン NAGANO」（ながの花フェスタ2003組織委員会主催）の準備作業。約200人がチューリップ約30万本の花びらや木曾ヒノキの葉などを並べ、幾何学文様の美しい作品を仕上げた。インフィオラータはイタリア語で「花のじゅうたん」。祭りは29、30日に開かれる。

善光寺は、天台宗と浄土宗の仏教の二つの宗派の性格を併せ持った複合的な大寺院で、伝説では、創建は西暦642年とされています。本尊は阿弥陀如来像で、三国時代の百済から請来されたと伝えられています。ただし本尊は絶対の秘仏で、7年に一度（実際は6年毎ですが数え年のように表示されます）の一般公開、つまり御開帳となるのはその模像（前立本尊）です。そのさい、境内に回向柱という柱が立てられます。前立本尊とは糸で結ばれているため、信徒は、その柱に触れることによって如来の霊力に与るとされてい

---

[6]「中日新聞」2003年4月29日（火曜日）第一面　また2004年については同紙の次のコラムを参照。「中日新聞」2004年4月30日（金曜日）第一面。またその主催者「善光寺花廻廊実行委員会」が Web site を通じてイヴェントの概要を広報で詳細に行なった。参照、「ながの花フェスタ2004　善光寺花廻廊 2004 4/25sun. -5 /5wed.」

民俗文化の現在（2004）

中日新聞 2003 年 4 月 29 日（火曜日）第一面

るのです。

　昨年は御開帳の年でしたが、その善光寺の参道では、数年前から、新聞に報道されたようなパフォーマンスが行なわれてきました。チューリップの花弁やヒノキの葉を路面に敷き詰めて模様を表すのです。

　話題となっている花の絨毯は、イタリアの風習が採用されたのです。補足しますと、それはイタリアだけではなく、ヨーロッパの広い地域で行なわれている伝統的な行事です。ヨーロッパで小麦の収穫を真近にした季節に行なわれる教会の行事に、聖体大祝日[7]があります。キリストの身体（屍体）とパンの一致の神秘を祝う行事ですが、その行列にさいして、沿道を花の絨毯

---

7) 聖体大祝日（羅・英 Corpus Christi 独 Fronleichnamsfest 仏 Fête-Dieu）は、聖三位一体の主日（Trinitatis 独 Dreifaltigkeitsfest）の次の木曜、したがって復活の主日から 60 日後であるが、この日に路上を花の絨毯で飾る催しの起源は 17 世紀にバチカンの聖ペテロの墓をドイツ人庭師が花を飾ったことにさかのぼるとの節が知られている。
　［補記］本稿以後、筆者による次の訳書に取り上げられている。ヘルベルト＆エルケ・シュヴェート『南西ドイツ・シュヴァーベンの民俗――年中行事と人生儀礼』文楫堂 2009、「聖体大祝日」

113

で飾るのが一般的です。その季節には、ヨーロッパの野山は至るところ、野草が花をつけます。花の絨毯は、それを活かした伝統行事の構成要素なのです。

長野県で花の絨毯が採用されたのは、同県ではチューリップ栽培やヒノキなどの建材が地場産業であることを活用したようです。特にチューリップは、球根に栄養をまわすために、4月末頃に花弁を落とす必要があるのです。

なお言い添えますと、イヴェントの全体はもっと多彩なものです。〈花マーケット〉のタイトルで花卉の展示即売会が催される他、2003年には〈フラワー・ブライダル挙式〉という催しもなされました。主催者側が委嘱したブライダル・プロデューサーの演出で、応募者のなかから3組のカップルを選んで挙式させるという趣向です。

花フェスタの系譜

もっとも、2001年に始まった「インフィオラータ・イン・NAGANO」は、そうした種類のものの最初というわけではありません。花の絨毯には、モデルがあったようです。1997年に神戸市元町の穴門商店街が始めた「インフィオラータこうべ」です[8]。"infiorata"というイタリア語の導入や、チューリップの花弁の再利用もそこから始まったようです。神戸市は花卉栽培とは特に関係がないため、チューリップ栽培を大規模に行なっている富山県礪波市と新潟県亀田郷から貰い受けるという方法で、そのアイデアが実行されたのでした。

神戸での企画の趣旨は、花の絨毯のデザインによく反映されていました。コミュニケーションや助け合いを表していたのが特徴的で、1999年について

8）次の3種類のWeb siteを参照、"インフォラータこうべ99のこと" '4月24日（土）〜26日（月）'、このサイトには花絨毯の画像10種類が収録されている。; "インフォラータこうべ2002"（発信：国際コンベンション協会）; "インフォラータ in あなもん／平成15年4月19日（土）・20日（日）／花の祭典インフォラータ"（発信：(c) 2003Tatsuya Co. LTD.）

見ますと、星の形の人形の〈なかよしこよし〉(神戸愛の輪福祉会の作品)、沢山の兎を描いた〈みんななかよし〉(中央連合婦人会の作品)、会話をしている幼い男女をアニメ調で描いた〈TELL〉などです。しかしまた、商店街の発案であることを見ても、観光客や買い物客へのアピールという要素が入っていることは明らかです。2001年の場合は「KOBE2001 ひと・まち・みらい」のタイトルの下に拡大され、観光スポットの北野坂を含む市内4ヶ所で花の絨毯がつくられたのでした。

なおこの種の企画は東京へも波及しました[9]。2002年5月25日から28日に新宿のアイランド・タワーのなかのイヴェント会場〈パティオ〉において、「インフィオラータ」と謳って、やはり花の絨毯が作られたのです。そのときには5万本の薔薇の花びらが使われたのですが、折から「2002年ワールド・カップ」が日韓共催で始まった頃で、花の絨毯は〈イタリア中世のサッカー場をテーマにした円形デザインの花絵〉となりました。中世のイタリアにサッカー施設があったかどうかは疑問ですが、ともあれそれがテーマでした。

さらに花卉の花びらを活用したパフォーマンスに着目しますと、最近話題になったのは、83歳の前衛いけばな作家中川幸夫のアイデアを実現させた「天空散華・妻有に乱舞するチューリップ〜中川幸夫"花狂"」という新潟県妻有でのイヴェントです[10]。2002年5月18日の午後一時から、5000人の観

---

9) 次のWeb siteを参照、"INFIORATA　インフィオラータ"(発信：(c) Flower Auction Japan webmaster@fai.co.jp)

10) 次のWeb siteによる。参照、「〈第2回大地の芸術祭　越後妻有アートトリエンナーレ2003プレイベント　天空散花・妻有に乱舞するチューリップ　中川幸夫'花狂'(はなぐるい)〉　2002年5月18日(土)13:00開催」(Web site 監修：大地の芸術祭・花の道実行委員会／(c) 2001Echgo-Tsumari Art triennal Exective Comittee)；また次のNHKテレビ番組を参照、「伝説の生け花作家・中川幸夫――空から降る百万枚の花びら」(『新日曜美術館』2003年7月20日放映――当日の「朝日新聞」の番組表の一行解説：〈家元制度に反旗前衛一筋84歳に密着〉)。

衆が見守るなか、15万本以上のチューリップから採取した花びらがヘリコプターで信濃川の河川敷に撒かれ、天空から降りそそぐ花弁を浴びながら95歳の舞踏家大野一男が演技をみせたのでした。その様子はテレビで全国に放映され、老前衛藝術家の生きざまとも重なって、多くの人々の感動を呼びました。

　こうした花をモチーフにしたイヴェントは、今日の日本では一種のブームとなっています。各地で花をテーマにしたイヴェントが開催される他、花に関係した大小さまざまなテーマ・パークが多くの人々を集めています。期待通りに入場者を集めることができずに閉館するパークも多いのですが、また次々に新しい施設が開館しています。

　因みに〈花フェスタ〉のロゴでインターネットを開きますと、重複が多いにせよ、5700件以上がヒットします。またイヴェントやテーマ・パークだけでなく、企業名称や商品名もそのロゴで挙がってきます。〈花フェスタ〉という葬儀の等級名まで見つかります。

　ところで、こうした花を正面に据えたイヴェントをたどってゆくと、その原点になった大きなイヴェントが見えてきます[11]。1990年4月1日から9月30日まで183日間にわたって大阪市の鶴見緑地（140ha）で行なわれた〈国際花と緑の博覧会〉（The International Garden and Greenery Expostition, Osaka Japan 1990）、略称「花の万博 'EXPO'90」です。〈自然と人間との共生〉をテーマとしたその企画には、それ以前の国際博覧会を超える83ヶ国55国際団体が参加し、期間内の入場者総数は2千3百万人を超えたとされています。その成功がその後の花や緑や環境に因んだイヴェントに弾みをつけたようです。因みに目下日本で開かれているイヴェントのひとつに「浜名湖花博」（2004年4月8日～10月11日）があります。企画のなかには、ファッション・デ

---

11) The International Garden and Greenery Exposition, Osaka, Japan, 1990（L'Exposition Internationale du Jardin et de la Verdure, Osaka, Japon, 1990）、（略称：花の万博 EXPO'90、テーマ：自然と人間との共生）。このイヴェントについては『「国際花と緑の博覧会」公式記録』が刊行されており、ここでもそのデータを用いた。

ザイナー山本寛斎のプロデュースによる高さ13メートルの〈煌く未来の庭園〉、あるいは〈昭和天皇自然館〉などがあって話題を集めていますが、企画の全体を見渡すと、15年前の大阪でのイヴェントが原型となっていたことが改めて感じられます。パンフレットに沢山登場するアニメ調の案内人形のイラストまでがそうで、「花の万博'EXPO'90」のマスコット・デザイン〈花ずきんちゃん〉の後進といった趣きを見せています。

　もっとも、花に関係した企画は日本だけのことではありません[12]。韓国でも、高陽市が1997年から3年ごとに「世界花博覧会」を開催しており、2003年にはその三回目が開催されました。また忠清南道泰安郡安眠島では、「2002年安眠島国際花博覧会」という企画が実現されたことが報道されています。

　花博覧会が盛んなことは中国も同じで、2001年の第5回「広州花卉博覧会」(会場は隣接する順徳市)、2003年の「四川省花博覧会」などが話題を呼んでいますが、なかでも国際的に大きな影響力があったのは、1999年5月1日から10月31日まで雲南省の省都、昆明で開催された「国際花博覧会」です[13]。これには1000万人を超える入場者があり、その内、外国からの来訪者は100万人に達したとされています。日本からも15万人が訪れたとの統計がみられます。雲南省は、野生植物、とりわけ園藝花卉の原生種の宝庫であり、博覧会を機にはじめて外国に紹介された品種が話題になったこともあって、そのインパクトには大きなものがありました。

　なお花博覧会については、歴史的には二つの系統があることに注意を払っておきたいと思います。ひとつは、古くからの花卉のビジネスを目的にした園藝見本市で、オランダで1960年以来10年毎に開催される「フロリアード」[14]は、その種類の代表です(直近の2002年にハーレマーメアで開催された第5

---

12) ここでは種々の「花フェスタ」のロゴによるWeb siteを用いた。
13) 雲南省昆明での花博の関連記事は多いが、その跡地を活用した後進施設を含めた記事では雲南省の総合的な観光案内書を参照、雲南対外宣伝品制作中心(編)『雲南旅游大全』(雲南美術出版社、2001年) p. 109. '昆明世博園'。

回大会では、期間中の入場者は約300万人を数えたとされる)。スロヴァキアのブラティスラヴァで開催される「万国園藝博覧会」もその種類に属し、新しい園藝品種への表彰が行なわれたりします。もうひとつは、花を媒介にして環境やコミュニケーションなど地球や人間の未来を謳う種類のもので、日本の「花の万博'EXPO'90」や昨年ドイツのロストックで〈人・自然・水〉をテーマにして開催された「ロストック国際園藝博覧会」などに代表されます。昆明の大会などは、場所柄から両方の性格をそなえており、最近のイヴェントは、多少とも両方の要素を併せもっているとは言えそうです。

(3) 考察

以上、二つの事例を挙げてみました。「京阪神三都夏祭り」は、本来は独立した伝統行事が、一連のイヴェントに組み上げられた事例です。もうひとつの花フェスタについては、善光寺の〈花廻廊〉というパフォーマンスから出発して、その種類のイヴェントの系譜をさぐってみました。どちらの事例についても、もっと多くの項目が関係しているはずですが、ここで挙げた簡単な輪郭でも、目下の課題を考える手がかりになります。

もっとも、ここで挙げた事例に接して、民俗学と何の関係があるのかとの反応が起きるかも知れません。その反応は重要です。民俗学と関係のない多くのことがらが入り込んでいるという事実が、ここでの考察の土台だからです。

民俗学と関係がないできごとが沢山はいっている一方、民俗学に親しい話題も混じっています。「京阪神三都夏祭り」を構成していた3種類の祭りのう

---

14) "Floriade"は1960年に第一回大会がロッテルダム (Rotterdam)、第二回はアムステルダム (1972) で、以後は10年毎の開催となり、第三回アムステルダム (Amsterdam 1982)、第四回ハーグ (1992 Den Haag/Zoetermeer)、第五回ハーレマーメア (2002 Haarlemmermeer) である。

ち、京都の祇園祭りと大阪の天神祭りは疑いようもなく民俗的な行事です。同時に30年ほどの歴史の神戸まつりとそれらは一連のものとして組み合わせられています。また「インフィオラータ・イン・NAGANO」の行事項目のなかで、善光寺の〈花廻廊〉は、古くから庶民の信仰をあつめてきた仏教寺院の参道という場所との組み合わせにおいて、民俗学にとっても関心をそそられる現象と言えるでしょう。しかし同じ〈インフィオラータ〉でも、神戸や新宿の例は民俗学とはあまり関係がありません。それらは、むしろ〈花フェスタ〉や〈花博〉というキイワードによって追跡することができる一連のイヴェントにつながってゆきます。

　そこで始めのテーマに戻るのですが、ここで挙げた事例が示しているように、民俗的な要素があると否とによって区分を設けることは難しいのではないかという問題を取り上げたいのです。そうした区分を設けるとすれば、それは民俗の研究者だけでしょう。たしかに民俗の研究者は、民俗的な要素に関しては豊富な知識をもっていますから、その部分を特別視して取り出します。それに、現代社会のなかで伝統的な文物の変容を教えるフォークロリズムの理論から刺激を受けていたりすると、現代的な変化にはなおさら敏感にならざるを得ません。それは、民俗を昔ながらの脈絡でとらえるのに比べると、はるかにリアルな現実に迫る試みです。しかし現実は、先鋭な問題意識をもった民俗研究者の取り組みとも微妙に食い違うのです。すなわち、民俗的要素が含まれている現象とそうでない現象とのあいだに決定的な境界は存在しないとみなす方が実情にあっているのです。祇園祭も天神祭も、より歴史の浅い神戸まつりと矛盾することなく繋がっています。あるいは、趣に多少の差異のある3種類の祭りを敢えて組み合わせることによる刺激を主催者は狙ったのかも知れません。またそうしたイヴェントの全体の背景には、地域の活性化や観光客の一層の誘致があったであろうと推測できます。大量のポスターが製作されたことが、そこに実際的な目的があったことを示しています。その実際的な思惑のなかで、民俗的な要素は、他の種類の要素と並存し混じり合いながら、ひとつのイヴェントの有機的な一部となっているので

す。

　同じことは、花フェスタの場合にも認められます。善光寺の花廻廊は、民俗的な現象として特定するよりも、神戸や新宿の花絨毯、さらに前衛いけばな作家が演出したヘリコプターからの花弁の散華の方により近しいものと言ってよいでしょう。さらに、世界の各地で絶え間なく開催されている大小さまざまな花博と連続した性格にもあり、それゆえ現代社会に特有の脈絡を表出していると見るべきでしょう。もっとも、その脈絡を、自然、環境、コミュニケーションといった頻繁に耳にするインデックスにもとめる志向の当否には立ち入らないでおきます。

　するとそこには、いささか不安定な状況が広がっていることになります。民俗的要素の存在が確かである以上、それを追跡することが課題になるものの、だからとてそれを特別視せず、他の要素とのあいだに境界を引かないことがもとめられるからです。それは、位置を確認するのが難しい状況でもあります。専門知識の境界が、現実の様相のなかでは境界ではありえないことを意味するからです。しかしまたそれは、民俗文化がいかなる位置を占めているのかが必ずしも透明ではない現代の状況に対応した不安定でもあります。見方を変えれば、その不安定が解消されるような地点を探り出すことが、次の課題になるはずなのです。問題提起にとどめたいと始めに申し上げましたが、それは、次の課題を望み見るところまで到達したということでもあります。

〈ユビキタス〉な民俗文化

2004

Ⅰ．現代社会のなかの民俗

最近の話題から

'ubiquitous'という言葉は耳馴れないかもしれませんが、日本ではこのところ〈ユビキタス〉という言いかたで流行語になっています。これに因んで最近の話題を挙げれば、今年の6月29日に国立国語研究所によって恒例の流行語対策が発表されました。よく耳にする外来語とその日本語での表記の基準が示されたのですが、〈ユビキタス〉も検討の対象になりました。もっとも、当面はカタカナ語での通用に委ねて今後の推移を注視するとことになったようです[2]。この〈ユビキタス〉の語は、日本の通産省がIT化による次世代社会に〈ユビキタス〉の呼称を当てたことによって日常語への道を踏み出した

---

1) 本稿は、2004年8月16日から19日まで中国雲南省怒江州六庫で開催された第3回中日民俗文化国際学研討会（主宰者は李子賢雲南大学教授）での発表である。

2) 言い換えが便宜的とされた「外来語33語言い換え」には、public involvement（住民参画）、safe guard（緊急輸入制限）、digital divide（情報格差）、domestic violence（配偶者間暴力）、informed consent（納得診療）などがある。他方、〈データベース〉、〈オン・ライン〉、〈メセナ〉などはカタカナ語が分かり易いとされた。また、〈いつでもどこでも様々な情報を入手できる〉のと意味で用いられる〈ユビキタス〉は適当な言い換え語が見つからないとして、今後の検討課題となった。

のです。その語を用いる思いつきはアメリカですが、日本での定着は、日本の情報社会システムの推進者として知られる坂村健氏の提唱によるところが大きいようです。同氏は昨年、NHKの教養番組「人間大学」で「ユビキタス社会がやってきた」という連続講演を行なっています[3]。ラテン語の原語'ubique' は空間的な意味で、時間の軸は含まれませんが、日本では、〈いつでも、どこでも〉、つまりコンピュータ機能が生活の隅々まで行き届くことを指しています。事実、最近では、新聞紙面でも完全IT化の〈ユビキタス・マンション〉の広告が載っていたりします。

ユビキタスの概念

しかしコンピュータがここでのテーマではありません。'ubiquitous' という言葉が民俗学の分野でも早い時期に提唱されていたことに因んで、現代フォークロアの問題性を考えてみたいのです。ドイツの民俗学者ヘルマン・バウジンガーは『科学技術世界のなかの民俗文化』(1961) によって知られていますが[4]、1971年に刊行した民俗学の概説書のなかで、'Folklorism' を取り上げ、それが空間的に普遍的であることに注意を促して、〈ユビキタス〉の語を用いたのでした[5]。そのときはドイツ語の名詞形 'Ubiquität' でしたが、英

---

3) 坂村健『ユビキタス社会がやってきた――人とコンピューターの未来』(NHK人間講座のテキスト) NHK出版 2003年；また同氏には次の著作を参照、坂村健『ユビキタス・コンピューター革命――次世代社会の世界標準』角川書店 2002年

4) Herman Bausinger, *Volkskultur in der technischen Welt.* Stuttgart 1961. 筆者による次の日本語訳がある, ヘルマン・バウジンガー『科学技術世界のなかの民俗文化』(愛知大学国際コミュニケーション学会・ディスカッション・ペーパー No. 2) 2001年。［補記］筆者によるその後の翻訳・刊行を参照、ヘルマン・バウジンガー（著）河野（訳）『科学技術世界のなかの民俗文化』文楫堂 2005.

5) Hermann Bausinger, *Volkskunde. Von der Altretumskunde zur Kulturanalyse.* Stuttgart 1970. ［補記］筆者によるその後の翻訳・刊行を参照、ヘルマン・バウジンガー（著）河野（訳）『フォルクスクンデ（ドイツ民俗学）上古学の克服から文化分析の方法へ』文楫堂 2010.

〈ユビキタス〉な民俗文化（2004）

語の'ubiquitousness'でも同じことです。注目すべきことに、これらは英語でもドイツ語でもあまり日常的な言葉ではありません。それが今日の日本で流行語になっていることが面白いのです。次世代コンピュータシステムにこの名称を選んだ人々も、幾らかレベルの高い感じを与えるネーミングを狙ったと語っています[6]。事実この語は、主に学術用語として使われてきた経緯があります。例えば、鉱物学では、特定の岩石組成が至るところに認められる場合、ユビキタスであると言うようです。またそうした学術的な用い方の基本になったのはキリスト教神学です。因みに、キリスト教は、万物に神が宿るといった考え方をしません。神は絶対的な超越者であって、人間も動物も植物も自然界一般も神そのものではありません。人間が神の力や息吹に触れるのは、極端に言えば、教会堂のなかだけなのです。その外側は、いわば神に見放された空間で、それゆえキリスト教では、教会堂内の儀礼、つまり典礼が非常に大きな意味を持ちます。しかしキリスト教のなかにも、神が至るところに存在するという見方もないわけでありません。しかし万物に宿っているという意味ではなく、神が常に睨んでいるということですが、それが

6）次のような背景の説明がなされている。〈このようなシステムモデルに「ユビキタス・コンピューティング」という名前をつけたのは、ゼロックス・パルアルト・リサーチセンターの故マーク・ワイザー（Mark D. Weiser）博士です。実は、コンピュータ・サイエンス研究分野としてこのコンピュータ・モデルを最初に唱えたのは私なのですが、そのときに唱えた日本語は「どこでもコンピュータ」というものでした。何だか「ドラえもん」みたいで軽すぎるということから、「超機能分散システム」などとも言っていました。英語で書いた論文では、"Computing Everywhere"や"HFDS: Functionally Distributed System"などと書いていました。……ただ、"Computing Everywhere"では中学レベルの英語ですし、HFDSではつまらない。そこに教養あふれるラテン語由来の「ユビキタス」という言葉が出てきたわけです。ネーミングが大事であることは、用の東西を問いません。重みのあるネーミングでないと信用されない。日本ではそういうとき昔は漢語が、現在ではいわゆるカタカナ語がよく使われます。欧米でもそういうことはあって、そこで出てくるのがラテン語です。〉坂村健『ユビキタス社会がやってきた――コンピューターの未来』（NHK「人間講座」テキスト　2004年2〜3月期、pp. 11-12.）

神の'ubiquitous'です。またそれを特に強調するプロテスタントの一派が遍在論者（ubiquitarian）です[7]。この言葉は、本来はそういう使い方をするのです。それがコンピュータ社会に応用されて、コンピュータは神の如く普遍的であるというのは、なかなか意味深長です。では、民俗学の場合はどうでしょうか。

フォークロリズム

　そこでフォークロリズムがユビキタスであるという本論になるのですが、そのためには、フォークロリズムについて説明しなければなりません。'Folklorism'は'Folklore'の派生語で、1960年代にドイツの民俗学界で提唱されました[8]。今日の世界では、民俗は昔通りに行なわれているのではなく、現代社会の脈絡を帯びたものに変わっていることを指しています。つまり伝統的な民俗が〈新しい状況のなかで新しい意味や機能を帯びて行なわれること〉で、民俗のそうしたあり方がユビキタスであると言うのです。言い換えれば、昔ながらのものとしての民俗は、今日では極めて限定的にしか存在していません。それどころか、過去と同じ意味、同じ機能をもった民俗は、もはやどこにも存在しないと言ってもよい位です。もっとも、必ずしもそうではないとの見解もあるでしょう。昔ながらの民俗と見えるものが、現在も健在である事例も無いわけではないからです。私たちも、そうした実例に接す

---

7) A. リチャードソン／J. ボウデン『キリスト教神学事典』（教文館　1995）p. 535「遍在　Ubiquity」；『キリスト教大事典』（教文館　昭和38）pp. 325-326「キリストの遍在」

8) フォークロリズムは1960年代にドイツの学界で提唱された概念で、提唱論文としては次がある。参照、Hans Moser, *Vom Folklorismus in unserer Zeit*. In: Zeitschrift für Volkskunde. 58（1962）, S. 177-209. ; Hans Moser, *Der Folklorismus als Forschungsproblem der Volkskunde*. In: Hessische Blatter für Volkskunde. 55（1964）, S. 9-57. 後者には筆者の翻訳があり、またフォークロリズム概念の初期の展開については、次の拙論において解説をほどこした。参照、「フォークロリズムから見た今日の民俗文化」（三河民俗談話会『三河民俗』第3号、2000年、所収）

ることを願って各地を訪ねています。事実、何百年も昔から変わることのない民俗行事を目の当たりにすることも不可能ではありません。しかし少し考えてみますと、そこには必ず現代社会に特有の脈絡が走っているはずです。その身近な例は、伝統的な民俗が観光振興に活用されている場合でしょう。この点は、中国においては積極的な姿勢がみられ、また民俗学のあり方という面でも特色となっているように思われます[9]。

　しかしもちろんそれだけではありません。アイデンティティ（identity）も、現代社会の中での民俗のあり方を考える上でのキーワードのひとつです。しかもその段階はさまざまです。国家という政治的な枠組と重なり、それゆえナショナリズムと触れ合うこともあるアイデンティティ。国家のなかのより小さなグループのアイデンティティ。少数民族のアイデンティティ。省や州や県や市町村のレベルでのアイデンティティ。そうかと思うと、逆に国家や民族よりも更に広い、ほとんど無限に広がる枠組みがはたらくこともあります。地球市民という自己認識、また世界や人類全体にふるさとや仲間を見る場合のアイデンティティもあります。もっともふるさとという概念は、頻繁に口にされるものの、今日それが意味するものは虚実がないまぜになった複合観念という面があり、むしろ現代社会の産物であることには注意をすべきでしょう[10]。またふるさとや伝統文物が発揮する吸引力は、今日ではさらに大きな展開を見せてもいます。民俗事象は狭い地域での特色であるはずですが、今日では例えば〈世界民俗祭〉と銘打つような催しも珍しくはなく、しかもそうしたイヴェントに接しても、私たちもさして違和感を覚えません。因みに、先に挙げた山東省の〈民俗旅游〉の事例では、灘坊市が山東省旅游

---

[9] 中国民俗学の傾向として、民俗学が積極的に観光産業にかかわることを学問の目的のひとつとしている場合が見受けられる。例えば、日本の学術誌が企画した編集者を交えた鼎談のなかで、徐経澤教授（山東大学社会学系）は民俗学の5つの課題の一つとして〈民俗旅游〉を発展させることへの関与を挙げている。参照、徐経澤・葉濤・松岡正子「新しい中国民俗学をめざして」in: 愛知大学現代中国学会（編）『中国21』Vol. 6（1999）, pp. 25-36, p. 30.

局と協力して、地元の伝統行事を基礎に「国際風箏大会」を 1984 年 4 月に開催し、以後も毎年多くの観光客をあつめていると聞いています。その際、狭域的な伝統行事と国際的なイヴェントとの間に、推進した民俗学者も違和感をもっていないようです[11]。またそうした種類の大規模な事例として、最近では韓国の江陵（江原道）で開催された「2004 国際江陵韓国民俗祭」にも注目しておきたいと思います。同地域では祖霊祭祀と稲作儀礼の伝統的な形態が〈端午祭〉の脈絡で維持されてきた経緯があり、それを核にして数年前から大規模なイヴェント化が試みられています。江陵の端午祭となると、中国にも同じ地名と伝承があり、どこかでつながっているのかもしれませんが、これは韓国の最近の動きです[12]。もっとも、国際化に代表されるような広域化だけが現代の動きというわけではなく、狭域的でありながら、民俗学の知識を新しく活用する事例にも事欠きません。その場合も、古くからの行事の

---

10) 民俗研究者が〈ふるさと〉の語を用いることは少なくないが、その意味内容の考察はなお微弱である。しかし〈ふるさと〉が近・現代の複合観念であることは認識されつつある。民俗学の分野での〈ふるさと〉概念の検討は別の機会に譲り、ここでは、民俗学の外部での注目すべき考察として次の成果を挙げておきたい。参照、猪瀬直樹『唱歌誕生 ふるさとを創った男』（日本放送出版協会 1990――猪瀬直樹著作集 9: 小学館 2002）。これは高野辰之と岡野貞一による唱歌「ふるさと」の成立過程を中心にあつかったノンフィクションである。また〈ふるさと〉概念の多義性を民衆史の側から観察したものでは次を挙げる。参照、色川大吉「故郷の精神史――庶民の「ふるさと」観から」（初出:『春秋生活学』第 3 号、小学館 1988；今日では次に収録されている，『昭和史世相篇』小学館 1990, pp. 153-168. ）。

11) 参照、（注 9）。

12) 参照、「2004 国際江陵観光民俗祭」（2004 Gangneung International Folklore Festival）のパンフレットと広報用 DVD。[補記] 本稿発表後の動きを挙げると、韓国江原道の江陵端午祭は 2005 年に UNESCO の世界遺産リストに無形文化財として登録された。それと共に、端午節は中国の江陵における屈原の逸話にちなむために、本家をめぐる問題が話題になることもあるようである。しかしまた中国では、端午節は屈原だけでなく、伍子胥の慰霊と解されることもあり、呉蘇地方では近年その脈絡でのイヴェント化も見られる。

継続であるために一見では現代的な関与が分かることもあれば、民俗的な伝統や歴史のエピソードを掘り起こした新しいアイデアのこともあるなど、さまざまな形態を見ることができます[13]。狭域的であることを特質とする民俗と、民俗的要素がイヴェントなどの形をとって広く一般社会や全世界に対して影響力をもつこととの関係については改めて考察を加える必要がありますが、その検討の土台になるのは、民俗の分野で起きていた構造的な変動に私たちもいつしか順応していた事実を自覚することなのです。

課題

そこで改めて、民俗の変質とは何であるかと問うてみます。民俗がかつての形態ではなくなることを以って〈偽もの〉と見る考え方もないわけではありません。民俗学史を振り返れば、1950年代からしばらくのアメリカでは、そうした理論が影響力をもったことがあります。すなわち、民俗が伝統的な形態のまま行なわれているのと、近・現代の好みに合わせて改変し、ビジネスにまでなっている形態とを厳しく区別し、後者を偽ものとして批判するという行き方です[14]。そうした見解は民俗学の発達のなかでは、一度は出てくるもので、それはそれ重要な考察も含まれますので、一概に斥けるわけにはゆきません。しかし、仔細な観察が進み、民俗をめぐる現実が複雑なものであることが分かってきますと、そうした二分法は素朴な認識で、現実を説明

---

13) 日本においても、民俗研究者が民俗要素を採り入れたイヴェントの企画に多少とも関わっている事例は決して少なくない。同種のものから一例を挙げると、埼玉県嵐山町のWeb siteには、鎌倉時代の武将畠山重忠が同町付近を拠点としていたとされるところから、「重忠力石大会」の案内が写真と共に掲載され、そこにはイヴェントが埼玉県立歴史資料館によって企画されたことが明記されている。〈重忠の怪力ぶりは……鎌倉の永福寺で庭園造りの際に3メートルあまりの巨大な石を持ち上げた話などはとても有名です。重忠ゆかりの菅谷館跡では、この重忠の怪力にちなんで、県立歴史資料館の主催で平成8年から「重忠力石大会」が行われるようになりました。11月14日の県民の日には子供から大人まで、大きな石を持ち上げて力自慢を競いあいます。〉（発信：埼玉県嵐山町　Aug.04 下線は筆者による）

し切れるものではないことが分かってきます[15]。

　事態を率直にみつめるなら、民俗が昔ながらのものであり続けることは、現実には不可能なのです。さらに言えば、そうした〈本もの〉を想定すること自体に無理あることになります。もとより伝承に忠実な保存も行なわれてはいますが、過去において民俗や伝統行事を成り立たせていた脈絡まで併せて保存することは、そもそも出来るはずがありません。〈保存〉は、伝承形態に忠実な場合でも、精々、正面の見せ場を対象にしているにすぎません。とまれ、研究者の期待や失望とはかかわりなく、民俗は変化し変質してゆきます。その変化や変質の背景ともなり、原因ともなっているのは、社会の一般的な動向です。民俗を民俗でなくしてしまい、新しい意味と機能に変えてゆくもの、すなわちフォークロリズムを促すのは、一般社会であり、それゆえフォークロリズムは〈ユビキタス〉なのです。

　こうした状況は、民俗の関係者それぞれに独特の課題を投げかけています。民俗の研究について言えば、民俗の変質を必然的としている社会的な諸要素を射程におくことが求められるでしょう。そうでなければ、現実の推移を正

---

14) Richard M. Dorson が〈偽物の民俗〉を指す語として〈fakelore〉の造語を行ない、その後も考察を重ねたことにより、民俗の本物・偽物の区分は1950年代から70年代に至る時期にアメリカ民俗学の重要テーマになった。ドーソンの次の諸著作を参照。Richard M. Dorson, *Folklore and fake lore*. In: American Mercury. 70(1950), p. 335-343. Richard M. Dorson, *Fakelore*. In: Zeitschrift für Volkskunde. 65 (1969), pp. 56-64. Richard M. Dorson, *Folklore and Fakelore. : Essays toward a Discipline of Folk Studies*. 1976.

15) 民俗の本物か偽物かという単純な二分法で区分けすることには次の批判がある。Barbara Kirshenblatt-Gimblett, *Mistaken dichotomies*. In: Journal of American Folklore. 101 (1988). pp. 140-155. なおこの論考は「誤りの二元論」として次のアンソロジーに収録されている。参照、岩竹美加子（編訳）『民俗学の政治性――アメリカ民俗学100年目の省察から』未来社　1996.　p. 253-281. また同じ論者による次の論考も参照。Barbara Kirshenblatt-Gimblett, *Folkloristics in Public: Reflections on Cultural Brokerage in the United States and Germany*. In: Journal of Folklore Research. 37 (2000).

しく理解することにはならないからです。現代社会の動向と民俗とのかかわりを解明するには、単純な区分ではなく、社会の動きのさまざまな契機に注目し、また諸契機の相互関係にも目配りしながら、検討を積み重ねてゆく必要があるでしょう。

II. 雲南省怒江傈僳族自治州への旅と現代フォークロアへの刺激

現代フォークロアの視点から

　以上は、民俗学が現代社会について追っている課題に一般的に目を向けてみたのです。次に、今回の学術大会の開催地でもある雲南省に言及したいと思います。私は当地については専門的な知識をもっていませんが、ここでの数日間の経験は、現代フォークロアにとっても充分に刺激的でした。それゆえ印象を述べるに過ぎないのですが、それには目的があります。それを通じて、フォークロアのなかでも未だ新しい視角からの考察である現代フォークロアとはどういうものであるか、とりわけ何を問題にする種類のものであるかを知っていただきたいと思うのです[16]。

　今回の「第三回中日民俗文化国際学術研究シンポジウム」は開催地が怒江傈僳族自治州の中心地である六庫鎮であるため、雲南省の西辺の豊かな自然

---

16) 現代フォークロアの英語表記は 'Current Folklore' であるが、この表現自体は 'folklore' が二義を持つことに対応して、〈現代民俗〉と〈現代民俗学〉の二つの可能性がある。現代フォークロアは、民俗的な要素を含む諸現象の現代社会の有機的な一部と見ることを特徴とする。基本的な理論ではドイツの民俗学界に、次いでアメリカの民俗学に見るべきものが多い。上記のヘルマン・バウジンガーはドイツ民俗学界が輩出した改革志向の研究者たちのなかでもよく知られ、1970年代以降、アメリカの学界にも影響をあたえた。またそれに先立ってオーストリアの代表的な民俗学者 Leopold Schmidt が〈現代民俗学〉（gegenwärtige Volkskunde）を提唱し、1960年代にウィーンに同名の研究所を設立したことにも言及しておきたい。

と文物に接することができたのですが、僅かなりともこの土地にふれたことによって、民俗の伝統的な形態ではなく、むしろ民俗学の現代の課題を考えさせられるところがあったのです。また、今回の大会の主宰者である李子賢雲南大学教授が、この地方の民俗の変遷とそこで民俗学に課せられて課題を論じておられるのは、心強い指針となりました[17]。それでもなお私の印象が実情と合致していないところがあることが危惧されますが、それらについては識者の方々の御教示をいただければと願っています。

秘境と〈生きた化石〉

大会が実現するにあたっては、自治州政府の幹部の方々の尽力があったことは言うまでもありませんが、その方々が開会の式辞や歓迎の宴において述べられ言葉のなかに、印象に残るものが幾つかありました。それは、この土地が〈秘境〉であり、それゆえ自然環境において魅力的であるだけでなく、文化的、特に民俗学に関心のある者にとっては〈活化石〉でもあるとの紹介です。たしかにこの地方は〈三江並流〉、すなわち怒江（サルウィン川）、蘭創江（メコン河）、そして長江の大きな支流錦沙江の三大河川の上流地帯として特異な地勢と動植物の宝庫の故に世界自然遺産に認定されています。それゆえ〈秘境〉のキャッチ・フレーズは当然のことでしょう。またそうした辺地のゆえに人文の分野でも掛け替えの無い習俗や文物に富んでいることも想像に難くありません。事実、多くの少数民族の人々が暮らしています。もっとも、〈生きた化石〉（活化石）という言い方には、率直に申せば衝撃を受け

---

17) 曽徳称・李子賢（主編）『雲南　民俗文化形態与現代化——楚雄民族文化考察報告』（成都［巴蜀書社］2002 年）。この編著には、全体の基調報告にあたる「建設楚雄民族文化強州諮詢報告」に加えて「雲南少数民族伝統文化保存教育急議——以怒江峡谷諸民族為例」（pp. 41-53）も入っており、1963 年から最近に至るまでの同地域でのフィールドワークを踏まえて現地の変遷がまとめられている。また同書に収められた論考はいずれも現代化のなかでの民俗文物の諸問題をあつかっており、裨益するところが大きい。

ました。日本語では、社会現象や人間の行為についてはそういう表現はあまりなされないからでもありますが、それだけに印象は強烈でした。とまれ、ここが独特の豊かな民俗の土地であることは紛れもない事実です。しかし私たちが出会ったのは、やや趣の違ったものでもありました。

演出された民俗

　私たちは、シンポジウムの初日の後、六庫鎮の工人文化宮に招待され、その礼堂の舞台で民俗藝能が演じられるのを見学しました。民俗衣装も現代的な伝統を取り入れながら現代のセンスを実現したもので、演目も、伝統的な祭り行事や労働のなかの特徴あるしぐさを要領よく取り合わせた創作でした。また2日目は、この地方一帯の民俗衣装の披露によってもてなされたのですが、それに先立ってファッション・ショーも開催されたのでした。スポンサーの煙草産業の紹介があり、点数をつけるための用紙も配布されて、地元の行政者の方々とともに私たちもショーの審査に参加するという趣向でした。地元と主催者の歓迎のほどはこれだけでも明らかで、強い感銘を受けたものです。もっとも、その感銘のなかには、民俗が現代に生きるすがたを目の当たりにしたことへの感慨も混じっています。

　そうした見聞は、舞台の上だけのことではありません。3日目に私たちは、六庫鎮からバスで2時間はなれた山奥の新建村へ案内されました。そこでは村人たちが、地酒をつくり、豚や鳥を料理して歓迎してくれました。さらに広場には、催し物の準備が整っていました。広場の正面には、ステージが仮設され、そこに民俗衣装の男女がライトに照らされてされ居並び、マイクロフォンを前に次々に歌をうたってくれました。それだけでなく、広場には、高い梯子が天に向かってそそり立っていました。傍には薪が積まれています。よく見ると、その梯子の踏み板は刀で、しかも刃が上を向いています。それは〈上刀山、下火海〉、つまり〈剣の山に上り、火の海に下る〉という行事を特別に実現してくれたのです。事実、歌謡が終わると一人の男性が、その剣の梯子を上ってゆき、頂で仕草を見せたのです。薪の山にも火がつけられ、

やがて燃え静まった頃、消し炭が夕闇のなかに赤々と燃えているなかを男たちが踏み踊るのです。実にこの行事は、ちょうどその前日に、ステージの上で舞踏劇として演じられたものでもありましたので、ことさら印象深いものがありました。

私たちはこのようにして歓迎されたのですが、これは、日本から訪れた民俗学の研究者たちの期待と微妙にずれていたようです。シンポジウムに参加した日本人研究者のなかには、雲南省のなかでも特に辺地とされる地方での古い民俗への期待があり、事実、なろうことなら村の古老に接して民俗の実際に触れたいとの願望を口にする人もいたくらいです。

しかしここに、現実と民俗学のすれ違いがあると言えます。私たちが怒江流域で見聞したのが現実そのものなのです。私たちが現代社会のなかにいるように、世界のどの地域も現代社会の有機的な一部であるはずです。

民俗の現代化の過程

もちろん、今日の状況に至るには幾つかの階梯はあったでしょう。李子賢教授によれば、はじめてこの地方の調査をされた1963年には、昆明から麗江を経て高黎貢山へ至るには、自動車から騎馬に変え、さらに徒歩で行くしか方法がなく、それには一月間を要したとのことです。福貢からチベットの境まででも十日を費やされそうです。たしかにその当時なら、古い民俗がそのままの形で残っていたかも知れません。そうした変遷について、李子賢教授は幾つかの指標を挙げておられます。すなわち、清末にはこの地方の民情は〈太古乃民〉と称されるほど一般の文化的状況から距離があったこと、それゆえ1920年代には〈世界罕見的民俗文化宝庫〉として雲南省の少数民族地域は国内外の社会学、人類学、民俗学の研究者たちの強い関心を惹きつけたこと、そして1950年代に現代社会に向かう最初の大きな変化に見舞われたこと、などです。またその後、3回の調査をおこなわれる度に大きな変化が認められたとされています。現代化が何度かの波動をつくりながら進行した過程は、とりもなおさず〈民俗活動や宗教祭祀〉が簡化・減少・消亡・萎縮を関して

〈ユビキタス〉な民俗文化（2004）

きた過程とされます。先生が挙げられた事例を引きますと、2000 年 8 月には新建村には創生神話を語ることできる古老は一人しかいず、しかもその口承の実際は、1950 年代に採録されていたものの一部が伝承されているにすぎなかったとのことです[18]。

　李子賢教授の手厚い御研究の片鱗をここでの考察の手がかりにさせてもらったのですが、またこうした変化が浸透するにあたっての直接的な手段の一部は、誰にも分かる形で目に見えています。山峡をどれほど奥深く入ろうとも、電柱が立ち、電線が走るのがその第一です。それによって種々の電気製品の使用が可能になります。とりわけメディアの普及が結果する影響は甚大です。ラジオやテレビによる聴覚と聴覚を通じた世界の拡大は、人の意識に占める辺地の割合を極端に小さくしてしまったはずです。そして年に何度もの山崩れも計算済みの地勢とは言え、アスファルトで舗装した道路がどこまでも続くのが第二です。六庫と昆明の間は、一日にバスが 6 便通じ、大理との間は 4 便とのことです。この二つの動脈の整備は行政の成果と言ってよいと思いますが、他方、それが生活の仕組にも意識にも根本的な変化をもたらしたことは言うまでもありません。どこまでも続く怒江の渓谷には、石積み、木造、時には竹の網代も含めて、さまざまな材質の家々が立ち、その造作自体、民族の違いや家産・収入の程度を表していると思われますが、その多くにはパラボラアンテナが立っています。テレビの普及率は既に 80 パーセントを超えているとも聞きました。果たして、折からアテネ・オリンピックの真最中でしたが、電器店のテレビに群がる人の姿も見かけないのです。つまり、私などが子供の頃の日本よりもはるかに先を行っているということになります。さらに、町へ入れば、携帯電話で話をしながら歩いている若い男女の姿が目に入ります。飲食店にはコカコーラの紙コップの赤い色彩が鮮やかです。村の路傍に、おやつの菓子や飴やウェハスや香辛料や洗剤や家庭医薬のカラフルな包装の使い捨てが泥をかぶっているのは、都会の悪弊の末

---

18) 李子賢「雲南少数民族伝統文化保存教育急議——以怒江峡谷諸民族為例」p. 47.

梢神経がここへも充分とどいている証と言えるでしょう。福貢や丙中洛といった地理的には奥まった町でも、CDのラベルを華やかに繰り広げた店も開いています。洋品店の婦人ものは、大都会と基本的には変わりません。もちろんパソコンの普及も進んでいます。と言うことは、パリや北京や東京ともひとつなぎなのです。つまり現代社会の真只中にいることになります。

民俗学と現代フォークロアの間で

こうした状況のなかでの民俗学の課題とは何でしょうか。現代のアトラクションのなかに過去の文物を見出して、それを手がかりに過去を解明するという方法もそのひとつでしょう。一般に民俗学はそれを課題とすると考えられています。ここで挙げた例に沿って言えば、先ず仮設のステージの上での民謡です。民謡の研究家であれば、そのなかに古い種類の歌を見つけ、歌詞や曲を伝承文化として価値づけるでしょう。〈剣の山と火の海〉の行事でも事情は同じです。それは、勇壮というよりも、本来は、呪術的な性格のものであったと思われます。それゆえ、同じく剣の刃の上に乗って霊力の乗り移りの証とするシャーマンの儀式を連想させるのです。そうすると、東北アジアとの繋がりも想定できないではないことになります。この推測が当たっているかどうかはともかく、現実の事象を歴史的・文化史な脈絡を解明する上でのインデックスとして重視するという行き方です。事実、そうした観点から民俗要素に着目する研究者は多く、その成果が貴重であることは言うまでもありません。

これに対して、現代フォークロアの視点は、少し違っています。新建村の広場での合唱団による歓迎を例にとってみます。そこでは地元の民謡が中心でしたが、同時にイギリスやアメリカの歌も入っていました。因みにこの地方では数十年前からキリスト教の宣教師の活動がさかんで、今日では住民の大多数がキリスト教徒とのことです[19]。合唱団も村のキリスト教会堂での指導と練習によって維持されていることが、欧米の歌が入っているひとつの理由でしょう。しかしまた、合唱団は、日本人の団体客を歓迎して、日本の歌

もうたってくれたのです。その点では、キリスト教の浸透によると言うよりは、観光をも意識したアトラクションの意味合いが強いと見るべきでしょう。またその観点から改めて歌の種類に注目しますと、そこでは地元の歌が中心だったのですが、その中味はやはり演出の性格をもっていたというべきでしょう。なぜなら、傈僳族の村であるものの、傈僳語の歌だけでなく、独龍族、彝族など、隣接する他の少数民族の歌も順番に披露されたからです。現代フォークロアの視点からは、そうした合唱の全体が意味するものが問題になります。言い換えれば、地元の歌の伝承としてよりも、伝承文化財を取り入れた企画であることに重点を置くのです。また、企画と効果、またその受け手である聴衆や観客にも注目して、両者のあいだにいかなる脈絡が走っているかを考察するのです。

〈剣の山〉の行事も同様で、考察における主要な着目点は、それが観光客を前に行なわれるアトラクションであることにあります。現実に行なわれている事象を過去の解明のための手がかりとして評価するのではなく、現実をそのまま受けとめて、その意味を問おうとするのです。私たちが見聞したのは、民俗そのものではなく、民俗の要素を活用したアトラクションですが、だからと言って偽ものでもなく内容の希薄なものでもありません。それゆえ、演技が、公民館のステージで演じられるのと、村の広場であることの間に本質的な差異はないことになります。事実、〈上刀山〉は、雲南省政府の観光関係の部局によって製作された広報書にも紹介されています[20]。今回の場合は、〈剣の山と火の海〉は、最初は歌舞劇の一こまとして、次には村の広場で、実

---

19) 次の文献を参照、銭寧「基督教在雲南少数民族中的伝播影響」in: 王筑生（主編）『人類学与西南民族』雲南大学出版社　1998, pp. 240-266.）雲南省でのキリスト教の布教の歴史を19世紀後半から1980年代まで概観しながら、少数民族の社会と生活様式にあたえた影響があつかわれている。特に傈僳族地域に関する記述としては、現今では住民の80％近くがキリスト教徒であること、またキリスト教の布教が、かつては極めて多数に上った非識字者の激減に大きな役割を果したことなどへの言及がみられる（p. 257-258）。

際の行事の再現として行なわれたのですが、本質に大きな差異は認められないのです。もし、その演技がかつて民俗が行なわれていた場所と重なり、それゆえに観客に与える感銘が大きいとすれば、それはきめ細かな演出であるとは言えますが、それ故により本ものであることにはならないのです。

　さらに重要なことは、民俗のなかには、そうしたアトラクション以外にはもはや存在しないものも少なくないことです。実際、民俗を、伝統的な生活慣習の個々の事象と考えるとすれば、なかには社会の仕組や生活環境の変化のなかで、もはや存続しようがないものも多いのです。それに、すべての民俗が今日から見て、消滅を惜しむべきものであるとは限りません。封建領主と領民の関係を背景にした慣習とか、医学知識を欠いているが故の呪術とか、貧困が生んだ歪んだ風習とかは[21]、むしろ消滅を歓迎すべきで、記録に留められておれば十分なのです。さらに、一時代のすべての民俗、あるいは大部分の民俗は相互に連関していたはずで、またその連関のなかにそれぞれの位置と意味をもっていたことを考えれば、その時代が過ぎれば、民俗の位置や意味はかつての通りではなくなってしまいます。それを勘案しますと、伝えられてゆくのは、過去の民俗のなかの一部なのです。言い換えれば、選択的にしか伝わりようがないのです。もとより、古い文化の形態がすべて消滅することは好ましいことではなく、保存は大事なことです。そのさい、一般的な傾向を言えば、残され、残ってゆくのは、民族や集団の誇りになるもの、美しいもの、さらに何らかの意味で強い印象をあたえるものです。逆に、民

20）写真の出典は、李禄安・范人（主編）『秘境旅游 *A Tour to the Mysterious Land of Yunnan*』（中国雲南省旅游局）, p. 109.；なお、雲南対外宣伝品制作中心（編）『雲南旅游大全』（雲南美術出版社　2001 年）p. 107. にも同様の写真が載せられているほか、日本で刊行されている旅行案内でも珍しくはない。

21）ヘルマン・バウジンガーは、アイデンティティの概念を分析した論考のなかで、古き共同体的社会に着せられる持続性には、〈痛ましいばかりの差別が解消される動きが一向に起きないことも含まれる〉と指摘している。参照、Hermann Bausinger, *Identität*. In: Hermann Bausinger / Utz Jeggle / Gottfried Korff / Martin Scharfe, Grundzüge der Volkskunde. Darmstadt 1978, S. 204-263., here S. 219.

族や集団にとって自慢できないもの、醜いもの、目立たないものは保存の対象から外れ、消滅してゆきます。もちろん、誇りや美や強い印象の基準が変動するものであることにも注意を払う必要はあるでしょう。さらに大事なのは、保存の意識が高まるには、社会が成熟する必要があることです。現代化は、先ずは過去の文物の破壊として作用します。社会が安定し、教育と生活水準が向上してはじめて、過去の文物への保存の意識が成長するというのが一般的な傾向です。またその段階に来たときに、保存運動のための適切な指針が提示されるかされないかは、その後の推移に大きく影響します。李子賢先生が、〈少数民族の伝統文化保存に向けての教育が急務〉であると説いておられるのは、少数民族を多く含む地域社会がその段階にあることを示していると共に、そこで必要とされる指針と言えるでしょう。

結語

以上は民俗をめぐる催しものを現代の企画という面から検討してみたのですが、こうした事情を見渡した上で、一体何が起きているのかを問うのが、現代フォークロアなのです。何が起きているのかという問いは、過去がどうであったかにではなく、現在を問うことに重点が置かれるということです。今の事例で言えば、過去の民俗を取り入れた企画とそれを前にした観客や訪問者と言う構図です。その企画が地元で成り立った経緯、そして観客や訪問客がその場へ赴いた背景の両者を突き合わせることができれば、その構図が意味するものをより深く知ることができます。それには類型的なものから、独自色の強いものまでさまざまな関係が明るみに出るはずです。観光や学術調査もそうであり、型にはまったものから独創的なものまで多様な形態と内容が行なわれ、それぞれが社会の何かの表出となっています。企画し演じる側だけが表出者なのではなく、観客や訪問者もそれによって何かを表出しているのです。またそれによって、現代社会の有機的な一部をかたちづくっています。現代フォークロアとは、それらをひとつひとつを解きほぐす作業を進めながら、可能な段階になれば理論化をおこなうことによって、現代社会

の解明に資することを目指すのです。

　またこうした角度からの取り組みは、本来、民俗学には適したものでもあります。民俗学は、対象とする人々が持ち伝えてきた生活における独特の思考様式を共有し、共感するところに立脚点を定めるはずだからです。それゆえ自国文化を問うことに傾き、逆に異文化を不得手とするのですが、現代の様相に向かう方向にあっては、必ずしもその持ち味が発揮されていないというのが、少なくとも日本の場合には感じられます。またここでは〈観光〉という言葉を余り使わないようにしたのも、これと関連しています。対象を観光に限定して考察すべきではなく、観光も含めて広く伝統的な要素と現代社会の相関を考える必要があるからです[22]。今回の経験は、そうした問題を考える上でも刺激に富んだものでした。この序論のような考察は、そこから得た拙い成果なのです。

---

22) 日本でも〈観光民俗学〉という名称が提唱されており、そこでの成果も決して小さくはないが、そうした限定と民俗学の立脚点との関係を改めて問う必要がある。また人類学の一分野として〈観光人類学〉が提唱されていることにも注目すると共に、これに関しては最近の中国での〈旅游人類学〉の高まりと研究の厚みには注目すべきものがある。旅游人類学の分野では欧米の基本文献の翻訳紹介でも日本を上回っているが、こうした趨勢の起点となったものとして、1999年に雲南大学人類学系の王筑生教授の企画によって開催されたシンポジウムとその記録に注目しておきたい。参照、楊慧・陳志明・張展鴻（主編）『旅游、人類学与中国社会』（雲南大学出版社 2000年）；なおこれと半ば重なる欧文の記録としては次の文献が刊行されているが、これは王筑生教授(1946-1999)への追悼論集でもある。参照、*Tourism, Anthrolopology and China*, edited by Tan Chee-Beng, Sidney C. H. Cheng and Yang Hui. Bangkok［White Lotus］2001.

〈ユビキタス〉な民俗文化（2004）

写真1：観光案内書に掲載された傈僳族
〈上刀山〉、参照：(注20)

写真2：貢山での「文芸晩会」、糸紡ぎ、機織、穀物の臼搗き仕事など、かつての生活風景をとり入れた演出、2004年8月21日、筆者撮影

論考の部

〈民俗文化〉の語法を問う

2005

はじめに

　この小論では、かねて疑念が払拭できずにいた用語を取り上げてみた。それは、些細な言い回しでも、個別の事象への呼称でもない。問うのは、専門分野そのものを指し示す基本用語、〈民俗文化〉である。これには自分の経験とも重なった理由がある。欧米の民俗学書の翻訳を手掛けたとき、そのタイトルにある術語"Volkskultur"の訳し方に迷ったのである[1]。英語では〈folk culture〉になる。結局、〈民俗文化〉としたのであった。もっとも、これはこれで、次に引用するような信頼に足る先例に拠りはした。それゆえ遺漏の恐れはないものの、〈民俗文化〉の語法そのものには引っかかりが拭えずにいた。しかもその語は、今日、民俗学の関係者のあいだでは使用の頻度が高まる傾向があり、それゆえ点検の必要を覚えたのである。

和歌森太郎の〈民俗文化〉への解説

　英語の術語を念頭において〈民俗文化〉の語を考えていた代表者は、日本

---

1) Hermann Bausinger *Volkskultur in der technischen Welt*. 1961, 2. Aufl. 1986. 拙訳：ヘルマン・バウジンガー『科学技術世界のなかの民俗文化』（愛知大学国際コミュニケーション学会『文明21』別冊ディスカッション・ペーパー 2, 2001 March）；［なお若干の訂正をほどこして文楫堂（和歌山県新宮市）から2005年3月に刊行された］。

民俗学の泰斗、和歌森太郎であった。大塚民俗学会編『民俗学事典』(昭和38 [1963] 年)には、和歌森自身の執筆によって次のような説明が付いている[2]。

　[民俗文化] 民俗社会＊に支えられ、保たれる生活文化をいう folk culture ［英］であり、常民＊性の濃い、したがって歴史的停滞の度の濃い村落社会に著しい。都市的文化はある意味ではめまぐるしく変る流行文化であるが、民俗文化はそれに相対する事象や意識である。民族の文化全体の中では、基層文化＊として高度な表層文化とは異質さを具える。たとえば、伝統文化の一つとして代表的な能楽そのものは民俗文化とはいわれないが、その成立の基礎となった田楽＊とか田の神＊祭は、民俗文化である。歌舞伎＊に対する念仏踊＊などもそれである。言いかえると、風俗文化として能楽・歌舞伎が含められるが、田楽や巫女＊の神楽＊や、念仏踊は民俗文化なのである。したがってまた民俗文化は、すぐれた世界的個性をもつ民族の文化が進展していくと、これに押しひしがれるようにして影を薄くしてくる。にもかかわらず、都市的文明が一般化しながらも、民俗的 (folkloric) な文化が全面的に解消するということは無い。日常生活に食いこんでいる服飾＊や食事＊の取り方、家庭経営の仕方など、時代とともに表現にはかなりの変化を見せながらなお日本人として独特な様式をふくみつつくりかえされる傾向がある。そういうものが民俗文化なのである。社会倫理の教育とか、躾、交際関係の在り方を始め、各教祖を中心にする諸々の新興宗教に結集する人びとの活動表現にも民俗文化を見ることができ、神社祭祀と離れてむやみに祭り＊の名のもとに、集団的共同の興奮を味わう味わい方も遠い昔からの祭りと本質を異にせぬ民俗文化の性格を示している。

　[引用者注] ＊は同事典に見出し語として挙げられていることを示す。

---

2) 大塚民俗学会編『日本民俗事典』昭和47年, p. 715.

〈民俗文化〉という言い方が欧語への対応として生じたと見てよいことは、ここでの文脈から明らかあろう。しかしまたそれを日本文化のなかに定着させようとした志向があったことは、その還暦記念の論文集にその語が入れられたことからもうかがえる[3]。

『日本民俗大事典』の解説

　〈民俗文化〉が翻訳語であるとの基本は、また比較的新しく編まれた事典にも引き継がれている。今日この分野での基本でもあるこの大部な事典には、やはりその項目が入っている。執筆者は古家信平氏で、これも全文を引いておく[4]。

　　［民俗文化］　文化の類型として未開ではないが、単純であることを示す概念で、アメリカの人類学者クローバーが唱えた二分法によって設定された民俗社会に見られる文化のこと。宗教観念や道徳観念が強いと言う特徴をもつ。これに対立する文明社会では宗教信仰が衰え、合理化、世俗化が進んでいる。レッドフィールド Redfield, R. は都市に対比する村落に見られる諸特徴、すなわち非流動性、同質的、人格的、宗教的な信仰と行事への関心を、民俗文化という概念でとらえようとした。民俗学では地域社会を単位として民俗文化を論じるのではなく、日本を一つのまとまりとして表層文化に対する基層文化を民俗文化とする傾向が強い。このためこの用語は、民俗社会と対応して用いられているアメリカの人類学とは異なり、能楽の基礎となった田楽や他の神祭、歌舞伎の基礎になった念仏踊りが民俗文化の具体例として挙げられる。また民俗文化領域とか民俗文化圏というように、焼畑・作神・水神・稲作などの要素の分布から空間的なまとまりを画定する作業も行われており、この場合には地域差が明瞭にあらわれ

3）『古代・中世の社会と民俗文化：和歌森太郎先生還暦記念』　弘文堂 1976.
4）項目担当：古家信平　〈民俗文化〉『日本民俗大辞典（下）』　弘文堂 2000, p. 654.

る民俗事象を民俗文化とみなしている。
　参考文献：小野重朗「地域民俗文化の分析」（桜井徳太郎『日本民俗の伝統と再生』所収、1988）、伊藤幹治「民俗文化論再考」（『日本常民文化紀要』19, 1996）

　この記述は、和歌森太郎の解説を基本にしていると見てよいであろう。すなわち、〈民俗文化〉が欧語の概念に対応するための用語であることを踏まえ、その上で、これを文化人類学の用語ないしは文化人類学から民俗学への転用語法ということと並んで、日本でも独自の使い方も見られると指摘している。そして、後者の代表的な事例として南九州地域の民俗学で知られる小野重朗氏と、文化人類学の伊藤幹治氏を挙げている。

アメリカの文化人類学における"Folk Culture"

　『日本民俗大事典』の記述が、和歌森太郎の論説と並んで、伊藤幹治氏の論考に考慮していることは容易に見てとることができる[5]。事実、〈民俗文化〉の用例に近年において意識的であったのは、伊藤氏であろう。それは、その論考の動機として挙げられている〈二つの理由〉の説明に如実に表れている。

　……ひとつは、近年、異文化研究にたずさわる民族学者（文化人類学者）のあいだで、研究対象の「脱未開社会」化が指摘され、従来の視点に大幅な転換の必要なことが強調されている点に注目したからである。いまひとつは、自文化の研究にたずさわる、日本の一部の民俗学者のあいだで、これまでほとんど議論がおこなわれないまま、「民俗文化」とか「民俗社会」という用語が、安易に用いられているのが気になっていたからである[6]。

---

5) 伊藤幹治　1996年「民俗文化論再考」『日本常民文化紀要』第19号　pp. 77-111.
6) Ibid, p. 101: 註（1）

伊藤氏によれば、〈民俗文化〉と訳される"folk culture"は、アメリカのロバート・レッドフィールド（Robert Redfield）が〈メキシコのテポストランという村落の民俗誌〉で用いたと言う。そしてレッドフィールドの〈議論のなかで、民俗社会と民俗文化、都市社会と文明がしばしば同義語として用いられている〉との語法の実際に注意を払った上で、その定義について、次のような解説を加える。

　　レッドフィールドは、物質文化や村落組織、分業、通過儀礼、民間医療、口承文芸などを検討して、テポストラン社会を未開部族や近代都市の中間型に位置付け、ヨーロッパや西アジアの後進地域の農民社会とよく似ている、と考えた。その理由は、この社会が、経済的にも精神的にも自己充足的で、しかも、社会遺産が地方的で、知識がすべて対人関係をとおして伝承され、村民が古くから住みついている土地とかたくむすびついている点、未開の部族社会と似ている、しかし、この社会が、外部の世界の一部とみなされ、また村民が都市文明によって個人的な問題の解決をはかっている点では、部族社会と異なっている、と考えたからである[7]。

　関係する諸々の学説へのこうした精緻な検討を踏まえた観点からするなら、術語の無頓着な使用を指摘があるのは必然であり、またその裨益するところも大である。
　しかし僅かに気がかりなことがらがある。それは〈民俗文化〉を口にする人が、文化人類学の概念を冒していると一般的に言うことができるであろうか、という点である。それは二つの設問として言い換えることができる。ひとつは、〈民俗文化〉という日本語と"folk culture"の対応関係は疑問の余地のないものであろうかという疑問である。日本民俗学の先人たちが、両語を対応させたのは事実であるが、その関係は揺るぎの無いものかどうかという

---

7) Ibid, p. 75.

点である。言うまでもなく、〈民俗〉は"folk"の訳語ではない。"folk"は人間の集団を指す言葉であるが、〈民俗〉は、厳密な内容は横に置くとしても、"habits and customs"やそれに類したものである。つまり単語として見ると、対応してはいないのである。文化人類学概念としての"folk culture"に別の訳語を当ててみれば、〈民俗文化〉の濫用とは、あまり関係が無いことになるであろう。第二は、"folk culture"は、ロバート・レッドフィールドの造語でもなく、その占有権が想定されるほど特殊なものではないことである。その点は、伊藤氏が、〈すでに1930年代から、アメリカの一部の人類学者のあいだで、民俗文化論もしくは民俗社会論という形で、さまざまな議論が展開さえている〉と言及する通りで、事実、レッドフィールドの『ユカタン半島のフォーク・カルチャー』を見ると、"folk culture"と"civilization"を対立させる視点については一世代前のラルフ・リントンを受けついでいることへの明言が見出される[8]。さらに言えば、そのリントンの著作は、日本でも一時期、歓迎された経緯があり、欧米の文化人類学系の術語としての"folk culture"は、リントンに由来する可能性も考えられる[9]。またクローバー『人類学』[10]にも"folk culture"の概念が用いられていることは、伊藤氏によってレッドフィールドの先行例として言及されている。このクローバーの著作

8) Robert Redfield (1897-1958) *The Folk Culture of Yucatan*. Chicago/Illinois [University of Chicago Press], 1941, pp. 348-349.

9) Ralph Linton (1893-1953), *The Study of Man*. New York: D. Appleton-Century Co., 1936, pp. 283-24. ここには次のような定義がなされている。〈Folk culture are borne by small, closely-integrated social units or by aggregates of such units which have already worked out satisfactory mutual adjustment. In such cultures, new items are not appearing with any great frequency and the society has plenty of time to test them and so assimilate them to its pre-existing pattern. In such cultures the core constitutes almost the whole.〉なおこの著作の1936年版を所蔵している日本の大学図書館が("NCC"によるだけでも) 60箇所に上るが、これは同書が早くから日本で受容されことを示唆している。

10) Alfred L Kroeber (1879-1960), *Anthology. Race・Language・Culture・Psychology・Prehistory*. New York: Harcourt, Brace and Company 1923, New Edition 1948.

も日本では歓迎されていたようである。たしかに"folk culture"という合成語には、学術用語としてはじまったらしい語感がありはするが、20世紀の20年代や30年代の時期に比べると、その後は多少一般的な言葉の性格をもったのではないかと思われる。

以上を言うのは、〈民俗文化〉という言い方をめぐる不透明な状況に疑念を抱く点では同じながら、その実態に走る脈絡にやや違ったものを感じているからである。

地域民俗の総合としての〈民俗文化〉

そこで、事典でも言及された小野重朗氏の語法を見ておきたい。その「地域民俗文化の分析」によって語法の実際を拾うと[11]、〈民俗文化〉の語が民俗の地域分布の観点と結びついて使われていることが分かる。それは、氏の研究方法では〈文化圏〉の概念が比重を占めることと関係しているようである。この論考でも、〈民俗文化〉という術語そのものへの直接の説明はみられないものの、〈民俗文化圏〉という表現が多いことが重点の在り処を示している。〈水稲稲作文化圏〉、〈畑作文化圏〉、〈女性優位文化圏〉（女講が盛んである地域的特性を指す）、〈阿多隼人文化圏〉、〈ソラヨイ文化圏〉（ソラヨイは十五夜綱引のための萱を頭にかぶって帰村のときの掛け声）、などである。文化圏と表記せずに、特定の民俗事象、時には地域名を挙げて圏域を指示する〈山の神作神圏〉、〈鹿児島湾沿圏〉、〈柴祭り圏〉、〈作神楽圏〉なども併せて用いられるが、そのなかには〈山の神作神文化圏〉のように文化圏を補ったかたちが同意で使われることも少なくない。こうした同一あるいは同系列の民俗の地域的な広がりを捉えるとめに〈民俗文化〉が用いられたことは、〈民俗文化圏を決定するについて中心になった民俗は何であったか〉といった問いの立て方や、〈南九州の民俗文化を……二系統に分ける〉といった整理の仕方

---

11) 小野重朗 1994年 「地域民俗文化の分析」 『薩隅民俗誌 南日本の民俗文化5 小野重朗著作集』第一書房 pp. 25-46.

からも知ることができる。また氏の膨大な研究をまとめた著作集のサブタイトルも「南日本の民俗文化」となっている。

なお個々の民俗が総合されたものとして〈民俗文化〉の語を用いる例は、小野氏をはじめかなりその事例があるようである。

宮本常一の語法

〈民俗文化〉を意識的に用い、かつそれがきわめて限定的な意味合いであったのは、宮本常一であった。その方法論考『日本民俗学の目的と方法』（1955年）は、先の和歌森太郎の事典での解説よりも10年近く遡る[12]。

　……民俗伝承の世界にも文字文化の世界が少しずつ反映し、また変化を与えていった。
　このことは未開社会と伝承社会とはやや異なる。未開社会では社会全体が文字を持たない。文字をもたない民族文化なのである。しかし日本民族の文化には文字があり、そのうちの民俗文化が文字をもたないということになる。
　しかし、今日では文字を理解しない人はほとんどいなくなった。七〇歳以上の人の中に若干のこされているが、それもほんのわずかである。そこで今日民俗文化といわれるものは文字をもたないものが伝承しているのではなく、文字をもったものが伝承しているのであって、それは民俗の伝承ではあっても、民俗的伝承すなわち無字社会的伝承ではなくなりつつある。
　民俗的伝承は、伝承を集団の記憶とくりかえしとによってなされていかなければならないが、民俗の伝承は一人でもできるし、文字によって記録することもできる。そして今日では民俗的伝承による民俗文化はもう何ほどものこっていず、少数の人びとによって民俗事象についての伝承や記録がなされているといっていい。

12）宮本常一「日本民俗学の目的と方法」『宮本常一著作集1』 未来社 1968, pp. 18-19.

この論説には、民俗学にとって重要な問題が詰め込まれている観があり、解きほぐせば多くが得られるであろうが、ここではその誘惑は横において、当面の課題にとどめる。それと併せて注目すべきは、宮本常一の場合にも、〈民俗文化〉の術語は、欧語との関連において使用されていることである。同じ論考の少し前には、先の引用文をも含む節の見出し語のもとに、次の論説がある。

文字なき社会
　では、郷土人の意識で何を見てゆくかということになる。それは郷土人の生活文化を見てゆくのである。郷土人と言っても民衆といってもいいであろう。いわゆるフォーク・カルチュア（民俗文化）である。
　民俗文化とはどういうものか。それは基本的には文字を媒介にせず、言語、行為などを通じて伝承せられてゆく文化である。明治以前にあっては日本人口の九割までは文字をしらなかったといわれる。……

　近代に先立つ時期の日本の識字率については、現在の研究成果は宮本の理解とはかなり違った歴史的実態を明るみに出してはいるが、ここはその議論の場所ではない。つまり、この場合にも、和歌森太郎におけると同じく、欧米の概念とのすりあわせによって、〈民俗文化〉が使われていたことに注目したいのである。それゆえ、その使用は方法論の意識と重なっていたと見ることができる。

民俗文化研究調査会の機関誌『民俗文化』の場合
　〈民俗文化〉の語を掲げて、それをきちんと説明しているのは、民俗文化研究調査会（跡見学園女子大学）の『民俗文化』（昭和53年創刊）である。その第2号（昭和53年［1978］）には、「民俗文化研究調査会」の命名について、次の説明がなされている[13]。

本会は、昭和 51 年秋に発足した、対外的活動のための研究教育機関である。目下、本会は、民俗学および文化人類学のゼミナールの構成員によって運営されている。……

　民俗学と文化人類学……とは……、とりわけ戦後にいたって、共同研究が実現しているわけであるが、学史上の異質さがこうじてか、持続的な共同研究の機関さえほとんどないしまつであった。なるほど、民俗学は未開社会の研究には手を出さないし、文化人類学は、高文化社会、いな文明社会の民衆史にはたちいろうとはしていない。にもかかわらず、両学はそれぞれの発展的課題として、双方への歩みよりをはじめてきている昨今である。古くからある民俗学における比較民俗学研究の例がそうであるし、文化人類学における日本民族の起源の研究・日本民族文化の地域性の研究がその例である。研究内容がこのように双方に浸透している現状のなか、あいもかわらずわが国では、両学を並存設置し、共同研究機関を設ける際、歴史人類学とか文化史とか、文化人類学のなかの日本民俗文化研究部門とか称して、両者の平等対等な認めようとはしていないのである。

　跡見学園女子大学の本会の姿勢は、わが国で唯一の理想的な立場を認めるものであろう。両学の接点として浮上した研究対象は、《民俗文化》folk culture のそれであった。Folk culture の概念は、文化人類学の中で生まれたにもかかわらず、いまは民俗学の主要な概念として再構成されている。日本の常民 folk が担う文化もそのひとつである、といいきると、folk culture の原義とはいささか異なってしまうが、peasant culture の概念域までを含めて、これを考え、日本のように都市や国家や市場経済の影響を強くうけた有文字社会の先工業的村落の文化の研究には、もってこいの対象である。

　両ゼミナールは、広義の《民俗文化》の研究対象をもつことで、もはや

---

13)「"民俗文化研究調査会"について」『民俗文化』第 2 号　民俗文化研究調査会（跡見学園女子大学）昭和 53 年 10 月, p. 196-198 .

共同研究をはばむ壁は破られたのである。かくして、本会は発足した。

これを読むと、〈民俗文化〉の語を用いるにあたって、語義が用心深く検討されたことが判明する。術語使用において周到である点で一方の極と言ってよいであろう。

二つの『日本民俗文化大系』

次に取り上げるのは、その語を冠した2種類の大きな企画である。昭和50年代のことで、先に見た研究誌と同時期であるが、大きな出版社が、広く一般読者に向けて刊行した大部な講座形式の概説書で、今日の〈民俗文化〉の語が多くつかわれるにあたって影響力があったと思われる。しかし、注目すべきことに、この二種類の企画は、その総タイトルが何を意味するのかを説明していないという点で共通している。

ひとつは講談社の『日本民俗文化大系』((講談社、昭和53年 [1978] に刊行開始)、もうひとつは小学館の『日本民俗文化大系』(昭和59年 [1984] に刊行開始) である。

講談社の企画は、民衆文化を探求した偉人たちの経歴と業績を解説したもので、『柳田國男』(第一巻)、『柳宗悦』(第六巻)、『伊波普猷／金田一京助』(第12巻) などである[14]。民俗学だけでなく民衆文化の研究を開拓した代表的人物をめぐる研究・解説の集成であるが、総タイトルからその内容を予想することには無理なところがある。〈日本民俗〉と〈文化大系〉の2語の合成であるのか、〈民俗文化〉が基本語であるのかについても説明が見当たらない。時期的には比較的早い頃のものであるが、そのタイトルに関する限り、説明がなされていず、便宜的な印象すら受ける。

同じことは、2つ目の講座形式による大部な企画にも当てはまる。昭和59

---

14)『日本民俗文化大系』講談社 昭和53.；第一巻にはその解説が見当たらず、第一回配本の「月報」にも解説に該当する記事は載っていない。

年 (1984年) から昭和62年にわたって全12巻が刊行された。しかしその第一巻の巻頭言には、タイトルについての解説が見えない。強いて言えば、第一回配本に挟み込まれた「月報1」に、編者の一人が載せている発刊の辞がそれに該当するであろう[15]。しかしそこにも、語の解説は見当たらない。その代わり、次のような趣旨説明がなされている。執筆者は、それを、〈民俗文化〉を掲げた理由としているようである。

　……日本人みずからが自分に問わねばならない。「日本人とは何か」と。それは外国製の鏡にたよることではない。……昼間の星を井戸の底に映してみるように自分の心の奥底を覗いてみなければならない。そのときもっとも役に立つのが常民の意識や民間伝承を重視する日本民俗学である。日本民俗学は一貫して日本人のアイデンティティ、すなわち日本人としての自己認識の主題を追求しつづけてきた学問だからである。
　……
　民俗学の対象となる民間伝承は戦後、とくに高度成長期をへて、いちじるしく希薄になっている。日本の社会の風貌は一変し、残存文化は消滅の危機に瀕している。もはや旧態依然とした民俗学の方法に終始することは困難になっている。こうしたとき、それに固執することは、民俗学の可能性を矮小化する怖れがある。
　このような時代の風潮に答えるべく本大系は企画された。あえて『日本民俗文化大系』としたのは、民俗学を閉じた所与の体系とみなすのではなく、時代の要請にふさわしく開かれた体系と考えたいためである。そのために民俗学者だけではなく、その周辺の学者にも執筆をねがった。そのことによって日本文化の基底部をつらぬく主題を一層明確化し、それを現代人の意識に対応させることが可能になるはずである。

---

15) 編集委員・谷川健一 「記念碑的な『大系』をめざして――発刊にあたり」『日本民俗文化大系　月報1』小学館 1983年二月15日（付）。

この文脈から見ると、〈あえて〉選んだとされる名称の要点は〈文化大系〉にあるらしい。つまり、隣接領域の学者をも引き連れて、広くあるいは多面的に取り上げたということであろう。となると、〈日本民俗文化大系〉という長いタイトルは、〈日本民俗〉と〈文化大系〉の二語から成る合成語なのであろう。解説者が、しきりに〈日本民俗学は一貫して日本人のアイデンティティ……を追求しつづけてきた学問〉と言っていることとも符号する。つまり核心は〈日本民俗〉にあることになる。それならそれで構わないが、明示しておいて貰わなくては、受け取る方は、そのタイトルの意図するところが分からずに困惑してしまう。

しかし必要な釈義を欠いていることもあって、その理解でも疑義が解けたとは言い切れない。なぜなら、この解説文の執筆者が残したもうひとつの創刊の辞を併せて読むと、事態が一層分かりにくくなるからである。

研究誌『民俗文化』

それは、問題の語をずばりと掲げた定期誌『民俗文化』である。よく知られた研究誌でもあるが、創刊号は 1989 年三月で、そこには「創刊のことば」が載っている。しかし、タイトルにあたる〈民俗文化〉という用語への説明はなされていない。その代わり、先の大系の発刊の辞と重なる次のような趣旨が述べられる[16]。

　民俗學の取り扱う対象としては、一方においては庶民の生活の中に伝承されてきた「物」があり、他方においては「心」がある。心というのは日本人の意識のことを指すが、とりわけ霊魂観である。日本人の魂は死んだらどこへいくかということを、仏教やその他の宗教の理念の力を借りずに

---

16) 谷川健一「創刊のことば」近畿大学民俗学研究所『民俗文化』創刊号 1989 年（3月）, p. 5-7.

考察するのは、民俗學をおいて他のどの學問にも見當たらない。……幾千年來の日本人の心の根本問題と取り組むという點では、もっとも正統的な日本人の學問である。……

　過去の衣裳を一枚ずつ脱ぎ捨てていった果に近代があるとの通念に對して、民俗學はつよい疑念を表明する。民俗學の立場からすれば、過去に生起した一切の物に意味のないものはない。近代主義や進歩主義が韮の皮を剝ぐような努力の結果空しい壁につきあたっている現在、過去の總力をあげて近代の意味を問おうとする民俗學があらたな注目を引いているのは、怪しむに足りない。……

〈もっとも正統的な日本人の学問〉と言うのも妙で、そもそもそんな学問が世の中にあるものだろうか、と言いたくなるが、そうした反応に傾くのも、「創刊のことば」と銘打ちながら、〈民俗文化〉の解説を欠いており、肩透しに遭うからである。しかも今度は日本とか大系といった余分なものは付いていず、〈民俗文化〉だけである。それが、先の「発刊の辞」と同じ人物によって記されている。となると、先の『日本民俗文化大系』の方も、案外、〈民俗文化〉が中心的なロゴなのではなかろうか。ともあれ、タイトルの意味を明示する文章を省いて、日本人の心とか、仏教の理念といった立ち入った問題に入ってしまうのであるが、それほど〈民俗文化〉という言葉は、説明を要しない、誰にとっても自明のものだったのであろうか。そうではないことは、先にも見た人々において欧語との摺りあわせに一種の苦慮がうかがえることからも推測に難くないのである。

民俗学の関係者によるさまざまな語法

　〈民俗文化〉の語を用いるにあたって非常に意識を使って語義を尋ねるという程ではないが、まったく無頓着でもないという研究者の存在にも気づかせられる。今日の日本民俗学の中心人物たちにそれがうかがえるが、ここでは千葉徳爾氏と野本寛一氏に注目しておきたい（下線と傍点は引用者）。

論考の部

　千葉氏には早く『地域と民俗文化』という著作がある[17]。もっとも、本文でその語が用いられるのは僅かで、〈日本ではいわゆる一般地域住民の文化は、土地に根ざしたものが多かった。それは日本の民俗文化のこれまでに形成された基盤が、主として土地条件に左右されやすい農耕生活であったことにかかわると思われる〉といった箇所にほぼ限られる。しかし、それに関連した語彙使用においては、次のような説明が認められる。

　……農民の民俗的な日常の生活文化といっても、冠婚葬祭とか民間信仰の部門では、地主や自作と小作農民とが異なるわけではなく、単に経済力や地域社会内部での交際の広さに応じて、規模に大小繁閑の差があるにすぎない。それらについて、もしも小作人だからこのようにするといった、1つの社会的規制が働いている分野があるとすれば、その多くは古く藩政などで定められた儀礼上の形式差にすぎないとみられる。それに対して、農業労働のような作業上の慣行の上では、地主・経営指導者のそれと、小作人・農業労働従事者との間には、労働形態からくる本質的な差異をみとめないわけにはゆかないであろう。本論でいう小作農民のもつ民俗的文化とは、そのような、土地を所有せず、借地経営を行なう労働者農民の労働形態に認められる、地域的な生活慣習が、中核的なものである。

一般に民俗学が対象とする儀礼や行事によりも、生業の基本となる土地・生産財の所有の実態に主軸をおき、そこで明らかになる日常的な生活文化をこの語で指し示すという行き方であり、独自な用法と言ってよいであろう。
　また野本寛一氏には、『稲作民俗文化論』と『焼畑民俗文化論』（雄山閣出版　昭和59年＝1984）の2著がある。どちらも名著であるが、ここでは研究の実際ではなく、問題とする用語への着目である。これらの総合的な研究で〈民俗文化〉の語が現れたのには理由があったのであろう。著作の始めの

17）千葉徳爾『地域と民俗文化』大明堂　昭和52［1978］、引用箇所は p. 59 及び p. 62.

方法論からは、その事情がうかがえる。もっとも、既にその最初の頁に〈……これまでは総じて稲作を基礎とした民俗文化の調査研究が主流をなし、焼畑・畑作系の民俗文化の研究は希少だったと言える〉といった文章が見られることからすれば、〈民俗文化〉の語の使用に神経を向けているとまでは見えず、むしろ自明の概念として受けとめているようにも読み取れる。それには早くからその語を使用してきた小野重朗氏の語法の影響するところがあったのかも知れない。事実、小野氏に注目して、その〈奄美の民俗文化、特に民俗的な儀礼を機能的に分類して……〉といった言及も入っている。しかしまた、その使用が自覚的な方法的視点に裏付けられていることは、『焼畑民俗文化論』の次のような文脈から知ることができる[18]。

　　……まず、焼畑技術・栽培植物・害獣防除の物理的対策・焼畑文化圏の食物などといった〈焼畑系基層民俗〉があり、その上に、精神的・信仰的な要素をもつ、呪術・儀礼・年中行事・口承文芸・芸能などが生成されていることがわかった。いわば、〈焼畑系上層民俗文化〉ともいうべきものである。(p. 5)

また〈焼畑農業という生業が、総体としてどのような民俗文化を纏っていたか〉、あるいは〈稲作文化に対応する文化や、焼畑文化圏独自の民俗文化があるにちがいない〉といった表現もそれに重なる。さらに、〈全国の焼畑民俗のあとを尋ねる中で強く感じた問題は「文化複合」の問題である〉と言った表現もある。そのときどきの文章のリズムによって異同があり、まったく厳密に使い分けられているのではない節もありはするが、個々の〈民俗〉事象に対して、民俗の複合や総合、とりわけ少し前には〈永久不変なものと思われ〉るまででありながら、近時、急速に失われつつある（あるいは既にほとんど失われた）生業形態とその周辺の諸事象が指されているようである。そ

18) 野本寛一『焼畑民俗文化論』雄山閣出版 昭和59 [1984]、p. 5.

れは、次のような一節からもうかがうことができる[19]。

　柳田翁が健在だった時代、苗代で苗を育み、田には耕牛の姿があり、さみだれの季節に早乙女が田植をするという光景は日本中どこでも見られた。それはあまりに平凡な嘱目の風景だった。ところが、近時、日本の稲作は、「田苗代から箱苗代へ」「耕牛から耕耘機へ」「早乙女から田植機へ」と急速にその様相を変えた。さらに、減反政策・後継者不足・兼業化、と稲作をめぐる社会環境も急変した。その上、国際化の波で、日本の「米」がゆらぎ始めている。柳田翁の時代に、永久不変と思われた稲作過程の基本的・日常的な行事が消えてしまったのである。あまりに日常茶飯の事象として、調査研究の対象にすらならなかった苗代や牛耕の技術が、ある日気づいてみると眼前からみごとに姿を消してしまったのである。

　なお数例について研究者の用例を見てゆくと、民俗研究者のなかには、〈民俗文化〉の語をまったく使わない人がいる反面、その使い方が無造作な人も多いのである。明記されてはいないものの、何か思惑がひそんでいそうな用例としては、大槻憲二『民俗文化の精神分析』(1984) がある[20]。これ自体は遺作の収集であるが、全体の表題のもとになった論考は昭和47［1972］年である。そこにはタイトルの語釈を欠いてはいるものの、民俗を通常の民俗研究者の〈事実の羅列だけ〉にとどまらない、著者の言う精神分析学からの意味解きをこめているようである。

　赤松啓介の論集『非常民の民俗文化』(1986)[21] も、表題にだけその語が当てられ、収録された論文や論説には〈民俗文化〉の語はあらわれないが、柳田國男の民俗学とは異なる視点からの民衆文化論であることが込められてい

---

19) 野本寛一『稲作民俗文化論』雄山閣出版 平成5［1993］, p. 3-4.
20) 大槻憲二『民俗文化の精神分析』堺屋図書、1984。
21) 赤松啓介『非常民の民俗文化　生活民俗と差別昔話』明石書店、1986。

るのかも知れない。しかし語法のたしかなか意味はやはり不明である。

　また、やはり比較的早い時期のもので、民俗学とも関係のあった歴史学系の著作にこの種のタイトルが見ることができる例として、池田源太『古代日本民俗文化論考』(昭和54 [1979]) にも触れておきたい[22]。この著者が近畿民俗学会と縁があったらしいことは、その叙述から知られるが、また文化人類学の欧米の古典的な諸理論を取り上げていることから推すと、その〈民俗文化〉の語法が"folk culture"を念頭に置いたものであったのかも知れない。

文化人類学系の研究者における〈民俗文化〉の事例

　以上でその一端を見たように、〈民俗文化〉の語の指すところにはかなり幅がある。しかし一般的な傾向として、文化人類学系の研究者には、語法への配慮が共通しているようである。例えば、『スペインの民俗文化』の著者は、次のような概念規定を行なっている[23]。

　　民俗文化とは普通の人びとの生活に根ざした文化とでもいえるだろうが、それではなぜ、民衆文化という言葉を使わないのか、とおたずねになるむきがあるだろう。研究者の意見（注）を私が理解するかぎり、中世およびルネサンス期に勢いづいた民衆文化とは支配階級の文化へのアンチテーゼとして存在しており、対抗文化としての力をもっていなくはならない。そのような力を備えた民衆文化はスペインでは17-19世紀のバロック時代に因習化し、18世紀のカルロス三世治下 (1759-88年) の啓蒙主義の時代に猛烈な批判にさらされ、風化の一途をたどりはじめた。それからほぼ200年経った現今のスペインの一般の人びとの間で見受けられる文化はいわば風化した民衆文化であり、これを私は民俗文化と呼んでいる。

---

22) 池田源太『古代日本民俗文化論考』学生社、1979年。
23) 黒田悦子『スペインの民俗文化』平凡社、1991、p. 3.

論者の注記を見ると、ミハイール・バフチーン『フランソワ・ラブレーの作品と中世・ルネッサンスの民衆文化』ならびにピーター・バーク『ヨーロッパの民衆文化』などの民衆文化の概念、すなわち〈バークは1500-1800年の期間を民衆文化の時代としている〉と論者が補述するような歴史的・文化史的概念としての〈民衆文化〉が基本になっている。民衆文化という語を用いるかどうかはともかく、これはヨーロッパ文化の大きな流れに沿った理解と言ってよい。民俗学が対象とするような伝統的な民間習俗を遡及すると、中世末から近代初期への変動の時期以降に進行した社会全体の再編にたどりつくとする穏当な見方である。

今ひとりはやはり文化人類学系の研究者のものとして原知章『民俗文化の現在——沖縄・与那国島の「民俗」のまなざし』を挙げる[24]。これが欧語を意識したものであることは、タイトルに"Dynamics of Folk Culture"と記されていることからも知ることができる。これに因んで、著者は次のように記している。

　これまでわたしが関心をいだいてきた祭祀や儀礼、口承伝承や民俗芸能は、文化人類学民俗学において主要な対象となってきたものばかりである。これらはいずれも、対面的な場における主に身体を媒介とした直接的コミュニケーションによって今日まで伝承されてきたものであり、そのような直接的コミュニケーションの連鎖のプロセスとその産物「民俗文化」という理念型をとおして対象化することができるだろう。

そして〈全体としての文化〉の一部あるいは一面として〈民俗文化〉を位置づけるべきであるとして、その全体文化については、民俗文化を含む4つの文化を措定している。残りの三つは、公的文化、大衆文化、学問文化であ

---

[24] 原知章『民俗文化の現在：沖縄・与那国島の「民俗」へのまなざし』同成社　2000、p. 5.

るという。

　こうしたモデルの設定の当否はともあれ、民俗学が扱ってきた対象を核にする諸現象の名指し方について高度に意識的である事例と言えるであろう。

　しかしまた文化人類学系でも、語法が意識的であるかどうかが読み取り難いものも見出される。国立民族学博物館の共同研究の成果『「もの」から見た朝鮮民俗文化』（2003年刊行）はその一例である[25]。因みに、韓国の民俗研究者の場合には、民俗文化と言うとき、韓国文化と日本文化という対比が前提となっていてそれが民俗文化の術語につながっていることがあるが、この場合にもそれが言外の意かとも推測される。しかし明言を欠いているために、定かではない。テーマの説明に、〈目的は、「もの」を通して朝鮮の民俗文化がどのように見えてくるか各論文において考察してもらう……〉ことにあるとされているが、収録された12篇の論文は、いずれも考察の対象が民俗文化であるとは明記していず、その語を用いてもいない。編者の論文においてすら、それは見出せないのである。

　同様の動きは、最近の『民俗文化の再生と創造』という共同研究のタイトルからも窺える[26]。ここでは、人類学の側からの研究の中心概念が〈民俗文化〉なのである。しかし〈民俗文化〉とは何を指すのかとなると、それに当たる直接の解説は見当たらない。僅かに報告者の一人が〈民俗文化という概念そのものやこれに対する人々の認識についても検討してみる必要があるが〉との留保によって、問題を残していることを示唆しているのが注目される[27]。

〈民俗〉の語法

　〈民俗文化〉の語が頻繁に使われるようになったことに注目しているが、そ

---

25) 朝倉敏夫『「もの」から見た朝鮮民俗文化』新幹社、2003。
26) 参照、三尾裕子（編）、『民俗文化の再生と創造――東アジア沿海地域の人類学的研究』風響社「アジア研究報告シリーズ No. 5」2005年3月。

こでの基本語は〈民俗〉である。その点では、〈民俗〉の語が一般化したことがもとになって〈民俗文化〉を派生語として成立させたのであろう。それを言うのは、基本語の〈民俗〉の語自体が、必ずしも民俗学における古くからの術語ではなかったからである。その事情は、『民俗学大事典』の「民俗」の項目に、福田アジオ氏がほどこしておられる解説が簡潔に教えてくれる[28]。

　……民俗という語は古代に輸入されたが、普及をみたのは新しく、学界でも1949年（昭和24年）にそれまでの民間伝承の会を改組・改称して日本民俗学会が成立して以降のことである。それまでは民俗という言葉よりも民間伝承とかフォークロアという術語が用いられ（ていた）。
　（括弧内は引用者の補足）

〈民俗〉の古例はともかく[29]、現今の状況に延びる脈絡としては、日本民俗学会という名称の学術団体の成立が、逆に、その学問分野があつかう対象を〈民俗〉と呼ぶことを定着させたとの指摘である。そうであるとすれば、〈民俗〉は、一般的に使われてきた言葉ではなく、学術語として導入された言葉

---

27) 参照、同書所収の伊藤亜人「韓国の民俗祝祭における行政の視点と住民の意識」同書 p. 83-101, here p. 83. またこの論考では引用した文にほぼ続いて〈70年代以降の民俗文化の全般的な衰退とその部分的な再編と復活の過程〉というフレーズが見られ、そこから推すと、伝統文化を漠然と指しているようである。なお同書にはやはり民俗文化をタイトルとした次の報告も入っている。清水純「クヴァラン民俗文化の再生における二面性　1980年代・1990年代の動向に関する考察」同書 p. 103-136.
28) 項目担当：福田アジオ〈民俗〉『日本民俗大辞典（下）』弘文堂　2000, pp. 638-39.
29)〈民俗〉の用例については和歌森太郎『日本民俗学概説』（東海書房　昭和25年）に次の解説がある。〈「民俗」といふ熟語はもちろん中華民國に古くから見えて居り、それは民間の風俗習慣を意味してゐた。日本でも中古にそれが熟用され、弘仁年間、天長年間の太政官から出た文書のうちに、或は越前國の民俗が凋弊したとか、或は民俗が甚だ弓馬を遠ざかつてゐるとかいふ用例を以て現れてゐる。それは民間の日常生活一般といふことである。〉(p. 3.)

ということになる。実際、民俗学の外に立つと、〈民俗〉という言葉は必ずしも坐りのよいものではない。たしかに民俗学の関係者以外でも、〈民俗学〉という学問名は誰もが知っており、それ自体、柳田國男の影響の大きさを改めて知らしめるが、他方、〈民俗〉という二字熟語はほとんど使われないように思われる。使うかどうかはともかく、耳に馴染みやすいという点では、民間伝承の方が勝っている位である。

民間伝承の語はともあれ、〈民俗〉の語をめぐるかかる状況が〈民俗文化〉の生成に関係しているように思われる。すなわち、民俗学があり、民俗学会が存在する以上、そこでの対象は〈民俗〉と呼ばれることになる。しかしそれは、日常語でもなく、耳に馴染むものでもない。そこで〈文化〉を付けたということではなかろうか。〈文化〉という語は奇妙に融通無碍であり、頭に来る言葉が耳慣れないものであっても、それと結びつくと何となく収まってしまう。それは、〈食文化〉や〈住文化〉などのように、〈食〉や〈住〉のような名詞として独立性の危うい一字漢語でも〈文化〉を後に伴うことによって、無理が目立たなくなることからもうかがえよう。なお言い添えれば、これらは3字漢語に特有の不安定にあるが、それがために却って一種密度が高まり概念的表現にすらなり得るのである。もっとも、〈文化〉が多義的であることは欧語でも似ているところがある。〈Culture〉とは何かを厳密に扱う必要性を説いたクローバーとクラックホーンが、〈Culture〉の定義を150種類も集めるところからはじめなければならなかったのは、その現れといってよい[30]。

『美濃民俗』の〈民俗文化〉

これら一連の現象をどう理解すべきであろうか。思うに、〈民俗〉がなお人口に膾炙するに至らず、それにもかかわらず民俗学の関係者には基本語となっており、それゆえ〈文化〉の語を接続させることによって坐りをよくす

---

30) Kroeber, Alfred & Kluckhohn, Clyde, *Culture: A critical review of concepts and definition.* Cambridge, Mass.: Peabody Museum 1952.

論考の部

るという展開がなり至ったのでなかろうか。もっとも和歌森太郎の事典に挙げられていることが、すでにその語が民俗学の一部では使われたことをも意味するのかもしれない。ともあれ、これは恐らく欧語を踏まえた語法ではあるまい。そうした場合に付きものの逡巡やわだかまりがまるで見えないのである[31]。

　<u>民俗文化</u>は上流社会の文化でない。トップクラスの美術工芸でもない。大多数の国民そのものであり、その遺品、遺風である。故にどこの家にもころがっており、誰でも手がけられるものである。唯人々の心掛一つで之が発掘され保護されるか否かである。我が家の伝統を愛好する心ばえ、郷土の文化を見直す目が緊要である。それをよび起こし、それを目ざませることが今日の緊急事である。……

　……近い例をとるに観光大垣をいう人々は大垣公園の落莫たるを歎く。復興天守閣が、洪水の水位をしるす石垣の上にポツンと建ち、濃飛護国神社が野球場に向っているだけである。東海道上り下りの人士を下車させ、観光客を引きよせる魅力はまことに乏しい。十万石、三百年の城下町に於いて明治以降の大垣人は古きを捨てて新しい建設にのみ驀進したのである。商工業の発展の上に、県下第二の繁昌を来たした一面、重要な文化財の大垣城址は、こんな形になってしまったのである。

　之等は例が大きすぎるけれども<u>民俗文化</u>の資料はもっと卑近であり、もっと地味である。今の生活からいえば、不用品であり、低俗である。それだけに一般から困却され勝であるから、より一層声を大にして呼びかけねばならぬ。

　みんなで守ろう<u>民俗文化</u>。

　家庭から守ろう<u>民俗文化</u>)。

───────────────

31) 松久嘉枝「美濃民俗の発刊に当たりて」『<u>美濃民俗</u>』創刊号　美濃民俗文化の会　昭和41年［1966］7月15日、p. 1.

屋敷の隅から、納屋の奥から発掘しよう<u>民俗文化</u>。

お爺さんから聞き出そう民俗伝承。お婆さんから尋ねよう昔語り。然して後、識者の指導を仰ごう

（下線は引用者）

　これは「美濃民俗文化の会」を主な母体として刊行される会報の創刊の辞であるが、言うべきことをきちんと言っているという意味では模範にすべきところがある。つまり、自ら関わる基本用語を解説しているからである。と言うのは、押し出しの立派な書物でも、必ずしも自己が何であるかを明瞭にしない場合が見出されるのである。大手の出版社の『日本民俗文化大系』がタイトルの解説を欠いていることは、先に見たとおりである。

韓国の数例

　しかし、さらに広く視線を投げてみれば、〈民俗文化〉の語法は日本だけではなく、中国や韓国でも最近その事例が数多く見出だされる。しかもそれぞれに背景があり、またその意味するところに幅がある。それら同じ漢字使用圏の隣国の事例について見通しを得ているわけではないが、課題が存在することにだけは言い及んでおきたい。

　韓国民俗学会の中心的存在である任東權氏の多数の著作のなかに『民俗文化探求』（2000年）と『韓日民俗文化の比較研究』（2003年）の2著がある[32]。後者は全編が日本語で執筆されたもので、またそのタイトルが取られた論考「韓日民俗文化の比較」は「比較民俗学からみた韓日の民俗文化」の原題で1985年に発表されたものであると解題には記されている。〈民俗文化〉の語法も比較民俗学の観点からのものである。

　一つの文化が自生したものか、もしくはどこからか伝播してきたものか

---

32) 任東權『韓日民俗文化の比較研究』岩田書院　2003, pp. 315-331, here p. 315.

は、即座には答えられない場合が多い。……韓国と日本は地理的に近いので文化的な同質性が多いが、近いのにどうしてか全然ちがった現象としてあらわれる異質性のものもある。……まず同質性の文化から話しをすすめることにする。……

といった文脈で、先ず日本文化と韓国文化の異同という大きな問題設定があって、それが民俗のレベルでの具体例によって考察される。個別の民俗事象は一般に狭域的であり、国民国家の境界を適用して裁断するのは適切でないことが多いが、それをまったく免れているのは、視点の取り方が大所高所にあるのと、題材がそれに適っているからであろう。鳥居と鳥杵・鳥竿の比較なども、どちらもその国内の分布に民族宗教の要素があったからであろう。あるいは、日本では馬肉を実際に食べるかどうかはともかく一般に抵抗感がないのに対して、韓国ではほとんど禁忌の感覚があることへの指摘なども蒙を啓かれる比較である。

もうひとつ例を挙げると、同じく1985年に、まったく趣を異にする〈民俗文化〉の語法が見出される。沈雨晟氏の『民俗文化と民衆意識』(1985年刊)で、その中心的な論考が後に『民俗文化と民衆――韓国伝統文化の自生的伝承』という邦訳書に収録された[33]。これを見ると、日本の状況とはまた違った言語風景が広がっていることが分かる。〈民俗〉の語が民族の独立運動につながるキイワードのひとつとなっていると共に、民族の歴史のなかの支配・被支配の構造ともからんだ語感を伴っているからである。

---

33) 沈雨晟『民俗文化と民衆――韓国伝統文化の自生的伝承』(梁民基［編］／李京叡・李宗樹・河村光雄・金京子・権燦秀・竹中由美［共訳］ 行路社 1995年) pp. 17-43, here p. 42.；これは編訳書と記されていることからすると、訳書にまったく対応する原書がないようであるが、その中心的な論説として『民俗文化と民衆意識』(1985年刊)所収の同名の論考が収録されている。原語も同じく漢字語の〈民俗文化〉や〈民衆意識〉であると思われる。

民衆意識をその内容としている民族的（独創的）形式がすなわち民俗なのである。……歴史的状況を体で体得した民衆の叡智と意志が、民俗のあらゆる形式を通して発現されるとき、またそれを受け入れる能力がもはや支配層にないとき、民衆意識は決まって支配層から口汚くののしられ、時にはひどい圧迫を受けてきたが、そうしたとき、民衆意識はまず抵抗のかたちをとってあらわれる。民俗文化が反封建・反外勢［反侵略］の性格を帯びているのは、それを端的に示している。

　この語法は、メディア関係の職種から、使命感によって伝統的な民衆演劇・舞踊の伝承者に転身した実践者のものである。仮面劇の復活に挺身し、また一人芝居の創作を引っさげて各地に伝統を唱導する人らしい気概に満ちた主張である。

中国における数例

　今ひとつ注意を払うべきは、中国の事例である。ただし、〈民俗〉という熟語が古典に見えるものの、現代の使用はむしろ日本の民俗学からの刺激に負うところがあるようである。そうなると、〈民俗〉を基礎語にした派生語も中国で形成されたものではないかも知れない。果たして、それを冠した用例を書籍に限って探ってみると、いずれも最近のものである。今、手近な書物を挙げると次のようなリストが得られる。

上海民間文芸家協会（編）『民俗文化研究』（上海、学林出版社、1991）
直江広治(著)／王建(等・訳)『中国民俗文化』（上海、上海古籍出版社、1991）
王献忠『中国民俗文化与現代文明』（北京、中国書店、1991）
「中国民俗文化系列」（成都、四川人民出版社、1993）
賀衛光・鐘福祖（著）『裕固民俗文化研究』（北京、民族出版社、2000）

　また最近その活動が活発なのは「民俗文化研究所」で、これは民族大学教

授で日本の学界とも頻繁な交流のある民俗学者陶立璠氏の主宰である。だからとて、それが日本での使用をヒントにしたものかどうかは定かではない。ともあれ、組織名にも〈民俗文化〉が冠せられていると共に、またそのロゴの下で、多彩な情報の発信がなされている[34]。

なおもうひとつ注目すべきものとして、"folk culture"との対応を明示しながら、異なった熟語を用いている事例に注目しておきたい。中国の民俗学界の中心的な研究誌で、すでに20年以上も続いているのが『民間文化論壇』であるが、その表紙には毎号、英文で"Forum on Folk Culture"と併記されている[35]。そして、ここに収録された論文や論説を見ると、早い時期のものは専ら〈民間文化〉と用いており、ようやく最近になって〈民俗文化〉の表現が散見されるのである。その拠って来る所以には関心をそそられるが、ここでは立ち入らない。

古義からみた合成語〈民俗文化〉

ここで少し角度を変えて、〈民俗文化〉を原初に近い語義からも考えておきたい。ここでの趣旨からはややはずれるが、そういう目配りも無駄ではなかろう。〈民俗文化〉が合成語であることは言うまでもないが、然らば、それは基本要素に分解することができ、またそこには原義があるはずである。

先ず〈民俗〉について言えば、今日の民俗学関係での語法はまったく新しいものであるにしても、それが古語としても存在することは、これまた民俗関係者のあいだでは知られてきた。すなわち、『韓非子』(解老)に〈府庫虚則国貧、国貧而民俗淫侈〉[36]とあるのがそれである。他方、〈文化〉の語法は古例だけでもかなり多数に上るが、ここでは隘路に入り込まないために、有

---

34) 中央民俗大学の「民俗文化研究所」(1984年設立:主宰・陶立璠教授)のWeb-siteは、常に数種類の伝統的な慣習や民俗色を帯びたイヴェントの解説を発信している。
35) 中国文聯[主管]／中国民間文藝家協会[主弁]『民間文化論壇 Forum on Folk Culture』北京:学苑出版社)——本誌は隔月刊で最近号の2004年第5期が〈総第139期〉である。

名な古典の章句にとどめておく。『易経』(賁卦) の〈観乎天文以察時変、観乎人文以化成天下〉[37]で、西洋の"culture"が〈耕作する〉ことを意味する"cultivere"に由来するのと並んでよく引用されるものでもある。またこれを略した〈人文化成〉と言い方もあり、明朝の元号〈成化〉や本朝の〈文化〉年間の典拠のひとつでもある。

　その上で、民俗文化という合成語である。民俗と文化の組み合わせは、素直に受けとめるなら、民俗という文化というように民俗と文化を同義とみるか、民俗を文化の一部に含めるかということになる。しかしそのためには、先ず民間習俗や民俗が文化であるか否かという議論が必要になるであろう。しかし春秋時代の語法では、民俗が文化とされることができたかどうかは怪しい。民俗は民情の様態を指し、風俗の語とも共通の受動的な性格と理解されており、他方、〈文化〉は教導や感化による改変を意味することになるからである。後世の〈人文化成〉という言い方はそれをよく表しているが、文化とは教化や教導や感化といった能動的な動きのことである。それゆえ民俗と文化が関係し合うとすれば、民俗は文化による改変の対象とならざるを得ない。民俗を文化するというのであれば、古義に沿うことになる。しかし、今

---

36)『韓非子』については次を参照。『國譯漢文大成　韓非子・商子』国民文庫刊行会(大正10年)、原文の部 p. 49: 読み下し文の部 p. 156.；なお、これに先立つと考えられる古例には『禮記』の用例があるが、そこでの〈民俗〉は、〈好みをあきらかにして以って民に俗を示し〉と読み下されてきたように、一単語と見るのは無理のようである。参照、〈則百姓惑、下難知則君勞。故君民者、章好以示民俗、慎惡以御民之淫、則民不惑矣(禮記・緇衣)『國譯漢文大成　禮記』(大正10年)、原文の部 p. 123, 読み下し文の部 p. 539.；また諸橋徹次『大漢和辞典』巻6, p. 841 には〈料事務、察民俗〉(管子・正世)、〈楚民俗好庫車〉(史記・孫叔傲傳)、〈變民風、化民俗〉(漢書・董仲舒傳)などが挙げられている。

37)『國譯漢文大成　易経・書経』国民文庫刊行会(大正11年) p. 147-148.；また二字熟語〈文化〉については、諸橋徹次『大漢和辞典』巻5, p. 569 が次の諸例を挙げている。〈文治教化〉(説苑指武)、〈凡武之興、為不服也、文化不改、然後加誅〉(王融「三月三日曲水詩序」)、〈設神理以景俗、敷文化以柔遠〉(王融「三月三日曲水詩序」)；〈文化内緝、武功外悠〉(束晳、補死詩)。

日の〈民俗文化〉の意味はもちろんそういうところにはない。やはり、<u>民俗という文化</u>なのであろう。その点では、〈民俗文化〉はやや無理な語法ということにもなる。もとより、それが今日の語感をも左右しているかどうかは、改めて検討しなくてはならない。

　以上に言及したのは、〈民俗文化〉の語には、やはり違和感があるように思えてならないからである。それが、〈民俗〉という基本語そのものに何らかの無理があって、語感の齟齬はそこにきざすのかも知れず、あるいは合成語のあり方によるのかも知れない。

〈民俗文化〉という曖昧表現

　これまで見てきたように、〈民俗文化〉の語法にはかなり差異や幅がある。そのため、実際には、その意味するところを絞るのは難しい。外国の事例はともかく、日本の場合の使い方がもうひとつはっきりしないが、しかしまたその用法が減る気配をみせないのも現実である。そこには何か要因がなければならない。

　言語素材の面での根拠としては、基本語の〈民俗〉が日常語そのものではなく、やや不安定であることがために却って〈文化〉の語を補語として求め、またその接続を容易にもするのであろう。しかも一般的にも、〈文化〉の語は、古義で使われることはめったにないばかりか、ほとんどは広い連関を指すための後補語である。自動車文化、化粧文化、野球文化、喫茶文化など、あらゆるものに〈文化〉の語はつくことができるが、それが指すのは、そこで名指される主要な対象から伸びる広い連関である。と言うより、広い連関に顔を向けているという姿勢の明示である。もしくは、広い連関を視野に置くことを忘れてはいないと言う釈明である。つまり自動車や化粧や野球や喫茶をそれだけに限定するのでなく、そこから伸びる広い連関である。自動車レースやカリスマ美容師やドーム球場や中国茶の効能などである。民俗も同じことで、〈民俗〉とだけ言われるのではなく〈民俗文化〉となった途端、狭義の民間伝承の周辺に広がる多彩な光景が射程に入ってくる。因みに、競馬と言

えば、サラブレッド系の競走馬による公式競技とそれと組み合わせのギャンブルが主要には思い浮かべられよう。〈競馬の民俗〉となると王朝時代の賀茂の節会にまで遡ることも可能になるが、他方、中央競馬会をめぐるゴシップなどははじかれかねない。しかし競馬の〈民俗文化〉のロゴの下なら、ハルウララへの着目はもちろん、尾の毛を入れた御守り袋を論じるのも不自然ではあるまい[38]。

　これはまた（始めに返ることになるが）、民衆文化という概念との関係にもなる。〈民俗文化〉の元の欧語は、"Volkskultur"ないしは"folk culture"であった。これは、見れば明らかな通り"Volk（folk）"と"Kultur（culture）"の合成語である。しかし"Volk（folk）"は〈民俗〉に通じる"custom"や"habit"の意味ではない。人間集団を指しており、"nation"や"tribe"とも並べることができる"society"や"human group"であるような概念と言ってよい。それゆえ"Volkskultur"や"folk culture"を〈民衆文化〉と訳すのであれば、まだしも欧語と対応することになろう。しかし〈民衆文化〉と言ったのでは、民俗学の対象らしさは消えてしまう。

　もっとも民俗学界には、〈民俗〉を"folkway"の概念のもとに現代の諸相とも一連のものとして捉えるべきではないかとの見解もないわけではない[39]。

---

[38] 競走馬ハルウララ（1996年2月27日北海道三石町歌笛で誕生）は、1998年11月17日に高知競馬の第1競走でデビュー以来連敗であった。わずかに年間約20回の出走に耐え得、預託料を辛うじて稼いでいたため処分を免れていたとされるが、やがて負けつづけても走る姿が、折からの不況の世相と絡み合って2003~04年に国民的な人気馬となった。数種類の本も刊行された。また絵馬の題材となったほか、尻尾の毛がお守りになり常に売り切れであった。参照、重松清『走って、負けて、愛されて――ハルウララ物語』平凡社、2004；吉川良『高知競馬のハルウララ』源草社、2004；櫻井忍（文）岩合光昭（写真）『土佐の高知はハルウララ』オーエス出版、2004；岡本弘『またも負けたか100連敗－負けるが勝ち！　ハルウララ物語』アクス、2004；尻尾の毛の御守りについては、岡本, p. 148、また次の新聞記事「ハルウララの新お守り　高知競馬場　来月2日から」『高知新聞』（2004年4月30日付）の他、数種類のマスコミ誌紙で取り上げられた。

今、民俗学の中には、「民俗の変貌」「民俗環境の変化」がいわれるような一種の危機感がある。それはあたかも現代社会では、「民俗」が消滅してしまうかのごとくである。しかし「民俗」は、社会学的概念で言えばフォークウェイズは、現代社会でも強く機能しているのであって、それが風俗とか流行といった形式で現れるにすぎない。

　年代から見ると、〈フォークウェイズ〉の概念を提唱したサムナーの著作が紹介された刺激を受け入れた議論であったろうが[40]、こういう視点が日本民俗学のなかからもかなり前からで出てきていたのは重要で、ここでの問題もそうした事情と重なっているところがないではない。

　顧みれば、宮本常一は〈民俗文化〉を無文字の人々の営為と狭くとらえ、しかもそれは、探訪の果てであったにせよ、なお身近に接することができる濃密な領域であった。目の当たりにするものを無文字社会の延長と捉えても、伝承形態の不整合はなお観察に破綻をもたらさなかった。しかし〈民俗の伝承ではあっても民俗的伝承すなわち無文字的伝承ではなくなりつつある〉と当時としては的確に言い表された推移は、時と共に分裂の度合いを強め、やがて亀裂となって白日の下に置かれている。今日では、伝統的な〈民俗〉の外観を呈するものも〈民俗〉と呼んでよいかどうか疑わしいのである。

　民俗学が対象とする事象を〈民俗〉と言い切ってしまえるかどうかという迷いが、多くの関係者に共有されているとすれば、それは曖昧な状況と言う

---

39) 岩本通弥「現代民俗学への方法論的展開」（千葉徳爾編『日本民俗風土論』弘文堂、昭和55年、pp. 65-86, here p. 83）。なお、これに続いて次のような発言がある。〈確かに、歴史的民俗学にとっては危機であるかもしれないが、このようなことからでも日本人の感情や考え方は追求できるのである。その点からいえば、民間習俗を縮めた民俗と民間伝承という言葉は区別された方がよい〉。

40) W. G. サムナー（著）青柳清孝・園田恭一・山本栄治（訳・解説）1975『フォークウェイズ』(現代社会学大系3) 青木書店 ; 原著：Sumner, William Graham (1840-1910), *Folkways*. Boston: Ginn & Co. 1907

ことになる。であれば、それは解決されることが望まれる。解決とは、その状況が理論的に把握され、それによって迷いが消滅することである。しかしそこへ行き着かない段階では何が起きるであろうか。そこでは解決されない問題が常に漂っている。解決に達していないということは、何が問題であるかについての明瞭な認識が得られていないということでもある。問題点の認識がなされれば、解決は射程に入ったと言えるからである。そこまで行かないのであるから、それは居心地の悪い状態である。学問の次元で居心地が悪いとは、既存の学術用語では的を射た表現ができないと言うことである。その状態は、それはそれで言語表現となって現れざるを得ない。それが曖昧表現である。それゆえ、そこには問題点を遠望して実見し得ない場合のさまざまな心理がこめられている。予見、触感、不安、ごまかし、苛立ち、回避、消化不良。これらは既存の手段で事足れりとしない点ではポジティヴであるが、問題の在り処をつかんでいないという点ではネガティヴである。そしてそういう位相において、現実を映している。因みに、目下、国語をめぐっては、曖昧な表現の広まりが話題を呼んでいる[41]。最近では、それを言い表すのに〈ぼかし言葉〉という造語もなされている[42]。〈曖昧表現〉も〈ぼかし言葉〉も、従来の言語学の事典類には見出し語とはなっていず、それ自体が現今の状況を映す鏡である。なお言い添えれば、〈ぼかし言葉〉は若者の言語表現として取り上げられることが多い。社会的に不安定な立場にある者、また社会的に地歩を占めていない者の自信の無さと、既存の秩序との調和を図ろうとする姿勢に由来するとされる[43]。しかし同時に、若者の敏感な感性が周

---

41) 曖昧表現が関心を集めていることは、それを収録した辞典形式の読本が一般向きに編まれていることからも知られる。参照：芳賀綏・佐々木瑞枝・門倉正美著　1996『あいまい語辞典』東京堂；また言語学の関係誌に掲載された次のコラムを参照、浅田秀子　2002 年「日本語は曖昧ですか」『日本語学』第 21 巻第 14 号 pp. 16-17.；前田直子　2004「文末表現〈みたいな〉の機能」『月刊言語』Vol. 33 No. 10, pp55-57；小矢野哲夫　2004　「〈～みたいな〉と言いさすぼかし言葉の機能」『月刊言語』Vol. 33, No. 11, pp. 72-73.

囲の変化（それは広い社会の構造的変動につながっているであろう）を感じ取り、それをぎごちなく表現しているということでもあろう。もっとも、これらの構成要素は、若者に強く発現しはするものの、変動する社会のさまざまな局面に現れる可能性をももっている。ポジティヴな面を言うなら、既存の表現手段では手に負えなくなった状況が定かならぬまま感得されるのであり、表現における経過現象と言ってもよい。

〈民俗文化〉の語の使用例のすべてがそうした状況の反映であるとまでは言えまい。しかし、はじめに見た和歌森太郎の説いた<u>術語の正しい使い方</u>を遵守している事例は少数である。もとより、ここで引いた多くの論者には、表題に使用したに過ぎない術語の故に、中身に立ち入らず、その術語のみを取り上げるのは不本意なことであろう。しかしまた、術語使用にさいしての論者の心理とまったく触れ合うところがないであろうか。この小論は、その限りでの問いであり、またそれ故の問いである。

---

42) 文化庁の平成11（2000）年度『国語に関する世論調査』の一項目として〈ぼかし言葉〉が取り上げられた。それを今『情報・知識 imidas2001』（集英社 2001 一月1日, p. 1083-84. :「日本語問題／日本語教育」）から引くと、「日本語の乱れ」の小見出しの下に次のような解説がほどこされている。〈この調査では若者ことばの特徴として、ぼかしことばの使用を聞いている。文化庁はこの用法について、「自分が間違ったときに傷つかないよう、断定を避けて発現をぼやかそうとしているのではないか。相手と距離を置いて付き合いという、いまどきの若者気質が働いている」と見ている。しかし文化庁が1998年に発表した同種の調査では、会議で意見をいうとき、「もしみなさんがよろしかったら……したいと思います」と遠慮がちにいうのは、二十歳台で39.5％であるが、四十～五十歳台では50％近くになり、六十歳台では57.3％にもなる。日本人の間接話法はあまり変わっていないと思われる。ただし、ことばの変化は社会の変化の鏡でもある……。既存の規範や表現が揺れるとき、人々はそれを乱れと感じるが、変化のきざしでもある。〉

43) 次の諸論考を参照、米川昭彦、「若者語の世界　第二回若者語とは」『日本語学』第13巻第13号（1994）; 辻大介、「若者語と対人関係」『東京大学社会情報研究所紀要』第57号（1994）pp. 17-42.

民俗学にとって観光とは何か
――フォークロリズム概念の射程を探る――

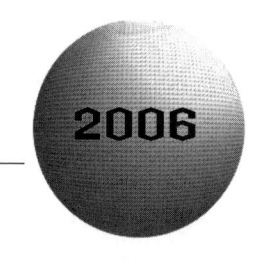

1. ツーリズムとフォークロリズム

　フォークロリズムの概念が、民俗学界で幾らか根付いてきたようである[1]。たしかにこの概念は、それまで隠れていた多くの問題点を明るみに出すのに役立った。しかし、保留も必要であろう。そこで明るみに出たものも、それがなければなお長期にわたって隠れたままでいたわけではなく、それはそれで別の道で同様の解明はなされることになったと思われるからである。偶々外国の動向が紹介されたからとて、そこで路線が変わってしまうといった極端なものではなく、むしろすでに動きつつあった趨勢に勢いをあたえたということであったであろう。しかし、外国で提唱された術語に、斯界の敏感な人たちが注意を寄せたことによって、事態は進んだのも事実である。それゆえ、その効果は、促進や、状況が後戻りにならない保証をあたえたことにあると見るべきであろう。その上で言えば、外国からの刺激が刺激としてはたらいたことは、それを役立てる素地があったことと、受容が必要になったことの両面から検討を加えなくてならない[2]。しかしそのこと自体が、今回の課題ではない。その課題に取り組むとなると、もう少し、この概念について

---

1) 参照、日本民俗学会（編）『日本民俗学』第 236 号（2003）所収の小特集「フォークロリズム小特集」。

補足的に検討しておくべき側面があるように思えたのである。増築に伴う段差の始末は、それを済ませてからになるが、またその調整のために必要な準備の一部を、この小文もあつかうことになる。

　すでに何度か紹介し、またすでに比較的知られていることだが、〈フォークロリズム〉とは、〈民俗事象が、本来の意味と機能においてではなく、新しい状況のなかで新しい意味を帯び、新しい機能を果たしていること〉を指す[3]。その適用範囲はまことに広く、藝術から政治にまで及んでいる。そもそも、この概念が使われた最初はバルトークやコダーイの作曲活動に対してであったことも、今では古典的なエピソードとなっている[4]。また一転して民俗要素を活用した政治の分野の現象にも用いられることになった[5]。ドイツやフ

---

2) フォークロリズムの概念が紹介されたときの日本民俗学での対応する動向としては、特に〈現代民俗学〉や〈現代民俗論〉や〈現代フォークロア〉などの名称で進められている試みが挙げられよう。参照、宮田登1986『現代民俗論の課題』未来社；また『現代民俗学の展開』朝倉書店を参照。第1巻：篠原徹（編）1998『民俗の技術』、第2巻：関一敏（編）1998『民俗のことば』、第3巻：宮田登（編）『民俗の思想』――但し、収録された論考を見ると、〈現代フォークロア研究〉（Study of Current Folklore）の意味での〈現代民俗学〉として統一されているわけではないようである。

3) この定義は、ハンス・モーザーとヘルマン・バウジンガーによる。これらを紹介した次の拙訳と解説を参照、『紀要』第90／91号（1990）愛知大学国際問題研究所――ハンス・モーザー『民俗学の検討課題としてのフォークロリスムス』（原著：Hans Moser, *Folklorismus als Froschungsproblem der Volkskunde*. In: Hess. Bl. f. Vkde. 1964.）／ヘルマン・バウジンガー「ヨーロッパ諸国のフォークロリスムス」（原著：Hermann Bausinger, *Folklorismus in Europa. Eine Umfrage* von Hermann BausingerIn: Zs. f. Vde. 65 [1969]）[本書所収]；また次の拙論では、これについても解説をほどこした。参照、1992「フォークロリズムからみた今日の民俗文化」三河民俗談話会『三河民俗』第3号, p. 94-112.［本書所収］

4) 参照、デーメーテール「ハンガリーのフォークロア」（1969）[本書所収]。

5) Hermann Bausinger, *Folklorismus in Europa*. In: Zs. f. Vkde. 61(1965), S. 1-8[本書所収].; Wolfgang Brückner, "*Heimat und Demokratie*". *Gedanken zum politischen Folklorismus in West-Deutschland*. In: Zs. f. Vkde. 61 (1965), S. 205-213.

ランスの例を引かなくとも、身近なところでは、日本の一時期の「ふるさと創生」のような政策には、この側面がたしかにみとめられるのである[6]。

かく適用範囲の広い術語であるが、そのなかでも、誰もが先ず念頭に思い浮かべるのはツーリズムであろう。すなわち、観光をめぐる諸現象である。すでにハンス・モーザーが1960年代前半にこれを提唱したときにも、民俗の変容・変質における観光の関わりに強く留意しており、数々の事例を挙げていた[7]。それ自体も幅の広いもので、ドイツ各地の観光振興策にからんだ民俗行事の変化から、外国の事例にまでわたっている。後者の分野でハンス・モーザーが指標的に挙げたのは、日本のアイヌ民族とカナダのアメリカ・インディアンが、民族的な伝統文化を観光用に改変して生計を立てている様子であった[8]。

ツーリズムによって職業的なフォークロリズムが成立する様については、地球上の異なった地域からの二つの事例を挙げよう。『南ドイツ新聞』

---

[6] 参照、岩本通弥（研究代表者）『文化政策・伝統文化産業とフォークロリズム——「民俗文化」活用と地域おこしの諸問題』（平成13~15年度科学研究費補助金、基盤研究B/平成17（2005）7月）

[7] 竹下登内閣（1987年11月-1989年6月）の諸政策のうち、「ふるさと創生」事業は、日本全国の約3000市町村に対して国が使途を決めずに一律・一斉に一億円を交付するという（キャンペーンも併せて）異例な面があり、またその成り行きが注目されたために、金額的には国家の大プロジェクトなどではなかったが、今なお話題に上る。事実、その成り行きは成否不同・悲喜交々であり、関連の文献も行政サイドからウォッチャーの報告まで多様である。数例を参照、地方自治経営学会（編）『ふるさと創生に向けて』ぎょうせい1989；経済政策情報編集部（編）『ふるさと創生省庁施策集』第一法規出版1989. 外山操とグループ21（著）『おらが村の一億円は何に化けたか：笑撃の"ふるさと創生"使いみち白書』雄鶏社1993.；また上記（注6）にも「ふるさと創生」への言及が含まれる。

[8] Hans Moser, *Folklorismus in unserer Zeit*. In: Zs. f. Vkde. 1962. ハンス・モーザーの論集所収 p. 343-344

(1961年12月27日付け)に、こんな見出しが載った。「アイヌ人による北海道アトラクション、消滅しつつある日本の先住民、観光客の好奇心に応えてポーズをとる」。これは、日本の北端の島に住む1万5000人の民族グループである。解説によると、日本政府は、〈彼らを山岳地帯から連れ出して、工藝品作りを強制することによって、元は狩猟民や漁労民であった彼らに新たな収入源をあたえた〉とのことである。かくして彼らは、かつて信仰の意味をもっていた〈工藝品〉を売ったり、絵のような服飾をまとって写真をとらせて金を稼いでいる。〈西洋文明を知ることによって、若いアイヌ人たちは、祖先の宗教的・社会的感情を失ったのである〉。彼らの中心地白老で、アイヌの長老が、明らかに観光客のために修復された古い家屋で、アイヌ民族について解説を喋っている。しかも観光地となっている場所では、どこもまったく同じ光景がひろがっている。〈髭を蓄えた二三人のアイヌ人、土産物店、木彫、鎖に繋いだ熊(もとは神聖な獣であった)、トーテム人形、そしてアイヌ家屋が一軒〉。かくして、過去を食い物にして、彼らは堕落した、と記事は伝えている。誰もまじめに働かず、観光で得られるかなりの収入も、ジャガイモ焼酎を呑んだくれて消えるのである。

もうひとつのルポルタージュ(同じく南ドイツ新聞、1962年5月10日)の見出しはこうである。「戦士たちの首長、今はチップで暮らす」。これは、カナダのインディアンのことで、彼らの主要な収入源は、国家の援助を除くと、もっぱら観光である。手入れを怠った粗末な木造バラックと土産物屋から成るみすぼらしい村々で、貧相な衣服の哀れな人間たちが、他所からの訪問客のために〈闘いの踊り〉を披露している。〈部族のなかには、アルベルタ、ロッキー山脈、バンフ国立公園といった観光の中心地の部族のように、もっとましな暮らし振りのものもいる〉。

伝説的な昔の誇り高いインディアン(もっとも、最近の研究では、もともとそういうものは存在しなかったとされるが)、映画や読み切り小説に描かれたロマンの輝きに満ち、高貴と残忍性が効果的に入り混じった〈西部劇〉、それはウオルト・ディズニーが案出しカリフォルニアのディズ

ニー・ランドという人工的な模倣のなかにしか存在しない。あるいは、プラント氏が開設したニューハンプシャー州のお伽の国「雲の城」の出来事である。これらの施設は、企業や観光会社や映像産業から多大の収入を得ている。そして世界中に有名を馳せているのであるから、正にフォークロリズムの極みである。

もとよりハンス・モーザーの専門は民俗学であって、文化人類学ではないため、世界の民族事情を正面から扱えるわけではない。本人もそれを自覚して、『南ドイツ新聞』が報道する限りで引用しているに過ぎず、また新聞記事も必ずしも正確ではないように思われる。ここでの要点は、世界各地で主にツーリズムに促されて進行する在来文化の変化や擬似的な創出が、国内の民俗文化に起きている変化と軌を一にすることに注意を向けたことにあり、その点では、着眼の時期も相俟って学史的な意義は減じないであろう。

またフォークロリズムが国際化する上で直接の刺激になったのは、1969年に西ドイツ民俗学会がヨーロッパ諸国の民俗学関係組織に配布した「フォークロリズムに関するアンケート」であった[9]。それを企画し、アンケートの説明文を執筆したのは、ヘルマン・バウジンガーであったが、そこでも、フォークロリズムが観察される重点的な領域の一つとしてツーリズムが挙げられていた。それもあって、返送された回答文は、いずれもツーリズムによるフォークロリズムの進展に一定の比重をおいたものとなった。因みに期日までに回答を寄せ、アンケートと共に西ドイツ民俗学会の機関誌に掲載されたのは、ポーランド、ハンガリー、旧ユーゴスラヴィア、スイス、ポルトガルの5か国からの報告であった[10]。また、それらのなかで、ツーリズムに関する限り、最も真剣な記述を含んでいるのは旧ユーゴスラヴィアからのものであった。1969年という早い年代からも注目に値するところがあるため、以下に一

---

9) Hermann Bausinger 1969.
10) Zs. f. Vkde. 65（1969）. S. 9-55.

部を抜き出す[11]。

　看過してはならないのは、観光がユーゴスラヴィアでは収入源として最も重要な産業のひとつであること、また観光発展の上で、フォークロリズムが広告の最適な手段として全面的に活用されていることである。しかし、本物の民俗的価値が損なわれないように、観光会社は、できるだけ先に挙げた学術機関とコンタクトとるように努めている。両者の生産的な協力関係については、事例に事欠かない。この点では、ハンス・モーザーによっても、フォークロアと観光産業の良き結びつきの典型的事例として言及された観光会社が存在することは特筆してよいであろう。ユーゴスラヴィア観光協会は、学術機関や博物館と提携して『ユーゴスラヴィアのフォークロア』という書物を刊行した。まことに出来のよいもので、広告の意図を持たず、学術研究の水準からも遜色がない。しかも平易な記述で、ユーゴスラヴィアの村落の建築物や、村の農婦の手づくりの品物や、楽器や舞踏や、習俗や祭りを要領よくまとめている。歴史や、ふるさとの伝承や、外国の影響力も取り上げられているほか、特に最近の変化にも注意が向けられている。多数の図版も、あらゆる点で学術的な要請を満たすことができる。

　本来の民俗音楽や民俗舞踏が保存されている村々は、自国民も大いに注目しているが、またそれ以上に外国のツーリストを惹きよせている。ユーゴスラヴィアでは、民俗舞踏をその現場で見ることができるツアーが企画されている。それは、村の祭りでも同様であり、また観光会社あるいは研究機関が主催するフェスティヴァルでもそうである。それは、これらの村々にとって新たな収入源であり、観光をより発展させる上でも、国の宣伝の上でも重要な手段である。自国・外国両方から観光客を集めている代

---

11) Dragoslav Antonievic, *Folklorismus in Jugoslawien*. In: Zs. f. Vkde. 65（1969）, S. 29-39, here S. 33-35.

表的な催し物を数例挙げる。

　アドリア海のクルク島では、毎年、フォークロア・フェスティヴァルが開催され、内外の音楽研究家や民俗学者や民族学者の注目をあつめている。このフェスティヴァルの主な出し物は、クルク島の舞踏・音楽・歌唱である。これは、ユーゴスラヴィアで最も古いフォークロア祭典で、すでに30年にわたって中断することなく開催されてきた。材料が本物かどうかという面からも、このフェスティヴァルは、本来のフォークロアからだけ材料をとっている間違いなく珍しい事例である。もちろん、フェスティヴァルのツーリズムにとっての意味は見逃すわけにはゆかない。

　さらに、毎年、夏にアドリア海岸のコーペルで開催されるフォークロア・フェスティヴァルも、自国・外国の観光客に魅力がある。……

　この種類に属するものには、またダルマチアの〈シニャスカ・アルカ〉がある。ギャロップで走る馬上から槍で突くという行事で、中世の演じ物であったのが、今日まで伝わっている。〈アルカ〉は輪の意味で、騎馬者は、空中に放り投げた輪を槍で突くのである。これが、集団の行事として今日まで伝わり、またそのときには、古くからの晴れ着が着用される。この行事は外国の観光会社が大きく宣伝しているため、大勢の観客がおとずれる。

　特別のアトラクションとして特筆すべきは、マケドニアのガリチェヴォの結婚式であろう。山岳地帯の村々で、少数民族マジャーク人（マケドニア南部）のあいだに今なお伝わる習俗である。結婚を望む若者は、ふるさとを離れて働きに出ていても、聖ペテロの日に、この風習で式を挙げなければならない。このガリチェヴァの結婚式には、古典古代の儀式の要素が残り、呪術・アニミズムの性格をもつ憑依状態になるのが特徴である。それへの参入の様子について新郎を例に取るなら、彼は、シンバルの音とズールの演奏に囲まれて祖先の墓までゆき、犠牲を捧げて、結婚の祝福を乞わねばならない。これらはすべて真夜中の儀式である。その後は、盛大な舞踏と楽器の演奏になるが、そこでの振り付けと音楽は、古いシンボリックなものである。この行事は毎年行なわれ、それに参加するためのチケ

ットは何ヶ月も前に売り切れる。ツーリズムとして第一級のアトラクションで、また本物であるが、それは、今も民衆のあいだに生きつづけ、行事にあたってはスコピエのフォークロア協会が参画していると共に、必要最小限の指示をあたえるだけだからである。

これが、ハンス・モーザーの論文の強い刺激のもとに書かれたことは疑えない。たとえば、ハンス・モーザーは、フォークロアが観光化によって〈グロテスクな〉変形をきたしている事例を幾つも挙げており、それらを批判的に評価しました。例えば、19世紀前半に早くも現れた民俗行事の興行向けの改変である[12]。

　地方民衆による目的意識を伴ったフォークロリズムも擡頭し、観客をもとめてヨーロッパの大都市、さらにアメリカにまで赴く動きがみられるようになった。代表的なものには、1825年から活動を開始したチロルとシュタイアマルクの「アルプス歌唱者」がある。しかし、外面的な効果を狙ったそれらの演出については、すでに同時代人から、真正の民俗歌謡の頽落に他ならず、〈民俗衣装〉を意識的に歪めたもので、その一見した鮮やかさも空想を掻き立てることを狙ったものとの批判を突きつけられていた。これに続いて1860年頃に出現したのが、高地バイエルンの靴叩き舞踊の一団が勝手に〈頬っぺた叩きの踊り〉なるものを考案してクライマックスに使うという具合に、古来の舞踊伝統を突拍子もない方向へ運んでいった。こうしてアルプス地方のフォークロアを輸出品に仕立てた者たちこそ、その後の観光産業が活用する演出方法や数々の手本の発明者に他ならなかった。

　また現代のその種の風潮に対する警告的な言辞も多い[13]。民俗事象が伝統

---

12) Hans Moser 1964. 論集所収 : Hans Moser 1985, S. 372-373.
13) Ibid. . 論集所収 : Hans Moser 1985, S. 381.

的にどのようなものであるかを知っていればいる程、現代の改変が座視し得ぬものと映ったのである。

　今日は、多少とも珍奇な外観を呈するものなら、新聞に取り上げられるだけでなく、ラジオやテレビを通じて際限なく膨大な視聴者に知られる可能性があるため、虚栄や誤った名誉欲や好奇心への迎合は助長されるばかりである。因みに、昔ながらの民俗スポーツに、指相撲という力競べがある。これは、2人の男性がテーブルの両側にしっかり固定して向き合い、鹿の革で作った輪に双方が中指を入れて、テーブルをはさんで引っ張り合うのである。ところが、これまた最近、一般の見物するところとなった。1959年にミュンヒェンのフランツィスカーナー酒場（ケラー）において、バイエルンとチロルから参加した指相撲の選手56人が、数百人の見物人の前でチャンピオンを競い合った。しかもその模様を、バイエルン放送局ばかりか、ドイツ・テレビ、さらにイギリスのテレビ局までが撮影したのである。以後も毎年ほぼ同じような経緯になり、少なくとも優勝者の顔は新聞に大写しで載ったりしている。こうした変わったコンクールを一般に見せようとする動きは、ローゼンハイム近郊アイジングにおいて、競技的な行事とは言うものの、いささか食欲を殺ぐような変種にまで入っていった。アイジングでは、1960年に、嗅ぎ煙草喫煙者のクラブが結成され、それ以来、毎年、歌謡プログラムと喜劇の幕間に、人々の環視のなかで嗅ぎ煙草愛好者のコンクールを行ない、その年の王様に賞品を出すことになっている。しかも、これまた一般の興味が集まるところから、大都市の新聞が毎回写真入りで詳しく報道するのである。

　先に引用した旧ユーゴスラヴィアからの報告が、ハンス・モーザーのこうした論調を強く意識して、模範的な事例の紹介を心掛けていることは不思議ではない。しかし改めて考えると、学問的な観点から正確を期すことと、ツーリズムにとっての意義は必ずしも一致しない。さらに、観光地における

伝統保存が学問的である必要があるかどうかという点も一義的ではあり得ない。逆に言うと、ハンス・モーザーが提唱した時点では、観光地のアトラクションと雖も民俗学的に見て逸脱ではないような演出が心掛けられるべきとの価値観が付着していたのである。これは、最初の段階では致し方のないものであるが、そこには大きな問題が潜んでいる。

原理的に言えば、アトラクションやイヴェントはそれ自体に独自の価値基準があり、その原材料を専門にあつかう研究者の価値観に合致する必要はないであろう。たしかに、革ズボンに包まれた太腿を叩いて拍子をとる踊りはバイエルンの民俗舞踏であるが、それを頬っぺた叩きにしたのでは、識者が鼻白むのは無理がない。また同じくバイエルンの伝統的な遊戯スポーツとしての指相撲でも、マスコミに呼びかけて、これ見よがしに宣伝するのは、その道に通じた目からは疎ましく感じられたのであろう。しかし、翻って考えると、民俗事象の活用・利用はきわめて一般的であり、その形態もとうてい追い切れないほど多彩である。たとえば、ディズニー社が案出し流布させた白雪姫やシンデレラの姿も、昔話の形態から甚だしく懸隔したものである。もっとも、ハンス・モーザーは、先の提唱論文のなかで、ディズニー・ランドを〈フォークロリズムの極致〉として評している。しかも批判の意味をこめてであり、その点では、提唱者においてこの術語が必ずしも熟したものとなっていなかったことがうかがえる局面でもある。今日から見れば、頬っぺた叩きの踊りとディズニー・ランドの差異は、アトラクションとして不細工であるか、洗練されたものとなっているかの違いということになろう。また、洗練されているものが常にポジティヴであるとも限らない。因みに、民俗現象の改変には、日本でも、奇妙奇天烈なものが幾らもある。それらをどう評価するか、民俗学的に正しいことが評価基準になるのかどうか、また基準とはそれぞれの領域によって異なるのではないかといったことも、フォークロリズムに付随して発生する検討課題である[14]。同時に、ハンス・モーザーがこうした観察によって道を切り開き、以来、30年以上を閲していることも念頭に置いておくべきであろう。パイオニアが切り拓いた地平の上に、今日の

視座もあり得るのである。

　以上は、フォークロリズム概念が提唱された当時のドキュメントから、ツーリズム関するものを幾らか抜き出したのである。ドキュメントが提供する話題に付き合ったところもあるが、要は、フォークロリズムは、提唱された当初から、ツーリズムの概念と深く絡んでいたことに注目したのである。

　もっとも、ここで注意すべきは、フォークロリズムとフォークロアのあいだにも、いわば質量ともにと言ってもよいような差異が存することである。この問題は、次に取り上げるが、先ずは、フォークロリズムがフォークロアの派生語であることにまで立ち返って、フォークロアに比重を置くなら、フォークロアは、ツーリズムの構成要素の一部にすぎず、しかも不可欠な要素でもない。それはフォークロアを民俗文化財と言い換えれば一層明白であろう。それは、観光資源の一種類としての〈文化的観光資源〉の、さらに一部という程度である[15]。ツーリズムは、行動類型としてもきわめて包括的であり、そこには、多くの要素がはたらいている。スキーやサーフィンなどのスポーツを主体に組み立てられた観光は、すくなくとも直接的には民俗的な要素とは関わらない。それはエコ・ツーリズムや、コンサートや観劇を主目的にうたったツアーや、買い物ツアーなどでも同様である。

　しかしフォークロアではなく、フォークロリズムとなると、様相はやや違ってくる。フォークロリズムは、フォークロアをめぐって発現する、より一般的な心理的・社会的な趨勢を指している。むしろフォークロアは、一般

---

14) 拙論『フォークロリズムからみた今日の民俗文化』(1992) で、イヴェントとして成功するのは、民俗学者がかかわるものより、イヴェントの専門家に任せたものの方であることにふれた。

15) 観光にとっての狭義の民俗文化財については、たとえば次の標準的な観光学の教科書を参照、足場洋保（編著）『新・観光学概論』ミネルヴァ書房、1994；第6章「観光資源」(p. 106-138). しかしまた〈民俗〉をかなり広い意味にとっているものとして、中国の〈民俗旅游〉の概念を上げておきたい。参照、鄭永進・薛群慧・趙伯東（著）『民族風情旅游』（修訂版）雲南大学出版社、2003年（初版2001年／現代旅游経済・文化叢書）。

的な趨勢を指摘するために着目された術語形成における触発剤である。たとえば、観光地の多くの土産物のなかには、わずかにフォークロアと関わるか、関わることを装っているだけのものが多い[16]。それらは、フォークロア研究という観点からは、限りなく周辺の地帯を形成している。しかしその地帯は広大で、現代社会そのものとかさなってゆく[17]。それゆえ、フォークロリズムは、普遍的にみとめられるのである[18]。

　かくして、相互に独立した概念であるツーリズムとフォークロリズムは、相関する必然性をもつことになる[19]。フォークロリズムをフォークロアに引

---

16) たとえば、次の論考は、観光地の物産がフォークロアと僅かな接点をもつに過ぎず、同時にその僅かな接点の必然性を指摘している。参照、矢野敬一「〈ふるさとの味〉の形成に見る家族の戦後―菖蒲の節句の行事食・笹団子の名産品化を通して」『日本民俗学』第 209 号（1997）, p. 1-32, 176.
17) フォークロリズムは決して現代社会に固有のものではなく、それによって歴史を振り返ることもできるが、それに留意した上でなら、現代社会の特質を言い当てている。
18) 参照、拙論「民俗文化と〈ユビキタス〉の概念」（2005）［本書所収］
19) 〈フォークロリズム〉概念を取り入れるなら、必然的に、ツーリズムとフォークロリズムの相関のあり方が問題にならざるを得ないが、この点では、次の論者の同タイトルの 2 論考（内容的には重なる）が本邦の民俗学界での問題意識として注目したい。参照、森田真也「フォークロリズムとツーリズム――民俗学における観光研究」日本民俗学会『日本民俗学』第 236 号（2003）、同著 平成 16 ［2004］岩本通弥（編）（前出 注6）p. 49-53, ここでは観光と民俗とは異なった性格の原理であることを踏まえた上で相関を問う必要性が説かれている。すなわち〈観光は、突き詰めれば経済現象である〉(p. 49) が、そこに〈いわば、商品としての擬似的「民俗」としてのフォークロリズムの台頭〉(p. 50) がからんでくることを理論と観光の現場の実態の両面から取り上げている。また〈観光とフォークロリズムの検証は、「民俗」とは何かという、理論的課題に到達する〉(p. 51) という集約的な表現は、フォークロリズムの概念が本邦において着実に定着したことを示していよう。また隣接学での同種の動きに対して、〈日本国内の場合、観光人類学の理論をそのまま移入し、観る側と観られる側の社会的、経済的、政治的な関係を、不均衡な権力関係として、新たな植民地主義とするだけでは不十分である〉(p. 51) と批判的な視点を表明していることにも留意しておきたい。

き付けて、個々の事例を考察することは重要であろう。同時に、フォークロリズムをフォークロアから遠ざけ、ひとつの原理としてその特質を問うことも試みてもよい。ツーリズムという原理と、フォークロリズムという原理がどのように相関するかである。

2. ヘルマン・バウジンガーによるシミュレーション

　そうした関心をもって臨むとき目に入ってくるのは、やはりヘルマン・バウジンガーの考察である。バウジンガーが1971年に刊行した民俗学の概説書『フォルクスクンデ——上古学の克服から文化分析の方法へ』の第三章は「名残りと展開」とあり、またその第3節は「ツーリズムとフォークロリズム」の見出しをもっている。そうなると、両概念の相関という問題においても、フォークロリズム概念の提唱に関わった人物が最も深く考察していたことになる。そこでの考察は、ある程度多岐にわたっているが、そのなかに、この問題の結晶核のようなパラグラフを見出すことができる[20]。

　　一世紀以上前の雑誌である諧謔調の『報知周覧』の一冊には、「チロールの旅房のワン・シーン」という挿絵が載っている。客はあきらかにプロイセン人で、その前に民俗衣装でテーブルについているのが宿の亭主である。そこに、会話が入っている。

　　ツーリストが話しかける、〈こんにちは、親父さん〉。

---

[20] Hermann Bausinger, *Volkskunde. Vom Altertumskunde zur Kulturanalyse.* 1971. 2. Aufl. Tübin159-179. here S. 162-164. ［補記］現在は翻訳があり、次の箇所に該当する。バウジンガー（著）河野（訳）『フォルクスクンデ・ドイツ民俗学』文緝堂、2010, p. 173-175.

亭主〈貴方は、今夜はこちらにお泊りでしょうか〉。

客〈そうだが、何だって、私を呼ぶのに貴方は、なんて言うのかね〉。

亭主はその要求に応じて、今度はこう言う、〈お前さま、何か食べたいものがあんなさるかね〉。

客がそうだと答えると、亭主は女中に言いつけた。〈シュタンジさん［訳注］、こちらの旦那さんに、ワインを一壜持ってきなさい。〉

ツーリストは、驚いて言う、〈どうして女中を呼ぶのに、《さん》付けなんてするのかね〉。

亭主は答える、〈私たちのあいだでは、お互いにそう呼ぶのが普通なんで

チロールの旅宿の場面（『報知週覧』所収）

す。いかにも不躾な呼び方は、イギリス人や北ドイツからのお客様に対してとか、特に所望されたときだけです。〉

　もちろんこのシーンは作り物のところがあり、百パーセント正確というわけではない。今日でも、シュタンジは、実際には雇用主から、〈おい、お前(ドゥー)〉と呼びかけられている。しかし作りものという点では曖昧なこのシーンは、まことに明瞭に、ツーリズムによってフォークロリズムが展開する過程を示している。
　1. 外来者は、地元民に、それらしい役割を期待して接近する。すなわち、自分たちと同じ人間ではなく、野生の魅力を放っている人間であることを要求する。
　2. 地元民は、この期待を受け入れ、その望みに応じようとする。すなわち、要求通りの役割を引き受ける。
　3. それによって、地元民は、彼らの普段の基準との間で葛藤に陥り、やがて二重の役割を演じることになる。自分たちどうしや、プライヴェートな生活では、経済的・文化的な進歩を共にし、外来者に対しては、過ぎし時代の生きた化石として振舞うのである。
　[訳注] シュタンジ：女性名コンスタンツェの愛称形

蛇足の怖れはあるが、先ず補足である。ここで引用された19世紀の笑い話であるが、多くのヨーロッパ言語では二人称が2通りあることが背景になっている。親称と敬称である。前者は、家族のなかや友人のあいだ、また子供に対して使われ、時には詩的な表現として太陽や海や山や鳥への呼びかけでも用いられる。因みに、英語は、普段の言葉遣いから2種類の二人称の使い分けが近代に入って消失しためずらしい言語であるが、それでもシェイクスピアまで遡らずとも、19世紀でもコールリッジの長詩などでは効果を発揮している。それに対して、敬称は、丁寧な呼びかけであるが、親しい関係でなければそれを用いるのが普通である。しかしまた、親称は本来の二人称であ

るため、古い言い方であり、時には田舎っぽい感じにもなる。

　ここで登場するプロイセンからやって来た客は、チロールは田舎であり、田舎の人間は素朴であるのだから、当然にも、親称の〈ドゥー〉しか口にしないとの先入観をもっていたのである。ところが、宿の亭主は、きちんと敬称を使って応対した。それは本来なら、学校教育を受け、応対の仕方もわきまえて知っている証左として好感をもたれるはずであるが、却って外来者の期待を裏切ることになった。その先入観をたずさえて、客は、妙な質問をする。旅宿の亭主は、それに応えて、わざと田舎言葉で応対するが、女中には普段の丁寧語を用いる。これは、バウジンガーの解説にあるように、やや作った設定と言えよう。ともあれ、観光客あるいは保養客は、チロールの自然と同じ自然のままの人間を期待していたのである。それをどの程度満たすかはともかく、満たすには、観光地の地元の人間は、普段の生活と、観光客相手の姿の二重のあり方を見せることになる。その過程をバウジンガーは分析し、3段階に分けて説明したのである。

　ところで、ここで注意したいのは、この第3段階目である。そこでは、地元民は、葛藤を伴いつつ二重の役割を演じ、外来者は、望みを達成する。しかし、これは、今日、ほとんどの人が経験的に知っているものそのままではない。ただ、今日の状況が、この第三段階目の延長線上にあることは、これまたあきらかでもある。そこで、バウジンガーは、続いてこう記す。

　　フォークロリズムの発展を見れば、かかる二重の役割は時とともに不可避となっていたと言ってよい。それは観光地域が20世紀の圏外に立てようはずがなかったからであり、また外来者からのあからさまで増大する一方の求めに応じなければならなかったからである。今日では二重の役割は、もはやおずおずと隠しながらなされているのではなく、意識的に演じられ、堂々と披露されさえする。これはいわば最終段階であるが、そこへ行くまでの発展の初期の様相を観察することも無駄ではない。

実際、今日では、観光客を迎える地元民は、普段の生活の顔と観光客に見せる顔との二重性に迷っても戸惑ってもいない。これには、観光が経済活動の一般的な分枝となったことが基本になっていよう。観光は、それをビジネスとする人々にとっては、基本的には通常のサーヴィス業となったのである。

　他方、観光客の方はどうであろうか。外来者を迎え入れる地元民に起きたのと同じ変化が、迎えられるツーリストにも進行している[21]。

　ツーリストは、昔に較べて、保養地やその後背地について、全体を見ることが少なくなっている。仮令、ツーリストが、自分を外界から完全に〈シャットアウト〉することから出発しても、ほとんどの場合、マスメディアやツーリスト仲間とのコミュニケーションによって、一般世界とつながっている。それに応じて、保養地での遣り取りの体験は、昔よりも条件づけられたものとなっている。その上、保養客は、数十年前の先人たちよりも、自分たちの存在の仕方に照らして、人生が役割であることに慣れている。保養客は、それぞれホワイトカラーであったり家庭で父親であったりするだけでなく、団体(フェライン)のメンバーであり、サッカー・ファンの一人であり、テレビの視聴者であり、等々である。その限りでは、フォークロリズム的に提供される役割を絶対視する姿勢をもってはいない。彼が、提供されたものを取り込んで芝居の書き割り的な演出に参加すること自体は、昔も今も変わらないが、その書き割りには、もはや全人格を決定するような性格はなく、イデオロギーでもない。突きつめるなら、保養客は、その自由な人格を地元民によって確認してもらう必要性を感じていない。彼の自由は、その属する団体のなかで現実のものとなっており、確かめられてもいる。

　すなわち、ツーリストもまた、一般的にビジネスにおけるのと基本的に同じ姿勢で観光地に臨むのである。役割を演じるわけである。またそこから見

---

21) Ibid, S. 176.

ると、19世紀にチロールを訪れたプロイセン人というカリカチュアは、今日では遥か彼方に去った状況であることが分かってくる。

　宿の亭主から〈お前(ドゥー)〉と呼んでもらうことをもとめた、かの観光のパイオニアは、それによって、工業化や官僚的なシステムや因習的な日常のなかで失われた自由の感覚を得ようとしたのだった。

　もとより、今日の観光客も、そうした欲求をまったく捨ててはいない。しかし、それは制御され、役割のなかでひととき満たされるだけであり、またそれで十分なのである。

3. ポスト・フォークロリズムの位相

　ここでの課題は、観光現象を論じるというものではない。むしろ、民俗学の観点から観光する者としての人間を取り上げようとしたのである。もっとも、すでに〈観光民俗学〉の提唱もおこなわれている[22]。また観光学も、広く人間にとっての観光の意味を問うことを出発点としている[23]。さらに、文化人類学においても、観光を正面に据えた試みが進んでいる[24]。
　これらは、今日、観光が人間のあり方にとって本質的な意味をもつことを示していると共に、それをあつかう代表的な学術動向として、関心をかきたてるに十分である。またその遠祖や先達や案内者をたずねるなら、菅江真澄や柳田國男や宮本常一が聳えている[25]。これら3人の偉人を思い浮かべるだけでも、民俗学の形成には〈旅〉が導きの杖とも突破口ともなったこと、ま

---

22) 神崎宣武『観光民俗学への旅』河出書房新社 1990；同『江戸の旅文化』岩波書店 2004；これらにおいて著者は、食欲や性欲と並ぶ〈旅欲〉なる術語を用いている。
23) 参照、足場洋保（編著）『新・観光学概論』ミネルヴァ書房、1994、第1、2章。

たそこに何か深い因由があったことが強く示されよう。それは、旅人の目と言ってもよいかも知れない。旅人は、土地に根生いの存在ではない。根生いの生き方に惹かれるところにその関心の特質がありはするものの、自身は根付き得ぬのが旅人である。それゆえ、旅人は、早い時期の近代人でもある。そして、根生いの生き方を突き放して観察し、また観察を孤立した営為としてではなく、系統的かつ継続的に行なうのが民俗学であろう[26]。時に過剰な共感によって自己を見失う危険と隣合わせとなりながらも、その本領は観察者たるところにある。なぜなら、共感という一方の極と照らし合うはずの古き良きものという他方の極は架空に過ぎないからで、また古き良きものが架空となる状況が必要とした学知のあり方が民俗学だったからである[27]。

　最後に考えてみたいのは、そうした視点に立ったときの観光ないしはツーリズムの位相である。おそらく、今日の状況は、ツーリズムの両側、すなわ

---

24) 山下晋司（編）『観光人類学』新曜社　1996; また関連した動向として、最近の中国における〈旅游人類学〉の盛行にも注目しておきたい。参照、楊慧・陳志明・張展鴻（主編）『旅游、人類学与中国社会』雲南大学出版社 2000――本書は 1999 年に雲南大学人類学系の王筑生教授の企画によって開催されたシンポジウムの記録で、中国での旅游人類学の出発点のひとつとなった。また近年、アメリカのツーリズム研究の文献が相継いで翻訳されていることにも注目しておきたい。参照、丹尼遜・納什（著）宗暁蓮（訳）『旅游人類学』雲南大学出版社 2004（原著：Donald Nash, *Anthropology of Tourism*.）；瓦倫・L・史密斯（主編）張暁萍（等・訳）『東道主与游客――旅游人類学研究』雲南大学出版社 2002（原著：*Hosts and Guests: The Anthropology of Tourism*, edited by V. L. Smith）

25) 参照、柳田國男『菅江真澄』創元社 1942；宮本常一『菅江真澄』未来社 1980；宮本常一『〈旅と観光〉宮本常一著作集 18』未来社 1975、　同『〈旅に学ぶ〉宮本常一著作集 31』1986.

26) レーオポルト・シュミット（Leopold Schmidt 1912-1981）は、民俗学の歴史はいつから始まるのかとの問いをめぐって、ありふれたことがらを距離を保って観察する姿勢が持続するようになったとき、との見解を示した。参照、レーオポルト・シュミット・河野眞（訳）『オーストリア民俗学の歴史』名著出版 1992, p. 23.（原著：Leopold Schmidt, *Geschichite der österreichischen Volkskunde*. 1951）

ち観光地の地元民と、そこを訪れる外来者の双方に、一種、演劇の役割のような関係が広がっていることによって成り立っている。バウジンガーが言うように、観光において繰り広げられるのも、ロール・プレイングである。

その上で言えば、迎える側が、一般的なビジネスとして応対し、訪れる者も、そこに普段とは違った世界をもとめるものの、エキゾチックなものへの憧れ、異質な世界の見聞といった原初性が死滅したわけではない。またそれへと人を誘うのは、普段の生活の緊張や鬱屈もあろう。仮令、緊張や鬱屈が苦痛を伴うほどではなく、適度であっても、日頃の生活は、何らかの意味で狭く限られた場であることを特徴とする。そこには、強制か必要性かはともかく、仕切りが存在する。もっとも、その仕切りが、必ずしも狭い空間という昔の村社会のような性格ではないという点では、限られたネットワークと言う方がよいかも知れない。遠く離れたパートナーや顧客と絶えず連絡をとりつつ仕事をこなす一方、隣接するビルディングはまったく無縁な世界であり、認識の空白部でありつづける。その点では、限られた場のあり方は構造的でもある。そうした限られた日常からの移転によってツーリズムが成り立っているのはまちがいないであろうが、それもまたひとときの移転であることが前提になっている。ツーリズムの隙間から見えた異質な世界に存在をかけて参入し、後戻りを放棄することもないではないが、それは極めて少数者に起きる例外的な事態である。大多数の者にとっては、ひとときの移転であり、それゆえ限られた時間だけ違った世界と接触する存在を演じ、またそ

---

27) 再び、ヘルマン・バウジンガーを引用すると、フォークロリズムは、個々の民俗事象について言い得るだけでなく、民俗学そのものの特質であるとも言う。〈私が、対象を取り上げるとき——そしてそれによって対象を現在の文化的地平のなかの機能をあたえる限りでは——対象に変化を加えていることになる。その意味では、従来の民俗学も——仮令、フォークロリズムから距離をおくことを強調している場合でも——フォークロリズムの掌中で動いている。それどころか、民俗学は、フォークロリズムの巧緻な形態と解することができる。〉（Hermann Bausinger 1971, S. 210. 拙訳『フォルクスクンデ』p. 225）。

れを自覚してもいる。その点では、迎える演者と訪れる演者である。ただ、その関係の枠内では、それはそれでさまざまなミスマッチがあり得ることも避けることができない。概括的に言えば、ロール・プレイングの原理のもとでの差異や変動である。すなわち、芝居は一種類ではなく、幾通りもある。また、成功作が生まれることもあれば、失敗作になることもある。ロール・プレイングがまったく定着して、軽い息抜きとなっているのが今日の状況でもあり[28]、人間の存在のあり方に直接的に関わるようなロール・プレイングはすでに遠い原像となっていることも考慮しておく必要があろう。あるいは、その原像をもとめるなら、意識的な自己抑制や実験的な性格をともなうものである医学や心理学の臨床系メソッド、また能能向上や矯正にかかわる教育学のプロジェクトなどが却ってそれにあたるところがあるであろう[29]。

ここでのテーマは、フォークロリズムとツーリズムの絡み合いを解きほぐ

---

[28] たとえば、目下、日本の若い女性の間で（さらに男性の間でも）流行を呈している〈コスプレ〉（コスチューム・プレイ）は、ロール・プレイングが行動としても、行動を類型的に指す表現としても定着して、実生活からの息抜きとしての軽い冒険、すなわちゲームとなっていることを示している。同時に、ゲームは、一般的に言えば、しばしばマニアックな関与を惹起することによって、その時々の時代の危機と接する側面を併せ持っている。コスプレについて文献は少なくないが、例えば次を参照、篠宮亜紀「二十分で分かる！コスプレの超常識」『別冊宝島 358 私をコミケにつれてって！』宝島社 1998；みのうら「第十講 コスプレ史」岡田斗司夫（編著）『国際おたく大学 1998年最前線からの研究報告』光文社 1998, p228ff.；増田晶文「コスプレ・マニアックワールド」『別冊宝島 358 私をコミケにつれてって！』宝島社 1998.

[29] 例えば次を参照、 国立精神・神経センター国府台病院看護部専門教育委員会（編）『患者—看護婦関係を学ぶ：ロールプレイングを活用して』星和書店 2001；レイモンド J. コルシニ（著）金子賢（監訳）杉溪一言（述）『心理療法に生かすロールプレイング・マニュアル』金子書房 2004.（原著：初版, Raymond J. Corsini, *Roleplaying in psychotherapy : a manual*. 1966）；千葉ロール・プレイング研究会（著）『教育の現場におけるロール・プレイングの手引』誠信書房 1981；日本職業指導協会編『ロールプレイングの原理と方法』 日本職業指導協会 1967；外林大作（著）『賞罰をこえて：ロール・プレイングのテクニック』ブレーン出版 1984.

すことであった。そして、この局面までたどり着いたのである。見方を変えれば、フォークロリズムという概念が、そこまで牽引力を発揮したのである。その先へ進むとなると、現代の人間が生きる一般的な条件を問うことになる。あるいは、逆の方向では、観光をめぐる具体的で個別的な諸問題との関わりになる。言い換えれば、フォークロリズムは、概念の縁辺を見せることになる。それは、ポスト・フォークロリズムを問題にするところまで、ほぼ到達したことを意味している。

ナトゥラリズムと
シニシズムの彼方
――フォークロリズムの理解のために――

2007～2009

1. はじめに

　カタカナ語を並べたのは無粋であるが、これが結局分かりやすい。テーマはフォークロリズムであり、それについて一部で起きている歪みを矯めようとしたのである。これには背景がある。民俗学におけるフォークロリズムの概念をめぐっては、その日本への紹介は私もそれに関わった一人であるが、決して最初の案内者ではなく、先人がおられたのである[1]。私の試みに意義があったとすれば、この術語の提唱に関わるドイツの民俗研究者の論考を翻訳して、資料を直接使える便宜を図ったことであろう。それが1989／1990年であった[2]。以後、私自身も現代フォークロアの諸問題に何度か言及することになった。折から、日本の民俗学界でもフォークロリズムが話題に上るようになったが、これまた数人の推進者の役割が大きかった[3]。殊に、日本民俗学の機関誌で特集が組まれたのは、フォークロリズムの概念を定着させる上で影響があったようである[4]。

---

[1] 参照、本書 p.16-21.「フォークロリズムを指標とした研究の背景」第2節「日本でのフォークロリズム理解の初期の事情」。［補記］本稿発表時には前記の同節で取り上げた論者の論説を具体的に挙げた。

[2] 参照、本書「資料の部」所収のハンス・モーザーとヘルマン・バウジンガーの論考。

関係者にはすでに親しい術語であるが、ここでの検討の前提として、はじめにその定義を挙げておく。フォークロリズムとは、民俗的な文化事象が〈本来、それが定着していた場所の外で、新しい機能をもち、また新しい目的のために行なわれること〉を指す。これは、ヘルマン・バウジンガーが1969年にヨーロッパ各国の民俗学関係の代表的な機関に送付したアンケートに際して行なった説明であった[5]。

もっとも、幾つかの補足をほどこしておかなくてはならない。

第一に、フォークロリズムの術語の下に特定される諸々の現象は、決して外来の用語を用いる以外には視野に入らないわけではない。その表現がなくても、またそれが導入される前から、該当する民俗事象や文化的・社会的現象は多くの人々によって取り上げられていたのである。伝承文化が昔ながらの形態で延命しているわけではないことは、当然にも多くの識者が認識したところであった。たとえば民俗の変遷や変貌の緒形態に注目していた早い事例として、折口信夫を挙げることができる。その著作には、原義を究めようとする強い志向と並行して、民俗が変化していることへの目配りが随所にみとめられる。例えば次のような一文がある[6]。

---

3) 岩本通弥氏と八木康之氏のこの方面での活動を挙げておきたい。次注に挙げる『日本民俗学』第236号を参照。なお同誌所収の八木論文「フェイクロアとフォークロリズムについての覚え書き」は、フォークロリズムをフェイクロアに引き寄せる視点のために、フォークロリズム概念の土台にあった問題意識が死角に消えたきらいがある。ヘルマン・バウジンガーが民俗学の生成根拠を問うたことがフォークロリズムにつながったことに注意しておきたい。

4) 『日本民俗学』第236号、2003.

5) 参照、注2に挙げた拙訳。

6) 参照、「民間伝承学講義」(大正9-10年に行なわれた講義の記録)『折口信夫全集 ノート編 第7巻』here「周期伝承」p.313.;また〈神明〉をめぐるコメントは次を参照、「芸能伝承の話」(昭和13年度の郷土研究会での講義)『折口信夫全集 ノート編 第6巻』p.72-172, here p.164-5.

年中行事について考えねばならぬこと、注意すべきことは、なかには新しくできたものもあることである。お染風邪がはやると、久松留守と書いて、田舎では門口に貼っておく。そういうことは突発的だが、それが新らしく起こったかというとそうでもない……。(傍点は引用者)

お染風邪とは、明治24 (1892) 年に流行し、以後何度か繰り返したインフルエンザを指している。折口信夫は〈新しくできたもの〉に注意をはらっていたわけである。また別の箇所では、民俗の担い手としての地元民の意識への言及もみとめられる。同じく講義記録のなかに、〈神明〉の意味をめぐって、次のようなコメントが入っている。

　学者が教えたものとも思えるが、そう考えてしまうのもいけないことがわかった……(傍点は引用者)

これを見ると、学術知識が民俗の現場に採り入れられる現象を取り違えない用心があったことが覗える。しかし〈学者の教えたもの〉に代表される学術知識の民俗の現場への還流を正面から問題にしているわけでもない。むしろ二例とも、なろうことなら故習に遡らせようとの姿勢が寄り添っている。これ自体は、民俗学の草創期の問題意識のあり方からは無理のないものであったろう。しかし民俗学界ではその後も二次的な伝承への関心は一向本格化しなかったように思われる。それどころか近い時期の変化については、当該の伝承における非本質的なもの、あるいは余計なものとして取り除き、核になるものを推定するという行き方が大勢であり続けた。見方を変えれば、フォークロリズムは、専門家が通常は捨て去ったものを併せて伝承文化を理解することを目指した術語であった。それゆえ勢い現代の状況下での民俗事象の変化や現代的な改変を概括的に、あるいはその傾向を指すことになるが、同時に、まったく現代の様相だけにのみ適用されるわけでない。伝承文化を伝承文化として認識し、その上で改変をほどこす作業は、過去の時代にもみ

とめられるであろう。しかし、それが趨勢となり、看過すべからざる一般性をもつようになるのは、やはり近・現代なのである。

　第二に留意すべきこととして、現代フォークロア研究（Current Folklore Study）の試みは、民俗学のなかではなお然るべき位置を占めていない。とは言え、それが頭から無視される段階は過ぎており、むしろ、多くの研究者が現代の諸相を気に留めているのが実情である。問題は、その際、現代フォークロア研究がいかなる視点に立つことによって可能になるのかという基本的な考察がなお熟していないことにある。たとえば、日本民俗学の定礎者にして大成者たる柳田國男が民俗学を現代科学と考えていたとの再評価も昨今声高ですらあるが、いかにも取ってつけたような、あるいは急場しのぎの合言葉に聞こえるところがある。それを言うのは、柳田國男が一貫して日本民俗学の大宗であり、その指針の下にこれまで民俗学が発展してきたことは否定できないからである。同じ人物が、今また指針とされるなら、その間の関係が明らかにされなくてはなるまい[7]。

　そうした洗い直しや再度の勉強が課題となっているのが今日の様相であるが、ここではその手がかりとしてフォークロリズムについて二三の要点をと

---

[7] 昨今、日本民俗学界では、戦後世代の代表者たちが柳田國男を継承する姿勢を見せている。ここでは、その代表者の一人として新谷尚紀氏を挙げる。参照、新谷尚紀『柳田民俗学の継承と発展――その視点と方法』吉川弘文館 2005.；同「柳田民俗学の継承」『本郷』No. 65, 2006, 9.（吉川弘文館）；同「生と死の民俗――民俗学から見る日本人の死生観」2003『伊那民俗研究』12号, p. 2-32,；新谷氏が特に「蝸牛考」や「婿入り考」の手法に柳田國男の学問の核心をみとめていることに注目したい。〈この、全国的に多くの事例情報を収集し比較論的に処理するという方法、それが「方言周圏論」とか「重出立証法」という呼び名で解説されることになったのです。しかし柳田の構想と方法とが十分理解できた人はあまりいなかったようです〉（「生と死の民俗」p. 7）、あるいは〈残念ながら柳田の民俗学の十分な継承者はいなかったのではないか〉（同p. 9）とも表明している。同時に、〈柳田の民俗学というものは基本的には広義の歴史学、独特な伝承論的文化史学であるということです〉（同p. 7）という理解にも注意しておきたい。

りあげようと思う。またそれには、現実の刺激があった。これまでも取り上げてきたテーマであるが、改めて補足をほどこす必要に見舞われたのである。具体的には、フォークロリズムに関する一種の誤認が目の前に突きつけられたことにある。しかも、それらは、ある程度広い範囲に向けて発せられたもので、多少の影響が予想されるのである。具体的には二つで、一つはある文化人類学者がフォークロリズムについておこなった指摘、もう一つは、近頃盛況を迎えているインターネットの情報源、フリー百科事典の解説である。

しかしまた、単に誤認を指摘するだけでは能が無いであろう。そこで、その誤認を、ものの考え方のタイプ、あるいは大きな思潮のなかに位置づけてみた。それには、その誤認が、まったく孤立した現象ではなく、ある種の背景をもっていると思われることと絡んでいる。誤認とは言え、そうした見方が起きても不思議ではない一般的傾向がみとめられるのである。その事情を探ったのであるが、それを言い表したのが、はじめのカタカナ語に他ならない。一つはナチュラリズムすなわち自然主義、もう一つはシニシズムすなわち犬儒主義などの訳語で知られているものの見方の種類である。その両者あるいは何れか一方に重なって見られ勝ちであるが、それから距離をおくことがフォークロリズムの本質であることに注意を向けた。一言で表すなら、"Neither Naturalism nor Cynicism" である。

2. 伊藤幹治氏のフォークロリズム批判に寄せて
―― 概念の誤認への修正、ならびに生成過程への補足

第一の刺激は、文化人類学の伊藤幹治氏がその近著『日本人の文化人類学的自画像』のなかでフォークロリズムを取り上げられ、批判をされたことである[8]。数ページを費しておられ、話題としてはある程度の大きさになって

---

8) 伊藤幹治「操作される民俗文化――フォークロリズムとフェイクロア」『日本人の文化人類学的自画像――柳田國男と日本文化論再考』筑摩書房 2006, p. 177-188.

いる。しかし、その説かれるところは意外なものであった。一口に言えば無理解なのである。

フォークロリズムを検討するにあたって、伊藤幹治氏はアメリカのリチャード・ハンドラーの〈文化の客体化〉という概念を重く見て、その意味するところ3点を挙げるところから説き始めておられる[9]。

> ひとつは、客体化とは選択されることである。文化の説明やイメージの構築は、必然的に他の要素を犠牲にして、ある要素を選択することを意味するということである。いまひとつは、客体化された文化を構築することは、選択された要素を新しいコンテクストにおくことである。あるコンテクストの諸要素から選択されたものは、別のコンテクストの諸要素に対置されるので、過去に存在していたものとは別のものになっている。つまり新しい要素として再解釈されるということである。もうひとつは、新たに構築され文脈化された対象物は、それを重視する人びとにとって新しい意味をもつということである [Handler 1984:62]
> ……

文化人類学者太田好信も、ハンドラーやオセアニアのJ. リネキン、N. トーマスなどの人類学的言説を観光人類学の文脈に置き換えて、文化の客体化を、「文化を操作できる対象として新たに作り上げること」と規定し、ハンドラーの文化の客体化の選択性や再文脈化に注目しているが［太田1993:391］、文化の客体化という概念の特徴は、文化が意識的に操作されるという点にある。この国の一部の民俗学者が注目しているフォークロリズム（Folklorism）という概念は、現代社会における民俗文化の意識的な操作

---

9) 伊藤幹治, p. 178ff. なお引用文で指示されている文献は次である（ここでは筆者の表記方法に統一して著作あるいは論考のタイトルはイタリックとする）。Handler, Richard *On Social Discontinuity: Nationalim and Cultural Objectification in Quebec.* Curren Anthropology 25/1（1984）, p. 55-71.；太田好信 1993 「文化の客体化――観光をとおした文化とアイデンティティの創造」『民族学研究』57/4, p. 383-410.

を前提としているもので、文化の客体化のサブ・カテゴリーとみてよかろう。

こうしてフォークロリズムを他の近似した思考の脈絡のなかに位置づけるという試みがなされる。幾つか気がかりな点がありはするものの、これ自体は、よく目配りがなされた議論と言えよう。また、フォークロリズムに、今日よく話題になる〈観光人類学〉とも重なる性格を見ておられることにも首肯したい[10]。同時に、気がかりな幾つかの点として、次の二つにふれておく。一つは、ハンドラーの論考が、フォークロリズムをその一部として整理するのが妥当であるかどうかである。岩竹美加子氏によるアメリカ民俗学のアンソロジーに収録されている論考も参考になっているが[11]、現代のフォークロア研究における総合的な論作とまでは言えないのではなかろうか。またハンドラーの場合は、その論考が書かれた時期にも注目する必要がある。と言うのは、ハンドラーの〈文化の客体化〉の提唱が1984年であるとするなら、民俗学におけるフォークロリズムは早く1962/64年であり、その間にはほぼ20年が経過している。すでに1970年前後にはフォークロリズムが国際的に論議されていたことを勘案すると、文化の客体化の理論の提唱にあたって踏まえられていた可能性があろう。あるいは、さらに先行例を言い添えるなら、〈文化の客体化〉(cultural objectification)という術語も、それより30年以上前

---

10) フォークロリズムが観光人類学の先行例の性格をもつことについては、筆者は何度か言及しているが、例えば次を参照、民俗学にとって観光とは何か——フォークロリズム概念の射程を探る—— 2006年3月 愛知大学国際コミュニケーション学会『文明21』第16号、p. 77-91.［本書所収］。
11) ハンドラー、リチャード／リネキン、ジョスリン「本物の伝統、偽物の伝統」岩竹美加子編訳『民俗学の政治性——アメリカ民俗学100年目の省察から』未来社 1996, p. 125-156（初 出, Handler and Linnekin 1984 ＝ Handler, Richard and Jocelyn Linnekin *Tradition, Genuine or Superious*. In: Journal of American Folklore, 97（1984）, p. 273-290.）

に刊行されたヘルマン・バウジンガーの『科学技術世界のなかの民俗文化』[12]のなかで用いられた基本的な概念の一つ"Objektivation der Kulturgüter"（文化物象の客体化）とほぼ重なっている。因みに同書は、アメリカの文化人類学や社会学の専門誌上でも取り上げられたのを含めて、刊行から程なく世界各国で少なくとも80種類を超える書評が現れた話題作であった。バウジンガーのこの最初の主要著作が、その後に現代フォークロア研究（Current Folklore Studies）の基礎理論となったと言うこともできるのである。

ともあれ、これに接いで、伊藤幹治氏はフォークロリズムそのものを次のように紹介しておられる。筆者の文章が引用されるのは面映ゆいものの、これまた総じて無理のない受けとめ方をしておられる[13]。

　　フォークロリズムとは、ドイツの民俗学者H. モーザーが提示したフォルクロリスムス（Folklorismus）のことである。これを高く評価した河野眞によると、フォークロリズムは「〈セカンド・ハンドによる民俗文化の継受と演出〉」、もしくは「民俗的な文化物象が〈本来それが定着していた場所の外で、新しい機能をもち、新しい目的のためにおこなわれること〉」（河野 2003:4）のようである。この規定をハンドラーの文化の客体化の文脈に置き換えると、フォークロリズムは「二次的に創出された民俗文化」の継承と演出、あるいは「本来のコンテクスト」とは別の「新しいコンテクストで再構成された民俗文化」ということになろうか。後者は、ハンドラーの文化の再文脈化ということであろう。

　現代社会の民俗文化を総体として捉えるうえで、河野はモーザーのフ

---

12) ヘルマン・バウジンガー（著）河野（訳）『科学技術世界のなかの民俗文化』文楫堂 2005 ; なお筆者の手元には、著者から提供された約80種類の刊行直後の書評のコピーがある。
13) 伊藤幹治, p. 179-180. ; なおここで言及される拙論は次である。河野眞「フォークロリズムの生成風景――概念の原産地へ探訪から」『日本民俗学』第236号（2003）、p. 3-19. ［本書所収］

ォークロリズムを有効な概念とみて、こんなことを述べている。モーザーは民俗現象の多くが時代の推移のなかで変動していることに注目し、「民俗の本来の形にだけ眼を向けるのではなく、時代推移という共通項、とりわけ民俗学の知識という形態に凝縮した時代思潮の面から見直すと、事態はどのように見えてくるかというように見方をひっくり返してみた」。その効果にはめざましいものがあった。この一世紀から一世紀半のあいだに創出された、各地のふるさと祭りや催し物は、民俗や伝統行事の範疇に入れるのはむずかしいので、民俗学が自信をもって対象とすることができなかったが、「民俗知識の還流に焦点を当てる方法を以てすれば、それらを研究対象とすることはただの目移り」ではなくなり、「古習として非の打ちどころのない民俗や伝統行事とも一連のものとして見ることができるように」なる（河野2003:9-10）というのである。

伊藤幹治氏の以上の解説は、この限りでは、さして問題を含んでいない。しかし、これに続く論説において偏りが大きくなるのは、ここでの言及においても、判断の目安として特定のものが想定されている故であることをやがて知ることになる。

フォークロリズムは価値評価の概念に非ず

伊藤幹治氏は、フォークロリズムについて、次のような分析を加えておられる[14]。

　……河野やバウジンガー以外の学者が、モーザーのフォークロリズムの概念を、どのように評価しているかをみることもあながち無駄ではあるまい。

　アメリカの民俗学者R.ベンディクスは、モーザーの初期のフォークロリズムの概念が「フォークロア／フォークロリズム」もしくは「ほんもの／にせもの」という二項対立の低調なものであったと述べ、モーザーとそ

の仲間がフォークロリズムを「よいフォークロリズム／わるいフォークロリズム」、あるいは「きれいなフォークロリズム／よごれたフォークロリズム」に分ける必要を感じていたと指摘している（Bendix 1989:136）。……彼*は、モーザーのフォークロリズムについて、つぎのような興味深いことを述べている。……

そのひとつは、モーザーがフォークロリズムの概念規定を他のものにまかせて、もっぱら事例を並べることにつとめたという点である。いまひとつは、モーザーはジャーナリストやアマチュア・フォークロリストたちが、民俗文化の「逆流」もしくは「還流」を推進したと指摘している点である。もうひとつは、モーザーがフォークロリズムを、観光産業や娯楽産業のなかに定着していると考えて、民俗学者の注意を喚起したという点である（Bendix 1997:177-178）。

　　＊「彼女」とあるべきところか？（注14を参照）

14) ここで言及される参考文献は次である。Regina Bendix, *Tourism and Cultural Displays: Inventing Tradition for Whom?* In: Journal of American Folklore 102（1989）p.131-146.; Regina Bendix, *In Search of Authenticity: The Fromation of Folklore Studies*. Madison: The University of Wisconsin Press 1997. ［河野補記］レギーナ・ベンディクス（Regina Bendix 生 1958）はスイスのドイツ語圏出身でアメリカのバークレー大学やインディアナ大学に学び、その後、ドイツへ還り、ゲッティンゲン大学教授となった。ツーリズムなどを研究対象としている。文化人類学を背景にしたやや図式的な判断を持ち味とし、そのためフォークロリズム理解でも、ドイツ民俗学界の一般的の受けとめ方とは一致ないところがある。筆者は、ベンディクスの論法は、特に観光研究や特定の地域研究において独自性を出そうしていることがからんで、先行研究を単純化し過ぎる傾向があると見ている。なお伊藤幹治氏がベンディクスの論説のうち、ハンス・モーザーがフォークロリズムの定義を〈他のものにまかせた〉との指摘に特に注目されるのであれば、その〈他のもの〉見解を確かめる必要があったであろう。それを最も深く考察した一人としてヘルマン・バウジンガーを挙げることができるが、その学史的な推移については、拙論「フォークロリズムの生成風景」でもふれている。

この指摘について言えば、ベンディクスもその一人であるが、フォークロリズムをめぐって時折みられる誤解にかかわっている。フォークロリズムは、特定の傾向にある現象を広く指す術語であって、またその限りであることを特質とする。と言うことは、価値判断を含まないのである。あるいは、価値判断に重点があるのではない、と言ってもよい。しかし、何らかの概念が提示されると、それが価値規準の役割をも果たす受けとめ手が跡を絶たない。それは無理からぬ心理でもあろうが、現象を指す術語が、即、価値判断を含む術語であるかどうかには、学術用語であれば注意を払う必要があったであろう。たしかに、提唱者のモーザーは、多くの事例を挙げている。また挙げられた事例のほとんどは、これまで民俗学が古習として紹介してきた民俗事象が改変された形態であり、同時に改変が起きた仕組みにも観察の目が向いていることが多い。すると勢い、改変における奇抜な外観に注意が向くであろう。たとえば、革ズボンを穿いた腿部を敲いてリズムをとりつつ跳躍する伝統的なダンスが頬っぺた叩きに変わっておれば、趣味の悪い改変と見るのは無理が無く、またそうした感想を採録者がつけることもある。ハンス・モーザーにおいても、そうしたコメントと聞こえかねない場合がありはする。しかし重点がそこに置かれているどうかは別問題である。〈よいフォークロリズム／わるいフォークロリズム〉といった分類は、フォークロリズムの核心ではない。

　そうした取り違えは、事例の挙げ方に対する不満にも当てははまる。〈モーザーがフォークロリズムの概念規定を他のものにまかせて、もっぱら事例を並べることにつとめた〉という指摘がなされている。しかしそれは、一見、異なった種類の多様な現象に同じ要素がみとめられることを証すために多くの現象に目配りされたのであって、その広い目配りこそ重要だったのである。ハンス・モーザーの実際を見ると、民俗行事の枠組みのなかでの奇抜な着想から、民俗文化の観光地のアトラクションへの活用、さらに寄席における新趣向、あるいは民俗行事の興業化・商業化の初期の事例、もっと進んで歌曲のパロディまで、幅広い分野から事例が採られている。一例を挙げ

れば、ミュンヒェンの寄席として知られた「プラッツル」劇場で台本作家にしてコメディアンのヴィリー・ミロヴィッチュが手がけた笑いの新趣向への着目などは、やはりパイオニアならではの着眼であろう。本邦に引き寄せて言えば、民俗研究者が、俄か漫才やその作家を考察の対象としたようなものである。しかもそうした幅の広さも、その趣旨は羅列にあるのではなく、さまざまな分野から見本を拾うことにある。しかしそれを理解することができなければ、〈事例を並べ立てた〉だけと見え、目くらましに遭うであろう。その点では、受けとめ手の理解が問われよう。またその趣旨が素直に受けとめられなかったのも、フォークロリズムを価値判断の術語とみなしたことによるであろう。しかもそうした受けとめ方は、伊藤幹治氏において疑念がさしはさまれることなく、むしろ度合いを増していったようである[15]。

ところで、フォークロリズムについて触れておきたいことが、いまひとつある。それはモーザーがフォークロリズムを「ほんもの／にせもの」という二分法で捉えていたように、フォークロリズムが民俗文化の真正性（autheticity）という概念ともつれあっていることである。「真正な民俗」［八木1994a:583］などという言説は、そのことを示唆している。この国の民俗学者がフォークロリズムを、「二次的に創出された民俗文化」あるいは「本来のコンテクスト」から切り離された「新しいコンテクストで再構築された民俗文化」と規定する場合、「一次的な民俗文化」もしくは「本来のコンテクストで創出された民俗文化」が自明の前提になっている。このことは、

---

15) 伊藤幹治『日本人の文化人類学的自画像』筑摩書房 2006, p.177-188（「操作される民俗文化 ― フォークロリズムとフェイクロア」）、ここでの引用 p.183-184.；なおここで言及される参考文献は次である。八木康幸「ふるさとの太鼓 ― 長崎県における郷土芸能の創出と地域文化のゆくえ」『人文地理』46/6(1994), p.581-603.；Richard Handler, *Authenticity. Anthropology Today.* 1986, p.2-4.；Regina Bendix, *In Search of Authenticty: The Formation of Folklore Studies.* Madison: The University of Wisconsin Press 1997.；吉田憲司『文化の「発見」』岩波書店 1999.

フォークロリズムという概念が民俗文化の真正性と不可分の関係にあり、しかも両者がたがいにもつれあっている、と考えられているからであろう。

真正性（ほんもの）という考え方は、それに対立する「にせもの」の存在を前提にしているが、博物館はそうした真正なものを展示する施設でもある［Handler 1986:4 Bendix 1967:3］。そこでは、民族（民俗）誌資料が客体化され、断片として展示されているが、文化人類学者（民族学者）吉田憲司は「真正の民族資料」について、こんなことを述べている。

> 真正な民族資料ももっとも一般的な基準は、当該社会の成員の手で、当該社会で生み出された素材を用いて、当該社会の成員が使用するためにつくられ、しかも実際に使用されたものである。こうした真正な民族誌資料の基準が前提としているのは、それを生み出す当該社会が、それだけで完結し、閉じた、変化のない社会だという考え方である。だからこそ、その社会と外部との接触の痕跡を留めるものはすべて「伝統」文化が変容を受けた結果として、その「真正性」が否定されている
> ［吉田 1999:159-160］。

吉田によると、真正な民族誌資料の基準は、「完結し、閉じた、変化のない社会」を前提としているということである。この指摘は、「一次的な民俗文化」の基準も、「本来のコンテクストの民俗文化」の基準も、「完結した、閉じた、変化のない民俗社会」を自明の前提としていることを示唆している。こうした前提は、民俗文化の構造の安定性という仮定とそれを前提とした長期的持続を容認しなければ成り立たないであろう。ところが、民俗文化はつねに変化している。決して固定したものではない。民俗文化が可変性をその原理のひとつにしているとすれば、フォークロリズム論者が自明の前提とした「一次的な民俗文化」も「本来のコンテクストの民俗文化」も、ある特定の時期における民俗文化の変容過程のひとこまということになろう。

民俗文化の真正性を検討するうえで大事なことは、ベンディクスも指摘したように、真正性とはなにかということではない。

やや長く引用したのは、論者の見解にできるだけ耳を傾けるためである。その上で注目したいのは、伊藤幹治氏が、フォークロリズムとは、本物の民俗と偽物の民俗という二分論であると見ていることである。〈モーザーがフォークロリズムを「ほんもの／にせもの」という二分法で捉えていたように〉として真正性（authenticity）の概念をくっつけ、そして、その程度なら、取り立てて言うほどではないではないか、と片付けると共に、本物・偽物の議論にかまけている〈河野や八木〉を槍玉に挙げたわけである。

　たしかに提唱者の論考には〈本もの〉という言い方が使われることがある。逸脱への忌避感があらわれることもある。しかしそれと並んで、本物 vs 偽物の対比ですむ問題ではないとの見解も入っている。そうした表現の不安定には、今からほぼ半世紀前に術語が提唱されたとき、課題の大きさと質がなお見渡されるまではなかったことがうかがえる。さまざまな意味で、パイオニアの営為だったのである。それゆえ、数十年の時を経て振り返るのであれば、そこに何を読み取るかは、読み手の資質が問われることにもなる。またそれにあたっては、その専門分野において議論がどう推移したかも参考になる。事実、学界では重点の置き方はより鮮明になっていったが、目安を挙げると、やはりバウジンガーによる考察がそれにあたるであろう。バウジンガーは、ハンス・モーザーを補足する主旨でフォークロリズムを何度か論じており、特にフォークロリズムが民俗学のあり方そのものにかかわる問題をふくむことに注意をうながしている。その辺りの学史的な事情も拙論ではふれておいた。伊藤幹治氏はそれを度外視しているのであるが、よほど予断があったようである。以下では、その点から、事態を解きほぐしてみようと思う。伊藤氏の次のような批判は、どこに読み違いがあったかを却って分からせてくれるのである。なお〈連続性〉は民俗学の術語であり、適切な使い方がなされていないことも言い添えておかなくてはならない。

河野や八木が可変性を前提として議論を組み立てたのは、モーザーのフォークロリズムに共鳴する以上、当然のことかも知れないが、彼らが連続性を前提としたのは、「二次的に創出された民俗文化」あるいは「新しいコンテクストの民俗文化」と、暗黙の前提とした「一次的な民俗文化」もしくは「本来のコンテクスト」との通時的関係を視野に入れていたからであろう。こういうわけで、彼らのフォークロリズム論は民俗文化の変容過程についてのひとつの解釈にすぎないことになる。

この引用文などは、フォークロリズムを価値判断の術語とみなしたことによって核心からの乖離が大きくなる様をよく示している。

それは、伊藤幹治氏が、フォークロリズムを民俗学史でよく知られたもう一つの概念と重ねて見ていることである。リチャード・M・ドーソンの〈フェイクロア〉、つまり"folklore"に〈偽の〉(fake)を重ねた造語"fakelore"である。これは語形の作り方自体に、逸脱した傾向をとがめる姿勢がうかがえるが、先の価値判断をめぐる誤認も、この有名な学術語と重ね、それと同質のものと理解したことにもとづくようである。伊藤幹治氏の次に見るような理解も、それを勘案すると分かりやすくなる。以下、しばらく、その事情をときほぐす。

民俗は常に変化するものであるととらえ、その上で、変化のある部分に特に注目したときに提唱された概念がフォークロリズムであるという理解を、伊藤幹治氏は示している。概念の提唱における時代背景の着目もそれに関係している[16]。

---

16) 伊藤幹治、p. 186.；なおここで言及される参考文献は次である。Boissevain, Jeremy *Introduction: Revitalizing European Rituals*. In: Jeremy Boissevain (ed.), Revitalizing European Rituals, London: Routledge, 1992, pp. 1-19.

その際、フォークロリズムという概念が、1960年代に提唱されたことを想起したい。そのころのヨーロッパ社会は、都市化にともなう農村の急激な変化や変貌や世俗化の増大、マス・メディアなどの情報産業の発達、大衆観光の出現などによってまざましい変化を遂げていた（Boissevain 1992:11）。フォークロリズムは、こうした社会変動の過程で創出された概念ではなかったか。

すなわち、民俗事象は常に変化しているが、そのなかの特定の歴史的状況のなかでの変り様に強く留意し、それを捉えるために提唱された概念というわけである。またその特定の歴史的状況とは1960年前後にいよいよ顕在化したもの、という理解である。常に変化している事象の、ある特定の一部に光を当てるという理解から、フォークロリズムについては、ある種類の変化に注目する〈に過ぎない〉という評価が繰り返される。たとえば、次である（圏点と括弧は筆者による）[17]。

　……フォークロリズムは民族国家が形成されたあとの、近代以降の民俗文化の変容過程を記述するための概念にすぎないことがわかる。

また先の引用文の中の次の一節も同工である。

　……彼ら（＝河野など）のフォークロリズム論は民俗文化の変容過程についてのひとつの解釈にすぎないことになる。

こうして繰り返される〈にすぎない〉という言い方は、あきらかにマイナスの評価を意味するが、一読すると奇妙な文章である。〈近代以降の民俗文化の変容過程を記述するための概念〉であれば、それは近代の本質にかかわ

---

[17] 伊藤幹治、p. 187.

る理論ということになり、とうてい〈にすぎない〉などいうネガティヴな評言にはなりようがない。そもそも近代以降の民俗文化の変容を解明するのは斯界の大課題で、今なお未解決と言ってもよい。それが成し遂げられるなら、学術的寄与としては特段の意味をもつであろう。しかし伊藤幹治氏が、それに値する評価を示されないのは、〈近代以降の民俗文化の変容過程の記述〉について特定のものが想定されているからであり、その想定された中身が大したものではないからである。その中身とは、先に挙げた本物の民俗と偽物の民俗という対比の図式である。それゆえ、フォークロリズムは、その程度〈にすぎない〉というわけである。

　なぜ伊藤幹治氏は、フォークロリズムについて、かかる理解をされたのであろう。その答えはすでにふれておいた。すなわちフォークロリズムを〈フェイクロア〉（fakelore）と基本的に同一視したからであった。またそれを氏は隠してもいない。ここで検討している氏の文章の大きな見出しは「民俗文化の再解釈」で、またそこでの小見出し「操作される民俗文化——フォークロリズム／フェイクロア」の下で、ここで紹介している一連の論説がなされている。要するに、リチャード・M・ドーソンの概念とドイツ民俗学界で提唱されたフォークロリズムが一まとめにされている。フェイクロアについては、一時期、民衆文化の研究に刺激をあたえたことは多とすべきであっても、学術概念としては脆弱であるとの批判が予て起きていることは周知の通りである。それと同一視される以上、フォークロリズムもまた批判の対象にならざるを得なかったのである。

　しかし問題は、二つの概念の重ね合わせが正しい理解ではないことにある。フォークロリズムは、フェイクロアとは似て非なるものであり、また本ものの民俗と偽物の民俗という二分法とはまるで異なる。となると、伊藤幹治氏のフォークロリズム論ないしはフォークロリズム批判論は、その土台が崩れてしまう。批判的姿勢で論じてはいるが、出発点となるべき対象への理解がはなはだしく不備である。かなり細かく読みこんでいると見えた論者が、実際には理解していなかったのであり、しかもそれが年季の入った文化人類学者

という現実に、筆者はむしろ衝撃を受けている。フォークロリズムを筆者はこれまでに何度か論じてきたが、術語の解説に関しては、伊藤幹治氏が取り上げられた一篇で十分である。その一篇においても、フォークロリズムの意味を口を酸くして伝えたつもりでいる。しかし肝心な点は通じていなかったらしい。それは、筆者には、因由を改めて考えてみないわけにはゆかない事態でもある。つまり誤認の一般的背景である。

フォークロリズム概念をめぐるドイツ民俗学史の一齣

その課題へ進む前に、一種、技術的でもある問題点をすませおく必要がある。それは事実関係に関する単純な誤認、それに加えて欧文の誤読である。前者については、伊藤幹治氏は学史上の推移を正確に把握していない。それはフォークロリズムの概念をめぐるハンス・モーザーとヘルマン・バウジンガーの関係である。ドイツ民俗学をレパートリーとはしはない立場からは致し方ない面もあるが(とはいえ伊藤幹治氏が取り上げられた拙論でも説明したことがらでもあるが)、一般への影響ではやはり正しておかなければならない。氏は次のように説いている[18]。

　河野はモーザーのフォークロリズムが民俗文化のダイナミックスを捉えるうえで、いかに有効な概念であるかを指摘している。そして彼は、自分の言説を補強するために、ドイツの民俗学者 H. バウジンガーが「フォークロリズム批判の批判に向けて」(1966) のなかで、フォークロリズムを「厳密な概念ではなく、含みのある(簡潔に言い表す)概念」と述べている、と原語を添えて指摘している [河野 2003:16]。「含みのある概念」という

---

18) 伊藤幹治、p. 180.；なおここで言及される参考文献は次である。河野 2003 前掲。; Hermann Bausinger, *Toward a Critique of Folklorismus Criticism*. In: James R. Dow and Hannjost Lixfel (eds.), German Volkskunde: A Decade of Theoretical Confrontation, Debate and Reorientation (1967-1977), James R. Dow and Hannjost Lixfeld, trans., Bloomington: Indiana University Press, 1986, p. 113-123.

箇所は、バウジンガーがモーザーのフォークロリズムを肯定的に評価しているわけではないらしい。この論考の英語版のなかで結びのなかで、バウジンガーがフォークロリズムという概念の曖昧さに触れ、この曖昧さが当初から多くの問題をはらみ、フォークロリズム論を疑わしいものにしている［Bausinger 1986:122］と、述べているかである。

要するに、私（河野）がフォークロリズムをポジティヴに評価し、それを補強するためにバウジンガーを引き合いに出しているが、当のバウジンガーの英語訳にまで当たると、むしろバウジンガーがフォークロリズムに否定的であることが判明する、という趣旨である。英語訳まで遡って検討されたのは多とすべきであろうが、改めて問題の箇所を見ると、その英文は正しく読まれていないのである。よほど先入観がはたらいたのであろう、単語を拾ってはいるが、文意がとれていないのである。

もっともハンス・モーザーとバウジンガーの関係はドイツ民俗学界の細かな動きであり、フォークロリズムを論じる場合に誰もが踏まえなければいけないわけではない。しかし踏まえている方が分かりやすいことは事実であり、またその経緯を伝えるとすれば、それは紹介者の責務であろう。私が情報を整理して載せたのは、それゆえであった。

フォークロリズムの英語の単語としての前史や、それが社会学の分野で先ず学術語となったこと、また音楽関係者にとってキイワードの一つであった経緯[19]は、問題の拙文では詳しく触れなかったので、しばらく横におく。

ここで主に注意を向けるのは、ハンス・モーザーが民俗学に〈フォークロリズム〉の概念を導入したこと、それへのヘルマン・バウジンガーの関わり方である。ハンス・モーザーの提唱論文が1962年と1964年であった。この

---

19) 音楽の分野でのフォークロリズムについては晩年の小泉文夫氏が注目され、それが民俗学の分野での坂井洲二氏と並んで日本への最初の情報であったことを特筆したい。

点で言い添えるなら、私が20年近く前に紹介したのは、2論考のうち、より詳しい考察がなされた後者であった。

ところで、ハンス・モーザーがその提唱を行なうには、理論的な背景があった。刊行されてまもないバウジンガーの『科学技術世界のなかの民俗文化』(1961年)[20] に、ハンス・モーザーは理論的な支柱をもとめ、またそれを明言した。バウジンガーはすでに最初期の昔話や口承文藝を扱った諸論考[21]、またテュービンゲン大学の助手時代に取り組んだ新たな視点による引揚げ民民俗学の共同研究「新しい移住団地」[22] によって嘱望されていたが、それにしても20歳以上も年長で学派の面でも重ならなかったハンス・モーザーがその理論を真剣に活用したのには感銘を受け、以後両者は協力関係を深めていった。

ここで注意を要するのは、バウジンガーの『科学技術世界のなかの民俗文化』にはフォークロリズムの語は現れないことである。日本では、バウジンガーのこの著作はフォークロリズムを説いているように受けとめる人がいるが、実際に読めばそうではないことが了解されよう。ただ、そうした術語を

---

20) ヘルマン・バウジンガー（著）河野眞（訳）『科学技術世界のなかの民俗文化』文楫堂 2005.

21) バウジンガーの学位論文『口承文藝の現在――ヴュルテムベルク北東地域での調査にもとづく民間文藝の現在』Hermann Bausinger, *Lebendiges Erzählen. Studien über das Leben volkstümlichen Erzählgutes auf Grund von Untersuchungen im nordöstlichen Württemberg*. Tübingen. Diss. 1952) については次の拙著で触れた。参照、河野『ドイツ民俗学とナチズム』創土社 2005, p. 590-592.；また同じく最初の昔話に関する諸論考では次の拙訳を参照、ヘルマン・バウジンガー（著）河野眞（解説・訳）「昔話の解釈とは何か―灰かぶり姫（シンデレラ）とそのシンボル性にちなんで」『比較民俗学会報』第15巻 第2号（通巻85）, 1995, p. 1-14.（原題：Hermann Bausinger, *Aschenputtel. Zum Problem der Märchensymbolik*. In: Zs. f. Vkde. 52 (1955), S. 144-155.

22) Hermann H・バウジンガー／M・ブラウン／H・シュヴェート「新しい移住団地――東ヨーロッパからのドイツ人引揚者等の西ドイツ社会への定着にかんするルートヴィヒ・ウーラント研究所による民俗学・社会学調査 （抄訳・解説）」愛知大学国際問題研究所「紀要」第96号（1991）, p. 218-169. / 第97号（1991）, p. 241-263. / 第98号（1992）, p. 95-138. / 第99号（1993）, p. 151-186.

誘発しても不思議ではないような数々の考察は含まれるのである。しかしその考察は、これまた注目すべきことに、主に民俗学の成立根拠に関するものであった。すなわち、19世紀に民俗学という分野が成り立ち、またある程度広い範囲で歓迎されるようになったことへの反省である。

　因みに民俗学の成立をどこに見るか、すなわちヨーロッパ文化に消長した時代思潮のいずれにそれを特定するかは、民俗学とは何かという本質論や定義と絡み、それゆえ論者によって見解が異なる。例えば、先行研究者でもあるレーオポルト・シュミットやインゲボルク・ヴェーバー＝ケラーマンは相互に差異を含みながらも、バロック文化のなかの合理主義に出発点をもとめた。それに対して、バウジンガーは、が19世紀前半のロマン主義を背景にした民俗学にこの分野の主潮をみとめ、それによって民俗学が全体としてもっているマイナスの要素を強く明るみに出した。そこには、先行者レーオポルト・シュミットを越えようとする志向もはたらいていたであろう。レーオポルト・シュミットもまた戦後に民俗学の過去を鋭く問うた代表者であるが、20世紀前半の民俗学の歪みを逸脱と見たのであった。それに対して、バウジンガーは民俗学の歪みは、ドイツ語圏に民俗学が本格的に成り立った以来の本質であったと断じ、それゆえ学問原理の洗いなおしを伴う根本的な改革を説いたのである[23]。それは伝承文化を改めて意味づけしつつ認識することが一般化したということであり、それは社会を広く覆う趨勢として、伝承者であると、観衆であると、アカデミズムの一角であるとを問わず共有されることになった。その点では、伝承者も愛好家も好事家も研究者も同じ時代状況の人間なのである。それゆえ、バウジンガーは後年には、〈学問としての民俗学の全体もフォークロリズムの巧緻な形態と言ってもよい〉と言い方をしている[24]。民俗的な多くの個別事象にもバウジンガーは注意を喚起しているが、

---

23) 参照、ヘルマン・バウジンガー・河野（訳）『科学技術世界のなかの民俗文化』「初版への序文」。
24) ［補記］次の拙訳を参照、ヘルマン・バウジンガー（著）河野眞（訳）『フォルクスクンデ　上古学の克服から文化分析の方法へ』文緝堂 2010, p.225.

それは主要には、民俗学の成立根拠を問おうとする問題意識と重なっている。またその視点の赴くところ、考察は研究者の姿勢に向けられると共に、また民俗事象の担い手の意識と行動にも及ぶのである。

　このバウジンガーの理論的な考察を、ハンス・モーザーは、フィールドワークの現場で出会う民俗のあり方を説明することに活用したのである。すなわち、19世紀以来、質は区々ながら伝統的な形態として記述されてきた民俗事象が、記述通りではなく社会状況を背景にした変化を関していることである。それだけでなく、伝承文化を要素とし、あるいはそこにヒントを得た多彩な現象が発生していることにも注意を促した。先にもふれたが、ミュンヒェンの大衆劇場「プラッツル」における寄席の舞台などをも対象としているのは、パイオニアの着眼であろう[25]。さらに問題をはらむのは、民俗事象が伝承通り、あるいはそれに近い形で継続している場合である。すなわち昔ながらという外観を呈する諸事例であるが、その場合にも、その底流にはたらいているのは、変化をきたしている事例やまったく新たな現象と同じであるとするのである。バウジンガーの理論的考察がそれを支援して力を発揮している箇所でもあるが、昔ながらと見える継続こそ、民俗文化への近代の意識の証拠に他ならない。それは、またバウジンガーが民俗学の構築に向けて歩み始めた最初期に得た着想でもあった。その手がかりの一つは、民俗文化の担い手のグループ形成の変質であり、19世紀を通じて一般化したクラブ組織、またそれを包括する名称は異なってもそれと通じ合う目的意識を共有する諸々の団体であった[26]。かくして、ハンス・モーザーは、民俗事象の変化を伴った実態を指摘した。それがフォークロリズムの提唱であるが、同時に注目すべきことに、ハンス・モーザーは、同じ観点を歴史的な過去にも適用した。中世後半や末期に、やがて民俗文化の性質を発揮しつつ継続される習俗の開始や変動にも、同じ観点をもって解明に臨んだのである。ハンス・モーザーは、

---

25) 参照、注2：ハンス・モーザー「民俗学の研究課題としてのフォークロリズム」本書「資料の部」所収。

国際的にはフォークロリズムの提唱者として知られているが、ドイツ民俗学界では、むしろ歴史民俗学の今日のありかたに基礎を据えたことが評価されている[27]。

しかし、ドイツ民俗学界は、その動きに対して何の反応も示さなかった。そこでバウジンガーは、自ら招集・主催した研究フォーラムにおいて「フォークロリズム批判への反批判」の講演をおこなった。なお、この場合の「批判」とは無視を指していた。すなわち、無言のうちに葬り去ろうとする否定の態度を〈批判〉と名指して、〈反批判〉したのである。そして、ハンス・モーザーを補強して、フォークロリズムを解説した（伊藤幹治氏が英語訳で読んだとされているのは、この講演論文）。

それは、決してハンス・モーザーを疎んじる論ではなかった。バウジンガーは、ハンス・モーザーと共に理論を深めて行くとの姿勢を以後も貫いた。それは、次いでバウジンガーが、ドイツ民俗学界の機関誌の編集責任者とし

---

26) バウジンガーが一般に〈フェライン〉と呼ばれる種類の組織に注目した最初は1955年の小さな報告で、その着想は、以後、多くの著作を通じて詳しく説かれることになった。参照、Hermann Bausinger, *Vereine als Gegenstand volkskundlicher Forschung*. In: Zs. f. Vkde, 55 (1959), S. 98-102. またフェラインについてはバウジンガーの指摘を受けて次の世代の研究者が多く取り上げるようになるが、その比較的早い事例にはケーレ＝ヘーツィンガー女史の幾つかの論考があり、例えば次を参照、Christel Köhle-Hezinger, *Gemeinde und Verein*. In: Rheinisches Jahrbuch für Volkskunde, 22 (1978), 181-202.

27) ハンス・モーザーは、時代状況や年齢などのためにアカデミズムのなかでは正教授などのポストには恵まれなかったが、今も指針と仰ぐ人は多い。ミュンヒェンのバイエルンの民俗学協会が定礎者としている他、近年、民俗事象の個別研究として高く評価されているマリアンネ・ルムプフによるザルツブルク州のペルヒテン行事に関する研究は、ハンス・モーザーの研究方法を受け継いだことを特筆している。参照、Marianne Rumpf, *Perchten: populäre Glaubensgestalten zwischen Mythos und Katechese*. Würzburg［Königshausen & Neumann］1991 (Quellen und Forschungen zur europäischen Ethnologie, Bd. 12). このルムプフの著作は、ドイツ語圏において狭域的な民俗研究が今日では高度な批判的視点をもつことを示す代表例でもある。

て、ヨーロッパ各国に向けてフォークロリズムのアンケートを行ない、また寄せられた報告を学会誌にまとめて掲載した事実からも知ることができる[28]。そしてこの特集の企画を機に、フォークロリズムの概念は国際化していった。さらにバウジンガーは数年後に民俗学のあり方をめぐる独自の原理をより一般化することを目指して『民俗学――上古研究から文化分析へ』を執筆したが、そこでもフォークロリズムを取り上げた。「ツーリズムとフォークロリズム」、そして「フォークロリズムと文化工業」の見出しによる2つの節で、前者は特に近代の観光の成立に関する考察であり、後者はアドルノの概念〈文化工業（産業）〉とフォークロリズム概念との重なりに関する論説である[29]。このあたりのバウジンガーの理論の流れについても伊藤氏が検討された当の拙論では案内しておいた[30]。その案内と矛盾する主張を伊藤氏は行うが、それを裏付ける資料は無く、唯一つ論拠らしきものは、先に挙げたバウジンガー報告の英訳の取り違いである。

3. 〈文化産業〉との関係から見たフォークロリズム

以下では、表題に挙げた二種類の心理的姿勢を問う前に、もう少し話題を

---

28) ヘルマン・バウジンガー「ヨーロッパ諸国のフォークロリスムス――西ドイツ民俗学会から各国へ送付されたアンケート」（Original 1969）本書「資料の部」所収。
29) Hermann Bausinger, *Volkskunde. Von der Altrerumsforschung zum Kulturanalyse.* Stuttgart 1972, unveränderte Auflage:Tübingen 1981. ［補記］次の拙訳を参照、ヘルマン・バウジンガー（著）『フォルクスクンデ　上古学の克服から文化分析の方法へ』文緝堂 2010.
30) 拙論「フォークロリズムの生成風景――概念の原産地への探訪から」2003 年 11 月 日本民俗学会「日本民俗学」第 236 号、p. 3-19.（本書所収）；またバウジンガーの「ツーリズムとフォークロリズム」については、次の拙論で検討を加えた。参照、「民俗学にとって観光とは何か――フォークロリズム概念の射程を探る」2006（本書所収）。

広げておこうと思う。フォークロリズムをめぐっては、外来のヒントに発したにしては、今日の日本において論じている人が少なくない。それ自体は喜ばしいことに違いないが、先に訂正を余儀なくされたように、その理解にやや萎縮をきたしているところがある。一つの専門分野の練り直しにつながる要素とまでは受けとめられず、全体にかかわるとの意識も薄い。そのため、部分の意味まで取り難くなっている。フォークロリズムは決して唯一の通路ではないが、ここで問題になっているのは、民俗学をかたちづくってきた基本的な諸項目の組み換えである。視野を広くとることによって、その方向へ向けて視線が放たれるなら、そこから逆に身近な構造変化を理解することになると思われる。

フォークロリズムをめぐる論議の経緯から

先にもふれたように、フォークロリズムという術語がハンス・モーザーによって提唱されたとき、その理論的な刺激になったのはバウジンガーの最初の重要著作『科学技術世界のなかの民俗文化』であった。従ってそこには、当然ながら、その術語は現れない。しかし、ハンス・モーザーの提唱が学界で黙殺される状況を見て、バウジンガーは応援に乗り出した。それが明瞭になったのは、1966年にテュービンゲン民俗学科に当時の代表的な数人の民俗研究者を招いて行なわれたシンポジウムで、とりわけそこでのバウジンガー自身の発表「フォークロリズム批判への反批判」であった[31]。次いで1969年には、バウジンガーはドイツ民俗学会誌の編集責任者として、ヨーロッパ各国に向けてフォークロリズムに関するアンケート調査を実施し、そのために送付する回状の形態で概念の説明と弘布を試みた[32]。送付先は、ドイツ民俗

---

31) Hermann　Bausinger, *Zur Kritik der Folklorismuskritik*. In: Populus Revisus. Tübingen [Tübinger Vereinignug für Volkskunde e. V. Schloß] 1966, S. 61-75.（Volksleben, Bd. 14.）
32) 参照、ヘルマン・バウジンガー「ヨーロッパ諸国のフォークロリスムス——西ドイツ民俗学会から各国へ送付されたアンケート」本書「資料の部」所収。

学会と関係を持つ各国の研究者十数人であったが、そのうちポーランド、ハンガリー、(旧)ユーゴスラヴィア、スイス、ポルトガルの5ヵ国から回答があり、それらはバウジンガーの質問状と共に学会の機関誌に掲載された[33]。

注目すべきは、同じ頃、ドイツ国内で他にもフォークロリズムに関心を寄せる研究者が現れたことである。バウジンガーがテュービンゲンでシンポジウムを開催したのとほぼ同時に、ヴォルフガング・ブリュックナーがドイツ民俗学会の機関誌に「政治的フォークロリズム」について論じていた[34]。また1969年のアンケートと回答が掲載された直後には、既に同年中にコンラート・ケストリンがやはりフォークロリズムを取り上げた[35]。この両者の論考、またこのテーマによるドイツ語圏の民俗界で相次いだ学会企画については、よく整理された報告が先の日本民俗学会の特集号でなされている[36]。

なお言い添えれば、ブリュックナーもケストリーンも当時はまだ少壮気鋭であった。特にブリュックナーは、フランクフルト大学で民俗学の教授に就いてまもない頃で、新世代で民俗学の分野で数少ない大学のポストにあったところからまとめ役として期待され、また事実として多方面で活発な活動をはじめていた。よく知られるのは、ドイツ民俗学の第二次世界大戦直後から今日までのドイツ民俗学界の大きな節目の一つとして、1970年にヘッセン州ファルケンシュタイン村で「民俗学の課題と名称をめぐるワークショップ」

---

33) フォークロリズムの特集号であったドイツ民俗学会の機関誌 (Jg. 65/I, 1969) には、バウジンガーのアンケートに続いて、各国からの報告が併せて掲載された。その執筆者名を挙げる。*Polen* von Jósef Burszta (S. 9-20)、*Ungarn* von Tekla Dömötör (S. 21-28)、*Jogoslawien* von Dragoslav Antonievič (S. 29-39)、*Schweiz* von Hans Trümpy (S. 40-46)、*Portugal* von Jorge Dias (S. 47-55). [旧ユーゴを除いて本書「資料の部」所収]。

34) Wolfgang Brückner, „*Heimat und Demokratie*". *Gedanken zum politischen Folklorismus in Westdeutschland*. In: Zs. f. Vkde, 61 (1965), S. 205-213.

35) Konrad Köstlin, *Folklorismus und Ben Akiba*. In: Rheinisches Jahrbuch für Volkskunde, Bd. 20 (1969), S. 234-256.

36) 法橋量 2003「ドイツにおけるフォークロリスムス議論のゆくえ――発露する分野と限界性――」『日本民俗学』第236号, p. 49-71.

が開かれたが、その発起人はブリュックナーであった[37]。もっともその後にまで触れるなら、やがて事情は一変した。さらに年若く学問伝統の刷新に燃えた世代が擡頭するにつれて、ブリュックナーはむしろ保守的な領域への傾斜を強め、部分的には激しい対立にまで発展した。それはそれで学界全体のバランスの面もありはするが、この時点では齟齬はなお兆し程度に過ぎなかった。ともあれ 1970 年前後には、フォークロリズムの概念は、民俗学が当時の状況のなかで抱えていた諸問題との取り組みに対する一般的な刺激としてはたらいたのである。

バウジンガーによるフォークロリズム概念への一層の関与

しかし、このテーマを最も深く考察したのは、やはりヘルマン・バウジンガーであった。それは特に、次に書かれた主著の一つ『民俗学——上古研究から文化分析へ』(1971 年) においてであった。これは前著『科学技術世界のなかの民俗文化』(1961) で独自の視点を確立したバウジンガーが、民俗学の一般的なあり方とのいわばすり合わせを試みた性格にあると見ることもでき、その点では概説書と言ってもよい。しかし、衣食住や族制や家屋といった民俗学を構成する個別分野に区別けする通常の概説書の体裁ではない。重点は、原理的なもの、すなわち専門分野を成り立たせるための基本概念を見直すことにおかれている。そうした性格にある著作のなかで、フォークロリズムが正面から取り上げられたのである。正面から、と言うのは、4 章 18 節から成る全体のなかで、二つの節がフォークロリズムを見出しに掲げている

---

[37] ワークショップについては、ブリュックナーによる呼びかけの回状とそれへの関係者たちの応答、そして発表と討議の記録、また閉会後に民俗学界の内外から寄せられた反応(新聞記事を含む)が謄写版印刷で 330 頁余の一書にまとめられている。参照、*Falkensteiner Protokolle*, bearbeitet und herausgegeben von Wolfgang Brückner. Frankfurt a. M. 1971.;なおこのワークショップについては、その討議を参観された坂井氏が、早い時期に日本民俗学会の機関誌に報告を寄せておられる。参照、坂井洲二「西ドイツの民俗学における新しい動向」1971『日本民俗学』第 77 号、p. 54-61.

からである。第三章「残存物、そこから何が生じ得るか」の第 2 節「ツーリズムとフォークロリズム」と第 4 節「フォークロリズムと文化産業」である[38]。付記するなら、これ以後もバウジンガーが関係するところでフォークロリズムが取り上げられていったが[39]、基本的な考察はこの概説書の意義が大きい。

そこでの 2 つ節のうち、前者はその関心の方向において注目すべきものがある。すでにハンス・モーザーの 2 篇の提唱論文においてもツーリズムの面からフォークロアの変質が取り上げられていたが、バウジンガーもこの術語の下でその方向を改めて考察した。因みに、同時期には、文化人類学の分野でもいわゆる観光人類学が始まっていた。両分野には連携はなかったろうが、期せずして同じ種類の関心がそれぞれに学問化の過程に入っていたのである。

また「フォークロリズムと文化産業」の節については、『日本民俗学』誌上の拙論では、そこからエピソードを引いてバウジンガーの考察を紹介した[40]。特に、19 世紀の 70 年代にヴィルヘルム・ハインリヒ・リールがオーバーアマガウの受難劇に対して投げた批判と、ちょうど 100 年後にバウジンガーがそれに対して行なった整理を対比させた。やや図式化になることを承知の上で、フォークロリズムを分かりやすく解説することに重点を置いたのである

---

38) Hermann Bausinger, *Volkskunde. Von der Altertumsforschung zur Kulturanalyse*. Darmstadt 1971, 2. Aufl. Tübingen 1979. Kapitel III. "Rellikte - und was daraus werden kann", 2. "Tourismus und Folklorismus", 4. "Folklorismus und Kulturindustrie" ［補記］次の拙訳を参照、ヘルマン・バウジンガー（著）『フォルクスクンデ　上古学の克服から文化分析の方法へ』文緝堂、2010、第 3 章第 2 節「ツーリズムとフォークロリズム」(p.170-190)、同第 4 節「フォークロリズムと文化工業」(p.207-222)。

39) テュービンゲン大学民俗学科の教授陣が中心になって 1980 年代半ばに編まれた論集『モダンのなかの民俗文化――経験的文化研究の諸問題とパースペクティヴ』はバウジンガーの 60 歳の記念論集の性格にあるが、そこで設けられた 9 項目のテーマの一つとしてフォークロリズムが挙げられ 3 篇の論文が収録されている。参照、Utz Jeggle, Gottfried Korff, Martin Scharfe, Bernd Jürgen Warneken (Hrsg.), *Volkskultur in der Moderne. Probleme und Perspektiven empirischer Kulturforschung*. Reinbek b. Hamburg (rororo) 1986; S. 347-390 "Folklorismus".

40)「フォークロリズムの生成風景」2003『日本民俗学』第 236 号 , p. 3-19. 本書所収。

が、素直に受けとめてもらっていたなら、フォークロリズムがいわゆる〈フェイクロア〉と同致する迷い込みには至らなかったであろう[41]。

ここでは、すでに取り上げたリールに因む話題を繰り返すのは避け、むしろ〈文化産業〉に触れておきたい。すでにこの術語が背景の事情を指し示しているが、バウジンガーの理論形成に大きな意味を持ったのは、テーオドル・W・アドルノの大衆文化論であった。マックス・ホルクハイマーとの共作になるその『啓蒙の弁証法』[42]が刊行されたのは 1947 年である。戦後まもない時期で、あたかも大戦末期に徴兵され捕虜収容所を経て帰還し、大学での勉学を始めたばかりのバウジンガーが非常な刺激と糧を得たのがこれであった[43]。もちろん刺激も糧もそれだけではなかったろうが、社会学におけるフランクフルト学派の斬新なものの見方や論法は、敗戦直後のドイツの価値基準が逆転をきたす状況下で、21、2 歳の青年が吸収したときには、浸透にはきわめて深いものがあったであろう。事実、その脈絡から言えば、バウジンガーの仕事はアドルノの思索を民俗学に活用したと言ってもよいくらいである[44]。

---

41) フォークロリズムに関する日本での議論を改めて追跡すると、かなり早い時期に関心を示した一人である八木康幸氏が〈フェイクロア〉に引き寄せて理解し、さらに伊藤幹治氏がそれを踏まえて論陣を張った流れがみとめられるが、そこで示された見解に疑義があることは前節で指摘した。
42) Max Horkheimer / Theodor W. Adorno, *Dialekt der Aufklärung*. Amsterdam 1947, 邦訳、徳永恂（訳）『啓蒙の弁証法 哲学的断想』岩波文庫 2001.
43) バウジンガーの捕虜生活のエピソードや戦後の読書歴については、氏から直接うかがったことがある。それに直接重なるのではないが、バウジンガーのプロフィールを伝えるものとしては最近次の対話集が編まれている。参照、*Ein Aufklärer des Alltags. Der Kulturwissenschaftler Hermann Bausinger im Gespräch mit Wolfgang Kashuba, Gudrun M. König, Dieter Langewiesche und Bernhard Tschofen. Mit einem Vorwort von Bernd Jürgen Warneken*. Wien-Köln-Weimar 2006.
44) 民俗学を専門学として成り立たせる上でバウジンガーが呈示した最初の体系的な考察では、アドルノの影響と、それを民俗学の学史を踏まえて練り直したことが随所にうかがえる。参照、ヘルマン・バウジンガー（著）河野眞（訳）『科学技術世界のなかの民俗文化』文楫堂 2005.

アドルノと文化産業の概念

　もっとも、アドルノもホルクハイマーも、著作やそこで言及される文献から推す限り、民俗学についてはほとんど識知するところがなかったようである。しかし、考察の主要な対象が大衆文化である点では、民俗学に接していたとは言えるであろう。そうした大衆文化への対象設定と、（客観的に見れば）マイナーな分野である民俗学が死角にとどまっていたことは、ヴァルター・ベンヤミンにおいても同様であり、さらに遠くフリードリヒ・ニーチェにも当てはまる。アドルノとホルクハイマーでは、民俗学はもとより文化人類学についても、その特有の術語は正面から扱われるのではなく、修辞的に用いられるに過ぎない[45]。しかし、立場を替えて民俗学から見れば、大衆社会の様相をめぐる思想的営為は、民俗学がどこかで取り組まなければならないものであった。なぜなら、民俗学は、歴史に（善悪はともかく）存在感を発揮した諸個人を追うのではなく、無名者たる庶民・平民・普通人の営為に光を当てて意義と意味を明らかならしめることを特質とすると説かれてきたからである。その無名の多数者とは、近・現代においては、大衆がそれに当たるであろう。人間の特定のあり方が大衆と呼ばれるようになったときには、それはすでに民俗学の対象ではあり得ないとして放棄するならともかく、（名残りであると現存であるとにかかわらず）大衆社会にも民俗事象がみとめられるとするなら、大衆に焦点を当てて論じてきた学問の系譜との関わりは、

---

[45] たとえば次の一節では文化人類学や民俗学の術語が比喩的に用いられているが、特殊な箇所ではなく、その文体の見本とみなすことができる。〈誰もがサラリーマンになり、サラリーマン文明の中では、さなきだに怪しくなっている父親の権威は地に堕ちる。会社であれ、職業集団であれ、政党であれ、またそれへの加入の後先を問わず、結社組織に対する個人の態度には、大衆を前にした指導者、恋人を前にした求婚者のジェスチュアと同じく、本来マゾヒズム的な様相が浮んでいる。こういう社会に対する道徳的適合性を繰り返し新しく立証するために、誰しもとらざるをえない態度は、氏族への入会式にあたって祭司に打たれながらも、つくり笑いを浮べてぐるぐる廻っている子供たちを想い出させる。晩期資本主義においては、生存するということは不断の通過儀礼なのだ。……〉（徳永恂［訳］『啓蒙の弁証法』p. 313.）。

民俗学にとっては避けては通れない課題のはずであった。事実、その課題への意識は実行されずにはすまなかった。ここではその流れを追わないが、事例を一つ挙げるなら、第二次世界大戦直後のドイツ語圏の民俗学界に現れたリヒァルト・ヴァイスの『スイスの民俗学』[46]がそうである。そこでは、民俗事象を過去のものと見た上で、それに現代の〈大衆〉の行動が項目ごとに対置される。すなわち、民俗事象が民俗事象として機能していたときの民謡に対して大衆社会の流行歌、同じく民俗行事とスポーツ、民俗衣装とファッションといった対比である。ヴァイスの著作は大作でもあり、方法論においても個別事項においても興味深い考察に富んでいるが、現実の状況を大衆社会として受け入れ、そこで起きる民俗学の可能性については解答を保留したところがあった。つまり、大衆社会に民俗事象はみとめられるのかどうかという設問であるが、それはまた、そもそも民俗事象とは何かという問いとなって返って来るのであった。このヴァイスの事例は、民俗学が大衆社会を射程においたときの取り組みの一例であるが、これをも重要な里程標として、その種類の問題意識はそれはそれで継続していた。それを考えると、バウジンガーがアドルノとホルハイマーの大衆社会論を学んだのは決して突飛ではなかった。あるいは、種々の大衆社会論のなかで、アドルノとホルクハイマーのそれに着目し、そこから独自の行き方を探り出したことがバウジンガーの独自性であった。これを言うのは、1950年代には、ナチズムとの相乗というかたちで限界と欠陥が白日の下になった民俗学を練り直すために、哲学・思想の分野に目を向ける動きが新しい世代に起きていたからである[47]。

　バウジンガーの論述をたどると、アドルノに特有の用語や論法がいたるところに見受けられ、影響の強さは明白である。しかし、同じであるかと言うと、そうではない。微妙に異なるどころか、その相違は明らかでもある。ここで取り上げる文化産業もその一つに他ならない。文化産業は『啓蒙の弁証法』のなかでも大衆文化論として特に重要であるが、そこでの基本的な視点

---

46) Richard Weiss, *Volkskunde in der Schweiz*. Zürich 1947.

のとり方は、序文に直截に表明されている[48]。

　「文化産業」の章［IV］は、啓蒙が、映画とラジオのうちに典型的な表現を見出すようなイデオロギーへの退化してゆくことを示す。この場合啓蒙の占める位置はどこにあるかといえば、それはとりわけ製造と普及の技術と効果の計算のうちにある。だが本来の内容からすればイデオロギーとは、現存のものと技術を操作する権力との偶像化という意味しか持たない。この喰いちがいを処理するにあたって、われわれは文化産業というものを、それが自ら受けとってもらいたがっているよりは、もっと真剣に受けとめる。商売だから儲けることも考えなければならないとか、穏当な線を守るのが大事なんでとかいうことが永らく虚偽に対して責任を回避する逃げ口上となってきたのだから、われわれの分析はあくまでも、客観的に制作品に内在する要求、つまり作品は本来美的形象であり、それでもって形成される真理でなければならない、という要求を固守する。われわれの分析は、この要求が社会的怪物に対してはいかに無効なものであるかを証明する。文化産業についての章は、他のどの章にも増して断片的である。

　〈文化産業〉（Kulturindustrie）という言い方自体が、〈社会的怪物〉に対する論者たちの否定的な視点を映している。これまでにも解説してきたことだ

---

47) 1950年代には哲学・思想界への注目は決して孤立した作業ではなく、民俗学の一角におけるテーマであった。その一人として、バウジンガーと同世代のヘルムート・メラー（Helmut Möller）を挙げておきたい。また次の学史解説は、バウジンガーやメラーの作業が形をとり始めた頃の評価を含んでいるものとして興味深い。参照、Mathilde Hain, *Volkskunde und ihre Methode*. In: Deutsche Philologie im Aufriss, hrsg. von Wolfgang Stammler, Bd. III, 2. Aufl. 1962, Sp. 2547-2570.）次の拙訳を参照、マティルデ・ハイン「ドイツ民俗学とその方法」(1) 昭和62（1987）年12月　愛知大学文学会『文学論叢』第86輯、p. 146-123. 同（2）：昭和63（1988）年3月 同第87輯、p. 190-169.
48) 徳永（訳）『啓蒙の弁証法』p. 16-17.

が[49]、文化（Kultur）と産業（Industrie）は少なくとも伝統的には相容れない概念である。なぜなら文化は人間の個性の輝きだからであり、それに対して産業、とりわけインダストリーと呼ばれる生産と販売の形態は大量かつ規格化の故に文化と呼ぶには違和感がつきまとうのである。もちろんそこには、企業戦略なる計算も走っている。『啓蒙の弁証法』のその章は、そうした違和感を論理化したものと言ってよい。しかも文化あるいは人間の製作にかかるものは〈美的形象であり、それでもって形成される真理でなければならない、という要求を固守する〉と宣言している。しかしその視点に立てば、目前に広がる大衆文化は否定的に見えてくる。そこに走る論理への重要な発見を含みつつも、否定的にならざるを得ない。文化に関わるあらゆる作品は制作という行為そのものに内在する矛盾が避けられないが、その解決の仕方については、傑出した個性にモデルをもとめることになる。

　死の床にあったベートーヴェンは、「こいつは金のために書いている」と叫んで、ウォルター・スコットの小説を投げつけながら、それでいて同時に、市場への絶縁状とでも言うべき最後のクァルテットを換金するに当たっては、なおしたたかで頑固な商売人という面を見せたという。この挿話に見られるベートーヴェンは、市民藝術における市場と自律の対立を統一する格好の実例を提供している。ベートーヴェンのように、矛盾を自分の創作の意識へと取り込む代りに、それを蔽い隠してしまう藝術家たちは、それこそイデオロギーへと転落する。ベートーヴェンは、はした金をなくした怒りにかられて即興曲をつくったし、世間の圧迫を我が身に負うことによって、かえってそれを美的に止揚しようとした、あの形而上学的な「かくあるべし」（Es muß sein）という曲名も、お給金を値上げしてくれという家政婦の要求から思いついたという[50]。

---

49) 拙論「フォークロリズムの生成風景」では次のような解説をほどこした。参照、拙論「フォークロリズムの生成風景」（本書 p.105-106）。

天才をめぐる片々たるエピソードを成り立たせているのは、創造における個性を片時も忽せにしない思想である。それはルネサンス以降のヨーロッパ文化への自負であり、論者たちの面目躍如と言うべきだろう。それに対して、目前の大衆文化は、口をきわめて貶められる。

> 映画では、全体としての文化コンツェルンのための宣伝が行われ、ラジオでは、文化財の存在目的たる商品が一つ一つ吹聴される。50セント払えば100万ドル映画も見られるし、10セントでチューインガムも手に入るが、その背後には世界のあらゆる富があり、その売行きで富はさらに強化される。もちろん銃後では売春行為は許されはしないのだが、人気投票によって兵士たちの恋人が現地にいなくても選び出される。世界最高の——じつはそうでもない——楽団が、無料で家庭へ提供される。こういったすべては、「怠け者の天国」のパロディである。ちょうど民族共同体なるものが、人間的共同体のパロディなのと同じように[51]。

映画の製作システムやチューインガムや故国を離れた戦場の兵士への配慮などの指標によればアメリカの大衆文化が話題になっているのは明らかだが、そこに差しはさまれた〈民族共同体〉（Volksgemeinschaft）の語がナチス・ドイツの標榜にかかることを踏まえている以上、これは正しく呪詛である。大衆文化に作動する論理が解きほぐされてはいても、まるで犯罪者組織の解明のようなものであった。もっとも、アメリカがナチス・ドイツを打倒して解放者として登場する状況のなかで、西洋文化の強大な申し子としてのアメリカをヨーロッパ文化の側から論評することは挑戦的でもあれば必然性を持ってもいたのであろう。

こうして見ると、アドルノの観点と論法の有効であることを知ったとして

---

50) 徳永（訳）『啓蒙の弁証法』p. 321.
51) 徳永（訳）『啓蒙の弁証法』p. 318-319.

も、活用するにはハードルがあったであろう。

フォークロリズムと文化産業

バウジンガーはどのような視点をとって臨んだのであろうか。この点で注目すべきは、バウジンガーが、1971年の著作においてフォークロリズムを文化産業の一部として説明したことである[52]。

　フォークロリズムは文化産業の構成部分である、という言い方には、もちろん多少の説明が必要であろう。この文化産業（Kulturindustrie）の概念は、1947年にアドルノとホルクハイマーによって導入された。彼らは、当初の〈大衆文化〉こ（Massenkultur）に代えてこの術語を用いたが、それは、問題になっているのが〈大衆のなかから自発的に沸き起こった文化〉すなわち〈民衆藝術（Volkskunst）の現在の形態〉ではないことを明らかにするためであった。アドルノによれば、民衆藝術に対して、大衆消費を見込んだ商品の計画的生産はまったく相容れない。文化産業は、科学技術が可能にしたものを使いこなして、大々的に白痴化を推進し、幾百万人の人々を自己の水準につなぎとめ、それによって社会的な〈求心性〉を図るとされる。もっとも、科学技術の側面は、一般的にフォークロリズムとして特徴づけられる諸現象にとっては、部分的に妥当するにすぎない。一例を挙げれば、先にもふれたふるさと映画であるが、これについて、アドルノは、こう記す。〈映画がお祭りさわぎで取り上げるような構図を生きのびるふるさとなどはなく、同じく映画の栄養源である全ての代替不能なものも代替可能なのである。〉しかしフォークロリズムについては、さらに理解が進められよう。私たちの現代においてフォークロアは一般的には僅かにフォークロリズムという突然変異の形態においてだけ現れるとのテーゼから出発するなら、フォークロアは、生産や販売といった外形を持ち得ないこ

---

52) Bausinger, *Volkskunde*, S. 196-197.

とになる。むしろ、フォークロリズムは、経済構造が生産や営業の分野で直接把握できるだけでなく、その（＝経済構造の）社会的、それと共に文化的作用がさらに先へ延びてゆく事例である。フォークロリズムは、相反的事象（Konträrphänomen）である。それは、一面では（ヴォルフガング・ブリュックナーが特徴として挙げたように）〈二次的かつ管理された民俗世界〉である。同時に他面では、管理されてはいず、原初的で、自発的で、自生的な外観がついてまわるがゆえに、効果をもつのである。それを、アドルノは、エリート的な性格のフォークロリズム運動、（もっとも、その思想や目的が非常にポピュラーになった運動であったが）に焦点をあてて指摘した。〈音楽関係者〉について見た青少年運動がそれで、アドルノは、こう批判した。〈管理された世界が拡大すればするほど、こういうのも悪くはないといった慰藉をあたえてくれる催しものが、一層好ましくなる。社会性による蹂躙を受けないものへの憧れが、いつしかそうしたものの実在する姿やその極美な本質と取り違えられるようになる。〉

かかる連関は、一般的には、異論の余地がない。しかし、民俗学のなかでは、しばしば別のニュアンスを帯びる。つまり、〈一層好ましくなる〉の代わりに、〈一層必然的になる〉と言えるのではなかろうか。この問いは、多くの次元を含んでいる。一つには、〈必然性〉をいわば統計から見ることが促されよう。第二は、ここにはさらに次の問いが含まれことである。人間が逸れた歩みをするとしても、組織され尽くした、科学技術化され尽くした、疎遠でしかない存在への反対世界へと逸れてゆくことには、それはそれでポジティヴな意味があるのではないか、との問いである。

大衆文化はアドルノによって文化産業と言い換えられ、それによって大衆文化の様態がより明白なったわけだが、それを踏まえて、フォークロリズムは文化産業の部分との理解がなされている。その際、文化産業の部分であることは、決して稀な現象すなわち突然変異ではないともされる。むしろそれは一般性を帯びるとして、その因由として広い背景が論じられる。因みに、

ナトゥラリズムとシニシズムの彼方（2007〜2009）

バウジンガーは、この引用に先立つ箇所で、フォークロリズムの〈遍在〉（Ubiquität）という言い方までしている。つまり、今日、次世代 IT 社会のスローガンとして耳にする〈ユビキタス〉である。

　アドルノの文化産業は、直接的にはアメリカの大衆文化が主要な対象であるために、フォークロアの要素は周辺的に現れるに過ぎないが、それ自体は無理からぬものである。つまり、文化産業としての映画の考察の際に、その一種類としてふるさと映画（Heimatfilm）に言及される程度である。つまり、アルプスの自然や牧歌的な風景に重点がおかれたジャンルで、ドイツ映画では大きな比重を占めてきたジャンルである。因みに、ふるさとらしい光景について多くの人々が共通のイメージを持つようになる上で、〈ふるさと映画〉の影響が大きかったことを、バウジンガーは早くから論じてきた[53]。それはまた〈ふるさと〉（Heimat）の観念の画一的な広まりに関する考察の一部でもある。ふるさと映画の名称で呼ばれるフィルムの種類はドイツ映画では数量的に大きな割合を占めるが、日本ではあまり封切られてこなかった。名作がほとんどなかったのと嗜好の違いのためで、その点では日本の赤穂浪士ものや水戸黄門漫遊記ものや捕物帖シリーズなどが国内での安定した人気にもかかわらず少数を除いて外国には紹介されずにいるのと似ている。わずかにフリードリヒ・ムルナウの監督作品『ファウスト』（1926）やレニ・リーフェンシュタールが女優として出演した『聖山』（1926）などがその一面を見せている。

　しかしそのものずばりの、ほとんど古典と言ってもよいほどの位置を占め

---

53) バウジンガーのふるさとへの考察については次を参照，バウジンガー（著）河野（訳）『科学技術世界のなかの民俗文化』第 2 章 4 節「ふるさと」（p.128-140.）；また民俗学の観点からふるさと映画をテーマにした研究では、テュービンゲン大学においてヴォルフガング・カシューバ（現在はベルリン大学教授）がバウジンガーの理論を土台にして推進した次の共同研究がある。参照，Wolfgang Kaschuba (Hg.), *Der deutsche Heimatfilm. Bildwelten und Weltbilder. Bilder, Texte, Analysen zu 70 Jahren deutscher Filmgeschichten.* Tübingen 1990.

る作品をあげるなら、たとえば『鷲娘ヴァリー』であろう。原作は19世紀後半・末の女流作家ヴィルヘルミーネ・フォン・ヒラーンの小説『鷲娘ヴァリー、チロール・アルプス奇譚』で、素材は、インスブルックで活躍した女流画家アンナ・クニッテルが、少女期に、子羊を襲う鷲を駆除するために崖にロープを掛けて鷲の巣から雛を取って生計を助けていたエピソードに因むとされる。ヒラーンの小説では、鷲の雛を育てている富裕な農家の娘が、父親の決めた家柄の釣り合った男との結婚を嫌い、貧乏な狩人と恋仲になったため、山中に追われ鷲と共に暮らすが、ややあって秘かに山を抜け出して、嫌った男や恋人の様子をつぶさに知ることになり、幾つかの事件を経て、父親の死後、財産を相続し恋人と結ばれる。——最初の映画化は1921年であったが、特に有名なのは1940年のハンス・シュタインホフの監督作品である。ナチズムの〈血と土〉イデオロギーと娯楽映画としての高い完成度との混合とされる。なおシュタインホフの監督作品が今もリメイクにあたって範とされる副次的な理由には、キス・シーンの映画化の歴史に記憶される一作ということもあろう。ヒロインが誰にキスをゆるすかをめぐって村祭りを背景に恋敵のあいだの騒動と幾つかの間接的なキス・シーンが組みこまれており、特に恋人どうしが唇を重ねる間際まで撮られたシーンが有名で、この作品のイメージと分かちがたいものとなっている。2005年の5度目の映画化のポスターもその実現寸前の場面であったが、現代ではほほえましくノスタルジーを誘うということであろう。もっともナチズムとの重なりという問題もあり、主演のハ

映画「鷲娘ヴァリー」(1940年)のポスター

イデマリー・ハタヤーはデビューして間もないこの作品によって〈野生のヴァリー〉のニックネームを得て一躍スター女優となったが、戦後数年間はナチス嫌疑を受けて映画出演を禁じられた。これはほんの一例であるが、〈ハイマート・フィルム〉は、映画だけでなく、演劇やテレビ・ドラマのかたちで今も人気を保っている54)。

なお誤解を避けるために言い添えれば、この種の映画は必ずしもナチズムやナショナリズムと結びついているわけではなく、それぞれの時代ごとに工夫がこらされてきた。数々の娯楽映画を手がけたハンス・デッペが戦後の空気がまだ残る時期に撮った『白いリラがまた咲くとき』(1953) などは、さしずめ日本の『君の名は』にあたるように位置にあって、テレビ・ドラマとしてリメイクも行なわれている。なお映画のタイトルとなった主題歌は1920年代末の流行歌の活用で、日本語では「すみれの花咲く頃」である。

---

54)『鷲娘ヴァリー』(Die Geierwally) の原作者ヒラーン (Wilhelmine von Hillern 1836-1916) の小説『鷲娘ヴァリー、チロール・アルプス奇譚』(Die Geier-Wally, Eine Geschichte aus den Tyroler Alpen. 1875) が素材としたのはチロールのレッヒ谷出身の女流画家クニッテル (Anna Stainer-Knittel 1841-1915) で、映画によって関心が高まり、近年もその人生歴が回顧されている。参照, Helga Reichart: Die Geierwally. Leben und Werk der Lechtaler Malerin Anna Stainer-Knittel. Innsbruck, 1991. なおヒラーンの小説は、映画より早く1892年にはオペラにもなっていた。1940年の映画化は監督ハンス・シュタインホッフ (Hans Steinhoff 1882-1945)、出演:(ヒロイン役) ハイデマリー・ハタヤー (Heidemarie Hatheyer 1918-90)、(恋人の狩人ヨーゼフ役) ゼップ・リスト (Sepp Rist) 他で、主演女優ハタヤーは〈野生のヴァリー〉(Die "wilde Wally") のニックネームで知られ、戦後も長く活躍した。; ハンス・デッペ (Hans Deppe 1897-1969) の監督作品『白いリラがまた咲くとき』(Wenn der weiße Flieder wieder blüht.1953) については次を参照、Robert Amos (Hg.): Mythos Romy Schneider-Ich verleihe mich zum Träumen. Stuttgart 2006, S.288.；主題歌「白いリラがまた咲くとき」(すみれの花咲く頃) は作詞フランツ・ロッター (Franz Rotter 1900-84)、作曲フランツ・デレ (Franz Doelle 1883-1965) による1928年の作で、日本に知られたのはフランス経由 (シャンソン) だったらしい。

ポジティヴな民衆文化

　アドルノが文化産業という形で大衆文化の仕組みを抉り出したことは大きな意味をもっていた。それは、資本と販売戦略と消費によって作り出されるシステムであり、そこでは資本の側からの徹底した計算がはたらいているのであった。それは娯楽産業において端的に現れる[55]。

　　文化産業の地位が確固としたものになるにつれて、消費者たちの欲求は文化産業によって一括して処理されるようになる。消費者の欲求を文化産業は作り出し、操縦し、馴致し、娯楽そのものを没収することさえできるようになる。そうした文化的進歩を妨げるものは、そこにはまったく存在しない。だがこういう傾向は、市民的・啓蒙的原理としての娯楽の原理そのものに内在してもいる。文化産業が大衆に対して、題材によって描かれた作品を、また描かれたご馳走によって複製印画技術を、さらに絵に描いた；プディングによってプディング・パウダーを宣伝するとすれば、そしてそういう形で娯楽へのニーズがあまねく産業によってつくり出されるとすれば、娯楽には、いつもすでに偽物の押し売りめいた要素が、セールスマンの科白や縁日のテキ屋の呼び声がつきまとうのは見逃しようもない。しかし商売と切っても切れない関係にあるのは、もともと社会の弁護という性格を持つ娯楽の本質なのだ。浮かれているということは現状を承認していることだ。それはただ、社会の動きの全体に対して目をふさぎ、自己を愚化し、どんなとるに足らない作品でもそなえているはずの、それぞれの枠の中で全体を省みるという逃げることのできない要求を、最初から無体にも放棄することによってのみ可能なのだ。楽しみに耽るということは、いずれにせよ、「それについて考えてはならない。苦しみがあっても、それは忘れよう」ということを意味する。無力さがその基礎にある。しかしそれが主張するような悪しき現実からの逃避なのではなく、残されていた最

55）徳永（訳）『啓蒙の弁証法』p. 296-297.

後の抵抗への思想からの逃避なのである。娯楽が約束する解放とは、思想からの解放であり、また否定からの解放なのである。……

　大衆が文化産業に操縦され、骨抜きにされる仕組みが延々と熱っぽく説かれる。そうした側面があることは確かであろう。そこではまた、おそらくアメリカの娯楽産業を描きながら、そこに労働者へのレクレーションをはじめて大規模に導入したナチス・ドイツの政策が重ね合わせられていると思われるが、そうであるとすればまことに挑発的である。アメリカの巨大な娯楽産業とナチス・ドイツの国営映画会社や翼賛化された労働戦線の「歓喜力行」協会の共通性を間接的にせよ指摘するのは今日でも忌避感がはたらくことがらである。大衆社会における一般的な娯楽は仕組まれた性格を濃厚にもつことは確かである。しかしその危険の淵で、なおそこにとどまらない要素があることも看過するわけにはゆかない。

　それを言うのは、受容者は必ずしも商品提供者の操り人形にとどまるわけではないからである。独創が人間の尊厳であることは間違いないであろうが、受容する者が没個性と決めつけることもできない。これは一般的な論題であると共に、ドイツ民俗学の学史のなかで散々論じられてきた経緯がある[56]。すなわち、民俗はどこで発生するのかというテーマに絡んで行なわれた論議である。その推移を追うことはここでは措くが、独創的な発明者とそれを受容する非個性的な多数者という図式の不毛であることは十分すぎるほど明るみに出されることになった。それは常識的にもそうであって、受容は同時に積極的な行動の側面を併せもっている。音楽の同じ曲でも、聴く人の数だけ聴き方があり、歌謡曲を歌う人は作詞者や作曲者やプロデューサーの思い通りに心理を操縦されているわけではない。

---

[56] 次の拙著ではドイツ民俗学界で20世紀初めから数十年にわたって行なわれた論争を整理し論評を加えた。参照、河野『ドイツ民俗学とナチズム』創土社2005、特に第一章「民俗学における個と共同体」。

バウジンガーは、受容における能動性をさまざまな形態を挙げて、それを民衆文化の構造のなかに位置づけた。たとえば子供の命名について、ヴィルヘルム・ハインリヒ・リールは、既に今日の趨勢と見てもよい動静に注目すると共に、非難を浴びせた。(その非難はアドルノにおけるのと似ている面もあるが)それを取り上げてバウジンガーはこう述べる[57]。

　ヴィルヘルム・ハインリヒ・リールは、その著作のなかで、〈平準化され、軟弱にされた〉文化のなかで起きているこのメリハリの無さを酷評した。……一例を挙げるなら、著作『家族』のなかで、名前の付け方について踏み込んだ論述を行なった。すなわち、市民的世界では、命名における〈無際限な追随ぶりは混迷の域に入っている〉と言う。そしてこう述べる。
　〈あらゆる時代のあらゆる国民の名前に手を伸ばす有様であり、しかもどれを選ぶかは、偶然や個人の好みによるのである。名前はもはや人格や家族や身分や職業を表すものではなくなっている。純粋な記号になり下がったのである。たとえば実直な仕立屋までが、自分の子供にアーテルスタンとか、ジャン＝ノエとか、さらにナターリエ、ザイール、オリガ、イフィゲーニエといった名前を付けるとなると、これらはもはやナンバーを振っているのと基本的には同程度の価値しかない。それらの名前は、ここでは血の通わない数字と少しも変らないのだから。〉
　もちろん、この事例は、労働者や村落民衆のあいだで今日つよく見られる習俗にも容易に重ねあわせることができる。戸籍課への届け出を概観するなら、これらの人々のあいだで、たとえば映画や流行歌に登場する名前が影響力をもっており、またそれ以外にも〈ありあらゆる時代や民族〉なる武器庫から名前の調達が現になされていることが判明する。要するに、すべての民俗物象と同様、名前もまた〈転用可能〉なのである。もちろん今日でも、昔から伝承されてきた名前や、風土に密着した名前や、家族の

---

57) バウジンガー(著) 河野(訳)『科学技術世界のなかの民俗文化』 p. 107-109.

あり方と結びついた名前への立ち返りもないわけではない。しかしそうした場合も、それは、広大な転用可能性のなかから、多かれ少なかれ意識的に選択されたのである。したがって、全体として見れば、昔とは異なっている。そして正にこの点において、リールとは逆の判断を下さなければならない。すなわち、そうした選択の可能性のゆえに、名前が番号と同じになってしまうことが防がれるのである。〈偶然や個人的嗜好〉は、個体を超えた慣行の継承力に背を向けるものとして否定的にみるだけでなく、非人格的な禍々しい暗黒に対抗するものとしてポジティヴな面からも評価しなければならない。

今日でもいかにも職業を表すような、あるいは由緒ある家系であることを示すような名前がつけられることもありはするが、それらも伝統の自ずからの継続というよりは意識的な立ち返りであり、それゆえ立ち返りもまた多くの場合個人的な選択なのである。しかも同じことは、科学的な技術機器や工場製品を選択する現実の状況にもあてはまる。乗用車やオートバイの車種や仕様が多彩であるのは、消費者の嗜好がどれほど多種多様であるかを示している。決して、資本やメーカーの企画と計算がすべてであり、消費者はひたすら追随し従属するといった関係ではない。工場製品とメーカーの絶えざる淘汰は、生産者と消費者の対話的関係とその緊張を表している。たしかに目に見えないところで巨大な生産機構の尊大で勝手な目論見が機能していることもあろうし、それはしばしば政治や行政と組み合わせになっているのであろう。その点では、民衆文化は常に部分的でという制約を負ってもいる。しかし封じ込められてはいないのである。この点についてバウジンガーは、言語使用の基礎的条件に因んで次のように述べている[58]。

これまで永く言われてきた言い方によれば、〈労働者〉は300語でやって

---

[58] バウジンガー（著）河野（訳）『科学技術世界のなかの民俗文化』p. 251.

ゆくが、大学教育を受けた人は3000から4000の語彙を必要とすることになっている。アードルフ・バッハは、この数字を〈机上の産物〉として退けたが、まことにもっともな処置であった。たしかにそれは尊大に構えた机上の論であり、民衆言語における膨大な同義語とそこでの微細な区分の能力がまったく見落とされている。口　語(方言)には〈語彙の節約〉がはたらいているというヤーコプ・グリムの見解は、やはり間違っていない。とは言え、最近の研究が大きな数字を挙げる傾向にあり(たとえば工業村落の住民の使用言語は約2000といった例など)、また事実そのものもその方向へ動いている面がないではない。つまり、新しいものごとや現実の細分化のために、至るところで言葉の増大と細分化が促されているのである。

　民衆言語の諸形態はバウジンガーの出発点でもあり、それが民俗研究に活かされている。たとえばスポーツ用語のような特殊語彙が日常的な表現に取り入れられて変質する過程の観察や、言い間違いを類型化して、その社会的な機能を解明する試みである[59]。

　これに加えて、人間の活動が多面的あることも看過すべきではない。それは生活のあらゆる局面に言えることでもある。バウジンガーは、ある啓蒙的な講演において、それを近代医学と民間療法を例にとって説明したことがあった[60]。それによれば、近代的な医療設備を備えた病院とそこでの医学知

---

59) スポーツ用語を含む隠語(Jargon 特殊語)の日常語への転換についてのバウジンガーの見解は次を参照、バウジンガー(著)河野(訳)『科学技術世界のなかの民俗文化』p. 257f. また次を参照、ヘルマン・バウジンガー(著)浅井幸子・下山峰子(訳)『ことばと社会』三修社、1980年(Original: Hermann Bausinger, *Deutsch für Deutsche. Dialekt - Sprachbarrierern - Sondersprachen.* Frankfurt. a. M. 1972.)

60) Hermann Bausinger, *Konzepte der Gegenwartsvolkskunde. Vortrag im Institut für Volkskunde der Universität Wien am 24. März 1983.* In: Österreichische Zeitschrift für Volkskunde, NS. 38 (1984), S. 89-106. 次の拙訳を参照、ヘルマン・バウジンガー「現代民俗学の輪郭」愛知大学『一般教育論集』第1号 (1989)、p. 79-94.

識の享受はいかにも現代的な行動であるが、同じ人が、近代医学から見放されたり、そこまで行かなくとも医学治療への不信に襲われたりする場合、宗教にすがり、まじないに走ることは幾らもある。その二つの行動の間には、人それぞれによって壁や仕切りや飛び越しへの葛藤があり、またそれらをデータとして収集して類型化することも可能であるが、全体として見ると、人間は科学的な近代医学と宗教や魔術のあいだを行き来している。どちらかの局面に限定して、今なお民間療法の世界に生きている人々がいるといった風に残存例として挙げることは事態を見誤ることになる。しかし、今日の一般的な生活文化の地平である科学技術世界のなかに魔術がはたらく必然性を理解していなければ、多面的な活動をいとなむ人間を分割する間違いを冒すと言うのである。

因みに〈科学技術世界〉(technische Welt, 英語訳では world of technology)はバウジンガーが措定した概念で、科学技術そのものに対して、科学的な技術機器との交流によってつくられる場を指す。テレビのメカニズムは科学技術そのものであるが、ボタンの操作によるテレビのある生活は科学知識を要しない。両者をつなぐのは〈慣れ〉であり、慣れの過程は、科学技術が生活の場の論理へと変質する構造的な変動でもあるとされる。これについてはバウジンガー『科学技術世界のなかの民俗文化』第1章「〈自然な〉生活世界としての科学技術世界」に詳しい[61]。

アメリカ文化と文化産業を前にした民衆文化

もっとも、バウジンガーの考察は、今日に近い状況を背景にしている。あるいは1950年代にすでに今日につながる脈絡を探り当てたと見てもよい。創造と受容、商品生産と消費者、計算する者と計算される者といった単純な

---

[61] 次の拙論はこれを学生に説明した記録である。参照、「バウジンガーを読む——〈科学技術世界のなかの民俗文化〉への案内」愛知大学国際コミュニケーション学会『文明21』第2号(1999)、p.101-118.

区分や切断は、少なくともある程度成熟した資本主義社会ないしは市場経済のなかでは現実と照応しないであろう。これらへのバウジンガーの考察が切り開いた学知のあり方は、少なくとも民俗学の分野では刷新に大きく裨益した。ここで何度か事例をとったアメリカに発する種類の大衆文化について言えば、バウジンガー自身が指導しておこなわれた研究があるが、いずれも大資本の戦略とそれに無批判に引き込まれ批判の芽まで摘みとられる大衆という図式とはまったく異なった視点である。具体例で特に興味を惹くのでは、1980年代の半ばの〈ジーンズ〉の研究であるが、そこではジーンズというアメリカから伝播した文物をめぐる能動と受動が交錯する受容のダイナミズムが描き出される[62]。

　バウジンガーが方向を示したそうした研究の姿勢は、現代ますます成果を広げている。たとえば、2001年にドイツ民俗学会の機関誌は「ヨーロッパ諸国のハロウィン」を特集したが、ヨーロッパ10カ国における最近の動向をめぐるある程度まとまった比較研究であった[63]。因みに、ヨーロッパでのハロウィンは、ヨーロッパ各国に駐留するアメリカ軍の関係者のあいだでの催し

---

62) ジーンズについては次の共同研究がまとめられている。参照、*Jeans. Beiträge zu Mode und Jugendkultur.* Tübinger Vere. f. Vkde. 1985.（Untersuchungen des Ludwig-Uhland-Instituts der Universität Tubingen, hrsg. von Hermann Bausinge, Utz Jeggle, Gottfried Korff, Martin Scharfe und Bernd Jürgen Warneken, Be. 63.）この論集が興味深いのは、本文に当たるのは若い世代の研究者のモノグラフィー2篇であるが、はじめに民俗学の対象設定をめぐるバウジンガーの序文があり、次いでバウジガー（H. Bausinger）、ブリュックナー（W. Brückner）、ダックセルミュラー（Christoph Daxelmüller）などによる研究方法に関する往復書簡が併せられている。その特異な体裁からも、ジーンズを扱うのは、この時期の民俗学にとっては試行と挑戦であったことが窺える。

63) "*Halloween in Europa*", hrsg. von Gottfried Korff. In: Zeitschrift für Volkskunde, Jg. 97/II (2001), S:177-290.：次の拙訳を参照、ゴットフリート・コルフ（編）「ヨーロッパ諸国のハロウィン」、愛知大学語学教育研究室『言語と文化』16号、第35-38号（2005-06）。

などを除けば最近のことである。節目のできごとを挙げるなら、1997年にエッフェル塔を背景にしたパリのトロカデル広場にフランス・テレコム社がハロウィンの時節に合せて8500個のカボチャを並べたのが、その後の展開への引き金になった。そのアトラクションは、携帯電話の新しい機種の宣伝だったのである。他にも幾つかの企画や要因がはたらいたことは当然であるが、この一連の報告は、その頃から活発化したハロウィンの種々の催しが執り行われる様子を、活動の主催者や、一般社会の反応や、コマーシャリズムの関与などを各国それぞれの報告によって比較するものとなっている。そこで見られるのは、アメリカ渡来の文化との多彩な関わりであって、決して一つの刺激が単一の結果を促すというものではない。各国とも多かれ少なかれビジネスが関与してはいるが、一つの設計図が与えられるのではなく、伝統や新しい工夫が入り混じりながら動きが起きており、その全体が新しいサブカルチャーとなっているのである。

　他にも指標と見てもよいものが数多くあるが、目下の脈絡に重なるものをもう一つ挙げるなら、現在テュービンゲン大学民俗学科の教授であるカスパル・マーゼの一連の研究も注目してよい。その一つ、『ブラーヴォ、アメリカ』と題された著作は、1950年代に当時の西ドイツでアメリカ文化がどのように受容されたか整理している[64]。"BRAVO"は1956年8月に刊行が始まった映画とテレビ番組の週刊誌のタイトルであるが、それを見出しに取り入れて、アメリカ文化が本格的に流入した最初期の様相を描いている。主要な対象は若者文化であるが、そこで描かれる若者たちは決してアメリカの大資本や販売戦略の操り人形ではない。たとえば、アメリカから発信され、50年代の若者を虜にしたロックンロールとそのアイドルたち（とりわけエルヴィス・プレスリー）がどのように西ドイツの文化的状況に定着したかを、雑誌の記事とインタヴューをまじえつつ構成している。そこで著者が描くのは、当時青

---

64) Kaspar Maase, *BRAVO Amerika. Erkundungen zur Jugendkultur der Bundesrepulik in den fünfzigen Jahren*. Hamburg 1992, 2. Aufl. 2000.

少年であった世代の多種多様な反応と参与である。〈文化産業〉とそれへの大衆の反応の実態と言ってもよく、事実、著者は文化産業をアドルノの術語として挙げた上で、その諸要素を具体的に追っている。たとえば大衆、とりわけ若い世代のあいだに潜在する〈反抗〉の要素がロックンロールの流行とも重なりつつ（冷戦体制が厳然として機能した状況下で）文字通りの社会的な反抗ではなくなってゆくこと、しかしまたアメリカに起源をもつ文化産業との関わりが市民社会の成熟を促進させたとの評価を行なっている。これは言い換えれば、大衆、殊に若者たちの自己発見と一般社会への参入、またその要素による社会そのものの変質を特定することである。

マーゼは、研究歴では、ミュンヒェンと東ドイツ時代のベルリン大学で学んだ人で、そのためバウジンガーを中心に展開したテュービンゲン大学の研究方法とは微妙に相違する。しかし経験的文化研究であることを標榜してきたこの数十年の民俗学の手法をこなしている。そうした研究成果を可能にした学問的要因が挙げてバウジンガーに帰するわけではないが、民俗文化の現代の様相への道を切り開いた不可欠の里程標であったことは疑えない。

伝統文化という課題に向かって

以上は、文化産業の概念との関わりでフォークロリズムに注目したのである。フォークロリズムが主要に現代の様相への関心に発した概念であるだけに、現今の文化的状況に向き合ったときに措定された概念である文化産業との関係を明らかにする課題は避けては通れないものであったろう。バウジンガーは、フォークロリズムが文化産業と重なり、その部分であると位置づけることによって、その性格をより明確にした。その上で、考察の重点を、民俗（民衆）文化の論理の側に置いたのである。バウジンガーが自己形成期にちょうど刊行されたアドルノの著作やその後の思想活動に強く影響されたことには触れたが、論法や語法にそれがうかがえるだけに、視点の取り方における重心移動は興味深い。バウジンガーが確立した民俗学の構図は決してその要素からだけで説明できるわけではなく、ドイツ民俗学の学史の洗い直し

に立脚しているところも大きいが、ここでは話題をアドルノの文化産業論との関係に絞ってきたため、最後にそこに限定して図式を示しておきたい。

　その点で分かりやすいのは、術語の組み合わせである。アドルノが大衆文化を対象として文化産業の概念を措定したのに対して、民俗研究者としてバウジンガーは民俗（民衆）文化の仕組みとしてフォークロリズムを配置したのである。もっとも、この民俗（民衆）文化という概念も今日の普及を見ると、民俗学の現代の状況へ対応するため苦肉の策という面があり、使用にあたって意識的であることがもとめられる[65]。先に挙げた企画力や資本を背景にした圧倒的かつ巧緻な文化産業とそれに籠絡され慴伏する大衆という構図は、発展した資本主義社会が社会の安定と人間味に向けて加える種々の修正や配慮にも拘らず常に潜ませている原図の一つではあるが、民俗（民衆）文化に重心を置くと、そこには受動的ばかりではない動きがみとめられる。しかし、民俗学のイメージにあるような民衆の溌剌たる姿を称揚するわけではない。むしろ民衆のなかに連綿と生きつづける原初の健康な力という観念の虚偽性が、ナチズムとの相乗を通じて白日の下におかれたのがドイツの民俗学であった。それゆえ、民俗（民衆）文化の能動性は慎重に点検すべきものであった。その点で、バウジンガーは民俗（民衆）文化は〈模倣の体系〉であるとする[66]。その上での自在な活動として民俗（民衆）文化が展開するのである。しかも、特に現代のそれは基本的にフォークロリズムの観点から理解すべきものであるとされるのである。

　かくして現代の様相に民俗学が取り組む道が切り開かれたが、むしろ問題は、伝統的な要素との関りにある。ハロウィンやロックンロールが民俗学の

---

65) 〈民俗文化〉（folk culture, Volkskultur）という言い方は、邦語も含めて、民俗学の対象設定をめぐる状況変化への対応という面がある。これについては次の拙論を参照、「〈民俗文化〉の語法を問う」愛知大学国際コミュニケーション学会『文明21』第14号（2005）、p. 47-70.（本書所収）。
66) 参照、バウジンガー（著）河野（訳）『科学技術世界のなかの民俗文化』第4章2節「模倣の体系としての民俗（民衆）文化」p. 216-228.

中核的な対象であるかどうかはともかく[67]、古くからの行事や民俗的な儀礼・習俗の保存や復興や、その背景にはたらく心理を解きほぐすのは民俗学の課題以外ではないであろう。その専門学としての厚い領域を覆う通念があり、またそれゆえそこに変化が起きたときには特有の反応が起きる。すなわち、民俗事象は民間で送り伝えられた故習として自然に近しく受けとめられ、それだけに手が加えられたときには違和感が頭をもたげる。それを等分に見つめ、対象を動きのなかでとらえることが必要になる。すなわち、ナトゥラリズムとシニシズムの両者を克服することである。そのための理解が次の課題になる。民俗学にとっての難問は、意外なことに、その金城湯池たる伝統文化に向き合う姿勢だったのである。

4. J. G. フレイザーの民俗理解
——底流としてのナトゥラリズム

民俗事象の理解における大きな特色は、それを自然と接近させて理解する志向であろう。もっとも、それはそれで複合的でもある。さらに敷衍すれば、諸要素が複合して一定の方向への動きを見せるとなれば、そこには当然にも偶然ならざるものがはたらいているであろう。個々の事例についてみるなら、その事例に固有の論理がはたらいていると共に、同時に大きな底流を分有し

---

[67] ここで言及した論者たちもそれを認識しており、いずれも民俗学に広くかかわる考察を併せて進めてきたようである。マーゼには大衆文化を大きな歴史的推移のなかで把握することを試みた次の研究がある。Kaspar Maase, *Grenzloses Vergnügen, Der Aufstieg der Massenkultur 1850-1970*. Frankfurt a. M. 1997.；カシューバははじめ19世紀の民衆文化をレパートリーとし、また現代では EU 時代の民俗学について概説を呈示した。参照、Wolfgang Kaschuba, *Einführung in die Europäische Ethnologie*. München 1999, 3. Aufl. 2006.；ハロウィンの共同研究を主宰したコルフは、初期には巡礼と聖者崇敬とその現代社会のなかでの変化を考察し、その後、博物館学を広く手がけるようになった。

ているということになる。もとより、ここでは、諸事例あるいは諸類型を挙げて点検するわけにはゆかない。そこで、見本の提示も兼ねて、古典的な一例によってその事情を確かめたい。

ジェームズ・ジョージ・フレイザーの『金枝篇』は文化人類学と民俗学の古典として有名であるが、その大著を可能にした観点は、ただいまの文脈とかかわるところがある。しかもそれは、著者自身によって明快かつ直裁に表現されてもいる。大著の第一版の序文は、全体の方法論にもなっている。そこでは、〈誰か、ターナー描くところの「金枝」を知らぬ者があろうか…〉という文学的な香気の漂う印象深い書き出しに先立って「序文」が置かれ、そこで次のような論説を繰り広げられている[68]。

　春期や夏至、また収穫にあたってヨーロッパの農民の行なう通俗的な祭りを長々と解説することになるが、これには弁明を要しよう。農民の信仰と慣習が、その断片的な性格にもかかわらず、アーリア人の原始的宗教について私たちが持っている最も豊富で信ずべき例証であることは、未だ一般に承認されていないだけに、どれほどくり返し述べても言い過ぎではないであろう。事実、原始アーリア人は、その精神的素質と組織において絶滅してはいない。彼は、今日なお私たちの間に存在する。教養ある世界を革新した知的道徳的な種々の甚大な力も、ほとんど全くと言ってよいほど農民を変化させることができなかった。農民は、その秘かな信仰において、ローマやロンドンの今ある場所を大森林が覆いつくし、栗鼠がたわむれていた時代の彼らの祖先たちと少しも異ならないのである。

[68] この印象的な書き出しで始まる第一巻が刊行されたのは 1890 年であった。以来、古典とみなされて版を重ねている。一般的な版として「ペンギン叢書」を挙げる。参照、James George Frazer, *The golden bough: a study in magic and religion*. London: Penguin 1996; 邦訳では抄訳が数種類があるが、主に次を参照した。 フレイザー（著）永橋卓介（訳）『金枝篇（一）』岩波文庫　1951, 1966（第 3 版改版), 1977（第 16 刷）、p. 7-8.

大著が次々に繰り出す目も綾な事例に読者は幻惑され、その基本がどのようなものであるかには却って注意が向かわないきらいがあるが、実際には、論者は冒頭に方針を提示している。それを今改めて取り出してみると、その観点が奇妙なものであることに気づかないわけにはいかない。農民のあいだで行われている種々の信仰的な行事、すなわち民俗行事と言ってもよいだろうが、それらは上古から変わることなく連綿と継続し、アーリア人の昔を今にまざまざと伝えている、と言うのだ。農民は、歴史的変遷の局外に立つ存在である、とフレイザーは信じて疑わなかった。それゆえ、そこに観察の目を向けることによって基本的な資料と証拠を得ることができる、とも言う。

　その意味では、アーリア人の原始的宗教に関するすべての研究は、農民の信仰と慣習から出発するか、あるいは少なくとも彼らに関する事どもによって常に指導され、それを参考にすべきものである。今も現に生きて活動しつつある伝承によって提供される事例の前には、古代宗教に関する古文献の証明は、きわめて価値が低いものでしかない。なぜなら、書記は思想の進歩を促進するが、動きのすこぶる遅い口頭言語の歩みをはるか後方に取り残してしまうからである。思想の変化においては書記の二三世代は、伝承生活の二百年三百年よりも力がある。しかし、書籍を読むことがない民衆は、書記によって惹起される精神的革新に煩わされない。それゆえ、今日のヨーロッパにおいて、口頭言語によって伝承されて来た信仰と慣習とは、アーリア族の最古の書記のなかに書き留められている宗教よりも、はるかに、ずっと原始的な形を保存していると言うことができる。

　かかる観点をフレイザーがどこから得たか、についても序文は隠してはいない。すなわちヴィルヘルム・マンハルトに発することが述べられている。事実、フレイザーへの果敢な批判を行なった北欧の研究者たちは、直接的にはフレイザーの論作を点検しつつ、それを〈マンハルディアン〉すなわちマンハルト流の人々への批判と標榜した。さらに、マンハルトの作業が、その

ナトゥラリズムとシニシズムの彼方（2007～2009）

師にあたるグリム兄弟から受け継がれたものであることも言い添えてもよい。エピソードを挙げるなら、マンハルトは高等学校に在籍中にヤーコプ・グリムの『ドイツ神話学』に出遭って生涯の方向を定めると共に、読後の余韻の冷めやらぬまま、早速、夏季休暇を利用して、ドイツ語圏のなかでは辺地であるバルト海のリューゲン島を訪ね、古い習俗が息づく様を目にしたのであった。その点では、農村の習俗に上古や原始を読みとるフレイザーの姿勢と、それに先立ってドイツの早熟な高校生が行った試みとは本質的に重なるものであったろう。そうした学史的な流れもからんで、『金枝篇』の第一版の序文は、僅か3ページほどのものながら、大著の方法論が呈示されたものとして注目しなければならない。

さらに、かかる視点の赴くところ、フレイザーの大著は、論法において特徴的な型をもつことになった。それは、古代の記録をたずね、またいわゆる未開民族のあいだのこととして寄せられた報告例を挙げた後、次いで〈今日でもヨーロッパの農民のあいだでは……〉と延ばす行き方である。事実、そうした論の運び方は、『金枝篇』全篇を通じて何百回と繰り返される。それは大著の任意の断面と言ってもよいほどで、いわば金太郎飴の切り口でもある。以下はその一例である[69]。

　　呪術と宗教の融合または混同の実例は、メラネシア人その他の民族が行なう儀礼にも見られる。…同様の混同は、より高次の文化段階に達した民族にも残っている。これは古代インドと古代エジプトにおいて特に顕著であった。今日のヨーロッパの農民のあいだでも、決して未だその姿を消してはいない。…古代人の呪術は宗教の基礎であった。…今日でもヨーロッパの無知な階層のあいだには、同様の観念の混同、宗教と呪術の同種の混同がさまざまなかたちで現れる。フランスでは、〈農民の大多数は今日な

---

69) フレイザー（著）永橋卓介（訳）『金枝篇（一）』岩波文庫　1951, 1966（第3版改版), 1977（第16刷), p. 133-135.

お司祭が諸々の原理に対して打ち勝ちがたい力をもっている。…風、暴風雨、霰、雨などは司祭の命令を聞き、司祭の意思に従う。火もまた彼に従い、猛火は彼の言葉によって消し去られる〉。…

　もっとも、すでに 100 年以上を経過している〈古典〉とみられる作品について手品の種を明かるみに出そうというわけではない[70]。むしろそこにはたらく思想に注目したいのである。それは、仮に二つに分けて取り出すことができる。一つは、フレイザーの論議では、論者の立場から見ると下位に位置する階層である農民を、ヨーロッパの正統的な文化に含めてはいないことである。農民あるいは〈無知な民衆〉は、フレイザーのような教養人士にとっては、まったく異人種であった。近代が進行していた 19 世紀においても、ヨーロッパの伝統的な身分社会ないしは階層別の社会は、今日からは実感として後追いできないほど、流動性に乏しい面があった。あるいは、それぞれの身分や階層の内側では、実際には機能していた流動的性が死角となっていた。これは、一つの身分や階層にとっては、他の身分や階層が、現実味の薄い存在であったことを意味している。この場合では、先ず農民を始めとする下層民衆への見下しが否定すべくもないが、それはとりもなおさず、対象が観念的なものにとどまっていることを示している。農民身分もまた内部区分と区分間の連絡からなる複合的な世界であり、そこにいるのは押しなべて無

---

70) フレイザーの方法については、そのフィールドワークを欠いたいわゆる "armchair-scholar" であったことが批判されることが多いが、それ自体は大きな問題ではない。むしろ〈類同魔術〉(magic of analogy) を初めとする基本概念にメスを入れる必要があるであろう。それは独りフレイザーにのみ特殊ではなく、アードルフ・バスティアンやレヴィ＝ブリュールにも共通していた思考のあり方、さらに今日もなお変形しつつ余韻を響かせている物の見方を取り上げることになる。これらの課題は改めてそれに相応しい箇所で扱いたい。一般的に言えば、19 世紀末の古典的な著作については、個々の誤謬や誤認を指摘することにはあまり意味が無く、むしろ今日にも影響をたもっている根幹に関わる問題点が重要であり、ここでもそうした視点から村落の問題に触れたのである。

知な民衆や貧民だったわけではない。農村の運営にたずさわる上層もおれば富農もいた。さらに、下層農民や無知な民衆と外部から決めつけられる人々が、その通りに下層であったのでも無知であったのでもないであろう。農村社会の仕組みを論者が知らなかったというに過ぎない。

しかし19世紀ないしは広く中世以後の農村社会の歴史的現実[71]を対置するのがここでの眼目ではない。論者を支配していたすこぶる観念的な農村・農民観がそれはそれでヨーロッパ文化に特有の系譜に位置し、また思想でもあったことに注目したいのである。これが二つ目の留意点である。フレイザーは、無知な階層や民衆、またそれを単純に農民に重ね合わせているが、それは高踏的ではあっても悪意ではない。自然に近くある人間という古くからの観念が、学問の様相をとったのである。そもそも、ヨーロッパ域外の諸民族をあつかう専門知識としての文化人類学も、自然に近くある人間を観想してきた思想の系譜なくしては生まれ得なかったであろう。しかもそれは非常に古くからみとめられ、極端に言えばヨーロッパ文化の最初期である古代ギリシアや古代ローマにまで遡る。そこまでは問わないにせよ、自然に近くある人間のあり方をめぐる19世紀的形態がここでも一般的な背景となっているからである。すなわち、広い意味での自然主義である。

71) 19世紀の農村の社会的実態については、ドイツ語圏の場合では今日では客観的な解明が進んでいるが、19世紀にはそうした姿勢はなお脆弱だったようである。研究史への批判も含めた民俗学の側からの研究の一例として次を参照、Ingeborg Weber-Kellermann, *Volksleben im 19. Jahrhundert*. München 1988.；また中世以後の農村と小都市の仕組みについて文献資料を踏まえて体系的な理解を目指したカール=ジーギスムント・クラーマーの研究も重要であるが、特に町村体の仕組みを標準的な事例を呈示することを試みた著作『法民俗学の輪郭』については拙訳を進めている。参照、Karl-Sigismund Kramer, *Grundriß einer rechtlichen Volkskkunde*. 1972. [拙訳] 愛知大学国際問題研究所「紀要」第129号(2007)-133号(2008).

5. 19世紀のナトゥラリズム——衝動と欲望の自然人間

　自然主義と訳されることが多いナトゥラリズムの術語は、早くは16世紀以来哲学の分野にその先行例をもつが[72]、19世紀の形態を代表するのは文学であろう。目安を挙げれば、エミール・ゾラが作品「テレーズ・ラカン」（第2版）の序文で一種の宣言をおこなったのは1868年であった[73]。そこには次の文言を見ることができる。

　『テレーズ・ラカン』でわたしが観察したかったのは、性格(キャラクテール)ではなく、気質(タンペラマン)であった。本書全体の意図は、まさにそこにある。そこで、自由意志を奪われて、神経と血に翻弄され、人生の節目節目で、肉欲という宿命にひきずられてゆく登場人物を選んだ。テレーズとロランは、いわば人間の皮を着たけもの(ブルット・ユメーヌ)であり…それ以上のなにものでもない。この野獣のなかで秘かにうごめいている情念の働きを、本能的な衝動を、神経的な発作のあとに起こる頭脳の変調といったものを、わたしはつぶさにたどろうとしたのだ。……

　自然主義の宣言として知られる文章の一節である。現在から振り返ると奇妙な印象を起こさせもするが、これは人間の探求であった。自然主義の機軸をどこに見るかについては論が分かれるであろうが、一口に言えば、人間をそのもともとの姿において捉えようとする、すなわち自然な人間を捉えよう

---

72) 哲学を含むヨーロッパ思想史での自然主義については次を参照、河内清（編）『自然主義文学——各国における展開』勁草書房1962、特に同書所収の次を参照、pp. 243-279: 山下太郎「哲学における自然主義と文学における自然主義」

73) 参照、エミール・ゾラ「テレーズ・ラカン」宮下志朗（編訳・解説）『ゾラ・セレクション1 初期名作集』藤原書店2004, p. 273-280:『テレーズ・ラカン』第二版への序文。

との志向である。しかし、それはどこで捉えることができるのであろうか。自然主義と呼ばれる文学潮流の特徴は、この一見漠然とした課題との取り組みに、明瞭な解答を提示したことにあった。自然な人間はどこにいるのか。その場所は、人工や技巧、諸々の制度や機構としての文化、さらに知識や教養の外にあり、それらの対極となる地点であった。そしてその地点に、対象はしぼられていった。上流人士や富裕な市民ではなく、下層民衆であり、貧困者である。また知識人ではなく無教養な人間である。さらに、個々の浮沈はともかく社会の表舞台を闊歩する男性よりも、陰に生きる存在としての女性が取り上げられることになった。事実、女の一生は自然主義文学の総合的なテーマとなっていった。さらに、独特の対象設定として、犯罪すれすれの男や、娼婦や娼婦への零落も一つの類型となった。それらに、人間の原形が探られたのである。その際注目すべきは、それが決して肯定的な観点からの探索ではなかったことである。追求の旅は、人間ならざる人間へと至る道であった。裸の自然へと近づくにつれて、人間は本能と衝動の赴くままの存在になるのであった。先の引用文での表現では〈人間の皮をつけた獣〉(brut hummaine) であり、また「ルゴン・マッカール叢書」のなかで特に歓迎された作品のタイトル〈野獣人間〉(la Bête hummaine 獣人)である[74]。しかもそれは決して孤立した一時の思潮ではなかった。敢えて19世紀の後半におけるその思潮の特徴を挙げるなら、時代の子のなせるわざと言うべきか、自然科学の実験のような手付きだったことにあるであろう[75]。

---

74) ゾラ『野獣人間』(or『獣人』"la Bête Humaine" 1890) については最近では次の翻訳を参照、寺田光徳(訳)『獣人――愛と殺人の物語(ゾラ・セレクション6)』藤原書店 2004；なお〈獣人〉が決して19世紀の一時期だけのものではなく、人間を原像においてとらえる魅力を残していることは、(解釈の幅は無視できないにせよ) 20世紀がかなり進んだ時期にジャン・ルノワールが映画化したことによっても知られよう。

75) エミール・ゾラ「演劇における自然主義」(1979年) 佐藤正年(編訳・解説)『ゾラ・セレクション8 文学論集 1865-1896』藤原書店 2007, p. 25-74, here p. 30.

自然主義とは、自然(ナチュール)への回帰であり、諸々の物体や現象の研究から出発して、実験に基づき、分析によって事を行なおうと考えついた日に、科学者たちによってなされたあの活動のことである。文学における自然主義もまた自然と人間への回帰であり、直接の観察、正確な解剖、存在するものを受け入れかつ描くことである。

注目すべきは、今、かかる文学における自然主義の人間観が、その前後にいずれも長く影を延ばしていることである。自然状態を、個体にあっては剥き出しの本能と欲望、社会にあっては無法状態とするのは近代ヨーロッパの人間観の抜きがたい一側面で、ヘーゲルの歴史哲学から、応分の抑制を利かせた文化人類学や民俗学の諸説にまで及んでいる。

　黒人たちは普段はおとなしいが、ひとたび興奮が生じると、その狂熱はすべてを放擲するに至る。……この民族(＝アシャンティ族)は長いあいだ平和に暮していたかと思うと、突如、情熱が沸騰して常軌を逸する。……

　ダホメーでは、王が死ぬとたちまち社会の結束が破れ、宮殿のすべての場所で暴動と分裂が発生する。すべての王妃（ダホメーの場合その定数は3333人とされる）が殺され、次いで市内のあらゆる箇所で略奪が起き、いたるところで虐殺が始まる。……

　これらの事例から知られるように、黒人の性格は自制の欠落という一語に尽きる。しかもその状態は啓蒙しようがなく、教化する術すべも見込みも無い。事実として、彼らは昔から、今日私たちが見る通りの状態にあったのである。これまで黒人をヨーロッパ人に結びつけていた唯一つ重要な関係は奴隷という関わり方であるが、この奴隷制を黒人は別段不当であるとは思っていない。……むしろ奴隷制は黒人のあいだに人間的な感情を目覚めさせた。……この奴隷制の状況から引き出し得る結論を言うなら、自然状態とは絶対的かつ徹底した不法状態に他ならない[76]。

論理学における泰斗の案外なアフリカ論の悪評高いことは改めて言うまでもないが、同時に、今日顧みて不穏当な発言をあげつらうのも生産的ではない。歴史哲学の壮大な構図を受けとめることも同時になされてなくてはなるまい。人間が成長と発展の可能性を秘めているにも拘らず、種子のままで固定されるとどうなるかとの実験的思考が先ず行なわれ、そこに当時の情報が実例を提供したのである。もっとも、その情報の授受にあたって通俗と傲慢が滑りこんでいたとは言い得よう。それと同時に、ヘーゲルの視点が人間を絶対的に区分するものではなかったことにも留意しなければならない。人間と社会の発展段階における各段階をになう役割を異なった文化や民族に割り当てたのであって、発展の道筋そのものは一つなのである。

　それに較べると、後の文化人類学の古典的な理論は、人間の間に原理的な区分を導入した。エドワード・タイラーのアニミズムや、ルシアン・レヴィ＝ブリュールの前論理的思考は、人間の発展方向として原理的な違いを想定した点で、西洋文化の側にある人間と異文化や未開社会の人間の間に本質的な壁を設けることになった。なお言い添えれば、その壁に穴が開いたのは、思考や観念の原理的とも見える相違が、人間が生きる条件が必要とする機能によるとの機能主義を待たなければならなかった[77]。

　民俗学の分野でも、これと重なる理論的な営為を見ることができる。文化

---

76) G. W. Hegel, *Vorlesungen über die Philosophie der Geschichte*, Mit einem Vorwort von Eduard Gans und Karl Hegel. Stuttgart 1949（Sämtl. Werke, hrsg. von Hermann Glockker, Bd. 11), S. 135-145, hier S. 142ff.；なお次の邦訳を参照、ヘーゲル・武市健人（訳）『歴史哲学（上）』岩波書店 昭和29年, 昭和45年（13刷), その「アフリカ」の項目は p. 140-150, here p. 146-149.

77) 機能主義的方法としては、一般的に言われることだが、マリノフスキーはやはり大きな結節点であり、それは民俗学の世界にも影響をあたえた。参照、マティルデ・ハイン「ドイツ民俗学とその方法」（拙訳）愛知大学文学会『文學論叢』第86輯（1987)、p. 146-123；第87輯（1988)、p. 190-169,（p. 190-183:IV 社会学的・機能主義的方法)。

人類学や民族学が観察者自身の属する文化ではない異文化に向かうのに対して、民俗学は文化的社会の内部を問うことが一般である[78]。文化社会のなかの非高度文化という位相が課題になる、と言うこともできる。またその理解にあたっては、文化人類学の理論も少なからず影響した。その代表例はハンス・ナウマンとアードルフ・シュパーマーであろう。前者はルシアン・レヴィ＝ブリュールを民俗学に活用し、前論理的思考を下位に位置する人間集団に適用した。またそれに該当するとされたのが農民層であったことは、この段階でも農民存在が観念的なものにとどまっていたことを示している。ハンス・ナウマンによれば、文化的上層にあっては個々人が個体として思考し行動するのに対して、農民に代表される下層は〈群れ〉（Herde）であった。

　リトアニアの村の農民たちが最寄りの町に立つ市へ出かける様子は、さながら蟻の行列である。…同じかたちの髭、同じ髪型と同じ被りもの、同じ衣装、その上顔つきも同じ型で、誰もが似たような格好をし、身ごなしまでそっくりである。……　市のなかを巡り歩くのも群れをつくってであり、全員が単一の動きに包摂されている。意図や思念といった心の動きまでが同一である。一人が笑えば全員が一緒に笑う。一人が罵ると、誰もがそれに続く。……彼らは群れで思念し、群れで行動するのである[79]。

注目すべきことに、これは対象がリトアニア人であるが故の偏見だけではなかった。ドイツ人についても同じ指摘がなされるのであった。しかもハンス・ナウマンは、農村の社会組織の仕組みや運営、また書記化された規則を

---

78) 文化人類学と民俗学の相互関係は、その頻繁な交流にも拘らず意外に解きほぐされていない面があるが、ここで言及するフランスのエスノロジーとドイツのフォルクスクンデの関係については次の論集がある。Utz Jeggle（Hrsg.）, *Französische Ethnologie und deutsche Volkskunde*. München 1985.

79) Hans Naumann, *Grundzüge der deutschen Volkskunde*. Leipzig 1922, S. 56-78 "Kap. IV: Pritimitive Gemeinschaftsgeist", hier S. 57.

も伴うことなど、実態をある程度踏まえていた。それにも拘らず、それはそこに生きるのは〈群棲動物〉（Herdentier）であった。

　プリミテイヴな人間は……社会的に結ばれた群棲動物であり、その共同体の生き方は、我が国の農民においても隣人組の絶大な意義のなかにあらわれており、それは古風な仕方の多彩な行事や労働のさいに、今日に至るまで有効性を発揮している。……　19世紀までは、成文化された隣組の掟があり、また隣組の会計簿がつけられて、新しい隣人の加入の際には宴会や踊りを催して祝ったものである。隣人組は、重労働、刈り入れ、家畜の出産、火災、公共の安全と秩序の維持、普請、病気、死亡、埋葬、さらに家庭の行事の際にも相互扶助をおこなった[80]。

　隣人組（Nachbarschaft）の機能が具体的に挙げられるのであるから、ハンス・ナウマンが村社会について民俗学的な知見をもっていたことは明らかである。それだけに群れないしは群棲といった動物学的な範疇を適用しているのは、単なる偏見や蔑視や高踏の故ではなかった。

　またハンス・ナウマンとはやや異なった角度から、民俗学が対象とする人間を特定した人に、ベルリン（フムボルト）大学民俗学科の初代の教授となったアードルフ・シュパーマーがいる。シュパーマーの場合も、対象は自己の属する文化社会のなかの下位に位置する層序であった。その見方は、19世紀の後半に一世を風靡した文学における自然主義と基本的なところで近いところにあった。人間の基層心理が裸のままあるいはそれに近い状態で現れる人間に注目したのであるが、その際、個々人ではなく、人間種と人間類型が探索されたのは民俗学の視点であった。基層心理が表面に現れた人間とは、教養や訓練を本質的に身につけていない者を指すのであった。それが集団を形成ないしは人間類型となったものとして、シュパーマーは種々の下層民衆を

---

[80] 同上、S. 58.

取り上げた。下層の藝能者、下層の船員、奉公人、娼婦、非正統的ないしは非合法な物品の販売人（香具師など）といったものである。シュパーマーは、これらの民衆諸集団のあいだでの心理現象をもって民俗学の対象と考えた。またそれは人間心理の法則であるため、民俗学を心理学の一形態と位置づけた。

　シュパーマーの民俗研究の大きな業績は、その観点から民間の図像伝統にメスを入れたことにあった。それは正統的な図像学たるイコノグラフィーではほとんど漏れてしまうような片々たるものながら、それはそれで系譜をなしており広がりをもつことを解明したのである。研究成果として最も大部なのは 1930 年に上梓された『念持画片』[81] であった。中世の神秘家たちの霊視が民間で受容され、そこで多彩な工藝へと変化し分岐する様子を文献資料によって丹念に跡付けた金字塔と言ってもよいものである。またその研究から派生したものでは、同じく神秘家たちに原点を持つ観念が文藝化・図像化を遂げたものである『信心深い女中さん』[82] の考察があり、やはりそれまでほとんど見向かれることがなかった種類の資料を精査渉猟した労作である。さらに言い添えれば、しばしば資料の博捜に埋没して構想を全うし得なかったこの学究にしては、比較的まとまったものである『ドイツ港湾諸都市における刺青慣習』[83] がある。これまた、シュパーマーが自然に近い存在とみなした下級船員に関する研究である。因みにハンス・ナウマンの論作が、今日なお裨益するものであるかどうかは必ずしも一義的ではなく、その原理を捨て

---

81) Adolf Spamer, *Das kleine Andachtsbild vom XIV. Bis XX. Jahrhundert.* München 1930.

82) Adolf Spamer, *Der Bilderbogen von der „Geistlchen Hausmagd"*. Göttingen 1970.；なおこの著作については、目下筆者が手がけているシンデレラに関する考察で活用しており、そこで解説を施した。参照、拙論「シンデレラの構造と源流（4）」愛知大学文学会『文學論叢』第 138 輯（2008）、p. 208-178.

83) Adolf Spamer, *Die Tätowierung in den deutschen Hafenstädten.* 1933. 前掲の拙著『ドイツ民俗学とナチズム』では、アードルフ・シュパーマーの民俗学の方法についてこの論作を用いて分析を加えた。拙著, p. 141-149.

がたいとする向きもあれば、原理とは言えその表現が図式的に過ぎ個別事象の裁断が雑駁であることを忌避する向きもある[84]。それに較べると、アードルフ・シュパーマーは、その手がけた具体的なテーマが未開拓であったことと、資料の扱いにおける高い精度によって今日も指標とされている[85]。

　しかし両者に共通しているのは、自然な存在をもとめ、しかもそれを程度やニュアンスの差はあれマイナスの意味でとらえた点である。すなわち、馴致や訓練や自制や節制を欠いた生態に、思考と感情が分節化される前のあり方、すなわち文化以前を見るのであり、それを自然とみなすのである。しかし、ヨーロッパ精神史を仮に横に置き、突き放して観察すると、そうした様態に自然をもとめるのが妥当であるかどうかという根本的な疑問的な起きる。貧困、無教養、犯罪者性向、書記から隔たった特殊な職業、これらは果たして自然や自然に近く位置することと言い得るであろうか。その妥当であることが必ずしも自明ではないだけに、馴致や訓練や自制や節制を以て人間らしさへの上昇と見るのは、西洋文化のなかで根強い物の考え方であることを改めて見据えておく必要があろう。

---

84) 最も批判的であるのはヘルマン・バウジンガーであるが、ハンス・ナウマンの提唱にかかる原理については、ともかくも一方の理論としてしばしば取り上げている。またハンス・ナウマンを再評価すべしとの声は比較的若い世代に見られ、その代表者としてR.シュモークがいる。参照、Reinhard Schmook, "*Gesunkenes Kulturgut - primitive Gemeinschaft*". *Der Germanist Hans Naumann（1886-1951）in seiner Bedeutung für die Volkskunde*. Wien: Institut für Volkskunde der Universität Wien 1993（Beiträge zur Volkskunde und Kulturanalyse, Bd. 7).

85) 高い評価が持続していることには、研究業績と並んで、また戦後のドイツ民俗学の代表者の一人であるインゲボルク・ヴェーバー＝ケラーマン女史が、ベルリン大学でシュパーマーに学んだ子弟の系譜を折にふれて掲揚したことも与っていよう。因みに女史が育成したマールブルク大学民俗学科はドイツ語圏における斯界の重要拠点の一つであるが、そこには（研究所の内装をシンボルとして挙げれば）アードルフ・シュパーマーを定礎者として歴代のリーダーの肖像写真が並べて懸けられている。

その点で言い添えるなら、古典的な事例にしてその後の展開への一つの里程標になったのは、イマーヌエール・カントであった。体系的な社会理論である『人倫の形而上学』のなかで、カントは、人間が自然状態にあることを基本的には克服されるべき無法の状態と見た。そして〈単なる動物的自然に従う〉ことに対して、〈法則に従う自然状態〉に人間であることの意義を説いた。その対比は理論的な整合性のための手立てであるにとどまらず、具体的な判断規準ともなった。前者すなわち〈単なる動物的自然に従〉った結果として生じた現実、それによって存在する人間種（婚姻によらずに出生した者）について、カントは〈社会に紛れ込んだ〉とみなし、それゆえ〈抹消することも無視され得る〉との判断を示した[86]。カントの批判哲学の意義や国家間の恒久平和の理論の重要性はいさかかも揺るがないが、時にその生きた時代の通念に自足し、通念に切り込みを入れるよりもむしろ厳格な保守派として理論的支柱を提供しさえしたことも知っておかなくてはならない。そこから見ると、先に挙げたヘーゲルのアフリカ論ないしは黒人論も不思議ではなく、類似の思考が流れをつくり折にふれて頭をもたげて表出に至ったのは当然のなりゆきであったろう。20世紀前半の教養人士が、本能や衝動を分節化以前の思念と位置づけて自然に接近させ、それゆえ文化の対極とみなしたのは、西洋文化に連綿と流れる思考に沿っていたのである。

　しかし、西洋社会にあっても、通常の高度知識を突き抜けるような資質は、時にその思考の枠組みを脱却した。もっとも、理論的に打破するのは容易ではなかったようである。それゆえそれがなされたのは、人間と諸関係が物象

---

86) Immanuel Kant, *Metaphysik der Sitten, Rechtslehre*. 2. Teil, E. "Vom Straf- und Begnadigungsrecht". なお邦訳では次を参照、加藤新平・三島淑臣（訳）「人倫の形而上学」（法論）、野田又夫（編）『世界の名著32 カント』）中央公論社 昭和47年）、p. 472-481.；この点に関するカントの見解については次を参照、Wilhelm Wächtershäuser, *Das Verbrechen des Kindesmordes im Zeitalter der Aufklärung. Eine rechtsgeschichtliche Untersuchung der dogmatischen, prozessualen und rechtssoziologische Aspekte*. Berlin 1973（Quellen und Forschugen zur Strafrechtsgeschichte, 3）, S. 29ff. 50, 72.

の持ち味である生々しさにおいて現れ生々しく観念される分野においておいてであった。藝術である。ここではその頂点の一例を挙げれば十分であろう。自然主義は、理論的思考を直接的な背景とも推進力ともする文学運動であった。それはそれで歴史的な役割があったことは否定すべくもないが、それを活かしきったのは、自然主義を消化しながら、それを超え出た才能であった。『罪と罰』と有名な一場面（第4編第4章）はそれを証して余りある[87]。

〈その時マリヤとともに来たりしユダヤ人イエスのなせしことを見て多く彼を信ぜり〉

彼女はもうその先を読まなかった。……彼女は本を閉じて、つと、いすから身を起こした。

〈ラザロの復活はこれだけです〉と彼女はきれぎれに、きびしい調子でこういうと、彼のほうへ目を上げるのを恥じるかのように、わきのほうへくるりとからだを向けて、身動きもせずにじっと立っていた。彼女の熱病的な戦慄はなおつづいていた。ゆがんだ燭台に立っているろうそくの燃えさしは、奇しくもこの貧しい部屋のなかに落ち合って、永遠な書物をともに読んだ殺人者と淫売婦を、ぼんやり照らし出しながら、もうだいぶ前から消えそうになっていた。……

二人の登場人物ラスコーリニコフとソーニャすなわち〈殺人者と淫売婦〉が共に聖書を読むというアイロニックな場面が、自然主義文学を支えていた思潮をまったく乗り越えていることは言を俟たない。着想の妙と構築的な造形の技術とを作家が自負したのは当然で、そこで達成されたのは西洋文化を背景にした重層的でほとんど永遠のパラドックスであった。

---

87) 米川正夫（訳）「罪と罰」『ドストエフスキイ全集6』河出書房新社、昭和44年、p. 321-322.

6. 自然状態の理想化の系譜
——もう一つのナトゥラリズム

モンテーニュ

ところでここで注目したいのは、自然状態における人間を非人間や野獣人間と見る理解と並行して、正反対の評価が並び行なわれてきたことである。すなわち、自然な人間は、それゆえに尊く理想的ですらあるとの見方である。その早い典型はモンテーニュである。

> 新大陸の民族について聞いたところでは、そこには野蛮なものは何一つない。……新大陸にもやはり完全な宗教と完全な政治があり、あらゆるものについて完全で十分な習慣がある。彼らは野生（野蛮）である。自然が独りでに、その自然な移り行きのなかで生み出す成果が野生（野蛮）と呼ぶに相応しいのという意味で、彼らは正に野生（野蛮）である。本当は、私たちが人為によって変え、自然の歩みから逸脱させてしまったものこと野蛮とよぶべきなのだ。……
>
> プラトンはこう言う。〈万物は自然か、偶然か、技術（技巧）かのどれかで作られている。最も偉大で美しいものが前二者のどちらかによって作られ、最も小さく不完全なものが三番目のもの（＝技術／技巧）によって作られる〉。
>
> あの新大陸の民族は、ほとんど知識の訓練を受けていず、いまなお彼らが初めにそうであった素朴に近いために、あれほど野生（野蛮）でいられるのであろう。自然の法則が人間の法則のために損なわれることなく、彼らを支配している。……リュクルゴスやプラトンがこれを知ることがなかったのが惜しまれる。……正に〈神の手から造られたばかりの人々〉。
>
> 〈これこそ神がはじめに与え給うた生き方だ〉[88]。

なお野生（野蛮）の原語は"le sauvage"、技術（技巧）は"l'art"であって、

語彙使用の面からもまことに興味深い。

　その当時、ヨーロッパの列強がアフリカや新大陸において先住民に対して残酷極まる扱いをしていたこと、その固有の文化を破壊するのに躊躇しなかったこと、そして背景としてヨーロッパ文化とキリスト教の優位の観念が支えとなっていたことを対比させると、モンテーニュの人文主義の姿勢はひときわ輝かしい。もとよりそのヒューマニズムもリベラリズムも現実的な効果はあるべくもなかったが、ヨーロッパ社会が全体としてそなえていた思考のバランスの現れであろうし、またそれが文化の厚みでもあったろう。その点では、モンテーニュの思想はヨーロッパ文化の展開のなかでその後も何度もあらわれる類型の早い事例であったと言うことができる。例えばよく知られたエピソードを拾うなら、遥か後に東洋へ進出したイギリスが現実には清朝を攻撃しながら、そこにはまたアヘン売買の利益を確保するための戦争の不当を指摘したグラッドストーンの著名な議会演説が寄り添っていた。あるいは、地球上の広い地域を情け容赦なく植民地化していった現実を背景に、アルベルト・シュヴァイツァーの博愛もまた開花したのであった。こうしたヨーロッパ文化が全体として示す現実と理念のバランスについては、他にも幾らもその事例をあげることができるであろう。

　ところで今ひとつ注目すべきことに、モンテーニュのこの一章は文学論でもあることによってもよく知られている。そこではブラジル原住民の詩歌が挙げられ、論評がほどこされる[89]。

　　次に彼らの才能の証拠を幾つか挙げよう。……恋の歌があり、その歌い

---

88) モンテーニュ『エセー』第 1 巻 / 第 31 章「人食い人種に寄せて」参照、Michel Eyquem de Montaigne, *Essais, Livre* I, Traduction en francais moderne par André Lanly, p. 221-231 : XXXI " Sur les cannibales ". here p. 224. ；翻訳は数種頃行なわれているが、その一例として次を挙げる。原次郎（訳）『モンテーニュ 1』昭和 37 年　筑摩書房「モンテーニュ　1」(「世界文学大系 9A」)

89)　同 , p. 158 を参照した。

出しは次のようである。

　毒蛇よ、じっとしておいで
　私の妹が私の恋人に贈る美しい紐をつくるのだから
　お前の美しい縞模様がどの蛇よりも
　常に皆に好かれるようであってほしい。

　最初の一句がこの歌のリフレインになっている。ところで私は詩歌には相当親しんでいるので、これくらいの判断はできる。この詩想には何ら野蛮なところが無いばかりか、まったくアナクレオン風の響きがある。それに彼らの用語は優雅で快適な響きをもち、ギリシア語の語尾と似ている。

　周知のようにアナクレオーンは古代ギリシアの8大詩人の一人であるが、実作は僅かな断片が伝わるに過ぎない。またその詩人としての実際は、イオニアの僭主ポリュクラテス、次いでアテネのヒッパルコスのもとで、と、まったく宮廷に寄生するお伽衆のような存在であったらしい[90]。しかしそこに〈酒と歌〉が歌われることが目を引き、それが故に民謡調の詩歌の始祖とされてきた。いかにもプロフェッショナルな工夫が凝らされた詩歌とは趣を異にする作風という原理がこの人名に仮託され、伝統となっていった。以後も、文藝がマンネリ化と無気力に陥ると、アナクレオーンへ返れ、の合言葉が起き、それはそれで視点の切り替えを促したのである[91]。

　もとより、「エッセー」の著者が新大陸の事実を正確につかまえていたかどうかを問うことは、ほとんど意味をもたない。不確かな断片的な情報に事寄せて、自己の思想を述べたということであったであろう。しかし対象把握をめぐる当否ではなく、普遍的な人間性に向かう関心が表明されたがゆえに意

90）参照、高津春繁『古代ギリシア文学史』岩波書店 1952, 改版 1977, p. 77-78, p. 265.
91）ドイツ文化のなかでのアナクレオーンへの傾斜については次の文献を参照、Herbert Zeman, *Die deutsche anakreontische Dichtung. Ein Versuch zur Erfassung ihrer ästhetischen und litararhitorischen Erscheinungsformen im 18. Jahrhundert.* Stuttgart: Metzler 1972.

義があったのである。同時にまた、その域外への関心は域内への関心に横滑りした。すなわち、ヨーロッパ文化の内部での発見とそれはつながっていた。ブラジル原住民は、ヨーロッパのなかの民衆、とりわけ農村民衆に置き換えられた。

　民衆の純粋に自然な詩には素朴と優雅さがあって、それは技巧的に完璧な詩のもっている最上の美しさにも匹敵する。たとえば、ガスコーニュの田園詩や、いかなる学問もなく字を書くことさえ知らぬ国民からもってきた歌などに、それが見られる。この二つの中間にある凡庸な詩は、名誉も価値もなく、軽蔑されるだけである[92]。

これは「つまらぬ器用さについて」と題された一章であり、その趣旨は中途半端を斥けることにあるが、そこに図らずもモンテーニュの人間観・世相観が顔をのぞかせている。

　素朴な百姓たちは紳士である。また哲学者も、あるいはこれを現代風に言えば、有用な学問の広い教養を身につけて逞しい明晰な資質をもった人々も、紳士である。この中間にある人々、すなわち、前者の無学文盲を軽蔑し、さりとて後者に追いつくこともできなかった人々は……危険で、無能で、厄介である。この連中が世の中をかきまわすのだ。

これにはまた、モンテーニュが自らをも中間の一人と位置付けし、それゆえ〈自然の状態に退こう〉とし、しかも〈それを果たさなかった〉との述懐がつづく。最高の知性が併せもっていた奥床しさが感銘をあたえる一節でもある。伝記的な事情から見ると、引退して田舎に暮らすことを願ったものの、

---

[92] 参照、Montaigne, p. 335-337:LIV "Sur les vaines subtilités". 「つまらぬ器用さについて」同 p. 224-226.

状況によって公人たることをもとめられた経歴を述べているようだ。とまれ、素朴な民衆への親近感やその口に上る素朴な詩歌への共感である。しかし、これまた孤立した思想ではなかった。それも、二つの意味においてである。

一つは 16 世紀後半から徐々に高まった同時代の思潮である。モンテーニュは先の引用句によって、ヨーロッパ文化のなかでは民謡の発見者の一人に数えられる[93]。さらに言い添えるなら、これより後一世紀半を超える頃にヘルダーが民謡に着目し、それが以後今日まで続く民謡評価の流れをつくることになる。ヘルダーの独創性とその思念がはらむ問題の大きさは今おいても衝撃的と言ってよいほどであるが、民謡への関心に限れば、それは二度目の波だったのである。

二つ目には、民衆の存在を称揚するのはヨーロッパ文藝の古い伝統に根ざすことである。その代表的なものは古代ギリシアのテオクリトスに遡り、またその独創的な翻案でもあるウェルギリウスの〈牧歌〉(Bucolica) である。古代の淵源としては、同じウェルギリウスによる古代の農書の性格を併せもつ「農耕詩」(Georgica) も重い位置を占めるが[94]、より強く文藝の伝統となっていったのは、〈羊飼いの歌〉としての〈牧歌〉であった。またそこに、古代ギリシア後期の小説であり、ルネサンス以後影響力が殊に大きかったロンゴスの「ダフニスとクロエー」を加えてもよい[95]。後に〈田園詩〉(Idylle) と

---

93) これについては次の拙論を参照、「古典劇における歌謡の使用とその背景――ゲーテ、シェークスピア、モリエール」愛知大学文学会『文學論叢』第 84 輯（平成 2 ＝ 1990 年), p. 43-96.
94) 参照、越智文雄（訳）『ウェルギリウス 田園詩・農耕詩』生活社 昭和 22 年 ;「農耕詩」が国家政策の観点からの農業振興への指導書として構想されたことは詩人のパトロンであったマエケーナスの依頼の事情からも窺え、またその後も文学の指標としてだけでなく、直接的にはイタリア北・中部地域を対象とした農書の古典としての位置を占めてきた。18 世紀以後の農業振興においてもウェルギリウスに言及するものは多い。さらにマックス・ウェーバー（1864-1920）がこれを主要な材料として『古代農業事情』(Max Weber, *Agrarverhältnisse im Altertum*.) を著したこともよく知られている。

呼ばれることになる文藝のジャンルである。と言うよりそれは文藝にとどまらず、むしろ絵画の重要な画材でもあり[96]、むしろ文藝はその後を襲ったと言ってもよい。バロックの詩人たちも試行的な素晴らしい作品を残している。マルティーン・オーピッツやゲオルク・フィリップ・ハルスデルファーが韻律技法をも併せて牧歌のジャンルにも終日断腸を以て臨んだことは看過すべからざる文学史上の数齣である。

牧歌散見

牧歌の壮大な伝統にも拘らず、むしろ人口に膾炙した種類を探ると、ドイツ語の場合では、18世紀後半のザロモン・ゲスナーやヨーハン・ハインリヒ・フォスを挙げなければならない[97]。この世界文学には程遠い作家たちこそ、19世紀になっても農村の描写に影響をあたえ続けた源であった。もちろんこの二人に限られるわけではないが、彼らに端的に見られるような作風において、古典古代にまで遡る甘美な田園のイメージが下敷きとしてはたらくことを助長したのである[98]。翻訳してしまうと気の抜けた観が免れないが、一例としてゲスナーの「ティテュルスとメナルカース」の一節である[99]。

丘の上で、老人メナルカースは、柔らかな陽光を浴びて横になり、秋の土地を見渡し、そっと溜め息をつく。気づかずにいたが、傍らに息子のティテュルスがずっと立っていた。……

---

95) 参照、ロンゴス（作）呉茂一（訳）『ダフニスとクロエー』養徳社 昭和23年
96) 代表的なものとして、ティツィアーノ（Tiziano Vecellio ca. 1490-1576）とニコラ・プッサン（Nicolas Poussin 1594-1665）に共に「アルカディア」（*Arcadia*）のタイトルで呼ばれる作品があることに触れておきたい。
97) ゲスナーについては次の引用句への出典を参照。フォスの作品の簡便なアンソロジーとしては次を参照、Johann Heirnrich Voß, *Idyllen und Gedichte*. Stuttgart 1967, 1977（Reclam:Universal-Bibliothek Nr. 2332）.

父さん、と若者はつづける。一番上の兄貴が話してくれた。僕たちが羊の群れの傍にいるとき、僕たちは父さんの話をした。そして涙を流した。兄貴の話では、父さんは、この辺りで一番の歌い手だったのだ。そして沢山の山羊を歌合戦の賞品でとったのだ。父さん、僕にこれから歌って聞かせてくれない。秋の景色はとっても魅力的なのだから。父さん、これが僕のお願いだ。

メナルカースはそっと微笑んで、詩の女神たちが俺をまだ愛してくれるのかどうか、知ってみたい。あんなにも褒美を取るのを助けてくれた詩の女神たち。では、ひとつ歌ってみよう。……

詩の女神たちよ、俺の願いの声をきいてくれ。俺の人生の春の頃、そなた等は、小川のせせらぎも森の静寂(しじま)も俺の耳に聞かせてくれ、俺にそれを歌わせてくれた。そして今、この白髪の老人として俺は歌う。

秋の野よ、お前は、何と優しい驚きを私にあたえてくれることか。一年が死に向うときの何という装い。池を囲むブナも柳も黄色く色づいて佇み、林檎の樹も梨の樹も黄色く染まって色とりどりの丘と緑の畑に立ちつくし、

98) 〈田園詩〉については次の文献を参照、Renate Böschenstein-Schäfer, *Idylle*. Stuttgart 1967 (Sammlung Metzler 63); Gottfried Hämmerling, *Die Idylle von Geßner bis Voß*. 1981. なおゲーテに「ヴィルヘルム・ティシュヴァインの田園詩」(Wilhelm Tischweins Idylle) と「ヘルマンとドロテーア」(Hermann und Dorothea) があり、特に後者はこのジャンルにおける最高作品とされると共に田園詩の範疇に収まりきらないとの評価がなされることが多い。20世紀ではさすがにこのジャンルの意義は減じたが、トーマス・マンが1925年の中篇「主人と犬、田園詩」のタイトルを冠したことも注目される。次の初版を参照、Thomas Mann, *Herr und Hund. Idylle*. Berlin:S. Fischer 1925 (Fischer illustrierte Bücher).

99) Salomon Gessner, *Schriften*. Vier Teile in einem Buch. Nachdruck der Ausgabe Zürich 1762. Hildesheim/New York: Georg Olms 1976, III. Teil, S. 88ff. "Tityrus, Menalkas" (S. 88-93) メナルカースはウェルギリウス以来踏襲されてきた牧人の名前である。なおこの箇所は次のアンソロジーにも取られている。参照、Salomon Geßner, *Idyllen*. Kritische Ausgabe, hrsg. von E. Theodor Voß. Stuttgart 1973 (Reclam:Universal-Bibliothek Nr. 9431-35), S. 51-53.

そして紅い燃えるようなサクランボの樹が入り混じる。春の牧場に花が満ちていたのと同じく、秋の森には色彩が賑わう。山上から麓の谷へと紅の斑紋が、緑の樅とシラビソのなかへ進んで行く。山を歩く者の足には、木の葉が音を立てて舞い散り、花の失せた草地に羊の群れは道を惑う。時間の止まるごとく立ちつくす薄紅を残す樹木よ、お前たち、冬のことぶれよ。やさしく果実と涼しい木陰を牧人と羊の群れに与えてくれた樹木たちよ。
……

　今で言えば散文詩であろうが、近代の詩歌ではない。中世詩でもない。バロックそのものでもない。近代詩が成立するには、詩歌の語彙と言語美のための語法が確立される必要があり、その骨格を作ったのがバロックの詩歌であった。それが達成されると、その位相で可能になる情感表現の世界が広がった。もうひとつ突き抜けないと近代詩にはならないが、その直前の状況は、課題的な言語美の小世界の形成が追求され、そこに快い言葉による甘美な場面づくりの点で文藝史的な意義があった。文学としての奥行きはあるべくもないが、秋が深まるにつれて常緑のなかに紅葉が進んで行く繊細な描写も、18世紀半ばには一種の目新しさをもっていたのである。因みに、次の時代に近代詩を切り拓いたゲーテは『詩と真実』のなかでゲスナーを回顧して〈中くらいの才能がアナクレオーン張りの規則に左右されていた〉と評したものである。同時に、文学史が教えるところでは、『若きヴェルターの悩み』を除けば、ゲスナーの愛読者はゲーテよりも多かったのである。空疎とも見える美文ながら、それは藝術的場面の一般化には必要だったのであろう。
　社会史的な事実を対比させれば、羊飼いは、農耕に重点をおく一般農民と立場を異にしていた[100]。いわゆる〈不名誉民〉と見られたことも稀ではな

---

100) ドイツ語圏を中心に牧羊と牧羊者の歴史を扱った基本文献としては次のW. ヤコバイトの主著の一つを参照、Wolfgang Jacobeit, *Schafhaltung und Schäfer in Zentraleuropa bis zum Zeginn des 20. Jahrhunderts*. Berlin: Akademie-Verlag 1961, 1987（2. Aufl）.

かった。やはり幾分低位に置かれた馬飼い農民が不名誉民ではなかったのと較べても、その社会的位置は独特であった。もっとも、その馬飼い農民ですら、村を運営する肝煎りたちの寄り合いに場所を占めることは稀であった。しかしまた、牧羊者は人数も多いだけに、独自の結束を誇る社会的グループであり、今日まで多くの特異な民俗行事を伝えている[101]。さらに細かいことを言えば、病気や薬草、また犬の飼育や見極めに専門知識をもっていたのも羊飼いであり、そのため一般市民も時にその助力を必要とした。もっとも、その助力を受けるには、周囲の人間に知られない方が無難であった。不名誉民と接することは、自らも不名誉に感染する恐れがあったからでる[102]。

　さらに注目すべきは、キリスト教会では最初期から牧人のイメージが寄り添ってきたことである。キリストが十字架像によって表されるのはかなり遅くなってからであるが、その前身である〈王たるキリスト〉よりもさらに早く3世紀辺りでは、キリストは羊を肩にかつぐ羊飼いの少年で表象されていた。以後も、キリストは〈善き牧者〉にして〈神の子羊〉であり、ミサに神羔誦が歌われるなど、教会生活ではありとあらゆる機会に羊飼いと子羊が称えられてきた。それだけに現実の職種としての牧羊者に不名誉性が付着するのは不可解でもある。先に挙げたヤコバイトは、その大著に一章を設けて不名誉性の原因を考察し幾つかの可能性を検討すると共に、時代的には宗教改革以後にその傾向が強まったことを指摘している[103]。幾つかの条件が錯綜

---

101) 牧羊者の集会とそこでの行事として知られているのはシュヴァーベンのマルクグレーニンゲンでの催しであるが、これについては行事の保存会による次の案内書を参照、Erich Tomschik u. a. (Hrsg.), *Der Markgröninger Schäferlauf*. Markgröningen: Verlag des Arbeitskreises Heimat- und Denkmalpflege 1971.

102) カール＝ジギスムント・クラーマーは、不名誉民との接触に対する忌避感を近代初期の裁判記録に基づいて考察した。参照、Karl-Sigismund Kramer, *Grundriß einer rechtlichen Volkskunde*. 1978（拙訳：愛知大学国際問題研究所「紀要」2007年以下, 特にその第4章「名誉」(Ehre)）。

103) 前掲書を参照、W. Jacobeit, Kap. IV: Der "Unehrliche" Schäfer.

ナトゥラリズムとシニシズムの彼方（2007〜2009）

ザロモン・ゲスナー『田園詩四部作』（1762）から「ダフニスとクローエ」の挿絵

してはいるが、中世以後の、国家の形成が進んだ時代環境のなかに仕組みはあったようである。

　これはまた田園詩が西洋文化のなかに占める独特の位置と性格への関心をかきたてる。今、羊飼いを取り上げたが、一方の現実には特異な社会的身分としての牧羊者がおり、他方では甘美な楽園のイメージが行なわれていたのである。しかもそれは救世主の光輝と重ね合わせることもできるものであった。ふたたびゲスナーの「ダフニス」の一節である[104]。

　　かくするうちに乙女たちと若者らは歌を口ずさみつつ小屋の前で待っている。長い金髪の巻き毛をもつ美しく若い羊飼いダフニスが、若者らと乙

104）前掲書、Salomon Gessner, *Schriften*. II. Teil, S. 129ff.

女たちを向こうの岸辺から誘い、脇に象牙の竪琴をかかえて羊飼いのなかにいる様はまるで美しきアポロンではなかろうか。この若々しい神の息子を彼に見た者も少なくなかった。その牧場でこれほど美しい羊飼いはいなかった。これほど賢い者もいなかった。星の作用を彼は知っていた。薬草の効用もわきまえていた。まだ若くありながら、この辺り一帯に彼の予言は知れていた。のみならず、歌の最も巧みな詩人であり、その創るところの新しい歌は一帯を虜にした。彼は美徳を歌い、若やぎの喜びをうたい、愛の童神(アーモル)を称えた。彼の歌は、祭りに際して神殿で歌われた。彼が野辺で羊の群れに付き添っているときは、決まって乙女たちと少年らが集まり、彼に、竪琴に乗せて歌うことを願うのだった。若者たちは彼を囲んで寝そべり、子羊たちも昼の暑さを避けて、大きな枝が木陰を広げる樹木の周りに群れるのだった。彼の歌は弦の響きに見事に和し、誰もが我を忘れて、神々のなかにいるかと思うのであった。自然は彼にあまたの才をあたえていた。なぜなら、彼は、木を削って見事な彫刻をつくることができ、それらを彼は殿堂に据えるのであった。洞窟に憩う妖精(ニンフ)たちも彼の工藝の手から生まれ出でた。近くの森には、牧神(パン)の彫刻が丈高い樫の根元に据えられた。愛の童神(アーモル)もまた彫り出された。

西洋文化のなかでの田園詩・田園風物（Idylle, idyl）の性格は決して分かりやすいものではないが、敢えて喩えるなら、私たちの間での山水画や花鳥画に相当するであろう。現実に置き換えれば不便極まる僻陬の地が崇高な天地として描かれ、花鳥風月が神韻縹渺たる趣において提示される。そしてフィクションであることを超えて、観念の伝統のなかにリアリティをもつのである。さらにこれをゲスナーの作品に当てはめると、名品でも独創でもなく、ありふれた床の間に掛けられる山水や花鳥や蓮池水禽や鯉の絵のようなものであろう。決まり切ったものが、それらしい場所をそれらしく埋めるのであり、トポスの一般化である。すなわちトポスが身丈にあうものとして多数に歓迎され、一般化に資することに意義があったのである。ここではそのトポ

スは自然であった。と言うことは、作られたものであって、しかもそこにあ
るがままと受けとめられるものが重なるのである。ちょうど私たちが、自然
を口にするとき、あるいは自然に親しむ伝統を培った文化に属する者として
自己を思念するとき、そこで思い描かれるのは、多くの場合、無媒介な野生
そのままの自然ではない。何世紀にもわたって鑑賞の篩にかけられ、磨きこ
まれ、観念的に剪定された自然である。しかもそれが、分析される以前の生
の自然として感得され、自然に近くあるとの感情における拠りどころとして
作用する。拒絶的な山岳や過酷な極地や疫癘の待ち受ける熱湿の地にまであ
る種の魅力を感じるようになるのは現代の感覚であろう。もっともそれすら
もロマンの彩りを添えられているが、その問題はここでは一先ず措くしかな
い。

論考の部

羊飼いの祭り行事から〈娘たちの競走〉(南西ドイツ、マルクグレーニンゲン)1983年

羊飼いの祭り行事の競走に優勝した羊飼いの女王と王様　南西ドイツ、マルクグレーニンゲン　1970年代

7. ヨーロッパ文化における自然をめぐる補足
――和辻哲郎のヨーロッパ風土＝牧場の論について

　以上は、自然の観念を二つの事例において検討したのであるが、これによっても、自然とはすこぶる文化的な観念であることが分かってくる。ヨーロッパにおける自然が何であるかを、自然そのものとして取り出すのは、まったく計測器の数字を引きうつすのならともかく、人間の営みとの関係において理解しようとすると、この文化的な脈絡を逃れることはほとんど不可能である。逃れて論を立てれば、むしろ外部に立つ者が冒し勝ちな暴論や無理解に走る危険がつきまとう。それぞれの文化のなかの観念がいかなる脈絡にあるのかを、必要な要素をおさえながら丹念に解きほぐすことがもとめられるであろう。

　ところでそうした観点に立つとき、一度考えてみたい日本人による西洋文化論の古典がある。とりわけ、それがヨーロッパの自然を把握することを立論の土台にしている点で、興味を惹く。またそれを検討することは、その過程で何ほどか得るところがあるであろう。その古典とは、和辻哲郎の『風土』におけるヨーロッパ論に他ならない。周知のように、和辻の論はヨーロッパの農業について独自の角度から切込み、それを手掛かりにヨーロッパ文化の精神面にまで延びる論述を含んでいる。と言うより、精神的営為を明らめることこそ目的であった。余りにも有名な切り口であるが、ヨーロッパを牧場ととらえ、ヨーロッパ文化の土台を見るのである。すなわち、ヨーロッパの気象条件の基本は夏の乾燥と冬の湿潤であるとし、それゆえ〈ヨーロッパには雑草が無い〉と論を延ばし、そこからヨーロッパの自然は従順であり、法則を発見し操るのに容易であり、それゆえ自然科学が発達した、と進んで行く。とりわけヨーロッパの気象と地勢については、そこを抑えることが土台になるだけに入魂の縷述である[105]。

---

105) 和辻哲郎『風土』岩波文庫　1979, p. 84-89.

夏の乾燥——ここで我々は牧場的なるものに出遭うのである。ヨーロッパには雑草がない。それは夏が乾燥期だということにほかならぬ。……

イタリアのように太陽の光の豊かなところで夏草が茂らない。それは全く不思議のようである。しかし事実はまさにその通りなのである。そのよき例はマレンメン（Maremmen）であろう。……これらはすでにローマ時代から夏のマラリアで名高く、従って人間は山の上に退却し、平野には住む人がいない。このように捨てられた土地は、日本でならばどうにも手のつけようのない荒地に化してしまうであろう。然るにこれらの広い平野、湿地及び丘陵地は、決して雑草に占領せられてはいないのである。もちろん雑草が全然ないというのではない。細い、弱々しい姿の雑草が、きわめてまばらに生い育ってはいる。しかしそれは柔らかい冬草を駆逐し得るほどに旺盛でもなく、またこの土地から牧場らしい面影を抹殺し去るほどに繁茂してもいない。十月から四五月までの間はこれらの土地も羊の放牧地として立派に役立つのである。言いかえれば人力を加えない捨てられた土地さえもここでは「牧場」なのである。

かくのごとく夏の乾燥は夏草を成育せしめない。草は主として冬草であり牧草である。ヨーロッパ大陸の夏の野を覆うものはかかる柔らかい冬草である。……

このように夏の乾燥と冬の湿潤とは、雑草を駆逐して全土を牧場たらしめる。このことは農業労働の性格を規定せずにはいない。日本の農業労働の核心をなすものは「草取り」である。雑草の駆除である。これを怠れば耕地はたちまち荒蕪地に変化する。それは日本における最も苦しい時期——従って日本の住宅様式を決定している時期、すなわち暑熱の最もはなはだしい土用のころに、ちょうどそのころを繁茂期とする根強い雑草と戦うことを意味する。この戦いを怠ることはほとんど農業労働の放擲に等しい。しかるにヨーロッパにおいては、ちょうどこの雑草との戦いが不要なのである。土地は一度開墾せられればいつまでも従順な土地として人間に従っている。隙を見て自ら荒蕪地に転化するということがない。だから農

業労働には自然との戦いという契機が欠けている。農人は耕した土地に小麦や牧草の種を蒔いてその成長を待っていればよい。日本のように土地が湿潤でないから麦畑に畝を作る必要もなく一面に草原のように麦を生えさせる。麦の間に他の草が混じるとしてもそれは麦よりも弱い、従って麦に駆逐せられる冬草である。このような麦畑は牧場と同じに手がかからない。また少し離れて見れば牧場と麦畑の区別はつかないのである。両者の区別が明白に現れるのは四月末から五月ごろででもあろうか。麦があからみ始めれば牧草は刈り取られて干草にせられる。やがて麦の収穫が来る。農業労働には防御の契機はなく、ただ攻勢的な耕作、播種、収穫のみがあると言ってよい。

　……地中海地方の夏の労働は葡萄やオリーヴの栽培であって主要食物の耕作ではない。しかも果樹栽培は持久的なものであって稲の栽培のように急激なものではない。夏の乾燥期に入るころに葡萄が芽を出し蔓をのばし始める。農人はその花が咲き実が熟するのを待っていればよいのである。イタリアでは葡萄の収穫量はほとんど小麦に匹敵すると言われているが、しかしそのわりに労働は激しくないであろう。……十数里にわたる平野が草地として放置せられている地方でも、山の麓から山腹へかけては豊沃な耕地となっている。たとえばローマ付近のアルバノの山やティヴォリの山などがそれである。山の斜面は、冬の雨季にあっては静かな細雨に潤されて緑の美しい畑地となり、夏の乾燥期にはオリーヴや葡萄の繁る果樹園となる。そうしてアルバノやティヴォリの農人たちは、土地の甘い葡萄酒に酔い、むだ話に時を移すことを楽しむところのきわめてのどかな生活に浸っている。イタリア人が怠け者であるということは、一つは農業労働の安易にもとづくのである。そうして農業労働が安易であるということは、自然が人間に対して従順であるということにほかならない。

　滔々と説かれる論説ながら、その欠陥を指摘するのは、今となってはさほど難しくはない。しかしそれよりも先ず、『風土』の一書は日本人が初めて自

力で考案したヨーロッパ文化論であったことにおいて不滅の輝きを放っている。その上で、この論説を成り立たせた主要なモチーフを考えてみたいのである。

牧歌的なヨーロッパの農村像の問題点

　それはたぶん二つ挙げることができる。一つは、これが書かれた1920年代半ばから後半の日本人がもっていた欧米観との関わりである。第一次世界大戦こそ終わっていたが、現実には欧米列強の支配力はさまざまな分野において圧倒的であった。潜在的には欧米の世界支配も曲がり角を迎えていたと言いえよう。しかし『西洋の没落』が刊行されるなど、その危機を認識したのもヨーロッパの人々であった点に、むしろ文化的な厚みあると言わなければならない。それはともあれ、欧米列強の軍事的・経済的な力が優位であることは紛れも無かった。またそれが文化を背景にしていることは、多少とも物ごとの仕組みに踏み込んで理解しようとする者にはほとんど自明のことがらであったろう。ではその仕組みをどうとらえるのかというとき、借り物ではない理論づけがなされたのである。当時の彼我の余りに大きな落差が、この論者をして、欧米、殊に発祥の地であるヨーロッパに天与の好条件を前提として仮構させたのであろう。

　二つ目は、これまで見てきたような、ヨーロッパ文化のなかで農村がどのように観念されてきたか、その文化的伝統を論者の和辻が知っていたと考えられることである。それは幾つかの兆票から、ほぼ間違いがないであろう。しかしそれは、近代に至るもなお継続していた牧歌の系譜すなわち先に引いたゲスナーやフォスなどを知っていたと言うより、主要にはその源流としての古代ギリシア・ローマの文学遺産に関する知識であったのではあるまいか。ウェルギリウスやオウィディウス、さらにギリシアのテオクリトスなどの所産であり、それらはまた近代の西洋哲学のなどでは折に触れて回顧され憧憬されるものでもあった。アルバノやティヴォリの農人への言及は、それを証している。そうであるなら、論者は、当時の西洋の精神科学における有識者

と素養を共有していたということであろう。それは論者和辻の並々ならぬ学殖を証して余りあるが、また当時の西洋の知識人が併せもつことが多かった欠陥をも受け容れていたことをも意味することになる。牧歌は観念の世界の伝統であって、ヨーロッパの農村の実態とは異なるのである。

　和辻の推論の個々の欠陥を指摘するのは今日であれば難しくはなく、従ってそれに言及したからとて何ほどのことでも無いが、一応事実として、この引用箇所の問題点にふれておく。

　そもそも、安易で、のどかな農業労働などは、おそらくどこの土地にも無いであろう。もちろんヨーロッパも例外ではない。先ず葡萄栽培であるが、放っておけば実るなどとはとんでもないことである。たしかに日本のように湿度が高くはないので、ぶどう棚を丁寧に組む必要はなく、簡単な支柱で構わない。しかし葡萄の甘味は膨大な量の施肥を丹念におこなった結果に他ならない。今日でも民俗博物館や資料館などでは稀に見かけるが、かつては糞尿を詰める高さ１メートル前後の大きさの樽があって、それ横倒しにして背中に担いで葡萄が植わっている斜面を上ったのである。その肥料を近くの都会から集めるシステム、それを運ぶときの重労働、それを怠ればまともな葡萄はできなかった[106]。

　肥料から始めたので、その延長であるが、畑地における最大の問題はいかにして土に栄養をあたえるかという点にある。その点、水田は驚くほど合理的である。つまり、水の力で養分と酸素をすみずみまで送ることができる。もちろんそれには、十分な水が得られることが基礎条件で、またそれを運営するための社会組織を要するが、ともあれ施肥自体はヨーロッパのような労苦とならない面がある。片や、ヨーロッパの、緩やかな起伏を打ちながらどこまでもつづく畑地を見るとき、先ず不思議に思うのは、一体どのようにし

---

[106] 南西ドイツを対象にして農民生活を近年の民俗学の研究成果を踏まえたものとして次の文献があり、施肥と肥料回収のシステムの問題も取り上げられている。参照、坂井洲二『年貢をおさめていた人々――西洋近世農民の暮し』法政大学出版局 1986、p. 29 以下。

て肥料をほどこすのであろうかという点である。水力を用いることができない以上、人為によらなければならない。そうなると果てしなく続く畑は魔物のようにも見えてくるはずである。実際、気の遠くなるほどの土地に人間が肥料を撒くわけにはゆかず、また肥料になりそうなものもありはしない。そこで自然の力を利用して三圃制のような仕組みがつくられていったが、そこでも大問題があった。ヨーロッパの土壌は石灰質のところが多く、そのため日本のように酸性化の心配は少ないが、作物の成育のためには酸素を供給するには深耕が不可欠なのである。その深さたるや70cmから時には1m近くにもなる。それだけ深く鋤き返すには人の背丈ほども長さのある鋤を用い、またそれを牽くには馬を3頭とか4頭とかを使うことも稀ではない。北ドイツなどでは6頭を繋ぐ地域もあるほどである。もとより馬力の活用には、それ相応のシステムとその維持が必要である。また畜力がままならいところでは、人力で耕すほかないこともあった。

　さらに最大の問題と言ってもよいのは、麦類の場合、収穫倍率が大きくないことである[107]。それは稲作、殊に水田農法にくらべると歴然としている。水田では日本の近世辺りでも1粒あたり15粒から30粒が得られたとされる（今日では130粒を超える場合もある）。それに対して、ヨーロッパでは近代に入るまでは、小麦の場合、1粒蒔いて5粒取れれば豊作であったとの推測がなされている。播種に対する収量は、したがって1:3とか1:4あたりであったらしい。収穫倍率が10にまで上昇したのはようやく19世紀であった（今日でもヨーロッパでは最大25程度）。広大な畑地に蒔くための播種用の小麦や大麦やカラス麦は膨大な量を要し、食料として手をつけずに取りおくのは至難のわざであった。一旦、不作になると籾を食用にまわすしかなく、たちまち播種そのものに支障をきたし、その影響は何年も続いたのである。

---

107) 次のヨーロッパ文化論は、小麦などの収穫量の歴史的な概観を含んでいて啓発的である。参照、鯖田豊之『肉食の思想　ヨーロッパ精神の再発見』中央公論社　昭和41年（中公新書92）。

ナトゥラリズムとシニシズムの彼方（2007〜2009）

吹雪のなかで三頭の馬に鋤を牽かせて耕作する光景　（1930年代　イギリス）

　穀物栽培と並行して酪農が併せて行なわれてきたが、ここにも問題があった。ヨーロッパは夏が乾燥しているので雑草が駆逐され牧草が放っておいても育つというのは、幾らか問題は残るが、当たっていないわけではない。しかし、これに限っても、反面があった。夏の乾燥が過ぎることがあって、ほぼ10年から15年に一度の周期で旱魃に襲われる。程度にもよるが、ひどい時には牧草の成育が極端ににぶる。そればかりか、枯れはじめた牧草に何かの拍子で火がついて牧草地が火災に見舞われることすら起きる[108]。かくして旱魃になると、牧草の量に見合うだけの頭数を残して、痩せた家畜をはやばやと屠殺するしかなくなり、それを回復するには何年もかけなければなら

---

108) 筆者が初めてヨーロッパに滞在した1975年は旱魃にあたり、家畜用飼料の緊急輸入が話題になり、また南ドイツの草地の火災がしばしば新聞記事となった。また最近では2004年夏季に東欧地域、特にバルカン半島北部が旱魃によって牧畜に被害が発生したが、それには西欧各国のような経済や物流システムが農村にまでは整備されていないことが関係しているようである。

279

なかったのである。因みに、近世の村落の規則などを見ると明らかであるが、牧草の調達については驚くほど細かな調整が行なわれていた。村の広場、すなわち人が踏むので地面が堅まり草が満足にそだたない場所ですら"Anger"と特殊な呼ばれ方をする牧草地とみなされ、その草を刈るには当然にも権利と資格が決まっていた。さらに家屋と家屋の隙間のような場所に生えるものまでが取り決めの対象となっていたほどである。

窮屈な社会

それは牧草だけのことではない。町も村も、細かな規則と権利と排除で寸分の隙もなく埋めつくされていた[109]。とらわれの無い、あるいは屈託の無い眼差しで広い野を見つめれば、科学と接する次元での自然の法則が染み込むように心に訴えてくる、などという経験が一般的であったとは思えない。むしろ、利害、規制、打算、制裁が網の目をつくり、何をするにも隣人の目が光っていることを寸時も忘れるわけにはゆかない、まことに世知辛い世界にヨーロッパの人々は何世紀も生を営んできたのである。誰に対しても世間の目がとどいていた。ドイツ語で言えば〈村の眼〉(Dorfauge) である。

　家の周りでは、働き者の主婦が片付けをしている。新しいエプロンを着けるのも、他の人たちが済んでから、最後に彼女はようやく自分も身づくろいをし、そして戸締りをし、厳かに歩み始める。それでいて、彼女は他の誰よりも早く歩いて畑に着く。彼女は遠くから見られており、また彼女も、自分が見られていることを知っている。村の眼は、彼女がいつどのようにして畑へゆくかを、あからさまに見ているのだ。まことに村の眼は良き何ものかであり、それによって物事は潤滑になる。もし、村の眼がかき立てる恐れがないとすれば、何がどうなるか分かったものではない。[110]

---

109) 近世ドイツの町村体を対象にした法体系の解明ではカール＝ジーギスムント・クラーマーの研究が指標的である。前掲書を参照。

これは、法民俗学の側から次のような概括的な解説がほどこされる現実でもある[111]。

　誰もが誰をも監視し、また全体が個々人を監視している……その監視は民家の長椅子に発し、村のコミュニケーションの場である鍛冶屋の仕事場や、飲食宿や、村の菩提樹の傍らや、水車屋や、公民館などで形になってゆく。

　ドイツの民家の一般的な仕様では、屋内生活の中心に位置する居間でもあり客間でも部屋(シュトゥーベ)があり、そこでは一隅に爐が燃え、またテーブルを挟んで爐から見て対角線上に（たいていは作りつけの）長椅子が組まれている。そこはまた（多くは近隣の）常連客の定席なのである。そこでの近所どうしのお喋りは水面に投げ込まれた小石さながら波紋をつくり、村人のあつまる諸所へと広がってゆく。すなわち噂と風評が発生する源に他ならない。

　もちろんその条件の下にあるのは女性だけではない。男には、隣人や外部の者と折衝をして家族と財産をまもる正面の仕事があるだけに、けちな勝負の危険がついてまわった。しかも目先の利益や障害やしがらみから自分を振りほどくことができず、常套の歯車からちょっと逸れると、偏頗で奇矯な言動に落ちてゆくのだった。

　普段は聡明な男たちだったのに、まるで刻み藁のように視野を寸断されてしまった。どちらの側も、世の中の狭小な法感覚で頭を占められてしまい、あまり意味のないちっぽけな土地を相手が不法かつ勝手にかっさらっ

---

110) イェレミーアス・ゴットヘルフの小説「学校教師の苦悩と喜び」(Jeremias Gotthelf, *Leiden und Freuden eines Schulmeisters,* 1938/39) の一節であるが、ここでの引用文は法民俗学のカール＝ジーギスムント・クラーマーが注目した箇所でもある。
111) K.-S. クラーマー前掲書, 拙訳：国際問題研究所「紀要」第 129 号, p. 268-269.

た事情を考えてみることもできなかったのだ[112]。

ヨーロッパ社会における、かかる狭い世の中をめぐる問題は、これはこれでさらに考えてみる必要があるが、ここでは立ち入らない。

農業労働の虚実

しかし社会関係のあり方はともかく、基礎条件としての農業の水準に限れば、和辻哲郎がヨーロッパを経験した当時には、多くの問題がすでに過去のものとなってはいたであろう。飢餓もすでに解決されていた。因みに、ヨーロッパの最後の大飢饉は1845年から48年にかけてアイルランドで起きたジャガイモの不作、いわゆる"Great Famine"であった。地味の痩せたアイルランドでも多大の収量が見込める福音として歓迎されたジャガイモであったが、単作がたたって伝染病が発生した。収穫済みの倉庫のなかまで腐敗が浸透する恐ろしい事態となり、アイルランドだけでも餓死者は数十万人に及んだとも言われるが[113]、それがやがて大陸へも蔓延し、ドイツの場合は南西ドイツを中心に1846-49年間にかなりの被害が出た。またその前の深刻な飢饉は1810年前後であるが、それはフランスの膨脹とナポレオン戦争、またその過程で二転三転した支配関係の再編と不安定が農業経営の現場の混乱が意欲減退を招いた結果であった[114]。しかし近代になると、全体としては、飢饉は克

---

112) ゴットフリート・ケラーの小説「村のロミオとジュリエット」(Gottfried Keller, Romeo und Julia auf dem Dorfe, 1856) の一節で、先の引用句と同じくカール=ジーギスムント・クラーマーが法民俗学のなかで活用している。これに加えて、やはりケラーの「三人の律儀な櫛職人」(Gottfried Keller, Die drei gerechten Kammacher, 1856) から引くこともできるであろう。

113) この時の死者の数は諸書によって異なるが、「ブロックハウス百科事典」は100万人以上と記している。参照、Brockhaus. Die Enzyklopädie. Bd. 7 (1997), p. 331-332.

114) 今日のドイツで集客数が最大のイヴェントである十月祭 (Oktoberfest) は、この時期の危機を背景に、バイエルン皇太子の結婚祝賀に合わせて農業振興を目的として企画されたことに由来する。

服されていった。それには品種改良や作物種の変化や流通の発達と共に、工業化の進展が決定的であったようである。

因みに、ドイツ各地で 19 世紀前半に起きた作物種の変化としては、稗（Hirse）に代えてトウモロコシを植えるようになったのは代表的なものである。稗は収量が少なく、それゆえ祝い食の食材として今も名残りを見ることができる。稗の作付けの減少、また食材としての比重低下と意味の変化は、農業の近代化の一つの指標である[115]。また別の例をとれば、甜菜の栽培面積が急速に拡大したのも 19 世紀前半であった。甜菜から砂糖を精製する技術の開発は 17 世紀始めに着手され 19 世紀初頭には工業化の入り口にまで来ていたが、折からナポレオンの大陸封鎖によるヨーロッパへの砂糖供給の縮小と価格の高騰が追い風となって工業化は軌道に乗り、作付け面積も飛躍的に拡大した。他方、砂糖の材料になる以前の食材としての甜菜も定着していたことは、それをめぐる民間習俗の名残によっても知ることができる。例えば、最近ではハロウィンのパンプキン燈籠の前身のように言われることがある甜菜を刳り貫いた提灯などで、それを携えた提灯行列が名残あるいは故習の見直しとして各地で見ることができる（スイスのチューリッヒ近郊の数箇所で行なわれる 11 月初めの提灯行列には甜菜が用いられる）。

飢饉の歴史に関する研究は、19 世紀に入った頃から従来とはまったく異なった関係への逆転が起きたことを重視している。すなわち、長く農産物価格の上昇は賃労働者の賃金上昇を超えていたが、工業化のなかで、農産物価格の上昇率を上回る賃金の上昇率が趨勢となったことによって国民全体の飢餓が解決されていった、とされる[116]。

しかしまた和辻哲郎がヨーロッパに滞在した 1920 年代であれば、なお農業

---

115) 稗（Hirse）の作付けの減少、また食材としての比重低下と意味の変化については『ドイツ民俗地図』の当該箇所とギュンター・ヴィーゲルマンによる指標的な考察を参照、Günter Wiegelmann, *Alltags- und Festspeisen. Wandel und gegenwärtige Stellung. Atlas der detuschen Volkskunde*. N.F.Beiheft 1/a Marburg 1967, S.112-152: „Rückgang des Hirseanbaus und der Hirsespeisen" (§85-108).

の機械化は実現していず、農業労働の苛酷な面はいくらも見られたであろう。例えば、春巻き小麦の地帯であれば、伝統的な節目としては2月2日が野外の仕事始めである[117]。必ずしもどこででもいうほど厳密な期日ではないが、その辺りで冬場の屋内作業は打ち切られ、冬の間、娘たちが集まっていた作業をしていた共同の仕事場も閉じられる。また季節労働者が改めて雇用され、耕作がはじまる。その際、どの農家も馬を持っているわけではなく、また借り入れができない場合もある。貧農や、また地勢的に馬を活用することができない場合は、後に立つ1人が舵を取る重い鋤を、肩にロープをかけた人間が2人がかりで引っ張るという、とてつもない重労働の光景が目についたはずである。

ヨーロッパ牧場論の背景

　以上は農業労働に僅かに目を走らせたに過ぎない。細かいことを言い出せば、穀物栽培はもちろん、家畜と牧草、葡萄、亜麻布、またそれに伴う生活のサイクルや法慣習や民間習俗など、補足すべきことがらは山のようにありはするが、ここでは、ともかくもヨーロッパの農業労働が決して簡単なものでも気楽なものでもなかったという単純な事実をおさえておきたかったのである。

　だからと言って、それを見落としていたことを以って80年近く前の日本の古典的著作を否定するわけではない。始めにふれたように、その当時、日本にとって欧米諸国は見上げるような指標であったことが、そこには反映されているであろう。それだけでなく、もっと重要なことに、ヨーロッパの文化

116）参照、Wilhelm Abel, *Massenarmut und Hungerkrisen im vorindustriellen Deutschland.* Göttingen:Vandenhoeck 1977（2. Aufl.）.
117）南西ドイツの農作業暦については次の文献を参照、Herbert und Elke Schwedt, *Schwäbische Bräuche.* Stuttgart 1987.［補記］次の拙訳を参照、ヘルベルト＆エルケ・シュヴェート（著）河野眞（訳）『南西ドイツシュヴァーベンの民俗——年中行事と人生儀礼』文楫堂、2009.

的伝統そのものがそこには取り入れられている。羊飼いがのどかに語り合い、美酒が愛でられ、恋の鞘当てが波紋をつくり、牧神(パン)や妖精(ニンフ)が現れ出ても不思議ではないその光景は、西洋文化に深く根を下ろした息の長い強固な藝術的リアリティであった。古代、中世、そして近代に至るまで、それを題材にして無数の絵画が描かれ、多彩に詩歌が行き交ったのである。それは、生(なま)の現実に対してはフィクションながら、観念の世界における原像、すなわちトポスであった。それが取り入れたのであろうが、観念の伝統とは見られずに、和辻哲郎が現実と重ねてしまったのには、情報面での限界と共に、先にふれたように西洋に対する当時の日本の落差から来る先入観があったであろう。〈イタリア人が怠け者〉という論などは、その当時のある種の通念を受け容れた面があったと言ってよい[118]。高度な工業国家にして軍事的強国であることを羨望したのは、独り日本の知識人にとどまらない。西洋内部の価値観でもあったのである。

8. フォークロリズムを遡る

　次に、フォークロリズムの提唱者たちが、伝統文化の実際をどのような角度から見ていたかに改めて注目したい。またその上で多少のコメントを試みる。そうした検証は、この概念の理解の上で必要でもあろう。

---

[118] イタリア人の国民性としてある種の放縦な性格が言われることが多いのは、イタリアがヨーロッパのなかでは近代工業国家としてはやや遅れをとったことと、藝術的才能のイメージの合体であろう。なお言い添えれば、1800年近くまでは、イタリア人が〈勤勉で几帳面〉であるのに対して、ドイツ人は〈締りが無く呑んだくれで楽しみばかり追いかけている〉といった対比があったことが指摘されている。近代市民社会の徳目の形成に関する次の文献を参照、Paul Münch (Hg.), *Ordnung, Fleiß und Sparsamkeit. Texte und Dokumente zur Entstehung der „bürgerlichen Tugenden"*. München 1984.

先に、この概念に反撥する日本の識者が、フォークロリズムは1960年代辺りの時代状況に対応させて提唱されたとの誤認に走った様子をなぞった[119]。もっとも、その見方も分からなくもない。民俗事象の改変となると現代のそれが目につき勝ちなのである。しかし、そうしたとらえ方には大きな落とし穴がひかえている。もし、現代の変化に焦点を当ててフォークロリズムを言うのであれば、それ以前の民俗事象は恒常性をたもっていたと理解していることになる。20世紀の後半に入る頃より前には、不動かつ固定的な民俗がつづいていたと見ていることを言外に語っているわけであるが、それは正しいであろうか。フォークロリズムが適切な学術概念であるかどうかはともかく、それへの批判（と言うより誤認）に踏み出した日本の論者たちも、本稿で取り上げてきた先入観にからめとられていた面がある。民俗事象を素朴や手付かずやプリミテイヴなものとみなす思考の型、すなわちナトゥラリズムである。しかもそれは当代もまた分かちもっている時代思潮ですらある。ということは、研究者もまた、そこから抜け出ることが難しい。改めてドイツの民俗学の展開を見ると、ありとあらゆる試行錯誤と犠牲の末に、この一般通念でもある思考の型を突破したのは、その最大の成果の一つであった。民衆（民俗）文化は母体でも基層でもなく、行き着いた形態であるというのは、かなり早くからの論点であった[120]。さらにフォークロリズムの提唱者の一人でもあるヘルマン・バウジンガーは、民衆文化は多くの場合〈模倣の体系〉ですらあるとも指摘した[121]。この一点だけでも、ドイツ語圏の民俗学の展開

---

119) 本稿のはじめでとりあげた伊藤幹治氏の著作『日本人の文化人類学的自画像』におけるフォークロリズムへのコメントを参照。
120) ハンス・ナウマンの〈沈み込んだ文化物象〉（versunkene Kulturgüter）のスローガンがよく知られているが、近似した観点ながら、はるかに緻密であったアードルフ・シュパーマーなどがもっと注目されてもよいであろう。この観点をめぐるドイツ民俗学学史の検討については次の拙著を参照、『ドイツ民俗学とナチズム』創土社 2005、第1部第1章。
121) 次の拙訳を参照、ヘルマン・バウジンガー『科学技術世界のなかの民俗文化』文楫堂 2005 第4章第3章「模倣の体系としての民俗（民衆）文化」

には耳を傾けるに値するものがあるのではなかろうか。

そこでここでの話題であるが、現代になって人手が入った民俗的な現象ではなく、古くから継続していると見える民俗事象がフォークロリズムの観点からはどう理解されるのか、それをモデル・ケースにおいて見ようと思う。言い換えれば、伝統を踏襲していると見える事象との取り組みである。これにあたっては、筆者なりに工夫をこらして、二つの事例を選んでみた。

第一は、フォークロリズムの提唱者たちが取り上げた材料のなかから〈野人踊り〉という行事に注目した。またその場合には、同じ対象に言及した3種類の解説を比較するという方法をとった。一つは、民俗行事に対するジャーナリズムの見方である（A）、二つ目はフォークロリズムという概念の民俗学の分野での提唱者ハンス・モーザーが同じ対象にしめした見解（B）、三つ目は同じくヘルマン・バウジンガーの考察（C）である。

もう一例は、ファスナハト（カーニヴァル）のなかの一項目を補足的にとりあげた。そのジャーナリズムの観点がいつごろ、どのようにして現れたかを、最近の年中行事研究から拾ったのである。

事例1：オーベルストドルフの野人踊り

最初の話題として、南西ドイツのスイスに接する地方、アルゴイに伝わる民俗行事である。アルプス山麓でもあるアルゴイの一角にオーベルストドルフ[122]という小さな町がある。今日ではアルプスの景勝とやや寒冷であることを活かして、夏季の避暑地となっている。バイエルン州に属している。これを言うのは、その歴史が今の話題にいくらか関係するからである。

南ドイツのバイエルンは中世後半からヴィッテルスバッハ家が有力な支配

---

122) オーベルストドルフ（Oberstdorf / Allgäu）を含む地誌については、ヴィルヘルム・ハインリヒ・リール（Wilhelm Heinrich Riehl）が企画・編集した『バヴァリア』を参照、*Bavaria. Landes-und Volkskunde des Königreichs Bayern*. 10 Bde. München 1860. しかし民俗学の観点が組み入れられたこの地誌に以下で取り上げる民俗行事が記述されていないことに注意したい。

家門としてやや広い領土を治めていたが、今日の州域を一円的にまとめていたわけではない。多くの小領邦が並存していた。同じくシュヴァーベンながらその東域、したがってバイエルンの南西域はアウクスブルク司教座を中心とした聖界領国であり、アルゴイはその飛び領土であった。しかしナポレオンによって矮小領邦が整理され聖界領国が廃止されるや、アルゴイはバイエルン王国に編入された。ここで多少関係するのは、言語的・文化的な区分である。アウクスブルクを流れるレッヒ川を境にして西はシュヴァーベン方言圏であり、東のバイエルンとは言葉だけでなく、慣習でも差異があった。ちなみに、西隣のシュヴァーベンはヴュルテムベルク大公国で、領主が選んだ宗派にしたがってプロテスタント教会ルター派の地域であった。しかしそこはそこで帝国都市や教会領邦が複雑に入り組んでいた。ともあれ、アルゴイは、その時期にバイエルン王国に編入され、今日に至るまで、バイエルン＝シュヴァーベンと呼ばれる特殊な文化空間となっている。

　以上が歴史的な背景であるが、そのアルゴイのオーベルストドルフ町に「野人踊り」（Wilde Männle Tanz）という民俗行事が伝わっている。四旬節を前にしたファスナハトの時期に、村の14人の青年たちが全身を地衣類で覆って扮装する。目と鼻と口は出しているが、頭、顔面の半分、また脚まで房毛状の苔で覆うので、一見ではゴリラの群れに見えるくらいである。頭には月桂樹の冠をつけている。この〈野人〉たちは、複雑なステップを踏む踊りを見せたり、人間ピラミッドを組んだりと、さまざまなパフォーマンスを繰り広げる。なお、ファストナハトないしはファスナハト（Fas[t]nacht）は、地方によってはカーニヴァルとも呼ばれ、日本ではこの名称で親しまれている。リオのカーニヴァルの印象が強いが、北半球に属する西ヨーロッパでは二月にあたることが多く、真冬の行事である。

A1：オーベルストドルフの野人踊りをめぐる最近の解説
　筆者の手元にある最近の民俗解説書の一冊に、この民俗行事が採られている[123]。ドイツではよくクリスマスなどのプレゼントに使われる一般向きの

ナトゥラリズムとシニシズムの彼方（2007〜2009）

簡便なもので、写真や図版の多い楽しい作りの本である。たいてい文化史や歴史学の出身のジャーナリストの執筆で、2004年に出版された本書もそうした一つである。問題のオーベルストドルフの野人踊りについて、そこに次のような解説がついている。

　ペストが流行ったとき以来、5年毎に地元の青年たちは野人踊りを催すようになった。その扮装はケルトに根ざし、トール神に奉仕する意味をもっていた。青年たちは苔の衣装と髭をつけ、唐檜の小枝の帯を巻き、頭には緑の月桂樹の冠をかぶる。

　実際、その扮装の実際を見ると、かかる解説も無理がないとの印象も起きる。トール神は北欧神話の神で英語やドイツ語の木曜の語源となった神の名前でもある。ここではトール神であるが、広く豊穣を願う仕草といった見方をするなら、ギリシアのディオニュソス神やローマのバッカス神の信奉行事とも関係づけられても不思議ではないような外観でもある。

Ａ２：バウジンガーが注目した19世紀半ばの新聞記事
　この一般向きの本の解説は、筆者が偶々見つけたものだが、これと近似した理解が19世紀半ばにも行なわれていたことを、バウジンガーがその著作のなかで取り上げている。1857年に、南ドイツ最大の地方紙が、次のような解説記事を載せた、というのである[124]。

---

123) Anke Fischer, *Feste und Bräuche in Deutschland*. Fränkisch-Grumbach EDITION XXL GmbH 2004, S. 13.
124) ヘルマン・バウジンガーの前掲書から引用。参照、Hermannn Bausinger, *Volkskunde. Von der Altrerumsforschung zur Kulturanalyse*. Stuttgart 1972, unveränderte Auflage: Tüebingen 1981. ［補記］参照、拙訳『フォルクスクンデ』2010、その第3章第2節「反対世界としてのフォークロア」の最初でこの行事の検討がなされている。

論考の部

オーベルスドルフの野人踊り

　この踊りは……旧オーベルストドルフ（アルト）の山の農家の若い息子たちによって、幾つもの時代を経て代々受け継がれてきた彼らの特権として上演される。それは、普通の意味での踊りではなく、ゲルマン的起源をもつパントマイム的な舞踏劇であり、おそらくゲルマン異教の神トールに捧げられた太古の合唱付きの儀式的な踊りの最後の末裔であろうと思われる。野人信奉は、かつて、ゲルマニアの全体、さらにフランス、イングランド、そしてスラヴの国々の幾つかに広まっていた。彼らは、かつて、オーベルストドルフの伝承では、小さな矮人、もしくは地の精だったらしいが、しかしどちらかと言えば無邪気で、しばしばいたずら好きな性質の存在として、大きな役割を演じていた。彼らは、すばしこく動き、突然あらわれたかと思うと、再び姿を隠すのである。

　これを見ると、ジャーナリストによる民俗行事の理解が一つの流れをつくっていることが分かる。またそこには、19世紀半ばにはすでに一般化して

いた民俗学の知識が踏まえられていることも明らかである。先に挙げた北欧神話のトール神は19世紀始め頃からの神話学の流行を背景にしており、また地や水や家の精のような俗信に関する知識が普及するのも、早くは18世紀半ばからで、19世紀にはさらに愛好されるようになっていった。

B：ハンス・モーザーによる解明

　ハンス・モーザーが民俗学におけるフォークロリズム概念の提唱者であることには何度もふれた。その最初の1962年の論文「今日のフォークロリズムについて」において、ハンス・モーザーは、この野人踊りの行事を他ならぬフォークロリズムの例証として挙げている[125]。それは極く簡単な記述であるが、事態の正確な把握という点では大きな意味をもっている。

　よく言及されるものとしてオーベルストドルフの野人踊りがある。やや古いものであるが、これに関する記録自体はかなり遅れる。それによれば、1811年にトリーア選帝侯の夏離宮において侯の御前で披露され、さらに1820年頃にボーデン湖中の都市リンダウとコンスタンツ（したがってスイス）で演じられたことが判明する。

　またこれに次の注記がほどこされる[126]。

　オーベルストドルフの地でこれが行なわれたことがはじめて記録された

---

125) Hans Moser, *Vom Folklorismus in unserer Zeit*. In: Zeitschrift für Volkskunde, 58 (1962), S. 177-209. ここでは次の論文集から引用, Hans Moser, *Volksbräuche im geschichtlichen Wandel. Ergebnisse auf fünfzig Jahren volkskundlicher Quellenforschung*. München: Deutscher Kunstverlag 1985, S. 336-358, here S. 345. u. 356（Anm. 24). Karl Weinhold, *Der Wildemännlestanz von Oberstdortf*. In: Zetischrift für Volkskunde, 7 (1897), S. 427-437.
126) A. a. o. S. 356（Anm. 24).

のは、ようやく1892年と1897年であった。それには、休暇にこの地によく逗留したカール・ヴァインホルトが関心を寄せたことが影響したようであり、ヴァインホルトの次の報告がある。参照、ヴァインホルト「オーベルストドルフの野人踊り」（1897年）。それ以来、非常に古い時代に遡る信奉的な行事の名残りであるとの理解が一般化したが、史料に照らす限り、それには信憑性が無い。

　ハンス・モーザーの記述はこれだけであるが、この行事を上古や原初期にまで遡らせていた風潮を斥けた意義は大きい。なおハンス・モーザーがこれを挙げたのは、民俗行事と見えるものが、実際にはその時々のアトラクションであったことを歴史的に確認するという趣旨であった。そして13世紀や15世紀の事例と並べて、19世紀にも同じような事例があるとしてオーベルストドルフの野人踊りに言及したのである。なおここで名前が挙がるカール・ヴァインホルトは、今日のドイツ民俗学会につながる民俗学の全国組織を設立し、また同じく今日の学会誌につながる機関誌を既に19世紀末に創刊にいたらせた人物である。グリム兄弟の晩年の弟子でもあり、それまで全国各地に個別に存在した郷土文物保存や民俗学の研究会やクラブを中央の連合組織に結集したのであった。そのヴァインホルトが注目したことが、この行事をようやく民俗学関係者に気づかせた、とも言う。

　なお言い添えると、ハンス・モーザーは、フォークロリズムもさることながら、ドイツ民俗学界では歴史民俗学の定礎者として評価されている。それは、上古に淵源をもつとされたり、農村に由来するとみなされていた代表的な民俗行事が、宮廷や都市からはじまることを文書史料に即して解明したからである[127]。

---

127) ハンス・モーザーは種々の民俗行事について文献史料を丹念に追跡して、その確かな上限を明らかにした。例えば新緑樹（すなわちメイポール）を立てる習俗やファスナハトやファスナハトのなかの目ぼしい項目などである。前掲（注125）のハンス・モーザーの論集を参照。

C:ヘルマン・バウジンガーによるオーベルストドルフの野人踊りの系譜の解釈

ヘルマン・バウジンガーは、その構想する民俗学の概説書『フォルクスクンデ』のなかでオーベルストドルフの野人踊りを事例としてやや詳しく取り上げた。ハンス・モーザーの刺激を活かして敷衍したのである。そこでは、この行事を歴史的に追跡した地元の研究者カール・ライザーの調査[128]にも注目すると共に、また文化史的な脈絡のなかにも位置づけた。ハンス・モーザーがつきとめた内容と重なるが、広く読者に向けて丹念に解説されているので、事情を知るのに便利でもある。

1811年に、トリーアの選帝侯クレメンス・ヴェンツェスラウスが姉と共にオーベルストドルフを訪れるという出来事があった。侯は、1803年にバイエルンへ移るまで、アウクスブルク司教区を治めており、オーベルストドルフはアウクスブルク司教区に属していたのである。この宗教界の高位者は、住民にとっては、過去の体現者でもあった。つまり、わずかの年月のあいだに往時が栄光あるもののように回顧されるようになっていたのである。そのため歓待が特別のものとなったことは想像に難くない。そのとき、オーベルストドルフの住民は野人に扮装して踊りながら登場し、選帝侯に「喜びの歌」を捧げたのである。それに際して、はじめに次の挨拶がうたわれた。

閣下、　御前で
踊ることをお許し下され
何卒、閣下の御嘉納を
賜りたうござります

---

128) Karl Reiser, *Sagen, Gebräuche und Sprichwörter des Allgäus*. 2 Bde. Kempten 1902.

閣下がお喜びあそばされたことは明らかである。なぜなら、選帝侯は、後に踊り手たちを、近傍に構えていた自らの夏離宮に呼び寄せて、そこでもう一度踊らせたからである——おそらくそのときには、さらに多くの貴顕の前で演じられたのであろう。その後、数年間、オーベルストドルフの住民は、この出し物を携えて、リンダウやコンスタンツやスイスでの上演のための〈興行の旅〉に出たのであった。

背景として、アルゴイがバイエルン王国に編入されたできごと挟まっていることは先にふれた。王国が新たな編入地域を特に圧迫したわけでないが、異質な大国の一部になったわけである。そこへ社会情勢が加わった。バイエルンに限られることではないが、ナポレオンによる過大な軍役の要求や、国内の近代化への試行錯誤のために、この時期、ドイツの多くの地域は過度期の混乱の渦中にあった。主要産業の農業も1809～10年には不振が深刻化した。これらが背景になって、小領邦時代への懐旧の心理が高まったようである。そこで、1811年に旧領主の訪問をみるや、歓待は盛りあがった。

しかし野人踊りは、決してオーベルストドルフの住民の独創ではない。バウジンガーは、この種類の扮装が中世の宮廷でのアトラクションであったことにも注目した。

中世半ばに製作された図柄入りタペストリーには、野人のモチーフが何度ももちいられている。のみならず、ある特殊な事件のために、少なくとも一つの中世後期の宮廷での祝いごとが記録に残された。そのとき、野人踊りが大事件を惹き起こしたのである。1392年始め、フランスの宮廷で、ある若い騎士と女官の結婚式がとり行なわれた。その折、国王シャルル6世と5人の貴族の招待客が、亜麻布の衣装に毛をはりつけた格好で〈ラ・ダンス・デ・ソバージュ〉、すなわち野人踊りを踊った。ところが、一支の松明がそのうちの一人の衣装に燃え移った。王ともう一人の踊り手だけが助かり、他の4人は、この祝いごとが後に呼ばれるようなった〈燃える舞

踏会〉の犠牲になった。王は、フロワサールがその年代記に続けて記しているように、ノートル・ダムへ巡礼し、犠牲者のためにミサを捧げた。――もちろんこれは、人々のあいだに広まっていた不安を和らげるのが主な目的であった。

この宮廷のアトラクションは、次の時代には、市民の催しものに取り入れられた。中世後期から末期にかけての都市祭礼、たとえばニュルンベルクでの仮面者跳梁などには、その一駒として野人が現れて歓迎されたのである。さらに近代に入ると、野人の扮装は、学生たちが中心になって発達した学校行事にも時々顔を見せることになった。かくして、オーベルストドルフの事例も、そうした断続的な繰り返しの一例であった。しかし、どれほど遡っても、ゲルマン上古や、農村に連綿と生きつづける俗信とは無縁であった。中世においても、それは宮廷的であり、都会的な性格が基本であった。それにも拘わらず、近代に入ると、それは農村的で、久遠の彼方からの故習との受けとめ方が一般化していった。その根強いことは驚くほどで、ハンス・モーザーやバウジンガーの研究の後も、そうした理解は後を絶たないのである。その様子は、19世紀の新聞記事と、21世紀に入ってからの解説において見た通りである。

以上は、ハンス・モーザーとヘルマン・バウジンガーの見解に加えて最近の書物を挙げての解説である。さらに言い添えれば、バウジンガーは中世の宮廷での催しから都市の祭りにおよぶ野人の登場の流れにも言及している。野人は歴史を通じて祭りや催し物には欠かせない登場者でもあったのである。しかも意味するところはその都度変わり、そのため研究者によって〈中世のカメレオン〉と名付けられたほどであると言う。

野人たちがどのように表現されたかをめぐる証言はまことに多く、それだけで優に一書が埋まるくらいである。……もっとも、その意味するところは、否定的な見方で括ってもよいところがある。〈野生な(野蛮な)〉と

は、支配的な規準の外に立つもの、普通一般ではない何ものかなのであった。それが、あだかもハンス・ザックスの詩歌「森の人間」から想起されるような、どちらかと言えば素朴な生活すなわち牧歌的小景(イデュレ)を表すのか、それともかなり多くの中世高地ドイツ語の詩歌のなかで野人たちが体現する不気味なものの表現であるかは、どちらでもよい。野人は因襲への対抗として思い描かれたのであり、〈逃避的〉現状打開の具体化であった。これは野人について長々と続く一連の記録全体についても言い得よう。

解説を加えると、ここで「森の人間」と訳したハンス・ザックスの詩歌のドイツ語のタイトルは"Holzleute"である。この"Holz"は木材ではなく〈森〉(Wald)を意味し、それゆえ"wild"とも親近であり、従ってこの語は〈野人〉すなわち"Waldmenschen"あるいは"wilde Männer"とも同義である。また"wild"はさまざまな局面で用いられる語で、それを冠した人間の意味となると、洗礼を受けないままの人間、自然の力の化身、妖魔的存在、さらに堕落を知らない黄金時代の人間のあり方などきわめて多義的である。ハンス・ザックスの場合は、同時代の道徳の退廃に対置して〈森の人間〉を登場させたのだった。それはこの詩歌の原題のもう少し長い原題からも明らかである。すなわち「野生の森の人間による不誠実な世界への難詰」(*Klag der wilden Holtzleut über die ungetreuen Welt*)と言う。この歌は当時かなり広まったらしく、それを描いた木版画も知られている[129]。

かくして野人は決してめずらしい形象ではなく、祭りにおける定番ですらあったが、それだけにバウジンガーは、その民俗事象に想定されがちな意味解釈には用心を払っている。つまり古ゲルマン時代からの名残りないしは上

---

129) ハンス・ザックス作品の図像化である版画作品を集めたカタログ『ハンス・ザックスの世界——16世紀の木版画400点』のなかに、この作品を表す木版画も収められている。参照、*Die Welt des Hans Sachs. 400 Holzschnitte des 16. Jahrhunderts*, hrsg. von der Stadt Nürnberg / Stadtgeschichtlichen Museen. 1976, Kat.-Nr. 71.

古から連綿とつづく伝統をさすキイワードである〈連続性〉とは別のものであることに留意しなければならないと言う。つまり系譜がみとめられるからとて、その種類の流れではないと言うのである。

　　（系譜に言い及ぶとなると）……連続性の好個の事例が降って湧いたとも見られかねない。しかしそれに対しては、重要な枠づけをほどこしておく必要がある。簡単に言えば、伝統の鎖は信奉の領域にみとめられるのではなく、演劇的なロール・プレイング・ゲームに走っている。その始まりは決して〈民〉(フォルク)の文化的表出を出なかった。社会上層部の、主として遊戯的な行事に端を発したのである。となれば、俳優たちの性格には時と共に変化が起きたが、その種の変化が連続性の概念に合致しないことは言うまでもない。

つまり、農村に伝わる伝承ではなく、宮廷や都市の発案にしてまた発現もそこをはなれることがなかった〈遊戯的・演劇的なロール・プレイング・ゲーム〉であったとされる。またそれを背景にして、19世紀初めにオーベルストドルフで旧領主の前で演じられたのだった。したがって野人の出で立ち自体は、演者にも、それによってもてなされた貴人にも一般的に予備知識があったのである。またそれが殊のほか喜ばれたことによって、以後、土地の伝承となったのであるが、その事実からもそれは村落伝承ではなく、まして上古に遡るのでもなかった。しかし社会通念と不即不離であることを本領とするメディアであるジャーナリズムは、それを故習と解説する流れをつくったのであった。

論考の部

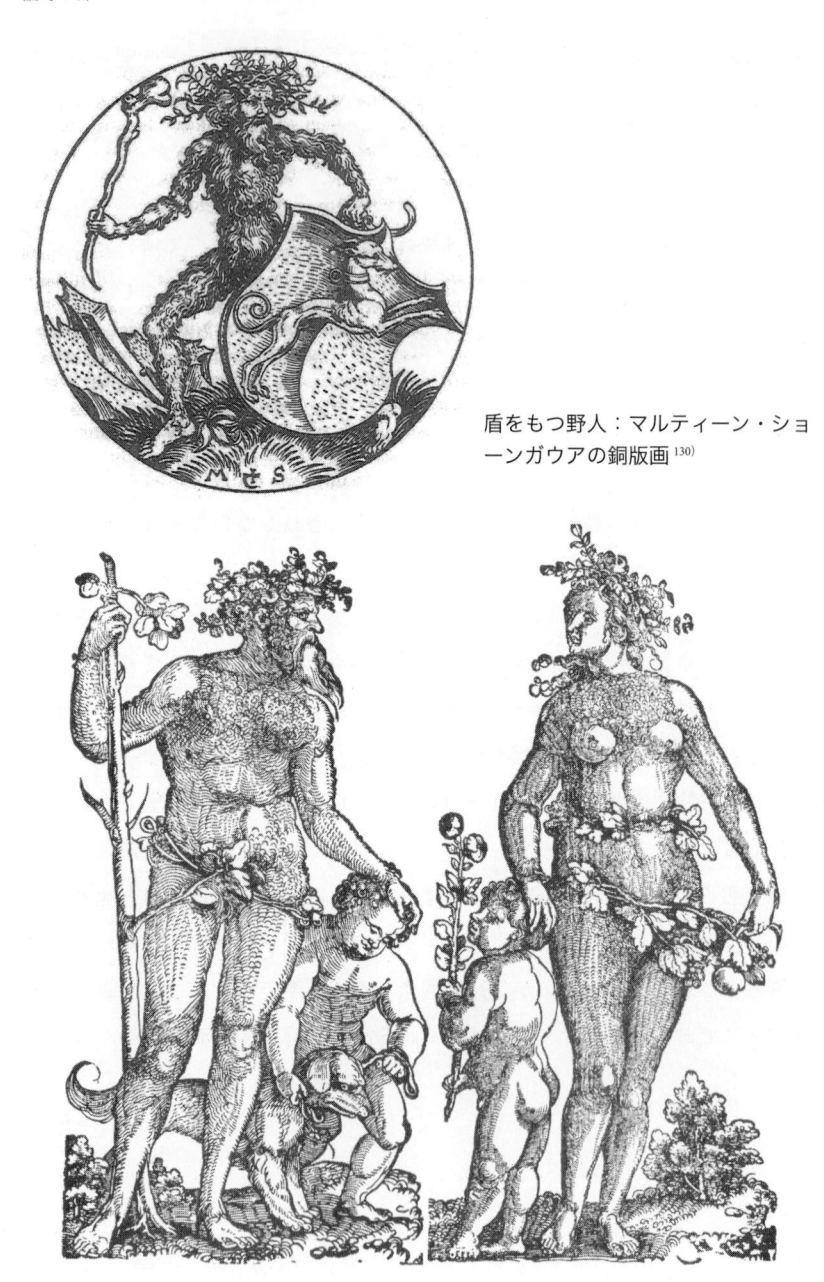

盾をもつ野人：マルティーン・ショーンガウアの銅版画[130]

ハンス・ザックス「森の人間」を表した木版画、1545年　Hans Guldenmund 筆

事例2：女のファスナハトは〈古き慣はし〉？

　もう一つの事例として、やはり最近刊行された年中行事の文献をもとに話題を挙げておきたい[131]。西洋の年間の祭りのなかでひときわ賑やかなものにファスナハトがある。なお先のオーベルストドルフの事例も今日ではファスナハトの一こまであった。もっとも、この言い方よりも、カーニヴァルの方が通りがよいかも知れない。事実、ドイツ語圏でも、一般的によく使われるファスナハト（Fasnacht/Fastnacht）や、ミュンヒェンなど南ドイツのファッシング（Fasching）と並んで、カーニヴァル（Karneval）の名称も行なわれている。特にそれで知られるのは、ケルンを中心としたライン河中流域である。そこからの話題として、一風変わった催しに〈女のファスナハト〉（Weiberfastnacht）がある。これは女性がカーニヴァルの催しものの中心になるという趣旨で、会場でも、また行進のさいには路上においても、女性が男性より優位に立つことを示すために、男の帽子をはぎとったり、ネクタイを切ったりする。また女性だけで宴をもよおしたりもする。現在のケルンでは、大勢の女性たちが市庁舎へ押しかけて市の鍵を引き渡させるパフォーマンスも有名で、毎年決まってテレビで報道される光景でもある。灰の水曜の前週の木曜、すなわちカーニヴァルの実質的な初日のこのアトラクションは、近年人気が高く、その伝統をもたない地方への伝播も起きている。

　冬の最後の時期、食料のたくわえも底をつく四旬節の耐乏生活の直前に、一度だけ思い切り騒いで飲食を堪能するという趣旨のファスナハト（カーニ

---

130) バウジンガー前掲書より転載。ショーンガウアー（Martin Schongauer ca. 1445 or 50 - 1491）はアルサスのコルマールに生まれ、ライン河畔ブライザッハに没したドイツ・ルネサンスを代表する油彩・銅版画家で、アルブレヒト・デューラーにも影響をあたえた。姓のもじりと傑出した画技のゆえに"Martin Schön"のニックネームで知られる。

131) ファスナハト（カーニヴァル）をめぐる一般的な解説は別として、ライン地方の〈女のファスナハト（カーニヴァル）〉に関する具体的な説明は次の文献によった。参照、Alois Döring, *Rheinische Bräuche durch das Jahr.* 2. Aufl. : Köln 2007, S. 103-105 ,Weiberfastnacht .

ヴァル）はかなり古い歴史をもっている。初例の一つとしてドイツ中世を代表する叙事詩「パルツィファール」に〈vasnet〉の語があらわれる。祭りの重要な要素として価値転倒が躍動することも知られている。阿呆（Narr, -en）という珍妙な仮装の役柄が主人役となったり、また裁判を開く〈阿呆の法廷〉（Narrengericht）という出し物もある。

そうした一こまに男女の地位の転倒が入ってくる。研究者によっては、男女の服装の交換が、ファスナハトの仮装の原点ではなかったか、と推測する人もいる[132]。史料の読み方によっては、男女の別を区分の尺度とすると見えなくもない行事項目も見出される。14世紀初以降には、たとえば灰の水曜の前周の木曜に、女性たちだけが町の運営者に招待され歓待を受けたという記録が散見される。と言うより、今日の日取りはその古記録に着目した企画に他ならない。さらに、やや時代が下ると女性だけで行列を組み、その際に食品や小銭を物あつめして、それを元手にして宴会を開くといったこともあったようである。

以上は背景であるが、ケルンを中心としたライン地方の〈女のファスナハト〉が、中世から連綿と歴史をつくってきたわけではない。ケルンのベネディクト会の尼僧院ザンクト・マウリティウスの一修道女が1729年に書き残した次の記録などがその最も早いものとされる。

　ファスナハトはまことに面白うございました。神父の方々もそれぞれ変装なさいまして、一日中、踊ったり跳ねたりなさいました。夜、尼僧院長様がお休みになりますと、私どもは、お茶、コーヒー、ココアなど飲みながらカルタやチェスに興じたものでございます。

---

132) Herbert & Elke Schwedt, *Schwabische Bräuche*. 1983, S. 63.［補記］次の拙訳を参照、ヘルベルト＆エルケ・シュヴェート（著）河野眞（訳）『南西ドイツ　シュヴァーベンの民俗――年中行事と人生儀礼』文楫堂 2009、p.66-69.

1785年には、あるジャーナリストがやはり尼僧院の光景を伝えている。

　尼僧ら、カーニヴァル催せしが、そは〈帽子の剥ぎ取り〉と呼ばるる也。

これらは、一般社会の賑わいとも無縁ではなかったであろう。1810年頃にケルンの年代記を著した人物は、次のように描いている。

　ファスナハトの日曜に先立ちたる木曜の朝、街路に埒もなき事ども出来す。〈被りもの取らうぞ〉と呼ばはりて、帽子、頭巾など互に取りあふ。別けても喧騒なるは旧マーケットにて、野菜扱へる女、物売り女ら、百姓らと共に、まこと乱痴気騒ぎにて踊り乱れぬ。……

これを見ると、たしかに脈絡はあったわけである。そうした背景をもってはいるものの、1856年アイフェルの神父でJ. H. シュミッツという人物が著した本には、女の木曜のいわば直会(なおらい)について次のような記述がなされることになる。

　この日、女人ら、いと古きならはしに従ひてふるまひす。そは、入会地の森に赴き、別して美々しき一樹切り出し、そを売りたる代金にて宴もよおす運びにて、これにあたりては我意と権利にいかな掣肘も受くることなかりき。近頃、森林官庁これを禁じたるが、近き頃までいずこにても女人らその権利もちゐたり。

このように宴の習俗や、そこに森から樹を切り出すといった脈絡が加わると、〈いと古きならはしに従ひ〉（nach uraltem Brauche）という理解がなされることになる。ある段階で経費の調達のために樹木を切りことが導入されたのは事実であろうが、それが非常に古いことを証明する資料は存在しないようである。しかし、関係者も観察者も、それを伝統的という脈絡で理解した

とたん、すなわち民俗行事との見方をするや、故習との解釈に走ってゆく。先に見た野人踊りが、文化史的に追えば断片的にその要素を跡づけることができるものの、その土地に連綿と生きつづけてきたとは言えないのと同じである。そうした行事は、ある時点での着想によるアトラクションのことも少なくない。祭りを構成する要素、すなわち賑わいの催しを作り上げる手段は限られているので、同じような様相を呈することになる。

　因みに、祭り習俗に関するリヒァルト・ヴァイスや[133]フリードリヒ・ジーバー[134]の原理的な考察がよく知られているが、それによると個々の祭り習俗が単語であるなら、それを成り立たせている要素はアルファベットであって数も種類に限られているため、結果として同じ様相がさまざまな機縁に繰り返し出現すると言う。別の面から言えば、類似の外観を呈するからとて、それが一連のものであるかどうかは速断できない。しかしまたそうした仕組みに支えられて、祭りを中心に多くの習俗が〈いと古きならはし〉と見られ、それが一般的にもある種の説得性をもつようになるのが近代の一側面であった。その際、アルファベットに喩えられる構成素の多くは元素的でもある。すなわち、火祭り、水漬け、緑の枝葉、あるいは共におこなう飲食、器物を打っての騒音、行列、物ねだり、道ゆく人への叩きの仕草、といったもので

---

133) Richard Weiss (1907-62), *Volkskunde der Schweiz*. Erlenbach-Zürich 1946, S. 160. 主著のこの箇所でヴァイスは、祭り行事を中心にして伝統的な習俗を単語とアルファベットに喩えて説明した。

134) 祭り習俗を構成する要素の考え方を述べたものとして、東ドイツ時代の民俗学研究所（ドレスデン）を主宰したフリードリヒ・ジーバーの次の論考は研究誌上に掲載された小論ながら注目されてきた。Friedrich Sieber (1893-1973), *Aspekte der Brauchforschung*. In: Wissenschaftliche Annalen 5 (1956), S. 497-503. なおジーバーがその観点から考察したドイツ人と西スラヴ人の春祭りならびにそこでの〈死の追いたて〉行事に関する総合的な研究が知られている。参照、Ders, *Deutsch-westslawische Beziehungen in Frühlingsbräuchen. Totaustragen und Umgang mit dem „Sommer"*. Berlin 1968 (Deutsche Akademie der Wissenschaften zu Berlin: Veröffentlichungen des Insttitus für Detusche Volkskunde, Bd. 45)

ある。これらはいずれも漠然と原初的であり、ナチュラルなのである。

9. フォークロリズムとシニシズム

　民俗事象がナトゥラリズムの観念とむすびついて感得されることは、これまでの検討から明らかであろう。民俗事象に付着する本質的な性状とは、原初性、元素性、プリミテイヴィティといったものである。あるいは何であれ基底的な性格の場面設定である。またそれは時間軸に置きかえられると、幽遠な過去、上古、いにしえ、などの表現になる。その場合の時間は計測されたものではなく、沈み込みへと傾斜する心理である。その心理がもとめる先にあるのは、人間的な事象における自生性であり手付かずである。

　それだけに実際がそうでないと判明すると、人の心理は屢々攪乱される。実際、民俗事象は自然景観そのものではなく人為であるほかない。自然景観もまた原初や野生であり得るかどうかはともかく、人間があつまって仕上げることがらとなれば、そこには避けがたい性状があらわれる。人為のある一定の方向へのはみ出し、すなわち作為である。心理が乱されるのは、この作為を感じとることでもある。ここにおいて、民俗事象をめぐってもう一つの精神的様態が浮上する。シニシズムである。

　シニシズム（Zynismus）の名称で言い表される姿勢を人間がとることはいつの時代にもあったであろうが、それが一個の思想として位置付けられたのは、周知のように古代ギリシアおいてであった。いわゆるキュニコス派の人生観であり、その名称の由来となったシノペのディオゲネス（Diogenes von Sinope ca. B. C. 400-B. C. 325）の事蹟に仮託された数多くの逸話が知られている[135]。ソクラテスの死の日に生れたとの伝説、あるいはアレクサンダー大王

---

135) Georg Luck（Hrsg.）, *Die Weisheit der Hunde: Texte der antiken Kyniker in deutscher Übersetzung mit Erläuterungen.* 1997.（Kröners Taschenausgabe; Bd. 484）.

の招きを鬱陶しいとして斥け、その陽光をさえぎることに不平を言い立てたともされる。人間社会に対する犬のごとき生きざまを選んだ者の視点であり、犬儒の訳語は言い得て妙である。しかしまたそれは、日向を闊歩することに疑念をいだかない姿勢の足元を時に痛烈に照らし出す。その警句は、第三者には痛快な場面となることも多い。

　因みに、ラファエロの大作「アテネの学堂」では、シノベのディオゲネスが、ひときわ大きく扱われている。プラトンとアリストテレスの少し下の階段の中央で胸をだらしなくはだけてねそべっているのがそれであるが、まっとうな学究・賢者・秀才が群れつどうなかの異色の存在で、しかもラファエロの筆はこの人物を中央に配置さえしている。対比か見せしめか、それとも何か隠れたメッセージか、ともあれラファエロには、その位置を占めるべき存在だったのであろう。

民俗行事へのハンス・モーザーが挙げた違和感の諸例から

　人為が作為の要素を帯びる方向へ踏み出すのは、民俗事象における不可避の趨勢であるが、そこでシニシズムが頭をもたげる。民俗学の分野でのフォークロリズムの概念の提唱者であるハンス・モーザーも、当初それに悩んだ節がある。多くの雑多な変化を紹介することに、それは必然的に伴ったのである。特に1964年の第二論文がそうである。ハンス・モーザーの論考については〈事例の羅列で終った〉との論評がアメリカで受けることになり（論者はドイツ系のスイス人だが）、またそれを日本の識者も鵜呑みにしているが、読み手の方に準備がなかったが故のコメントでもあったろう。以下では、ハンス・モーザーのそうした箇所を2ページほどを小見出しをつけながら切り取ってみた。

a. ラジオ・テレビで報道される指相撲など

　今日は、多少とも珍奇な外観を呈するものなら、新聞に取り上げられるだけでなく、ラジオやテレビを通じて際限なく膨大な視聴者に知られる可

ナトゥラリズムとシニシズムの彼方（2007〜2009）

能性があるため、虚栄や誤った名誉欲や好奇心への迎合は助長されるばかりである。因みに、昔ながらの民俗スポーツに、指相撲という力競べがある。これは、2人の男性がテーブルの両側にしっかり固定して向き合い、鹿の革で作った輪に双方が中指を入れて、テーブルをはさんで引っ張り合うのである*。ところが、これまた最近では、一般の見物するところとなってしまった。1959年にミュンヒェンのフランツィスカーナー酒場(ケラー)において、バイエルンとチロルから参加した指相撲の選手56人が、数百人の見物人の前でチャンピオンを競い合った。しかもその模様を、バイエルン放送局ばかりか、ドイツ・テレビ、さらにイギリスのテレビ局までが撮影したのである。以後も毎年ほぼ同じような経緯になり、少なくとも優勝者の顔は新聞に大写しで載ったりしている。

　　* SZでは1955-1963年間に13回取り上げられた（その多くは写真が添えられている）。指相撲が100年ほど前に高地(オーバー)バイエルンの飲食旅館でどのように行なわれていたかについては、カール・シュティーラーがまざまざと描写している。参照、注5)、S. 156ff.

b. 嗅ぎ煙草のコンクール

　変わったコンクールを一般に見せようとする動きは、ローゼンハイム近郊アイジングにおいて、競技的な行事とは言うものの、いささか食欲を殺ぐような変種にまで進んでいった*。アイジングでは、1960年に、嗅ぎ煙草喫煙者のクラブが結成され、それ以来、毎年、歌謡プログラムと喜劇の幕間に、人々の環視のなかで嗅ぎ煙草愛好者のコンクールを行ない、その年の王様に賞品を出すことになっている。しかも、これまた一般の興味が集まるところから、大都市の新聞が毎回写真入りで詳しく報道するのである**。

　　* アイジングの人々は、昔から続いてきた牡牛に乗って競走する行事を今も4年ごとにファッシングに際して行なっており、そうした本物のアトラクションにも事欠かないことを考えると、かかる着想に

至ったのは、まことに注目すべきことである。参照、SZ v. 4. und 5. 4. 1960 及び 3. / 4. 3. 1962.

　**　伝統的な射撃の王様が奇妙な競争相手をもつようになったのは、この地だけのことではなく、アルゴイ（Allgau）でも同様である。後者からは、〈髭の王様〉（Bartkönig）が出現した。種々のコンクールにおける女王の種類の著しく増えた。バート・キッシンゲン（Bad Kissingen）の〈薔薇の女王〉、高地オーストリアのアウスゼー（Aussee）の〈水仙の女王〉から、ミュンヒェン近郊イスマニング（Ismaning bei München）の〈キャベツの女王〉やフランケン地方の〈胡瓜の女王〉に至るまで、まことに多彩である。ミュンヒェン近郊ケーファーロー（Keferloh bei München）には、15世紀に遡る馬市が伝わっており、すこぶる農村的な特色を保持しているが、数年前からはジャズ・コンクールが企画され、さらに最も見事な脚線の持ち主に賞品を出す行事も始まった。その上、最近では、五月樹の女王と2人の付き添いの宮廷婦人まで選出するようになった。

c. 民俗的なコンクールの流行

　実際、どこを見渡しても、コンクールばかりである。民俗歌謡や舞踊や音楽ではずっと前から一般的になってはいたが、今日、頻繁に見られるのは、それをラジオやテレビに乗せようとして汲々とする傾向である。方言の喋り方までコンクールになっている有様だが、種々の理由から、これには根本的に怪しげな印象を抱かざるを得ない。バイエルン森のある村では、一番大きく、音色の美しい牛鈴が賞品になったりする*。

　さらに、高地バイエルンでは、最も大きく見事な羚羊の毛の所有者が賞品を貰っている。これは、本来、羚羊を射止めた狩人にとっては、当然の誇りとして、それ自体がトロフィーの意味をもっていた。つまり、勇敢な狩人として、危険を冒さねばならなかったからである。今日では、この帽子飾りは高い値段を出して買っているので、最も多く金を支払うことがで

きた者がコンクールの勝者になる。このコンクールは、1959年に、ツーリズムの一大中心地である〈ルーポルディングの夏季の祭りのプログラムのなかの特別の催し物として〉**、地元の山岳衣装クラブ「トラウシェンベルガー」によって、キーム・ウント・ルーペルティガウ、ザルツブルク州およびチロールの民俗衣装着用者を集めて、ある移牧小屋において開催された。民俗衣装の音楽隊による演奏も加わった。そして、テレビとニュース映画の技術スタッフたちが撮影の準備を整えると、主催者側のクラブのメンバーたちが、地元の団体の度重なる催促の呼びかけに応えて、かの悪評高い頬平たたきの踊りを、プログラム以外に披露した。すべての羚羊の毛は何時間もかけて顕微鏡まで使って審査されたが、最高点を獲得して上位3賞を得たのは、羚羊毛の調飾師、したがってその方面の商人であり、その点では多少の不満が起きる原因になった。不満を漏らしたなかには、やはり羚羊の毛を立てた帽子を被った、ケルンから夏季休暇にやって来たひとりの婦人もまじっていた。彼女は、〈写真向けのきらびやかなモチーフのために、優勝者に羚羊の毛を刺してやった上、たっぷり半ダースほどの回数のキスをしてやらねばならなかった〉。また続いて上位3人の男と、一回づつ名誉を称えてダンスを踊ってやったのである***。こうして、祭りは、この〈ふ・る・さ・と・の・夕べ〉で幕を閉じた。しかも、これが成功であったところから、今後も毎年開催することが決まった。

　　* SZ v. 13. 6. 1961.：アルゴイでは牛鈴が最も人気のある土産品になっている。それらは大量に生産され、買った人は、ゴング、食卓鈴、ドアの呼び鈴などに用いる。なおアルゴイの農民の苦情を付言すると、牧場の牛鈴が盗まれるケースが増えていると言う。

　　** 参照、注1)：S. 202ff. それによると、この村は、ヴァカンスの時期には常に2千人の滞在客を数える。

　　*** SZ v. 23. 6. 1959（予告）及び v. 1. 7. 1959：これは行事保存としては珍しい形態であるが、これについては7月1日の記事が、民俗衣装協会の会長の挨拶を載せている。すなわち、羚羊ハンターの伝統を

称揚することは、野生の羚羊が日ごとに病気に冒されている今日、一層意義があると言うのである。また「第3回バイエルン＝オーストリア羚羊毛ショー」の模様を伝える SZ v. 6. 6. 1961 は、800 マルクもするこの毛飾品の手の凝った製作工程を詳しく報道した。加えて、グロテスクな出来事も起きた。羚羊毛が天候にすこぶる敏感であるところから、祭り当日は雨天だったため、持ち主はそれを帽子に差さず、油紙に包んで内ポケットに入れて持参したのである。

これらの事例を紹介するハンス・モーザーの文体に、鼻白むような口吻があるのはたしかであろう。民俗事象が報道されるだけでなく、報道向きに改変されるがゆえの違和感とも言える。その点では提唱者自身もシニシズムの危うさに接していたのである。

10. 民俗イヴェントへのシニカルなコメント？
　　――詩人ハイネの反応

　民俗事象に自生性や素朴であること、すなわちナチュラルであることを期待し、それが裏切られると、心理的な撹乱にみまわれるというのも、決して稀なことではない。その早い一例を、バウジンガーが、フォークロリズムに関する論考に用いている。フォークロアがショー化・ビジネス化への道を歩みはじめた初期の事情であるが、それに対するハインリヒ・ハイネの論評である。

　詩人ハイネは、1820年代にロンドンで、チロールの民謡歌手のコンサートを鑑賞した。この頃、オーストリアやスイスの谷間を後に、民謡を歌って各地を興行するグループが活動をはじめていた。そのよく知られたのは、オーストリアのライナー兄妹であるが、やがて類似の団体が幾つも出現した。ハイネがロンドンで出遭ったのがそのいずれであるかは定かではないが、次のような感想を書き綴った。はじめはその久々ぶりに接する母国語の歌に感銘

がこみあげた[136]。

　その歌は、チロール・アルプスにおいて素朴敬虔なヨーデルで歌われるもので、北ドイツの人間の心に染入るばかりであった．……

だが、やがて失望と憤慨がそれにとって変わった。

　……すべてが醜く歪んでおり、私の心のなかで不快感へと高まっていった。上品な唇に浮かぶ微笑も、蛇のように私を刺すのだった。ドイツ語の純潔が目の前で陵辱されるように思われた。ドイツ人の情念生活の最も甘美な神秘が、外国の粗暴な人間たちよって俗化さるような気がした。恥ずかしそうに身を隠していたものを恥知らずたちが恥ずかしげもなく売りつけているのを前にして、一緒に拍手することなどできなかった。私と同じ思いで共にホールを後にしたあるスイス人は、的を射たコメントを口にした。〈私たちスイス人は、金のために多くのものを提供します。最上のチーズ、それに気持もこめます。しかし他国でアルプホルンを吹くことはできません、ましてや金のためなどには〉。

　バウジンガーは、この目を見張るような証拠物件の説得力にひとまず行論をゆだねて淡泊な扱いですませているが、それだけに外部の者には、周辺の事情をさぐりたいとの誘惑にかられるところがある。そこで以下、少しく補足である。
　ハイネやその会話の相手の憤慨に接すると、今日の私たちが、どれほど遠くまで来てしまったかに思いを致さないわけにはゆかない。今日では、ヨーデルもアルプホルンも観光客を迎える基本的な道具立てであり、スイスの観

---

136) Hermann Bausinger, *Volkskunde. Von der Altertumskunde zur Kulturanalyse*. 1971, 3. Aufl.: Tübingen 1991, S. 165f. ［補記］拙訳 p. 176f.

光案内にはそれらの写真が当然のことのように刷られている。ヨーデルを体験できるアトラクションへの案内や写真を添付した紹介のパンフレットもあふれている。それどころか、駐日スイス大使がスイスの魅力についてスイス政府観光局を通じて談話を聞かせるくらいである[137]。

「エール機上の演奏会」：
　山々や渓谷にこだまするアルプホルンの音色は、人々の感動を呼び起こします。スイス人奏者もよく来日しますが、最近ではスイス航空チューリヒ～東京間の機内で即興演奏会が開かれました。同乗していたパーサーの話では、史上最も高所で行われた演奏会に、乗客の皆様は感銘を受けられたとのことです。

のみならず、ヨーデルとアルプホルンというハイネが偶々挙げた組み合わせは、今日ではスイスのイメージのステレオタイプともなっている。一例を挙げると、筆者の手元のチラシの一つに名古屋市の宝飾店のイヴェント企画があり、そこにはヨーデル歌唱とアルプホルン吹奏の写真が載っている[138]。もちろん、これと類似の事態はどこの国でも、どこの地域でも起きており、そうした現代の動向を突き合わせると、ハイネの論評の歴史的性格はいよいよ際立つ。正に前々世紀の遺物である。しかし、ハイネの論評には、それだけではすまない別の側面があったように思われる。その側面の故に、ハイネは、チロールの歌謡者たちの公演に通常の反応を超えて反撥したのではなかったか。

　そこでいま一度、状況を整理しておきたい。ハイネが出会ったのはスイス

---

137) 参照、スイス政府観光局 Web site. (2004)「エール機上の演奏会」（ジャック・ルヴェルダン駐日スイス大使：談）。
138) 参照、「安藤七宝店名古屋本店〈夏の海外おみやげフェア〉：特別企画・ヨーデルとアルプホルンのミニコンサート　平成18年8月26日」、出演者は「仙台市ヨーデルチロリアン」と「長野県大桑アルプホルンクラブ」と記されている。

の歌謡者であったのかも知れず、特定するのは難しいが、事態を理解する上で中心になるのは、やはりオーストリア・チロールのツィラー谷から出たライナー兄妹である[139]。同名の歌謡グループは数世代が数えられるが、"Ur-Rainer"と呼ばれる初代ライナー兄妹こそ民謡の世界公演という新しいパフォーマンスの開拓者であった。ツィラー谷の肉屋の親方で自らもテノール歌手として近所で評判をとっていたヨーゼフの5人の子供たち、アントーン、フランツ、ヨーゼフ、フェーリクスの4人の息子、それに娘のマリーアを加えた5人である。彼らが〈ふるさとの民謡〉をたずさえて生まれ育ったアルプスの谷間を後にしたのは1824年と推測されている。そして1825年にはウィーンで歌った。評判がよかったので、1826年11月にはベルリンのオペラ座の舞台にも立った。そして1827年5月にロンドンに到着した。イギリスでは、ウィンザー宮殿において国王ジョージ4世と後に女王となる公女時代のヴィクトリアの前で歌った。これで人気に拍車がかかり、さらに何ヵ所かで公演をおこなった。1828年中にはいったん故郷へ帰り、しばらく活動はあきらかではなくなる。そして10年後の1839年にはヴィクトリア女王の戴冠の祝賀に合わせて再びイギリスで公演をおこなったが、一回目ほどの反響は得られなかった。この時期になると、同じくチロールの民謡歌手と称して何組ものグループが活動しており、競合が始まっていたからである。ライナー兄妹たちはそのライヴァルを〈偽もの〉とみなした。それでもともかくも収入を得ることになり、帰郷して農地を購入するなどして安定した生計へ進んだ。なお彼らの活動、特にロンドン公演にはパトロンがいたことも判明している。第一回目のロンドン行きを誘ったのは、オーストリア帝国の駐イギリス大使エステルハージ伯[140]であった。エステルハージ家はハンガリーの大貴族で、

---

139) ライナー兄妹の初代と二代の活動については次の文献を参照、Hugo Klein, *Die Zillertaler Sängerfamile Rainer und die Schützenfamilie Ritzl*. Innsbruck 1928.；ツィラー谷はイン谷の大きな支谷で、インスブルックの東40km付近に南北に延び、行政上は一帯はシュヴァーツ（Schwaz）の管轄である。

初代ライナー兄妹　1827年[141]

古くは長期の対オスマン・トルコ戦線で武勲を重ねハンガリー副王をも出してきた屈指の名門であり、またヨーゼフ・ハイドンのパトロン、あるいは伯爵家令嬢のピアノの教師を一時期フランツ・シューベルトがつとめたことでも名前が挙がる。もっとも、パウル（3世）・アントーン・エステルハージについて言えば、傲岸な太守のイメージからはやや逸れて、むしろ毛並みがよく

---

140) オーストリア帝国の駐オランダと駐イギリスの大使をつとめ外交官として知られた Paul III. Anton Estehhazy de Galantha（1786-1866）の領地はハンガリーにあって、特にツィラー谷とは関係はなかった。異国に歌謡を携えて活躍する民衆に支配者が好感を寄せたという脈絡であったろう。強いていえば、ツィラー谷はその一部がザルツブルク司教領国からオーストリア帝国に編入された経緯があり、ハプスブルク家の藩屏を自認していたエステルハージ伯が関心をもったという面があったかも知れない。エステルハージ伯の経歴については次を参照、ADB, Bd. 6, S. 388-390.

141) 出典：H. Klein 前掲書

フットワークの軽い外交官であり、稀代の縦横家メッテルニヒの忠実な幕僚であった。兄妹がイギリス国王の御前で民謡ショーを披露する運びになったのは、この貴公子のお膳立てだったらしい。のみならず、兄妹の一人は歌謡の巡業を引退後、エステルハージ伯の計らいで故郷の郵便局長にしてもらった。

以上はやや細かなデータであるが、これからも知られるように、民謡歌手は一般から歓迎を受けたのである。それはまた時代の風潮でもあった。あるいは、そうして風潮がこの頃ようやく始まったのである。民謡の収集が推進されただけでなく、民謡をうたうことを目標に掲げた新しいグループの形成が勢いをつよめていた。これまた、より正確に言えば、体操と民謡が、そうしたグループ形成の主たる結集項目であった。体操とは、フリードリヒ・ヤーンが提唱した体操運動のことで、またナショナリズムの一翼をになう面があった。そこにリベラリズムがどこまで重なるかは、〈体操の父〉への評価も併せて議論が分かれるところがある[142]。ナショナリズムの性格を帯びていたのは、歌曲クラブも同様であり、特にドイツでは統一的な国民国家に至っていなかったことが、言語的な連帯がことさら意味をもった面があった。しかしビスマルクによる統一によってその役割が終えたわけでもなかった点では、ドイツの特殊事情を超えて近代の必然的な動向だったのでもあろう。この歌曲クラブは、ドイツにおける〈ふるさと〉（Heimat）の観念の孵化器であり、また今日に通じる特殊な自然観念のドイツ的な培養施設でもあった。多くの人々が歌謡を紐帯として結集する動向もその現れであった。指標を挙げると、その後一般化する、町村を挙げての喉自慢大会がオランダで始まっ

---

142)〈体操の父〉(Turnvater) とも賞されてきたヤーン (Friedrich Ludwig Jahn 1778-1852)については日本でもスポーツ関係では近代スポーツの形成の一こまとして取り上げられる。；内外の百科辞典でも見出し語となっているが、特に"*ADB*"は詳細である。：また拙著でも、そのナショナリズムと、特に"Volkstum"の造語者としての側面についてとりあげた。参照、『ドイツ民俗学とナチズム』文楫堂 2005, p. 203-258「ドイツ思想史におけるフォルクストゥームの概念」；さらに最近の文献も参照、Oliver Ohmann, *Turnvater Jahn und die Deutschen Sportfeste*. Sutton / Erfurt 2008.

たのは、1834年であったとされる[143]。そうした一般的な風潮を背景に、ライナー兄妹や、それに倣う多くの〈ふるさと歌謡〉アンサンブルが活動をみせたのであった。それゆえ時代の趨勢であった。

それに対して、ハインリヒ・ハイネが反撥したとすれば、そこには何があったのであろうか。ハイネが世相の動きに対する保守派であったとは考えられない。民謡が狭い土地を超えてうたわれ、それが営利ともなる現象にはゲーテも関心を寄せた節があるように[144]、識者それぞれに個的な思いがそこに重なったのであろう。この問題はもう少し掘り下げてもよさそうである。

11. 日本民俗学におけるハインリヒ・ハイネ

フォークロリズムを検討する小論を締めくくるにあたって、「ハインリヒ・ハイネと民俗学」というテーマを取り上げようと思う。フォークロリズムに直接関係するかどうかの問いはしばらくおいて、問題の広がりを見るには適していよう。

これには筆者なりの動機も重なっている。今から十数年前に日本民俗学の分野で大部な事典が編まれた折のことである。ドイツ民俗学にかかわる数項目を担当したが、そこではドイツ、オーストリア、スイスの民俗学の全体で

---

143) 19世紀の半ばには歌謡への国民的な関心のたかまりを背景に、その直近の歴史にも注意が向けられた。次を参照、Otto Elben（1823-99）, *Das volktümliche deutsche Männergesang, seine Geschichte, seine gesellschaftliche und nationale Bedeutung*. Tübingen 1855. ここには最初の喉自慢大会はオランダ東部で1834年で開催されたと記されており（S. 116）、今日も目安となっている。；また近年の次の文献を参照、Dietmar Klenke, *Der singende "deutsche Mann". Gesangvereine und deutsches Nationalbewußtsein von Napoleon bis Hilter*. Münster 1998.

144) H. Kleinの前掲書によれば、エッカーマン『ゲーテとの対話』第二部1828年6月15日に記録された〈チロール人の歌謡者〉は初代ライナー兄妹であったと言う。彼らは民謡アンサンブルの元祖の性格にあったので、その可能性は高い。

も 5、6 項目に過ぎない一つが「ハイネ」と指定されたのであった。腑に落ちないものがあったが、背景は分わかっていた。釈然としなかったのは、ハイネがドイツ民俗学の学史では問題になる存在ではないからであり、理由が分かっていたのは、日本での受容の性格があきらかだったからである。そこで事典の「ハイネ」の解説には、ハイネは民俗学史上では特筆すべき人ではないが、民俗情念の文学化という脈絡では里程標であり、また日本民俗学界で知られてきた作品に限って言えばキリスト教道徳に抗して官能の復権を宣言した文学評論として読むべきであろう、といった解説をつけた[145]。しかしそういう端折った言い方で通じるかどうかは、わだかまりとして残った。そこでハイネが民俗事象に一見シニカルな論評を加えたことに注目したこの機会に、その問題を取り上げようと思う。

日本の民俗学界でハイネの名前が今も特筆されるのは柳田國男が言及したことに起因する。あるいは、本人がそれに籠めた思いの程度とは別の次元で、教科書的に固定したのかもしれない。「不幸なる藝術」と「青年の学問」にハイネのエッセーに触れた箇所があるのがそれである[146]。

ハイネの「諸神流竄記」を読んでみると、中世耶蘇教の強烈なる勢力は、ついにヴェヌスを黒暗洞裡の魔女となし、ジュピテルを北海の寂しい浜の渡守と化せずんば止まなかった。それと全く同様に、我々の系統ある偽善、即ち悪の費用を理解し得ざりし人々の辞令文学は、結局悪業を全滅し得ずして、ただそれを物凄い黒い技術としてしまつたのである。殊に今日のいわゆる被害者の階級は、自身馬鹿らしい浪費を事としつつも、なお悪から受ける微小なる損害をも忍んでいなかつた。故に二つの要求が合体して、この久しい歴史ある一種の藝術を、永く記録文献の外に駆逐することとなり、学問の目的物としては、遂に空宙のエレキやバクテリヤ以上に、取扱

---

145)『日本民俗学事典』弘文堂 1995, p. 339:「ハイネ」
146) 柳田國男「不幸なる藝術」『定本 柳田國男集』第 7 巻、p.237-341.

いにくい社会現象としてしまつたのである。

「諸神流竄記」は、今日では「流刑の神々」という分かりすいタイトルで親しまれている。もっとも、細かいことを言えば、原語のタイトル"Götter im Exil"の意味を射当てているのは〈のがれる、逃げる〉の意味を含む〈流竄〉という難しい語の方であるとは言い得よう。ともかくまず注目しておきたいのは、柳田國男がハイネに触れたのは、文学を論じた書きものだったことである。「不幸なる藝術」のタイトルのもとにまとめられた数篇の論考のテーマは〈ウソ〉である。ハイネにふれた個所を含む一文は昭和2年で、またそれが一書のタイトルとされた。またこの論述では、讒訴や詐術や姦計、特に人を陥れようとする〈悪の藝術〉が中心になっている。以後もその関心は持続し、〈ウソ〉の諸相が探求されることになる。虚言、ボケ、さらに「鳴滸の文学」(昭和22)なども収録され、〈ボケ〉や〈オカシイ〉といった言い回しへの考察をも含んでいる。要するに、ウソの技術の消長推移を論じた異色な文学論である。そこにハイネが取り上げられたのである。ハイネの「流刑の神々」が文学にかかわるエッセーで言及されるのは少しも不思議ではない。

　二つ目は、そうは言ってもハイネのその一文への着目には、やはり民俗学の視点との関係がみとめられることである。それに先立つ『青年と学問』のタイトルの下に収録された諸論考の一篇「日本の民俗学」(大正15年)のなかにハイネに言及した一節が入っている。そこでは「フオクロアの成長」の小見出しの下に次のように記されている[147]。

英国人は殊に学会に興味を持つ国民である。斯ういふ会が出来、旅行が盛んになり、又国際の交通が益々自由になると、僅かな年月の間にも学問は著しい進況を呈せざるを得なかつた。今日では殆ど最初の出発点が有閑地主等の道楽半分の事業であつたことを忘れてしまつたやうな有様である。

---

147)「青年と学問」『定本柳田國男集』第25巻、p. 253

ナトゥラリズムとシニシズムの彼方（2007〜2009）

併し我が青年時代の愛読書ハインリッヒ・ハイネの諸神流竄記などは、今からもう百年以上も前の著述であつたが、夙に其中には<u>今日大に発達すべかりし学問の芽生</u>を見せて居る。アナトール・フランスの如き敏感なる文人たちが、いち早く此研究の究極地に就いて、深い意義を認めたのは申す迄も無い。要するに耶蘇の宗教が一世を席巻した欧羅巴大陸にも、<u>猶百千年を隔てて豊富なる上代が活き残つて居た。それが容易に平民の日常生活の中から掬取られるばかりで無く、新しい社会の動きさへも、暗々裡に之に由つて左右せられる場合が多かつた</u>。之をしも書斎の学者たちは、夢ほども心付くこと無くして、単に紳士の表面事相のみによつて、文化の消長を説いて居たのであつた。

さては尚大に進んで考察すべからずといふ心持ちが、フオクロアをして一隅好事の徒の博識に止まることを許さなくなつたのである。ゴンム翁の村落生活研究が公けにされたのは1878年であつた。或寒村の小さな寺の新築に、鶏の血を入口の敷石の上に（そゝ）いだといふたつた一つの小さな異聞は、今まで恐ろしい蛮民の中にのみ、行はるゝものときめて居た生類犠牲の風習が、白人の諸国にも実は弘く行はれて居たことを発見せしめる端緒であつた。人は斯くの如くにしてフオクロアの微々たる破片が、語らんと欲するものに耳を傾けたのである。（下線は引用者）

後に『青年と学問』の冒頭に収められることになる、ハイネへの言及をも含む「日本の民俗学」一篇が講演されたのは大正15年4月、日本社会学会でのことであつたと言う。そこで柳田國男は、ヨーロッパの民俗研究との接触の経緯を率直に語っている。フォークロアが1846年にイギリスではじめて用いられた術語であることはやや早くから知っていたであろうが、ドイツのフォルクスクンデとの触れ合いは、社会学会での講演のほんの少し前であったことも柳田國男は隠していない[148]。

……前年、私は伯林の或古本屋で盲捜しに参考書を買ひ集めようとして居たとき、実はまだフオクロアを独乙語で何と訳すのかを知らずに居た。

ちょうどそこへコロムビア大学のボアス教授が来て居て教えて貰つた。貴君はフオクロアの本を捜すならフオルクスクンデと謂はなければ解らぬ。フェルケクンデと謂へば独逸ではエスノロジー又はエスノグラフィーになるのだと教へてくれた。……

　そして先に引いたハイネへの言及になり、そこに〈我々が青年時代の愛読書ハイネハインリッヒ・ハイネの諸神流竄記などは、今からもう百年以上も前の著述であつたが、夙に其中には今日大に発達すべかりし学問の芽生を見せて居る〉という感想になるわけである。
　しかし、ここには何かはっきりしないものが感じられる。それを少しく敷衍すれば、こうなるだろうか。もし30年に垂んとする長期にわたってその知識を温めていたのであったなら、ヨーロッパを訪れた際には、ハイネによって片鱗をうかがったドイツの民俗学の同時代の如何であるかに関心が走ったはずではあるまいか。しかし事実はそうした動きにはならなかった。柳田國男には、同時代のドイツ語圏の民俗学会の事情への関心は希薄であったように思われる。接触を図ったような記録もないようである。それを言うのは、事実として、1920年代のドイツ民俗学界では、ハイネから片鱗がうかがえるような民俗観はすでに力をもっていなかったからである。柳田國男はドイツであれフランスであれ、それぞれの学会と接触を必要としなかったのではなかったかと思われる。むしろ柳田國男の方にはっきりした考え方があって、それに合うものを拾っていたということではなかったか。またその一つとし

148）同上。[補記] 本稿を連載したさい、この箇所の初出（2009年9月）に対して、小島瓔禮琉球大学名誉教授より、柳田國男と高木敏雄による『郷土研究』創刊号（1913年3月10日付）の抜粋を受け取り、そこに"KIODO-KENKYU ZEITSCHRIFT FÜR JAPANISCHE VOLKS- UND HEIMATKUNDE"の欧文タイトルが併記されていることを案内された。同教授によると、「青年と学問」に所収の講演の当該箇所は、柳田國男の謙虚な発言ないしは他者によって記録された可能性が考えられるとのことである。記して貴重な示教に感謝する。

てハイネの文学作品を深読みしたように思われる。

　実際、同時代のドイツ民俗学界との接触は知られていないが、交流の細部がどうであったかを詮索しても仕方がないので、次にハイネの「諸神流竄記」ないしは「流刑の神々」の性格を問うてみたい。それは大きく見ればハイネのヨーロッパ文化のなかでの位置の問題である。結論を言ってしまえば、ハイネは民俗学の学史に名前の挙がる人ではなく、ヨーロッパの民俗学の関係者が、ハイネに〈学問の芽生〉を読むことなど絶えて無かった。ハイネを民俗学の里程標のように見るのは、日本の民俗研究者だけと言ってもよい。もっとも、その結果として、身近なところにハイネのその翻訳があるわけであるから、意外な果実ではあろう。しかもその今日行なわれている翻訳はゲルマニストにして昔話研究の大家、小沢俊夫氏の手になるだけに周到でもある。しかしそこでの重心が民俗学の理論におかれているとすれば、事態は微妙なすれ違いを含むことになる。

　その問題へ進む前に、ハイネの文章をもう少しみておきたい。「流刑の神々」の前作としてここで一つの評論を取り上げたい。「流刑の神々」には、いわばその前編ないしは本編に当たる「精霊物語」がある。二作はやや時間をおいているが、一連のものとみなすことができる。その事情は、浩瀚な(没後百年)記念版ハイネ全集の解題や補説を繰るまでもなく、小沢氏の「あとがき」に詳しい。「精霊物語」は1835年から36年の成立で、先ずフランス語で発表された。「流刑の神々」は1853年の発表で、やはりフランス語が最初であった。両文とも、フランス人に向けた「ドイツ論」の一部ないしはそれとの関連した構想されたものである。両文が、民俗学の関心を惹きそうなスタイルをもっていることは事実であり、「精霊物語」の書き出しがすでにそうである[149]。

　……よく言われることだが、ヴェストファーレンには、古い神々の聖像

---

149) 小沢（訳）『流刑の神々・精霊物語』p. 7.

がかくされている場所をいまだに知っている老人たちがいるということだ。彼らは臨終の床で、孫のうちでいちばん幼いものにそれを言って聞かせる。そしてそれを聞いた孫は、口のかたいザクセン人の心のなかにその秘密をじっとだいている。むかしのザクセン領だったヴェストファーレンでは、埋葬されたものがすべて死んでしまうわけではない。そして古い樫の森を逍遥していると、いまでも古代の声がきこえてくる。

かく幽遠な世界へ読者をいざない、その結構のなかでハイネの独自の文学世界が繰り広げられる。柳田國男が〈中世耶蘇教の強烈なる勢力は、ついにヴェヌスを黒暗洞裡の魔女となし、ジュピテルを北海の寂しい浜の渡守と化せずんば止まなかった〉と紹介しているような物語がその一つである。それは、古い文書の記載という手の凝った趣向のもと、次のような筋立てをもっている。――氷雪におおわれた北海の孤島に漂着した数人の漁師が、粗末な丸太小屋をみつけ、そこに幾百歳とも知れぬ老人と、毛の抜けたヤギ、それにやはり羽毛の跡も無残な不気味な鳥を見いだす。一人が故郷のギリシア語でかたったところ、老人の返す言葉には、その地の悠久の昔の様らしきものが漏れるかとも聞こえ、しかもその地が荒廃をきたしたことを知るや、老人ばかりか山羊と怪鳥も嗚咽と悲嘆にくれ絶叫を立てるのであった。後に識者が解説が加えたところでは、それはゼウスであり、また幼子ゼウスをその乳で扶養した山羊アルテアであり、巨鳥はかつて稲妻を爪につかんで飛翔した大鷲であった、と言う。

わけてもハイネが力をこめて描くのはタンホイザーの伝説で、女神ウェヌスの山で美と愛欲の虜になった騎士が、悔恨に突き動かされてローマへ詣ではしたものの、ローマ法王に懺悔を拒まれて再び帰ってゆく話である。法王が手にする枯れ木の杖に緑が付くなら懺悔は受け入れられもしようが、との無理難題が現実のものとなる運びは、後年のリヒァルト・ワーグナーのオペラでも知られている。そのワーグナーよりも早く、ハイネはこの伝承を自分流の世界に組み変えた。昔読んだという伝承にそった歌謡を先ず配置した。

次いで、ウェヌスに仮託して女性の美と情愛と肉欲の甘美を存分に歌い、法王の断罪に揶揄を投げ、同時代のドイツの世相に寸鉄をふるった。どんな情景も感情も自在に歌い得たその詩技は、（ハイネのパリでのマチルデとの同棲を映しているかどうかはともかく）時に男女の物狂おしい痴情にも近づくほどである。

　　タンホイザー様、気高い騎士様
　　わたしが厭になりましたの
　　わたしから心が離れることはないと
　　数千回も誓ってくださったのに

　　さあ寝室に行って
　　ひそかな愛撫を楽しもうじゃありませんか
　　百合にも似た私の白い身体で
　　お気持を晴らしてあげます。

　　ウェヌスよ、美しいお前
　　お前の魅力はいつまでも輝かしい
　　大勢の者がお前に心を焦がし
　　これからも大勢が心を燃やすだろう。

　　お前の優しい魅力をたのしんだ
　　神々や英雄を思うと
　　百合のごとき白いお前の
　　身体が厭わしくなる

　　百合のように白く美しいお前の
　　肉体におれはただもう驚くほかない

けれど、これからもどれほど大勢の男が
　　お前の肉体を楽しむことかと考えてしまう

　ハイネは風紀の桎梏と道徳の偽善をしりぞけて、情愛の麗しい諸相を歌い、ときに愛欲と耽美の域へ入っていった。道徳と風紀はキリスト教の世界であり、その抑圧からギリシアやローマの古代世界が輝きを放ち、口碑に変わり果てた古文化という設定の下に率直な哀歓がこみ上げる。その対比と点滅を、ハイネはドイツ文化として提示した。それゆえ時事的な評論でもあり、それを併せもつ文学作品であった。

　しかし、果たしてそう読まれてきたであろうか。日本での受容の様子は、達意の翻訳をほどこした小沢俊夫氏のが解説がよく物語っている[150]。

　柳田の日本人の信仰の研究および口承文芸の研究のなかでは古代の神々の「衰退の影」という概念がきわめて重要な役割をもっている。柳田のこうした、十九世紀進化論的な、一方向への退化論には近年批判があるが、わたしは、柳田が「衰退の影」という発想をもつようになったについては、ハイネの『流刑の神々』がかなり影響しているのではないかと想像している。

　とまれ、柳田によって先導された日本民俗学は、そのとき柳田が感じとった問題を日本の庶民文化のなかにさぐる仕事をそれ以来営々とつづけてきているのである。

　それはなにかと言えば、体系的な神社神道や仏教が日本の文化をおおう前に日本人がもっていた信仰はどのようなものだったか、という問題である。日本民俗学はそれをさぐるに、古い生活形態や信仰をより多くとどめている農村、山村、離島を重視し調査してきた。そこに日本民俗学が成立しているわけだが、日本人の古代信仰の痕跡が次第に明らかにされるにつ

---

150) ハインリヒ・ハイネ（著）小沢俊夫（訳）『流刑の神々・精霊物語』（岩波文庫 1980), p. 7.

れて、その研究はもはや「民俗学」の枠のなかでは窮屈になり、最近では「民俗宗教学」ということさえ唱えられるようになった（例えば弘文堂「講座日本の民俗宗教」全7巻）。

　柳田がくりかし言っているように、キリスト教の徹底的布教を受けなかった日本には、古代信仰が、ヨーロッパにおけるよりはるかに色濃く残っているのである。いや、それはまだ生きていると言えるであろう。ハイネはかすかな伝説や古い奇書のなかにかろうじてゲルマンの古代信仰をみいだしたが、わが日本では実は現代のわれわれのまわりにも古代からの信仰が息づいているのである。それは田の神、山の神、道祖神、さまざまなつきもの、豊饒を願う性器崇拝、若水取りに始まる年中行事などにみられるのである。

　ハイネのこれらのエッセーは、われわれがあまりに身近にもっているためにその意義を忘れてしまいがちな日本の民俗的信仰のさまざまな事象を、はっきり意識させてくれるし、そのことによって、キリスト教の洗礼をうけたヨーロッパ文化の裏面と、それを受けていない日本の文化の裏面との、共通性と差異とをはっきり意識させてくれるのである。

　日本民俗学の課題や歩みとしてここで説かれるのが、標準的な理解であるのかどうか、あるいはやや不審を感じる人もいるとも思われるが、先ずこれが一定の共通認識となっていることを踏まえて考えてみたい。

　この解説を読んだ印象を言えば、まことに生真面目な読み方がされたということにならないだろうか。理由はあったのであろうが、言い方を変えれば、ハイネの作品の種類を取り違えていないか、という疑問にもなる。それは大本の柳田國男についても言い得よう。ハイネのエッセーは論文ではない。文学作品と言ってもよい。文学作品を論文として読んだところに、実態とのすれ違いが起きなかったであろうか。

　そこでドイツ人の手になる民俗学の展開を解説した文献を覗くと、ここで問題になっている意味でハイネに言及した文献は見当たらない[151]。言及さ

れることがないわけでないが、それはその時代において政治的な面で批判眼をそなえていた人物としてであり、民俗学の基本的な視点に関係する文脈においてではない。また今日の代表的な学史文献よりも前の解説となるとハイネの名前は一層挙がりようがなかった。それにはハイネがユダヤ人であったという要素もあったかも知れないが、逆にユダヤ人の民俗学に関する今日の文献でもハイネはやはり名前を現さないのである[152]。

　先の話題に返ると、ハイネがドイツ人の民俗学史のなかで名前が挙がらないのは、見落としでも偏見でもない。民俗学という限りでは取りあげる意味も必要性もなかったからである。しかし、ではハイネが民俗学と関係が無いかと言うと、それもまた違う。これまた一口に言うと、ハイネが言及したような見方は、当時の流行であった、と言うのが実情に合っている。古い異教がキリスト教に圧迫されて片隅に追いやられ、のみならず折にふれて歪んだ形態で現れるというのは、当時、人気のあるものの見方であった。またそういう見方を取り入れたなかでは、ハイネはその教説にあまり忠実な人ではなかった。やはり文学なのである。

---

151) ここでは次の3種類の民俗学史を挙げておきたい。レーオポルト・シュミット（著）河野（訳）『オーストリア民俗学の歴史』名著出版 1992.（原著：Leopold Schmidt, *Geschichte der österreichischen Volkskuknde.* 1951.）；インゲボルク・ヴェーバー＝ケラーマン（著）河野（訳）「ドイツ民俗学——ゲルマニスティクと社会科学のあいだ」愛知大学法経学会『法経論集　経済・経営篇I』第117 (1988), 118/119合併号 (1989),『経済論集』第122 (1990), 124号 (1990)（Original: Ingeborg Weber-Kellermann, *Deutsche Volkskunde zwischen Germanistik und Sozialwissenschaften.* 1969, 2. Aufl. : 1985.）［補記］その後、第3版を底本とした拙訳を刊行（文緝堂）；ヘルマン・バウジンガー『ドイツ民俗学・上古学から文化分析へ』［補記］参照、拙訳、文緝堂 2010. 第一部「学問の再検討」(Original: Hermann Bausinger, *Volkskunde. Von der Altertumsforschung zur Kultur-analyse.* 1971, Kap. I.)

152) 次の概説書のなかのユダヤ人をめぐる民俗学に言及した諸所を参照、Rolf W. Brednich (Hrg.), *Grundriß der Volkskunde: Einführung in die Forschungsfelder der Europäische Ethnologie.* 2. Überarb. Und erw. Aufl. Berlin 1994, passim.

ナトゥラリズムとシニシズムの彼方（2007～2009）

二点の留意事項

なおここで二点について付記しておきたい。二つながら、ここだけですむ問題ではないが、この小論を通じて筆者が脇目で追っている側面の問題意識でもある。一つは私たちのあいだで往々みられる判断のあり方、もう一つは柳田國男に端的にみられる民俗学における視座である。

柳田國男がハイネにヒントを得たという推定についてであるが、あまり関係がなかったのでは、と筆者は考えている。ジェームズ・ジョージ・フレイザーについても、柳田國男がそこから基本的な着想を借りたような見方が時折起きるが、的を射ていないように思われる。日本では、何かめぼしい思想が話題になると、欧米の誰かに由来するという推論がよく起きるが、あまり生産的ではない。柳田國男の仕事については、一部では筆者には首肯し難いものがあるが、それはそれとして、フレイザーや他のヨーロッパの先人は決して教祖のような存在ではなく参考人程度であったと見る方がよいと考えている。柳田國男とフレイザーを比べると、後者はその当時の思潮には合ったのであろうが、今からみるとその立論は偏頗であり、柳田國男のバランスのとれた、幅の広い知見の方がずっとレベルが高かった。今は特に立ち入らないが、覚えとしてこれを付言しておきたい。

二つ目に課題ないしは設問にしておきたいのは、柳田國男の視点である。先に引用したパラグラフのなかにも、ゴンムによる鶏の血を戸口に塗る風習の発見を特筆している。〈今まで恐ろしい蛮民の中にのみ、行はるゝものときめて居た生類犠牲の風習が、白人の諸国にも実は弘く行はれて居たことを発見せしめる端緒であつた〉として特筆される。その理解が当たっているかどうかはともかく、そのとき柳田國男はどういう視座に立っていたのであろうか。〈村落生活〉の一側面としてそれを発見したというとき、自分自身もその村落民の同類であることに思い当たったのであろうか。それとも、村落民を野生動物の生態や習性を観察するように、自己と隔絶したものとみなす立場だったのであろうか。この設問は、柳田國男の衣鉢を継ぐとされる日本民俗学に当てはまる。日本には〈古代信仰が、ヨーロッパにおけるよりはるか

に色濃く残っている〉と識者は断定するが、それは自分の胸に手を当てて思いあたる節があるということであろうか、それとも民俗研究者を含まない〈村落生活〉の特質を指しているのであろうか。

12. 文学における〈異教〉の観念
——バレエ作品『ジゼル』に見るハイネとゴーティエ

ところで、問題のハイネの作品が何であったかを見極めるために、観点を変えてみたい。日本人が民俗学の理論を読みとることになった作品がヨーロッパではどう受けとめられたのか、と問うのである。その作品、すなわちハイネがフランス語で発表した『ドイツ論』については、それが元になって世界的に知られた藝術作品が成立した。ロマンティック・バレエの代表的な一作『ジゼル』である。

ロマンティック・バレエ「ジゼル」の成立事情から

バレエ作品「ジゼル」は1841年6月28日にパリで初演され、以来、今日まで人気の演目であり続けている。しかも、音楽も振り付けも、大部分が製作当初の形態で今も演じられることにおいて、他にほとんど類例がない。このバレエ作品の基本構想がとられたのは、先に挙げた「精霊物語」であった。その事情を、このバレエ作品の研究書は次のように解明している[153]。

>　『ジゼル』については幸運なことに、制作者のひとり、テオフィール・ゴーティエが、「ラ・プラス」紙に書いた文章の中で、どのようにしてこのバレエが誕生することになったかを記している。高名な作家で批評家のゴーテ

---

[153] シリル・ボーモント（著）佐藤和哉（訳）『ジゼルという名のバレエ』新書館 1992 (Original: Cyrill William Beaumount, *The Ballet Called Giselle*. 1944)；また次の文献も参照、新藤弘子（著）・まつもとめいこ（イラスト）『世界バレエ名作物語　ジゼル他』汐文社 2008.

ィエは、単に制作者のひとりというにとどまらず、まぎれもなく『ジゼル』の起案者だったのである。

　初日の予告に書かれたこの文章は冗談めかして仲間の詩人に宛てて書かれたもので、次のように始まっている。「親愛なるハインリヒ・ハイネへ。2、3週間前、あなたの素晴らしい御著書『ドイツ論』を読み返していたとき、素敵な一節にゆきあたりました。どこを開けても魅力を感じるところばかりの本ですが、その箇所とは、あなたが白衣の妖精について書いているところです。この妖精たちの着衣のへりはいつも濡れているのですね。それから自分の元の恋人の結婚式の日、新婚夫婦の部屋の天井にサテンの小さな足を現した水の精の話。あるいは、雪のように白いウィリが、無情に踊り続けること。それから、ドイツの月光に柔らかく照らされた靄の中、ハールツの山々やイルゼの河畔であなたがご覧になったという愛らしい妖精たちの名残り。こういうことについてお書きになっているのを読んで、わたしは思わず呟きました。『これは素晴らしいバレエができるんじゃないか』」

　ウィリについてのこの伝説とは、どのようなものか。ハイネによると、この物語はスラヴ起源で、ウィリとは婚約したが結婚式を迎える前に死んでしまった娘たちである。生前踊りに対する渇望を癒すことができなかったので安らかに墓に横たわっていられず、真夜中になると起き出して公道に群れをなして集うと若者を誰でもダンスに誘い、倒れて死ぬまで躍らせるのである。

……

　ウィリについて何か書かれている辞典や参考文献はほとんどない。しかしマイヤーの『百科事典』だけは「ヴィレス」または「ヴィリス」を載せていて、「婚約していながらその不実な男に裏切られたために死んでしまった娘の霊が吸血鬼となったもの」と定義している。これは、ハイネの説明よりもずっと筋が通っている。これで娘たちが年若くして死ぬわけも分かるし、男に対して激しい復讐の念も持っている理由も説明がつく。

ウィリは今日ではその分野の事典には載っており[154]、また最近では、ヨーロッパの怪異のオン・パレードとも言うべき人気作品によって多くの人が知るところとなっている[155]。が、今取り上げているのは、その黎明期とも言うべき状況である。ウィリの外見や踊り方を問うて、先のバレエ解説書はハイネの「精霊物語」のその個所を引用しているが、ここでは邦訳、すなわち小沢訳によってその箇所を抜き出す[156]。

　オーストリアのある地方には、起源的にはスラブ系だが今のべた伝説とある種の類似点をもった伝説がある。
　それは、その地方で「ヴィリス」という名で知られている踊り子たちの幽霊伝説である。ヴィリスは結婚式を挙げるまえに死んだ花嫁たちである。このかわいそうな若い女たちは墓のなかでじっと眠っていることができない。彼女たちの死せる心のなかに、死せる足に、生前自分で十分満足させることができなかったあのダンスのたのしみが今なお生きつづけている。そして夜中に地上にあがってきて、大通りに群れなして集まる。そんなところへでくわした若い男はあわれだ。彼はヴィリスたちと踊らなければならない。彼女らはその若い男に放縦な狂暴さでだきつく。そして彼は休むひまもあらばこそ、彼女らと踊りに踊りぬいてしまいには死んでしまう。婚礼の晴れ着にかざられて、頭には花の美しい冠とひらひらなびくリボンをつけて、指にはきらきら輝く指輪をはめて、ヴィリスたちはエルフェとおなじように月光を浴びて踊る。彼女らの顔は雪のようにまっ白ではある

---

154) 参照、Zdeněk Váňa, *Mythologie und Götterwelt der slawischen Völker*. Stuttgart 1992, „Vila".
155) 折り込みの解説紙片には〈魔法族の〉のメンバーとしてヴィーラが〈魔性の女性。男性の心を惑わせる。ブルガリア・ナショナルチームのマスコット〉と紹介されている。本文は次を参照、J. K. ローリング（作）松岡祐子（訳）『ハリー・ポッターと炎のゴブレット（上）』静山社 2002, p, 160f.
156) 小沢（訳）『流刑の神々・精霊物語』p. 24-25.

が、若々しく美しい。そしてぞっとするような明るい声で笑い、冒涜的なまでに愛くるしい。そして神秘的な淫蕩さで、幸せを約束するようにうなずきかけてくる。この死せる酒神の巫女たちにさからうことはできない。

　人生の花咲くさなかに死んでいく花嫁を民衆は、青春と美がこんなに突然暗い破滅の手におちることに納得できなかった。それで、花嫁は手に入れるべくして入れられなかった喜びを、死んでからもさがしもとめるだという信仰が容易にうまれたのである。

　『ジゼル』が成立するには、これに加えてヴィクトル・ユゴーの『東方詩集』中の詩、薄倖のスペイン娘をうたった「ファントム」もまた重ね合わせられたと言う。そうして出現したテオフィール・ゴーティエの台本は、作曲家を刺激し、振付師を奮い立たせた[157]。バレエにおいて音楽の比重がどの程度かは微妙であるが、舞台藝術のような共同製作が運命づけられた総合藝術では、それだけに核になる着想が決定的な意味をもつ。『ジゼル』の場合、最初からプリマ・バレリーナ、この作品ではタイトル・ロールにはカルロッタ・グリジをゴーティエ自身が想定しており、それが作想の広がりを助けた面があったとされている。そしてその台本は、人気作曲家アドルフ・アダンの曲想をうながし、振付師ジュール・ペローとジャン・

ジゼルを踊るカルロッタ・グリジ

---

157) その事情は前掲書に詳しい。参照、ボーモント（著）佐藤（訳）『ジゼルという名のバレエ』

コラリを大いに奮起させた。作品の人気が150年を経てなお衰えないだけに、これら初演にかかわった者たちの人間関係は今も関心をさそうようである[158]。ジュール・ペローは、カルロッタが後にポーランドの貴族のもとに身を寄せるまで苦楽を共にする間柄でもあった。台本のゴーティエについては、カルロッタの妹エルネスティーヌと結婚したが、後年、死を前にしてなおカルロッタの名前を書き記したとのエピソードも伝わるなど、創作には濃密な感情がはたらいたようである。かくして成り立った台本と作曲と振り付けが基本的には今も踏襲されている[159]。

ところで、このウィリの伝承はそれだけがまったく単独で現れたのではなく、近縁の話題へもハイネの筆は伸びていた[160]。

　この物語はゲーテのもっと美しい詩のひとつ「コリントの花嫁」を思い出させる。この詩はすでにド・スタール夫人によってフランスの読者にも紹介されている。この詩のテーマは非常に古く、はるかにテッサリアのおそろしいおとぎばなしにまでさかのぼる。エリヤンがこの話を物語っているし、類似の話をフフィロストラトゥステュアネのアポロニウスの生涯のなかで報告している。それは不吉な婚礼物語で、女は幼児の生き血を吸うラミアと言われている。……

このようにして、このエッセーの主題とも見える、古い異教の世界へ入っ

---

158) 関係者の生没年を挙げておく。ゴーティエ (Pierre Jules Théophile Gautier 1811-72)、アドルフ・アダン (Adolphe-Charles Adam 1803-56) ジュール・ペロー (Jules-Joseph Perrot 1810-92)、ジャン・コラッリ (Jean Coralli 1779-1854)、カルロッタ・グリジ (Carlotta Grisi 1819-99)

159) 振り付け台本の復刻版は次を参照、Giselle, ou les Wilis: Ballet ftantastique en deuc actes, hrsg. von Frank-Manuel Peter. Faksimmile der Notation von Henri Justamant aus den 1860er Jahren. Hildesheim 2008.

160) 小沢（訳）『流刑の神々・精霊物語』p. 25.

てゆく。実にキリスト教の束縛と、その間を縫って出没する異教の思念は、ハイネのエッセーの多数のエピソードをまとめあげている枠組みでもある。しかも、そこで描かれる異教から立ち上る思念はどれも甘美でポエティックである。それを見ると、現世の秩序と連続する桎梏と自由な想像世界という対比こそ、そこでの主題であることが分かってくる。そこで、今一度、先の『ジゼル』に立ち返ると、ハイネのエッセーに作品の想を得たゴーティエは、その素材がキリスト教以前であるとか古い異教の名残りであるかとかといった条件に少しもこだわっていなかった。まして異教的世界とかかわっているといった意識はまるでなかったようである。解説書には作品の場所について、ゴーティエが記した言葉が拾い上げられている[161]。

『ジゼル』の台本は、時代や季節、場所についてあまり多くを語っていない。しかし、時代は分からないとはいえ、話はブドウの収穫の祭から始まっているのだから、季節が秋であることは明らかであり、場所については、「トゥーリンゲン地方の辺境」だということでドイツ中部だということしか分からないが、ゴーティエは初演予告の中でもう少し詳しく述べている。「出来事が起こる地ははっきりしていない。それはシレジアかトゥーリンゲン、あるいはシェイクスピアの愛したボヘミアの港町のどれかでもいい。ただライン川の向こう側、どこかドイツの隅の神秘的な地方であればいいのだ」

『冬物語』一曲が繰り広げられる場所である・ボ・ヘ・ミ・ア・の・港・町は、シェイクスピアが地理に無頓着であった証左としてよく挙げられる。ゴーティエはそれを引き合いにして、自己の舞台作品において素材の時空の特定が非本質的であることを言い表したのである。ハイネの文章に興業的に立ちゆく舞台藝術の材料を探ったプロの読み方としては、それは至極まっとうなことであった。

161）ボーモント（著）佐藤（訳）『ジゼルという名のバレエ』p. 99-100.

キリスト教と異教の対比は、同時代の最も真剣な読者には何ものでもなかったのである。しかもそれは読み違いではなかった。そもそも、ハイネの二つのエッセイは、論述に詩歌をとりまぜる形態をとった一篇の創作である。あるいは、ドイツ論に枠をかりて想像力を羽ばたかせ文学作品である。

　補足として言い添えれば、ゴーティエが異教という概念に無関心であったとか、そのためにハイネの折角の構図を読み取れなかったのでは、などといった憶測は成り立たない。ゴーティエもまた同時代の道徳への時に挑戦者であった。藝術は常に挑戦であるとの意味で、同時代を相手にしていたが、しかもそれを表現する上で〈異教〉を大いに口にすることがあった。たとえば、書簡体の小説『モーパン嬢』のなかで、主要人物の一人がこんなことを書き送る[162]。

　　ぼくはホメロス時代の人間だ。——ぼくの生きるこの世界はぼくの世界ではない。ぼくは周囲の人間世界に少しも馴染めない。キリストの降臨はぼくには関係ない。ぼくはアルキビアデスやフェイディアスにも等しい異教徒だ。——ゴルゴタの丘に受難の花を摘みに行った覚えもなければ、磔刑者キリストの脇腹から流れて出て世界の赤い帯となったあの深い河の波に浴したこともない。——反逆するぼくの肉体は霊魂の覇権を認めようとはせず、肉の衝動は禁欲の苦行を拒否する。……

　　……さっきキリストはぼくのために降臨されたわけではないと言ったが、近代の天の星となった聖母、栄光の幼子イエスの優しき母マリアもまたぼくの救いにならなかった。……

　　……ぼくには「海から誕生するウェヌス」の方が千倍も好ましい。——眼尻の反った古風な瞳、いかにも婀娜っぽく口づけを誘う、あの切れ目のはっきりした端正な唇、狭いふくよかな額、無造作にうしろに束ねた、海

---

162) テオフィル・ゴーチエ（作）井村実名子（訳）『モーパン嬢（下）』岩波文庫 2006, p. 29 以下。

のように波打つ髪、引き締まった艶やかな肩、無数の魅惑の曲線を描く背中、離れすぎない小さな乳房など、丸い輪郭のすべて、ゆったりした腰、繊細な活力、惚れぼれする女らしい姿態にみなぎる人間離れした逞しさ、、、、、、、、こうしたウェヌスの姿にぼくがいかに心奪われ魅了されるかは、思慮深いキリスト教徒のきみには想像もつくまい。……

ウェヌスは人間界に近づくために海から上がってくる、――人間の男を愛する女神にふさわしく――一糸まとわぬ姿で、独りきりで。――彼女はオリュンポスの山よりもこの地球を好み、神々よりも人間をよく恋人に選んだ。ウェヌスは物憂げな神秘なヴェールをまとわない。背後に海豚を従え、真珠貝に片足をのせてすっくと立つ。すべやかな腹部に陽光が映える。波打つ美しい毛髪を白い手で高く持ち上げる。……その艶姿(あですがた)は誰でも見ることができる。彼女は何ひとつ隠さない。なぜなら羞らいはもっぱら醜女(しこめ)のものだから。しかも羞恥の感情は新時代の発明品、形象と物質に逆らうキリスト教的侮蔑の産んだ娘だ。

おお、古代の人々よ、あなた方の崇めたものは何もかも貶められ、あなた方の偶像は破壊され、埃にまみれた。穴だらけの襤褸(ぼろ)をまとう、痩せこけた隠者や、円形劇場で虎に肩を噛まれた血だらけの殉教者が、あなた方の美しく魅力的な神々の台座を占領したのだ。――世界はキリストの経帷子(きょうかたびら)ですっぽりと包みこまれた。美女もわが身を恥じて、屍衣をまとわねばならなかった。……

このゴーティエにおけるキリスト教文化と異教の対比は、ハイネの『ドイツ論』と近似したものと言ってよいであろう。文学史は、この有名な一節をむしろゴーティエの〈藝術至上主義・耽美主義〉の宣言とみなしている[163]。古い異教に託して現実を打破せんとするのであり、そこに立ち現れるのは美

---

163) 参照、ゴーティエ(作)田辺貞之助(訳)『キャピテン・フラカス(上)』岩波文庫 1952, 訳者解説「テオフィル・ゴーティエについて」p. 7-8.

の認識と造形であり、時にそれは官能美の藝術的刷新でもあった。それゆえ、キリスト教 VS 異教の構図はエンタテイメントに他ならない。

エンタテイメントの枠組み：〈キリスト教 VS 異教〉

　この傾向は一過性どころか、時間の経過とともに高まった観すらあった。〈異教〉というキイワードの下に拾うことができるエンタテイメントは何十あるいは何百あるか見渡せないほどである。またいずれの事例も、他とは違った特徴をそなえているであろうが、ごく一般的に言えば、〈異教〉は現行の秩序や道徳のシステムへの挑戦を含んでいる。それが、近代のヨーロッパ社会において絶えず耳にする〈異教〉という合言葉の機能でもある。逆に既存のシステムの側に立てば、不正常や逸脱をとがめる簡便なレッテルの役割を果たす。あまりに多く目移りがするほどの事例群から、数例を挙げる。

　1.「宇宙論者」サークル：19世紀末から20世紀初めにかけて、ミュンヒェン市の北域、今日では中心部の一角シュヴァービングは一種の藝術家村ともなっており、一時期そこに〈宇宙論者〉(コスミカー)と呼ばれるグループが集まっていた。中心メンバーの一人はドイツ近代詩の雄シュテファン・ゲオルゲであった。彼らは時おり仲間の家でパーティを開いたが、その様子を、女流作家フランツィスカ・レーヴェントローに関する邦語の解説は次のように記している[164]。

　このサークルはシュヴァービングで異教の仮装をしてしばしばパーティを開いた。例えば1903年2月22日にヴォルフスケールの家では、ゲオルゲがシーザーに、シューラーが大地母神に、フォルフスケールがインドの

---

[164] ドイツ語の副読本として編まれた Franziska Gräfin zu Reventlow（1871-1917）のアンソロジーへの解説を参照、河中正彦（編）『父——三つの小品』朝日出版社 1989、p. 39.

ディオニュゾスに、フランツィスカがバッコスの童子に扮している。

このサークルの場合は、一般の古代ギリシア・ローマやゲルマン上古への傾斜に加えて、ヨーハン・ヤーコップ・バッハオーフェン（1815-87）が人間史の黎明期に再発見した母権制の刺激を強く受けていたようである。フランツィスカについては、こうも解説される。

> 一子をもうけたが……未婚の母であることは彼女の恋愛を妨げないばかりか、このサークルの母権制の思想に合致し、かえってそのことによって崇拝された。

硬直した支配的な道徳への挑戦と刷新が模索された一例と言えるであろう。

2. ハロウィン：話題をさらに飛ばすなら、今日ときどき話題になるハロウィンについてもそれは言い得よう。よく古いケルト文化が引き合いだされるが、ハロウィンはアメリカ東海岸の学園祭として形成され、それも上・中流の子弟たちが通う学校であったため、19世紀後半に東海岸に多少は存在したアイルランド移民とも直接にはつながりが無かった。しかし、ケルト文化を含む異教が言い立てられることが少なくない。これもエンタテイメントとしての看板であり、その看板の下で多かれ少なかれ大人の世界への反発や挑戦として若者文化が解き放たれるのである[165]。

3. ロック・グループ「ブラック・サバス」：若者文化の関連では、常に新しい装いと新しい何かをたずさえて登場するロック・グループも、キリスト

---

[165] ドイツ民俗学会が2001年に学会誌に掲載したハロウィン特集によって、ヨーロッパ10カ国でのハロウィンの受容と社会の反応を知ることができる。参照、ゴットフリート・コルフ（編）河野（訳）「ヨーロッパ諸国のハロウィン」 愛知大学語学教育研究室『言語と文化』第16-19号（2007-08）所収（Original: "Halloween in Europa" In: Zeitschrift für Volkskunde, Jg. 97 II（2001）, S. 177-290.）

教 VS 異教の構図において自己を表現することが少なくない。極端な例は、オジー・オズボーンことジョン・マイケル・オズボーンとそのグループがそうであろう。1969 年に結成されたバンドは「ブラック・サバス」、すなわち暗黒の魔物集会であり、後年オズボーンのソロ第一作のアルバムは「ブリザード・オブ・オズ――血塗られた英雄伝説」と謳われた。舞台で生きた鳩を食いちぎり、大勢のファンも客席で猫や鳥の死体を投げ合うことでも知られた。老齢に差しかかると共に、オジーとその家族はやや変人の色彩をアピールしつつも、おとなしい市民社会の仲間入りをしたようである。

4. カルト集団「悪魔教会」：一時期世界各国で物議をかもした悪魔教会 "Church of Satan" の運動も挙げられよう。1966 年に悪魔こそ大地の原理と宣言した教祖アントン・サンダー・ラヴィ（1930-97）がミュージシャン出身であったことも素地になって、ビート調の音楽と動物殺傷による儀式を演出し、主に若者たちのあいだに悪魔崇拝の輪を広げていった。

5. マイケル・ジャクソン「スリラー」：1982 年 12 月に発売されたこのアルバムについては言うまでもないが、壮大なミュージック・ヴィデオを本格的に導入した初期の一例でもあった。そこで演出されたのは、マイケルのオオカミ人間へのヴィヴィッドな変身であった。人狼の俗信は早くルーカス・クラナッハに銅板画の作例（1512 年）があるが、特に 19 世紀のロマン派の民俗学によってゲルマン上古の信仰と解釈されて方向が固まった。現代のアニメやゲームでの人気のある素材であるが、キリスト教文化が自己との関連で生み出し異質性の観念であり、それゆえ活用の幅が大きい。

最後の 3 例は〈1960 年代から 80 年代のアメリカ〉のキイワードと深くかかわる事例でもあろう。とまれ、キリスト教 VS 異教は、キリスト教文化圏において種々の分野で現状打破や反抗や刷新が志向される際して、それ自体はほとんど常套かつ一般的で図式である。中身は、理想、娯楽における意

外性、宗教性を帯びた閉鎖集団などさまざまであり、絶えず試行があり、その一部が時に注目を浴びる。

13. 民俗要素の文学化──ゲーテからハイネへ

　ハイネを民俗学の学史に位置づけるのは無理があるが、民俗的な要素や思念と近代という関係では、逆に、無視してよいどころではない。それが明らかになるのは、一時代前のゲーテと比べるときであろう。ゲーテは、民俗学が関心を寄せるような情景を文学のなかに取り入れることに腐心した第一世代でもあった。あるいはヘルダーやその他の数人と並んで先頭集団であった。もちろん同時代には、学問的あるいは実学的な面から民衆存在の強い関心をもった人はいくらもいた。ユストゥス・メーザーがそうであり、またゲーテと同じく小領邦の高官となり、行政者としてもすぐれていたザルツブルク大司教領国のカール・エーレンベルト・フォン・モルもそうであった[166]。しかし文学としてなら、ゲーテはその後の展開の起点であった。

　民俗行事に対するゲーテの位置
　そこで、ハイネの文学史的な意義を先に言ってしまうなら、民俗的な文物において姿をあらわす種類の情念を文学の世界に取り入れたこと、しかもそれが普段の感覚から段差をつくることなく、途切れなく、なめらかにその次元へ移ってゆく手法を確立したことであった。それは民俗性を帯びた情念を文学の世界に取り入れた先人たちと比較すると明らかである。ヘルダー、ゲーテ、シラー、ゴットフリート・アウグスト・ビュルガー、フリードリヒ・

---

[166] レーオポルト・シュミットは、モル（Karl Ehrenbert von Moll 1760-1838）を、自然科学者にして国家経営者、そして民俗学の先駆者として高く評価した。参照、レーオポルト・シュミット（著）河野（訳）『オーストリア民俗学の歴史』1992（原著1951）, p. 59ff.

レーオポルト・ツー・シュトルベルクなどである。いずれも（それぞれの文学活動における比重はともあれ）民衆的（民俗的）文物、後世の言い方では"volkstümliche Güter"[167]と取り組んだ人々である。それぞれに持ち味があり、一括して論じるわけにはゆかないのは当然であるが、ハイネと並べてみると、共通したものを見るのは不可能ではない。一口に言えば、民衆（民俗）的な事象が外在的であり、それを相手取ったということができる。それは、その種類の対象の文学化を図った早い世代には当然の手法であったが、またその接近の仕方によって違いが生じた。ヘルダーのそれはシュトルベルクとは異なり、ビュルガーはシラーとは同じではなかった。そしてゲーテはその接近の仕方が特に多彩で、その都度違った相貌を見せるのであるが、外在的であることはやはり大きな特徴であった。また外在的であることが、抒情詩ではなく、バラードという特異なジャンルと結びついた所以でもあったろう[168]。これに今入りこむわけにはゆかないが、ゲーテと民衆的物象との関わりの在り方について、その端的な事例を一つ挙げるとすれば、『ファウスト』第一部の場面がさしずめそれを示している。「市門の前」で、ゲーテは、春の訪れとともに民衆が集い、農民が歌と踊りに興じる様を描いた。民衆の朗らかな集いは、ゲーテが生涯に何度も手掛け、またその都度新らしい側面を見せたモチーフである、この場面は、さまざまな意味で原型に近いところがあると言ってもよい。民衆に近しくあることを志向する老学者が、学知への懐疑を

---

167) 今日では一般的な言い方であるが、元になる名詞"Volkstum"が1810年の造語であることに注意をしておきい。この語がドイツ文化のなかで果たした役割については次の拙論を参照、「ドイツ民俗学における〈フォルクストゥーム〉の概念について」 河野『ドイツ民俗学とナチズム』創土社 2005 所収。

168) ゲーテのバラードが文学史上の独自なジャンルであることを早く論じたのはマックス・コメレル（1902-44）であった。コメレルはナチズムに傾斜した側面をも見せるが、その詩歌論は特異な時代状況ならではの凝縮した思索を含んでおり、文学の要諦と触れ合うところがあるであろう。参照、Max Kommerell, *Gedanken über Gedichte*. Frankfurt 1943.

169) ゲーテ『ファウスト』「市門の前」（第 903 行以下）。

つゆほどももたない弟子を連れて、町の外へと歩を進める。そこに繰り広げられていたのは、復活祭を祝う民衆の賑いである[169]。

  春の優しい眼差しに勇気づけられて
  川もせせらぎも氷から解き放たれ
  谷間には希望の幸の緑が萌え出づる。
  老いた冬は衰えて
  荒れはてた山中へ退却した
  ……
  ……辺りは未だ花咲くのには早いが
  代わって、太陽は晴れ着の人間たちを誘い出す。
  身をひるがえして、この丘から
  町を振り返るとよい。
  小暗い窮屈な市門を抜けて
  人の波が繰り出してくる。
  ……
  山肌に見え隠れする遠い小道にすら
  鮮やかに着飾った人々の輝きが見てとれる。
  耳には早や、村人の賑いが聞こえてくる
  ここは民衆の天国ではないか。
  大人も子供も至極満足して、歓声をあげている
  ここでこそ私も人間だ、人間でいられるのだ。

この珍客を、農民の長老が歓迎して辞を述べる。

  やんごとなき大先生様……
  今日のよき日にお出まし下されたこと、
  まこと嬉しき限りにござります

「市門の前」というシンボリックな設定におけるこの変哲もない挨拶が、事の本質を教えてくれる。ファウストには詩人自身が仮託されていたであろうが、そこに描かれるのは、祭りに群れ賑わう民衆のなかへ入り、親近の気持ちに打たれつつ、ひと時味わう感興をも分析せずにはおかない精神である。それゆえ民衆の真っただ中にあって、感興はやがて沈思へと進んでゆく。そうした意識の作用が起きること自体が、民衆存在からの本質的距離を示していよう。その隙間に、シニシズムの権化が忍びこむ。賑わいの一角に犬の姿にやつして悪魔が接近し、やがて場面は夜の書斎へ移ってゆく。

かくして民衆的な文物が対象として措定され、それへの関わりは骨組みとも構造ともなった。構造が表に出ているとは、とりもなおさず思想の表現である。ゲーテのその種の作品が思想性を強くもつのは不思議ではない。それは、初期の戯曲小片「プルンダースヴァイラーの縁日」[170]から、数々のバラード作品[171]を経て、散文の傑作「ラインガウの秋の日々」[172]にまで及んでいる。それらは、ゲーテが文壇の外にある民衆性を帯びた素材を相手に手がけ

---

170) J. W. Goethe, *Jahrmarktfest zu Plundersweilern*. In: J. W. Goethe, Satiren, Farcen und Hanswurstiaden, hrsg. von Martin Stern. 1968（Reclam: Univ. -Bibl. Nr. 8565-67), S. 90-103.；ゲーテの初期の小戯曲はその民衆的な素材との関心が正面に出ているところがある。しかしこれらについての研究は意外にも手薄で、ゲーテに関する概説書や事典でふれられる程度のようである。参照、 Nicholas Boyle, *Goethe. Der Dichter in seiner Zeit*. Bd. 1: 1749-1790. München 1995, S. 173-174.；Gero von Wilpert, *Goehte-Lexikon*. Stuttgart 1998, S. 528-529.；Karl Otto Conrady, *Goethe - Leben und Werk*. Düsseldorf und Zürich 1999, S. 186.

171) これらの幾つかについては筆者がとりあげたことがある。例えば次の拙論を参照、昭和58（1983）年「蹄鉄の伝説——文化史からみた1797年のゲーテの詩想」 愛知大学文学会『文学論叢』第72輯, p. 113-186.

172) これについては民俗学者レーオポルト・シュミットが巡礼研究の立場から解明を試みたことがある。次の拙訳を参照、 レーオポルト・シュミット「ゲーテと巡礼慣習」昭和62（1987）年7月　愛知大学文学会『文学論叢』第85輯, p. 200-164.（Original: Leopold Schmidt, *Goethe und das Wallfahrtswesen*. In: Bayerisches Jahrbuch für Volkskunde, fürs Jahre 1976/77. Volkach vor Würzburg 1978, S. 218-226.）

た実験の跡であり、多彩な実験はそのつど新たな思想の構築であった。それは同時に、民衆的な文物への関わりが外在的であることを意味した。ゲーテのその種類の作品群は、一つ一つが独特の構成と思想の表出だけでなく、全体としては民衆的な文物との関わりという営為のほとんどすべての種類を含むとも見える。近代世界が形成される時期に、そこで起きる民衆存在と知覚者たる個体の関係の全幅がそこに姿をあらわしたと言ってもよい。

たとえば先に挙げた「コリントの花嫁」は、ヴァンパイアとも接続する若い女性の不遇の魂を文学化する最初の試みであり、この作品が多くの人々に東欧の吸血鬼伝承に気づかせたのであった[173]。さらに言い足せば、ファウストにおけるグレートヒェンのモチーフは、嬰児殺しの社会的現実につながると共に、その文学のモチーフが可能ならしめる表出における一極限であった。また早く実現されたその指標のゆえに、多くの作家をも刺激した。ドイツ語圏を越えたところでの鮮やかな結実をあげれば、ロシアのアレクサンドル・プーシキンの凝縮された（しかし未完の）戯曲「ルサルカ」があり、そこからさらに延びてアントニン・ドヴォルザークのオペラ「ルサルカ」（1901年3月プラハで初演）、また幾つかの歌曲にまで広がった。

民俗行事に対するハイネの位置

ゲーテはこれらすべての起点に他ならないが、そうした多彩な創作のなかに、よく知られる作品も数えられる。「トゥーレの王」がその一つだが、これまた元は『ファウスト』の劇中歌であった事実が、バラードという文学形式をゲーテが考量思索していた証左と見ることができる[174]。ゲーテの人口に

---

173) ヘルマン・パウルのドイツ語辞書によれば、"Vampir" の語がドイツ語の世界に入ったのは1730年頃とされ、また事例としてゲーテ「ファウスト」第2部（5298ff）が挙げられている。参照、*Deutsches Worterbuch*, hrsg. von Hermann Paul. "Vampir". ただしゲーテの言及は、イギリスで "Vampir" をタイトルとした作品がバイロンの名前で刊行された1819年以後で、またそれを咎める意味がこもっているとされる。参照、Goethes Werke 3（Hamburger Ausgabe）, S. 564（Anm.）.

膾炙された作品としてはこの「トゥーレの王」が一つの代表であろうが、また作品の多数がポピュラーなものとなったハイネとは大きく性格を異にするように思われる。それはたとえば「ローレライ」を取り上げてもよい[175]。もっとも「ローレライ」となれば、先行作の詩人クレーメンス・ブレンターノがいるが、ここではエーミール・シュタイガーの文学論を挙げるにとどめておきたい[176]。

　文学の世界に、伝承的な文物を自在に取り入れることができる段階、をそのブレンターノの切り開いた道を、直接受け継ぐ意識があったかどうかはともかく完成させた詩人としてハイネを位置づけることができる。「ローレライ」は特に世界中で愛好を受けてきた一曲である。

　　なじかは知らねど心わびて
　　昔のつたえはそぞろ身にしむ

---

174) これについては次の拙論を参照、「古典劇における歌謡の使用とその背景——ゲーテ・シェイクスピア・モリエール」平成2年7月　愛知大学文学会『文学論叢』第94輯、p. 43-96

175) ゲーテの「トゥーレの王」とハイネの「ローレライ」を並列してタイトルとしたボイトラーのエッセーを参照、エルンスト・ボイトラー（著）山下剛（訳）『「トゥーレの王」とローレライ』未知谷 2008.：*Ernst Beutler (1885-1960), "Der König in Thule" und die Dichtungen von der Lorelay* aus E. Beutler, Essais um Goethe. 6. Aufl. 1962.；もっとも、疾風怒涛からロマン派への移行を論じたボイトラーのこの著名なエッセーについて予て抱いている感想を言えば、ゲーテとブレンターノを中心とした数人の創作の事情については詳細であり基本文献であることはあきらかであるが、文藝論ないしは詩歌論としては十分ではない。それはバラードなどのジャンルの問題には少しも触れられていないことにもよる。そこで対象となっている一連の詩歌の文藝史的な意味を明らめるには"Gattungspoetik"にかかわる考察が欠かせないであろう。ここではバラードに関する次の論集を挙げるにとどめる。参照、Walter Müller-Seidel (Hrsg.), *Balladenforschung*. 1980.

176) Emil Staiger, *Die Zeit als Einbildngskraft der Dichter. Untersuchungen zu Gedichten von Brentano, Goethe und Keller*. Zürich 1939.

さびしく暮れゆくラインのながれ
いりひに山々あかくはゆる

うるわしおとめのいわおに立ちて
こがねの櫛とり髪のみだれを
梳きつつくちずさぶ歌の声の
くすしき魔力（ちから）に魂（たま）もまよう

こぎゆく舟びと歌に憧れ
岩根もみやらず仰げばやがて
浪間に沈むるひとも舟も
くすしき魔歌（まがうた）うたうローレライ

　近藤朔風（1880-1915）が明治 42 年に『女聲唱歌』に掲載した訳詞は、時に原意との距離を問う声に見舞われつつも、今日に至るまで人々の口の端に上ることでは類訳は及ばないようである。また「ローレライ」一篇が世界に親しまれているのは、フリードリヒ・ジルヒァー（1789-1860）の作曲によるところ大であるともされるが、曲想を惹起するのは歌詞であることは否定できない[177]。

　原詩に対するに曲想の合否、原意に対するに訳詞の当否、その議論はともあれ、いずれもハイネの詩歌が刺激をあたえて形を成さしめたのであり、その形への歓迎が時空を超えて響いている。詩の世界は、舟びとが生きる打算と欲望と疲労と焦燥のこの世と、深く小暗く不確かな昔のつたえのあいだを行き来し、しかも明瞭にして鮮烈である。そうした特徴は、遠い土地での女学生教育に向けた翻訳からも、本場でも軽く見られ勝ちな〈ジルヒァーも

---

177) ジルヒァーについては伝記を含む次の文献を参照、Manfred Hermann Schmid (Hrsg.), *Friedrich Silcher. Studien zu Leben und Nachleben*. Stuttgart [Theiss] 1989.

の〉[178]からも透けて見える。ハイネの詩歌では、普段の生活と不可思議な異空間が互いにまじりあい、対峙の構図も身構える緊張もない。それはあらゆる素材について言えるほどであるが、民間伝承もまた抒情の次元に自在に取り込まれ、また自在に捨てられる。今、民俗情念に接続する作例をさらに一つ加えるなら、同じく『歌の本』に収められた「ケヴェラールへの巡礼」がある。ここでは井上正蔵氏の名訳を引かせてもらう[179]。

巡礼地ケヴェラールの18世紀の絵札（願像と巡礼地の位置が地図で表わされている。）

---

178) ジルヒァーは甘美なメロディーの故に親しまれている半面、ein "Silcherle" という言い方があり、本人の作品だけでなく、それに倣った大衆受けのする平板な曲を表すものとなっている。

179) ケヴェラールの巡礼地については次の前掲書を参照、クリス／レッテンベック（著）河野（訳）『ヨーロッパの巡礼地』p. 78-79.

ナトゥラリズムとシニシズムの彼方（2007〜2009）

ケヴェラールへの巡礼

I
窓辺に母が立っていた
ベッドに息子が臥せていた
〈ヴィルヘルムや、起きてみて
あの行列を見ないかい〉

〈母さん、こんな病気では
見るのも聞くのもわずらわしい
あの亡くなったグレートヘン
思い出してはくるしくて〉

〈お起き、行こうよケヴェラルへ
祈りの本とロザリオ持って
聖母様なら　その病気
きっと癒して下さるよ〉

巡礼の旗ひるがえり
聖歌の声も高らかに
ライン河畔のケルン市を
その行列は練り進む

母は息子の手を引いて
列の後ろについてゆく
聖歌に和して母と子も
みさかえあれやマリア様

II
ケヴェラールの聖母マリア様
今日一番の晴れ着召し
今日は一番お忙しい
病人どもが集うから

病人どもはマリア様に
からだの一部の蝋型を
蝋でつくった手や足を
お供え物に持ってくる

手の蝋型をそなえれば
その手の傷はなおされる
足の蝋型そなえれば
足の病が癒される

昔びっこで来た者が
いま綱渡りやっている
指が動かず来た者が
今はヴィオラを弾いている

母は蝋燭手にとって
心臓の型をこしらえた
〈さあ聖母様にお供えよ
お前の病が治るから〉

345

息子は息つき蝋型を
聖母の像に持って行く
目から涙があふれ出て
胸から言葉がわき出した

〈気高い聖母マリア様
けがれのない処女マリア様
神の世界の王妃さま
お聞き下さい、この悩み

母といっしょに私は
ケルンの町に住んでます
礼拝堂や教会の
幾百とあるあの町に

ところが隣のグレートヘェン
私をおいて死にました
蝋の心臓ささげます
お癒し下さい胸のきず

お癒し下さいこの胸を
朝晩きっと私は
お祈りをして唱えます
み栄えあれやマリア様〉

III

病んだ息子とその母は
小さな部屋に眠ってた
聖母が足をしのばせて
扉を開けていらっした

病んだ息子に身をかがめ
そっと静かに心臓に
手を触れられてにこやかに
微笑みながら帰られた

すべてを母は夢に見て
あるべきことを予感した
夢からさめたそのときに
はげしく犬が吠えていた

息子はからだをぐったりと
のばして息は絶えていた
その青ざめた頬の上に
朝の光が燃えていた

なすすべもなくおろおろし
母は両手をあわせつつ
信心深く口ずさむ
み栄えあれやマリア様

ここでの課題そのものではないが、この作品は、西ヨーロッパの巡礼慣習の実態を知る上で教材にできなくもない[180]。そこにはヨーロッパの巡礼とはどういうものかについて典型的な形態が描かれているからである。と言うのは、キリスト教圏の巡礼について、一人ないしは数人が思い立ったときに詣でると考えている人が本邦では見られるが、伝統的な形態に関する限り甚だしい無理解と言わなければならない[181]。〈巡礼の旗ひるがえり〉とあるように行列を組み、先頭には詣でる先の巡礼地の像が描かれた旗が進むのである。また〈母は息子の手を引いて／列のうしろについてゆく〉とあるのは、決まった期日に企画される行列（多くは年中行事）に参加するのが作法であることをしめしている[182]。口承文藝の話題からはみでることにもなるが、巡礼慣習をめぐる説話では、一人で勝手な期日に参ることへの戒めが類型になっているほどである。もっとも西欧の巡礼の実態を知る好個の材料である

---

[180] ヨーロッパの巡礼は、日本で往々考えられているような、一人や数人で、任意の時期に任意の霊場へ赴くものではない。地域や職団などで決まっている教会堂へ、毎年決まった期日に、集団で行列を組んで出かけるのが通常である。それを理解しないと、ハイネのこの作品の描写も要領を得ないものとなろう。これについては次の拙論を参照、「西ヨーロッパの巡礼慣習にたいする基本的視点について――特に日本でおこなわれている通念の修正のために」(1)(2) 平成5 (1993) 年10月　愛知大学文学会『文学論叢』第102輯, p. 128-109. 第104輯, p. 184-159.

[181] 現代では特に少数の著名な巡礼地においてイヴェント化、あるいは観光化が進んでいるが、それが西ヨーロッパの巡礼の通常の形態のように理解して疑わない報告が決して少なくない。新聞記者のルポルタージュにもその傾向が見受けられる。参照、土田芳樹「還暦カミーノ　スペイン巡礼記」『日本経済新聞』7月26日-12月

[182] ケヴェラールは周辺の広い地域から巡礼団が集まる規模の大きい霊地であり、町村体や職能を背景に信心団体の行列が組まれてきた。ケヴェラールに集まる多くの行列団体について巡礼地の発足時点から現在まで詳細に調査をした次の大部の報告書が刊行されており、各団体のワッペンも収録されている。参照、*Die Wallfahrt nach Kevelaer zum Gnadenbild der "Trösterin der Betrübten". Nachweis und Geschichte der Prozessionnen von den Anfängen bis zur Gegenwart, mit Abbildungen der Wappenschilder*, von Peter Dohms in Verbindung mit Wiltrud Dohms und Volker Schroeder. Kevelaer 1992.

この作品も、宗教民俗学ではあまり重くみられてこなかったが、それには西ヨーロッパの人々には分かり切ったことがらであるのに加えて、ハイネの経歴も関係しているかもしれない[183]。さらに参考までに言い添えれば、ケヴェラールの巡礼地は西ヨーロッパにおける最もみすぼらしい願像(聖像)によって成り立った霊地の一つでもある。名工が彫った彫刻でも、画家が描いた油絵でもない。開創説話が伝えるところでは、ある兵士が職人の女房に1ペニヒで売った印刷のマリア像であり、その紙の刷りものに奇跡が起き、大巡礼地に発展した。像容は、邦語で〈憂き人の慰め〉と訳される聖母像のグループの一つである。

　事情の補足はともれ、ケヴェラールの巡礼が取り上げられるということは、素材の種類を弁別するならキリスト教会をめぐる民衆信心、すなわち宗教学や民俗学のいわゆる"Volksfrömmigkeit"に注目が向いたことになる。が、ハイネの作品におけるその扱い方は独自である。普段の世相とのあいだでいささかも亀裂がなく、また俗信という特異な材料とかかわっているという印象が少しも起きないのである。

　今とりあげた数作からもうかがうことができるが、広く文学史の観点から見ると、ハイネは、先人、とりわけゲーテが切り開いた地平をさらに推し進めた詩人であった。それは優劣の問題ではなく、文学における表現の在り方である。ハイネにおいて、異質な材料が異質ではなくなったのである。それは伝承が取り上げられた場合もそうである。ハイネの〈巡礼〉作品は、民衆の土俗性を帯びた（民俗的な）対象にかかわっても、そこにのめりこんでもいなければ、それを桎梏ともしていない。むしろ民俗的な素材の持つ特異性が抒情の世界にとりこまれて、反対に民間俗信の特異性は骨抜きにされ、捨

---

183) 巡礼慣習を問題にするのは当然にもカトリック教会であるが、ハイネはプロテスタント教会へ改宗したユダヤ人であった。しかしカトリック教会の宗教民俗学の定礎者ゲオルク・シュライバーの巡礼史の研究にはハイネのこの作品が言及されてはいる。参照、Georg Schreiber, *Strukturwandel der Wallfahrt*. In: Wallfahrt und Volkstum in Geschichte und Leben, hrsg. von G. Schreiber. Düsseldorf 1936, S. 1-183, hier S. 146.

ナトゥラリズムとシニシズムの彼方（2007〜2009）

ケヴェラールへの巡礼者（現代）

てられてしまう。そこに歌われているのは、奇跡でも劫罰でも運命でもない。先に逝いた恋人の後を追って、あこがれの場所へ移るがごとく少年が死んでゆく。宗教的なモチーフは薄まり、聖母の奇跡力は現実がいつしか夢幻へとうつってゆくための軽い添え物となっている。従って、「ローレライ」と同じ構図をもっている。不可思議な魅力に引かれてゆくのである。ハイネはその構図を使いこなし、さまざまな作品を作り上げた。「精霊物語」の最後を飾るのはタンホイザーの独自な改作であるが、そこでは、キリスト教道徳がしりぞける愛欲に身を投じることへの賛歌が高らかにうたわれる。

14. ふたたびハイネの民謡批評

「ハイネと民俗学」を補論として組み込み、日本でのやや特殊な理解への参考となることを意図したが、それはここでのテーマであるフォークロリズム

と無縁ではない。振り返ると、ハイネは、手近な民間伝承のみならず、(今日から見ると)民俗学が掘り起こすような特殊知識を創作に取り入れていたのである。「ローレライ」はドイツ文学がしばらく前から課題としていた素材への独自の取り組みであった。巡礼はキリスト教の民衆信心という点において啓蒙主義が整理を試み、それが一段落しても位置づけに手こずる現象であった。バレエ作品『ジゼル』にまとめられていったヴィリないしはヴィーラは東欧の俗信をめぐるその頃の新しい知識であった。これらさまざまな素材が創作へ活用されたのは、広く見ればフォークロリズムでもあろうが、またこの概念を適用するとなると、概念の広がりの如何という問題もかかわってくる。

　ハイネの作品作りにフォークロリズムを見るのは、この概念を非常に大きく取ったときのことであろう。しかしそれは決して突飛ではない。フォークロリズムが提唱された1960年代の報告を見ると、ポーランドの研究者がショパンにフォークロリズムをみとめ、同じくポルトガルの寄稿者がアマリア・ロドリゲスをこの概念で理解していることに気づかせられる[184]。またスロヴァキアのワーキング・グループによる報告でも19世紀いっぱいまで遡らせてフォークロリズムの動向を探る試みが入っている[185]。その中身について

---

184) *Folklorismus in Polen*, In: ZsfVkde.（1969）.；*Folklorismus in Portugal*. In: ZsfVkde（1969）.［補記］両報告とも本書「資料の部」に所収。

185）参照、Gabriela Kilianova and Eva Krekovicova（Ed.）, *Folklore, Folklorism and National Identification. The Slovak Cultural Context*. Bratislava 1992（published by: Institut of Ethnology SAV＝Slovak Academy of Sciences）スロヴァキアの論集の特色では、民族としての自覚の高まりとして民族の伝統の意識的な保存や再生という面でフォークロリズムが取り上げられたところがあり、ドイツ学界のような民俗保存を批判的に分析するという性格はやや希薄である。たとえば民族衣装に関する次の論考がある。参照、Zusana Stefanikova, *Folk costume as a form of ethnic identification in Slavakia*. Ibid, p. 27-38.；また19世紀前半以来、民謡調で民族の一体性を歌う詩歌を手掛けた詩人たちの活動を取り上げた次の論考も入っている。参照、Zusana Pfofantova, *Lietrary Folklorism in the process of 19th century national identification*. Ibid, p. 39-49.

はフォークロリズムのどの側面に重心を置くかで振幅がありはするが、民俗事象が自生的に継続する文物ではあり得ないことへ注目する点では重なっている。すでに見たように、提唱者ハンス・モーザーは19世紀に入ったばかりの時期に、村人が企画して旧領主の前で野人踊りを特別に披露し、またそれがきっかけで興業化したことをフォークロリズムの事例として挙げていた。そのエピソードは、ヘルマン・バウジンガーにも引き継がれた。そうした概念形成の流れからは、ハイネは意識的なフォークロリズムの実現者であったとも言

スイスの民俗衣装とアルプ・ホルン
（1822年の石板画）

える。もちろんその術語を使わなければ説明がつかないというものでもない。しかしまた、ハイネが取り組んだ素材は、やがて形成される民俗学が研究対象とする性格のものを多く含んでいた。それゆえハイネは、民間の口碑・口謡に無縁どころか、むしろそこに素材をもとめ、詩歌の世界へつなぎわたすことに心血をそそいだ藝術家であった。しかも仕事は完璧で、彫心鏤骨の痕をどこにも残さず、断腸の跡もかき消えて、その作品に接する誰もが身構えることもなくその作るところの叙情の世界へ入ってゆける。正に人の心を豊かにする作家であった。この点でまとめを言うなら、ハイネの民間伝承への関係は、学問的に正確な理解にではなく、素材を文藝化する資質とそれに向けた意識的な営為に特質があったのである。

『スイス風俗図集』と『ザルツブルク身分人物図集』

　そこで先の話題に戻ろうと思う。ハイネのコメントの中では、人前でアル

プ・ホルンを吹いて金を稼ぐ同胞に、スイス人が憤っていた。しかし、その時代には実際に民衆性に富んだ文物は、さまざまな面から関心の対象になっていた。たとえば、ハイネが書き記したのとちょうど同じ時期にロンドンで刊行された石板画集がある[186]。スイスの州ごとに特徴ある民衆の服飾となりわいを色彩ゆたかにまとめている。全部で72種類が収録されているが、その一点は、他ならぬアルプ・ホルンを吹くシュヴューツ州の民族衣装の青年である。画集のなかには、家畜にあたえる草を刈る熊手を手にした乙女の一点もあって、やはりその州の民族衣装をまとっている。すでに時代は、めぼしい祭りだけでなく、民俗衣装や農民の労働まで、画集にする価値があるとされるところまで行っていたのである。この画集のタイトルには、（ドイツ語の他に）フランス語と英語でも説明がつけてあると記されており、広い販路を射程に入れていたことが判明する。

　この画集が興味深いのは、目下の話題のなかの小道具であるアルプ・ホルンのためだけではない。それより少し前の時期の一見近似した画集と性格において異なるからである。因みに西ヨーロッパの18世紀は日本の江戸時代後期と似たところがあって、博物学や本草学に当たるものが盛んであった。動きの方向から見れば、オランダを通じて西洋の情報に当時の日本人が刺激を受けたという面もあったであろう。〈蘭癖大名〉などの呼称はそれを示していようが、前後関係はともあれ、その時期、ヨーロッパ諸国では風俗画にも熱が入っていた。その一つに『クーエンブルク服飾画集』がある[187]。ここでは内容が分かりやすいように『ザルツブルク身分人物図集』と呼ぶことにするが、これは19世紀末にザルツブルクの民俗学の定礎者となったカール・

---

186) *A Collection of Swiss Costumes*, in Miniature designed by Reinhard Each plate represents a view taken on the spot: to which is added Description in French and English. London, printed by Schulze, Poland street, for W. T. Gilling, Suffork street 1822.

187) 一般に普及しているものではカラー図版を96点に絞った次の原寸大の復刻版がある。*Gewand und Stand. Kostüm- und Trachtenbilder der Kuenburg-Sammlung*, hrsg. von Friederike Prodinger und Reinhard R. Heinisch. Salzburg 1983.

アードリアン[188)]がザルツブルクのクーエンブルク家の家庭教師をしていたときに子供部屋から発見した肉筆の画帖を言う。205点から成る人物図集で、大半はグヮシュ、少数が水彩画で、モーツァルト時代の風俗が克明に描きこまれている。製作の時期が判明したのは、大司教ヒエロニムス・フォン・コロレドが1803年まではその資格にあった世俗領主の装束で描かれているほか、一時的にしか使われなかった軍服の種類を忠実に写しとってもいるからである。それらが克明に描かれているのには理由があって、身分と服飾の関係を明瞭ならしめるための資料であることがめざされたからである。大司教が描かれているのは、現存する数点の肖像画と違って、身分の標識としての服飾をあきらかにするためであった。その同じ視点で、市民や農民が何通りも描かれている。各種の聖職者、軍人、大学教師、贖罪行者、煙突掃除人、家畜去勢師なども描きとめられている。女性も身分ごとに描き分けられ、花嫁衣装も数種類が入っている。そのなかから、見本として2点を挙げる。一つはザルツブルク市の南に位置するピンツガウ郡の農民の独身青年、もう一つはザルツァハ川に面したラウフェンの水運業者の夫人の服飾である。

ピンツガウの農民の息子の夏服姿

帽子は黄色で頭が平たく、中幅の鍔は黒く縁取られ、そこに羽飾りをつけて細い赤い紐を結んでいる。黒いネクタイは二重に結んで二つに垂らす。シ

---

188) カール・アードリアン（Karl Adrian 1861-1949）はザルツブルク市立博物館「カロリーヌム・アウグスティーヌム」（オーストリア皇帝フランツ一世が1835年に死去した後、皇妃であったCaroline Auguste［バイエルン王家出身1792-1973］がザルツブルクに住んで同館のパトロンとなったことに因む）から、1904年に民俗関係の資料を区分して独立させ、後1924年に旧ヘルブルン宮殿の一角に移して「ザルツブルク農民博物館」（Altsalzburger Bauernmuseum）を設立した。その後進が、今日の「ザルツブルク民俗博物館」Volkskundemuseum Salzburg /Monatschlössl in Hellbrunn）となっている。また1908年には「ザルツブルクふるさと保全・文化遺産保護クラブ」を設立するなどの活動に挺身した。次の著作などがある。Karl Adrian, *Von Salzburger Sitt' und Brauch.* Wien 1924.

ャツは白く緩やかな作りである。(胸の高さに巻いている)ズボン吊りは赤と黄色と黒で波状装飾がほどこされている。黒い帯はキルティング作りで、四角いバックルが付く。短めの上着はおそらくバックスキンで前や袖口に黒い縁取りでアクセントがついている。黒い半ズボンは正面に二個のボタン付きの前立てが付き、膝にかけて緩やかである。靴は黒い短い平靴は編み上げである。

ラウフェンの水運業者の夫人の正装

ドナウ水系の河川で活動する水運職匠の妻の中年女性。とんがり帽子や右手に祈禱書とロザリオを持つことからも祭礼日の正装であることが分かる。黒のとんがり帽子には二条のリボンが結ばれ、帽子の下にはレースの半筒頭巾(耳を覆う)を着けている。上衣は黒で、ネクタイと襟布も同色で揃えている。ネクタイには型通りの卵型にブローチが付き、襟布は金色のリングで留められている。シャツは白地に黒の刺繍があしらわれている。胴着は黒で、胸元に切り込みがあり、刺繍がほどこされている。スカートは明るい茶色で、深い襞が折りこまれて、下部には三重の横縞がアクセントになっている。白い前掛けはレース地で、アカンサスと思われる唐草文様が織りこまれている。帯は明るいグリーンで前がリボンである。ゆるやかで広い黒のマントは先が房飾りとなっている。白いレースの肩カラーは放射状に編まれ、大きな縁で囲まれている。袖口は二重で刺繍が付き、先は金の刺繍である。帯は白地に金と銀の薔薇文様の金具が並び、左側に大きく垂らしている。ロザリオは豪華で、黒の真珠状況の玉材

でつくられ、金色の細かな装飾を刻んだ金属球が付く。手袋は指の出る形態である。右手に祈禱書を持ち、左手には畳んだ扇子を持つとも見えるが定かではない。靴下は赤である。舌皮のついた短靴には銀の留め金具が付く。総じて職能者の妻の資格と資産と信仰を誇り高くあらわすものとしての正装が正確に写しとられている。

　これに比べると、スイスの石板画の描法はラフである。帽子、ネクタイ（描かれていない）、ズボン吊り（描かれていない）、腰帯、半ズボン、以上のどれをとっても正確と言うにはほど遠い。シャツの作りは殊にあいまいで、留め具の有無も袖口の様子も不明である。アルプホルンも実際とはかなり違っている。しかし全体としてはアルプスを背景に郷土の楽器が取り合わせられている。

　もっともこの『スイス風俗図集』も、広く風俗画の系譜に置いて見れば決してその嚆矢ではあり得ない。風俗画自体は北イタリアでもフランドルでも油絵の世界では早くから確立されていた。ヴェネチア派のピーエトロ・ロンギは貴族のサロンの風俗をロココ調で描いたことで知られ[189]、またフランド

---

189) ピーエトロ・ロンギ（Pitro Longhi 1702-85）はヴェネチア派の画家で、またヴェネチア絵画アカデミーの教員であった。参照、『世界大百科事典』平凡社 ; Thime-Becker, *Allgemeine Lexikon der bildenden Künstler von der Antike bis zur Gegenwart*. Bd. 23, S. 357-358.

ル地方ではいわゆる〈ジャンル画〉が成立していた。これは宗教・神話・歴史・王侯貴族などを描くグランド・ジャンルに対して日常の風物に着目する〈プチ・ジャンル〉の略称であるが、その名称のもとに風俗描写は絵画の一角を占めていた。これに対して銅板画など複製藝術はやや遅れるが、それでも18世紀後半には、ドイツであればダーニエール・ショドフィエスキー[190]が出て一世を風靡した。ゲーテの『ヘルマンとドロテーア』の挿絵も手掛けた当時の人気グラフィカーである。アルプスの風物への着目についても早くジャン・ジャック・ルソーが屹立し、さらに先行例をもとめればアルブレヒト・ハラーのアルプス讃歌が知られている[191]。そうした土台がありはするが、風物と人物を組み合わせて、後の観光案内につながるような動きとなると、やはり19世紀はじめあたりからであろう。ヨーロッパ各地の自然と民衆生活が魅力と映り、ビジネスのチャンスともなる動向は確実に高まっていたのである。ドイツでカール・ベデカーが観光案内書の企画をはじめ[192]、イギリスでジョン・マレーが同じく系統的なガイドブックを企画[193]したのは19世紀の20、30年代であった。さらにトーマク・クックが旅行会社を興し、一部の上流・富裕者ではなくイギリスの民衆を万国博に引率し、パリ見物に連れ出

---

190) ショドフィエスキーについては次の文献を参照、Ernst Hinrichs / Klaus Zernack, *Daniel Chodowiecki（1726-1801）: Kupferstecher, Illustrator, Kaufmann.* Tübingen 1997.

191) ハラー（Albrecht von Haller 1708-77）は18世紀の医学・解剖学の代表者の一人として知られ、その分野の文献は多い。有名なアルプス讃歌は1729年に書かれ、1732年の詩歌集に収められた。

192) カール・ベデカー（Karl Baedeker 1801-59）はドイツのライン地方エッセンに生まれ、コーブレンツに没した出版業者、会社の設立は1827年、翌1828年に最初の観光ガイドブック『ライン旅行　マインツからケルンへ』を出版した（*Rheinreise von Mainz bis Cöln, Handbuch für Schnellreisende*, hrsg. von J. A. Klein）。ただし刊行年については1828年ではなく、1830年代とする説もある。

193) ロンドンの老舗書肆マレー社の当時の社主ジョン・マレー3世（John Murray III 1808-1892）は、ダーウィン『種の起源』（1858年）の出版でも知られるが、1836年に『大陸旅行者のためのハンドブック』（*A Handbook for Travelers on the Continent*）を刊行したのを皮切りに、携帯に便利な"red books"の時代を切り開いた。

し、さらにアルプスの自然へと誘うのはハイネの生涯からそう遠いことではなかったのである[194]。

10.〜14. のまとめ

やや大周りをしてハイネとその時代に目を走らせた。時代の動きに敏感であったハイネが、そうした趨勢にまったく背を向けていたはずはない。しかし、そのハイネが、民謡の公演をたずねて憤ったのである。ショーに足を運んだのは関心があったからに違いない。そして裏切られたのである。なぜであろうか。ハイネ自身がエンタテイナーだったからであり、その目から見て、その扱い方が我慢ならなかったからと考えるのが順当ではなかろうか。言い換えれば、素材が生のままで投げ出されていたからである。人前に出すのであれば、それに耐えるだけのアレンジメントを要するであろう。しかし工夫も努力もなく舞台感覚も持ち合わせないまま、ふるさとの文物というだけで桧舞台に上ったのである。〈すべてが醜く……恥知らず〉であり、〈陵辱〉ですらあった。大方の歓迎にも違和感は混ってはいたであろうが、パイオニアのパフォーマンスとして一先ず我慢されたのであろう。もし、それを文字通り〈嘉納〉する者がいるとすれば、それは為政者である。先にみたように、旧領民が催す野人踊りを喜んだのは、元の領主であった。素朴、粗削り、素

---

194) トーマス・クックが最初の団体旅行を企画したのは1841年、第一回ロンドン万博に総入場者600万人余のうち16万5千人を送りこんだのは1851年、そして1862年にはアルプスへの団体旅行を企画して大成功をおさめて継続するようになった。トーマス・クック（Thomas Cook 1808-1892）については次を参照、ピエール・ブレンドン（著）石井昭夫（訳）『トーマス・クック物語――近代ツーリズムの創始者』中央公論社 1995.；本城靖久『トーマス・クックの旅――近代ツーリズムの誕生』講談社現代新書 1996.；蛭川久康『トマス・クックの肖像 社会改良と近代ツーリズムの父』丸善ブックス 平成10.

人っぽさ、民衆が見せるかかる諸相を満腔の笑みをたたえて傍に招くのは為政者の本領であり、関係の本質と言ってもよい。さらに藝術家も民衆的事象に大いに関心を寄せることがある。ゲーテはその先駆者であった。そしてそこに自己を同調させようとしながらも果たし得るべくもなく、沈思し、民衆的事象への思想を深めた。ハイネは為政者でなかったのはもちろん、民衆的事象をはじめて手がける初発者の苦悩からも幾分解放されていた。むしろ素材を自在にあつかう感性と技量が問われる状況で課題をこなしていった。民衆的素材が可能にする重層的な情感の世界を作り上げるエンタテイメントと言ってもよい。嘱目の現実がいつしか底知れぬ、妖しくも懐かしい深みへと移ってゆく重畳は近代の人間の一般的な心理とも照応するであろうし、またそれを文学作品として造形する課題においてハイネはおそらく最初の天才であった。民俗情念という言い方が適切かどうかはともかく、民俗学が対象とするような文物が人の心に呼びさます情感を造形したのである。逆に言えば、それらはエンタテイメントの材料であり、また材料として正しく処理されるべきものであった。民俗事象は生活とそのリズムのなかでこそ生きたアクセントをもち、知恵と技術と間合いの結晶であっても、その連関から取り出されると洗練とも気品とも遠い文物である。敢えて取り出して舞台に載せるとすれば、舞台に固有のルールのなかで解決されなければならない。それを怠たれば、場違いであり、無様である。そこに意をもちいない屈託のなさと無神経を〈恥知らず〉と評したハイネであったが、それは決してシニシズムではなかった。むしろその時代以来、民俗文物に注目し、思い入れを託し、活用・利用を図る動きは時とともに勢いを増していった。今日から振り返ると、それ自体が波動をつくり、区分けをもって整理することが必要なほどであるが、また今日は今日で特殊な様相を呈している。〈ふるさと〉の文物が折にふれて耳目に触れるのはその表れである。であれば、ハイネの論評はむしろその趨勢が芽生えた初期の段階で、そこでの問題性を指摘するものであったと言い得よう。ハイネは少しも遠い存在ではないのである。

付記

　本稿を終えるにあたり、少しく内情を記しておきたい。フォークロリズムを筆者が紹介したのは20年近く前のことであった。その刺激が意欲のある人たちを通じて多少の波紋となったのは幾らか役だったのであろう。しかし関係者に逸りがあったのか、それとも学界の状況にそれを強いるものがあったのか、構造的な理解がなされたという手ごたえが感じられない。観光地で民俗行事がアトラクションに使われると、それこそフォークロリズムといった受けとめがなされる。たしかに、それも一面には違いない。しかしそこで固定され、さらにそれに対する反発として、たとえば環境問題に役立つような伝統の活用となれば〈単なるフォークロリズムではない〉といった声が挙がる、となると、だんだん議論は逸れてゆく。とは言え、紹介した一人が指摘するのは折角の芽を摘むことになりかねず、できるだけ控えてきた。そのうちに理解を怠ったまま筆者の名前を挙げて批判する人が出て（伊藤幹治『日本人の文化人類学的自己像』筑摩書房2005）、放っておけば誤認が定着する恐れが生じた。そこで、その無理解の所以を解きほぐすために本稿に着手した。しかし矯正に終始するのも浪費であり、むしろ議論の幅を広げて幾つかの話題を盛り込み、ドイツ民俗学の世界を少しでも伝えるよすがにしようとしたのである。

　議論の裾野を広げるにあたっては、予て気がかりであったハインリヒ・ハイネと日本民俗学という話題をもとりあげて、それを締めくくりに配置した。しかし、そこで省くことになった事項がある。ハイネの時代のドイツ民俗学の実態である。柳田國男がハイネの作品を〈新たな学問の芽生え〉と評したことに対して、（80年前には情報の制約に左右されるのは不可避であったろうが、以後も同じ見方が続いていることには）その見当違いを指摘した。そうであればハイネと重なる時代の民俗研究の動向と今日から見た場合の評価を取り上げるべきであったろう。その課題を満たすべく小さな具体例を見本にして一文を執筆したが、やや分量がかさみ、バランスを崩すことが懸念された。その部分は「生物供儀と遊戯の間――雄鶏叩き行事に見るドイツ民俗

学史の一断面」のタイトルで近い時期にどこかに掲載を考えている[195]。

　以上は経緯の補足であるが、本稿の趣旨はワン・フレーズで言い表すことができる。フォークロリズムの理解を過たぬためには何に留意すべきか、すなわち"Neither Naturalism Nor Cynicism"である。小論はこのフレーズに肉付けする工夫という以上ではない。

---

195)（補記 May 2011）その後次のように発表した。参照、愛知大学国際コミュニケーション学会『文明21』第24号（2010), p. 39-84；なおこれをも含む民俗学関係の拙論は、『民俗学の〈かたち〉をドイツ民俗学史に読む』（これ自体は 2009-2010 年に発表した小論）のタイトルの論集として刊行することを計画している。

資料の部

フォークロリズム概念の成立をめぐるドキュメント

★

民俗学の研究課題としての
フォークロリズム

1964
翻訳
1989/90

著者：ハンス・モーザー

1. 伝承の現場のエピソードから

　ミュンヒェンでは、ある著名なゲルマニストの体験が、一種の笑い話として語り継がれている。その学者は——第二次世界大戦前のことだが——高地(オーバー)バイエルンのアルプスに連なる地方へ出かけて、そこで催される祭り行事に参加した。彼は、その行事については、もちろん文献を通じて知っており、またおそらく講義でも取り上げたことがあったのだろうが、その土地ではその行事がどのように意識され、何のために挙行され、さらにどの位古いものであるかなどを、実際の見聞によって確かめようとした。またそれを質問としてぶつけてみようとも考えた。そしてちょうど自分の傍らに、白い髭をたくわえた典型的な地元民と思える老人が立っていたので、早速考えていた質問に取りかかった。学者は、その地方の方言にも達者だったので、これまでに何度もそうしてきたように如才なく気の利いた質問をしたが、特に蒙を啓くが如き答えが返ってくるはずがないことも知っていた。〈ええ、こいつは古くからの祭りでね〉とか、〈ここでは昔からこれをやっていますよ、お祖父さんのときにもありましたからね〉といった、その行事が誰も特別の懸念を抱く必要がないほど当然のことがらとなっているといった内容の答えを予期していたのである。しかし、この老人の場合は、そうはならなかった。いかにも実直そうなその老人は、ナイーヴな質問をした他所者を調べるような眼

363

資料の部（フォークロリズム概念の成立をめぐるドキュメント）

つきで見詰めていたが、やがて事情を知った人に特有の考えこんだ表情を浮かべて、このとき以来慣用句となるに至った言葉を口にした。〈まあ、フォークロア的なものだね〉*。水際立った物言いであるが、これを言った後、老人は補足的に、そうした行事に際しては古来の信奉慣習の意味や生命力について地元の新聞が解説を加えるのが常であるとも説明した。その学者は、やや驚きながらも、自分の知らなかった側面を教示されたことに感謝して、その日はこれ以上の質問はしなかった。

　この話の面白い点は、素朴な人間が思いもよらない〈フォークロリスムス（フォークロリズム）〉なる概念を遣ったことにある。慣わしとなった慣習の挙行にあたって、距離を措かないナイーヴな関係が予想されたのに反して、である。もっとも、言うまでもないが、ここでの〈フォークロリスムス〉の意味は、歴史的に形成された民衆性（フォルクストゥーム）*そのものではなく、民衆的な色彩を加味した遊戯的作用を狙うという意味での〈フォークロリズム〉である[1]。またこの発言を誘発した当の民俗行事は、その土地の伝統と結びついているのであるから、担い手も形態もすべてがフォークロリスムスの産物であると名指されたわけでもない。この話が本稿のテーマと関係し、また重要な標識的意義を帯びる所以は、インフォーマントが距離を措いた判断者となっていること、すなわち読むか聴くかを通して逆に学問的ないしは学問めいた知識を習得しており、それを踏まえて答えていることである。それは、この人物の場合に限られるわけではない。この人物は、ヘルマン・バウジンガーの言う、近代における民俗文化（民衆文化）*の典型的特徴のひとつを立証しているとも言える。すなわち、近代は〈民衆とその文化に関する学知を著しい特色としている〉のであって、〈民衆の一員もまた今日では伝承を伝承として意識している〉のである[2]。

　フォークロリズムに関する拙論に因んで寄せられた賛意の投書や口頭での意見が分からせてくれたことだが、商業的なフォークロリズム活動における数々の極端な事例を指摘することさえ、既に目新しいものではなくなっている。それゆえ、その種のものについては、挙げるにしても、ここでは簡単に

ハンス・モーザー　民俗学の研究課題としてのフォークロリズム（*1964*）

触れる程度にとどめる。目前に存するものに限定し、その全てを記録すること以上を望まず、またそれを超えるような何ごともなし得ないといった研究のあり方を良しとするならともかく、そうでないなら、重要な問題点に正面から向き合い、それらと取り組むのは、避けることができない課題である。ここでの問題点は〈フォークロリズム〉であるが、この現実の複合体には、一見重要とは見えないのとは裏腹に、種々の特徴が貫流している。しかもそれらの特徴のなかには、他ならぬ研究活動が関係して生成したものも含まれる。また、研究活動が間接的、時には直接的にかかわることによって作用力をもつようになったものもみとめられる。こうした研究活動と関わりのあるものについては、特に自覚をもつことが必要であろう。ここで取り上げようとするのも、そうした種類の特徴である。しかもその特徴を成り立たせたのは、先にふれた通俗的な民俗知識や通俗的な誤認なのである。またそれらの特徴は、応用民俗学のような性急な意識的活動の際に、まざまざとその姿を露呈したりもする。その事情を、以下にやや詳しく述べよう。

民俗学知識の民間への逆流

　ある程度まともな民俗学の知識が民間に逆流する現象は、啓蒙主義のマス・メディアが民衆教育を意図したときから既に始まっていた。以来、それは後期ロマン派の通俗文学である農村小説、次いで地方新聞にふるさと関係の紙面が加わることなどによって成長を遂げ、遂にラジオ、テレビを中心としたマス・メディアを経由し、さらに観光を媒介として途方もない規模にまで膨れ上がった。今日では、民俗性は〈フォークロリズム的〉と言えるだけではない。事実として、内側からも外側からもフォークロア産業に堕してしまう危険性に見舞われている。

　これらが最も明瞭に、また最も頻繁に見られるのは、公的慣習の分野であり、それゆえ最も顕著な事例もこの分野から拾うことができる。民俗音楽や民俗舞踊、さらに装飾的要素として導入が図られている民俗衣装、この慣習的なるものの部類に含まれよう。しかしかかる展開は、民間俗信や民話と

いった種類の伝承においても見受けられる。これらに対しては、近代以来、民衆(フォルク)のなかにある存在であっても、開明人士たちは、高踏的な姿勢で突き放して、見下すような態度が永く見せてきた。しかし今日では、その開明人士ですら、この変化をたのしんでいることが少なくない[3]。なおこの種の変動と触れ合うことが最も少ない分野には労働生活が挙げられよう。つまり、労働生活は、恒常的なファクターや自然によって規定された諸々の生業形態や、機能の一定した労働具・耐久消費財との結びつきにおいて存続してきたからである[4]。

フィールドワーク

　フィールドワークも、生の事実そのものに向き合う場合を除けば、追跡の対象として、記憶による遡及を含まざるを得ないのが常であり、そのためかなり前から頓に問題をはらんだものに変わってきている。非の打ちどころの無い証人として喜ばれる存在と言えば、老人のなかでも最高齢者たちだが、その人々においてすら、語ってくれることがらが果たして間違いなく口頭伝承にもとづくものなのか、それとも何かの影響によるものであるかが確かではなくなっている。むしろ老人たちの場合には、自分たちが狭い世界しか知らないわけではなく、いろいろなものを読んで知っていることを自慢したい気持がはたらくことも多いのである。また若い人々の場合は、あちこちから集めてきた知識をもとにして意図的に神話めいたものを作り出すところまで突っ走ることもある。私がそれを経験したのは、今から30年前に高地(オーバー)バイエルンのイン谷にある国境沿いの村キーファースフェルデンにおいて『ドイツ民俗地図』*のための調査に携わっていたときのことであった。私は、信頼できるインフォーマントであることが分かっていた数人の老人たちの他に、その村の演劇グループのメンバーの青年たちとも知り合いになって、調査項目以外にも、あれこれの話題でお喋りを交わした。そのとき私は、自分の質問方法を点検するために、ちょっとした実験をした。狡く決め込んで誘導尋問を掛けたのだが、案の定、予想通りの正しからぬ答えが返ってきた。名誉と

ハンス・モーザー　民俗学の研究課題としてのフォークロリズム（1964）

良心にかけて間違いないかね、と駄目押しをすると、青年たちは笑いながら、たちまち取り消した。そして、つい最近も、休暇で滞在していた北ドイツからの客が民話の探索に汲々としていたので、あちこちで聞きかじったのやら、その場ででっち上げたのやら、よい加減な譚を散々聴かせて腹の中で笑ったものだ、と告白した[5]。

通俗民俗学

インフォーマントとして信頼性に問題があることでは、郷土の文筆家や、ふるさとものの作家や、寄稿好きのふるさとファンなども同様であり、僅かな例外はあるものの、彼らこそ文筆におけるフォークロリズムの助長者に他ならない。たしかに彼らは、自分たちも含んだ民衆(フォルク)をよく知ってはいるが、同時にまた彼らがその書き物にセンチメンタルな要素や物知り顔など、ともかくありとあらゆる夾雑物を混入することは、彼らの手になる農民小説や農民劇が示している。またこれらにおいて見られるように上古以来の神話的脈絡が深層で生き続けているとの空想的イメージを現実の民衆(フォルク)に重ね合わせたいという誘惑に弱い一面もある。実際、そうしたイメージを搔き立てる書物は家のなかに幾らも残っていて、それがために真面目な学問発展はまったく覆われてしまうのである。しかもそうした郷土の民俗学徒たちは、彼らなりにすこぶる勤勉で、執筆意欲も旺盛なため、郷土誌をつくるに際しては寄稿をもとめられることも多い。事実、詩と真実の混合物である彼らの書き物は広く読者をもっている。また地方誌家や地方民俗学徒として評価されてもいるこれらの執筆者たちは、その情報の故に専門分野の需要を満たしていることもある。そのため、掘り起こされた資料がしっかりした根拠をもつ場合には、それを携えて信用度の高い専門誌への寄稿にまで行き着くことも珍しくない。そのため、研究者たちもそれにはほとんど気づかないうちに、歪んだ形での知識の逆流が起きている。いずれにせよ、本来必要な批判的検討がなされずにいることが少なくないのである。

通俗民俗学の浸透にはさまざまな経路があり、また通俗民俗学だからとて

あながち無視するわけにもゆかないものがあるものの、ともあれそれが現実に大きな意味を持ち影響力を及ぼしているのは、特に応用民俗学の組織者たちがそれを盛んに活用しているからである。規模の大きな幾つかのクラブ組織の他にも、夥しい数の地元の団体が、嘘偽りのない喜びと情熱を傾けてふるさとの民俗衣装の保存につとめている。つまり、18世紀後半の衣装の発展過程を区分して跡付けたり——もっとも民俗衣装の再現は目的に合わせて新調するのだが——民俗歌謡や民衆歌曲や民俗舞踊を保存したりといった活動である。結局のところ原初的と通常みなされている古態的な慣習を大切にしようとするのであるが、その場合にも、生きて残存する形態そのものではなく、何らかのかたちで手を加えて再構成することが多い。伝承的な慣習の消滅を歎く声は、この数十年間いたるところで耳にされたが、今日では、むしろ力づくで保存しようとする逆の動きの方を懸念すべきであろう。ふるさと文物保存会の委員、ふるさとクラブのリーダー、学校教師、その他活動的なふるさと愛好家のなかには、既知のもののなかから〈祖先の尊い遺産〉として太鼓判を捺せるものだけを選択して、それを鋭意力行して継承することが自分たちに課せられた気高い任務であると真面目に考えている理想主義者もいる。またどの土地にも、オルガナイザーとしての才能を具え、アイデアも豊富、かつ精力的で、一般への普及に躍起になっているマネージャー・タイプの人々がいる。これらの人々が何よりも重く見るのは、名前や顔を新聞に載せてもらったり、ラジオやテレビで報道されたりすることである。商業的な関心を伴っていない場合ですら——と言っても、これは容易く忍び込むのだが——いわば避くべからざる分裂とでも言うべきものが出来する。保存を旨とするフォークロリズムが、いかに良き意図に発しているとしても、結局、忌まわしい結果に陥ったりすることがある。それは、これが、純粋に営利的な意図をもった、本質的に単純なもうひとつのフォークロリズムに較べてさまざまなに相異なったファクターに依拠し、しかもそのより複雑な問題性を見ないで済ませているからである。

ハンス・モーザー　民俗学の研究課題としてのフォークロリズム（1964）

2. 民俗行事の復活と民俗学の知識

　際立った一例として、高知バイエルンのキルヒゼー（オーバー）で始められたペルヒテ巡幸あるいはペルヒテ舞踊があるが、これに関して新聞報道にもとづいて1962年に論文が書かれた[6]。その事情を、ここで少し突っ込んで扱っておきたい。この民俗行事の創設者とオルガナイザーとプロパガンダ担当者の3人に連絡をとったところ、今日しばしば見受けられる同種の催し物のあり方について、注目に値する細部がさまざまな角度から明らかになったからである。先ずこの新しい民俗行事の成り立ちであるが、成立してから10年も経たないのに、早くも3人の関係者が手紙その他で回答してくれた内容は一様ではなく、注目すべきことに部分的には食い違ってさえいるのである。その点で、この事例はまことに教訓的で、今日のフィールドワークが抱えている問題性に一気に入ってゆくところがある。この意識的な民俗行事の創出に共同して積極的に関わった人々のあいだですら、それぞれの見解には個人的な差異がみられるが、それに加えて、彼らが説明にあたって何処に主眼を定めたかによるバラツキもみとめられる。つまり、説明する相手が、新聞記者か、ふるさと文物保存の公的機関か、それとも学問的な関心を持つ人々であるかといった違いである。この点について言えば、それぞれの場合に応じて、好もしい印象を与えようとするところが見られるのである。これらをはっきりさせることは、この分野における調査の方法論にとって緊要である。だからとて、インフォーマントの側に主観的に何か疚しいものがあるなどの疑いを差し挟んでよいわけではない。この種のフォークロリスムスの場合には諸々の理解があるなどの混乱は付き物であり、それを以って、そのいずれかを信じている人々の善良な心栄えを嘲笑うようなことは決してすべきではない。

ペルヒテ巡幸行事の最近の事例

　キルヒゼーオンにおいてペルヒテ巡幸が最近こうして行事化された事情に

ついては、1962年12月にある若いジャーナリストが、ペルヒテの写真に短文ながら冷静な分析を加えたものである[7]。このジャーナリストは、ちょうど3年前に演劇史のテーマで学位を得ていたが、その行事に親しく接し、また主催者とも付き合うなかで、それまで新聞記事で報道されていたのとは違った新事実を明らかにした。それは、今ではほとんど消滅したある伝統との接続である。それによると、この行事の復活に当たっては、二つの動きがあったと言う。ひとつは、古老たちから意見が徴せられたこと、もうひとつは、行事復活のために〈わざわざ民俗学の勉強がなされたこと〉である。私は、この記事を目にしたところから、特に行事の新たな創出に当たってなされた準備作業に興味をもった。そこで、新聞報道よりもさらに詳しい情報を教えて欲しいとの希望を、執筆者に伝えた。すると、そのジャーナリストは、次のように答えてくれた。先ず、彼自身は、行事の形成に対して助言のようなものは与えていず、事後にリポーターとして、その催し物の責任者にして地元の民俗衣装クラブの会長でもある人物にインタヴューしただけとのことであった。元になった伝承については、その土地自体に存続していたのではないこと、また助言を求められた古老たちも近隣地域の人々であったことも分かった。さらに事前の準備としての〈民俗学の学習は、ふるさと文物保護委員が音頭をとって始められた〉とのことであった。これらも含めた詳しい事情は、早晩、新聞記事にするとのことでもあった。事実、それは程なく新聞紙面に掲載された[8]。その記事は、行事をめぐる事態の推移を伝えることから始まっていた。待降節の毎土曜と毎日曜に、参加者たち（25人ほどの青年たち）は、日が暮れると、近傍の森のはずれに奇抜な仮面をつけて悪魔や魔女や牡山羊に扮して集まり、松明を手にし、鞭を音高く鳴らしながら村の中へ入っていった。家々の前では、木製の太鼓とフルートの伴奏で、次のような歌がうたわれた。

　　今日は十二夜
　　誰がこれを始めたの

ハンス・モーザー　民俗学の研究課題としてのフォークロリズム（1964）

　　お爺さんはひとりだけ
　　紅いズボンを穿いている*

　そして最後は皆で輪を作り[9]、その真中に白髪のペルヒテ婆さんが長い杖を持って立った。続いて他所に類例のない〈歩き踊りと踏み踊り〉が行なわれ、次いで全員が夜の闇を衝いて森のなかへ帰ってゆくという運びで、その前に、いわゆる〈ペルヒテの歌〉なるものが唄われた。その歌詞は次のようであった。

　　一番長夜のルッツが来れば*
　　農夫もようやく高笑い
　　お日様この先長けるから
　　そこでこんな言い回し
　　鶏よちよちクリスマス
　　人の歩みは三聖王
　　鹿が跳ぶのはセバスチアン
　　威風堂々聖燭祭

　古い行事を復活させたそもそもの原因は、この歌を見つけ出したことにあった、とも報告は指摘している。報告は、またこうも伝えている。

　　ルッツの夜（12月3日）が冬至となっているが、これから推すと、この歌は12世紀のものということになる。

　ともあれ、この歌が発見されたことに多大の興味を寄せたのは、ある自動車会社の倉庫管理人で、後に民俗衣装クラブの会長となった人物であった。この人は、あちこちの農家の手伝いに出ることも多かったので、その界隈をよく歩いていた。そしてこの歌がきっかけになって、待降節の時期の古いならわしを尋ねてまわった。そのなかで彼は、昔は顔を黒く塗ってグループで

371

資料の部（フォークロリズム概念の成立をめぐるドキュメント）

〈戸叩き回り〉に出掛けたものだ、という回想を耳にした。それはまた、待降節の木曜ごとのいわゆる騒擾の夜に行なわれるので知られる物ねだりの習俗の意味も兼ねていた。のみならず古老の一人は、昔はそのときに踊り歩きながら歌をうたったとも付け加えた[10]。

　そこで相談をもちかけられたのは、その地域のふるさと文物保護委員であった。学位を有し、さまざまな分野に造詣が深く、ことに有形民俗文化に堪能であった。彼は、ルーツとペルヒテ（方言では〈ペルシュト〉）*が一般に同じものと見られていることを知っており、また自らもこの方面の古い民間俗信の痕跡を探求していた。その事情は、彼が寄稿した新聞記事によれば次のようである。

　　私は、〈ペルヒテ屋敷なるものを発見したが、15世紀に遡ると推測された絵具塗りの壁板には、仮面を描いたと思しき図柄の痕跡がみとめられた。古い城砦の遺構をめぐる民話にも、これが廃墟となったのはペルヒテ婆さんの罰を蒙ったためとされている。仮面が発見されたのに続いて、ペルヒテ歌やペルヒテ踊りが復元された。

　この記事を貫くのは、明らかにジャーナリズム調である。ともあれこの発見の後、民俗衣装クラブの会長は、自分で仮面を彫り始めた。─　今日この種のものが新しく拵えられるときの例に漏れず、グロテスクな要素を強調していたが、なかなか上手な作りで、その与える印象は強烈であった。─　そして1956年に（実際には1954年からだが）最初のペルヒテ行列が催された、と記事は伝えている。そしてまもなく、多少の反撥はあったものの、行事は定着に向かい、住民たちもペルヒテの来訪を喜んで、なにがしかの金銭を出すようになった。その様子を言えば、〈お金をくれる人の前でオリジナルな仮面がパクンと口を開けて小銭を呑み込む〉のである。また今後の方向として、この他の扮装も計画に上がっているとのことである。その際、良き霊をあらわす美しいペルヒテ像の作られるであろう、とも記されている。そして

ハンス・モーザー　民俗学の研究課題としてのフォークロリズム（1964）

新聞記事は、次のような美しい文章で締めくくられる。

　このペルヒテ行列は、今日では、生きて活動する民俗行事のひとつとなることであろう。……古い民俗行事をこうして創造的に再生させるのは、近年における民間藝術の泉と言ってもよいほどで、今日の時代の希求に応えるものでもある。

　ところで、私は、この記事が掲載される前から、この行事の成立に助言をあたえたふるさと文物保護委員の人物と知り合いになっていた。その人は高地(オーバー)バイエルンの諸地域のふるさと文物保護クラブの季刊誌に、自分こそキルヒゼーオンのペルヒテの生みの親であると名乗っていたのである[11]。実は、問題のふるさと文物保護クラブは、何年も前からふるさと文物保存にかけては、さまざまな対象について熱心な団体であった。またクラブにとって、その委員は特に密接であった。そのあたりの事情については、彼が1955年に発表した最初の報告に次のように記されている。

　民俗衣装クラブの協力のもとで、不肖、ふるさと文物保護委員の私がキルヒゼーオンの戸叩き行事を復活させたことは、すでにバイエルン放送局も報道した通りである。

　つまり、この行事はその第一回目の開催の直後に早くも報道され、そればかりか、その放映の後、〈ハンブルクのテレビ局とネットワークを結んでいるヨーロッパのすべての国々からキルヒゼーオンに投書が寄せられた〉。もっとも、この民俗行事の収益金400マルクが、老朽化した風呂小屋*の維持に当てられたのは、これまたふるさと文化財保護の観点に照応する健気な心意気であった。
　この復活行事は、ペルヒテ巡回行事が山岳地域に多いのと対照的と言うべきであろうが、そのきっかけになったのはふるさと文物保護委員の少年時代

373

の思い出であった。この人は、戸叩き人の登場する様子を自分の故郷の村で何度も知っており、事実その地方では〈枝付きの樹木を携えた《ペルシュト婆さん》と目される人物を囲んで特徴ある踏み踊りがなされ〉ていた。さらに1956年には第二の報告があって、キルヒゼーオンの行事の展開が次の段階に入ったことを伝えてくれた[12]。それによれば、〈恐ろしい姿の登場人物たちが、昔の粗皮の夜*の歌に合わせて変わった踊りをするのだと言う〉。また中心となって仮面者の導入に当たっては、ひどく文学的な響きのする次のような説明がなされている。

　ペルヒテ婆さんの仮面が二面から成るのは、要するにローマのヤヌス神が二つの顔で去年と今年を表していたのを今また体現しているのである。

つまりここには、原初的とみなされている意味合いを行事に付与しようとの意図が入り込んでいる。

　回答文において特に注目すべきは、このふるさと文物保護委員が、そのふるさとの村落の戸叩き行事の広く知られた形態ではなく、記録にはまったく見えない形態に手を伸ばしたことである。しかし彼の報告によれば、周辺の他の村落では、戸叩き人の先頭は〈ペルシュト婆さん〉と呼ばれ、それだけでなく、1880年頃まではそのペルシュト婆さんが単独で贈り物の配給者として現れる土地もあったと言う。さらに古い仮面の発見について言えば、これを伝える新聞記事によると、詰まるところは、ふるさと文物保護委員がミュンヒェンの骨董商のもとで、低地バイエルンのロート谷から出たとされる仮面を見つけて購入したことに遡る。この仮面については、私も、同じ頃、出所を記した鼻の長い3面の悪魔面を見たことあるが、その一面と考えて先ず間違いがない。これらは、仮面収集がブームになった時期に作られた新しい作品なのである。また、先にジャーナリストが中世盛期に遡るとみなし、ふるさと文物保護委員がグレゴリオ暦の導入（1582年）以前と位置付けようとしたルーツ夜のいわゆる〈ペルヒテの歌〉も、これまた〈1930年頃に発見さ

ハンス・モーザー　民俗学の研究課題としてのフォークロリズム（1964）

れた〉ものであり、私の判断では、とうてい16世紀などといった古いものではあり得ない。またキルヒゼーオンでは、〈戸叩き回り〉よりも〈ペルヒテ巡遊〉の名称が急速に浸透を見たが、これは1858年にミュンヒェン——ローゼンハイム間に鉄道が敷設され、チロール地方から多数の樵がこの地方へやって来たことに帰せられるであろう。キルヒゼーオンには、それまで僅かな農家が存在するに過ぎなかったのである[13]。鉄道の沿線に今日の村が発展したのは、バイエルン山地や、チロールやバイエルン森から労働者たちが移住してきた1868年以後のことである。そしてかなり急速に発展を遂げ、1959年に町自治体になった。

　かつて〈ペルヒテ屋敷〉と呼ばれていた場所——もっとも、この屋敷名称については、それを伝える文献資料は存在しないが——にあった物置小屋から発見された絵画類に関しては、写真を撮っておくことを、私も依頼したものである。つまり、ふるさと文物委員も報告しているように、〈この屋敷が改築される恐れがかなり高かった〉ので、保存を心掛ける必要があったのである。いずれにせよ、かかる曖昧な資料であり、多くは期待できないのである[14]。率直に言えば、それが行事の歴史にとって意味のある図像資料である可能性はないと言ってよいのである。

民俗事象の手直し、映画の刺激から民俗的なアトラクションへ

　以上の検討を終えるに当たって、この活動的なことで評判の民俗衣装クラブのリーダーについて、もうひとつ知っておいてよいことがある。この人物はリポーターとしてもまことの豊富な知識と理解力を示した。労働者の出身で、戦場で負傷して帰還し、何度も手術を受けねばならなかった。その何年かの間に、彼は、壊れた遭難者柱や畑地十字架や献納画額などの修復に努め、またそれを通じて農民たちと親しく接触し、古い習俗についても多くのを聞き知ることになった。戸叩きの行事についても、それがこの地方で一般に行なわれていたことが分かった。彼自身の記述を引くと、それは主に〈貧しい人々によって行なわれており、彼らに冬季の食べものである梨や梨入りパン

やドーナツや胡桃を恵むものであったが、それだけでなく一般農民の成人した息子たちによっても行なわれていた〉。この行事は1890年代に教区聖職者や学校教師が、聖ニコラウスが司教の姿で訪ねてくる（一部では天使たちが随伴した）行事を導入したことに遡るである。因みに、このニコラウス行事の方は、家庭行事として散見されるに過ぎなくなるまで衰微した後、保存クラブによって担われるようになった。かくして、その頃、ひとつの新しい混合形態が成立したようである。すなわち、物をねだって歩く戸叩き人のなかの一人だけが、〈クラウプアウフ〉あるいは〈クラムプス〉*として物品の贈り手となったらしい。また一種の舞踊が見られることについても、それは1890―95年よりも古いものと語られて入るが、質問されたインフォーマントのなかでも最も老齢の人々の答えは、かなり醒めたものであった。すなわち、戸叩き人たちは〈貰い物を受け取った後、輪になって跳び上がったが、それは身体のまわりに吊るした小鈴を鳴らし、また身体を温めるためであった〉。〈ペルヒタ〉という名称も耳にしたことがなかったと、この報告者は語っている。木製の仮面や煤で顔を黒く塗りつぶしたり、あるいは靴下を頭から被ったり、時にはそれに鬼の角を付けたりといった出で立ちについても、彼は同じく知ってはいなかった。彼が、新しい仮面を刻むようになったのも、ふるさと文物保護委員に促された結果であった。民俗行事を新たに甦らせることも、その行事が太陽信奉に遡るとの意味付けも、同様であった。さらに彼は、太陽の仮面もこしらえるようなったが、それはカレンダーに付いていた写真を見本にしたのであった。彼自身の記述によれば、それは〈たしかグレートナー谷の仮面を被ったルイ・トレンカー*であった〉。このトレンカーの映画作品は、私も論文で取り上げたことがあるが、その映画がもとになっていたのは驚くほかなかった[15]。ここではそれは、カレンダーの形態で影響を及ぼしていたのである。のみならず、オルガナイザー役をつとめることになった人物は、予備知識によって予断をもつことがないように心掛けていたにもかかわらず、行事の意味付けをめぐって各方面からそれぞれに異なった内容を聞かされた。もっとも、この人物にとって重要だったのは、（これは注目すべ

ハンス・モーザー　民俗学の研究課題としてのフォークロリズム（1964）

き契機であるが）行事はともかくも何らかの古い意味付けをもたなくてはならないことであった。なぜなら、そうした土台なくしては、〈何もかもが薄っぺらな馬鹿騒ぎでしかなくなる〉からと言うのであった。殊に彼が興味を寄せたのは、かつてある宣教師が語った、インドの部族やアジアの諸民族のあいだで特に冬至の時期に行なわれる信奉の踊りであった。彼は、それをふるさと文物保護委員にそれを話した。結果は、新聞記事においてその要素にほどこされたファンタスティックな装飾であり、見出しにおける不逞なまでの図式化であった。

かく、数々の言説をたどることによって、事態が明らかになる。それは、村落に伝わる、あるいは特定地域における民俗行事の再生ではなく——戸叩き人たちの物ねだりの俳徊ですら変化をきたしていたではないか——、頭で考えて組み立てた新しい産物なのである。この行事の挙行は、ふるさと文物保護委員の言では〈はやくも当地以外でも広く知られるようになった〉が、その宣伝にあたっては、1954年に成立したという事実は、今では何の役割も果たしていない。このペルヒテ巡遊も、早晩、大層古くからのものとなってしまうことであろう。民俗行事に乏しい他の土地からやってきた人が、事情を知らないままこれを見たなら、こう言うことであろう。〈素晴らしい。ここバイエルンで、今なお原初の伝承がおこなわれているとは。〉

ペルヒテ行事の出張公演

ところで、これに因んでなお注意すべきことがらがある。キルヒゼーオンの人々が自分たちの原型とみなしているのは、ザルツブルク地方のペルヒテであるが、これ自体がすでに久しくフォークロリズム的な観光行事へ向く逸脱に突入していたのである。半世紀も前に、マリー・アンドレー＝アイゼン*はこう書いていた。〈ピンツガウのペルヒテが町や村ですこぶる評判を博し、しかも行事の現場である奥深い谷間へ真冬に足を運ぶことを誰も厭わないわけではないために、そのペルヒテは、ザルツブルク地方の各地の祭りにおいて請われ、そこで踊りを披露することになった。たとえば、1893年11月2

資料の部（フォークロリズム概念の成立をめぐるドキュメント）

日にはゴリングで、1899年9月5日にはザルツブルクの民衆祭で、という具合である。それどころか、最近は地方紙に広告が載るまでになった。次の文言は、『ザルツブルク・フォルクスブラット』紙から抜き出したものである。

　ピンツガウのペルヒテより、ピンツ谷の皆様に御案内申し上げます。来たる1902年4月13日にハラインへ出張し、マイヤー集会所ホールにおきましてオリジナルのペルヒテ踊りを上演致します。開演午後3時。入場料40ヘラー。何卒御来場の程願い上げます。ピンツガウ・ペルヒテ敬白[16]。

ペルヒテは、数年前からザルツブルクのファッシングにも出演するようになったが、それは冬季スポーツに宣伝を兼ねたアトラクションとしてである。これについては、ザルツブルクの観光組合が製作した各国語の案内書があって――私の手元にはフランス語版「ザルツブルク・オ・カルナヴァル」が届いた――、二人の響面ペルヒテが登場して、粋な格好の二人の船員に挨拶を送っており、その頭上にスキーのリフトの座席のひとつから嘴面ペルヒテが顔を出している様子が写っている。ザルツブルクのペルヒテ団体は、この数年、ミュンヒェンのファッシングにも参加するようになった。のみならず、ピンツガウの踏み踊り団*や1891年にザルツブルクで結成されたクラブ「アルピニア」は、さらに活動の幅を広げてザルツブルクの有名な待降節合唱祭にも参加するようになっている[17]。

ファスナハト行事に起きた異変

真冬の民俗行事の登場者がファスナハトにまで転移した事例は他にもある。3つのガラス工場がかたまっていることで知られるバイエルン森のフラウエナウでも、かなり前からそうした動きが起きている。それについては、『南ドイツ新聞』が1963年2月23／24付で次の見出しの下に詳しく報道した。

　森の妖怪、ファッシングに踊る。粗皮の夜。魔女、羽男、山猫、山怪が

ハンス・モーザー　民俗学の研究課題としてのフォークロリズム（1964）

リポーターと共にツイストに興じる。

　そこには、2点の写真も添えられていた。いかにもプリミテイヴな装いで、襤褸や苔や網片、それに唐檜の小枝を用いて仮装者が自ら着付けた、との新聞報道通りの出で立ちで、それらが亜麻布や厚紙で作った仮面を被っている。板上に魔女を等身大よりも大きく描き、その後ろに72歳になるガラス・カット師の未亡人が隠れているという図柄の戯画も登場したが、その描き方は、写真でお馴染みのレッチェン谷の仮面とほとんど瓜二つであった。この催しは、新聞では、1951年に〈新たに考案された〉と報じられたが、事実、ある一人の画家が、自らその〈粗皮の夜を作った父親〉と名乗ってもいる。またその協力者には、もう一人別の画家と一人の彫刻家がいた。行事全体の土地の教育委員会とふるさと保存会、それに森林協会が加わった。ともあれ、リポーターが、イノシシの面を頭から被せられて、その飲食旅館のホールへ足を踏み入れたところ、そこは見るからに金をかけたらしく、怖気をふるうような奇怪な飾り付けがほどこされて、そこで長い白い夜着の4人のガラス工場の労働者がミュージシャンたちと一緒に「シルバー川のカウボーイの曲」を演奏していた。そしてダンスの合間には、テープレコーダーから悪霊の咆哮なるものが鳴り響いた。新聞記事によれば、この〈粗皮の夜〉のダンス・パーティーは人気が高く、〈（バイエルン）森の半分〉もの地域から人々がフラウエナウへやって来るとのことであった。さまざまな分野の名士たちも訪れることは、列挙された人名からも知られるが、なかには、助任司祭が森の幽霊の仮装で参加するといった例もある。参加料は、仮面をつける場合が3マルク、仮装しない場合は5マルクである。収益（ちなみに昨年は49.20マルクだったが）は飲み代に当てられる。

　ザルツブルク地方と高地オーストリア地方では、村落や地域ごとの独自の伝承と言えば、マルティーニにおける牧羊者たちのささやかな民俗行事と、粗皮の夜の巡回者が物品をねだるときの数篇の唱え言を除けば、知られたものは皆無と言ってよい[18]。これに比して、真冬の行事だけが充実している。

379

しかしこの充実ぶりは、正真正銘、最近の産物であり、それもリヒャルト・ビリンガーによれば、あきらかに化け物コースターや藝術家ファッシング*を倣ったものであると言うが、同時にまたかなり自由な改作でもあるらしい。その点では、見解の相違が避けられない個別事例でもあるが、商業的な関心が入り込むところまでは進んでいないようである。

3. 民俗行事の在来連関からの切り離し

　今なお伝統と結びついている行事をその本来の場所と日取りから切り離して祭り行事のなかに持ち込むことが果たして是認されるかどうかは、しばしば提起され議論されてきた問題である。1961年9月、コンスタンツでの民俗学大会の直前に民俗研究の多数の専門家たちがバーゼルでのスイス連邦民俗衣装祭に参加し、スイス中の歳の灯行事を一ヵ所にまとめて見せるその夜の行列に自分たちも加わったことがあった。このときにも、その是非をめぐって議論が起きた。昂揚した祭り気分と豊かな感銘に彩られたその民俗ショーでは、本来特定の日取りと結びついているさまざまな形態の民俗行事が順番に上演されたが、その程度の作為は大目に見るしかあるまいというのが大方の見方であった。それに較べて釈然としないものが残ったのは、1950年8月にアインジーデルンで催されたスイス民俗衣装祭であった。このときには、シュヴィッツ州の年中行事を構成する民俗行事が一揃いと、真冬の、しかも夜間に行なわれる行事とが、野外にしつらえられた舞台の上で白昼演じられた。それを効果的に演出したのは、スイス各地の大規模な祭典やページェントを多数手懸けて定評を得ている演出家、オスカー・エーバーレであった。もっとも、反対意見が挙がることは、主催者も覚悟していた。30年にわたってスイスふるさと保存団体のリーダーであったエルンスト・ラウルは、いかにもこの人らしく、自分が主宰する団体の機関誌上で懸念を表明し、さらにバーゼルでの祭典が終ってからもう一度これに言及した。彼が代弁した見解

ハンス・モーザー　民俗学の研究課題としてのフォークロリズム（1964）

とは、〈今後も催されるであろう民俗衣装祭では、こういうショーは金輪際持ち込まないでいただきたい〉というものであった。併せて彼は、民俗衣装祭の人々に向って、夜間の祭り行列を〈例外中の例外〉として大目に見ることを求めた[19]。

　民俗行事の研究に関心を寄せる人でも、夥しい数の民俗行事に現場で親しく接することは不可能である。それは一年に一度だけ、しかもさまざまな場所で、さまざまなヴァリエーションが同時に行なわれるのであるから、以上のような企画を歓迎する気持も当然と言えなくもない。しかもそうした企画では、民俗行事における閉鎖的な式次第までが、視覚的側面だけでなく聴覚的要素まで含めて再現されたりする。最良のコレクションでもガラス・ケース越しに見るしかないのに較べると、行事で使われる模像や仮面も実際に用いられるだけに、まことに迫真的である。しかし他方では、最も成功した再現においてすら、行事を取り巻く自然な環境は脱落している。外面的な影響だけからは図れない独特の雰囲気も失われている。加えて、行事と行事の担い手のあいに、多かれ少なかれ、野心を秘めた演じ方が入り込む。担い手の目から見た限りでのその行事の本質を浮き立たせ、強調しようとする作為である。さらに、観衆に対してその期待通りのものを呈示しようとの気持が混入することもある。通常それは、当該地方に流布している観念や、正鵠を射た見解と一般にみなされている学説を改めて固定しようとの志向に重なってゆく。

　民俗学は、19世紀的な物の見方からなかなか脱却できないでいる。一般に普及して通俗化を見ている点から言えば、民俗行事の意味付けの歴史における特定の階梯から生まれた見解が大層有力になり、福音書さながら有難がられ、それが今なお受け継がれている。応用民俗学の衣をまとったフォークロリズムが、豊穣信奉や騒音魔術を喧伝し実演するのもそれである。その伝でゆくと、仮面行事となれば、端的に悪霊を駆逐するものとなる。つまり、害をなす妖怪を駆逐したり、封じ込めたり、いなしたりすることに本義があると決めつけているのである。高等学校の紀要類や新聞の記事を占めるのはこ

の種の説であり、挙句の果て、それが民衆の知識ともなってしまっている[20]。

これに因んで言えば、ミッテンヴァルトのヴァイオリン博物館*の世話人が、その地の鈴振り人*の仮面を前にして私に説いたのも、同様の意味付けであった。そのとき、世話人は、その口ひげを生やして紅い健康そうな頬をした仮面（ヴェルデンフェルス地方やチロール地方でも典型的に見られるものだが）では、いかに単純な悪霊を脅すにも不足をきたすことには、まるで心づかないという風であった。

近代の産物としての民俗行事と上古への遡旧志向

しかしこの点では、また深く根を下ろした教説がある。装飾ペルヒテ*、あるいはファスナハトや春先の民俗行事に登場する光の体現者などは、民俗儀礼の歴史のなかでは比較的遅く出現したと見て間違いないが、にも拘らずやはり太古以来の役割を今に伝えるものとされたのが、それである。つまり、太陽光や豊穣や陽春の力の体現者として暗黒、死後の身体硬直、厳しい冬といったさまざまなデーモンを駆逐してくれる存在であるというのであった。殊に、伝統的な儀礼でもある劇行事、冬と夏の争いについては、その永く伝えられてきた簡潔な形式を踏まえて行事再生の動きが各地で見られたが、再生に際して核となった単純化された構図と同じものが、春季の行事なら古習であると新習俗であるとにかかわらず等しく隠れひそんでいるとされ、その角度から説明せずにはおかないとの勢いとなった。たとえば、ニュルンベルクの仮面者跳梁は、中世後期の社会を図式化した市民的な行列行事であるが、それすら夏と冬の争いを象ったものとする解釈がほどこされた[21]。

エッフェルトリッヒのファザレッケン*は、白い衣装に極彩色の冠を戴き、藁でこしらえた2匹の熊を連れて近隣のバイアースドルフを訪れる大層美しいパレードで有名になったが、この形態に整えられる共に、上述のような民俗儀礼的な意味付けなされたのは1920年のことで、それエードアルト・リュールによってであった。これが、もっと古い時代からの伝統に照応するとの理解は、それを証明する資料が呈示されない以上、確かなものとは、とう

ハンス・モーザー　民俗学の研究課題としてのフォークロリズム（1964）

てい言うことはできない。しかしまたそうした趣旨において新しい伝統が構築されたのは事実であり、その限りでは、その行事が冬の追い出しという意味付けを得ているのは無理とは言えない。

　それに較べて、同じく新しい時代に始まったファッシング行事ながら、まったく恣意的にこの種の意味付けがほどこされたのが、ミュンヒェン東方のドルフェンの場合である[22]。これに因んで、数年前に『南ドイツ新聞』が「冬の追い出し」の見出しで、この行事を大々的に案内したことがあった。

　　本紙の読者は、灰の水曜の一週間前の《気違い木曜》に、ドルフェンにおいて、バイエルンで最も特色のあるファッシング行事のひとつに参加することができる。ドルフェンでは、毎年大勢の下着野郎*（ヘマドレンツ）が絞首台に吊るした一体の裸男を火刑に処して冬の追い出しをおこなう。アルコールと愛欲と愚行を表す三体の行かれ騎士を塔の上から投げ落とすことに始まり、下着野郎による一大パレードに至るまで、ドルフェンでの気違い木曜には当地ならではの本物のユーモアにあふれている。この日には、ドルフェン全体が下着野郎になり、例外は誰一人いない。市長ですら例外ではなく、他の誰彼と同じく、シャツ一枚で走り回る。本紙の読者のなかでこのファッシングの余興に参加したい人は、ドルフェンへの読者特別ツアーにお申し込み下さい。

　以上のように、この催しは、そのものずばり余興と形容されている。事実、ファッシングの身上は思い切り楽しむことにあるのだから、余興であってはじめて正当な位置付けを得ることになる。言い換えれば、冬の追い出しなどというフォークロリズムの装飾は余計であり、民俗儀礼の面からは不適切である。ドルフェンは大都市ミュンヒェンの近郊であり、それゆえミュンヒェンに根生いの伝統で、それはそれで有名な催し物でもある行かれ騎士の舞踏会*を、そこにも枝分けしたのがこの行事である。しかも移植にあたっては、喜劇映画の得意藝として私たちに馴染み深い手法が盛り込まれることになっ

た。つまり、シャツとパンツだけの男たちを登場させて、意表を突くのである。裸体は周囲を朗らかな気分にさせるところがあるが、逞しい身体つきなら、より効果的である。ここで主要な役割を果たしているのは、こういう種類の刺激である。それに対して、専門家たちの会話に見られるような、白は死の色であるとか、仮面行事が死霊信奉に由来するといった脈絡は成り立ち難い。当たっている点も皆無ではないかも知れないが、胡散臭さが付きまとう。いずれにせよ、ドルフェンの夜着徘徊者が祖霊の姿を表現するといった推論は、グロテスクとしか言いようがない。

特に古いわけではないが、これよりもやや古い長い歴史をもつものに、ボーデン湖畔の夜着羽織人の行列*がある。すこぶる著名なものであるが、成立は1880年頃のコンスタンツにおいてであった。それも、信頼できる報告によれば、学童たちの悪戯がもとになったのである。ところが奇妙なことに、それが高地(オーバー)バイエルンの山羊皮裁判(ハーバーフェルトトライベン)*と関係づけられてしまった。次いでエンゲンへ持ち込まれ、そこがまた起点になって各地で催されるようになった[23]。そして、世紀の転換期頃から、そのパレードは、何度か波動をつくりながら、コンスタンツとシュトカッハを中心とした地域の村々に急速に広まった。

テュービンゲン大学の学生たちは、ヘルマン・バウジンガーの指導下で、1962年に、その地域の134か所の村落でファスナハトについて詳細な調査を実施した。その結果については、マルティーン・シャルフェがインツィヒホーフェンでのファスナハト研究ワーキング・グループの第一回会合にさいして、多くの面で啓発的な報告をおこなった[24]。ファスナハトによってすでに名声を得ている町々の影響を受けた村々の民俗儀礼について、この60年間の形態や担い手を調査した結果は、一人一人が自分の仮面を受け持ち、また物ねだりと問責の民俗儀礼を特徴とする古態であることが判明した。その古態は、この60年ほどの間に、クラブ組織による慣習維持の営為を通じて、それぞれの土地ごとに均一な、そして多くの場合外面的な要素を重視した衣装構成に取って代わられた。木作りの仮面も、衣装を組織的に揃える過程では

じめて付け加わったのである。またそこでの典型的な動きとしては、〈連想による一律志向〉が指摘された。それ以外でも、フォークロリズムの本質的な要素が明らかにみとめられるが、それは次のような観点からも知られるであろう[25]。

　夥しい数の新奇な扮装については、その目的として、阿呆祭に集まって、お互いに見せ合うためというのが、非常に多い。したがって、巡幸のときこそ絵のような鮮やかさであるが、その実、それぞれの村のなかではその格好で別段すべきことは何もないといった場合がしばしばである。

夜着羽織り人の行列は、探訪地の75パーセントにおいてみとめられた。この出で立ちの人気が高いのは、〈これら醸し出す軽い恐ろしさ〉の故であると指摘されている。しかし、下着が最も安価で、またどんな場合にでも入手できる仮装の衣類であることも見逃すわけにはゆかない。同じことは、古い時期に醜怪な仮面の伝統の維持に与っていた襤褸や着古した夜着にも当てはまる。民俗儀礼の研究と言えば、迂遠な脈絡や、いかにも意味深長な脈絡を追いもとめ、それらから何かを組み立てる傾向が、常に、また随所に見受けられが、リアルなファクターを冷静に考慮することにも応分の比重をおくべきであろう。

4. 民俗を取り巻く現実の諸条件

　以上は、基本的かつ一般的な問題にふれてみたのである。この他にも、歴史的資料の体系的検討を通じて、大層明瞭になってきたことがらがある。民間伝承が、リアルな事実、すなわち特定の（多くの場合、甚だ都合のわるいことに）都会的な前提条件や経済的な前提条件と驚くほど強く結びついているのも、そうである。のみならず、そこには統治と結びついた法関係や教会

の力が加わっていることもある。そうかと思うと、時代の経過にも拘らず文化的変動には影響されない場合もないではなかった。一例を挙げると、大変大掛かりな広がりをもつ民俗儀礼に、多種多様な形態で行なわれている物ねだりの民俗儀礼がある。歌謡、音楽、ショーとしての舞踊、それに最も広い意味での〈催し物〉からなっているが、これは決して〈民族霊(フォルクスゼーレ)〉の自己開示への希求に根ざすといったものではなく、さりとて純然たる催し物の喜びによっての進められるのでもない。経済的窮乏ゆえの物質的関心にその強靭な生命と自己主張を負っているという側面にも、多大の比重が置かれて然るべきであろう。もっとも、この民俗儀礼の領域に関しては、狭い生活空間を突破する現象、すなわちヘルマン・バウジンガーが社会の膨張や空間の膨張と名づけたものが[26]、大昔から今日までみとめられるが、これは言うなれば、理の当然であろう。こうして民俗儀礼が広い展開への志向をはらみ、またそれぞれに固有の権利を保持する諸身分のあいだにフォークロリズムへの喜びを喚起・涵養し、かつその喜びの心情に自己の土壌を見出したことは、幾多の資料が裏づけてくれる[27]。あるいはまた、いかに多数の統治的な法行為が民俗儀礼の要素を吸収し、半ばは自ら受容され、半ばは強制しつつ、法実践を全うし得たか、をも想起しておきたい[28]。

　以上の脈絡については、研究の一層の進展が今後ものぞまれるが、これらへの言及はこの程度にとどめる。しかし、次の一事についてだけは、なお数言を費やさねばならない。啓蒙主義時代に、実践的なフォークロリズムが国家サイドから民衆再教育の手段として大いに活用されたことである。後年、応用民俗学が展開した素地はこのときつくられたのである。

啓蒙主義と民俗要素

　啓蒙主義と民衆性(民俗性)のテーマは、レーオポルト・シュミットが1938年にそれに向けて刺激をあたえたのであるが、それ以来、最近に至るまで多少の研究がなされている[29]。それによると、啓蒙主義時代についても、国家の政治的主導による種々の動きからだけ推測されるような、民衆とは無縁、

ハンス・モーザー　民俗学の研究課題としてのフォークロリズム（1964）

また民衆を敵視するような時代とは必ずしも言い切れないところがあった。国家財政、統計学、地誌、これらに関係した出版物を見ると、厳しい原則論や論難の他にも、まことに多方面の議論が見られるのであって、そのなかには民衆性（民俗性）に対する新しい積極的な関心も混じっている。目下のテーマにとって特に重要なのは、当時の時代精神を背景に、祭り儀礼に対する上からの刷新が追求されたことである。これについては、未だ印刷に付されるに至っていないが、ディーター・ナルがヴュルテムベルクとバーデンの事例について、1961 年にテュービンゲンで講演をおこなったことがある[30]。バイエルンについても、この種の資料は、なお大部分が未刊ながら、多数存在している。以下では、基本的にはそれらに依拠しながら、具体例を挙げる。

　カトリック教会の地域では、バロック的特質の濃厚な民俗（民衆）文化が一般的であり、これらを清算する闘いが特に厳しく進行した。しかしその際、啓蒙主義の民衆教育のプログラムが追求したのは、他ならぬ民衆生活の新しい形態であった。要するに、洗練された民のいとなみ*である。教会の影響からの解放、聖界諸権利の排除、しかしまた同時にピエティズム的な宗教性を帯びた、そしてとりわけ迷信やありとあらゆる野鄙な愚鈍を拭い去った民のいとなみである。攻撃の的とされた民衆信仰色の強い祭り慣習や、乞食沙汰として嘲けられた物ねだり慣習、教育上有害と指弾された児童慣習、これらに代わって、国家財政の要請に添い、民衆倫理に適い、官民・老若の融和に資する共同体祭事、たとえば植樹祭や収穫祭の形成が促されたのである。あるいは、また上からの命令で種痘が実施され、それが終了したときにも祝賀行事を催すのが望ましいとされた。宗教性を帯びた物語の舞台化や大仰な時代劇を中心とした従来の民衆劇に代わって、質実剛健な民衆性や醒めた道徳性を旨とする民衆演劇が望ましいとされ、農村的な色調を取り混ぜた作品が擡頭した。「落穂拾いの少女」、「けなげな日雇人」、「勇敢な樵」といったものである。新しい民俗歌謡も出回った。少なくとも、歌詞は新しく作られた。それらは、一つ一つ別々に新聞に載ることもあれば、またまとめて印刷されて人々のあいだに広められることもあった。1781 年『啓蒙主義耳報』紙上に

「善良な作男マティーエスの歌」が載ったが、これには明確な意図を表明した次のような説明文が付いていた[31]。

> 道徳の涵養に貢献するのは、かかる種類の野の歌、村の歌に他ならない。村人のこれらを記憶にとどめ、口唱するや、畑に立ち働く者等に勇気をあたへ、心に害をなし魂を蝕む不純なる歌ひものは駆逐されるであらう。吾人の意図は、人心の浄化と、村人の理性の啓発に存するのである。

また同紙上では、この前年に高地(オーバー)のガイゼンフェルトの町役場書記が激賞を受けたが、それはこの人物が同地の〈進歩的な市民団体と共に範を垂れるに足る演劇数篇〉を上演したからであった。またその演目のなかで特に称揚されたのは、ジングシュピール『農民身分への讃歌』であったが、これは〈公報に掲載された歌謡類をあつめた〉作品であったとされている。同紙の主筆は、またこれ以外の人、すなわち有名なクリスチアン・ヴァイゼ*の企画にも注目した。

> かのライプツィヒの地区収税官ヴァイセ氏、農民のためにとて幾多の素朴なるジングシュピールを書き下せり。氏は、まことにドイツ国民の有する嘉すべき詩人にして、豎子すら解する平明以て、啓蒙主義てふ偉大なるドラマを演じつつある人なれば、我らの別して推奨するところなり[32]。

国民教育とフォークロリズム

教育活動における啓蒙主義のフォークロリズムは、上からの方向付けとジャーナリズムの盛んな宣伝に乗って、また現場の動きとしては特に功名心に逸(はや)る役人と路線に忠実な学校教師によって煽り立てられたのであったが、上述のような施策があったにも拘らず、脂濃いものに慣れ親しんできた旧バイエルン地域*の民衆のあいだではほとんど効果が上がらなかった。こうした国家の官僚機構と民衆との間での土着慣習をめぐる数十年にわたる激しい確

執については記録資料が山ほど残っている。それらが証す限りでは、伝統的なものに対する我武者羅なまでの固執の事例がきわめて多い。しかしそれと並んで、新旧の妥協も見受けられる。後者が可能であったのは、合理主義が有無を言わせぬ強圧的姿勢で推進されるのではなく、個々人の健全な理性が民衆の精神様態を了解するほどの幅を持っていた場合である。もっとも、公的機関の中間部には、中途半端な啓蒙主義者や保守主的な聖職者がいて、事態を的確に把握していなかったり、まるで無視したりといった具合であったため、実情に即した適切な指導で問題を処理するのは困難であった。しかし、高位の人々や一流の学者たちのなかには、民衆の〈福利と倫理〉の向上を図るためには、厳しい法的強制や禁令に頼るのではなく、民衆の独自性にゆだねた上で適切な介入を考慮する道を選び、またその見解をジャーナリズムを通じて表明する人々もいた。バイエルン選帝侯は強烈な自恃の持ち主で、領内の巡幸にあたっては、父祖代々の伝統に倣って、土地の慣習や娯楽行事を演じさせることに殊のほか喜びを覚え、自ら臨席する場合となれば、自分が主宰する国家行政の観点からも、すでにもはや存続が許容し難い野卑な民衆祭典をも嘉賞した。

理想的な民衆像と民俗性

矛盾に満ちたこの時代に出現した新しい合言葉こそ、転回を予示するものであった。

　　朗かなる民(フォルク)にしてのみ善良なる民(フォルク)ならん[33]。

このため、民衆を再度明朗ならしむるものは何ぞや、との問いが考究され、また重んじられた。この他、さらに、今ひとつ新たなインパクトが加わった。祖国の歴史や上古学への関心が当時いたるところで盛り上がりを見せたのがそれである[34]。バイエルン族を大昔のボイイ人に遡らせることができるとして、タキトゥスがゲルマン人について行なった賞賛を挙げてボイイ人に帰せ

られるといった考え方である。そして素朴にして謙虚、かつ自足を知り、身体強健、志向堅固な民衆性（民族・民俗性）というすでに消滅して久しい理想像が歓迎され、これを以て嫋弱・背徳・退廃のモダン社会に対置した。しかし、これを請けて受けて偉大な発見に至ったのは、ミュンヒェンの歴史家ローレンツ・ヴェステンリーダー*であった。もっとも、その発見は当初は自分だけのためというかたちであったが、いずれにせよ次のように言い表された[35]。

　冥蒙たる遠古に生きたる理想の民は断じて消滅せしものに非ず、そが山地の農民・牧者のなかに連綿と命脈を保てるは、蓋し閑却する能はざるところ也。

　これら山地住民のあいだでは、生活態度、風俗、習慣、家屋の造作、衣装、さらに言葉や身振りの風土性のなかに〈太古の特色〉と〈太古より持ち伝えられたる特殊性〉が看取されるというのである[36]。とりわけ、自らは尪弱であったヴェステンリーダーを、毎度のように、また持続的に感動させたのは、競技的な性格の儀礼や祭り行事であった。村落で催される力較べや格闘技、山地で行なわれる射撃祭、アルプス山麓の各地の湖上に繰り広げられる漁民の祭りなどである。
　民間伝承においてヴェステンリーダーが称揚したのは、要するに共同体形成に裨益し、心身に望ましいとみなすことのできる価値に他ならなかった。民間伝承の発見そのものは、ヴェステンリーダーに限らず、同時期には各地で見られはしたが、その民間伝承を啓蒙主義特有の民衆教育的志向に沿う方向においても徹頭徹尾ポジティヴに際立たせたのは、この価値であった。またその影響下で現実に生じたものとしては、観点の転換があった。上述の儀礼形態をはじめ、この種のものが好意的に見られるようになったのである。〈下民どもの低俗な娯楽〉は、徐々に〈臣民の無邪気な楽しみ〉と化し、遂に、有益にして尊く、幾星霜を閲して洗練され、従って涵養すべき価値を具えた

民俗儀礼にまで高められた。かかる社会倫理的な価値観の下で民俗儀礼の再生や新たな導入も可能になった。その点では、1794年にユーバーリンゲンで行なわれた市民行事としての剣踊りは、この時代典型と言ってよく、事実これは〈ドイツ民族の英雄時代からの尊貴な生き残り〉とまで称揚された[37]。

愛国主義、歴史愛好、〈国民祭典〉

その後、19世紀初めからは、愛国主義と歴史愛好の風潮が起き、その下で大規模な形態では〈国民祭典〉、地域的には民衆祭、それも特に児童祭が主に都市部において、しかし周辺の村落部も含むかたちで導入されていった。その際、農業関係の祭りと結びつけることが好んでなされた。それらにおいても、一定の期間ごとの繰り返しによる涵養が図られた。かくして、ここに新しい伝統の土台が成立した。

一風変わった事例は、この時期にスイスで開催されたアルプス地方の村落祭であるが、これは私たちのテーマになかでは特別の意義を有する。ベルンにおいて（1763年に設立された）「スイス協会」は、すでに18世紀末の時点で、愛国心の昂揚を図って国民祭を挙行する計画を立てていたが、1805年にウンシュプンネンにおいて大規模な「アルプス牧羊者祭典」を開催した[38]。リヒャルト・ヴァイスは、これを〈ロマンティックにアレンジした羊飼いの祭り〉と呼んで、これが〈国際的なショーへと〉作り上げられていったことを指摘している[39]。この性格付けがもつ意味は重要である。この祭りを企画・開催したのは、当時のベルンの執政官であったが、祭りにはちょうどその時期にスイスに滞在した各国の王侯や名士たちも招待された。しかしその行事の実際の面では、同時代の報告から窺う限り、この祭りは、最良にして非の打ちどころのないものと言ってよく、その点では潔癖なまでのフォークロリズムであった。祭りを実質的に担ったのは、アルプス移牧者たちである。そして祭りの気分を盛り上げる事前の式次第こそ欠いていたものの、歌謡にせよ、音楽にせよ、民俗儀礼としてのスポーツにせよ、どれもが本物であった。これが1808年に一度しか繰り返して開催されなかったのも、本来のかたちに

勝手に手を加えたりすることなく再現される部分が多かったからであろう。この祭りはまた他所においても成功を収め、後には模倣されるようにもなった。1805年にスイスの土着の民衆歌曲遺産をはっきりした目的をもって収集し、また批判的に研究する作業が開始されたのもそうである。そして1905年には再びウンシュプンネンにおいて百年祭が挙行され、それを機に「スイスふるさと保存クラブ連合」が結成された。この組織は、その結成40周年、50周年にも、またもやウンシュプンネン祭を開催した。それだけでなく、最近もさらに一度行なわれたが、スイスを訪れた人々のこれに対する見方はさまざまであった[40]。

驚くべきは、1805年のアルプス移牧者祭りに、バイエルンの若き皇太子ルートヴィヒ*が参加していたことである。なぜならそれから5年後に、皇太子自身の結婚に因んで、ミュンヒェンにおいて有名なバイエルン〈国民祭典〉が呱々の声を挙げたからである。そのとき皇太子は自ら演題に立ち、〈民衆祭は、余の殊のほか欣快とするところ也。そは子々孫々に受け継がるる国民気質の発露なり〉と演説した[41]。これが十月祭（オクトーバーフェスト）の開始であった。内容的には慶祝の祭りに競馬の催しを添えたもので、さらに翌年からは農産物の品評会が加わった。また1812年からは14年に至る戦乱の喧騒がおさまったあたりからは民衆色が濃厚になっていったが、これはルートヴィヒ公自身があたえた刺激に帰せられると言えるかも知れない。すなわち皇太子妃の故国ザクセンから移入された鳥撃ち競技の他、地元の風習である円盤射撃、若者たちの競走、さらに後には、ミュンヒェンのパン職人による石ころボーリング競技とレスリングも加わったからである[42]。

民俗衣装の導入、国家行政の視点の参画

このミュンヒェンの十月祭（オクトーバーフェスト）の展開には、フォークロリズムに沿ったさまざまな行事が見受けられる。幾つかの事例を挙げるだけで十分であろう。この祭典は、最近では大規模で華やかな、また諸外国の団体から派遣された人々も含めた民俗衣装行列で開幕するのであるが、幾

つかの事例からだけでも、すでに当初から民俗衣装という絵のような鮮烈な要素が導入されたことが窺えるはずである。ミュンヒェンでは、1804年から1806年にかけての時期に、早くも高地バイエルンの民俗衣装の図版に民俗学的な解説をつけたものを編集することもできるほどであったが[43]、遊び半分で模倣する段階を越えて、生きて残存する民俗衣装をまじめに展覧するまでになるには、なお多少の時日を費やした。すでに1810年の第一回祭典でも――祭典のオルガナイザーで民俗衣装や民俗儀礼に関心を寄せていたヨーゼフ・フェーリックス・リボフスキーの発案で――今日から見れば快不快相半ばするようなフォークロリズム的矮小化が行なわれた。民俗衣装をなぞってこしらえた着衣を、児童たちにまとわせたのである。また国王一家には、当時の行政区画である9郡を代表して〈国民衣装〉を身に着けた男児と女児のカップルがそれぞれの郡ごとの特産物を献上した。さらに、その16年後に、これまでの皇太子がルートヴィヒ1世としてはじめて祭典に参加したときには、ミュンヒェンの市民の娘クレスツェンツ・オルフがバヴァリア女神に扮して国王の御前で全国土を寿いだが、そのとき彼女がまとったミースバッハの民俗衣装*は長期わたって〈バイエルンの衣装〉を代表することになった。これと同じ衣装は、田舎風にしつらえた飲食店（その一軒は「緑の帽子」という屋号であった）において、1828年と1834年にウエイトレスたちが着用した。しかし奇抜なのは、1820年にドレスデンから来たヴィルヘルミーネ・ライヒャルト夫人が気球に搭乗したとき、わざわざバイエルンの衣装を着せられたことである。1835年の国王夫妻の銀婚式には、美しく飾り立てた馬車の上に民俗衣装を着けて民衆生活（フォルクスレーベン）のさまざまな場面を見せる行列が企画され、旧バイエルン地域の穀物収穫とプファルツの葡萄の摘み取りの模様が再現された[44]。1837年には、自動装置で動く移牧小屋の作り物がセンセーションを巻き起こした。下って1842年には、またもや皇太子の結婚式が行なわれた。後の国王マックス2世である。このときには、バイエルン各地の結婚式のパレードが再現された。具体的には、全国35か所の地方裁判所管区から新婚のカップルが一組づつ招かれたが、その際の条件は、

それぞれの土地の民俗衣装を着けることであった。それも、結び目ひとつに至るまで本物にすべしというのであった。またその準備として、綿密な手引書とアンケートが各地域の官庁に送付された[45]。しかしそれによっても、完全な民俗衣装を見つけ出せず、復元も思うにまかせない地域もあることが明らかになった。したがって、いかにも国父らしい麗しい着想も完全には実現しなかったことになるが、そこでの意図がフォークロリズムを実行することにあったのではなく、学問的な方法から見て真正と言えるものを明示することにおかれていたは注目に値しよう。それは、ミュンヒェンを中心に民間伝承の精力的な採集と整理が始まった時代、やがて『バヴァリア』として本格的に姿をみせる、かの「バイエルンの地誌・民俗学」の準備作業が開始された時代であった[46]。

民衆性に喜びを覚える心情が、宮廷に集まる人々のなかでフォークロリズムの活動にまとまっていったのも、この時代だった。そこでは、在来の伝統に接続したり、伝統を後押しようとする志向が高まりを見せた。具体的には、自ら民衆歌曲を作曲したり、民俗歌謡やシュナーダーヒュプフル*の創作を手懸けたり、さらに、ナイーヴものがもつ迫力を意識的に狙った民衆文藝を創作したりといったもので、これらはいずれも、さまざまなルートによって地方へも広まった。その効果の程は、ほとんど期待されていなかったにも拘らず、実際にはまことに大きく、バイエルン各地に波及した。しかもそうして作られた模倣的創作は、後世、各地の蒐集家によって、バイエルンの土着の音楽や歌謡や詞章として記録されもした。それらが実際には、ツィタラに巧みであったマックス大公や方言詩人フランツ・フォン・コベル*の作品であることが明らかになったのは、ようやく近代に入ってからであった[47]。

舞台上のフォークロリズム、ミュンヒェンの劇場、観光産業へ

またその間に、これとは逆に、地方民衆による、目的意識を伴ったフォークロリズムも擡頭し、観客をもとめてヨーロッパの大都市、さらにアメリカにまで赴く動きがみられるようになった。代表的なものには、1825年から活

ハンス・モーザー　民俗学の研究課題としてのフォークロリズム（1964）

動を開始したチロールとシュタイアマルクの「アルプス歌唱者」＊がある。しかし、外面的な効果を狙ったそれらの演出については、すでに同時代人から、真正の民俗歌謡の退落に他ならず、〈民俗衣装〉を意識的に歪めたもので、その一見した鮮やかさも空想を掻き立てることを狙ったものとの批判を突きつけられていた。これに続いて、1860年頃に出現したのが、高地(オーバー)バイエルンの靴叩き舞踊の一団が勝手に〈頬っぺた叩きの踊り〉なるものを考案してクライマックスに使うという具合に、古来の舞踊伝統を突拍子もない方向へ運んでいった。こうしてアルプス地方のフォークロアを輸出品に仕立てた者たちこそ、その後の観光産業が活用する演出方法や数々の手本の発明者に他ならなかった。さらに、民衆性をひっさげて各国を巡業した第三のグループには、「バイエルン農民劇団」があった。事実、その当初の興行は、出身地とは無縁な幾つかの場所でなされ、その興行地も次々に入れ替わった[48]。それどころか、1889年にガルミッシュで設立された農民劇場は、定款で〈過ごし難い夏の夕べを、他所からの訪問客にひととき楽しんでいただく〉ためのものであると謳っていた[49]。1892年には、パルテンキルヒェンのふるさとグループと「シュリール湖(ゼー)グループ」が結成された。特に後者は、努力を重ねたのが実って名声を獲得したが、このグループのリーダーは、ミュンヒェンのゲルトナー広場(プラッツ)の劇場＊の出身者であった。この劇場は1880年に新しいジャンルとして民衆ものにも手を伸ばしたところ、大成功を収め、その人気は以後も衰えることないばかりか、波及力も見せたのであった。事実、そこを起点にして、それぞれに特徴をもつさまざまな流儀が生まれ、それらがまた互いに絡み合っていったことは注目に値する。1881年には、民衆作家マクシミリアン・シュミット＊の喜劇『隠居部屋』が上演された。シュミットは、それより前は、バイエルン森(ヴァルト)に取材した農村ものによって知られていただけで、〈森のシュミット〉のニックネームで呼ばれていたが、この作品によって一躍ルートヴィヒ・ガングホーファー＊と肩を並べる立作者となった。このシュミットはまた「バイエルン観光促進協会」の設立者でもあり、自らその事務局長となって協会誌『バイエルン――風土と観光』を編集した。その彼が特に力を

入れたのは、民俗衣装の保存運動で、1891年（摂政リウトポルトの70歳の誕生日）と1895年の十月祭（オクトーバーフェスト）の二度にわたって〈バイエルン歴史民俗衣装祭〉という大掛かりな企画を実現した。そして自分の挙げた成果については、彼自らその影響力を次のように書き記した。

　至るところで民俗衣装クラブが設立されるようになるのは、正にこの時からであった[50]。

観光、初期の民俗学誌での問題提起、民俗行事の実践と演出

　観光と民俗衣装保存が強く結びつくにあたって、これまた別の流れがあった。そしてそこからはまた人類学的地誌学というこの時代に特有の動きが派生した。1893年にチロール観光協会は、「民俗衣装保存のための審議会」を発足させ、1894年にインスブルックで開催された人類学大会のために、この山国の〈諸谷の地元団体によるチロール全土の民俗衣装展〉を演出した[51]。『オーストリア民俗学誌』の創刊号（1894年）には、「オーストリアにおける地誌学関係記事」の見出しの下に、このチロールでの新団体の成立の他にも、さまざまな催し物の報告が入っている。以下は、そのなかから拾ってみたのである。

　オーストリア・ツーリスト・クラブでは、会員の一人が〈民俗学と民衆特質（Volkseigenschaft）が旅行ブームと観光にもつ意味〉と題して講演をおこなって、大層注目をあつめた。すなわち〈民俗衣装、風俗、儀礼などの民族的財産〉を危機から〈救い出す行為〉としてクラブのなかに民俗学のセクションを設けることを提案し、事実、その提案は最終的には〈民衆の祭りや行事を在来形態の通りに挙行することを通じて、できる限り観光を振興することに向けるきっかけ〉となった[52]。またこれに続いて、〈ウィーンでも「低地オーストリア山岳協会」を母体として、民族舞踊（と言っても主要にはバイエルン風であるが）を保存するためのグループが「靴叩き踊り」の名称のもとに形成された〉。ウィーンでは、またこの他、〈教会系の文藝作品や民衆劇

(三聖王劇、受難劇など) の定期的上演を安定的に実施するためのクラブ組織についても、設立が日程に上っている〉[53]。ミヒァエル・ハーバーラント*と共に民俗学協会の結成や民俗学誌の刊行を手懸け、またオーストリア民俗博物館の設立も共に推進したウィーンの地誌学者ヴィルヘルム・ハイン*は、〈1895年にプラハで開催されたチェコスロヴァキア地誌展〉について詳しい報告を載せた[54]。この展覧会に際しては、円形劇場において一万人もの観衆を前に民衆祭 (Volksfest) や民俗儀礼が実演されるなど、まことにあでやかなショーが繰り広げられたが、なかでもメーレンの人々の出演はそのクライマックスであった[55]。しかしそこには、すでにそうした演出が抱える問題性も露呈していた。次々と入れ替わる目も綾な場面は、実際には、諸々の相異なった儀礼を並べたり、混ぜ合わせたりした結果であった。民俗学の専門家として報告文を執筆したハインは、それを諸々の民俗儀礼への無理解であり冒涜であると見て批判した。のみならず、そうした感情は、行事を実際に担った村娘たちのグループ自身もいだいていたのである。そのグループが踊ったのは、1860年頃まで伝統的に行なわれ、そしてその催しの直前に新たな活力を付与された宗教的な踊りであった。これに因んで注目すべきは、ハインが記している重要な脈絡である。すなわち、民俗儀礼の実修と、それをショーに仕立てることとは、真っ向から対立するものと、民俗儀礼の地元では受けとめられたのであった。娘たちは、激しく泣きじゃくり、その日のうちに、見物人のいないところで、もう一度〈感情の赴くまま、純粋無垢に〉その踊りをやり直さずには気持が静まらなかったのである。

5. 民俗文物の保存の初期の情勢とフォークロリズム

民俗学に関係した最初期の団体や機関誌や博物館は、いずれも、消え去ろうとする民俗文化の名残を少なくとも学問的に把握し、かつ埋滅から救い出すことを指導理念としていたと言ってよいであろうが、これらの団体や定期

誌や博物館の成立に先立って、実はさまざまな志向が現れた。民衆（フォルク）的なものを何らかの目的のために活用したり、保存したり、再生したりしようという志向であり、長期にわたるかかる志向を経た後に、ようやく、幾つかの組織の結成にたどり着いたのである。こうした初期の展開過程は、従来にも増して活用されてよい。民俗文化の少なからぬ形態、特に民俗儀礼の分野では（19世紀末になされた初期の研究はこれらについては伝統の持続と悠遠な起源を推定したものだが）すでにフォークロリズムによる改変が起きていたからである。

民俗学にとって19世紀という時代が重要な課題であることは、ヨーゼフ・デュニンガー*が踏み込んで指摘をしており[56]、またレーオポルト・シュミットの多数の論考やヘルマン・バウジンガーの最近の幾つかの論文などが、非常にはっきりしたかたちで明るみに出している。実際、文物の保存の際には、その文物に19世紀に加えられた改変を取り除き、より古い層を浮き出させることが重要になるが、これと同じことは民俗学においても不可欠なのである。

民俗保存と応用民俗学

民俗保存は一般からも緊要視され、またこれに沿った補修作業も当然の措置とみなされ、それどころかそうした行為こそ民俗研究がその目的を達成したことを意味するとすら見られたものである。しかし民俗保存が、その良き意図に反して、結果的には危険な誤用につながりかねないことは、世紀転換期には未だほとんど意識されていなかた。ヴィルヘルム・ハインは、プラハで失望を味わわせられて、これを痛感したのかも知れない。1904年にヴュルツブルクのオスカー・ブレンナーは、この人なりの経験に徴して、既にこの時点で徹底的な検討を加えていた[57]。ブレンナーが取り上げたのは、いわゆる〈応用民俗学〉である。この応用民俗学という概念を最初に用いたのもブレンナーであったらしいが、彼はこの概念を学問研究としての〈純粋な民俗学〉に対立するものとして用いた。ちょうど2年前に設立された〈ミュンヒェン民間工藝・民俗クラブ〉のふるさと文物保存志向に抗して、彼自身は純

粹民俗学の方を代弁しようとしたのである[58]。

彼が客観的評価を心掛けたことは明らかであるが、他方、また具体的な事例によって、彼の目から見た錯誤と願わしい方向づけの弁別に根拠をあたえようともした。彼の目から見れば、従来、民俗衣装に活力を付与するためになされてきた営為は〈雑莫たる仕事振りにて、実態は歪曲と云ふべき〉ものであった。しかも高地バイエルン(オーバー)の山地民俗衣装の保存を旨とするクラブが、まるで熱病に罹りでもしたかのように、フランケンやシュヴァーベンの各地にまで普及したことにも、考察の幅を広げないわけにはゆかなかった。彼が腹立たしく思ったのは、それだけではなかった。ドイツ皇帝じきじきのお声掛りで民俗歌謡を保存するための専門委員会が発足したが、その顔ぶれは、専門知識を欠いた人たちばかりだったのである。そのため、ベルリンに設立されたその組織は、休むことを知らず作動しつづける〈民謡工場〉の出現といった観を呈し、真正の村落歌謡を掘り起こしてきた従来の収集成果や出版物は日陰に追いやられたほどである。彼が批判した第三の点は、ミュンヒェンを中心にした建築家や藝術家たちによる農民家屋保存の活動において、美的な観点ばかりが重んじられたことである。こうした事情を踏まえて、彼は、〈現実のリアルな姿〉を呈示することを謳った、かのスカンジナヴィア地方の野外博物館を引き合いに出した。そこでは、農民家屋がいかにオリジナルな姿に保たれているかを紹介して、家屋の全体から室内部分だけを切り取ったりするふるさと博物館のあり方に対置したのである。どの分野であれ、確実な基礎に基づいた民俗学知識が先ずもとめられるはずであると言う。その基礎を欠いては――ブレンナーが今日生きておれば、こういうことであろう――どんな工夫も、ただのフォークロリズムにとどまらざるを得ない、と。実際、こういう言い方をしても、決して行き過ぎではない。なぜなら、各地の郷土（ふるさと）博物館には、過剰なばかりの家財道具が据えられ、家庭用品についても、あらゆる種類の、しかもそれぞれについて最古の、凝った装飾のものが集められている。たしかに、それらは裕福な農家に伝わる数々の調度品目録に記載されている品物には違いないが、過去の住宅文化を映して

資料の部（フォークロリズム概念の成立をめぐるドキュメント）

いるかどうかの観点からは、甚だしい偽りと言わなければならない[59]。

　もっとも、ブレンナーが自己の立場を説く機縁となったミュンヒェンのクラブ組織では、学問としての民俗学は当時は未だほとんど盛り上がりを見せていず、この方面に関心のある人々も、専ら民俗工藝の保全に精を出す程度であった。クラブの創設にたずさわったメンバーの一人フランツ・ツェルが編んだ高地（オーバー）バイエルンの室内絵画と農民家具の豪華な図版集が人々の誇りであり、その図版集のいずれの巻も新しい造形のための範例とみなされて、講演やちょっとした展示館や協会の機関誌を通じて、農民世界の伝統的文物への関心を会員のなかの市民たちに惹起した。それだけでなく、本物たると模擬品たるとを問わず、農民調の家具をもとめる風潮、延いてはありとあらゆる民俗工藝への関心を促した。こうした品物をあつかう自前の販売所も設けられたが、その品物もたちまち利にさとい古物商によって模造され、かくして意図せずして、民俗工藝品は旨みのある商売と化し、同時にまたスノッブ的な蒐集熱のたかまりをも助長した。それと共に、そうした風潮をたしなめる声も、すでに1890年から挙がっていた。ヴィルヘルム・ハインリヒ・リールもそうした識者のひとりであった[60]。

　このミュンヒェンのグループは、独特の好印象を醸し出しはするが、以上の他にも、民俗儀礼をあしらった新しい祭りを工夫して、クラブの内部や家庭に定着させる試みにも手を染めた。もっとも、そのイニシアティヴをとった人々の顔ぶれを見ると、メンバーのなかでも真面目に学問的な民俗研究に従事した人々が加わっていないことには注目してよい。具体的には、マックス・ヘーフラーやアウグスト・ハルトマンなどである。これらの研究者たちは、むしろ逆に、民俗儀礼や民衆劇にのぼせ上がっているディレッタントたちの過度にロマン派的な美で彩ったこうした企てを、頭から無視したのである。

　しかしそれと並行して、他方では、著名な研究者たちもまた保存運動に加わることがあった。その一人は、たとえばアルベルト・ベッカー*で、彼は、民俗儀礼の復活に何度も梃入れして、自分の見解に沿った助言をおこなった。1907年に彼は、ライン・プファルツの春・初夏の農村儀礼を存続させるため

に、これまでのどんな方策が講じられてきたかを整理した一文を発表した[61]。実際、火起こしの日曜*の儀礼が地元の団体の手でもう一度行なわれるようになった事例も各地で見受けられたが、それらにおいては、新しく堅信礼を受けた者たちが重要な役割を果たしていた。またベッカーのイニシアティヴの下に、プファルツ森林組合の傘下の支部団体は、それぞれの地元で山々の峰 20 か所にヨハネの祭り火*を灯すようになっていた。またハイデルベルクでは 1893 年以来、夏始めの日の行列*は 2 千人から 3 千人の児童によって行なわれるようになったが、以前は少人数の数グループが物ねだりの巡回をおこなうだけであった。のみならず、このハイデルベルクの行事を受けて、同様の行列がマンハイムでもルートヴィヒスハーフェンでも、「フェウリオ」*や「ラインの砦」といった名称のカーニヴァル振興会によって挙行された。これに対して、ベッカーは早くも、もっともな懸念を表明した。

（これらは、遅かれ早かれ）スペクタクルとして商業的な企画にまで発展することであろう。その先例としては、ディンケルスビュールの子供組*やカウフボイレンの舞踊祭典*、あるいはネルトリンゲンの花竿祭*などがある。これにとどまらず、民俗的な祭りと称しながら、その実、毎年、香具師まがいの誇大宣伝が響きわたる事例が幾つもある。

要するに、ベッカーは、19 世紀に歴史的な根拠にもとづいて――と言ってもその正当性は怪しいが――新たに形成された大規模な児童祭典の展開に、歓迎すべからざるものを逸早く見抜いたのであった。とは言え、ベッカー自身にも、ふるさとナショナリズム的な偏見があり、自分のふるさとであるプファルツの農村の民俗儀礼については紛い物ではないと判断するなど、実態を見誤っている。のみならず、この時期に成り立った他の種類の民俗儀礼、たとえば教会系の歌謡の唱誦についても、レターレの儀礼*の古来伝承されてきた形態の名残りと見て、特別の魅力を感じるという、これまた謬見を露呈した。また花竿についても、18 世紀にプロテスタント教会系の牧師が〈異教

的蛮行〉として根絶を望んだものであったが、クラブ組織の設立によって新しいかたちで復興されたことに、いたく喜びを覚えもした。この民俗儀礼の記録によれば、花竿を焼き滅ぼすときには、多数の外来客も居合わせた。そのときには、また「ラインの守り」*、「勝利の冠を被りし陛下よ」、その他が歌われた。あるいは、また聖霊降臨節男*にも、精霊降臨節男の唄の他に、「我に一人の友ありき」や「騎士の朝の歌」がうたわれた。

6. 応用民俗学とフォークロリズム

　地方ごとの民俗行事や祭り慣行を実行するためのクラブ的な団体組織も、この時代から各地に出現した。もちろん、これはこれで、もっともな根拠に根ざしていたのである。そしてその赴くところ、従来よりも強い関心が喚起されたり、新聞による宣伝を通じて一層促進が図られたりして、これらの催し物を訪れる人々の数が飛躍的に高まる動きとなっていった。また、それと共に、組織的な準備作業や規則の制定が必要とされるようになった。経費もかさみ、天候その他の要因によるリスクも増大した。しかし、そうであるからとて、民俗行事を伝統に沿って挙行すること自体は、さして疑問視されなかった。応用民俗学とフォークロリズムの境界は、たしかに定かならぬものであるが、またそれをたやすく消し去ったのは、何よりも前提の変化であった。その変化がクラブ組織を必要としたのである。膨大な数の人々の麕集が、民俗的な行事行為に明確な区切りをもとめることは必然的であり、またショー的な性格への変貌をも不可避とする。のみならず、観衆の数が増えれば、それに比例して民俗行事をその簡素な形態における自ずからの発露に委ねるだけにとどまらず、それ以上に、観衆に鮮明な印象をあたえることを行事の担い手に義務と感じさせるようになる。その結果、民俗行事と本来は無縁な要素が補助手段として導入される可能性が生じる。しかしその結果は、どうか。行事の実行委員会あるいはクラブの幹事会などでは、さまざまな意見が

ハンス・モーザー　民俗学の研究課題としてのフォークロリズム（1964）

出されるが、簡素な伝承形態をまもろうとする人々の見解よりも、フォークロリズム的なアトラクションを志向する時代の要請に応じようとする意見の方が通るのが通常である。第一次世界大戦後の凄まじいインフレーションの時期には、災厄の後に残ったふるさとの価値を想起せよとの呼びかけが聞かれたものだが、1920年代になると、今度は民俗行事復興の波が新しく盛り上がった。この時期に学界出身者で民俗行事の形成者となった人としては、先にエードゥアルト・リュールの名前を挙げておいた。アルベルト・ベッカーもそうした一人であった。ゲオルク・シールクホーファー*の名前を想起する人も少なくないであろう。この人はテルツにおいて初めてレーオンハルトの騎行*に新しいインパクトをあたえ、次いでトラウンシュタインでゲオルクの騎行*を再興した。そしてこの両例によって、他の多くの場所に対して見本を示すことになった。ゲオルクの騎行は、復活の月曜にザンクト・ゲオルククラブなる団体によって行なわれていたが、これを豊かなものにするために、シールクホーファーは、歴史的な装いによる剣踊りを導入した。その際、彼は、善意からではあったが、この剣踊りをその土地の古くからの伝統に帰せしめた。ところが、それ以後、報道関係者たちは、例外なくその見解を繰り返すようになった。トラウンシュタインには、膨大な量の市庁官房出納帳が完全なかたちで現存しており、既に調査も終っているが、そのなかでこれに関連した記事と言えば、1526年に一ヵ所見えるに過ぎないのが実情である。シールクホーファーがこれを手懸けたのは、時期的には、手職者による剣踊りと箍輪踊り*があらゆる場所で祭りのプログラム、特にファスナハトの一項目となっていた頃である。したがって、新しい民俗行事づくりであった。しかしそれ以来、この行事は、教会系の騎行をも含めて存続している。

ナチ時代のフォークロリズム——オーデンヴァルトの事例

〈千年王国〉*の幕開けと共に、世界観*に隈どられた脂ぎった地と土のフォークロリズムが展開した。これは、ゲルマンの資質を湛えた民衆（フォルク）文物が悪意ある諸力に押さえつけられて埋もれていたのを改めて呼び覚

まそうとする試みであった。このフォークロリズムも、一度検討を加えられて然るべきものであった。もちろん、洗い直す必要があるのはこれだけではなく、文化政策的には同工異曲の――他の諸々の独裁政権、とりわけ東側ブロックの諸国家が発展させ、実践を促した――フォークロリズムも含まれよう。蓋し、この事例が、政治的な背景を除いても、方法的な観点から興味深いからである。

1930年代の半ばのことだが、オーデンヴァルトの真冬のファスナハト行事において、これまで専門誌上で一度も取り上げられたことがない形姿が諸誌に掲載されて、驚愕を惹き起こした[62]。これらは、木の股の間にぎらぎらするほどの白い亜麻布を垂らして作った亡霊や動物の顔で、粗いタッチで描いた目や鼻や口は、いかにも死霊らしいおどろおどろしさを湛えていた。これを発見したのは若い技術者で、この人はまた地元の熱心な民俗研究者でもあった。また、ずっと後には、家屋研究の分野で大層手堅い仕事を行なって注目された人物でもある。この人が折からの〈標徴研究〉*の風潮の虜になって、民俗行事の研究においても、原初の標徴を透視しても何ら差し支えないと思いこむようになった。その標徴は、キリスト教時代を経るなかではじめてデーモンと化したと言うのである。民俗儀礼保存の新たな動きは、古い自然信奉の諸形態をさまざまなかたちで甦らせたものの、そこには不足があった、と言う[63]。

　啓蒙主義的な考え方や即物的な考え方から出発したため、それらの高度の標徴内容を認識するには至らなかった。

そしてこうも言う。

　多くの謎をきわめて明快に解決することのできるような認識への到達は、ごく最近の儀礼研究を待ってはじめて可能になったのである。

ともあれ、真冬の形姿はどれも、元をただせば太陽の標徴と関連を有するというのである。もっとも、この謎解きに対しては、さすがのオイゲーン・フェーレ*も懸念を抱いて、ひとこと言わねばならないと考えた[64]。もっとも、このフェーレ自身、ハイデルベルクの教壇では、〈行事も原意に突き入る〉志向に与していたのではあった。かかる経緯のなかで、程なく、〈行事層序所の段階性〉という理論が組み立てられ、この層序の最古の第一階梯は、〈標徴的な思考や行事の登場者〉を特質とするとされた[65]。こうして、オーデンヴァルトの象徴的形姿は、この階梯の名残りの生きて活動する姿となった。

そして遂に、その解釈に沿って、この土地で確認されるすべての行事を写真に撮り、丹念にラベルをつけるところまで進んだ。これらの写真は、仮装の各段階を細かく示していた。それらはまた、ケースに分類して取り出しては、幾つかの民俗学の研究所に備えられたりもした。その段階で、写真の時間、場所、状況について説明書きがおこなわれたが、その作業のなかで次のことがらが明らかになってきた。すなわち、この飛び切り珍しい仮面類は、現存して定期的に挙行されている民俗行事に由来するのではなく、理知的な数人の記憶によれば、写真撮影や映画撮影のために〈作り直した〉ものだったのである[66]。実際の民俗行事とつながるものとしては、僅かにオーデンヴァルトの幼児キリストの行列の際の馬の作り物があっただけであるが、こちらの方は、もちろんずっと前からよく知られていた。と言うより、奇抜な出で立ちの仮面も、この馬の作り物が元になって――おそらく、願望を射当てるごとき問いかけに、漠然とした懐旧心を掻き立てられて――できたヴァリエーションであったのかも知れない。もちろん、こうした創作の精神的な意味の生みの親になった人物が、最高度に意義深い行事を忘却から救い出し、もう一度息を吹きかえさせる仕事にはこの上ない働き甲斐を見ていたのは、当然である。しかしそのときには、カメラの前だけでの始原回帰にとどまっていたらしい。

資料の部（フォークロリズム概念の成立をめぐるドキュメント）

ケッツィングのプフィングストル

　特定の伝統表象の残存物を先入観をもたずに探索し、万難を排して発見しようとする人ですら、非常な古態といった観を呈する後代の形態の魅力に惑わされることがある。私たちが1936年にミュンヒェンにおいて「南ドイツの民間工藝」展を開いたとき、一部屋には年中行事に現れる慣行的な形姿のなかで最も重要なものを展示することにしたが、このシリーズの目玉には、バイエルン・ケッツィングの等身大よりも大きな〈プフィングストル〉（聖霊降臨節の扮装者）を据えることで全員の一致を見た。それは、苔や獣皮や樅の枝の衣をまとっており、簡素な牛の仮面もいかにも記念碑的なたたずまいで、誰の目にも太古の豊穣デーモンそのものと映った[67]。私たちは、これに加えて、新聞社の写真部による一連の写真も入手したが、それらは、この形姿が果たす役割が何であるかをまざまざと示していた。すなわち、それがケッツィングの町を引き回される様子や、水に漬けられる有様など、どれも、いかにも典型的な儀式で、他所ではこれほど感動的な姿で生きつづけている例がないのである。ところが、私たちが後に知ったところでは、この形姿も行事次第も一切合財、ほんの数年前にケッツィングの民俗衣装クラブのために作り出されたものだったのである。しかもそれを推進したのは、通俗的な民俗学書に通じた熱心なふるさとファンで、〈東部ドイツのおじさん〉を自称するオスカー・クレーマー氏だったのである[68]。彼は自分の作りあげたプフィングストルを遠くミュンヒェンの展示場へ直接送りつけたばかりか、「歓喜力行」協会＊を通じて、これが古ゲルマンの忠実に守り伝えられてきた記念物であるとして、幾つもの都市で披露した。そればかりか、翌年の精霊降臨節には、『シュトラウビング日報』紙が、これについて、次のような記事を載せた。

　シュトラウビングから、道はミュンヒェン、ハイデルベルク、さらにルートヴィヒスハーフェンへ延びた。プフィングストルの行事は、1936年にハンブルクでのインターナショナル世界大会で熱狂のうちに迎えられ、さらにベルリン・オリンピックでは世界中の眼差しをあつめて、踊りを披

ハンス・モーザー　民俗学の研究課題としてのフォークロリズム（1964）

露した。各映画会社は映写機を回し、無数のレポーターがその乱舞をカメラに収めた。

民俗の創作例から

　仮面の意識的な創出についても、もう一つ、朗らかな事例を挙げておこう。十年ほど前になるが、高地(オーバー)バイエルンのふるさとファンでいささか変人の男が、私たちのところへ水彩画のいっぱい詰まったファイルを持ち込んだことがある。それらは、際どいまでに奇抜な仮面の出で立ちを描いたもので、大部分は勝手な創作であった。しかし、本人の言では、独自の民俗研究に基づいて〈再発見した〉のであった。しかも、そのひとつひとつに、民俗行事研究の分野では聞いたことのない奇怪な名称をあたえ、それぞれの起源伝承まで創作していたのである。その際、本人は、その考案にかかる数々の仮装を実際の風習にまでもってゆこうとして、何か所かで頑張ったが、一向に歓迎されなかった。珍しいものを集めたことでは飛び切りの価値をもつはずの写真集も、遂に実現しなかった。もしそれが幸運にも現実のものとなっていたなら、行事や芝居には眼のないバイエルン気質の新たな輝かしい証左にもなれば、その気質を持ち上げる意見も現れていたであろう。のみならず、ここでもまた、上古の脈絡が発見されたであろうし、またそれを基にして、民俗行事の歴史に脈打つ驚くべき連続性*が結論づけられたことであろう。

　ともあれ、この民俗行事の創り手は挫折した。しかし、その人物がインスピレーションに打たれたのは、決して偶然ではなかった。第二次世界大戦後の数年間には、新たに、民俗性（フォルクステュームリヒカイト）を称揚する熱意の波が高まり、フォークロリズム的活動の高潮期がはじまっていたからである。その旺盛な生産性については、1951年に私が行なった報告が証左となったはずである。それもまたバイエルンに関してであったが、ふるさと文物保存の観点に立つ、数々の、楽しい、と言うより多くの場合人をびっくりさせるような事例を挙げてみたのである[69]。かかる動向は、その後も消えやらぬばかりか、先に取り上げた最近の証拠からも、その旺盛なことはあきら

資料の部（フォークロリズム概念の成立をめぐるドキュメント）

かである。

伝統民俗の改変

　もっとも、事態の全体像が余り一面的に偏ったものでにならないためには、伝統絵な慣習形態が簡素ながらも再興された事例についても、少なくとも片鱗程度には触れておくべきであろう。たとえば、待降節の期間の〈聖母を担ぐ〉行事は、教会側からの奨めもあって、以前これが分布していた地域よりもはるかに広い範囲にわたって復活した。同様の事態は、三聖王の日の星の歌*の歌唱にも当てはまり、ミュンヒェンの教区でもこれを挙行するところが各地で見られるようになった[70]。しかし、待降節の歌唱の場合は、もとはザルツブルクの儀礼であったが、大規模な催し物に成長した。ミュンヒェンもそれを受け入れたひとつであり、——ここでは、1963年に大聖堂前広場において待降節の吹奏が始められた——、これは、さらにフライジングやアンデックスにも広がった。バイエルンの州都は昔から祭りの好きな町であり、ありとあらゆる行事がここに入っては成長を遂げてきた。それは、数例を挙げるだけで十分であろう。たとえば、ライン地方のマルティーン行列がそうであって、マルティーニ*の歌唱も新しい都市区画の学校でも歌われるようになった[71]。さらにまた、地域の職業団体によるツンフトの性格を帯びた新しい祭りも成立した。10年前からは、庭師の日もでき、その日には庭師たちが揃いの衣装をまとい、子供たちを連れ、花で飾り立てて行進をおこなうようになった[72]。1960年にはフロリアーニ（5月4日）が醸造者の日となった*。この日は、ザンクト・ペーター教会堂に再建されたツンフトの祭壇でのミサに始まり、次いで醸造者たちが祭りの行列を行なう。これには、樽師たちも伝統的な舞踊衣装*で参加する。そして行列は、ミュンヒェンの醸造者組合がヴィクトゥアーリエン広場に寄贈設営した五月樹*の傍らを通り、市役所への表敬訪問の後、一緒に会食をして終る[73]。これは、新聞の報道とは異なり、何百年という伝承に遡るわけはないが、さまざまな伝統要素を総合した新しい形態づくりが成功裡に進展し、既にポピュラーになっている事例でも

ハンス・モーザー　民俗学の研究課題としてのフォークロリズム（1964）

ある。

大都市民俗学に因んで

　大都市民俗学は、これまでも頻繁にもとめられてきた割には遅々として進展を見ないが、これに属するもののなかにも、目下の関連で挙げておくべき研究テーマがある。祭り行列が類似した広がりをみせることに因んで、その場所や形態を問うのが、それである。また現代文明が一般的には伝統を敵視するのとは裏腹に、あるいは、だからこそと言うべきか、民俗性（民族性、土俗性）を帯びた伝統世界の諸要素に対する紛う方なき関心が見られるが、それが個々の都市においてどのような表現をとっているか、といった問いもそうである。しかも、こうした動きを担っている人々の層序は非常に多彩であり、頑なな旧慣墨守からモダンなスノビズムにまでわたっている。

ショーウィンドウのフォークロリズム

　この他にも、営利上の看板としてのフォークロリズムについても、ありとあらゆる形態が見られるが、それらを総合的に見渡すのも、定めし魅力的な仕事であろうに。その場合、昔ながらの教会暦に沿った大祭礼の際に催される商売の方法――これ自体がどこの場所でも多かれ少なかれアメリカナイズされてしまっているが[74]――もさることながら、むしろ、例えば都市の景観のなかでフォークロリズム的なものの働きを問うことも重要であろう。たとえば、デパートのショーウィンドウには、季節が変わるごとに、民間俗信や民俗行事の世界から取り出した作り物やシンボルや小道具が活用され、ときには民のいとなみ*そのものまでが大々的に再現される――これは必ずしも旅行会社の営業所に限られるわけではない。――さらに、常に変わらぬ人気をあつめているものに、古い家庭民具、特に箪笥、糸車、さらに農器具などである。それらの活用が人目を惹いている様子――瀟洒なブティックがオート・クチュールの最新作に古い車輪や厩舎のカンテラをあしらうといったところまで進むこともあった――を問うことも求められよう。

資料の部（フォークロリズム概念の成立をめぐるドキュメント）

バラエティにおける民俗応用

　大都市、とりわけ観光ルートの目玉となっているような大都市では、平準化傾向に抗して、土地の伝統や周辺地域の民俗性（民衆性、土俗性）と関係した特殊な色合いを保存したり、あるいはそれを改めて作り直したりすることが公的な水準で追求されているが、これまた比較研究が重視して然るべきものであろう[75]。特にドイツの都市のなかでも観光客の最も多いミュンヒェンでは、この種の努力が特に強く見受けられる。ここでは、〈ハートのある世界都市〉とか、〈くつろぎのある首都〉——これらは既に少々怪しくなっているが——といったキャッチフレーズが、ここを訪れる人々にとっても、すでに都市住民の 40 パーセントにまで減少した生粋のミュンヒェン子にとっても義務として受けとめられている。

　広く知れわたった呼び物であるミュンヒェンのファッシング*や強ビール酒場や十月祭〔オクトーバーフェスト〕*などは、言わずもがなである。比較的小さなサークルである「塔の文人たち」*の活動も同様である——このグループは、基本姿勢そのものはすこぶる進歩的で、アヴァンギャルド的なものに接近したタウン文化誌の刊行によって、なかなかの権威を持っている[76]。しかし事実としてこのサークルが課題としたのは、民俗音楽や方言文学や民俗調の演劇の上演など、さらに他の諸団体にも親しく影響をあたえて、ミュンヒェンの盛り沢山な行事カレンダーに地元独特のニュアンスをあたえることであった[77]。しかも水準の維持は、このサークルが非常に重視したものであった。水準のひとつは、一般の期待に沿った豊かな諧謔性におかれている。ところが、これ自体が、当地ならではの困難を伴うようになってきた。ミュンヒェン＝バイエルンのユーモア気質について世界中に流布している固定観念には宿命的なものがあり、それを相手に勝負しなければならないからである。そこへやって来たのが、ヴィリー・ミロヴィッチュ氏*で、陽気なゼップルたち*を前に、本物のユーモアとは何たるかを披露した。南ドイツの民俗衣装を着た十月祭（オクトーバーフェスト）専属の奏者がトランペットを吹き鳴らすなか、ボーリング球をビールの詰まった 9 本のリットル・ジョッキめがけて転がしたのが

ハンス・モーザー　民俗学の研究課題としてのフォークロリズム（1964）

それで、正にライン地方人の快活とバイエルンの土着性を結びつけた快挙であった[78]。もっとも、当地の土着・生粋のまっとうな行事を期待する人は、このミュンヒェンのサークルの演出には落胆させられることであろう。このサークルが披露したのは、誰もが知るような、ありふれた形態での高地(オーバー)バイエルンの夕べではなかった。名高い「プラッツル」*に代表される娯楽の場との競合などは、その意図するところではなかった。さりとて、応用民俗学の意味での効果を狙ったものではなかった。このサークルは、民俗的基盤に立つ洗練された娯楽を提供するというプログラムのもとに、フォークロリズム的活動のなかで特殊な位置を占めるに至った。しかし民俗学の側から判断する限り、そのプログラムでは、民俗性（民族性、土俗性）の本質と境界が大きく侵害されているという問題性がつきまとっている。つまり、真正の民俗性と、催し物としての民俗性と、そして最後にパロディーとしての民俗性とが入り混じっているのである[79]。

　そもそもこうしたジャンルは、ずしりとこたえる激しい効果を断念しているという点では幅の狭いものであり、早晩、新しい諸々のテーマをめぐって戸惑うことになるのは避けられない。と言うことは、失敗の危険にさらされているのである。かつて、キーファースフェルデンの演劇協会に、その騎士の芝居をミュンヒェンで客演してもらおうとの計画が立てられたことがあった。しかし思い留まるようにと助言があって取りやめになったが、それは喜ばしいことであった。なぜなら村の舞台という本来の枠組の外に出せば、自分で自分をパロディー化することは避け難かったと思われるからである。本やレコードの成功例が示しているように、19世紀のモーリタート*や〈台所の歌謡〉や庭亭詩趣や、これらに類したものが含んでいる屈託のないおかしみを楽しむのは、今日では非常に一般的である。もちろんこの方向では、種々の試み甲斐のある可能性が顔を見せてはいる。しかしそれらは、狙った路線から逸れてしまいかねない。その際にも、朗らかな韻文藝もまたすでにパロディー的誇張を喜ぶところから作られているのであって、決して一般の思い込み通り、あるいは思い込まれてきた通りの、ナイーヴな民衆文藝ではない

ということである。これに属するものとしては、たとえば流行歌として大いに世間受けを得た2篇のバラードがあるが、その一部をちょっと引用するだけでも特徴はあきらかである。ひとつは、〈メルヒェン王〉ルートヴィヒ2世*の謎の死をめぐるもので、こんな文句が入っている。

〈どこの誰とも知られ得ぬ／暗殺人の者共が／背後からより襲ひ来て／湖上の王を刺殺せり〉。もうひとつの「猟師イェンナーヴァイン」*の歌にも、次のような美しい文言が入っている。〈背後より胸刺し抜かれ／そが下顎は砕けたり……〉。

正に、殉難者柱や墓標の銘文風の高潮した創作と一体になった、諧謔味のあるフォークロリズムである。

7. 新聞広告に載る民俗行事

　民俗性を湛えた祭り行事において、その最近の動向に典型的なもののひとつは、いずこにおいても参加者の数が丹念に記録され、後に公表される傾向である。それは、地方紙のレヴェルにとどまらない。実際面でも、祭りの結集力の確認は、次回のための宣伝としても必要なのである。次に挙げる数字は、いずれも1962年の行事に因むものを『南ドイツ新聞』一紙だけから拾ってみた。ローテンブルク・オプ・デァ・タウバーでの昔風の牧羊者の踊りには1万1000人の人々が訪れた（1963年には1万7000人に伸びた）。トラウンシュタインの復活祭の騎行は1万5000人、またヴュルツブルクの葡萄祭には4万5000人が集まって2万5000ショッペンの葡萄酒を飲み干した。フュールトの教会堂年祭（開基祭）では、収穫感謝の行列の参加者が1500人を数えた。多数の民俗衣装の団体、また器楽隊も18団体に及び、訪れた人数は10万人に達した。ケッツィングの精霊降臨節の騎行では、司祭を中心としたに

ハンス・モーザー　民俗学の研究課題としてのフォークロリズム（1964）

騎馬聖職者が先頭を行くが、新聞広告で一般に予め広報を図った。高地(オーバー)バイエルンの森林組合の共同による聖霊降臨節の市も併せて開設されるので、10万人の人出を見込んでいるというのが、その広告の内容で、またこれほど大勢の人々にとって魅力ある催し物である以上、読者の方々も一度は出掛けねばなるまいと仰るはず、とも書かれていた。

ツーリズム

　ここには、ツーリズム、交通会社と、大勢の人々が押し寄せるのを当てこんでの商売、こうした諸々の関心が一緒になって作動しているのである。そこから、アトラクションをもとめるのであるから、彼らが提供する呼び物が、農業に因むものか、歴史に関係したものか、フォークロリズムなのか、あるいはその他の何かであるのか、それはどちらでもよい。フォークロリズムのなかでは、その関係者には、そこでの質の差異はまったくどうでもよいことである。1960年にヴュルツブルクで開かれたドイツ観光中央協会の業務をめぐる討論では、お笑い青年団*の活動を排除する目的で自己規制が提案されたが、それは結局拒否された。大勢の休暇客が馬鹿騒ぎを喜んでいるから、と言うのであった。

　1962年の論考が取り上げたようなふるさとの夕におけるフォークロリズム的な演出の事例は、その後の短い期間にも種類を増やした。1963年8月10日付けの『新チューリヒ新聞』には、ドラスチックな怖気をふるうような報告が掲載されたのは、それは正に最悪の催し物で、詳しく報道された通り、歪曲というだけではすまず、スイスの民俗儀礼へのあからさまな冒涜であった。

保養地の諸相、映画のシーンからアトラクションも

　一般化した大衆ツーリズムの問題、また平均的な旅行者のメンタリティーも、最近はさまざまな観点から盛んに取り上げられている。旅行民衆についての細かい研究は、民俗学も関心を寄せないわけにはゆかないが、そこには

413

資料の部（フォークロリズム概念の成立をめぐるドキュメント）

またこういう問いも加わってくるすなわち、これによって利益を挙げる地元民たちも、単に物質的な便宜を提供するだけではないだけに、いかなる反作用を蒙ることになるのか、という問い。またこうした要請に応じて地元民の方にはどのような変化が生じるのかについては、古くからの観光国であるスイスでは、すでにジャン・ジャック・ルソーが、主要な観光ルートに沿った地域と、それから外れた地域では、人々のメンタリティーに差異があることを指摘していた。その後も、保養客やレジャー客が増えつづけるなか、責任を自覚した人々が次々に現れ、それは今日のリヒァルト・ヴァイス*に及ぶが、その問かけの主だったものは2つである。ひとつは、スイス古来の伝統に忠実であるかどうかであり、もうひとつは、伝統に忠実であるがために訪問客へのもてなしに好ましからざる影響が生じはしないかとのとの危惧である[80]。チロールと高地(オーバー)バイエルンでも19世紀末にはイグナーツ・V・ツィンガーレ、ヴィルヘルム・ハインリヒ・リール、アウグスト・ティールシュ、マックス・ハウスホーファーといった風土と民衆の識者たちが、夏季の観光客の要望に応じることから生じた不都合や、伝統意識が如実に消えてゆくことに対して歎きの声を挙げていた[81]。今日では、その程度もひどくなり、ツーリズムの中心的な観光地では、地元民、殊に村の若い衆が農民劇やふるさと映画*の登場人物に毎日扮したりもする。1938年にオイゲーン・ロートは、北ドイツの二人の娘のお喋りのなかで一人が朗らかに〈すでに6人もゼップルを集めた〉と言っているのを紹介したことがあるが[82]、そんな風に集められることを狙っている者の数は増える一方である。バイエルン放送でも、注目すべき番組があった。『ゼップル』という作品で、それは、驚くほど力持ちで、乱暴もはたらくが、人情家であり、その上いつも周りを陽気にしてくれるバイエルン気質という広く知られたイメージを取り上げたものであった[83]。もちろん有難いことに、実際のバイエルン人はこうではない。少なくとも、典型的な高地(オーバー)バイエルン人ではない。もっとも、そうしたタイプがいることは事実である。しかも残念なことに、非常にめずらしい存在でもない。ふるさと保存の諸団体によって激しく排斥されてはいるが、ジャーナリズム

ハンス・モーザー　民俗学の研究課題としてのフォークロリズム（1964）

は好んでそれを槍玉に挙げる。しかし今日では、希望に応じて、自らこの力持ちで剽軽で〈一風変わった〉キャラクターを表に出して、大勢の人々のなかで目立ち、またそれを金儲けにする機会も大変多いので、そう簡単にはなくなるまい。

テレビと指相撲など

今日は、多少とも珍奇な外観を呈するものなら、新聞に取り上げられるだけでなく、ラジオやテレビを通じて際限なく膨大な視聴者に知られる可能性があるため、虚栄や誤った名誉欲や好奇心への迎合は助長されるばかりである。事実、昔ながらの民俗スポーツに、指相撲という力競べがある。これは、2人の男性がテーブルの両側にしっかり固定して向き合い、鹿の革で作った輪に双方が中指を入れて、テーブルをはさんで引っ張り合うのである[84]。ところが、これまた最近では、一般の見物するところとなってしまった。1959年にミュンヒェンのフランツィスカーナー酒場(ケラー)において、バイエルンとチロールから参加した指相撲の選手56人が、数百人の見物人の前でチャンピオンを競い合った。しかもその模様を、バイエルン放送局ばかりか、ドイツ・テレビ、さらにイギリスのテレビ局までが撮影したのである。以後も毎年ほぼ同じような経緯になり、少なくとも優勝者の顔は新聞に大写しで載ったりしている。変わったコンクールを一般に見せようとする動きは、ローゼンハイム近郊アイジングにおいて、競技的な行事とは言うものの、いささか食欲を殺ぐような変種にまで入っていった[85]。アイジングでは1960年に嗅ぎ煙草喫煙者のクラブが結成され、それ以来、毎年、歌謡プログラムと喜劇の幕間に人々の環視のなかで嗅ぎ煙草愛好者のコンクールを行ない、その年の王様に賞品を出すことになっている[86]。しかも、これまた一般の興味が集まるところから、大都市の新聞が毎回写真入りで詳しく報道するのである。

民俗的なコンクールの流行

実際、どこを見渡しても、コンクールばかりである。民俗歌謡や舞踊や音

資料の部（フォークロリズム概念の成立をめぐるドキュメント）

楽ではずっと前から一般的になってはいたが、今日、頻繁に見られるのは、それをラジオやテレビに乗せようとして汲々とする傾向である。方言の喋り方までコンクールになっている有様だが、種々の理由から、これには根本的に怪しげな印象を抱かざるを得ない。バイエルン森(ヴァルト)のある村では、一番大きく、音色の美しい牛鈴が賞品になったりする[87]。

　さらにまた、高地(オーバー)バイエルンでは、最も大きく見事な羚羊(かもしか)の毛の所有者が賞品を貰っている。これは、本来、羚羊を射止めた狩人にとっては、当然得られる誇りの証しとして、それ自体がトロフィーの意味をもっていた。つまり、勇敢な狩人であるためには、危険を冒さねばならなかったからである。今日では、この帽子飾りは高い値段を出して買っているので、最も多く金を支払うことができた者がコンクールの勝者になる。このコンクールは1959年にツーリズムの一大中心地である〈ルーポルディングの夏季の祭りのプログラムのなかの特別の催し物として〉[88]、地元の山岳衣装クラブ「トラウシェンベルガー」によって、キーム・ウント・ルーペルティガウ、ザルツブルク州およびチロールの民俗衣装着用者を集めて、ある移牧小屋において開催された。民俗衣装の音楽隊による演奏も加わった。そして、テレビとニュース映画の技術スタッフたちが撮影の準備を整えると、主催者側の協会のメンバーたちが、地元の団体の度重なる催促の呼びかけに応えて、かの悪評高い頬平たたきの踊りを、プログラム以外に披露した。すべての羚羊の毛は何時間もかけて顕微鏡まで使って審査されたが、最高点を獲得して上位3賞を得たのは、羚羊毛の調飾師、したがってその方面の商人であり、その点では多少の不満が起きる原因になった。不満を漏らしたなかには、やはり羚羊の毛を立てた帽子を被った、ケルンから夏季休暇にやって来たひとりの婦人もまじっていた。

　　（彼女は）写真向けのきらびやかなモチーフのために、優勝者に羚羊の毛を
　　刺してやった上、たっぷり半ダースほどの回数のキスをしてやらねばなら
　　なかった。

ハンス・モーザー　民俗学の研究課題としてのフォークロリズム（1964）

また続いて上位3人の男と、一回づつ名誉を称えてダンスを踊ってやったのである[89]。こうして、祭りは、この〈ふるさとの夕べ〉で幕を閉じた。しかも、これが成功であったところから、今後も毎年開催することが決まった。

ふるさとクラブ

一般の関心や個々の企業者に煽り立てられて出来た地元のふるさとクラブであるが、そこでは、民俗伝統の保全こそ健全にして意義深い仕事であると今なお闇雲に信じているようなリーダーを戴く種々の広域的なふるさと団体の影響を受ける度合いが、ますます頻繁になってきている。ふるさとクラブにおいては、情熱的営為と絡んだ意図が最善の性格にある場合ですら、そこから生じる予期せぬ結実との間にあきらかな溝があることに気づかないわけにはゆかない[90]。実は、このふるさとクラブという組織そのものについても、それぞれの風土ごとに民俗学の側から一度調査する必要があるであろう。保全の試みとその成果その成果を整理するなら、活動的なふるさと愛好家の成功例の報告や公的なふるさと保存のプログラム[91]から得られるのとはまったく異なった概観を手にすることになろう。もちろん、こう言ったからとて、ふるさと保存の原理をめぐって批判を展開しているわけでも、方法論——何を目標にするかは場合々々に応じて差異があると言わなければならないとしても——をめぐって争おうとしているわけでもないが、それにも拘らず、である。民のいとなみが蒙る具体的な影響を把握すること、これこそが民俗学の最大の関心事に他ならない。

フォークロリズムは幅の広い概念

以上を遂行するなら、フォークロリズム——これ自体はニュートラルな概念である——の下にまとめることができる民俗的要素の応用、ないしは誤用が、今も昔も多種多様に存することが分かってくるはずである。なかには、この概念を正確に規定することが重要であると見る人もいるであろう。しかし、それが可能かどうか、またどのようにしてそれを遂行するかは、複合体

を相手取って踏み込んだ検討を経た後でなければ無理である。ここでは、典型的な事例を取り上げ、必要最小限の解説を加えながら民俗学にとって重い意味をもち、特別に検討するだけの甲斐はあると思えるような諸契機と脈絡を指摘することを試みたのである。フォークロリズム的な諸々の現象は、現実には簡単には押しとどめようもないが、これらに対する評価は事実を踏まえた性格付けや区分に進むのでなければならず、決してランク付けや、何らかのものを推奨するようなところに――ふるさと保全の営為ならそういう発言も許されようが――走ってはならない。ともあれ、このテーマは各地で大変アクチュアルになってきている。学問としての民俗学の課題は、今日、民のいとなみという特定分野をかたちづくっている全てを洗いざらい項目として把握し、然る後に、形態、機能、動因、意図、さらに賛否両論にわたる反響の様子もあきらかにすることである。とりわけ、営利本位のフォークロリズム産業にさらされている分野では、民衆のメンタリティーにそれと気づくほどの変化が認められるのかどうか、また認められるとすればどの程度であるか、などは是非とも追跡しなければならない問いである。重要な問題を投げかけているものには、詳しく点検するならまた、民俗（民衆性）保存というかたちでのフォークロリズムがみとめられる。民俗保存は、形態・意味ともに上古以来の真正なる民俗遺産とみなしたものを再生することを目指し、それによってふるさとの夕べというスタイルでの表出をめざすものだからである。この民俗保存は、通俗的な民俗知識に対する確信的なまでの信頼の上に成り立っている。またそれによって、民俗保存は、（1890年頃にかのカール・ヴァインホルト*が真摯な民俗研究によって駆逐してしまおうと考えた）ディレッタント的なフォークロリスティクを地で行っているのである。マスメディアは、商業フォークロリズムや乱痴気騒ぎのフォークロリズムを諧謔や皮肉で立ち向かうのを好むと共に、いかにも原初的という魅力を見せるものには深甚な意味をみとめるのに常にやぶさかではないという面がある。このため、前世紀に疑惑をうけつつあったと同時に、あきらかな確信も得ていたイメージが、これまでになかったほど力強い普及を見せているのである。

ハンス・モーザー　民俗学の研究課題としてのフォークロリズム (1964)

　民俗学を、ロマン派の気圏から解放することは、もはや一刻の猶予も許されない課題であるが、他方、しぶとく根強い一般通念のために、その困難はひとしおでもある。そして、この退引きならぬ課題の一つに、19世紀を通じて進行したフォークロリズム的な再構成を、その理論と実際の両面においてあきらかにする作業がある。しかしそれと共に、フォークロリズムを、時代を超えた現象かつ伝統形成における重要なファクターとして把握し評価することも不可欠であろう。実際、これが、特定の方向性の下に導入されたのは、啓蒙主義以来と言ってもよい。爾来、フォルク的な文化事象を旧来の狭隘な在所や共同体圏の外側で催し物として行なうことが、重要な機能、特に社会的なき能を果たすようになった。そうした機能は、民族心霊 (Volksseele) の自己開示に胚胎するのではなく、徹頭徹尾リアルな必然性から出来したのである。必然性のなかには、経済的窮乏や社会的困窮の他への転嫁もあった。それゆえ、そこの姿を現したのは、祭りに特有の朗らかさに彩られ、フォークロリズム的な魅力に溢れた人生の見せ場だけではない。もし、民俗学がロマン派的な観念や願望のイメージを越えて、過去に対しても現在に対しても、民衆体のリアルな認識に到達しようとするなら、こうした発展線を見落とすことはできないであろう。

原注
1) Hans Moser, Vom *Folklorismus in unserer Zeit.* In: Zeitschrift. für Volkskunde, 58 (1962), S. 177-209.
2) Hermann Bausinger, *Volkskultur in der technischen Welt.* Stuttgart 1961. S. 107 und 111. 邦訳：ヘルマン・バウジンガー（著）河野（訳）『科学技術世界のなかの民俗文化』（文楫堂 2005）p. 124, 130.
3) 私自身がザボルスキー氏 (Oskar von Zaborsky) と一緒に行なった探訪の経緯に照らすと、バイエルン森の辺鄙な地方ですら、これが当てはまる。今日では、幽霊の俗信 (Gespensterglaube) や亡霊の伝説 (Geistersage) までが観光の一助になり得ることは、ベルヒテスガーデン地方の事例によって証かされよう。ローゼンハイムの元学校長ケーゲル氏 (Otto Kögel) は、はじめは手稿のままであったこの地方の伝説集のなかで、〈レアマー湿地の沼のお化け〉（インツェル近郊）に関する伝承に因んで、次の

ように記している。〈インツェルのお化けを擬人化するために、1955 年に樹根や樹枝や苔で、独創的な《沼の霊》が作られて、ニーダーアッヘンヘ向う道の傍らに立てられた。それがインパクトになるのを助けたのは、かつてブレスラウの高等学校ヴィルヘルム・ギュムナジウムの美術の教師で、1935 年からインツェルに住んでいるブルーノ・ツヴィーナー（Bruno Zwiner）であった。この沼の霊は、校長のアムプフェル氏（Karl Ampferl）の指揮の下に生徒たちがこしらえたものだが、夏季の環境客のあいだで反響を呼んだ。〉専門誌から得た知識が妨害的な作用を及ぼすという逆行がみとめられる、とのことである。

4）ヴィーゲルマン氏（Günter Wiegelmann, ボン大学）が講演の後で話してくれたが、労働技術と結びついた事象や労働具の場合も、伝承にもとづく知識の代わりに、農業専門誌から得た知識が妨害的な作用を及ぼすという逆行がみとめられる、とのことである。

5）高地バイエルンの著名な方言作家であるシュティーラー氏（Karl Stieler）は、1868 年から 1885 年にかけて何週間にもわたって山地の農家に宿泊して、農民たちと一緒にあらゆる仕事をし、一つ釜で食事をしたが、その彼がすでにこんな述懐を記している。〈私は、知識の活用においては、自分の耳で聴いて確かめるようにしてきたが、実直な地元民で、これまで研究者が何度も古い民話や慣習の採録を採録させてもらった人物が、憐れむような口調で《あの御仁はうんざりしましたので、ちょいと口から出任せなことをお聞かせしました》と言うのを聴いてからは、この種の伝承には用心を要すると思うようになった。それ以来、私は、耳よりも、目の方に信頼をおいている。〉参照、Karl Stieler, *Bilder aus Beyern / Ausgewählte Schriften*, mit einem Vorwort und Anmerkungen von Dr. A. Dreyer. Stuttgart 1908. S. 53.

6）参照、（注 1）S. 204f.

7）Sänger- und Musikantenzeitung. Jg. 5.（München 1962）. その"Heft 6"の前表紙に、この"*Kirchseeoner Percht*"がタイトル写真になっており、短い説明文が付され、また筆者名として Eugen Weigl と記されている。

8）Oberbayeriches Volksblatt vom 24. 12. 1962. S. 2.

9）粗皮の夜（Rauhnacht）のよく知られた唱え言。〈粗皮の夜〉は、冬季の節目の日々（狭義のファスナハト、すなわち四旬節の直前の世俗的な行事日に限定されない）に現れる異相の変装者（町村体の若者組であること多い）という要素に立った呼称。ペルヒテの日々（あるいは夜）は、それらの慣習の日々に異相者のなかでも特に女怪が登場することを特徴とするゆえに生成した呼び名で、これもファスナハトに限定されず、また地域的にはバイエルンの東域と南域およびオーストリアの西部の中心になる（今日のザルツブルク州の各地も有名）。なおペルヒテは上古の神話の女神

ハンス・モーザー 民俗学の研究課題としてのフォークロリズム (1964)

(ホレ Holle) の後進とされゲルマン神話に遡るとの解釈がよく聞かれるが、中世以後の俗解であり、また特にロマン主義思潮なかで神話学の知識が一般に受容されて定着した面がつよい（これについては Marianne Rumpf の詳細な研究がある ⇒「論説の部」p. 219 を参照）。次を参照、M. Waltinger, *Kinderreime und Volksdichtung aus Niederbayern*. In: Deutsche Gaue 12 (1911), S. 11ff.; Hanns Schröder, *Die mimischen Volksbräuche im Bayerischen Walde*. München 1933. S. 28. : Maria Haas, Volkskundliches aus dem Bayerischen Walde. In: Der Bayerwald 37 (1939), S. 83. なお „rote Hosen" という言い方は、バイエルン森(ヴァルト)とオーストリア全土でみとめられる。これについては次を参照、Ernst Burgstaller, *Lebendiges Jahresbrauchtum im Bezirk Wels*. In: Jb. d. Musealvereins Wels. 1955, S. 188. ; この他、Landshut 地方、Rottal、さらにイン川下流域でも部分的ながらかなり広く見受けられ――これらの場所では、粗皮の夜 (Rauhnacht) の代わりに〈戸叩きの夜〉(Klöpflnacht) になるが――、またヴァリアントとして〈破れズボン〉(zrißne Hose) がある。

10) 参照、Hans Moser, *Zur Geschichte der Klöpfelnachtbrauche, ihrer Formen und ihrer Deutungen*. In: Bayer. Jb. f. Volkskude. 1951, S. 121-140.

11) これらの報告は、1955 年以来、"Mitteilungen für die Haimatpflege in Oberbayern" として、タイプライターによる複写であり、また応用民俗学の意味での作用力に関する好例とされている。上に引用した幾つかの記録のうち、最初の報告は、この報告集の S. 23f. に所収。

12) Mitteilungen fur die Heimatpflege in Oberbayern, Heft 9 (1957), S. 13ff.

13) 同 Heft 19 (1959), S. 43f. 1959 年 7 月 11 日に Kirchseeon は、〈町〉(Marktgemeinde) となった。

14) かかる配慮に照らして何らかの措置がとられたとは、目下は聞いてはいない。

15) S. 205.: 映画 "*Der verlorene Sohn*"(1934) に用いられた太陽の仮面、またペルヒテ数体の写真については次を参照、Illustrierter Film-Kurier, Nr. 2181.

16) Marie Andree-Eysn, *Volkskundliches. Aus dem bayerisch-oösterreichischen Alpengebiet*. Braunschweig. 1910, S. 174f.

17) この「ふるさと行事保存のためのクラブ」が、このフェスティヴァル都市を真夏に訪れた観光客に何を提供したかについては、ミュンヒェンのレポーター、フレッド・ヘップ (Fred Hepp) が『南ドイツ新聞』(Süddeutsche Zeitung ―以下、"SZ"と略す。) 1962 年 8 月 18 ／ 19 日号に次のように記している。〈アルピナ協会 (Alpina) は、シュティークケラー (Stiegkeller) でザルツブルクの夕べを催した。満員のホールのなかでプログラムは陽気に進行した。まことに藝達者なフォークロアで、ほとんど中断も見せない。中断と言えば、たとえば吹奏楽を担当している一人がビール

資料の部（フォークロリズム概念の成立をめぐるドキュメント）

を一気に飲んでみせると、背後の男にゴムのハンマーで殴られるといったものである。号令一下、肩組みで身体を揺するとなると、革ズボンを穿いた男がスポットライトを調子よく振りながら当てるのだが、これが本物の土着のものとはとうてい思えない。この他にも、アルピーナは、ソロの女声ヨーデルから頬平叩きの踊りを経て、靴叩きに至るまで、これぞ本物の民俗といったものを披露した。ビールを飲み合う雑音がひどくなって、折角の Maria-Theresia Schimpößl の演奏も聞こえないほどになると、静かになるまで牛鈴が鳴らされる。この夜のクライマックスは、演奏をバックにした薪割りであった。ザルツブルクの若い衆が丸太を持ちこんで、調子よく斧を打ち込むと、木片が遠く離れた場所のビールのジョッキにまで飛んでくる。日常仕事を取り入れたプログラムもあって、これは娘さんたちにも楽しんでもらおうと目論見からであった。舞台の上に "Kaiserschmarren" を載せたフライパンが出され、これをアルピーナ協会の丸いお下げ髪を垂らした手伝い女たちが観客に運んで、スプーンで口にいれてやると、あるイギリス婦人はこう答えた。《Kaiserschmarren, つまり Emperer's nonsense ですよ》、《O, I see.》背の高いイギリス女性は、上品な、腑に落ちなさそうな笑いを立てる。）レポーターは、この高地バイ（オーバー）エルンからの問題の多い輸入品を〈本物の民俗〉的な出し物に数えているが、皮肉をこめての発言であってほしいものである。

18) フラウエナウ（Frauenau）でも、マルティーニの前夜に〈狼放し〉（Wolfauslassen）だけは行なわれている。その催しの様子は、19世紀末から20世紀への転換期頃には次のようであった。夜が明けると、〈羊飼いたちが、村の若い衆全員に付き添われて、参事会館や農家の近くまで迫っては、突然、調子をつけて鞭を振るって器用に音を立てる。その間には、また牛飼いのホルンが吹かれ、牛鈴が振られた。〉次いで、静かになると、最年長の森林保護官が、全員揃っているかと、二度にわたって尋ねる。その後、〈Buama, ruttelts enk!〉の催促を受けて、もう一度大騒音が起きる。その後、羊飼いたち、それに各家から参加している子供たちにも、林檎や胡桃や梨クッキーがあたえられる。仮装に関する言及は見られない。以上の出典、*Wolfauslassen in Frauenau / Eine Jugenderinnerung* von Ella von Malsen-Poschinfer. In: Heimatglocken, Monatsschrift für die ostbairischen Grenzmarken 104（1934), S. 169.

19) Ernst Laur, *Schweizerische Trachtentage in Einsiedeln*. In: Heimatleben 23（1950), S. 100ff.；Ders, *Zum Eidgenössischen Trachtenfest in Basel*. In: Heimatleben, 34（196), S. 66ff., S. 68 „*Was uns die Umzüge lehren*". また同じ定期誌の 29（1956), S. 49ff. では、ラウル（Laur）は「パリにおける民俗衣装のスイス人」（*Schweizer Trachtenleute in Paris*）のタイトルで、民俗衣装団の派遣の是非を論じると共に、彼自身が長い抵抗の後に最終的にパリやブリュッセルにそうした客演団を送ることに同意した理由

ハンス・モーザー　民俗学の研究課題としてのフォークロリズム（1964）

を弁明している。

20）印象深いのは、「ふるさと保存のためのバイエルンクラブ」（Beyerischer Landesverein für Heimatpflege）のもとに、一会員から寄せられた1949年10月30日付けの報告である。〈老いたる郷友、コンラート・クレーマー〉（Conrad Krämer, der Alte, Heimatler）がその報告のなかで、バイエルン森(ヴァルト)の待降節の行事を概観しているのがそれである。その文章では、彼自身の体験がまざまざと描かれているが、部分的には、ヴァルテンガー（M. Waltinger）やパインコーファー（Max Peinkofer）が発表したものに沿っての判断も混じっている。特に注目すべきは、行事記録に添えられた説明文で、これを読むと、まるで昔のヨーハン・ゼップ（Johann N. Sepp）やアントーン・クヴィーツマン（Anton Quitzmann）の言を聞いているかのようである。たとえば、こうである。〈バイエルン森(ヴァルト)で行なわれている待降節歌唱の起源は、冬至の時の異教の行事に他ならない。しかしそれは、教会によって、その意味を変えられてしまった。〉戸叩きについても、こんな説明になった。〈この民俗儀礼に対するキリスト教的ない民俗付けが嵩じる余り、戸叩きによって、キリストの降誕に注意を促そうとしたというところまで行った。しかし、その説明付けは十分ではない。むしろ、騒音を立てる若衆たちは、叩き音を立て騒擾のうちに道行く霊の群を表している。おそらく、暗い冬の時期に徘徊する悪霊をこれらによって逐い払ってもらおうと言うのであろう。〉さらに、ニコラウスの来臨（Nikolaus-Einkehr）については、こう説明される。〈白い髭をたくわえた寛宏の老人のお伴としてよく姿をみせる妖怪は、聖者によって呪封され、その召使いに落とされた悪魔と解されている。しかしこの説明では不十分である。これの根幹は、古ゲルマン人の騒音の巡幸にある。ニコラウスという名前の奥には、ヴォーダン自身（Wodan）、あるいはドーナル神（Donar）が隠れていると見てよいであろう。このヴォーダンやドーナルが冬季（冬至）に向けた扮装や行事で重要な役割を果たしていたので、教会がこれを引き受け、しかしまた恐ろしい存在という刻印を捺したのである。〉〈昔は、ティットリングでは穀霊（Habergeiß）もやって来たが、これもやはりゲルマン人が冬至に行なった扮装の名残りである。〉さらに、ルチアの夜（Luziennacht）については、以下の解説になる．〈この形姿に身を窶しているのが何者であるかは定かでない。しかしいずれにせよ、キリスト教以前の神話的、そして暗黒を体現した存在、あるいはまた明るく輝く特性を具えた存在でもある。それは、ベルヒト女神（Frau Bercht）の身代わりであろう。ルーツィア（Lucia）という名前とルックス（Lux 光）との関連もそれを示している。〉〈デッゲンドルフ（Deggendorf）では、ルーツィア（Lucia）は穀霊（Habergeiß）に伴われていた。ラーム（Lam）でも、古ゲルマン人が冬至に行なっていた扮装を想起させる穀霊が巡幸する。この場合は、獣皮に身を包んだ姿である。

……〉、さらに、聖トーマス (St. Thomas) の前夜については、次の記述が来る。〈トーマスの前夜は、まことに恐ろしい。魔界の騎士が猟犬を引き連れ、戦慄的な光景を繰り広げつつ、虚空を駆け抜ける。すなわち、《Nachg'jaid》(Wides Heer 妖魔の群行) の時でもある。バイエルン森（ヴァルト）では、この真夜中の狩りは、ゲルマン人の神ヴォーダンに引率された魔界の人間たちの軍団である。これが、けたたましい物音を立ててやってきて、夜中に一人で道行く者がおれば、掴まえて、異質な場所や国へ拉致したとされている。……私たちの［バイエルン］森（ヴァルト）について言えば、真夜中の狩は違った意味付けをされている。それは、救済を得ていない哀れな魂が風となって空中をあちこち追い立てられているのであって、その罪を購い終えれば、地上に降ろしてもらえると言う。〉

　通俗民俗学の出版物の普及と営利については、すでに20世紀の初めに、特筆すべき民衆識知者（フォルク）であった末院教会堂司祭クリスチアン・フランク (Christian Frank) が、いささかうんざりした調子でこう吐露していた。彼が関わった定期誌 "Deutsche Gaue", 9 (1908), S. 55ff. に発表された「娯楽出版物に見るふるさと研究と民俗学」(Heimatliches und Volkskundliches in Unterhaltungsblattern) においてであるが、ここでフランクは、〈復活祭慣行や聖霊降臨節行事をめぐる書きものや、文化史のお喋りは増える一方だが〉、それらに対しては特に用心して判断することが必要である、と断言する。〈たいていは凄まじい与太話で、過去の文筆類、殊にドイツの神々についてのロマン派の説明づけを取り違えたり、臆面もなく引き写したりといったものである。〉とりわけ、フランクに腹立たしく思えたのは、夥しい数の伝説の改作であった。それらにおいては、〈様式化と、ファンタスティックな装飾によって、教訓的な傾向に合うようにされ、神話的なファンタジーの精製〉がおこなわれた。フランクは、それを次のように名指している。〈伝説は、改作される度合いがひどくなればなる程、平板になってゆく。それに危険なのは、その改作が民衆のなかに流れこむことである。伝説は新しい筋書きをもつと、内容の濃密な元の方は失われてゆく。〉フランクは、さらに次のようにも述べる。黎明時代の研究が始まった頃には、至るところでローマ人の作った塔だとか、ローマ人の道路と称するものが発見されることになった。1820年の地籍簿には、そうした多数の地名が入りこんで、次の時代の歴史学の書きものに受け継がれていった。〈その頃の司祭や学校教師たちの情熱のお陰で、それらの名称は民間にも流れこんだ。〉その一例として、18世紀末から19世紀初めにかけてドルイド教をあつかった文学作品が擡頭し、以後、永く尾を引くことになったのを挙げている。〈《民衆（フォルク）》には、よくよく注意しなくてはならない。民衆は、こう断言したりする。《そこの山はドルイド山 (Druidenberglein) と言うんだ。》　事実、旅行案内にも、その名前で載っている。もっとも、村には、それがトルーデ山

ハンス・モーザー　民俗学の研究課題としてのフォークロリズム（1964）

(Truden-Berglein［訳者補記］女性名ゲルトルート Gertrud 従って聖女ゲルトルートに因む地名）という名前であると教えてくれるお婆さんが一人くらい残っているかも知れない。こちらの方が断然正しいのである。〉

　民俗学は、現実に自らの学問が反射現象を起こしていることを考慮しなくてはならない。参照、Hermann Bausinger, *Volkskultur und industrielle Gesellschaft*. In: Beiträge zur deutschen Volks- und Altertumskunde, 6（Hamburg 1962）, S. 17.；事実、その事例には事欠かない。ところが、"Volkswissen"（民間学知）――"Volksglaube"（民間俗信）や"Aberglauben"（迷信）との連想で言えば"Aberwissen"（迷った知識）になるが――の検証は、民俗学において未だ閑却になされている分野である。

21）参照、Hans Moser, *Zur Geschichte der Maske in Bayern*. In: Masken in Mitteleuropa, hrsg. von Leopold Schmidt, Wien 1955, S. 93ff., S. 119ff.；ニュルンベルクの"Schembartlaufen"（仮面者跳梁：Schem は仮面の意）について、この行事を冬の追い出しと結びつける解釈は、早くフェーリクス・ダーン（Felix Dahn）が『バヴァリア』誌（Bavaria, Bd. II. Munchen 1862, S. 834）で行なった。

22）SZ v. 2. /3. 3. 1957, Bericht: *Die Hemadlenzn verbrennen den Winter*. 招待の文章は　SZ v. 8. 2. 1963.；この他、つぎを参照、Ingrid Grossart-Lockemann, *Hamadlenzn auf Nachthemden-Promenade*. In: Der Zwiebelturm, 19（1964）, S. 30ff.；後者の報告によれば、今では 80 歳になる一市民が、第一次世界大戦の最初のファッシングの際に〈昔ながらの行事を絶やさないために、たった一人でこの阿呆じみた扮装をしてドルフェンの町を歩いた〉ことに起因すると言う。これ以前の、確固たる報告は皆無であり、それゆえ、その頃はじめてこれに向けて動きが起きたと考えるのが妥当であろう。

23）Herbert Berner, *Fasnet im Hegau*. Singen, 1959, S. 37f.

24）Martin Scharfe, *Fasnachtsbräuche in den Kreisen Konstanz und Stockach. Referat auf der Tagung des Arbeitskreises für Fasnachtsforschung in Inzighofen*. 1962, Maschienenschr., S. 18.

25）Scharfe a. a. O. S. 10. 引用文には次の文が続く。〈こうして最後には、単調になる怖れが生じるのではないか。老人の間であると、若い人たちの間であるとにかかわりなく、《オリジナリティー》が単調さを生み出すことになりはしないか。〉　この問いかけが、フォークロリズム的な演出に伴う別の検討すべき分野であることには、現今ではもはや異論を唱える人はあるまい。〈高地バイエルンの夕べ〉のようなタイプは、この種の催し物がお馴染みとなっている土地では、どこでも似たような図式となってしまっている。しかもそれがまたザルツブルク地方やチロル地方にまで持ちこまれている。のみならず、バイエルン以外の土地でも、バイエルンクラブが存在するところはどこも同じで、たとえばアメリカ合衆国においてすら、似たような

資料の部（フォークロリズム概念の成立をめぐるドキュメント）

ものが少なからず見受けられる。また、多くの国々では、高度の訓練を受けたフォークロア・アンサンブルがあって、それらが巡業を行なう。そのいずれのプログラムも、昔ながらの踊りや、昔ながらの行事と衣裳を、これまた多少とも再構成された伝統遺産から抜き出したもので、しかもどのプログラムのよく似ている。因みに1963年11月に日本のその種の団体が客演したが、それについて、ミュンヒェンの著名な評論家ハンス・ブラウン（Hanns Braun）は、まことにもっともな論評をほどこした。すなわち、エキゾチックななりに型にはまっており、フォークロリズムであると言うのである。

26) 参照、（注2）S. 54ff., S. 135ff.

27) Victor Metzger, *Die Fastnacht in Überlingen*. In: Schriften des Vereins für die Geschichte des Bodensees, 60（1932/33）, S. 41.

28) 参照、Karl-S. Kramer, *Problematik der Rechtlichen Volkskunde*. In: Bayer. Jb. f. Vkde., 1962, S. 56f.

29) 参照、Bayer. Jb. f. Vkde. 1959, S. 124ff. u. S. 154. また（注1）に挙げた拙論に加えて、次の諸文献を参照。Hans Trümpy, *Volkskundliches aus Zeitungen der Helvetik*. In: Schweizer Volkskunde, Jg. 40（1950）, S. 39ff., S. 62., 73ff. u. 76ff., Jg. 41（1951）, S. 49 u. 83f., Jg. 43（1953）, S. 17ff., Jg. 44（1954）, S. 84ff.; さらにまた以下の文献は18世紀の資料を抜粋して収録している。Ders., *Schweizerdeutsche Sprache und Literatur im 17. und 18. Jahrhundert*（= Schriften der Schweizerischen Gesellschaft für Volkskunde 36）, Basel 1955, passim.; Dieter Narr, *Fragen der Volksbildung in der späteren Aufklärung*. In: Württemberg. Jb. f. Vk. 1959/60, S. 38ff.; Leopold Schmidt, *Die Entdeckung des Burgenlandes im Biedermeier*. Eisenstadt 1960, S. 8f.; F. W. Singer, *Pfarrer J. C. Brandenburg（1750-1797）als Volkskundler des Sechsämterlandes*. In: Sechsämter-Land, 11（1960）, S. 742ff.; Hermann Bausinger, *Aufklärung und Aberglaube*. In: Dt. Vierteljahresschrift f. Literaturwissenschaft u. Geistesgeschichte, 37（1963）, S. 345ff.

30) Dieter Narr, *Fest und Feier im Kulturprogramm der Aufklärung*. Maschienenschrift.

31) Münchner Intelligenzblatt für das Jahr 1781, S. 295.

32) Münchner Intelligenzblatt für das Jahr 1780, S. 357f.

33) ディーター・ナルの1961年の講演（S. 9f.）が示しているように、この意味ではルソーが既に1758年に、さらに1772年にも、民衆祭や国民祭を必然的とみなしていた。旧バイエルン出身者であるローレンツ・ヴェステンリーダーは、農村の祭りや市民の祭りについて語ったり叙述したりするときには（彼はよくユストゥス・メーザーの見解に賛同したが、ここでもそうであり）自分でもまたこの考え方を強調した。たとえば1777年にアカデミーで行なった講演では、すでに昔の諸民族の立法者たち

もかかる考え方の重みを認識していた、としている。参照、Hans Moser, *Lorenz Westenrieder und die Volkskunde*. In: Bayer. Jb. f. Vkde. 1953 , S. 159ff., S. 163. u. öfters. 民衆（Volk）を最もよく知ることができるのは、民衆が楽しんでいるひとときにおいてであるとのヴェステンリーダーの発言であるが、これはヴェステンリーダーに限られるものではなく、同様の表現は他でも散見されるのであって、むしろその時代の言い回しであった。それは、スイスでも同様である。参照、Hans Trümpy, *Ein eidgenössischer Festkalender in einem Reiseführer von 1796*. In: Schweizer Volkskunde, 41 (1951), S. 83f. ; Johann Heinrich Jung [Stilling], *Von den Vorteilen, die den Fürsten durch die ausübenden Kameralwissenschaften zufliesen*, abgedruckt In: Siegerland 35 (1958), S. 85ff. ――ここでは、〈満足した、明朗なる民衆〉（Zufriedenes und heiteres Volk）を得ることが重要な目標と見られている。またゲーテ（Goethe）やフォス（Johann Heinrich Voß）その他の人々が農村の祭りに対して肯定的であったことについては、次を参照、Günter Schulz, *Goethe und die bäuerliche Welt*. Goslar 1940, passim.

34) Hans Moser, *Wege zur Volkskunde als Wissenschaft. Zur 200-Jahr-Feier der Bayerischen Akademie der Wissenschaften*. In: Bayer. Jb. f. Vkde. 1959, S. 124ff, 126ff.

35) Hans Moser, *Westenrider*.（注 33）, S. 162ff.

36) ヴェステンリーダーは、この〈太古の〉（uralt）という添え詞を何度繰り返しても飽きなかった。また彼はこれによって、一般的に古めかしいものを意味したのではなく、具体的に黎明時代の上古を考えていた。彼は、農民の世界にはこの太古のあらゆるものが世代から世代へと〈千年以上も〉ほとんど不変のまま送り継がれてきたと確信していた。その点では、彼のなかでは、歴史家よりもロマンティカーの方が強かったのである。――歴史家としては、多く資料研究によって、フォルク文化内部の変遷について証左を呈示することもできた人物であったはずだが、この連続性の観念を当時すでに表明していたのはヴェステンリーダーに限らないが、この観念との取り組みは、今日なお決着をみるに至っていない。

37) Victor Metzger, *Die Fastnacht in Überlingen*. In: Schriften des Vereins für die Geschichte des Bodensees, 60 (1932/33), S. 41.

38)「祭典 150 年記念」(Zur 150-Jahr-Feier des Festes) については次を参照、Heimatleben, 28 (1955), S. 3ff., 34ff. 81ff. ; 祭典にバイエルン皇太子が参列したことについては次を参照、Angelo Cesana (Hrsg.), *Felix Helvetia*. München 1962, S. 448.

39) Richard Weiss, Volkskunde der Schweiz. Erlenbach / Zürich 1946, S. 62.

40) スイス民俗学会のバーゼル・セクション (Schweizerische Gesellschaft für Volkskunde, Sektion Basel) で 1963 年 12 月 12 日に講演を行なったが、その後の質疑は、フォークロリズム的な伝統保存の可能性と危険性など根本問題にふれるものであった。

資料の部(フォークロリズム概念の成立をめぐるドキュメント)

41) Ludwig Schrott, *Biedermeier in München*. München 1963, S. 17.
42) Ernst Hoferichter und Heinz Strobl, *150 Jahre Oktoberfest 1810-1960*. München 1960.(民衆スポーツの披露がカラー描写は S. 35.)
43) *Baierische Volkstrachten*, hrsg. von I. L. C. Rheinwald. München 1804, 2. Liegerung 1806.;より詳しくは次を参照、Bayer. Jb. f. Vk., 1959, S. 153 u. 157, Anm. 169
44) 1835年の新しい画集の写真は次に収録、Das Bayerland, 17 (1906), S. 18f. またそこからの部分転載は次を参照、Schönere Heimat, 34 (1938), S. 103.
45) カラー写真を次に収録、150 Jahre Oktoberfest, S. 36. この行列の準備については次を参照、Anton Neckermann, Der „*Kronprinzen-Schousta*" *von Neunburg*. In: Die Oberpfalz, 46 (1958), S. 35ff.
46) 目下の関連で興味深いのは、〈Die Volkssitte〉の章のためにレントナーとエードゥアルト・フェンチュ (Josef Friedrich Lentner / Eduard Fentsch) が長年にわたって採録した資料が現在「バイエルン国立図書館・手稿部門」(Handschriftenabteilung der Bayerischen Staatsbibliothek) に保存されているが、それに手直しが加えられねばならなかった事実である。これについてはフェーリクス・ダーンが次のコメントを加えている。〈しかし特筆すべきは、この専門学の意義や方法からは、ドイツ神話学やドイツ上古学とは関わりなく集めた素材を用いなければならなかったことである。〉(Felix Dahn In: Bausteine. Berlin 1879-1882, Erste Reihe, S. 194.)
47) マックス大公(Herzog Max)のレントラー(Landler)やコベル(Kobell)の唱歌(Lied)が20世紀の手書きの歌謡集に入っていることが、つい最近にまたもや判明した。参照、Wastl Fanderl, *Ein Berchtesgadener Liederbuch*. In: Sänger- und Musikantenzeitung, 8 (1964), S. 27ff.
48) 最近の職業的なバイエルン民俗衣装音楽団は、さしずめ第4のグループになろう。ミュンヒェン職業安定所の「藝能家斡旋」課の活動に関するルポルタージュ (SZ. v. 15. 1. 1963) のなかで、〈斡旋主任〉がこの種の音楽団について次のように述べている。〈まるで流行病です。どの都市も、自分たちでバイエルンの夕べを催すことを望んでいます。私どもはまた、南アメリカ、スウェーデン、デンマーク、フィンランドとも交渉しています。オリジナルの民俗衣装音楽団は、まるで焼きたてのパンさながらの売れ行きです。〉 なお付言すると、この職業安定所では、「縁日の施設・興行一式」の注文も受け付けている。
49) Hans Moser, *Die letzten 150 Jahre altbayerischen Volksschauspiels*. In: Bayerischer Heimatschutz, 28 (1932), S. 17.
50) 参照、Walter Zils (Hg), *Geistiges und künstlerisches München in Selbstbiographien*. München 1913, S. 322ff.

51) Zs. f. österreichische Vk., 1 (1895), S. 13f.
52) S. 121f.
53) S. 55.
54) Leopold Schmidt, *Das Österreichische Museum für Volkskunde*. Wien 1960, S. 18ff.
55) Zs. f. österreichische Vk., 1 (1895), S. 265ff.
56) Josef Dünninger, *Das 19. Jahrhundert als volkskundliches Problem*. In: Rhein. Jb. f. Vk., 5 (1954), S. 281ff.
57) Oskar Brenner, *Reine und angewandte Volkskunde (Volkskunde und Pflege des Volkstümllichen)*. In: Mitteilungen und Umfragen zur bayerischen Volkskunde, 10 (1904), Nr. 2, S. 1ff.
58) Hans Moser, *Bayerische Volkskunde um die Jahrhundertwende*. In: Bayer. Jb. f. Vk., 1962, S. 25ff.
59) バイエルンにおいて、文書資料が示すところと郷土博物館とのあいだには、いずれにせよかなり大きな差異がある。これについては次を参照、Oskar Zaborsky, *Hinterlassenschaftsinventarien aus dem Bayerischen Wald*. In: Bayer. Jb. f. Vk. 1956, S. 100.; Max Udo Kasparek und Torsten Gebhard, *Niederbayerische Verlassenschaftsinventare des 17. Jahrhunderts*. In: Bayer. Jb. f. Vk. 1962, S. 201ff. ——因みに、博物館の新設に際しては、「バイエルン州文化財保護局」(Bayerisches Landesamt für Denkmalpflege) が、歴史的実態にある程度忠実なものとなるように、行き過ぎを抑える方向での注意をあたえている。
60) 参照、(注58), S. 35. W. H. Riehl, *Kulturgeschichtliche Charakterköpfe*. Stuttgart 1891, S. 193f. このなかで、リールは、〈源から直接とってくる〉ので安く買えたとして、選別はお構いなく品物をかき集めている同時代人について、その家のなかが珍奇な混乱を呈していることをからかっている。同様の指摘は、クリスチアン・フランクも行なっている。参照、Christian Frank In: Deutsche Gaue, 9 (1908), S. 50ff. その断言するところでは、すでに1890年代には〈農家の品物〉をめぐる営利的な思惑が始まっていた。すなわち、その頃の商品カタログには、ディンゴルフィング (Dingolfing) 近郊の巡礼教会堂から出た一連の献納画額 (絵馬) が含まれていた。多くの聖職者が、人間の苦しみや敬虔な感謝の所産であるそうした品物を正しく理解せず、〈ディーラーの手を通したり、直接譲ったりして〉、それらを蒐集して自慢しているだけの人や、それらの素朴ながらも激烈な描写や、あいまいな表現の立願の文言を面白がる人々の手に帰せしめている、とフランクは歎いている。また、その当時すでに殉難者柱やガラス裏絵や念持画片も同じような扱いを受けていた。さらにブルンナーよれば、そうした品物には、鋳鉄製の墓所十字架にまで混じっていた。参照、Johann

Brunner (in Cham) In: Deutsche Gaue, 10 (1909), S. 83.

　昔の古物商や競売のカタログを系統的に見渡し、また民俗学関係の団体が刊行した昔の年報類に載っている文化財の寄贈などを総合すると、その頃すでに夥しい数の民俗文化財が都市に流出していたことが判明する。そうした品物も、真面目な収集家の手に入れば、後に信頼のおける大きな博物館に収まることになり、その限りでは学問に資する救出の行為であったと言うこともできないではない。今日でも、不公正な手段も含めて、依然そうした流出が跡を絶たず、やはり学問の手の届かないところへ消えてゆくのであろう。

61) Albert Becker, *Pfälzer Frühlingsfeiern*. In: HessBllfVk. 6 (1907), S. 135ff. ここで挙げられている〈ハイデルベルクの夏初めの日の行列〉(Heidelberger Sommertagszug) は1893年に地元の〈共益団体〉が子供たちのために始めたのである。これについては、(ドイツ)『民俗学会』誌に報告がある。参照、Zs. d. Ver. f. Vk., 3 (1893), S. 228. ; またその行列の様子は、その頃、木版画に描きとめられたが、これについては次の文献を参照、Adolf Spamer (Hg.), *Die deutsche Volkskunde*. Bd. II. Berlin 1935, S. 107. この箇所に〈1870年頃〉の注記があるのが、このようである。——さらに、泡沫会社設立時代のフォークロリズムも一度それに絞った調査をおこなう必要があるであろう。この時期を成立時期とする行事が多数かたまっていることは、これまで引き合いに出した事例からも明らかである。

　シュパーガウの聖燭祭行列 (Lichtmeßumzug in Spergau) そのよく知られ、しばしば話題になる形態を得たのは1881年であった。参照、Adolf Spamer, *Deutsche Fastnachtsbräuche*. Jena 1936, S. 19. この年にはまたローテンブルクの〈豪傑呑み〉(„Der Meistertrunk" in Rotheburg o. T) の祭り行事が開始した。さらに、プライティングの樽師の踊り (Schaflertang in Pleiting / Lkr. Vilshofen) もこの年に始まったが、これは樽つくり師の一人の徒弟がミュンヒェンから持ち込んだのである。これについては、80周年にちなんだ記事を参照、SZ v. 2. 3. 1962.

　1888年には、イェッセンの収穫祭 (Jessener Erntefestspiele) がマイセン (Meißen) の一人の肉屋の親方によって始められた。参照、Niederdt. Bl. f. Vk., 7(1932), S. 21ff.

　1889年には、聖体祭行列の一齣として昔から組み込まれてきたことで知られるフルトのドラゴン退治 (Drachenstich in Furth i. W.) が、その独特の形態を地元の演劇クラブ「コンコルディア」(„Condordia") の手を通で形作ることになった。次いで1896年にはこれを専ら担当する団体として「ドラゴン退治祭り実行委員会」が設立された。これについて参照、Hans Moser, *Der Drachenkampf in Umzügen und Spielen*. In: Bayerischer Heimatschutz. 30 (1934), S. 45ff.

　さらに1892／93年には、先に挙げた数座のバイエルン農民劇場の開設と同時期で

ハンス・モーザー　民俗学の研究課題としてのフォークロリズム（1964）

もあるが、ミュンヒェンでの最初の民俗衣装クラブである「ふるさとクラブ　牧場のささやき」(Oberlander Heimatverein Almrausch) が結成され、翌年にはミュンヒェンのファッシング団体「ワルハラ」(Warhalla) が設立された。

同じく 1892／93 年には、バイエルン以外でも、カルフ（Calv 1828 年と 1860 年）とアルテンシュタイクで（Altensteig 1862 年）知られていた〈松明〉(Fackeln) 行事が、一人の学校教師によってエーブハウゼン（Ebhausen）へ、また 1895 年には一人の下男によってツヴェルゲンベルク（Zwergenberg）へそれぞれ導入された。これらについては次を参照、Friedrich Heinz Schmidt-Ebhausen, Das „Fackeln". Ein „uralter" Brauch im Kreise Calw? In: Schwäbische Heimat, 5 (1954), S. 138ff.

62）民俗行事のなかには、歴史的由緒を再現する民衆劇と結合したものもあった。たとえばヴールマンスクヴィック（Wurmannsquick）における「精霊降臨節の水鳥」(pfingstlicher Wasservogel) は 1921 年に起源伝説のドラマ化と結びつき、またエングルマールの「エングルマールのお探し」(Englmarisuchen) は聖者伝説との結合である。さらにカウフボイレン（Kaufbeuren）に古くから行なわれている「舞踏祭」(Tanzlfest) は「コンラートの祝祭劇」(Konradinfestspiel) と結びついている。この他、1930 年頃には、新たにレーオンハルトの騎行(Leonhardifahrten und -umritte) がフロッシェンハウゼン（Froschenhausen bei Murnau）とドナウヴェルト（Donauwörth）とインヒェンホーフェン（Inchenhofen）で成立した。

63）Heinrich Winter, *Winterliche Schreckgestalten. Ein Versuch zu ihrer Deutung aus dem Brauchtum des Odenwaldes.* In: Volk und Scholle, 14 (1936), S. 6ff. なお、この報告の締めくくりに、次の文がある (S. 10)。〈冬季の行事の一切は、一般的に妥当する単純で深甚な意味を獲得する。……冬場の妖怪は、太陽と争って最後は打ち負かされるという冬の宿命を生きたかたちにしたものに他ならない。かくして、私たちの考察の起点と終点には、太陽神が屹立する。すなわち、永劫に反復する夜と寒冷を相手どる英雄的な闘いの様が、我らが民衆（フォルク）の前に比喩として立ち現れるのである。〉　また同じ筆者の次の報告も参照、Ders., *Damonie oder Sinnbild.* In: Oberdt. Zs. f. Vk., 12 (1938), S. 145ff.

64）Eugen Fehrle, *Zur Entwicklung des Sinnbildes.* Ebd. S. 165.

65）Heinrich Winter, *Brauchtumsschichtung. Ein Weg zur Neuwertung bauchtümlicher Erscheinungen des Odenwaldes an Fasnacht und im Mittwinter auf rassischer Grundlage.* In: Jahrbuch 1938 des Bayerischen Heimatbundes. S. 42ff.

66）Ders., *Mittwintergestalten und Mittwinterumzüge. Bildaufnahmen von 1938/39* (Maschienenschrift, ohne Zahlung); そこに掲載された次の諸形姿の写真へのキャプションを参照、「リームバッハ（地名）の毛山羊と干草用熊手の聖別」(Bollischbock

u. Gabelweih im Rimbach)、「レルツェンバッハの角のニッケルあるいは毛山羊」(Hornersnickel oder Bohlischbock im Lorzenbach)、「ガーデルンの角のニッケル」(Hornerschnickel in Gadern)、「ザイデンブーフ、グラートバッハ、エレンバッハ、コルムバッハにおけるクリスマスの巡遊」(Weihnachtsumzuge von Seidenbuch, Gladbach, Ellenbach u. Kolmbach.) ― ［訳者補記］以上のキャプションを付した写真で紹介された冬場の異形扮装者の行事はヴィンターの創作であることが後に判明した。

67) 写真は次を参照、In: Jahrbuch 1937 des Bayerichen Landesvereins für Heimatschutz. Nr. 183; 次を参照、Hans Moser, *Brauchtum. Zu Darstellung und Forschung*. Ebd. S. 46ff., S. 49.

68) 郷土の文筆家オイゲーン・フープリヒが創った放言詩「バイエルン森(ヴァルト)の精霊降臨節の騎馬」(Eugen Hubrich, „*Da Pfingstlrid*". In: Der Bayerwald, 29（1931）, S. 68ff.）は、このプフィングストルを教会系の精霊降臨節の騎行と結びつけて、念願通りの由緒を付与した。次は、そのなかの数節である。

　〈……
　見よ、遥かなる昔より
　ケッツィングのシュトービュにて催されし騎馬の催しを
　往時なれば、そは異教の耕地巡りにて
　キリスト信徒の喜ぶところにはあらざりき
　ケッツィングの人々はキリスト教徒となる意向を示す。これを受けて、神父と称される一宣教師が次のように歌う。
　《……早晩、我らは
　ヴォーダンとその鳥とは縁を断たうぞ］
　往時のケッツィング人の顔を顰めて申すには
　《何卒、プフィングストルを引き回し
　毎度のごとく水中に放りこむのを
　許しては下さりませぬか》
　神父の答へて言ふには、《何と申す、それは断じてならぬこと
　聖書にはさやうなことは書かれてはおらぬ故》
しかしプフィングストルとその騎行なくしては、ケッツィングの人々にはキリスト教もとうてい満足のゆくものではない。そこで神父は譲歩し、この行事をキリスト教化する。
　神父は自ら馬に跨りて、馬匹を祝ぎ
　己の遭へる異教人のいずれにも祝福を与ふれば

ハンス・モーザー　民俗学の研究課題としてのフォークロリズム（1964）

　　ケッツィング人はホルンを吹き鳴らし
　　プフィングストルを囲みて
　　踊りをなし、果てはカイター川に放りこみ
　　鞭振り鳴らして、悪霊を逐ひ払ひたり
　　然る後に、イエススの登場となるべく、行事は厳に守られたり〉
　大変美しい詩作品で、この後には、精霊降臨節騎行の歴史が歌われるが、いかにももっともと思わせるもので、あれこれの史実が取りまぜられている。しかしこの地の精霊降臨節騎行そのものは、ずっと後に始まったのである。また少女と少年各一人を美徳を発揮したとして表彰する"Sittenfest"（仕来りの祭り）は19世紀に付加されたものながら、これまた早い時期に成立したことにされている。総じて、行事解説をめぐる仮説がポピュラーなものになった古典的な事例である。

69) Hans Moser, *Von Volksfesten und Volksbrauchen in unserer Zeit*. In: Schönere Heimat, 40 (1951), S. 67ff.

70)〈戸叩き〉（Anklopfen）と〈星の歌唱〉（Sternsingen）との融合は民俗行事の歴史からは間違っているが、その融合の下で〈物ねだり習俗（行事）〉（Heischebrauch）の伝統が慈善に役立ってきた一面もある。ミュンヒェンでは、数年前に「我ら、来たり、問いたり、（戸を）叩きたり」（Wir kemma, wir fragen, wir klopfa o）のモットーの下に「隣人」(Komitee „Gute Nachbarschaft")が設立された。つまり、物ねだり行事を新しい形態で再興しようとする団体である。また、周知のように、特定の銀行口座に50マルク、あるいはそれ以上を払い込んだ人には〈12月6日から20日までの間の夕暮れ時に「クレーメンス＝マリーア・ホーム」Clemens-Maria-Heimから3人の星の歌唱者と一隊の児童コーラスが訪問にやって来る。またそのときには住まいの入り口で待降節の飾り輪の蝋燭のひとつが灯される。市役所の「戸叩きオフィス」（Klöpfel-Büro）では、……常に寄付を受け付けている。〉　この他、約10年前に、あるジャーナリストによって取り上げられた"Sterndlsingn"（星の歌唱）という形態があり、それ以来よく歌われるが、それほど古い資料に基づいているとは言えない。これなども、伝承を民衆の間に一層行き渡らせようとする点では、フォークロリズムの趨勢に沿っている。

71) SZ v. 14. 11. 1962 und v. 11. 11. 1963.「マルティーン騎行」（Martinsrit）は1947年にペットシュタット（Pettstadt / Oberfranken）に導入され、さらにヴュルツブルクでも取り入れられたのは、あきらかにその直後であった。参照、Zs. Frankenland, 12 (1960), S. 198.；なお、故郷を逐われた人々によって行事が移植されることは、大都市では稀である。――もっとも、例外として、ミュンヒェンのファッシングには、「ザーツ人の胡瓜のパーティ」(Gurkenball der Saazer ザーツ出身者によるダンス・パー

ティ）が加わった。しかし地方の移住地では、伝承文化財が同郷人グループによって維持される限りでは、伝統保存とフォークロリズムの境界は、他の場合よりも却って鮮明である。参照、Alfred Karasek-Langer, *Brauchtumswandel in Bayern durch den Zustrom an Heimatvertriebenen*. In: Jb. f. Vk., 1953, S. 118ff.

72) SZ v. 15. 2. 1963.、また「ファーレンティーン（バレンタイン）の日」（Valentinstag）には行列が行なわれる。商業会からは、この日は誰もが贈り物をする日であるとして新聞紙上などで派手な宣伝がなされているにも拘らず、ミュンヒェンではこの行列以外には余り大きな意義をもつに至っていない。

73) ミュンヒェンで醸造業者が占めている位置については、これを扱った新聞記事は大変多い。フォークロリズムの目玉（Folkloristicum）はここでは五月樹（Maibaum）にあって、それは「醸造者の日」（Brauertag）に設営されて、十月祭（オクトーバーフェスト）まで残しておく。この習俗は、ミュンヒェンの昔からの中心部では従来行なわれていなかったが、1962年に新たに導入されてからは、広場に犇く屋台店のさまざまな匂いが漂う上空に、強烈なアクセントのデコレーションとなっている。驚いたことに、昔からの地元の風習である五月樹の盗み取り（Maibaumstehlen）が最近ここでも起きた。まだ飾り付けをすませていない長さ30メートル、重さ25ツェントナー（1Zentnerは50kg）の大木をミュンヒェンの歯科医2人が村の青年に手伝わせてフライジング近郊マッセンハウゼン（Massenhausen bei Freising）まで引きずっていったのである。その第一報は『午後新聞』（Abendzeitung）が1964年5月4日付けで伝えた。この事件を、市当局は皮肉に、ミュンヒェン醸造者組合は当然にも幾分腹立たしげに受けとめた。このいたずらが、組織的なものであったかどうかは、これまでのところ判明していない。大木は、ビール1000リットルで買い戻されることになっており、それで得られる収入は、マッセンハウゼンでの「バイエルンの夕べ」の費用と貧しい人たちのために充てられる予定と言う。

74) にも拘らず、まったく商業化された行事模倣の諸形態も登場する。たとえば〈サンタクロース〉（Nikolaus-Weihnachtsmann）の出で立ちがそうであり、それは贈答品業界の宣伝屋やデパートのドアマン、また実入りのよい学生アルバイトになってしまった。アメリカには、サンタクロースの専門の訓練所まであるらしい。

75) これに関連して言えば、大都市のフォークロアと呼ばれるものは、概してどれも朗らかである。要するに、外部の人々を獲得する上での地元のアトラクションという必要性になっていることが多いのである。それは、かつてパリのフォークロアについても言われ、「フォリエ・ベルジェール」（Follies Bergere ［訳者補記］パリの著名なキャバレー）もそうした側面から解釈されたものである。同様にハンブルクのフォークロアについても、この数年間ザンクト・パウリ（St. Pauli ［訳者補記］

ハンス・モーザー　民俗学の研究課題としてのフォークロリズム（1964）

ハンブルクの歓楽街）の〈やくざ酒場〉（Nepplokale［訳者補記］法外な値段を吹っかける悪徳酒場）に対する非難や、逆に若干の擁護論が姦しくなったときにも、同様の脈絡がみとめられた。そうした歓楽街では——パリやハンブルクだけでなく、他の町の歓楽街にも当てはまるはずだが——ヘルマン・バウジンガーの言い方を借りれば、〈Binnnenexotik（内部エキゾチシズム）〉とでも言うべきものが見受けられる。また、そうしたときに、プログラムに組み込まれることが多いのは、これまた高地(オーバー)バイエルンのフォークロアである。因みに、この種類に属するもので刺激的な事例は、ケスラー双生児（Zwillinge Kessler）である。姉妹の輝かしい初舞台は、デュッセルドルフのナイトクラブであったが、そのとき姉妹は、バイエルンの若衆の出で立ちで革ズボンを穿き、頬平叩きの男と組んで、有閑客を興奮の渦に巻き込んだのだった。

76）この名称は、彼らの溜まり場、かつて「カール・ファレンティーンのギャラリー」（Karl-Valentin-Musäum）の塒でもあったイーザル門（Isartor）の塔の一つであったことに因む。［訳者補記］カール・ファレンティーン（Karl Valentin 1882-1948）はミュンヒェン出身で、同市で活躍した喜劇タレントで劇作家。

77）伝統文化が、定評のあるさまざまな民俗音楽・歌曲グループによって提供されているが、そうしたグループでは新しい楽器であるキームガウ・アルプスホルン（Chiemgauer Alphorn）が欠かせぬものとなっていることがある。あるいは19世紀のミュンヒェンの民衆歌謡者たちのレパートリーのなかから、かつて絶大な人気を博した作品を歌うこともある。しかし特に多いのは、身近な世界で新しく作られた民俗的（フォルクステュームリヒ）な作品、とりわけ民衆劇のなかの歌いものである。たとえば、初期のクラブ劇場（Vereinstheater）においてモーリタートのスタイルで演じられた大盗人バイエルンのヒアズル（Bayerischer Hiasl［訳者補記］1791年に刑死）の物語から見せ場を抜き出したり、またクリスマスの時期なら〈バイエルン風クリッペ劇〉（Bayerisches Krippenspiel［訳者補記］クリッペは飼葉桶の意で、転じてキリスト誕生の場面を指し、クリッペ劇はそれを再現する演劇）やバイエルン風ヘロデ王劇に、戸叩き人（Klopfler）と星の歌唱者（Sternsinger）による幕間物を組み合せるといった具合である。ファッシングに際しては、かつての〈山羊皮弾劾〉（Haberfeldtreiben［訳者補記］村社会の私的な制裁の一種で性犯罪などで秩序を乱した者を大勢で変装して苛める）を念頭においた弾劾者のダンス・パーティー（Habererball）が催された。〈キッチュ葉書〉（Kitschpostkaraten［訳者補記］俗受けするデザインの絵葉書）の見本展でも、フォークロリズム的な諧謔のモチーフが優勢で、たとえばヨーデルを歌う豊満な牧婦たち（背景にアルプスの夕焼けが取り合わせられることもある）のテーマは〈アルプスの牧場は罪知らず〉（Auf der Alm da gibt's

435

資料の部（フォークロリズム概念の成立をめぐるドキュメント）

koa Sünd）であり、さらに、あの手この手の〈窓辺の訪れ〉（Fensterln［訳者補記］若い男が女性をひそかに訪れること、またそのときに歌う詞章や音楽）も見受けられる。もっとも、こうしたジャンルは、たしかにバイエルンでしか見られないものであろう。しかし、生真面目な絵葉書がロマンティックなフォークロリズムであるのは、どの地方でもその事例あるであろう。すなわち、それぞれの土地の風趣や広い景気を背景に、博物館入りになって久しい民俗衣装をまとった人物を文字通り絵のような点景としてあしらったものなどである。

78）SZ v. 22. 9. und v. 25. 9. 1961.（後者には写真が付いている）。ジャーナリズムならではの磨きのかかったこの種の注解は、風土的諧謔の格好のテーマであるが、ここでは載録できないのは残念である。

79）しかし民俗性の市民的な楽しみ方の点では、これは、典型的であろう。ともあれ、こうした取り混ぜは、既に19世紀のミュンヒェンの社交クラブでも見受けられた。また後にはヴァイス・フェルドル（［訳者補記］Weiß Ferdl 1883-1949 生アルトエッティング没ミュンヒェン　ミュンヒェンで活躍したコメディアン・歌手　ミュンヒェンのヴィクトリアン広場に銅像）のプログラムにも入った。フェルドルの成功は、彼が昔ながらのバイエルン気質を飾り気なく体現していると見えた点にあった。しかし同時に、彼が、ありとあらゆる分野からの寄せ集めや綯い交ぜによって、大方の観衆が昔ながらのバイエルン気質とみなしているものを作り上げていたことにも、その成功の一端があったのである。

80）参　照、J. J. Rousseau, *Die neue Héloise*. Leipzig 1761, S. 110ff. ; Richard Weiss, *Volkskunde der Schweiz*. Erlenbach / Zürich 1946, S. 118ff. ; またチロールについては次のリールの著作に、冗談めいた、しかしうんざりするような旅行メモが書き留められている。W. H. Riehl, *Land und Leute*. 3. Aufl. Stuttgart und Augsburg 1856, S. 61. :〈チロールの村々と言えば、昔は街道を作る際、山裾ではなく、故意に山越えにしたものだとの風評がある。つまり、旅行者とその所持金をできるだけ長くその土地にとどまらせ、また馬を使う人々には言うがままの乗り賃を払わせるためである、と言う。〉

81）この点では、夏季休暇における都市と地方との出会いの歴史を論じなければならないところである。その種の材料はアルプス地方だけでも山ほどあるが、実際には論じたものはなかなか見当たらない。

82）Eugen Roth, *Brauchtum oder Gaudiburschen*. In: Schönere Heimat, 33（1937）, S. 96ff.

83）Franz Weyr, *Der Seppl, Held der krachledernen Volksdramatik*. Abgedruckt In: Unbekanntes Bayern（Sendereihe des Bayerischen Rundfunks）Bd. 6, Munchen 1961, S. 260ff.

ハンス・モーザー　民俗学の研究課題としてのフォークロリズム（1964）

84) SZ では 1955-1963 年間に 13 回取り上げられた（その多くは写真が添えられている）。指相撲が 100 年ほど前に高地バイエルン（オーバー）の飲食旅館でどのように行なわれていたかについては、カール・シュティーラーがまざまざと描写している。参照注5), S. 156ff.

85) アイジングの人々は、昔から続いてきた牡牛に乗って競走する行事を今も 4 年ごとにファッシングに際して行なっており、そうした本物のアトラクションにも事欠かないことを考えると、かかる着想に至ったのは、まことに注目すべきことである。参照、SZ v. 4. und 5. 4. 1960 及び 3. / 4. 3. 1962.

86) 伝統的な射撃の王様が奇妙な競争相手をもつようになったのは、この地だけのことではなく、アルゴイ（Allgau）でも同様である。後者からは、〈髭の王様〉（Bartkönig）が出現した。種々のコンクールにおける女王の種類の著しく増えた。バート・キッシンゲン（Bad Kissingen）の〈薔薇の女王〉、高地（オーバー）オーストリアのアウスゼー（Aussee）の〈水仙の女王〉から、ミュンヒェン近郊イスマニング（Ismaning bei München）の〈キャベツの女王〉やフランケン地方の〈胡瓜の女王〉に至るまで、まことに多彩である。ミュンヒェン近郊ケーファーロー（Keferloh bei München）には、15 世紀に遡る馬市が伝わっており、すこぶる農村的な特色を保持しているが、数年前からはジャズ・コンクールが企画され、さらに最も見事な脚線の持ち主に賞品を出す行事も始まった。その上、最近では、五月樹の女王と 2 人の付き添いの宮廷婦人まで選出するようになった。

87) SZ v. 13. 6. 1961. : アルゴイでは牛鈴が最も人気のある土産品になっている。それらは大量に生産され、買った人は、ゴング、食卓鈴、ドアの呼び鈴などに用いる。なおアルゴイの農民の苦情を付言すると、牧場の牛鈴が盗まれるケースが増えていると言う。

88) 参照、注 1 : S. 202ff. それによると、この村は、ヴァカンスの時期には常に 2 千人の滞在客を数える。

89) SZ v. 23. 6. 1959（予告）及び v. 1. 7. 1959: これは行事保存としては珍しい形態であるが、これについては 7 月 1 日の記事が、民俗衣装クラブの会長の挨拶を載せている。すなわち、羚羊ハンターの伝統を称揚することは、野生の羚羊が日ごとに病気に冒されている今日、一層意義があると言うのである。また「第 3 回バイエルン＝オーストリア羚羊毛ショー」の模様を伝える SZ v. 6. 6. 1961 は、800 マルクもするこの毛飾品の手の凝った製作工程を詳しく報道した。加えて、グロテスクな出来事も起きた。羚羊毛が天候にすこぶる敏感であるところから、祭り当日は雨天だったため、持ち主はそれを帽子に差さず、油紙に包んで内ポケットに入れて持参したのである。

90）高地バイエルンの山地衣装が復興されたとは言え、これが元になって、他の地方でもこうした根生いの衣装に想いを致す動きにはならなかった。結果は、むしろ、この高地地方の衣装が強い波及力を発揮し、バイエルン低地地方をはじめ各地で、辛うじて残っていたそれぞれの土地の民俗衣装を駆逐してしまった。参照、H. Stockmann, *Unsere Vereinssammlung*. In: Bayerischer Heimatschutz, 16 (1918), S. 37. ; やがて、オーバープファルツ、フランケン地方、シュヴァーベンでも民俗衣装クラブが結成されたが、いずれの場合も着用されたのは、高地バイエルンの山地衣装であった。かくして、フォークロア的なコスチュームの単一化が起きたのである。1930年代には、これらの地方でも、時代に相応しいあっさりした独自の衣装を〈再生〉させようとの運動が起きたが、従来の衣装団体の強い抵抗に遭うなどして、徐々に浸透したのみで、結局、諸団体や音楽隊が祭りのときに着用するパレード衣装となるのが精々という有様であった。他方、これらの衣装はバイエルン高地地方でも、もはや日常服とはならなかった。しかし、他方、今日ではどこを見ても、民俗衣装グループは、祭りの行列やカトリック教会地域での行列に登場するだけではない。各種の国際的な展示会や著名な訪問客の歓迎行事や政治的な性格の記念行事などに際しても姿を見せている。

91）「ドイツふるさと同盟」(Der Deutsche Heimatbund) は1962年にフライブルク (Freiburg im Breisgau) で大会を開いたが、そのときのテーマは〈観光保存〉であった。そのなかの最も重要な報告は同会の1962／63年の年報に掲載された。1963年には、この課題のためにワーキング・グループが、キリスト教両派から神学者を呼んで「民俗慣習と司牧」のテーマでディスカッションを企画した。なお民俗慣習に新たな宗教的土台をあたえようとの志向は、次の記念号に見られる。参照、Mitteilungen d. Vereins f. niedersächsisches Volkstum, 39 (1964), S. 9.

訳注

p. 364〈まあ、フォークロア的なものだね〉：原語は"folkloristisch"で、"Folklore"の形容詞形。同時に、ここから名詞形として"Folklorismus"を想定することも可能である。〈フォークロア〉という言葉自体が学術語であり、土地の古老がそれを口にしたということは、すでに民間の伝承者の間に民俗学を指す〈フォークロア〉や〈フォルクスクンデ〉という学術語彙が定着していること示している。日本語に置き換えると、素朴と見えた伝承者が、〈民俗学だよ〉と答えたというところであろう。

p. 364 民衆体（フォルクストゥーム）："Volk"の派生語として1810年にフリードリヒ・ヤーンによって造語された。ナショナリズムの性格が強い場合には〈民族体〉、そうでなければ〈民衆体〉として訳者は訳し分けているが、ドイツ語では同一である

ため語義を厳密に特定せずに使われることが多く、混乱の要因となっているのはドイツ民俗学の弱点でもある。

p. 364 民俗文化（民衆文化）（Volkskultur）：1950 年代から使われるようになった用語であるが、多義的であり、ここでは民俗文化と民衆文化の訳し分けをした。

p. 366 『ドイツ民俗地図』：ヴァイマル時代末期に企画され、1937 年から刊行が始まった大規模な企画。西ドイツで 1950 年代から企画が継続されて 1970 年代に完成した。

p. 371 今日は十二夜……：原文は "Heit is Rauhnacht / Wer hat's aufbracht? / A oida Mo / hat rote Hos'n o!"

p. 371 一番長夜のルッツが来れば……：ルッツは聖女ルチア（hl. Lucie）を指す。

p. 372 ペルヒテ（方言では〈ペルシュト〉）：冬季に種々の仮装であらわれる扮装者がしばしば仮託されたされた神話的な存在で、老婆の姿であらわされることが多い。

p. 373 風呂小屋（Badstube）：アルプス地域の村々では、火災への用心から、人家の並ぶ場所から少し離れた場所の多くは川沿いに、サウナ式の共同の風呂小屋を設けてきた。そこはまた亜麻を乾燥させる場所でもある。今日では、昔を忍ばせる風物である。

p. 374 粗皮の夜（Rauhnächte）：語意については幾つかの解釈がある。〈煙でいぶす〉ないしは教会堂の香炉によるお清め（rauchen）や〈燻製にする〉（räuchern）などがあるが、後解の性格があり、むしろ〈あら皮〉ないしは〈粗毛〉の意の "rauh" とする説にここでは従う。冬季の節目の諸日（十二夜の期間など）に粗皮などで変装した者が村内を徘徊、家々をたずねて物をねだり、またときには乱暴をはたらく。多くは若者組であり、南西ドイツなどで〈毛皮のマルテ〉（Pelzmärtel）などで呼ばれる仮装者とも重なる。マルテは聖マルタンを語源とする。キリスト教以前の信仰や風習に遡らせる見解もあるが証拠を欠き、またそれを想定しなければ説明ができないわけでもない。待降節とクリスマス（サンタクロース）に整えられる前には、各地でみられた風習であった。

p. 376 〈クラウプアウフ〉（Klaubauf）あるいは〈クラムプス〉（Krampus）：聖ニコラウスの日（12 月 6 日）にニコラウスに従って登場する奇怪な扮装者。"Kaupauf" は、子供たちを "aufklaben"（つまみ上げて、掻き集めて）袋に入れる、"Krampus" は犠牲を引きさらう "Klaue" ないしは "Kramperl"（鉤爪）に由来するなどと解されるが、諸説がある。

p. 376 ルイ・トレンカー（Luis Trenker 1892-1990）：南チロール（元はオーストリア、現在はイタリア領）出身の映画監督、小説家。アルプスの山々を舞台にした多くの作品を作った。

p. 377 マリー・アンドレー＝アイゼン（Marie Andree-Eysn 1847-1929）：Horn に生れ、

ベルヒテスガーデンに没した民俗研究者。人類学者・民俗研究家リヒャルト・アンドレーのと結婚した。特に宗教民具をはじめ広く物質文化の面からの民俗研究の定礎者。その収集にかかるコレクションはプロイセン王国に寄贈されたが、第二次世界大戦末期の混乱で行方不明になったものも多いが、奉納画額（絵馬）などが保存されている。

p. 378 ピンツガウの踏み踊り団（Pinzgauer Tresterer）：ピンツガウはオーストリアのザルツブルク州の郡名。その地方でファスナハトに特殊な足踏みで徘徊する扮装者。

p. 380 藝術家ファッシング（Küstler-Fasching）：ミュンヒェン在住の藝術家たちがファッシングに際して一団の扮装者となって参加するのは著名な風物。

p. 382 ミッテンヴァルトのヴァイオリン博物館（Geigenmuseum in Mittenwald）：ミッテンヴァルトはアルプス山麓の小市。マティーアス・クロッツ（Matthias Klotz 1653-1743）がイタリアのバイオリン製作の名匠ニコロ・アマーティ（Nicolo Amati）のもとで修業をした、その技術を導入した。彼の子供たちがそれを継承し、ドイツでのてバイオリン製作の中心地となった。博物館は当時クロッツが住んだ家屋である。

p. 382 鈴振り人（Schellenrührer）：鈴を身体につけた仮装者。これ以外にも種々の呼び方がある。鈴はいわゆる〈阿呆〉（Narr 種々のはみ出し者への呼称）の決まった持ち物で、道化師の鈴や牛鈴とも重なる。現代に近づくにつれて、鈴を目立たせるために、大きく、またつないでたすき掛けとすることが多い。

p. 382 装飾ペルヒテ（Zierperchten）：特にザルツブルク地方でファスナハトに登場する多種多様なペルヒテを指す名称で、学名の性格が強い。

p. 382 エッフェルトリッヒのファザレッケン（Effeltricher Fasalecken）：高地フランケン地方の小市エッフェルトリッヒでファスナハトの日取りに行なわれる仮面扮装者。

p. 383 ドルフェン（Dorfen）……**下着野郎**（Hemadlenz'n）：ミュンヒェンに近いドルフェン市でファスナハト行事の本格的な開始である〈馬鹿の木曜〉、（unsinniger Donnerstag）すなわち灰の水曜の前週の木曜に行なわれる異装の群衆を指す。語源は下着（Hemd）と男性名ローレンツ（Lorenz）を組み合わせたもののようである。布地で作ったトレーニングパンツ様の緩くズボンで身体を包むのが特徴である。今日では揃いの装いであるが、元は簡便で、また外出には向かない下着を着けて価値の転倒を表したようである。その木曜の呼び名としては〈汚れた木曜〉（Schmotzigen Donnerstag／Schmotziger Dunschtig／Schmotziga Dorschdich／Schmotziga Dauschteg）なども行なわれている。

p. 383 行かれ騎士の舞踏会（Damische Ritter-Ball）：ミュンヒェンのファッシング（カーニヴァルに当たる）に 1950 年から加わった扮装者。

p. 384 ボーデン湖畔の夜着羽織人の行列（Hemdglonker）："Hemd"（シャツ）、„Glonker"

は„Klunker"の訛りで、シャツのままで外をうろつくことを指している。上記の下着野郎(Hemadlenz'n)もそうであるが、ファスナハトなど特定の日取りに通常の秩序への反対原理をもって行なわれた異装の基本は、誰にも手近にあって、しかも外出には不適切な下着を被ることであったというのが、ハンス・モーザーの説である。

p. 384 高地バイエルンの山羊皮裁判（Haberfeldtreiben）：語義は諸説あって、この訳語は確定的ではない。村落での伝統的な制裁で、正体を隠した扮装者（Haberer）が、村落の規則や風紀を乱した者を夜中に襲い、堆肥車に立たせて、罪状を読み上げる（伝承的な韻文を含む）。主に性的な不始末を犯した男性に対しておこなわれたとされるが、また濫用もされ、19世紀後半には度々禁令の対象となった。

p. 387 民のいとなみ（Volksleben）：ドイツ語の"Volk"は、人間が生得的な紐帯で一個の生命のような共同体となっているとの独特の意味合いをもっており、それに〈いのち／いとなみ〉を併せた合成語として、これまた個体原理に対立する人間観とつながっているところあり、しかも"Volksleben"こそ民俗学の本来の対象であるとの考え方が行なわれきた。またその特殊な意味合いの故に、戦後の批判的な見当のなかでは議論の的ともなったきた。ここでは、それをふまえた文脈となっている。

p. 388 クリスチアン・ヴァイセ（Christian Felix Weise 1726-1804）：筆者が訂正しているヴァイセは、啓蒙主義時代の劇作家の一人で、ジングシュピールの分野のパイオニアのなかでは最も重要な位置にある。

p. 388 旧バイエルン（Altbayern 古バイエルン）：バイエルン州のなかで、バイエルン族（ボイイ人）の故土と漠然と考えられてきた地域、あるいは19世紀半ばまでのバイエルン王国の版図であった地域をほぼ指している。オーバーバイエルン、ニーダーバイエルン、オーバープファルツ合わせた南部を指す。

p. 390 ローレンツ・ヴェステンリーダー（Lorenz Westenrieder 1748-1829）：ミュンヒェンに生没した歴史家。

p. 392 ルートヴィヒ：後のバイエルン国王ルートヴィヒ1世（Ludwig 1786-69 国王在位 1825-48）、皇太子時代に挙行されたその結婚祝いの祝賀行事（1810年）がミュンヒェンのオクトーバーフェストの出発点になった。

p. 385 ミースバッハの民俗衣装（Miesbacher Tracht）：ミースバッハのミュンヒェン郊外の村で、民俗衣装の着用が続いていることで知られるが、それはすでに20世紀に入った頃から民俗文化保存の運動を取り入れたことに起因し、また今日では観光資源でもある。

p. 394 シュナーダーヒュプフル（Schnaderhüpfl）：オーストリア、スイス、南ドイツに広く行なわれている歌い物の一種で、三行謡形式。"Schnitthüpfen"に由来する。若い男性が思慕する女性の家を訪れて外から歌いかける〈窓辺の歌〉どもしばしば同

資料の部（フォークロリズム概念の成立をめぐるドキュメント）

義である。

p. 394 フランツ・フォン・コベル（Franz von Kobell 1803-82）：ミュンヒェンに生まれ没した鉱物学者で、傍ら方言による詩作を得意とし、特に狩猟を取り入れた作品において精彩に富む。2008年に封切られたユーモア映画『鉄砲鍛冶カスパル物語』（Die Geschichte vom Brandner Kaspar　監督 Joseph Vilsmaierseph）はコベルの方言詩の脚色である。

p. 394 1825年から活動を開始したチロールとシュタイアマルクの「アルプス歌唱者」（Alpensänger）：チロールとシュタイマルクのアルプス歌唱者：ロマン主義思潮のなか、アルプスがエキゾチックな景観の地として憧れの対象となり、また歌唱クラブが各地に成立するなど歌唱が市民的な結集とのモチーフとなるなか、アルプスの民謡をうたうことを看板に掲げる歌謡グループが出現した。その最初の一つで最も有名なのはチロール州ツィラー谷のライナー兄妹であった。その成功を見て多数のアルプス歌謡者が活動を始めたが、そのさい、アルプスらしさの指標として、歌い手がスイスの出身、あるいはオーストリアの特にチロールとシュタイアマルクの出身であることが謳われた。なかには、実際にはその地方の出身ではないことが判明して物議をかもしたグループもあった。なお民謡の世界公演ではパイオニアの位置にあるチロール出身の初代ライナー兄妹については、本書所収の「ナショナリズムとシニシズムの彼方」の当該個所を参照（p. 308ff.）。

p. 395 ミュンヒェンのゲルトナー広場の劇場（Theater am Gärtnerplatz）：ミュンヒェン市内のイーザル川東岸の下町の盛り場の中心地で、また庶民的なオペラ座でも知られる。

p. 395 マクシミリアン・シュミット（Maximilian Schmidt 1832-1919）：バイエルンのエシュルカム（Eschlkam/Künisches Gebirge）に生れ、ミュンヒェンに没した郷土作家。

p. 395 ルートヴィヒ・ガングホーファー（Ludwig Ganghofer 1855-1920）：バイエルンのカウフボイレンの出身で、テーゲルンゼーで没した作家。〈ふるさと小説〉の代表者として知られる。

p. 397 ミヒァエル・ハーバーラント（Michael Haberlandt 1860-1940）：ハンガリー西端アルテンブルク（Ungarisch-Altenburg）に生れ、ウィーンに没した民族学者。インド学者。学術界の実力者で、オーストリア民俗学会を設立し、またオーストリア民俗学博物館を創設した。

p. 397 ヴィルヘルム・ハイン（Wilhelm Hein 1861-1903）：ウィーンに生れ没したエスノローグ、オリエント研究家。

p. 397 ヨーゼフ・デュニンガー（Josef Dünninger 1905-94）：生 Großmannsdorf bei Hofheim / Unterfranken（バイエルン）没 Würzburg, ヴュルツブルク大学で民俗学を講じ、同大

ハンス・モーザー　民俗学の研究課題としてのフォークロリズム（1964）

学の民俗研究の定礎者。地元の宗教民俗の研究のほか、民俗学の方法論にかかわる幾つかの論考でも知られる。

p. 400 アルベルト・ベッカー（Albert Becker 1879-1957）：シュパイアに生れ、ハイデルベルクに没した歴史家・民俗研究家。ツヴァイブリュッケンでギュムナジウム教師・校長を務め、また特にプファルツ地方の民俗研究にいそしんだ。

p. 401 火起こしの日曜（Funnkensonntag）：ファスナハトの祭り火を焚き始める日で、多くは四旬節第一主日（Invocavit）がそれに当たる。

p. 401 ヨハネの祭り火（Johannesfeuer）：6月24日の洗礼者ヨハネの誕生日を日取りとして行なわれる篝火。ちょうど夏至に近い期日であるためカレンダー上でも意味が大きい。篝火の他にも多くの民俗行事や俗信の結節点となっている。

p. 401 夏始めの日の行列：夏至の前後の行なわれる祭りの行列、教会祭礼の聖体大祝日などの世俗形態として広まったと思われる。

p. 401「フェウリオ」（Feuerio）：団体名で、掛け声"Hallo"あるいは"Hollodrio"に由来する。

p. 401 ディンケルスビュールの子供組（Kinderzeche der Stadt Dinkelsbühl）：子供組と一応訳すが、〈生徒の行事〉でもよい。核になるのは学校行事の伝統である。ディンケルスビュールはバイエルン州アンスバッ郡の古い都市。そこには1500年頃にラテン語学校が作られ、その学校行事が1629年に"Schulzeche"として初めて文献にあらわれる。また同市は三十年戦争後は両宗派併存（paritätisch）となったため、プロテスタント教会のラテン語学校も設立され、そこでも学校の祭りが発達した。期日は、学校の終業であり、今日ででは7月第三月曜の前もしくは後の週末である。行事次第の記録はようやく1788年で、当時は奇想天外な仮装行列だったらしい。その後、ディンケルスビュールは短期間プロイセン王国に属した後、バイエルン王国に所属するなど変転を重ねたのと、ドイツ語圏の他所での祭りとも同じ趨勢に従い、軍隊調のユニファームを着して行進するようになった。

p. 401 カウフボイレンの舞踊祭典（Tanzelfest der Stadt Kaufbeuren）：カウフボイレンは、バイエルン州シュヴァーベン郡の都市。毎年七月末に12日間にわたって都市祭が行なわれる。核は学校祭、したがって〈子供祭り〉（Kinderfest）の性格を帯びる。伝承では祭りは皇帝マクシミリアン1世（Maximilian I 在位 1508-19）の創始によるともされる。華やかな出し物は時代祭りの行列で、皇帝に扮した役柄が登場し、さまざまな時代の衣装と、宮廷人や軍服のユニフォームによる団体の行進が、楽器の演奏をともなって行なわれる。

p. 401 ネルトリンゲンの花竿祭（Nördllinger Stabenfest）：ネルトリンゲンはバーデン＝ヴュルテムベルク州の都市。そこで春先に、棒を花で飾って練り歩く祭り。

資料の部（フォークロリズム概念の成立をめぐるドキュメント）

p. 401　レターレ（Lätare）の儀礼：四旬節第4日曜、薔薇の日曜（Rosensonntag）と称される。南ドイツ（一部では東ヨーロッパと接する地域も）では、この日に、教会の儀礼の外で、〈冬の追い出し〉ないしは〈死の追い出し〉と称して、冬あるいは死に見立てた藁人形を罪人さながら惹きまわして火炙り刑にする風習がある。それを古ゲルマン時代などキリスト教以前に遡らせる見解が19世紀末いらい行なわれてきたが、現在ではずっと後に成立したと解されている。

p. 402　「ラインの守り」（Die Wacht am Rhein）……「勝利の冠を被りし陛下よ」（Heil Dir im Siegerkranz）「我に一人の友ありき」（Ich hatt einen Kameraden）……「騎士の朝の歌」（Reiters Morgengesang）：「ラインの守り」は1840年にフランスとの軍事的緊張のなかで作られ、「勝利の冠……」は「皇帝陛下万歳」のタイトルでも知られ、「我に一人の」はウーラントの作詞で、これら三篇は愛国歌として準国歌でもあった。「騎士の朝の歌」は夭折したヴィルヘルム・ハウフ（Wilhelm Hauff 1802-27）の詩歌。いずれもドイツ人のあいだではよく知られている。なお「皇帝陛下万歳」は元はデンマーク国王への讃歌で、またイギリスの「女王陛下万歳」と重なる。

p. 402　聖霊降臨節男（Pfingtl）：聖霊降臨節は民間行事の節目でもあり、特に樹木の皮葉などで全身を覆った扮装者が練り歩く習俗がみられ、地域によって種々の呼び名がある。その原初的な外観ゆえに古ゲルマンやキリスト教会以前の信仰・俗信の延命などの見解が19世紀には行なわれたが、キリスト教会文化のなかでの生成し、やがて教会堂の直接的な管理を離れたと今日では解されている。

p. 403　ゲオルク・シールクホーファー（Georg Schierghofer 1878-1959）：トラウンシュタインに生れ、バート・テルツ（Bad Tölz）に没した郷土史家。薬剤士の生業の傍ら、トラウンシュタイン（Traunstein）とキームガウ（Chiemgau）の郷土文物にかかわった。

p. 403　レーオンハルトの騎行（Leonhardiritt）：聖レーオンハルトは特に南ドイツでは家畜を守ってくれる聖者として各地で騎馬行列が行なわれる。

p. 403　トラウンシュタインでゲオルクの騎行（Georgiritt in Traunstein）：トラウンシュタインはミュンヒェンの東南70キロの小市で、ゲオルク（英セント・ジョージ）の節目として家畜の除災・豊饒や、また古くはペストなどの伝染病を免れることを願って教会堂を中心にして騎馬行列が行なわれてきた。民俗学の分野では、古ゲルマンの聖馬信奉の名残りという解釈が1930年前後に行なわれたことでも有名であるが、その説は今日では否定されている。

p. 403　手職者による剣踊り（Schwerttanz）と箍輪踊り（Reifentanz）：剣踊りは鉱山者を始め各種の手職者団体が伝えてきた踊りで1930年頃から古い戦士集団の伝統を伝えるとの解釈が有力になったが、今日では否定されている。箍輪踊りは葡萄酒の樽作

ハンス・モーザー　民俗学の研究課題としてのフォークロリズム（1964）

り職人などが伝えてきた踊りで、今日でも民俗的な舞踏の典型としてよく演じられる。

p. 403〈千年王国〉（tausendjähriges Reich）：ここではナチス・ドイツを指す。

p. 403 世界観（Weltanschauung）：18 世紀には思想用語であったが、次第に一般語となった。今もその一面があるが、またナチス・ドイツが国民の思想教育のキイワードとしてこの語を宣伝したために忌まわし記憶を伴う面もある。ここではナチス・ドイツとの関わりで話題となっている。

p. 404〈標徴研究〉（Sinnbilderforschung）："Sinbild" はシンボル（Symbol）のドイツ語での言い方。ナチス・ドイツ時代には外来語を避けてことさらドイツ語で言い表わす傾向があった。写真を（Foto）を "Lichtbild" と言ったのも同様である。ナチス・ドイツ、あるいはその前段階の学問的風潮として、絵解きが以上に流行し、また強く意味づけられた。農民工藝における装飾や、北欧の先史時代の岸壁画などである。そららに始原の意味や人類にとっての原意を読もうとする動向で、多くは学問的には今日から見ると荒唐無稽である、学術界でも多く者が逸脱の厚薄はありながらその風潮に関わった。鍵十字（Hakenkreuz）に重い意味をみとめたのもその流れの一齣で、また異常に増幅された一例であった。

p. 405 オイゲーン・フェーレ（Eugen Fehrle 1880-1957）：ボーデン湖畔シュテッテン（Stetten）に生まれ、ハイデルベルク大学のゲルマニスティクの教授となり、また隣接学である民俗学をも担当した。タキトゥスの『ゲルマーニア』の注解をレクラム文庫版として刊行した。ヒトラーの熱烈な支持者で、ナチズム民俗学に分類される。

p. 406「歓喜力行」協会（"Kraft durch Freude"）：ナチスは政権獲得直後、労働戦線を吸収すると共に労働者の文化・余暇活動のために、この名称の組織を発足させた。海外ツアーを含めた種々のレクリェーションが企画され、積立金も奨励された。初期のフォルクスワーゲンの商品名も〈歓喜力行〉車であった（開戦のために供給されずに終わった）。

p. 407 連続性（Kontinuität）：民俗学で話題になるのは民俗事象がキリスト教以前のゲルマン時代の制度・風習や信仰に遡るとする〈ゲルマン連続性〉（germanische Kontinuität）で、19 世紀以来その考え方があり、またナショナリズムと結合した。民俗事象をキリスト教会以前に遡及させる見方はドイツだけでなく、イギリスのフレイザーにも見られ、また 19 世紀末から 20 世紀はじめにかけてヨーロッパで広くおこなわれた。しかし実証研究が進むにつれてそうした民俗事象はほとんどあり得ず、その政治性が批判がされた。

p. 408 三聖王の日の星の歌（Sternsingen）：三聖王（独 Heilige Drei Könige 英 Biblical Magi 仏 Rois mages）とは誕生から 12 日目の幼子イエススをナザレの厩に訪れて御公現

445

資料の部（フォークロリズム概念の成立をめぐるドキュメント）

（Epiphania）の現認者となった東方の三博士（Three Wise Men, Three Kings, Kings from the East）を指す。三人の訪れを模して三人の扮装者が巡回する行事は古くから知られ、また近年ではケルンを起点に再び盛んになっている。三人の前には、作り物の星をつけた棒をもつ先導者が歩む。その巡回に際の唄い物を〈星の歌〉と言う。

p. 408 マルティーニ（Martini）：11月11日を指す。この日に4世紀にトゥール司教となったマルティヌス（マルタン／マルティーン）がこの日が死んだとされる。

p. 408 1960年にはフロリアーニ（Floriani）（5月4日）が醸造者の日となった：フロリアンは伝説では上部オーストリアのロルヒ（Lorch/Ober;sterrich）に生きたキリスト者で304年5月4日殉教したとされる。その遺体は牛の引く荷車で運ばれ、牛が止まった場所が今日の教会堂であるとされる。早くから崇敬され親しまれてきた聖者で、兵士たち守護者であったほか、オーストリアからバイエルンにかけての地域では農民のあいだで人気があり、種々の効験が信じられてきた。

p. 408 樽師たち……伝統的な舞踊衣装：樽師（Schäffler / Küfer / Büttner）、ここではミュンヒェンの事例であるが、三聖王の日（御公現1月6日）とファッシングに昔の宮廷の上級家臣の服飾に近い揃いの衣装を着て、樽の箍輪をもって踊る行事は有名である。

p. 408 ミュンヒェンの醸造者組合がヴィクトゥアーリエン広場に寄贈設営した五月樹（Maibaum）：主にビール醸造業者が立てた新緑樹は今日ではミュンヒェンの名物となっているが、これはナチ時代に始まった後、戦後はいったん途絶え、ナチズムの記憶が薄れると共に、いまわしい過去とはかかわりなくデコレーションとして復活した。

p. 409 民のいとなみ：参照、p. 387への訳注。

p. 410 ミュンヒェンのファッシング（Münchner Fasching）：ファスナハトの南ドイツでの名称。ライン河沿いではカーニヴァルと呼ばれる。

p. 410 十月祭（オクトーバーフェスト）（Oktoberfest）：ミュンヒェンで毎年末に開かれる国民祭。起源は1810年にバイエルン王国の皇太子（後の国王ルートヴィヒ1世）とテレーズ・フォン・ザクセン＝昼と文化ルードルフ・クリスハウゼンの結婚を記念した催しもの。国民際（Volksfest）とは、伝統的は祭り行事が特定の身分や職団と結びついていたのに対して、すべての民衆を対象にすることを意図した形態を言い、19世紀初めからドイツの多くの領邦で取り組みが始まっていた。折から経済が沈滞してために、農業振興のための家畜品評会や競馬が取り入れられた。また皇太子の意向を反映して古代ギリシアのスポーツ祭典の要素も取り入れられ、近代オリンピックに繋がった面がある。以後、僅かな中断を経て1829年からはミュンヒェン市が企画するようになった。今日ではドイツで最大の参加者を誇る祭りとなっている。

ハンス・モーザー　民俗学の研究課題としてのフォークロリズム（1964）

p. 410「塔の文人たち」（Turmschreiber）：1959年にハンス・フォーゲル（Hanns Vogel）を中心に41人で結成され、ミュンヒェンにイーザル門の左側の塔を拠点としたために、この名称で呼ばれた。

p. 410 ヴィリー・ミロヴィッチュ（Willy Millowitsch 1909-99　生没ケルン）：ケルンを中心に活躍した舞台俳優で、映画やテレビにも出演・製作した。18世紀の人形劇団に始まる俳優一家の6代目にあたり、父親がケルンで劇場を経営していたのを引き継いで発展させた。一時期、ミュンヒェンのプラッツル演藝場にも出演した。ケルンの私設劇場であるその「ミロヴィッチュ劇場」は、現在、息子のペーターが運営している。

p. 410 愉快なゼップルたち（Seppl）：バイエルンっ子の愛称。

p. 411「プラッツル」（Platzl）：プラッツル広場の演藝場（Theater am Platzl）の略称。プラッツルはミュンヒェンの都心にある歓楽街の一角にある演藝場（寄席）で、1901年に開設され、1999年に一世紀間の幕を閉じた。民謡歌手の活動場所であると共に、バイエルンの民俗衣装や伝統を取り入れてユーモラスに仕立てた出し物が多く演じられた。

p. 411 モーリタート（Moritat）：18世紀から19世紀に流行した街頭歌謡藝人が歌ったバラードで、特に殺人事件など猟奇的なテーマを扱うものを指す。

p. 412〈メルヒェン王〉ルートヴィヒ2世（Märchenkönig Ludwig II. 1845-86 バイエルン王在位1864-86）：早くからロマン主義にひたり。バイエルン王として即位すると、音楽家ヴァーグナーを招聘したが、周囲に反対されて遠ざけ、それも一因となって現実から逃避した。普墺戦争でオーストリア側に立って敗戦を味わい、さらに夢想を強くし、中世に憧れ、ルイ14世を倣おうともして、ノイシュヴァンシュタイン城のような時代錯誤の山城を建設し、またヴェルサイユ宮殿をまねてヘレンキームゼー城を建設するなど浪費に走った。1886年6月12日に廃位され、翌日6月13日にシュタルンベルク湖畔で医師と共に水死体で発見された。その夢想家の生涯には同情と共感を呼ぶところがあり、今日も人気を保ち、浪費とも見えた建築物は観光スポットとなっている。

p. 412「猟師イェンナーヴァイン」（Wildschütz Jennerwein）：18、19世紀に多く行なわれた義侠心に富む密猟者・無頼者をめぐる語り物の主人公。ロビン・フッドに似ている。

p. 413 お笑い青年団（Gaudiburschen）：各地で結成された素人っぽいコメディアン・グループの類型名称。

p. 414 リヒァルト・ヴァイス（Richard Weiss 1907-62）：民俗学者。チューリヒ大学教授。スイスの主にドイツ系民俗学の中心人物で、主著に『スイスの民俗』(Volkskunde

447

der Schweiz. 1946)は、第二次世界大戦後に民俗学の再建にも一般的な指針となった。多くの谷間から成るスイスの地形に照応する多種多様な家屋形態にも注目し、家屋研究にも大きな足跡を残した。

p. 414 ふるさと映画（Heimatfilm）:〈ふるさと〉への愛着や見直しに重点をおいた映画の種類で、特にアルプスの自然や風物が典型的な〈ふるさと〉として描かれることが多い。人気作として代表的なものの一つに『鷲娘ヴァリー』（Die Geierwally）があり、その二回目の映画化（1940）では女優ハイデマリー・ハタヤがヒロインを演じた（2003年にもリメイクされた）。ドイツ映画のなかでは製作本数は少なくないが、世界的な名画となった例を見ないとも言える。強いて言えば、ムルナウ（Murnau）の監督作品『ファウスト』（1926）やレニ・リーフェンシュタール（Leni Liefenstahl）主演のアルノルト・ファンク（Arnold Fanck）監督作品『聖山』（1926）などがそれに含められることがある。

p. 418 カール・ヴァインホルト（Karl Weinhold 1823-1901）:ゲルマニスト、民俗学者。低地シレジアのライヒェンバッハ（Reichenbach）に生れ、ベルリンに没した。ドイツ文献学を学び、グラーツ、キールなどの教授の後、ベルリン大学へ移った。ベルリン民俗学クラブを組織し、これを基礎にドイツ全土の民俗学関係の研究クラブや愛好会の統一的な組織としてドイツ民俗学連合協会（今日のドイツ民俗学会）が1901年に発足させる土台を作り、またそれに先だって機関誌を1898年に発刊した（今日の学会機関誌）。グリム兄弟と人脈的に連なる最後の世代でもあった。

ヨーロッパ諸国の
フォークロリズム

——ドイツ民俗学会から各国へ送付されたアンケート

著者：ヘルマン・バウジンガー

1969
翻訳
1990

はじめに

　以下に載録するのは、ヨーロッパ各国の民俗学の代表者15人ほどに送付されたアンケートである。そのうち、ただちに回答を得たのは5通であった。他の多くからは、後日、回答したいとの返事がとどいた。これらを後に『民俗学誌』に掲載するかどうかは、目下は未定である。いずれにせよ、差し当たっては、包括的なドキュメントとまでは行かないのである。従って、ここで示すのは、〈フォークロリズム〉が広く見られる重要な現象であり、民俗学は絶対に避けて通ることができないということである。また、この現象をめぐる特殊な条件にも注目したい——したがって、フォークロリズムの生態型研究への道案内である。

　包括的な——それは取りも直さず差異に分け入ることであるが——レジュメはここでは不可能である。しかしこの少ない報告からも、いずれにせよ、国によって条件が区々であることが明らかになる。同時にまた、並行した動きがみとめられることも判明する。これらの報告を読むドイツ人が、将来、ヨーロッパの他の諸国における偉大な〈フォークロア的な〉産物を云々するアクチュアルな情報に接するとしても、多少懐疑的になってくれればと願っている。自分たちの文化領域から遠ざかると、一般的には真実らしさが大きくなるものだが、だからとて、どのような状況でも真実そのものが大きくな

るわけではないからである。

　もちろん、この数少ない報告からだけでも、フォークロリズムの展開のなかには断層や位相のずれがあることが分かってくる。民間伝承への感傷的な関わり方の土壌になったプレ・ロマン主義やロマン主義はヨーロッパに共通した現象であった。しかしドイツでは（中部・西ヨーロッパの他の国々とも近似して）ロマン主義は、国民意識（ナショナリズム意識）の深まりと手を携えて進行しただけでなく、社会的発展によって助長されたあの感傷的な姿勢を強く押し出しもした。すなわち、工業化のために、人間は伝統継承の親しみのある領域や伝統の確かな所有から時を追って遠ざけられた、との思念である。それに対して他の国々では、民俗文化の諸現象（これはすでにバロック、それどころか中世の宮廷でも行なわれていた）を突き放した姿勢で取り上げることもないわけではなかった。しかしそれはそれで社会の薄い層に限られ、圧倒的な多数者はまったく農耕的な生活様式と結びついたままであった。

　発展のかかる差異が、フォークロリズムをめぐる今日のヴァリエーションを規定している。農耕的な生業形態、またそれと結びついた伝統が現今まで生き延びている場所では、フォークロリズムという二次的現象に向う動因が強まったり、十分な活力を保ったりといった事態は起きない。そうした場所では地域の地誌学的研究も、フォークロリズム的な諸団体と多くの場合折り合った関係に立っている。そうした場所で作動しているのは、保存し甲斐のある真正のフォークロアと真正でない〈俗美〉（Kitsch）を弁別する確かな尺度を所有しているとの思い込みである。― このため、その研究は、工業化した文化形態や科学技術に支えられた社会関係が発揮する改造力、また真正のフォークロアと真正ならざるフォークロアを相対的なものにしてしまう力の作用を過小評価することになる。

　他方、フォークロリズムが個別現象として古くから見られ、また何よりも幅広い範囲にわたって久しい前から定着している場所になると、歴史的次元において真正であることすらが、空虚で疑わしいレッテルと化している。現

ヘルマン・バウジンガー　ヨーロッパ諸国のフォークロリズム（1969）

　今の動きとからめて言えば、学問と学問の直接・間接の適用、すなわちフォークロリスティクとフォークロリズムを区別することが、情熱的に、かつ満足を以って――と言っても自己満足のことも少なくないであろうが――進められている。ドイツ民俗学の内部では、かの政治的フォークロリズムすなわち第三帝国時代に、学問としての民俗学を称する方面の是認を受け、学問傾向か離れようとする広範囲の共同歩調をもとめられた姿勢がなおそこかしこに見え隠れしている。フォークロリズムに対する政治的な動機づけの程度が他の国々ではどのようであるかは、ここでは具体的に論じることはできない。もちろん、ドイツだけが〈立ち遅れた国〉というわけではないであろう。また社会的な階級モデルがフォークロア的な諸現象を少なくとも部分的には評価するのに適していることも疑いを容れない。他方、マルクス主義を路線とする国々から僅かながらも関連項目が寄せられているが、この僅かな事例からも、フォークロリズムが決して単一の原因に還元できるものではなく、むしろその都度、社会的条件や歴史的条件の微妙な折り合わせからも意味解釈すべきものであることが知られるのである。フォークロリズム的な現象のある種の部分を解明する上で、社会的階級モデルが当てはまることも一面では確かなことであろう。

　ここに寄せられた回答論文が、いずれもそれぞれの報告者によってドイツ語で執筆されたことに感謝する。私は、それらの編集にあたったが、言語水準の僅かな差異をひとつひとつ取り上げて同じ平面に載せることは私の任務ではないと思われた。リチャード・M・ドーソンの論考はテーマから見ると、このフォークロリズムの問題圏に接続するが、英語のまま印刷に付した。ドーソンが扱っている展開や状況には、ヨーロッパとは正反対のようなところがあり、そのため却って理解しやすい面もある。もっとも、いかがわしい、〈総合的な〉収集が、民俗文化の有機性を代表する表現とみなされる例が、今も昔も少なからず見受けられるのは、私たちのあいだでも同様である。歴史家や文藝史家の批判力が、フォークロアに手を染めた途端、驚くほど動揺をきたす点も同じである。また〈代替フォークロア〉――今日の時代に全一な

るものが必然的、また必然的であるが故に積極的に機能するはずとみなし、それを追い求めるようなことは一度取り下げるのがよいとの考え方——で事足れりとするのは、私たちのあいだでも広く見受けられる。さらに、民俗学関係の研究機関や組織が、ドーソン氏が好意的に想像してくれたほどには〈Fakeloristen〉の吸引力から必ずしもしっかりした距離をとっていないこと、この点もやはり同様である。かくしてこの論考は、最近の学問史上の一断面であるだけでなく、依然としてアクチュアルな性格をもつさまざまな問題を強く押し出している。

　最後に、本号のまとめでもある小論に一言添えるなら、ここで扱ったフォークロリズムは、言うまでもなく、ゲルハルト・ルッツ（Gerhard Lutz）が取り組んでいる課題と関連している。それは、国外の同学の士たちが、その自らしたためた報告を"ethnographisch"あるいは"ethnologisch"と理解している事実に徴すれば、というだけではない。フォークロリズムの解明に向けて幅広い基盤に立つ限り、次のような批判的な問いかけが起きないわけにはゆかないのである。民族学（Völkerkunde）の分野においてすら特徴的なことに民族社会学（Ethnosoziologie）の方向への訂正が起きている昨今、エスノロジー（Ethnologie）の概念は、従来の民俗学を閉鎖的な文化空間のモデルに改めて固定することにつながったりするであろうか、と。フォークロリズムにかかわる諸現象は、むしろその終末を示すはずである。さらに、民俗学にとって、挽回（aufholen）とは、落ちこぼれ（das Überholte）のなかにもう一度立場を築くことを意味するのかどうか、との問いも発せられるべきであろう。これはレトリック（[訳注] aufholen と überholen の言葉遊び）では断じてなく、むしろ疑念の余地なき設問である。それは、ゲルハルト・ルッツの論文がもとめるところとも重なろう。すなわち、一刻の猶予もおかず討論を起こすことである。

ヘルマン・バウジンガー　ヨーロッパ諸国のフォークロリズム（1969）

アンケート本文

　ハンス・モーザーは、『民俗学誌』上の論考[1]と、さらにもうひとつの書き物[2]において、〈フォークロリズム〉という現象を取り上げた。それ以来、西ドイツの学界では、さまざまな議論が行なわれた[3]。ハンス・モーザーは、フォークロリズムを〈セカンド・ハンドによる民俗文化の仲介と演出〉(Vermittlung und Vorführung von Volkskultur aus zweiter Hand)[4]と説明したが、当面、厳密な定義は断念している。モーザーの姿勢に批判的契機がひそんでいることは見紛いようがない。たとえば、モーザーは、フォークロリズムと営利との癒着を再三強調し、〈頭で組み立てた新しい産物〉にも言葉を費やしている[5]。その限りでは、フォークロリズムという概念は、リチャード・M・ドーソンが、詐欺師まがいの伝承や、作り物のいかさまの伝統を名指して強調した〈fakelore〉とも重なるところがある。〈fakelore とは、folklore の生まのデータを、思いつきは選択は組み立てや、それに類した洗い直しをほどこして偽造することである〉[6]と言う。他方で、モーザーはまた、このフォークロリズムが〈これ自体はニュートラルな概念〉であることも力説している[7]。事実、これは、ことがらそのものの問題というより、いかなる批判尺度でことがらを見るかという、ことがらをめぐるパースペクティヴの問題であろう。

　フォークロリズムと言う場合、それは一体何を問題にしているのであろうか。事例は、何十も挙げることができよう。ここに、西ドイツのテレビ（プログラム 1）が 1968 年 4 月 7 日に、ちょうど一時間かけて放映した番組の記録がある。

a) 選挙を前にしたベルギーからの報告。約 3 万人のワロン人がブリュッセルに向って行進し、ワロン系人への差別に抗議している。延々と続くデモ隊の先頭には、人目を引くために短いスカートの美しい少女の一団が歩いている。これは、ライン地方のカーニヴァルでのプリンス親衛隊を想起させ

るが、それ以上に、むしろ南フランスの夏季カーニヴァルにおける女性のパレード団を思わせる。

b) パリでのコミュニスト系のデモの様子が映し出されている。そこで人目を引くのは、デモをしている労働者たちのあいだに、民俗衣装のグループが散見されることである。解説者のペーター・ショル＝ラトゥール（Peter Scholl-Latour）の解説では、伝統的なコスチュームを着けたこれらのグループは、労働組合を背景にしたフランス共産党が国家のなかでの秩序因子であることを示そうとしているのだと言う。

c) 同じ解説者が、最近のフランスの歩みをカット・バックで論評している。そこでは、ド・ゴールがポーランドのザブルジェ（Zabrze）を訪問した様子も織り込まれている。ザブルジェは、1915年からは、ヒンデンブルク（Hindenburg）の名称で呼ばれた高地(オーバー)シレジアの町である。そして、ド・ゴールの言葉が紹介される。曰く、ザブルジェは、シレジアのすべての都市のなかで最もシレジア的な都市である、と。と言うことは、ポーランドのすべての都市のなかで最もポーランド的な都市に他ならない。この発言は、西ドイツでは〈報復主義〉の諸団体のあいだで批判を受けただけではすまなかった。テレビ局は、これについて、数人の政治学者による討論を放映した。そこでは、こんな推測が口にされた。ド・ゴールを刺激してこの発言をなさしめたのは、その発言に先立って、促された〈典型的なポーランドのフォークロア・ダンス〉であろう、と言うのである。

以上の事例はどれも、多少とも<u>政治的</u>な性格をおびている。しかし、もちろん、こうした政治性が〈フォークロリズム〉の不可欠の条件ではない。そこで、第4の事例として、この番組のすぐ後に流された別の番組を挙げる。

d) 人気の高い娯楽番組「誰かが勝つ」のなかで、各国の代表者が、バラエティに富んだクイズに挑んでいる。2人づつパートナーを組むのであるが、いずれも派手な民俗衣装をまとった6組の出場者は、最初はばらばらに登

ヘルマン・バウジンガー　ヨーロッパ諸国のフォークロリズム（1969）

場し、先ず自分の相手を見つけ出す課題をこなす。つまり、バイエルンの男性はバイエルン娘に寄り添うという具合である。同様に、シュヴァルツヴァルト、フリースラント、オランダ、スペイン、ユーゴスラヴィアのそれぞれのカップルができる。

　もちろん必ずTV番組から取ってこなければならないというものではないが、これらの事例には共通性がある。すなわち、民俗（フォルク）文化の特定の現象が、本来それが錨を降ろしている場所の外で新しい機能において、また新しい目的を帯びて行なわれるのである。これが、フォークロリズムの本質的な特徴である。本来、厳密に言えば、局地的あるいは地域的な枠組のなかに立ち、そこで特定の狭い機能をもつ現象が多くは変化を関しつつ、また決まって異なった機能に向けられるのである。

　上に挙げた諸事例があきらかに示しているように――これもハンス・モーザーの2論考から疑いの余地がないところだが――フォークロリズムは決してドイツおいてだけ見られる現象ではない。ハンス・モーザーは、オランダ、南アフリカ、パリ、ブルターニュ、スイス、モロッコ、シチリア、ユーゴスラヴィア、チェコスロヴァキア、日本、北アメリカのインディアンの居住区などの事例にも言及している。フォークロリズムは、特定の民族を条件とするものではなく、むしろ普遍的な発展段階に沿ったものと言ってよい。エスノロジーの用語を借りれば、こう言うこともできよう。フォークロリズムの前段階が現れるのは、„tribal cultur" が „folk culture" に取って代わられるところにおいてであり、さらに、フォークロリズムがその様相を全面的にあらわすのは „folk culture" の衰退段階においてであり、それゆえ、フォークロリズムは、工業化され、またそれによって一般化された文化に向う移行の表現であり、同時にまた移行を運搬する車でもある。そして一般的な現象であるからこそ、却って逆に〈生態類型〉、つまり風土的・国民的なヴァリエーションや特殊性や共通性が尋ね甲斐があることになる。

　幾つかのヨーロッパ諸国について、そうした概観をおこなう目的に適うのが、このアンケートである。数か条の主導質問は、さまざまな国からの期待

に応えて返ってきた寄稿の内容を含む上で手引きとなろう。しかしその際、特に強調しておきたいのは、これらの質問に対しては、決して簡単な答えではなく、具体的な事例と固有の力点が望まれることである。

1. フォークロリズムの優勢な現象形態とは何か？例示のなかでは、民俗衣装や民俗衣装グループ、それにショーとしての民俗舞踊を挙げておいた。この他、次のようなものが想起されてよい。民俗行事の保存、フェスティヴァル、歌謡団体の大会などの形態（およびこれらが商業化されているかどうか）。営業的な広告、レコード、本来はフォークロアであるものを、藝術、音楽、文学に取り入れられた事例。民俗工藝の産物の広まりと構造、等。

2. フォークロリズム的な現象の個別事例において、一体誰がその担い手となっているか。国の指導の形態、その他、官庁、あるいはまた政党による進展も考えられる。同様に、ふるさと保存のクラブや連合組織や団体による〈フォークロリズム的な〉営為も加わってこよう。またこれに因んで、興味深いのは、〈イニシアティヴを発揮した人〉一人一人のあり方である。フォークロリズムの特定の形態もそうした個人に帰せしめることにあり得るのである。

3. 学問、特に民俗学の機関――アカデミズムや大学の関係機関や博物館やその他――がフォークロリズムという現象に対していかなる姿勢をとっているか。実際、フォークロリズムの担い手と学問の代表者とのあいだに強い絆ができていて、それが幅広い助言（民俗行事の保存、民俗工藝をめぐる特殊技術の保存など）のかたちで表に現れてくることも少なくない。逆に、フォークロリズムという現象が意識的に研究対象のリストからはずされたり、また断固として拒否される場合もある。さらに、以上のどちらとも異なり、この新しい動向に対して、自ら何らかの介入はしないが、距離をおいた観察に向うという決断の場合もあろう。

4. フォークロリズムの諸現象を助長して、その影響が長期にわたるのが、

ヘルマン・バウジンガー　ヨーロッパ諸国のフォークロリズム（1969）

ツーリズム（Tourism）、殊に最近の〈マス・ツーリズム〉である。外来客のためにショー的な演出、原初通りのと称しながら、そのためにしばしば特に拵えられるフォークロアのデモンストレーション、その土地のフォークロア的な物産の販売。観光と無縁な土地を比較してみれば、かかる特殊な影響の性格と重みをあきらかにすることができよう。

5. <u>マス・メディア</u>は、いかなる役割を果たしているであろうか。先に挙げた、諸事例からも明らかになるように、テレビは、フォークロアのなかでも派手なものを提示し勝ちである。その際、実際の局地的な伝承が尊重されているのか、それとも一般的で能う限りバラエティーに富んだフォークロリズムが前面に出て、局地的な伝承が背後に隠れてしまっているかが、問われる必要があろう。しかしフォークロリズムという現象に注意を払い、またそれを支えてもいる〈メディア〉は、テレビだけではない。他に、新聞、雑誌、ラジオ、レコード産業、広告もある。

6. <u>政治的フォークロリズム</u>――引用した事例に徴すればよく、付け加えて強調するまでもないであろうが――は、一般的に言って、大きな比重を占めている。しかし政治的フォークロリズムという標語は、厳密に決めておかねばならない。たとえば、ハンス・モーザーは、ナチ時代の〈世界観に限どられた脂ぎった血と土のフォークロリズム〉に言及している。しかし他方では、国民性に根ざした正統なデモンストレーションがフォークロリズムの特質を帯びることもある。特に注目すべきは、民族的な（ときには宗教的、その他の）少数派が自分たちの特殊な伝承文物を提示する少数派のフォークロリズム（Minoritenfolklorismus）である。この少数派のフォークロリズムは、中央からは、求心力のガス抜き的な表現として無害なものとされ推奨されているが、ときには圧迫を受けることもある。

7. これと同じ連関に属するものに、特定の<u>社会的集団</u>のフォークロリズムがある。つまり、かなり大きな諸々の集団、さらに〈階級〉というかたまり、また小さな職業ごとの連合などである。ちょうど上に挙げた〈血と土のフォークロリズム〉は、本質的に、農民的なフォークロリズムを提示し

ていることになる。しかし特定の手職者集団による正統的な表現がここにも入ってくるのはいうまでもない。つまり、特定の手職者集団によるかなり前から行なわれてきたショー的な舞踊であるが、同時にフォークロリズム的な飾り付けをほどこされた行列のように、現代になって作られた催し物もこの部類に入る。

8. フォークロリズムのなかで、どの分野が、ここで言うフォークロリズムに傾斜しやすいかを問う必要がある。ここで挙げた諸々の事例や、ハンス・モーザーの引用例でも、民俗衣装が中心的な役割を果たしているのは偶然ではない。多くの土地では、民俗衣装はその〈通常の〉服飾——すなわち普段着あるいは晴れ着——としての機能を失なったが、正にそれ故にフォークロリズムの重要な表現になったのである。他の分野、たとえば狭い意味でのフォークロア、つまり口頭伝承の領域では、フォークロリズムは余り目立たない観がある。しかしそれは見掛けであり、さらに検討を加える必要があろう。なぜなら、〈Folksong〉の発達だけでなく、文筆的に固定された二次的な語り物の伝統の意義も大きくなっており、これはその方面でのフォークロリズムの影響を証しているからである。したがって、ともかくも具体的なあらゆる分野において、フォークロリズムの比重を調べてみなくてはならない。

9. これと似かよった問には、フォークロリズムに傾斜しやすい風土の特定がある。たとえば、ドイツでは、バイエルンの伝承形態は、久しくフォークロリズムの疑いが濃いのである。バイエルンのある種の伝統は、フォークロリズムという言葉に、原初的な逞しさ、活力ある陽気、言い換えれば、フランス語の形容詞（folklorique）の雰囲気に似かよったものと言ってもよいような内実という性格を付するのに与って力があった。フォークロリズムのかかる強勢位置の根拠を問うといってもよいであろう。これに関連して、次の調査ももとめられよう。真に民俗的な〈残存地域〉（Reliktsgebiete）が存在するのか、それとも他ならぬ残存地域こそ観光地として有利であることが多いためにそうなのであろうか？　この点ではまた次の一般的な問

いが重要になる。フォークロリズムという様式は、民俗文化の諸々の地域的形態を混ぜ合わせることを結果しはないか。それとも逆に、特殊な場合には、地方的な意義を強め、それによってまた地方的なフォークロリズム的な表現形態を強めることになるのであろうか。

10. 最後に、<u>時間的な変化</u>にも目を向ける必要がある。ハンス・モーザーが多数の例証を提示して明らかにしたように、フォークロリズムの（外に向けてショーやデモンストレーションをもくろむ）様式は、今日はじめて出現したのではない。どの程度までを先行形態と呼べるかについては、ターミノロジーの問題もからんで来よう。もちろん、あらゆる階層がこれに参画してフォークロリズムがある程度全面的になるのは、比較的新しくなってからであるように思われる。実際、農民集団のパレードが行なわれ、それを宮廷社会や貴族社会が楽しんでいたような事例は、全人口が参画しているフォークロリズムの諸形態とは異なっている。ともあれ、この動向のさまざまな発展段階――もちろん、これはすべての国で同一ではあり得ない――を概観することが望ましい。

もとより、ここで提起した問いのすべてについて依頼した通りに短い形で回答していただくのは無理なことであろう。同様に、どれについても同じように詳しく答えていただくのも無理であることは言うまでもない。このアンケートの目標は、さまざまな国について差し当たり概観を得たいことにある。もとより、それらに補足を加えるのは何ら差し支えない。諸賢が、それぞれの自国について、幾つかの観点と事例と考察によって、その概観に寄与して下さるなら、まことに有難いことである。

原注

1) Hans Moser, *Vom Folklorismus in unserer Zeit.* In: Zs. f. Vkde. 58. Jg. (1962), S. 177-209.
2) Hans Moser, *Der Folklorismus asl Forschungsproblem der Volkskunde.* In: Hessische

Blatter fur Volkskunde, 55. Jg.（1964), S. 9-57.
3) 参照、Hermann Bausinger, *Zur Kritik der Folklorismus*. In: Populus Revisus（Volksleben, Bd. 14). Tubingen 1966, S. 61-75.
4) Hans Moser, *Vom Folklorismus*. S. 180.
5) Hans Moser, *Der Folklorismus als Forschungsproblem*. S. 10（本書 p. 369)
6) Richard M. Dorson, *American Folklore*. Chicago 1959, S. 4.
7) Hans Moser, *Der Folklorismus als Forschungsproblem*. S. 35（本書 p. 409)

スイスの
フォークロリズム

1969
翻訳
2012

著者：ハンス・トリュムピ

　ハンス・モーザーが導入した抽象概念〈フォークロリズム〉は鮮烈であるが、その指す示すところは、かつて〈ショー行事〉（Schaubrauch）と呼ばれていた現象にみとめられた特定の精神的姿勢とされる。何らかの行事が一つ場所から別の場所へ移されること自体は、フォークロリズムの標識ではあり得ない。例えば、15世紀末にチューリッヒ地方のある村の児童グループが灰の水曜*に行列を行なったが、その際、それがボーデン湖畔での先例に則ったものであることが強調された[1]。民俗学にとってすこぶる注目に値する事例であるが、それを、当時すでにフォークロリズムが兆しを見せていた証拠とするのは難しい[2]。

　また宗教改革時代に両宗派ともにいわゆる無欲で質実剛健な祖先への回帰を叫んだが[3]、それなどはフォークロリズムと言うより、〈懐旧志向〉（Antiquismus）と言うべきであろう。その時代の精神面で際立った人々は、時に民衆あるいは〈庶民〉（gemeiner Mann）を好んで引き合いに出したが、カトリック側に属するとプロテスタント側であるとにかかわらず、根底ではそうした存在を見下していた[4]。アルサスの出身者でバーゼルとも縁の深かったヨーハン・フィッシャルト*（Johann Fischart 1546-1590）の作品には民俗的（土俗的）要素が多く見られるが、そこに認められる時代様式とは、イロニー的な距離であった。〈うるわしい〉民俗衣装や〈原古の〉ヨーデルの美にひたって自らの活力を取り戻すといったフォークロリズムは、近代の産物であり、ヴィコ*やボードマー*やルソー*やヘルダー*においてようやく始まったの

461

資料の部（フォークロリズム概念の成立をめぐるドキュメント）

である[5]。いずれにせよ、スイスの諸事例は、かかる姿勢に沿っていた[6]。

例えば、ボードマーの盟友であったJ. J. ブライティンガー*（J. J. Breitinger）は、1725年に、〈アルプス酪農民〉の〈技巧から遠い振る舞い〉や〈自然な無垢〉を称揚した[7]。スイスのフォークロリズムが展開を遂げ得たのは、かかる理念を土台としてであった。その二三の事例を次に挙げよう。1764年、ベルンの上流人士たちが作っていた経済団体のあるメンバーは、総会への参加者が〈地元の素材で作った郷土の服装〉を着用すべきことを提案した[8]。またフランス革命の初めの数年間、ベルンの部隊がローザンヌに駐留していたとき、ベルンの都市住民が、ハスリ谷（Haslital）出身の兵士たちのレスリング競技を見たがったため、部隊長は要望を容れて試合を企画し、また、引き続いてカラーガードの振り手*たちが〈国民のシャンソン〉を披露した[9]。さらに1802年から3年にかけて年末年始の期間、〈ルッツェルン（Luzern）の娘歌唱団が鮮やかな地元の衣装を着けて〉ベルンの往来で〈陽気な自然の歌〉をうたった[10]。さらに、それから数年を経ずして、1805年にベルン州において最初の大規模な〈アルプスの羊飼いの祭り〉が催されたことは、ハンス・モーザーが解明した通りで[11]、羊飼い身分を輝かしいものと持ち上げることがコマーシャリズムと要領よく一体化していた[12]。主催したのはベルンの有力者たちで、外国人観光客を含む約3000人の観客をインターラーケンの傍の見晴らしのよいスポットへ集めることに成功した。一般社会もその外に立っていたのではなく、1808年には催しは再度挙行されて、フォークロリズムにめざましい弾みをつけたのである。

1815年にオーストリア軍が、バーゼルにとって長年頭痛の種であったヒューニンゲン要塞*（Feste Hüningen）を占領して破壊したとき、バーゼルの行政当局は、オーストリアのヨーハン太公*を歓迎する催し物を企画した。それは、いかにも（よく言われる言い方では、民俗学に関心の深い）太公向けであった。

スイス農民の行列なるものが披露され、スイス連邦の22の州を表して22人の若さに燃えるばかりの乙女と同数の青年たちがそれぞれの地方の衣装を

ハンス・トリュムピ　スイス諸国のフォークロリズム（1969）

着てペアで登場し、先導役のアルプス農村の古老が土地の訛りのままで、大公に挨拶を言上した。

　次いで、太公にはアルプスの物産が贈られた。最後に、出演者たちは、2管のアルプ・ホルンの伴奏付きで、方言による賛歌を合唱した[13]。たしかにその〈アルプスの古老〉は本物ではあったろうが、ともあれ民俗衣装の祭典（Köstumfest）には違いなかった。もっとも、田舎の衣装をまとうことでは、バーゼルの人々は、これより数年前に、当時はなお無邪気であったファスナハトに際して、その出で立ちで行列を組んでいた[14]。

　ところで、ここで簡単に整理をすると、フォークロリズムの演出は、3段階に区分することができる。

1. 上層が働きかけて、衰滅に瀕した行事（習俗）を従来の形態で行なう段階。
2. 行事（習俗））が本来の担い手によって行われるが、本来の時期ではなく、本来の場所でもない段階。
3. 行事（習俗）が、その振りをした担い手によって行なわれ、したがって〈本物でない〉段階。一般的に言えば、第一段階にとって第二段階はなお有益であるが、第三段階となると疑わしくなる。

　ハイレベルの行政が関わるフォークロリズムは、管見の限りでは、スイスでは稀であったように思われる。1815年に先に挙げたバーゼルでの祭りには国家も参加したが、フランスを模範として〈ヘルヴェティア（＝スイス）〉統一国家（1798-1803）が組織された時代らしい幾つかの試みがなされた。たとえば1799年4月に企画された〈民主的代議制政府と全スイス人を地方分立の無い一体的共和国に統合するための祭り〉が企画されたが、行政府が中心になって演じられた〈出し物〉は、〈その祭りがもともと行なわれる土地の慣わし通りに〉[15]に見せるのが趣旨とされた。さらに同年の秋には、政府の派遣総督[16]が、フランスとの交戦で被害を受けたニート森（ヴァルト）の住民たちに、彼らの伝統的な〈アルプス人の教会堂献堂祭〉＊を挙行することを許可した[17]。占領に耐え、なろうことなら忘れる手立てとしての民俗行事であった。

資料の部（フォークロリズム概念の成立をめぐるドキュメント）

　スイスでは、射撃者*や歌唱者*や体操者*による連邦の祭りが 1822 年から隆盛に向ったが、当時の政治的〈左翼〉の自己主張の性格が強まっていった。その初期には、スイスの過去への接続が無いわけではなかったが、参加者が熱狂し、また保守的なグループに目を向くことになるが、その接続とは、他ならぬフランス革命への祝賀行事とのつながりだったのである[18]。すなわち、自由の樹、乾杯の辞、凱旋門、自由への讃歌、標旗への尊崇であった。それに較べて、〈本当の〉民俗性（民衆性、土着性）を組み込む試みは、驚くほど希薄であった。ルツェルンでの 1832 年の独立州の射撃行事の際にはレスリング競技も入った[19]。また 1843 年に、アイドルとして尊ばれていた独立州の射撃団の標旗がアッペンツェル州を巡回したとき、歓迎の意を表してヨーデルが歌われた[20]。逆に、1843 年にチューリッヒで最初の全独立州からの歌唱大会が開催されたとき、アッペンツェルの歌唱者が披露した〈牛飼いの輪踊りの歌〉は不評であった[21]。その 5 年後に、やはりアッペンツェルの歌唱者たちがベルンの大聖堂でヨーデルをうたったが、それも例外にとどまった[22]。

　これには、州の独自性に較べて、スイス全体を包含する祭りがなかなか開催できないことも、考慮しなければならない。これをよく示すのは、1904 年に（ようやく）設立された独立州標旗振り連合の定款であろう[23]。

　　独立州レスリング連合は、各独立州のレスリングの昂揚と普及を図り、これを民衆的な営為と行事の維持・涵養・育成と結合せんとす。それによって、我が連合は、国民的独自性を守り伝えると共に、社会・言語・宗教の相互に異なる各独立州の接近を図り、延いては健康・闊達・労働・防衛力の維持・向上に資するのである。

射撃者や歌唱者や体操者は、すでに 1848 年より前に、事態を新たにすることに成功していた。その新たなものは、それ以来、民衆の意識にしっかり定着した。その点では、それはそれでフォークロリズムの対象と言ってもよいものでもあろう。その要点は、かつて作られた形態を畏敬を以って守り伝える

ハンス・トリュムピ　スイス諸国のフォークロリズム（1969）

ことに他ならなかった。州ごとの比較的小さな祭りが、独立州の図式に横滑りしたのである。すでに1889年には、アメリカ合衆国各地のスイス人移住地をあつかった一書のなかに、次のような一節を見出すことができる[24]。

　かつての祖国への愛と帰属意識を目覚めさせるには、いわゆる民族祭典（Nationalfesten）を開催するほど適切なものはない。

かくしてスイス系アメリカ人の間でそうした祭典が催されたが、それは〈若い世代に……スイス人であること、その特有の儀礼や風俗を知らしめる上で〉ほとんど唯一の手段だったからである。

　政治もまたしばしばそうした機会を活用した。とは言え、その参画の仕方はそこに強制がはたらいてはいなかったことにも注目しておきたい。州の祭りでは州政府の代表者が、また独立州の場合は連邦参議院のメンバーが登場するが、これらの人士は例外なく、永遠なスイス性や伝統価値を称揚する[25]。もっとも、そうした祭りに連邦参議院が公式に参加したのは、1891年のスイス原初独立体の600年記念祭において、同議会が名誉の松明を授けられたときだけであった[26]。またこれらのイヴェントのなかで決まった型が形成されていったが、それらがフォークロリズムを含むことは言うまでもない。

　特に調査研究に値するのは、州で行なわれる連邦記念祭の際の行列であろう。因みに、チューリッヒの場合、その最初は1851年[27]、次がベルンの1853年であった[28]。そこでは、もちろん歴史的な装束が中心を占めた。しかもベルンでも、アルプス酪農者たちが〈彼らのナショナル・コスチュームで〉登場し、彼らを称えてカラーガードが演じられた[29]。

　特にその演出が〈フォークロア的〉であったのは、チューリッヒの六時鐘祭*やバーゼルのファスナハトの際の行列であった。例えばチューリッヒでは、1841年の行列のテーマは「チューリッヒの民間儀礼と民俗衣装と地元の特質から見た四季の様子」であり[30]、バーゼルでは同じく1841年のファスナハトにさいして子供たちが〈アルプスの住民〉の衣装を着けて現れた[31]。行

列という行為自体が〈民衆のいにしへの風俗〉として称揚されることが多かったことを見れば、これらは増幅されたフォークロリズムと言えるかも知れない[32]。

また、この種の行事が当初から外来者の目を意識して演出されていたことも疑えない[33]。保養地での〈フォークロリズム的な演出〉がどのように生成したかについては、筆者が充分な材料を持ちあわせないのは残念である。この点で言い添えれば、リーギ山のアルプ・ホルン吹奏者をめぐってマーク・トウェインが記したカリカチュア*は、顰め面らしい読書の成果以上に事態を明るみに出してくれる。さらに数例を挙げてもよい。1834年にヴュルテムベルク王妃がアッペンツェル州に滞在したとき、王妃はガイス地方の男性合唱を所望したところ、人々は王妃のために喜んで〈いわゆるヨーデル〉を繰り返しうたった[34]。さらに、王女ゾフィーの誕生日に、王女の望みに応えたのは寄宿学校の少女たちだけではなかった。

インナーホーデンの4組の美しい男女をも呼んで歌わせた。彼らは、歌っただけでなく、アッペンツェルのダンスやインナーホーデンで行なわれている余興をも披露した。

アッペンツェルは既に18世紀から保養地となっていたため、住民が地元の風物を活用したことは想像に難くない。下って、1848年には、この地方でも8人の〈スイス国民歌謡者〉のグループが結成された。彼らは、はじめスイス西部で、次いでドイツとオランダに公演旅行を行なっていたが、最後は倒産した[35]。これも含めて、輸出型フォークロリズムへの刺激の多くが生成したのがスイス東部であったことは明白である。例えば、1844年には〈有名なウィーン少年合唱団〉のカルテットがアッペンツェルのヘリザウ（Herisau）へやってきたが、その時の熱狂振りを地元紙は次のように伝えている[36]。

　クヮルテットは、近いうちにもう一度当地を訪れたいとの意向であるが、それが実現すれば、当地の音楽関係の若者たちに大きな弾みをあたえることであろう。ここで見られるのは、輸入と輸出の刺激に富んだ相互作用に

ハンス・トリュムピ　スイス諸国のフォークロリズム（1969）

他ならない[37]。もっとも、外来者に向けた演出の最悪の事例も拾っておきたい。チューリヒで活躍した法制史家オーゼンブリュッゲンが1870年頃にザルネンのローカルな射撃祭に参加していたとき、夜近くなると、宿の廊下に地元の一人が現れて、アルプスのまじない（Alpsegen）を歌ったという[38]。

そうした〈転用性〉*はラジオやテレビによってはじめて可能になったのではなく、その傾向を強めたに過ぎない。すなわち、民間習俗が茶の間にまで聴覚的・視覚的に持ち込まれるようになったわけである。視聴者の考えは、精々、ターゲットを定めたアンケートを通じて調査されるということであろう。それに因んで、最近、小うるさいスイスの新聞が、ドイツ系スイスのテレビ局の〈フォークロア系〉番組を厳しく批判した[39]。フォークロア系は、番組制作者のあいだでは殊のほか愛好されている部門でもあり、地方の〈危機に瀕している伝承〉を救い出す〈大きな美しい任務〉があるはずだが、番組が狙っているのは圧倒的に娯楽であり、そこには〈偽のフォークロア〉の危険がついて廻る、と言うのである。かかる批判は、スイスの教育の分野にもあてはまるところがあるため、多少とも触れておく必要がある[40]。

1906年に「スイスふるさと保存会」（Schweizer Heimatschutz）が結成され、それは発展して1926年に「スイス民俗衣装協会」（Schweizer Trachtenvereinigung）に改組された[41]。この二つの組織は、危機に瀕している形態の保全に多大の力を発揮した。もっとも、その際、意味と機能まで救い出すことが出来るかどうかという、別の問題もないではない。この2組織があり、それらによって例えばウンシュプンネン祭（Unspunnenfest、最近では1968年）が再生されもしたが、そのため、1896年に設立された「スイス民俗学会（Schweizerische Gesellschaft für Volkskunde）の荷は軽くなった。学会自体は、〈救出を考え〉なくてもよくなったのである。もっとも、そうした意図をことさら持たない場合でも、一つの公共的な集団がより大きな公共の場に向けるとなれば、危機に瀕しているものを救い出そうとの願望を喚起したり、あるいはこの場合

のように学問的な意味付けを一般化しようとの志向がはたらくことはあり得よう。それは、ヴァルター・ヘーヴァーニック*の〈ラテン語に沿っては〉との提案[42]に従う限り、自然なことでもある。

　ヘルマン・バウジンガーの問いかけには、スイスでは項目によっては解答できない。もっとも、解明に向けて今後多くの作業がなされることにはなろう。民間習俗における〈作為的〉なあり方というファクターへの考慮は、歴史的な研究の方向の民俗学だけでなく、いずれの場合にも重要であることは言うまでもない。しかし今後の論議のための提案として、一つの問いを提出しておくことは無駄ではあるまい。すなわち、フォークロリズム研究の認識は、どの程度まで、連続性の問題（それには中世をどう見るかという問題も入るが）と真剣に触れ合っているのであろうか。それへの解答は、またフォークロリズムが常に至るところに見出されるものと考えられているのか、それとも、特定の時代と結びついた現象とされているのか（おそらく後者であろうと思われるが）という選択と大きく関わるであろう。

原注

1) Albert Lutz, *Jünglings- und Gesellenverbände im alten Zürich und im alten Winterthur*, Diss. Zürich 1957, S. 45.
2) 上記の注1に収録された記録文書によれば、その行列は〈仲間うちからの〉哄笑を誘ったとされる。
3) カトリック教会側では、祖先の習俗から逸れないことが謳われ、他方、宗教改革側では、祖先の古き簡素な儀礼を再び取り入れることが志向された。
4) 以下の諸処でやや詳しく取り上げる。
5) なお古典古代については、テオクリトスやその後継者を挙げることができよう。
6) これらの人々を挙げることによって、その間の〈バロック〉の行列行事が持っていた民衆的（民俗的）要素を無視することになるのは、充分意識している。因みに、バロックの行事についてはハンス・モーザーも指摘している。参照、Hans Moser, In: Zeitschrift für Volkskunde, 58, S. 192. さらに付言するなら、バロックのフィッシャルトの場合も〈民衆存在〉（Volkstum）の扱いに戯作性を考えてもよいのではなかろうか。
7) Neue Zeitungen aus der Gelehrten Welt, Bd. 1, Zürich 1725, unpaganierte Vorrede. Bei

Trümpy, *Schweizerdeutsche Sprache und Literatur im 17. und 18. Jahrhundert*, Basel 1955, passim.

8) Georg C. L. Schmidt, *Der Schweizer Bauer im Zeitalter des Frühkapitalismus*, Bern 1932, Bd. 2, Anm. 555. なおこの提案は却下された。

9) (Philippe Bridel), *Anecdotes*. In: Mélanges helvétiques, Lausanne 1793, S. 162.

10) Armand Streit, *Geschichte des bernischen Bühnenwesens*, 1. Bd., Bern 1873, S. 310 (但し、資料の出典が明記されていない).

11) Hessische Blätter, 55, S. 27f.

12) 参照、Hans Spreng, *Die Alphirtenfeste zu Unspunnen* (Interlaken 1946); Edmund Stadler, *Die Entstehung des Nationalen Landschaftstheaters in der Schweiz*. In: Schweizer Theater-Jahrbuch 21 (1952), bes. S. 135ff.

13) 次の資料による。参照、*Ausführliche Beschreibung des Festes, welches zu Ehren Sr. Kaiserl. Königl. Hoheit, des Erzherzog Johann von Österreich von der hohen Regierung des Kantons Basel angeordnet... wurde*. Basel 1815.; これについては次の箇所も参照、Georg Duthaler, In: SAVk, 60 (1964), S. 31.

14) 参照、Trümpy (注7), S. 345ff.

15) Ferdinand Niederberger u. a., *Das Schwingen in Nidwalden* 1549-1955, Stans (1959), S. 29.; Trumpy, Der Freiheitsbaum. In: SAVk, 57 (1961), bes. S. 109.

16) この派遣総督 (Regierungskommissär) とは、ドイツ出身で、後に文筆家として知られたハインリヒ・チョッケ (Heinrich Schokke) であった。

17) Niederberger (注15).

18) Trümpy (注15.).

19) M. August Feierabend, *Geschichte der eidgenossischen Freischißen*. Zürich 1844, S. 126.

20) 同上、S. 291.

21) 次の新聞記事による。参照、Alpenbote 1843, Nr. 51.

22) (Anonym), Das Eidgenössische Sängerfest in Bern. Bern (1848), S. 38. この匿名の報告者が特筆しているところによれば、二番目のテノールでは、一人の〈国家の上級公務員〉が歌い、またソロの部では彼の御者がそれに挑んだとのことである。

23) (E. Zschokke), *Die Geschichte des Eidgen. Schwingerverbandes*. Zürich 1924, S. 49.

24) A. Steinach, *Geschichte und Legen der Schweizer Kolonien in den USA*. New York 1889, S. 20.

25) 1968年夏の州レスリング大会に際して、大会の公式スポークスマンはその機会を言活かして、レスラーたちの良きスイス的特質を、チューリッヒの騒々しい若者たちと対比した。

資料の部(フォークロリズム概念の成立をめぐるドキュメント)

26) 参照、Elisabeth Liebl, In: Kommentar zum Atlas der schweizerischen Volkskunde. 2. Bd., S. 192ff.
27) 参照、Ernst Pfiffner, Zürchs Bundesfest von 1851. In: Zürcher Tachenbuch . d. J. 1958, S:117ff.
28) (Anonym), Beschreibung des Bundesfestes, gefeiert zum Andenken an den Eintritt Berns in den Schweizerbund. Bern 1853.
29) 同上, S. 42.
30) 次の新聞記事による。参照、Alpenbote 1841, Nr. 13.；また次の文献も参照、S. F. Gyr, Das zürcherische Sechseläuten. Zürich 1912, S. 55.
31) バーゼル大学の民俗学教室 (Seminar für Volkskunde Basel) の収集資料による。
32) バーゼルについては筆者による次の新聞のコラムを参照、Trümpy, Zur Geschichte der Basler Fastnacht. In: Basler Nachrichten, 1967, Nr. 480 (日曜版).
33) バーゼルの場合、今日の"Fasnächtler"(ファスナハトの登場者)の間では、〈俺たち〉だけだ、外来者、殊にチューリッヒ人には来てもらいたくない、というのが合言葉となっている。
34) この催しと次に挙げる同じくアッペンツェルでの出来事の出典は次を参照、の Appenzellisches Monatsblatt 1835, 96.
35) 資料として次を参照、Galner Zeitung 1849, Nr. 15.；またグループの一員であった人物の次の自伝を参照、J. K. Tobler, Die Schule des Lebens. Brugg 1870.
36) Herisauer Wochenblatt 1844, Nr. 22.
37) バイエルンからスイスへの輸出の1820年の動向を、ハンス・モーザーが指摘した。参照、Hans Moser In: Zeitschrift für Volkskunde, 58, S. 191. それによると、1843年にスイスの新聞に広告が出て (In: Schweizerische National-Zeitung 1843, Nr. 24.)、その後、ミュンヒェンの一人の歌い手が妻と共にバーゼルへやって来て、〈うるわしきチロールのアルプス歌謡〉と〈コミカルなウィーンの歌〉を聞かせて、聴衆を喜ばせた。
38) Eduard Osebrüggen, Wanderstudien aus der Schweiz. 3. Bd. Schaffhausen 1871, S. 134f.
39) Neue Zürcher Zeitung 1968, Nr. 581.
40) これには2面性がある。一つは、民衆的 (民俗的) な俗信との闘いであり、もう一つは、教育的〈疑わしい〉習俗 (行事) を〈洗練したものとすること〉である。これらについて重要なものとして次の文献がある。参照. Eduard Strübin, Baselbieter Volksleben. Basel 1952 (Nachdruck 1967).
41) 筆者による次のコラムでやや詳しく取り上げた。参照、Trümpy, "Schweiz". In: IRO-Volkskunde. München 1963, bes. S. 56f., 66.
42) Walter Hävernick, Großstadt-Volkskunde in der Praxis. In: Populus Revisus (= Volksleben,

14). Tübingen 1966, S. 104.

訳注

- **p. 461** 灰の水曜(Aschermittwoch)：四旬節の初日、したがってファスナハト(カーニヴァル)は前日で終わる。四旬節は、聖書にしるされたキリストの荒野での40日間の彷徨いを偲び、魚をのぞく肉類を断つなどの期間。前年の枝の主日の行事道具を焼いたことに因む名称と一般には言われている。

- **p. 461** ヨーハン・フィッシャルト（Johann Fischart 1546-90）：バーゼル大学で法学博士となり、スイスとつながりの強い南西ドイツの諸都市で法曹家として活動し、またルター派からカルヴァン派へ変わった。旺盛な文筆家であり、特にラブレーのラフな翻訳ないしは翻案『ガルガンチュア』(*Gargantua*. 1575) が重要である。

- **p. 461** ヴィーコ(Giambattista Vico 1668-1744)：生没地はナポリ。ナポリ大学教授であったが、学部の予備部門の一つである修辞学を担当し、学部教授に較べて薄給であるのをかこちながら、人間の社会性と歴史発展について原理的な思索を進め、『新しい学の原理』(*Principi di scienza nuova*. 1725) を自費出版して、後世に影響をあたえた。

- **p. 461** ボードマー（Johann Jakob Bodmer 1698-1783）：チューリヒの近郊に生まれ、同市のギュムナジウムの教授となり、古典文献学・文法研究と文学理論で当時の学術界・文壇の先頭に立った。ホメーロスとミルトンをドイツ語に訳し、また文学のあり方をめぐって1740年からゴットシェットと論争をおこない、ロマン主義の先駆者ともなった。

- **p. 461** ルソー（Jean Jacques Rousseau 1712-78）：ジュネーヴに生れ、パリで没した思想家。

- **p. 461** ヘルダー（Johann Gottfried Herder 1744-1803）：東プロイセンのモールンゲン（現ポーランド）に生れ、1770年代のドイツの新しい文学思潮シュトルム・ウント・ドラングを理論的面で牽引した。身分が人間存在の本質ではなくなる状況下、人間の共同体性について論じ、それとの関係で民謡に着目した。

- **p. 462** ブライティンガー（Johann Jakob Breitinger 1701-76）：生没地ともチューリヒ近郊。同市のギュムナジウムにおいてヘブライ語と歴史学の教授で、ボードマーの親友であった。『批判的詩学』(*Critische Dichtkunst*. 1740) によってゴットシェットの啓蒙主義とは異なった文藝論を提示してロマン派の素地の一つになった。

- **p. 462** カラーガード（Preisschwingen 標し旗振り）：国旗・地方旗・団体旗など、旗を巧みに操る演技とその演じ手を指す。重い旗を空中に投げたりする術は古くから見られ、日本の毛槍さばきと似たところがある。

- **p. 462** ヒューニンゲン要塞（Festung Hüningen）：バーゼル市の目と鼻の先のライン河

とヴィーゼ川の合流点に位置する。付近は好魚場でもあり、古くからスイス人とフランス人のあいだで漁業権をめぐる係争が繰り返されてきたが、近代に入ると国境をめぐる紛争の性格を強めた。既に1679年にフランス国王ルイ14世が要塞を築かせており、また1736/37年にも「鮭紛争」（Lachsfangstreit）と呼ばれる衝突が起きた。1815年のウィーン会議で破却が決定され、オーストリアのヨーハン太公が率いる部隊が、フランスの守備隊に11日間にわたって砲撃を加えて陥落させ、バーゼル市民の歓呼をうけた。

p. 462 ヨーハン太公（Erzherzog Johann 1782-1859）：オーストリア皇帝レーオポルト2世の子、マリア＝テレジア女帝の孫、皇帝フランツ2世の実弟。民衆的なものに強い関心と親近感をもち、実生活でもアルプスで出会った村の郵便局長の娘との結婚を実現させた。農作物の改良や民衆文化の探求に熱心で、国土学・民衆研究に関わる多くの人材が周りに集まった。若年期のナポレオン戦争では前戦の指揮官としては振るわず、むしろ工兵部隊を率いた活動に功績があった。広く民衆に人気があり、1848年の三月革命の収拾過程では、ドイツ帝国臨時政府摂政への選出を（実態が伴わない便法と分かりつつも）受け入れた。

p. 463〈アルプス人の教会堂献堂祭〉（Alper-Kilbi）：" Kilbi "ないしは" Kilbe "は" Kirmes "のスイス方言の一つ。呼称ではドイツ語圏の中北部の" Kirmes "、南西部の" Kirchweih "、オーストリア地域の" Kirchtag "の三区分の他、" Kirta "など種々の言い方がある。語義は教会堂献堂祭、すなわち開基にちなむ例祭であり、一定しないはずであるが、伝統的に秋季に集まり、またすでに中世末頃から教会堂儀礼に加えて世俗の民衆祭の性格を強め、収穫を終えた後の秋祭りとなってきた。地域色も多彩で時に放逸に傾くとも見えたため、たびたび支配層からの規制がおこなわれてきた。期日は、19世紀を通じて多くの地域で十月の第三日曜にまとめられた。アメリカの" Thanksgiving Day "（十一月の第四木曜）のヨーロッパでの素地でもある。

p. 464 射撃者（Schützen）の祭り：射撃者は中世から町村体の防衛をになう集団としてギルドに類似した組織を作ってきた。中世以後の混乱期にも自警団の中核であったが、近代化のなかで実際的な役割が減少するととともに、地域の祭り行事の中心的な担い手の一つとなり、それは今も続いている面がある。

p. 464 歌唱者（Sänger）の祭り：19世紀に入る頃から、民謡をはじめ、愛国歌や郷土をうたう歌謡への愛好が広まり、市民のクラブ組織の重要なモチーフとなって、各地に歌曲クラブが成立した。それらの組織はまた節目ごとに歌謡祭を開くようになった。

p. 464 体操者（Turner）の祭り：1810年前後にフリードリヒ・ヤーン（Friedrich Jahn）が、体操実技を核にした集団行動と愛国心を培う運動を提唱し、それに呼応して各地に

〈体操者〉の団体が成立した。ドイツの国家統一を目標に掲げ、また市民の一定の自主性をもとめる自由主義的傾向のために、ヨーロッパの国際関係と内政の保守的秩序をはかるメッテルニヒの警戒心を刺激し、しばら禁止措置を受けた。そうした人々の節目の集会（祭り）を指す。

p. 465 六時鐘祭（Sechselauten）：4月の第3月曜に行なわれるチューリッヒの春祭りで午後6時に鐘を打つことによる名称。

p. 466 マーク・トウェインが記したカリカチュア：アメリカの作家マーク・トウェイン（Mark Twain 1835-1910）は1878年3月から9月まで家族と共にヨーロッパを旅行し、スイスのアルプスの山々をも訪ねた。その旅行記には、アルプスのロマンティックな風物にあこがれて訪れる観光客を当てこんで、いかにもそれらしく振る舞って金をせびり、また物産を巧みに売りつける地元民がアイロニックに描かれている。

p. 467 〈**転用性**〉（Verfügbarkeit）：民俗的な文物が、さまざまな使途に転用可能であることをさす。ヘルマン・バウジンガーが『科学技術世界のなかの民俗文化』（1961）において論じたことによって術語として定着した。

p. 468 ヴァルター・ヘーヴァーニック（Walter Hävernick 1905-83）：生没地ともハムブルク。ハムブルク大学・民俗学教授、ハムブルク市歴史博物館長。1966年4月にヘルマン・バウジンガーの呼びかけによってテュービンゲン大学で行われた民俗学のあり方をめぐる討論会に参加した数少ない年長者の一人。討論会では、現代民俗学の分野で予備的な研究を進めていたことを踏まえ、現代民俗学がナチズムに同調した過去を繰り返さないためには、学術的に確かな素材と方法を国際的にも確立する必要があるのではないか、と説き、かつて学術語として共有であったラテン語への回帰に比喩的に言及した。

資料の部（フォークロリズム概念の成立をめぐるドキュメント）

ポーランドの
フォークロリズム

1969
翻訳
2012

著者：ヨゼフ・ブルスタ

1

　フォークロリズムは、ポーランドにおいて近年めざましい進展を見せている現象と言ってよい。フォークロリズムが流行となっている地域もあるほどである。それは、国の文化政策にとって関心事であり、また経済関係や社会的文化に関わる諸組織、さらに教育制度の諸機関にとっても、忽せにできなくなっている。それには、この領域の専門家や、また文筆家や出版関係者や学者の多くだけでなく、〈素朴な〉人々も関係している。フォークロリズムは、明らかに、現今の公的生活の恒常的な精神的潮流である。

　それだけに、この興味深い、近代の社会的・文化的現象に対してポーランドでは、——〈土俗性（民俗性）〉（Volkstümllichkeit）という一般的な言い方を除けば——それを指す名称をもたなかったのは、特徴的である。また目下は、より頻繁に用いられるのは〈フォークロア〉である。このため、議論において誤解も生じている。すなわち、概念に込められた内容が異なっていることがあるからであり、それはまた問題に対する異なった判断や視点の取り方につながってゆくからでもある。それゆえ、いかなる現象が問題になるのかをはっきりさせ、また〈フォークロア〉と〈フォークロリズム〉という二つの概念の差異を厳密にすることが、先ず求められよう。

　フォークロアとフォークロリズム、これは私の見るところでは、二つの根

ヨゼフ・ブルスタ　ポーランドのフォークロリズム（1969）

本的に異なった事実連関である。フォークロアとは、〈生きてある〉文化の〈自然な〉部分のことである。それは、特定の社会的層序と結びついており、その生存の諸条件の反映であり、したがってまたいわゆる〈素朴な〉人々が彼らの周りの世界に対する関係の反映であり、同時にその行なう解釈でもある。従って、フォークロアは、日常生活や祝祭の直接的な部分である。もっとも、ここでは、一般に民俗学者がそうするような、フォークロアを狭い意味でとるか、広く考えるかはどちらでもよい。因みに、狭義では、〈伝統的で、言葉と結びついた技巧的な民衆的営為〉[1]のことであり、広義では、一般にこの言葉が使われる実態に徴するところ、〈民間文藝〉に加えて、儀礼と行事、民俗音楽、民俗舞踊、またそれらに関係のある衣装や造形や信仰や世界観を含むことになる。いずれにせよ、フォークロアという術語によって、私たちが向き合うのは〈自然な〉生存現象である。

　如上の文化的諸現象のすべては、またフォークロリズムにおいても現れることができるが、それはまったく異なったあり方においてである[2]。一口に言えば、フォークロリズムとは、フォークロアの特定のジャンルを日常生活の特殊な条件に合うように応用するところの社会的・文化的運動である。この点では、応用されたフォークロアであり、それ故また二次的なものであり、多かれ少なかれ人工的であり、所与の位相すなわち特定の社会的層序が織りなす具体的な生活の位相から突き出すことになる。このフォークロアは特殊な場合に現れて――多かれ少なかれ人工的に拵えられてであれ、目的に沿って創作や誇張をしてものであれ――欲求に応える。この面では、特に際立つ特徴としては、充足感、さまざまな審美的体験、また何らかの（ローカル／地域的（レギオナール／ナショナル）パトリオティズムを挙げることができよう。

　したがって、フォークロリズムとして、次の2種類の現象が関係してこよう。

　①フォークロアの所与の要素を、多少ともそのオリジナルな正統的な形態において活用しつつ、近似した形式において実現し、また元の自然な様相と

重ね、しかしまた人工的な設営すること。

②フォークロアの正統的な要素を、人口的な作り変えを狙いながら新しい活用形態（それは原型から多少ともずれる）とすること。

そしてこの両者のいずれにおいても、技巧（クンスト）の原理や法則とむすびついた手続きに出遭うことになる。すなわち、モデルないしは素材としてのフォークロア要素のあり方をめぐって2つの場合が生じる。

(1) 現行のあり方から（そのままの形か不完全な形においてかともかく）直接的に借用する場合。

(2) すでに消滅した過去の形態を文書資料あるいは物質的な文化財に記録されている既に消滅した過去の形態を復元する場合。

かかる手続きの中心に位置するのは、フォークロアの自然な位相に存在する諸現象を鼓舞・保護し、それによって生きたものとし、さらに発展までさせようとする組織的な志向である。

2

フォークロリズムは、ヨーロッパ的規模の現象、それどころか世界的規模の現象として、強まる一方である。それは、どの国民文化においても（なぜならフォークロリズムは国民国家（ナツィオーン）の文化的な動きと有機的に結びついているので）独自の特徴をもつ。その根拠は、それぞれの文化の歴史のなかにもとめられよう。

ポーランドの国民文化において、フォークロリズムが姿を現したのは、既に19世紀の初めであった。ロマン主義の運動と共に、民衆文化への関心が高まりを見せた[3]。ポーランド地域では、ロマン主義は、独立喪失後、ナショナルな再生の理念と結びついた。民衆（フォルク）は、国（ナツィオーン）の基本となるべきであり、ナショナルな文化は民俗（民衆）文化を土台として再生するとされ、そのさい民俗（民衆）文化は当初はポーランド的・スラヴ

的なものとみなされた。かかる理念は、民俗学（フォルクスクンデ）的な研究が嵐のように沸き起こることを促しただけでなく、文化の諸分野においてフォークロリズムの最初の発現にも直接的な刺激となった。アーダム・ミツケウィッチの創作にも、フォークロアから直接も成立したものが認められる。フレデリック・ショパンの幾つかのピアノ曲、殊にマズルカは、土俗的なメロディーを素地にして作曲された。ショパンは、楽曲の幾つかに、民間の元曲を部分的にそっくり取り込みさえした。オスカー・コールベルク（Oskar Kolberg 1814-1872）は、最初の民謡収集にピアノ伴奏をほどこしたが、それはそれで当時の風潮に合わせて、貴顕のサロンで披露することができるようにとの配慮であった。スタニスラフ・モニウスコ（Stanislav Moniuszko 1819-1872）は、歌曲とオペラの作曲（特に作品『ハルカ（Halka）』と『フリース（Flis）』において、音楽におけるナショナルな様式を創出した。さらに、文筆家クラセフスキー（J. I. Kraszewski）は、1860年に民俗工藝の価値に強い関心を向けた最初の人となった。

　しかしポーランドの文化は、2つの方向に分裂する度合いを強めていった。特権層の文化（支配者の文化と言ってもよい）と、〈民俗（フォルク）文化〉、すなわち〈農民文化〉である。しかも、両者の間に架橋はなかった。この問題は、19世紀から20世紀の転換期頃に非常に深刻化した。精神的・文学的運動「ムオーダ・ポルスカ」（「若きポーランド」 1890-1918）は、貴族的・ブルジョワ的な習俗やモラルを鋭く批判し、自由をめざすナショナリズムの運動のなかで、民衆（フォルク）とその文化のなかひそむ価値に眼を向けた。また地域重視（Regionalismus）の社会的・文化的運動は、民衆（フォルク）文化への関心を喚起し、地域的な形態を抽出しただけなく、すでに埋滅に向っていたこの〈色彩豊かな〉文化を救い出した。文化におけるそうした要素が文学や政治の活動とも親近であったことは、カスプロウィッチ（J. Kasprowicz）、ゼレモスキー（S. Zeremoski）、テーテマジェル（K. Tetmajer）、レイモント（W. Reymont）、リーデル（L. Rydel）、フィフピアンスキー（S. Wyspianski）などの活動が示している。さらに建築においてもウィトキエウ

ィッチのザコパネ（タトラ）様式が生み出された。知識層の一部は、住宅の内部に民俗工藝を配置し、居室は民俗的なスタイル、とりわけザコパネ様式にしつらえた。知識人のなかには、農民の娘との結婚を誇るものさえ現れた。

　両次大戦間には、フォークロリズムの動きは2種類の方向をみせた。一つは、知識人的・ナショナリズム的（国家的）な方向であり、第二は農民の運動と結びついた方向であった。このうち前者は、その発現がまことに多彩であった。美術や文学の分野でもそれは感得された。それらの分野では、多様な潮流が相互に関連し合い、またエリートの活動の性格をしめしはしたが、フォークロア的要素を具えた民族伝統が流れる原初的ファクターと結合することによって、真正のナショナルなスタイルの創出を目指していた。それを音楽の分野で代表するのは、カロル・シマノフスキー（Karol Szymanovski 1882-1937）であり、交響曲やバレー曲（ハルナジー"Harnasie"）、合唱曲、そして歌曲（「クルピエの歌」"Pesni Kurpiowskie"）においてである。またレオン・シラー（Leon Schiller）の舞台演出には、音楽分野でのフォークロアへの熱狂者にして収集者の面と、いにしえのポーランドの文学的・演劇的モチーフの探求者の面が共に現れている。彼は、こうした要素に立脚して、舞台のために、記念碑的な民衆劇とレヴュー（たとえば「田園劇」"Pastralka"、"Gody weselne"、"Bandurka"、"Kulig"）を手がけた。そのさい彼が腐心したのは、歴史的・国民的要素と民衆運動につながる要素の二つを結合することであった。こうしたフォークロアへ傾向は、造形藝術の幾つかの分野でも起きた。たとえば、スコーシラス（W. Skoczylas）、シヘンスキー（K. Stryjenski）、ソフィア・シヘンスキー（Zofia Stryjenska）の諸作品である。とりわけ後の二人の風俗絵画には、民俗的なテーマが独自で独創的な様式において表現されている。

　さらに幅広い動きを見せたのは、地方文化運動の分野でのフォークロアに向う趨勢であった。地域の学術団体や、社会的・文化的な協会や、国土学・観光のサークル、種々の青年組織、さらに個々の研究者などが、各地域の民衆（民衆）文化を探求し、またそれらを慎重に保存することに努力した。教

ヨゼフ・ブルスタ　ポーランドのフォークロリズム（1969）

会の祭儀や地方的あるいは国家的なさまざまな行事においてである。それらにあっては、若者グループが民俗衣装を着け、また民俗音楽が奏でられ、民俗歌曲が歌われ、またその他諸々の民俗（民衆）文化の要素が躍動するのである。そこでは、種々の民俗行事（たとえば収穫祭のときの行事）が観衆のために供せられ、またしつらえられた舞台の上で地方色ゆたかな婚礼行事などが演じられるのであった。

　知識人が指導して進められたこの地方文化運動は、民衆運動として行なわれるものとしてのフォークロリズムとは部分的に重なっていたにすぎない。この政治的な民衆運動は、また若い世代の運動でもあり、両次大戦間のポーランドにおける農民の階級意識という政治性と国民意識の表れてであり、したがって農民の社会的・政治的解放を目指す階級闘争の産物であった。国民の文化が二つの文化、すなわち〈支配層の〉文化と〈農民の〉文化になおも二分された状況のなかで、民衆運動は、独自の農民文化に全国民的で自立的な価値をあたえることを主要な関心事としたのである。その文化の内実をを評価するにあたっての独特の神秘的性格は、畢竟、そこに起因するのであり、まそこから、農民文化の諸要素を麗々しく提示するという動きも起きた。すなわち、民俗衣装、歌謡、行事、方言、そして労働と大地と太陽の神秘と緊密に結びついた農民の社会・文化的モデルの提示である。そしてこれを背景にして、まったく新たな農耕習俗が創られて、舞台上で演じられた。スラヴ人が全体としてまとまっていた時代やピアスト朝時代のポーランドのものとされる行事などである。フォークロリズムの性格にあるかかる民衆運動は、両次対戦間時代のフォークロリズムの一般的で活力を強めていった潮流のなかでも、特殊なニュアンスのものであった。

　第二次世界大戦の後、フォークロリズムに対する諸関係はまったく変化した。社会・経済的ならびに政治的な根本的な転換の産物として、社会主義社会において民主主義的構造が形づくられたのである。階級特権の全体と、国民文化におけるエリート的性格は廃絶された。生産過程における工業化・都市化・近代化の力強い動きと手を携えて、教育システムにおいても嵐のよう

な前進がみられ、それは、国民的な民衆文化の平均化と伝統文化の没落をもたらした。伝統的な民俗（民衆）文化は、原理的には歴史事象と化した。これまで分裂していた文化における二つの動きである〈支配者の〉文化と〈農民の〉文化は、一般的な国民文化に溶け合い、その形態における均質性や、単一化の度合いは高まるばかりである。

　伝統的な民俗（民衆）文化とその本質的特徴が記録の対象となるべき歴史的事象と変わり、国民の特定の階級——すなわち庶民（einfaches Volk）——のあり方と結びついたものであることを止めた途端、それは根本的に別の意味合いをもつことなり、完全に新たな評価を得ることを始めた。しかしそれは、何らかの後退あるいはプリミティヴィズムの現象ではない。民俗（民衆）文化フォルクは、勤労大衆の生命の発露として特別の関心対象となると共に、演劇的・娯楽的な特質を呈することになった。それは遂に、国民文化の美しい現象として公的に認められるに至ったのである。上述の事実は、今日のフォークロリズムとその多彩な現象の根底となる源泉である。

　しかしすべてを説明するには、もうひとつの一般的な変化にも注目しなくてはならない。音楽、ヴォーカル、舞踊、さらに造形藝術の分野で行なわれているフォークロアの応用は、主要にフォークロリズムに基づいている。もっとも、フォークロリズムをそうした幅広い射程で観察するには、現代音楽や現代藝術への理解なくしては不可能であろう。すなわち——よく知られた言い方をするなら——〈洗練された〉音楽や美術と、素朴で〈民俗的な〉音楽や美術という二種の特徴の混合である。これは、〈プリミティヴィズムの流行〉という呼ばれ方をされることもある。

　そこで、現今のフォークロリズムをめぐる幾つかの現象について、より詳しくあつかうことにする。

ヨゼフ・ブルスタ　ポーランドのフォークロリズム（1969）

3

音楽フォークロリズム（楽器、歌唱方法、舞踊のフォークロリズム）は、フォークロリズムの非常に一般的な研究対象である。それは、類型的で多彩な諸現象を見せている。

　1945年以降の国の文化政策は、エリート階級の文化と民衆の文化の差異を解消させることに力を向けてきた。音楽文化もこの政策が取り組んだひとつであった。ポーランド音楽にとって課題とはイデオロギーの転換であり、それは内容の面だけでなく、マス・メディアを通じて広範な広がりと一般的な普及を図る方向をも含んでいた。普遍的・国民的な性格をそなえた音楽の創造が重要であった。それは最新の技術を含むさまざまな手段を駆使して音楽表現の幅を広げるという考え方を生み出したが、内容的には、第一に国民的伝統への接続、第二にフォークロアの接近を意味した。かくして1956年までにはすでに、交響曲を例にとるなら、ウィスロスキー（S. Wislocki）、リュービキー（F. Rybicki）、バセフィスゾフナ（G. Bacewiczowna）、シコルスキー（K. Sikorski）、ルトスラフスキー（W. Lutoslawski）、ミシェルスキー（Z. Mycielski）などの作曲家の作品が誕生した。彼らの作品には、ゴラール、クルピエ、またラゼスゾフ地方をはじめとする地方の民衆音楽が取り入れられた。ここに挙げた作曲家はもちろん、他の作曲家たちも、その手がけるカンタータやオラトリオやコラールにそうした性格を強く持たせている[4]。その時期、作曲家たちは、かつてなかったほどの規模で、民衆音楽の名残りに材料をもとめ、部分的には元の形態を保存しながら手を加えた。実際、多くの音楽家たちの表現方法やアクセントの置き方や楽器編成には、民衆音楽の特徴が息づいている。

　これが典型的にみとめられるのは、純粋音楽においてであろう。しかし同時に、ポピュラー音楽では、器楽曲や声楽曲、さらに舞踊曲も含めて、興味深い動きが起きている。国の文化政策の一般的傾向や特定の施策が土台に

なって、音楽フォークロアのルネサンスが現出したのである。(ナチス・ドイツによる)占領期には身を潜めていた伝統楽器が顧みられ、——オリジナルの現物が消滅したものも含めて——原型に基づいて復元され、さらに各地で結成された民衆的楽団によって、各地域の音楽フォークロアが演奏され始めたのである。しかもそれらは、民俗的に正統なものが、それが培われ長く生きつづけてきた基盤そのものからの噴出したことには違いなかった。かかるフォークロアは、舞台や寄席(エストラーデ)といった広い前線に突破口を見出して、ラジオ番組の定番となり、やがてテレビの普及と共に番組にも定着した。実際、各地方のテレビ局の製作作品においても、それは欠くべからざるものとなっている。のみならず、数年の間に、それは大変ポピュラーになり、あらゆる民衆音楽隊や舞踊グループや由緒ある歌曲グループにおいて取り上げられる演奏曲目となった。この種のフォークロアは、観衆や聴衆を虜にしたと言っても過言ではない。定期的に催される「民衆音楽フェスティヴァル」(第一回は1947年に開催された)を見ると、この種類がポーランドにおいて全国規模での動きであることが分かるだけでなく、地方や地域の関連団体にも刺激となっていることがみてとれる。

　しかし正統的(authentische)あるいは正統化された形態(authentisierte Form)は永くは続かなかった。文化講座やクラブや文化会館や寄席などでフォークロアが散々使われた経験の教えるところを言えば、フォークロアが舞台や演劇の条件に合致するように変えられるのは致し方のないことでもある。事実、フォークロアをアレンジする大波が起きたが、そこでは、さまざま地域の出し物について、様式化を進めるだけでなく、改造したり、切り分けたり、また結び合わせたりといった手直しがなされ、なかには元の詞章に種々の断片を組み込むモンタージュもまじっていた。これは、目下のフォークロア活用における典型的な現象である。かくして、民俗的な営為とアマチュアの活動と職業的な興行との境界は消えてしまうほどである[5]。

　しかし、この種の創作や上演は、時と共に懐疑や批判を惹き起こし、議論を招きもした。実演者のなかでも、フォークロリズムにおける正統性の保全

ヨゼフ・ブルスタ　ポーランドのフォークロリズム（1969）

を説くエスノローゲやフォークロリストの強い影響力を受けた者たちは、そうしたアレンジメントには距離をとった。このグループの人々は、音楽の解釈においても原型に忠実であることを重んじた。殊にメロディーと歌詞について印刷文献が存在する場合にはそれが顕著である。これが、現今、テレビと祭り行事において人目を惹くフォークロリズムのあり方で、音楽フォークロリストたちもそれを支持する姿勢を見せている。しかしまた、そうした潮流が、小さくなり弱まりつつあるのも事実である。民俗音楽の楽器を弾くことができる人々も減少の一途をたどっている。若者たちは、それらの音楽を古臭いと感じている。わずかに、歌曲と舞踊の分野ではそれらの音楽が土台となっている他、民俗行事の実際と結びついている程度である。また民俗行事と結合している場合のフォークロリズムは、非常なセンチメンタリズムを伴ってもいる。

　しかしそれと並んで、これまでない新しい現象も進行している。国民音楽全体のなかでフォークロアが、まじめな音楽の材料ではなくなり、アマチュアによるフォークロアへの着目の風潮を背景に軽音楽のなかでの飽き々々する要素に堕してしまい、応用された二次的なフォークロリズムが民俗行事に限定されてしまったとき、予期せぬ自体が発生した。至るところで、音楽フォークロリズムが"Big-beat"の形態で姿を現したのである。それは、1968年にオポーレ（Opole）でのフェスティヴァルで〈爆発した〉。多数の"Big-beat"のアンサンブルが結成され、その多くは外国の作品の模倣を主に手がけているが、"No to co"（「こりゃあ何だ」）、"Trubadurzy"（「吟遊詩人」）、"Czerwone Gitary"（「赤いギター」）などの幾つかのグループは、主にコールベルクの民衆歌謡を取り上げ、それをビートのリズムとハーモニーに移し変えて公演したのである。それらにおいて注目すべきは、民俗音楽そのものをベースにして民俗要素を具えた創作が熱狂的に歓迎されたことで、事実、ラジオ、テレビ、寄席と幅広く取り上げられた。従来、ラジオ放送の軽音楽のほぼ90パーセントは外国の作品であったが、それを機に状況が変化した。この種類のレコードが広く出回ってきているのである。このビッグ・ビート・フォークロ

資料の部（フォークロリズム概念の成立をめぐるドキュメント）

リズムの流行は、クリスマス歌謡のような民俗的な性格のものにも及んでおり、そのニュアンスも、能う限り原型に近いものから、原曲を自由に改作したまったく新しい創作と言ってよいものまで多岐にわたっている。しかしそうは言っても、目下最もめざましい流行を呈しているのは〈ポップ・ミュージック〉であるが、それがいつまで続くかは定かではない。

4

　民俗衣装は、現今のポーランドの村落の文化においては、もはや生きた要素ではなくなっている。僅かにゴスティン（Gostyn）、キールチェ（Kielce）、ローヴィチェ（Lowicz）、ポードハレ（Podhale）などの地方で、民俗衣装が断片的に続いているに過ぎない。それに引き換え、至るところで、またあらゆる分野で起きているのは、舞台に載せることを目的とした民俗衣装のルネサンスである。どの地方の音楽、歌謡、舞踊のグループも、それぞれの地方が最も華やかであった頃の、かなり古い時期の民俗衣装を能う限り効果的に用い、観衆にアトラクションとして披露している。1950年頃、ワルシャワで、民俗衣装製作のための学問的な組織として、「藝術企画センター」（Centrala Obslugi Przedsiebiorstw I Insthytucji Artystyczenych 略称"Copia"）が設立された。そこでは、本物の民俗衣装そのものや、スケッチや絵画などの歴史史料をもとに、特定の地方の民俗衣装を注文を受けた点数だけ作るのであった。この工房の顧客には、多数の歌謡アンサンブルや舞踊団があり、なかには外国の団体もあれば、国内の地方団体もあった[6]。

　他方では、各地方に独特の民俗衣装の数々が流行となって人気を博している。それはとりわけ、ゴラール（Goral）の民俗衣装に著しい。それらは、地元の人々によって作られて、都会へ送られている。たとえば、ゴラールのマントや靴や頭巾や装身具としての留め金類である。

　伝統的な民俗文化の文物を室内のインテリアとすることも、流行そのもの

と言ってよいような状況を見せている。ガラス裏絵、彫刻、民俗衣装のパーツ、焼き物、壁掛けなどである。

外国に在留するポーランド人のあいだでは、民俗衣装（特にクラクフの伝統衣装）はポーランドのシンボルとなっており、殊にナショナルな性格の催しでは必要不可欠の小道具となっている。

各地域のマイナーなアンサンブルは、その地方の典型的で原型の性格をもつ衣装を着けるが、他方、「マゾフゼ」（"Mazowsze"モソビア地方）や「スラスク」（"Slask"シレジア）といった代表的なアンサンブルでは著しく様式化が進んでいる。また舞台での上演となると、〈藝術的自由〉が顕著で、民俗衣装と歴史的・国民的民俗衣装の各要素との混合に至っている[7]。

習俗（民俗行事）のフォークロリズムでは、二種類の異なった組織形態がみとめられる。第一は、舞台藝術に携わるアマチュアのグループなど、第二は、集団での娯楽である。第一のグループが活躍するのは、特に民俗的な婚姻儀礼で、両次大戦間の頃の形態を変化させずに持ち伝えている。呼ばれたグループは、その土地の伝統的な結婚式を原型に忠実に、またそれに合った音楽隊の伴奏のもとに演じるのである。もっとも、リクエストによっては、オリジナルの〈全ポーランドの国民的な結婚式〉[8]を、原型を伝えるテキストとメロディーに従って披露することもある。そうした民俗色豊かな舞台上の結婚式——野外で行なわれることもある——は観衆に人気があり、それは農民のあいだでも変わらない。かくして、どの地方も、多かれ少なかれ舞台向けの結婚式の形態をもつようになっている。そうした結婚式は、その断片であるにせよ、しばしばテレビでも放映される。

年中行事の類も、若者たちの集団的な娯楽にとどまらない。この分野では、まだ消滅までに至っていない伝統も見られないわけではない。たとえば、いわゆる〈ソプカ〉（"Szopka"：キリストの誕生を祝う民俗的なダンス会）で、殊にクラクフのソプカが有名である。また星の作り物をもって巡回する〈ヘロデーゼ（"Herodese"）や、ファスナハトの仮装者としての死神や悪魔などもある。しかし大多数の行事は、すでに典型的なフォークロリズムとなって

いる。若者向けの雑誌が、節目となる年中行事に大きな刺激を感じているのは、注目すべきであろう。たとえば、〈聖アンドレアス〉（"Andrzejki" 11月30日）や〈聖女カタリーナ〉（"Katarzynki" 11月25日）、あるいはファスナハトの橇滑り、〈死の追い出し〉（"Marzanna" 春迎えでもある）、復活祭の灌水行事などである。すこし前から、ワルシャワでは、アマチュアのためにそうした活動を指導するインストラクチャーの組織ができていて、フォークロアの演出について何に目配りすべきかといった課題をこなしている。案内書の刊行も、その機関の仕事である。さらについ最近、年中行事の演出する手引書を作成した[9]。その著者は、形式・内容両面での助言に加えて、民俗的な儀礼と行事の意味を演じることを理解することに価値をおいている。

　習俗（民俗行事）のフォークロリズムは、ワルシャワでの〈収穫祭〉中央機関による毎年の行事において大規模な実例を見せている。そこでは、ポーランド全土から数十の民衆グループが民俗衣装で参集し、ヤドウィガ・ミエルィェヘフスカ（Jadwiga Mierzejewska）の演出の下に、舞踊や仮面行事を披露する。数十万人の観客が集まる他、テレビ放映をつうじて数百万人の人々を興奮させるのである。

　周知のように、一般的な意味での美学的カテゴリーとしての民俗工藝（Volkskunst）が発見され、またみとめられたのは、必ずしも古いことではない。それは藝術における自然主義的な衰退と、新たな方法論的観点が優勢になったためであった。民俗工藝の価値が最終的に認められたのは、第二次世界大戦後であった。その結果、国家の広範な後援の下、現存する作品の保存と編集がなされることになった。民俗工藝の製作者たちは登録され、指示を受けると共に奨学金があたえられ、さらに弟子が割り当てられ、また作品コンクールが公的に催されるようになった。同時に、民俗工藝の作家たちが製作した作品を販売するための組織として「民俗工藝・民俗産業中央機関」（CPLiA）が設けられた。この機関は、国内外の顧客網を開拓すると共に、民俗工藝を原型——これ自体が既に様式的な改変を閲している——にしたがって大量生産することを促した。それゆえ、典型的なフォークロリズムでもあ

る。それには、民俗工藝のあらゆる種類が含まれ、被服地、壁掛け、家具、焼き物、刺繡などから、〈民俗的な〉人形や造花にまでわたっている。同時に、一流の藝術家の手になる〈偽の〉民俗工藝が、民俗工藝の作者の実際の産物と区別がつかないという事態が生まれている。すなわち、〈藝術的な〉工藝品と民俗工藝との区分が消えてしまうような水準にあることになるが、同様の現象は音楽でも起きている。

　類似の趨勢は文藝において認められる。いわゆる民衆作家・民衆詩人という出版界で有力な一群の他にも、文藝フォークロリズム（たとえば方言を用いた対話など）は、多くの現代作家や現代詩人が手がけるところで、クレーク（J. Kurek）、カペニアク（J. Kapeniak）、ハラシモウィッチ（J. Harasymowicz）などの作品において顕著である。

　文藝フォークロリズムは、読書界、ラジオ番組、テレビ、さらに演劇において、広く親しい現象でもある。年間の重要な節目（例えばクリスマス）には、新聞紙上に、民俗的な占いや諺、また一口話（アネクドーテ）、民話などが掲載されるが、それは通常コールベルクの作品から取られている[10]。ラジオ番組でも、コールベルクに依拠した一連の作品が見受けられる。「コールベルクの跡をたずねて」、「村は踊り、村は歌う」などである。ラジオでフォークロリズムの氾濫を感じるのは、特にクリスマスの時期（クリスマス歌謡など）と復活祭においてである。民俗的な番組の拡大をもとめるような声も挙がるほどである。テレビとなれば、フォークロアやフォークロリズムを示すことがさらに多く、毎日と言ってよいほどであるが、殊に日曜の番組がそうである。一例を挙げれば、「アマチュア・アンサンブル、カメラの前に立つ」その他がそれに当たる。さらに〈フォークロア期間〉が開かれるとなれば、その種の企画は特に増える。それは傾向と言ってもよいほどだが、それは、やや規模の大きい地方自治体なら、決まって自分たちの〈期間〉を設定するからである。もっとも、そこで催されるのは、ポーランド全国に通用するようなアトラクションで、外国からの観光客をもあつめている。

　この数年の動きでは、幾つかの劇場が、フォークロアを謳った出し物を上

資料の部（フォークロリズム概念の成立をめぐるドキュメント）

演してきた。たとえば、クラクフの「グロテスカ」劇団（Groteska）は、1966年に「俺はクラクフを出てゆく」（"Od Krakowa jade"）を上演したが、これは（新聞報道によれば）〈まったくお祭り騒ぎの演劇〉で、コールベルクが採集した歌謡の歌詞とメロディに依拠していた。この劇団は、国内で350回以上も公演を行い、その後、外国へも上演の旅に出た。同様の事情は、グダニスクの「ミニアトゥラ」劇場（Miniatura）にも当てはまる。因みに、この両劇団は人形劇である。こうした演劇的な成功例は増える一方である。たとえば、ワルシャワの「農民の家」では1968年にカバレット寄席が企画されたが、これまたコールベルクの歌詞とメロディが基本であった。これに関連して言えば、1968年9月1日付の『ほのお』紙（"Zarzewie"）には、こんなコメントが現れた。

　　コールベルクの全体が、藝術的再現を待ち構えている。

　フォークロリズムの前線は幅広く伸びているが、組織化の動きが遅れているのは、映画製作の分野で、短編映画、教育映画、娯楽映画にそれがみとめられる。フォークロアの視点に立った作品も既にかなり多数製作され、テレビでの放映や、映画館で付録的に上映されたりしている。

　フォークロリズムがこうして大きな趨勢であり、さらにその勢いを増しつつあるだけに、言論界においてそれがどのような反響を呼んでいるかは、興味深い問題である。と言うのは、民族学者や民俗学者を中心とした研究者は、これらの現象にまるで関心を示さないか、それともそれに直面するとオリジナリティーを守ろうとする姿勢をとるか、どちらかだからである。社会的・文化的現象としてのフォークロリズムは、学問的な取り組みを待っているのである。

原注
1) P. Nedo, *Folklorystyka. Ogolne wprowadzenie.*（フォークロア概論）Poznan 1965, S. 19.

2) ポーランドでは、次の論者が、これらの術語の差異に注目した最初の人であった。参照、J. Burszta, *Folklore, folklorystyka, folkloryzacja*.（独語：Folklore, Folkloristik, Folklorisierung）Nr. 1-2, 1966.
3) J. Burszta, *Einschätzung der Volkskultur in volkskundlichen Forschungen Großpolens Eine wissenschaftliche Studie*. In: Letopis. Reihe C. Nr. 11/12, 1968/69, S. 38-47.
4) 参照、『ポーランドの現在の音楽文化 1944-1956』（*Polska wspolczesna kultura muzyczna 1944-1956*), ed. E. Dziebowska. Krakow 1968, S. 11-60（この箇所の執筆者は Z. Lissa）.
5) 同上, S. 156-164（J. Sobieska による改変が取り上げられている）。
6) 次を雑誌の記事を参照、"Polska", Nr. 12, 1965, 'Moda a rebours'.
7) たとえば、1966 年にオルスチン（Olsztyn）の舞台で演じられた L..シラーのミュージカル「馬橇」（L. Schiller, *Kulig*）がそうであり、ヴァルミア（Warmia/Ermland）やマズーリ（Mazury）の民俗衣装のパーツが、貴族や古い時代の軍隊の衣装に入り込んでいるのであった。
8) L. Ilowski, *Polskie gody weselne*（『ポーランドの結婚式』). Warszawa 1968.
9) G. Dabrowska, *Obrzedy I zwyczaje doroczne jako widowisko*（『演劇としての年中行事』). Warszawa 1968.
10) ポーランド科学アカデミーの支援を得て、筆者は、オスカー・コールベルクの民族誌と民俗学の業績を再編集に取り組んでおり、それは 66 巻の『全集』として刊行されつつある (Oskar Kolberg, *Dziela Wszystkie*.)。この大全集は、それ自体はある種の応用であると共に、またフォークロアの活用を図るあらゆる形態において無限の源泉でもある。

資料の部（フォークロリズム概念の成立をめぐるドキュメント）

ハンガリーの
フォークリズム

1969
翻訳
2012

著者：テクラ・デーメーテール

　ハンガリーのフォークロリズムについて特徴を挙げるなら、それは、農民文化の幾つかの要素が、その社会的連関から切り離されて、ナショナルな性格をもつようになっていることである。これに属するものには、民俗工藝、見栄えのする華麗な民俗衣装、色とりどりの刺繍、舞踏、音楽だけでなく、ハンガリー農民に固有とされる（！）態度や価値観を挙げることができる。それも特に、低地地方（［訳注］後出のプスタとほぼ重なる）の農民のそれである。

1

　数年前、ハンガリーで、一篇の諧謔的な映画が製作された。『お好きなだけ蜃気楼を』（*Fata Morgana in jeder Menge*）、それがタイトルだった。主人公は三十歳台の倹約家の小役人で、年がら年中節約につとめ、時折、〈ハンガリーの……民俗的な〉音楽を楽しんでいる。彼は、民俗衣装に身をつつんでレストランへ出かけ、そこでジプシー音楽を聴きながらワインを傾け、自分でも〈ハンガリーの〉歌をうたう。この一見まことに罪のない（もっとも決して安上がりではない）楽しみが、彼には確たる理念となっている。しかしそれは、蜃気楼への思慕である。すなわちロマンティックで民俗的・ナショナルな、怪しげな幻影である。ちなみに蜃気楼は、ごく最近に至るも、ハンガリー低地地方の大平原に出現する名物現象であった。

テクラ・デーメーテール　ハンガリーのフォークロリズム（1969）

蜃気楼というタイトルのこの幻想絵は、ハンガリーにおいて、フォークロリズムの衣をまとって現れる。それは、外国人にとってだけでなく、自国民の少なからぬ人々にとって、ロマンティックな理想である。とりわけ都市民のあいだでは、それが〈真実な〉もの、〈本もの〉と受けとめられている。そのいでたちは、たいてい民俗衣装を羽織り、土俗的な遺物で飾りたてている。このロマンティックなイメージが私たちの手をとって導く先は、ハンガリーのプスタである。ギャロップで走る馬の群、その後をカウボーイが長い顎鬚を見せて駆け抜け、白いズボンが風にあおられて波打っている。かかるイメージにおける〈本もののハンガリー人〉は、誇り高く、極めて個性的で、克己心を備え、ダンスに巧みで、ワインに強く、しかもホスピタリティに富んで鷹揚である。しかし、そうした人間像がハンガリー農民の実像を映したものではないと断っておくのは、無駄ではあるまい。さらに言い添えれば、このロマンティックな人間像に照応する現実の原型は、19世紀のハンガリーの地主でもあった小貴族の理想化された姿であった。

2

　ハンガリー社会の教養層は、18世紀末頃、農民文化に接近した。この接近には、悲劇的な歴史的背景があった。数世紀も続いたトルコとの戦争で、ハンガリーの都市も砦も破壊され、ハンガリーの文化は壊滅状態に追い込まれ、文学の継続性も断ち切られた。トルコの支配を駆逐するや、次にはハプスブルク家によるドイツ化政策が進行した。18世紀半ばには、貴族や都市市民は主にドイツ語とフランス語を話し、学問的な書き物は専らラテン語であったと言ってもよかった。

　18世紀の60年代から、小貴族のなかの進歩的な人々が中心になり、それに少数の大貴族、さらに都市の市民が加わって、教養に裏付けられたナショナリズム的見解が擡頭した。ハプスブルク家の政治がナショナルな存在を危う

くしていること、自国の言語の消滅はハンガリー民族の壊滅にいたること、さらに自生的な諸々の文物、文学や藝術はハンガリーの農民、すなわち農奴（ハンガリーで農奴が解放されたのはようやく 1848 年であった）のあいだにしか見出せないとの見解である。それゆえ、18 世紀には、ハンガリー文化とは、農民のことであると言われたものである。かくして、ハンガリーの世論にとって、土俗的（民俗的）なものは、ハンガリー的なものと同義であった。

かかる認識が擡頭したのは、あだかも西欧諸国で民衆文学が発見された時代、すなわちロマン主義の前夜であった。土俗的（民俗的）なものへの回帰は、ハンガリーの歴史的必然でありながら、ヨーロッパの最先端の趨勢と重なったのである。

20 世紀の 20 年代と 30 年代に指導的な文学史家であったヤーノシュ・ホルヴァートは、1927 年に、19 世紀始めにハンガリーの詩人たちが民衆文藝と精力的に取り組んだ様子を記述した[1]。

　　彼らが関心を寄せた対象のなかには、民衆文藝の他にも、ありとあらゆる生きた伝統があった。歴史に根ざしたハンガリーの民族的伝統であり、それらは、なお救い出すことができ、また共通の財物として体得することができた。18 世紀半ばに醸成され噴出し河流となった偉大なナショナリズムの運動において、伝統の残滓を自覚的に保存し、民族の遺産として保証をあたえ、保護し、宣伝するファクターがフォークロアであった。未来に向けて明け染めるなか、ナショナルな政治性の推進力が、ヨーロッパ的であることに保証をもとめたとき、土俗（民俗）の動きは――いわばバランスをとって――異国化からの守り手となり、ハンガリーに特殊な伝統に立脚した。その伝統は、最古にして、血と始原において最も強力に根づいたもの、過去のすべてを通じ今日まで作用しつづけるものと理解された。あるいは、そう理解することができると思われた。それは、新しくなりつつ前進する世界のなかで、伝統を救いだす偉大な運動にして、ハンガリーが国家（ナツィオーン）として新たに組織されつつあるとき、民族特性の文化的アイデンテ

テクラ・デーメーテール　ハンガリーのフォークロリズム (1969)

ィティの守り手であった。すなわち、西方世界という現今のなかで東方の警告であり追憶であった。しばしば大層ナイーヴに、ぎこちない自己欺瞞すらもって、しかし根底では過たぬ原(ウル)本能の導かれて、この力強い流れはその軌道を進み、遂に、その自然な目標たる古・今の融和というエポックメイキングな偉業に至ったのである。

　ここで私たちは、その十全にして真正な意味において伝統の語に出遭うことになる。この言葉で私たちが理解するのは——当時はなお推測であったが——ナショナルな特性のすべてである。それは、遥かな、最も古い過去から、あるいは文字を知らず文字記録をもたない上古に由来する。仮令他所にはなくとも、民衆(フォルク)の最も下の層には残っている。仮令今でははなくなっていようとも、原(ウル)ふるさとには保存されている。仮令もはや目にすることができなくとも、共通の記憶に生きつづけている。否、むしろ、こう言わねばならない。等閑に付され、前へ前へと進んでゆく時代と別物にかわりつつある歴史ないしは敵意によって根絶の憂き目に遭い、気息奄々である、と。私たちは、私たちのナショナルな特性を殺してしまわないためには、国家(ナツィオーン)となって滅んでしまわないためには、それを守り通さねばならない。救い出さねばならない。ふたたび共通の財産として一般のものにしなければならない。しかし、この偉大な伝統は、多数の内的・外的な固有性の総体である。それは、私たちの魂と気質のなかのナショナルな先天性として生きている。それは、私たちの容貌の特徴のなかに、民衆体の古くからの標識として刻みこまれている。それは、私たちの思念、形式、話し言葉、さらに言葉の響きのなかにまで生きている。私たちの社会の諸形態、生き方、習慣、それどころか名前の付け方といった単純な振る舞いにも生きている。信仰にも迷信にも息づいている。歌謡のなかに、詩歌のリズムのなかに響いている。私たちの昔話の不可思議な世界を作り、彩っているのも、これである。そして私たちの伝説のなかで自らを語り出す　……音楽において笑いと泣き声を聞かせ、舞踏において身をくねらせ、はげしく迫り、足を踏む。衣装の襞に潜み、晴れ着に輝き、農民の素朴な衣類にも、

飾りをつけたマントにも棲んでいる。牧夫の杖の刻みにも、馬追いの鞭にも、漁夫の道具にも姿をみせる ……畑に麦を実らせ、オークの森の樹冠を騒がせ、砂地のアカシアに実をむすばせ、葦のそよぎに音を含ませる。私たちの村々の緩やかで落ち着いた生き方、セクル人の一刀彫り、機を織り、紡ぎ、刺繍するハンガリー女性の手。

3

　民衆性や原初性を国民性と一致させるのは、18世紀から19世紀への転換期にあっては、決してハンガリーだけの現象ではなかった。時代は、あだかも近代国家への展開の道程における最初の難しい第一歩にあたっていた。特に、都市文化が、豊かで見るべきもののある民衆（民俗）文化や工藝を活用するほどには発達していなかった諸民族においては、そうであった。

　それだけに驚くのは、文藝において土俗性を土台とする方向があらわれたことで、それは今日に至るまで、ハンガリーの大衆文藝の基本的特徴となっている。18世紀末から、ハンガリー文学は、〈都会的〉文学と〈民衆的〉文学の衝突に貫かれて発展した。その後の数世紀は、あるときは一方が、あるときは他方が——もっとも、まったく明瞭であったわけではないが——政治的な前進を代表した。〈都会的〉文学は、民衆文学派から、コスモポリタンや異国かぶれの謗りを受け、逆に都会文学の代表者たちは、〈民衆的〉な方向を、遅れた、洗練されない、田舎者とみなすのであった。現存する最大の作家の一人であるラシュロ・ネーメトは、1930年代に次のように述べた。

　　民衆(フォルク)が、文学伝統を消化している唯一の階級であるところでは、民衆文学は、西欧におけるよりも偉大なものとなる[2]。

　かつての数百年にわたるかかる論争には、フォークロリズムの現象を超え

テクラ・デーメーテール　ハンガリーのフォークロリズム（1969）

るところがあるが、この小論は、それを詳しく解説する場所ではない。しかし、これらから明らかになるのは、フォークロリズムの概念は、ハンガリーでは、ドイツの同学の士が指示した諸現象としてのフォークロリズムからはみ出してしまうことである。ハンガリーでフォークロリズムが意味するのは、最も教養あるハンガリー人が、農民文化のなかに、ハンガリーのナショナルな文化が生い育つもとになる芽を見詰めてきた数百年にわたる現実に他ならない。フォークロリスト、ヤシュロ・ペーターが 1968 年に『エスノグラフィア』に寄せた論考に掲げた〈フォークロリズム〉もかかるポジティヴな意味である[3]。

　20 世紀前半の最も傑出した作曲家のひとりであるベーラ・バルトークが音楽フォークロリズム研究の指導的な存在でもあり、その作品が民衆音楽から発していること、また 20 世紀の最も偉大な音楽教育家であるゾルタン・コダーイが民衆音楽を学校の音楽教育の基礎に据えたことは、偶然どころではなかったのである。

　さらに、19 世紀から 20 世紀への転換期にハンガリー独自の建築と工藝の様式が成立したが、そこにフォークロリズムがどれほどはたらいていたかを問えば、優に一章を当てなければなるまい。因みに、その問題に関しては、最近、マリーア・クレスが『エスノグラフィア』に寄稿した[4]。工藝と建築が、ハンガリーの民俗的な装飾文様を発見したのは、ハンガリーにおいても〈ユーゲントシュティル〉や〈アール・ヌーヴォー〉が開花したのとほぼ同時期であった。ブダペストやケスケメートやマロスヴァシャーレリ（ジーベンビュルゲン［訳注：現在は大半がルーマニアに属す］）などの都市では、この二つの潮流が出会った幾つかの記念碑的な建築物が存在する。美的価値をめぐる両者の見解には相違があるにせよ、その時代史的な特質は議論の余地があるまい。それらの建築は、わが国を訪れる外国人を今日まで驚嘆させている。

4

　フォークロリズムのポジティヴな影響と並んで、商業的あるいはトゥーリズムのフォークロリズムの領域でも数々の動きがみとめられるのは、ハンガリーも例外ではない。そのなかの幾つかには、注目しないわけにはいかない。ブダペストやその他の民衆工藝の中心地での手仕事や彫刻類は、民俗的な原型に倣って、〈本当の〉農民が作っている。しかしもちろん、一点だけではなく、農民たちは、マーケットに向けて製作しており、したがって民衆工藝は家内産業になっているわけである。しかしこれは、今なお〈実際の〉、〈本物の〉民衆工藝が存在するとなれば、世界中、どこでも同じようなことであろう。それどころか、すでに本物がなくなってしまったところでも、博物館の収蔵品をモデルにして商業的な〈民衆工藝〉が生産されている。

　ハンガリーについて外国でロマンティックなイメージが作られてきたことを始めに取り上げたが、その元になったのは、農民文化の決まった光景や名残りであった。またそうしたイメージの形成に特に力のあったものとして、ウィーン＝ブダペスト派のオペレッタを挙げることができる。とりわけ、ハンガリー出自のフェレンチ・レハール (Ferenc Lehar) とイムレ・カルマン (Imre Kalman) の諸作品で、それらには、ロマンティックなジプシーの音楽士たちや、丈の短いスカートを着けた農民の娘と伯爵夫人、それにいなせなハンガリー軽騎兵たちが登場する。

　旅行業界も、過去の民衆文化を取り上げ、それをコマーシャリズムに存分に活用した。たとえば、両次大戦間に刊行されたハンガリーへ訪問客を誘うためのドイツ語の旅行案内書には、次のような一節が見える[5]。

　　マジャール人の特性は、ドナウ河沿いでは保たれているが、それ以外では失なれてゆくかも知れない。それは深く自然に根ざし、マジャール人を永遠のものとしているが、また彼らから奪ってしまう怖れもある。彼らの

テクラ・デーメーテール　ハンガリーのフォークロリズム（1969）

深い自然性を証かすものにダンスと歌がある。彼らの自然性は不撓不屈であり、反抗にまで走ることがあるまでに誇り高く、揺ぎ無く、自恃に充ちている。強い腕力にだけは従うこともあるが、それも自己の意思と心の赴くところによるのであり、盲目的な服従や怖れからではない。激情、無愛想、快活、涙、これらロマン好みの旅行者によって注目されてきた特徴は、後に加わったもので表層に過ぎない。それらは、マジャール人の名誉心と一体ではない。むしろ、マジャール人をよく知っている人たちがしばしば記録してきたように、ここでは、最貧の農民ですら王侯さながらである……本書を手に、マジャール人の仕事場や村を訪れればよい、ハンガリーのプスタを旅行することだ！

　このロマンに富んだ記述がなされたのは、ハンガリー農民の経済状態が破局を呈していた時期である。半封建的な大土地所有のために、農民の状態は改善の兆しすら見えなかった。無産の農業労働者に属する者が日増しに増えていったが、支配階級はそれを改善する手立てをもたなかった。同時に、一人っ子しか抱えられない制度に故に、地方によっては、村落が死滅の危機に瀕していた[6]。それにも拘わらず、農民の生活は、ロマンティックな書き割り的なイメージとして観光の世界に広まっていた。
　俗美きわまるキャッチフレーズを多用した、かかるセンチメンタルでコマーシャリズム本位のフォークロリズムの大半は、さすがに観光関係の辞書からも消えはしたが、ある種の痕跡はなお尾を引いている。それは、部分的には、ツーリスト自身がそれを希求することによっている。外国からのツーリストのために、ジプシーが装飾に富んだ服装で、〈物悲しく甘い〉ハンガリーの民謡を演奏するレストランなどが〈ハンガリー風の典型〉であり続けるのは、それはそれで致し方がない。観光の分野では、今も、外国からの旅行者のそうした要求に抗するのが難しいのが実情である。

5

　ヘルマン・バウジンガーは、そのテーゼのなかで、政治的フォークロリズムの現象をも取り上げている[7]。それに因んで言えば、多くの事例を挙げることができる。ハンガリーのフォークロリズムは、初めから政治的な性格をも帯びていたからである。18世紀から19世紀初めの改革期のフォークロリズムは特に進歩的な性格を示したが、第一次世界大戦と第二次世界大戦のあいだの時期のフォークロリズムは、偽りの愛国主義に傾斜した。支配階級は、農民文化あるいは農民生活には無関心であり、専ら俗美（キッチュ）な類型性と装飾過剰な民俗衣装に集中した。ベーラ・バルトークを故郷から追放し、農民の経済的・社会的実態を指摘した農民社会学者の最も先進的な部分を牢獄につないだのは、農民の使う皿を壁に掛けて悦に入っていた支配階級に他ならなかった[8]。

　ヘルマン・バウジンガーは、エスノグラーフたちや職業的なフォークロリストがフォークロリズムに対していかなる関係に立っているのか、との問いを投げかけた。ハンガリーにおいてこれらの分野に関わる者の役割は総じてポジティヴであった。彼らは、当初から似非民俗性（Pseudovolkstümlichkeit）と闘ってきた。彼らは、農村文化を都市文化に近づけることを繰り返し志向したが、もとより、その意図は常に幸運な成就を見たわけではなかった。

　その試みは、例えば両次大戦間に、いわゆる〈真珠の花束〉運動となった。オリジナルの民衆舞踏と民俗行事を都市の舞台に載せることを願ったのである。しかしそれは、成功裏に成果を得たのと並行して、コマーシャリズムの観点が擡頭するのを助長した。その運動のなかでは民俗的なものをめぐって感心できないようなブームも起きたのである。

　バウジンガーはまた、国家が介入するフォークロリズムにも言及している。第二次世界大戦後、ハンガリーでは、新しい種類のフォークロリズムが起きた。そこでは、先行する時代に較べてポジティヴな特徴が多く見られたが、

また欠陥も免れてはいなかった。例えば、アマチュアの諸団体は、ほぼ10年にわたって、企業や学校や官庁で、ほとんど民俗舞踏だけを踊っていた。これは、都会は村の技藝を修得してきたというフォークロリストの昔からの思い込みが満たされたことを意味していた。しかしまた、民俗的な文化は、現代の生活感情を表現することには必ずしも向いてはいないという事実とは相反することになり、そこで生まれるものは勢いモノトーンに傾いた。

　この時期に生まれた最も寿命の長い組織は職業的な民俗舞踏団で、それらは今日まで成功裡に活動を続けている。その他、ラジオやテレビで活躍している第一級の民謡のコーラス団があり、また学校の音楽教育でも民族音楽に基礎を置くことが定着した。しかしアマチュア・グループの活動内容も時とともにバラエティに富むようになった。もちろん今日でも、民俗舞踏を喜んで学び取ろうとする多くのアンサンブルが存在する。しかしそのプログラムは、必ずしもフォークロア的なナンバーに限られるわけではない。

　他方、かかる諸問題は、農村からはどのように見られているであろうか。実際には農村の関心は別の方向に向いている。つまり、都会の絶えず進歩する科学技術や文化をもっと修得することができればというのが主眼となっている。

　翻って、ハンガリーのフォークロリストたちは、古い（急速に消滅しつつある）ハンガリーの農村文化の諸事象について機能的な側面からより多く研究できるようになった。今日の研究者世代は、その観点からの調査にすべての時間とエネルギーを注いでいるのが実情でもある。しかし、フォークロリズムの研究が次の世代の課題であることは疑えない。

原注

1) Janos Horvath, *A magyar idrodalmi nepiesseg Faluditol Petofiig* (*Faludi Petofi*). Budapest 1927, p. 11-13.
2) Gyula Ortuty, *Kleine ungarische Volkskunde*. Budapest 1963, S. 197ff.; Ortutay, *Irok, nepek, szazadok* (*Schriftsteller, Volker, Jahrhunderte*), Budapest 1960, passim.; Ortutay, *Halhatatlan nepkolteszet* (*Unsterbliche Volksdichtung*). Budapest 1966, passim.; Bela Pomogats, *A nepi*

irodalomszemletet kerdeszehez（*Die Frage der volkstumlichen Theorie der Literatur*）. In: Irodalomtorteneti Kozlemenyek, 1968, p. 173ff.

3) Lazlo Peter, *A folklorismus herdesehez. Egy motivum körforgassa a nepkölteszetben, az irodalomban es a filmnüveszetben.* In: Ethnographia, 1968, p. 163-169（Deutscher Auszüge Zur Frage des Folklorismus）.

4) *Maria Kresz, A Magyar nepmuveszet felfedezese.* In: Ethnographia, 1968, p.1-36（Deutscher Auszug: *Die Entdeckung der ungarischen Volkskkunst*）; *mit bibliographischer Anmerkungen.*

5) *Ungarnfibel*, Budapest o. J. Text von Lasislaus von Szabo.

6) 特によく取り上げられたのは、バラニャ州オルマンサグ村（Ormansag, Komitat Baranya）の一人っ子システムであった。参照、*Eslüllyedt falu a Dunautulon - Kemse község elete*（「沈み込んだ村、ケムゼ」）. Peter Lek, Bela Gunda, Zoltan Hischler und andere 1936. ; Geza Kiss, *Ormanysag* 1937. ; Janos Kondolanyi, *Baranyai utazas.*（「バラニャ紀行」）1939. etc.

7) フォークロリズムに関して筆者は特に依拠したのは、バウジンガーがその"Folklorismus in Europa"で挙げた諸々のテーゼある。それに加えて"*Populus revisus* (= Volksleben 14), Tübingen 1966"に収録された次の諸氏の論考を参照した, Ingeborg Weber-Kellermann, Herbert Schwedt, Hermann Bausinger, Wolfgang Brückner Ina-Maria Greverus; またハンス・モーザーによる次の論考も参照した。Hans Moser, *Vom Folklorismus in unserer Zeit.* In: Zeitschrift für Volkskunde, 58（1962）, S. 177-209.

8) これらの諸問題については次を参照、Gyula Ortutay, *Kis Magyar neprajz.* 4. ungarische Ausgabe, S. 182-185. ; なお前大戦期の社会のかかる方向での最も重要な研究者として次の人々を挙げておきたい。Zoltan Szabo, Imre Kovacs, Ferenc Erdei, Gyula Ortutay, Geza Feja, Jozef Darvas.

ポルトガルの
フォークロリズム

1969
翻訳
2012

著者:ジョルヘ・ディアス

　フォークロリズムという概念について、私たちは、狭い意味でのフォークロアにおいて理解するところのもの、すなわち口頭伝承[1]という特殊領域だけでなく、音楽、ダンス、衣装[2]、また手職の幾つかの分枝をもこれに含めようと[3]。

　ポルトガルにおいて〈フォークロリズム〉は近年の現象である。20世紀初めには、この国は、基本的には農業国であった。都市住民は、原初的(アルカイック)な生活様式にしばられている村落民を見下していたものである。

　20世紀の初めの数十年間には、ポルトガルの第二の都市であるポルトにおいてすら、運搬には牛の牽く二輪車が用いられていた。ほとんど全ての小都市や町では定期市が開催され、そのときに農民たちはわずかな品物を、頭に載せたり、驢馬や二輪の牛車や運んでいた。祭礼、殊に巡礼地での教会堂献堂祭(romarias: 特にポルトガルの北部に多い)では、今も見られるように、近隣の多数の農民たちは、馬に引かせた小さな車を駆ったり、驢馬や馬に跨ったりしてやってくるが、また大多数の人々は徒歩で何キロもの道をたどって参集する。徒歩の場合は、楽器の演奏と歌をうたい、道々踊りもする。かかる形態は、特にエントレ・ドウロ・エ・ミーノ州(Entre-Douro-e-Minho)において盛んである。

　こうした遅れた村落的な生活形態が圧倒的で、都会性が薄弱であったが(19世紀後半にある文筆家は、ポルトガルの唯一の都市はリスボンであり、ポルトですら沢山の家のある村である、と評した)、さりとてエリートによる

村落生活の研究には結びつかなかった。まったく逆で、農民とは、侮蔑をふくんだ、あるいは少なくとも嘲笑を誘う呼称であった。

しかし1824年から、ロマン派の人々やリベラリストが、口頭伝承や民衆習俗への関心を運動として示すようになった[4]。その動向は、やがて19世紀末から20世紀初めに定着をみたが、それは、その頃、著名な学者たちが、〈民族誌〉（Ethnographie）の名称の下に[5]、フォークロアだけでなく、ポルトガル民衆が社会に持ち伝えてきたあらゆる文物に注目するようになったからである。

その時代には、フォークロリズムの術語で呼ばれるような動きはなかったが、それでもはるか後年の第二次世界大戦後に本格化することになるその種の動向と重なるような特徴をしめす現象が散見された。

19世紀から20世紀初めの時期に、ゼ・ポヴィヌ（Zé-Povinho 下層民／庶民）あるいはゼ・ポヴ（Zé-Povo）と呼ばれる民衆像が現れた。Zéは、ジョセフ（Joseph）の略称、PovinhoあるいはPovoは、民（ドイツ語のVolk）で、主に農民を指している。その時期、新聞や雑誌には、この呼称による無数のカリカチュアが描かれ、大層ポピュラーになった[6]。

このゼ・ポヴは、正確に映しているとは言えないにせよ、農民衣装を着けていることが多く、リベラリストが（後には共和主義者が）君主制に抗して支持した大衆の力の権化のように性格をもっていた。この人物類型は、新聞を通じてだけでなく、焼き物の人形にも作られて国中にあふれることになった。人形は、主に陶器の町カルダス・ダ・リーナ（Caldas da Rinha）で焼かれたが、後には多くの焼き物の産地でも大量に作られた。これは、当時盛んに作られただけでなく、今日でも主に民藝品店で売られている。陶器に彩色した胸像で、野卑なポーズをとり、底には"queres fiado, ora toma"と記されている。これは、意訳すると、〈俺を守ってくれれば、願いを叶えるぜ〉くらいの意味である。

この人物像は、後に劇場でも取り上げられ、見世物的な舞台で永く人気を博し、いわゆる〈物まね〉（compère）を特徴とする滑稽な人物の役割を果た

した。特に、政治を諷刺したり支配階級の仕草を茶化すなどの仕草によってである。したがって、この場合には、ポルトガルの一地方の農民を素地にした伝統的でポピュラーな人物像が、おどけた姿で現れ、狡猾で野卑な振る舞いを見せ、しかしまた時に民衆の智恵と力を体現したのである。

　フォークロリズムの初期の発現としては、この時期には、他にも事例が認められる。それは、特にカーニヴァルのときの民俗衣装である。カーニヴァルの最中、都会の人々が、舞踏会であったり、路上であったりと区々ながら、百姓女の服装で仮装したのである。特に好まれたのは、きらびやかなヴィアーナ・デ・カステーロ地方（Viana de Castelo）の民俗衣装であった。また、隣接するガリシア地方の衣装も人気があった。しかしヴィアーナの民俗衣装の人気は格別で、その目的に合わせた商売もなされたほどで、小さな子供の遊びのためのモデルや、衣装を着せた人形も作られた。もとより、本物そっくりというわけにはゆかず、特徴を誇張したり、実際より華美であったりしたが、また反面、必ずしも質の高い手仕事を映すものではなかった。

　因みに、ポルトの絵葉書を見ると、1905年のカーニヴァルの様子を伝えるものがある。それによると店々は正面のショーウィンドーを競って飾り付けている。その一軒は、店の正面全体に、ミノート地方の農民家屋を舞台さながら再現している。一階は葡萄樹を這わせたアーケードと水汲みポンプ、上階には、木製の牛のくび木、極彩色の頭巾、手作りのベッドカヴァーなどがデコレーションとなっている。さらにヴィアネーゼの民俗衣装の少女と婦人が、羊毛を紡いだり、ポンプで水を汲んだりもしている。

　やがてヴィアーナ・デ・カステーロの民俗衣装は、本来、ポルトガルの比較的狭い地域のものであるにもかかわらず、ポルトガルの国民的なシンボル[7]となっていった。国際見本市などでは、この衣装を着けたポルトガルの若い女性たちがポルトガルに割り当てられた〈屋台〉でポルトワインのサーヴィスをすることがしばしばであるが、そこにはポルトガルを最もうまく演出しようとの意図であるのは言うまでもない。またポルトガルの女性が外国に滞在するための準備をするとなると、やはりヴィアネーゼの民俗衣装を好んで

持参し、イヴェントなどではそれで我が身を飾るのである。かく、この民俗衣装がナショナルなシンボルとして受けとめられるようになったために、事はさらに先へ進むことになった。数年前のことだが、政府の要人がアフリカの属州のひとつ（モザンビーク）を訪問したとき、まったく善意からだが、誰かが、若いアフリカ女性の舞踏団にヴィアネーゼの民俗衣装を着けさせた。そればかりか、彼女たちは、その衣装を着てミノートのダンスを踊る練習をしていたのであった。

　次に音楽の分野を見ると、独唱歌曲にポルトガル独特のギターの伴奏がつく〈ファド〉（Fado）、ならびにその特殊なギター〈ヴィオラオ〉（violao）[8]が、ナショナルな性格のシンボルとなる傾向が強まっている。ファドは、純粋に都会的な歌唱方法であり、主にリスボンのアルファマ区（Alfama）やマウラリオ区（Maurario）などの特に酒場で成立した[9]。

　ファドは、〈運命〉の意のラテン語の"factum"に由来する。この名称で呼ばれる歌曲は、哀愁を帯び、憧れと情熱に満ち、不幸をつづり、ときに病的である。それは、男たちの熱帯地方での長い航海という状況に起源をもっている。故郷を長く離れるなかで、エキゾチックな諸民族・諸国、とりわけブラジルの影響を強く受けた結果であった[10]。

　今日のファドも、独特の聴衆を前にし、また時には聴衆がアクティヴに参加するという本来の性格をまったく失ったわけではないが、大勢は観光客向けのアトラクションが典型的な要素となっている。多くのファド歌手とギターの伴奏者はそれを商売にしているが、なかには傑出した存在も見出される。

　しかし観光客向けのアトラクションになる前に、既にファドは、ポルトガル語によるレヴューや、音楽コメディーや、フォークロア的な舞台の重要な構成部分になっていた[11]。今日では、私たちが実際に目にするところからも知られるように、ポルトガル映画となれが、ファドが歌われる場面が入ったものが非常に多く、しかもストーリーの上ではまるで本質的な意味をもたないものも少なくないのである。

ジョルヘ・ディアス　ポルトガルのフォークロリズム（1969）

飲んで食べてファドを聴くという擬似的にポピュラーな性格のファド酒場が夥しく開店したのは、第二次世界大戦後のことである。そうした場所の雰囲気には、いかにも作ったという感じがある。歌い手のなかには、名声を馳せ、ラジオやテレビや映画を通じ、またレコードが売れたり、外国（主にブラジルとUSA）でもデビューして莫大な金を稼ぐ者もいる。

そのなかで、最も有名なファドの女性歌手は、19世紀にはセヴェーラ（Severa）であり、今日ではアマリア・ロドリゲス（Amalia Rodrigues）である。とりわけアマリアはファドに新たな形態を付与したが、それは伝統を重視する向きには必ずしも喜ばれていない。彼女は、すでにヨーロッパ各国、さらにヨーロッパ以外の国でも歌っており、しかも外国語でも歌ってきた。

多数のファンだけでなく、ファドの魂に親近なものを感じるポルトガル人は、階層の別なく、このファド歌手に一種の信奉的な姿勢をとっている。事実、私たちもその証人ということになるが、アマリア・ロドリゲスは、高価なミンクのコートをはおって高級車から降りると、その先は歩いてしか行けないファド酒場にやって来たものである。飲食酒場（タヴェルナ）や街角で、人々は、この〈ファドの女王〉を熱狂的に迎えたが、それも当然で、彼女は自分の出自を否定せず、しばしばそうした場所を訪れたのである。

彼女に限らず、ファドの歌姫たちは、どんなに富を得、どんなに有名になっても、肩に黒いショールを掛けている。リスボンの庶民、さらに地方の民衆がかつて着けていたものである。女性歌手たちの装いが今もそうであるのは、暖をとるためとも言えなくはないが、また、それが〈民俗衣装〉だからと見ることもできる。

ポルトガルで本格的なフォークロリズムが始まったのは、精々40年前あたりからであった。その頃、教会は、教会の祭礼日に付きものであった民俗的（フォルクステュームリヒ）な祭りやダンスを一部で禁止した。それは、農民的な民俗儀礼が徐々に変化してきたからで、その原因は外国の新しいタイプの行動が広まりをみせていることにもとめられ、またそうした変化の鍵が祭りやダンスにある、と教会堂がみなしたからであった。しかし民衆は、数百

年にわたって自分たちの聖者の祭りに喜んで参加してきており、そこでは教会性と世俗性が峻別しようもなく結合していたため、その措置は民衆を驚かせ、また戸惑わせもした。特別に崇敬する聖者の献堂祭に巡礼を行ない、ミサに参加し、立願を果たし、その後は、教会堂の傍の広場で仲間とあつまり、夕禱を修し、さらに何時間も楽しく過ごし、歌い踊る、これが今日まで続く習俗でもある。しかし、それを司教が禁じた結果、民衆にとっては、そうした晴れの過ごし方から徐々に距離をとるしかなく、それはまた良き慣わしや宗教的な情熱の減退とならざるを得なかった。そうした禁令に加えて、都会でのホールを会場にした舞踏会が始まって都会風に倣うこととも相俟って、宗教的な民俗舞踊は次第に消滅に向ったのである[12]。

　この禁令と並行して起きた事態として、都会にある政府や官庁が、民衆祭を近代化しようとし、またより魅力あるものにしようとの姿勢を見せた。スピーカーが導入され、レコードを掛けっ放しにして音量のボリュームに見境のない状況などが出現した。そうした新しい〈流行〉を私たちが体験したのは、20年以上も前のことである。かくして、民俗楽器を奏でながら歌う農民歌謡者が訪れるという光景は止んでしまった。スピーカーの音量にはとうてい叶わなかったからである。それだけでなく、当時入り込んだレコードから聞こえてくる曲は、農民楽団にはなじみがなく、そのため、彼らは、踊りができないという状況に突然陥ったのである[13]。

　かくして、民衆の伝統のなかで成長した自生的かつ真正な表現としての民俗衣装、民俗音楽、民俗舞踊は、この30年ないし40年の間に、徐にではあれ、ほとんど消滅した。そしてそうした本物のフォークロアの消滅に抗って、至るところで擡頭したのが、フォークロリズムであった。

　リスボンでは、「情報・民俗文化・ツーリズムに関する国立機関」（Secretariado Nacional da Informaçao, Cultura Popular e Turismo）が設立された。この機関が課題としたのは、フォークロアであれ、民俗工藝であれ、〈民俗文化〉の発展を促すことであった。

　リスボンでの民俗工藝博物館の設立も、同様の機関化であった。観光客を

ジョルヘ・ディアス　ポルトガルのフォークロリズム（1969）

射程においた素晴らしい博物館で、かつて各地の民俗工藝の中心地で展示のために注文製作された作品類が、遂にそこに落ち着き先を見出した。

　これによってフォークロア的な刺激を得たひとつは、焼き物の中心地バルセロス（Barcelos）であり、そこは今日も注目に値する場所である。刺激を受けた結果、そこでは、通常より大きなサイズの作品が作られた。伝統的な彩色の鶏の作りものも様式化が進み、またどこででも目にする品物になった。サイズも多様になり、巨大なものからミニアチュアまで揃えられた。そしてポルトガルの〈民俗工藝〉のシンボルといった性格までもつようになった。そして今日では、観光客の多い諸都市や空港で売られている。それどころか、私は、1968年にそれをドイツのケルンでもミュンヒェンでも目にしたものである。もっとも、それらが、ポルトガルから輸入されたのか、それとも既に一連のものとしてドイツでも作られているのかは定かでない。

　これからも知られるように、フォークロアからフォークロリズムへの進行は、はじめは国内（ナショナル）の刺激によるが、次にはツーリズムの国際的（インターナショナル）になり、それと共に、さらに強度を増すのである。

　1934年にオポルト（Oporto）において、大規模な「植民地展」が開催されたときには、華やかな民俗衣装の行列が催された。どの地方からも、大勢の人々からなるグループが、それぞれの地方の本当の民俗衣装で登場した。

　1940年には、リスボンにおいて同様のやはり大規模な博覧会が開かれた。そこでは、民俗文化と手仕事の全てにわたる展示に特別の価値が置かれた。のみならず、臨時の材料を用いて農民家屋も再現された。また図版入りの解説書も刊行され、そのタイトルはこうであった。〈ポルトガル民衆の生活の工藝〉。この書物を飾ったのは、多くの様式化されたスケッチであり、そこには既にフォークロリズムが明らかに姿を現していたのである。

　国際ツーリズムについて言えば、その侵入の力は強まる一方である。そこで求められるのは、一見したところ、目新しいもの、本当のもの、典型的なものであろう。しかし求めるものの実際は、センセーションと人工性と通俗性に他ならない。しかしツーリストは収入の源泉でもあるため、人々はその

求めに応じている。ポルトガルのフォークロリズムについて、ツーリストとその判断能力の不足にだけ責任を負わせることはできないにしても、ツーリストがフォークロリズムの開花を促したことは認識しなければなるまい。

たしかに、観光客を呼び寄せることを自己の任務とする諸組織は、ある日、フォークロアに立ち返る必要性を感じたのである。しかし、民衆は、自由に踊ったり歌ったりするのを禁じられていた面があった。教会堂献堂祭は、多くの場合、余りに騒がしく、余りに過剰で、また平板な祭りに変わっていた。わずかに、幹線道路から逸れ、モダンであろうとする官庁の野心を免れた地方においてのみ、言い換えれば、文明の利器たるスピーカーが入り込まないところでだけ、本当の民衆祭は維持されている。そこでは、人々は、楽器の響きと観衆の歌声に合わせて何時間も踊りつづける。アルテンジョ地方（Altenjo）でも、夏の夜の星空の下、草刈人たちの歌う声を聴くことができたものである。

それは、フォークロアのグループが組織されはじめた時期のことであった。因みに、そうした組織の最初は、1933年にヴィアーナ・デ・カステーロ（Viana do Castelo）で結成された「カレゾス・カウボーイ団」（Rancho do Carreços）ではなかったかと私は考えている。それは、アーベル・ヴィアーナ（Abel Viana）という民衆習俗の研究をしていた男性が世話人となって作られ、彼自身はそのグループを原初的な本物として維持するために努力したのである[14]。

ポルトガル語で〈ランチョ〉（rancho 一団/群集）と呼ばれるこの種のグループは、やがて都会にも広まって、さまざまな機縁にダンスを披露したりするようになった。しかもそうした実演への関心は時と共にたかまり、今日では、すでにそのためのエージェントができている。演出も単純な披露から、褒賞を伴なうコンクールにまで拡大し、また褒賞の基準はしばしばナンセンスである。こうした刺激があってはじめて、グループ指導者たち（彼らのなかで多いのは、医師、司祭、その他の土地の名士であった）が伝統を変化させ新しい要素を導入する試みにつながった。その試みは、コンクールの判定者の基準に合わせるということでもあった。外国への公演旅行の契約や国際的な

ジョルへ・ディアス　ポルトガルのフォークロリズム（1969）

コンクールへの参加が課題となるときにはなおさらであった。

　伝統が生きて保持されている土地で、偶々、知識と理解力のある人物が〈ランチョ〉のオルガナイザーとなったときには、原初的な本物を幾らかでもを救い出すことができた。しかし、多くの場所では、そうした条件はそろわず、定見を欠いた人物がその任にしゃしゃり出た。彼らは、良き意図に発することもありはするが、また自己の社会的立場を広げることを狙っている場合もあり、さらにグループの負担で旅行をすることをもくろんでいたりもする。こういう判断基準も準備も欠いたフォークロリストが、よりよくするつもりと勝手に合点して、ダンスの練習をつけるのである。ちょうどサッカー・チームを組織するような調子で進めたので、最悪の場合には、民俗衣装であれ、舞踊であれ、荒唐無稽なものになってしまった。そうしたチームの出で立ちたるや嘲うべきもので、頭飾りの上にミニアチュアの籠を縫い付け、腰のあたりに小さな陶器の壺を付けさせるといった、本物や伝統のかけらもない有様で、しかもそうした一団が出来の悪い映画からとってきたレヴューまがいのダンスを見せたのである。

　現実には、この種のランチョが大層ポピュラーになったのである。祭りには欠かせぬものとなり、テレビ番組の常連にもなった。もっとも、厳しい批判が何度も起き、一般基準も向上したため、フォークロリズムのなかでも質の高い舞踏グループが残るようにはなっている。

　しかしそうした趨勢は止むことを知らない。たとえば、リスボンでも、レストラン「コジーナ・アレンテジャーナ」（Cozinha Alentejana）、あるいは同じくレストラン「フォルクローレ」（Folclore）は、専属の舞踊団を抱えている。前者は、リスボンへ移住したアルテンジャーナ地方の農民で、レストランの夕べに踊り歌を披露しており、ある種の本物が保たれている。これに対して、レストラン「フォルクローレ」のグループは、ポルトガルのあらゆる地方のダンスを手懸けている。したがって、舞台に出る俳優に近いことになる。因みに、レストラン「フォルクローレ」は、一度、アフリカのアンゴラのフォークロア・グループと契約したこともあった。

なお敷衍すれば、リスボンの「チョウパーナ」（Choupana 小屋）という屋号のレストランは、円形家屋を模したつくりである。海外フォークロアのセンターの観があり、屋内はアフリカの文物で飾られ、本物の現地の彫刻もまじっている。

　最も有名な教会堂献堂祭で数日間続く催し――たとえばヴィアーナ・ド・カステーロのいわゆる〈フェスタス・ダ・アゴニア〉（Festas da Agonia：［訳注］「苦悶のキリスト」像を捧置する著名な巡礼地の祭り）では、伝統的な民俗衣装のパレードが行なわれる。そこでは、多数の少女や婦人が民俗衣装をまとって参加する民俗衣装の日が設けられているが、これは、その装いをすることに対してなにがしかの見返りを与えていることにもよる[15]。30年か40年前なら、彼女たちは、まったく自発的に土地の民俗衣装で現れていたのである。

　ポルトガル南部のエヴォラ市のヨハネの市では、今年、歴史とフォークロアの行列が企画され、そこには、ポルトガル各地のグループの他に、インド、中国、日本、パキスタンの民俗衣装も登場し、それらがヨーロッパ各国の民俗衣装と混じり合った。そこにはまた、北米のカウボーイやカウガールと称する出で立ちの間に、鹿革のスカートを着けてアメリカ・インディアンの少女に扮した女の子の姿も見受けられた。これは、フォークロリズムが既に国民国家の枠をも超えていること、ファンタジーの服用量を増やしながら全世界を射程に置く趨勢にあることを意味している。

　かかる展開は、今日の時代の一般的な動向である。実際の農村生活が消えゆき、農業から工業への転換が進むなかで、都市民のあいだに、失われたもの、かつて存在したもの、そしてもはや帰らぬものへの憧れが目覚めたのである。かかる憧れへの反応となれば、そうした生活を人工的に作ることにならざるを得ない。

　かつて生きていたもの、かつて機能していたもの、それなら民俗学者の研究対象になるであろう。これに対して、現に進行しているのは、早い話が、人工的でまがい物である。すなわちアクティヴなフォークロリズムであるが、

それをしもセンチメンタルな信奉の対象にしてしまうのは、似非フォークリストたちである。そうでなければ、それは文化人類学の研究対象ということになる。ここにあるのは、工業化された民衆の社会生活が織りなす新たな事象なのである。

原注

1) この概念は1955年に国際的に一致した見解を見た。参照、*Akten des Internationalen Kongresses für Regionale Ethnologie*. Arnheim 1956, S. 137-139.
2) 民俗衣装や音楽やダンスと結びついていることが多いが、それは祭りなどではそれらが一体になるからである。
3) 工藝や手仕事は、研究者によって視点に差異はあるものの、民俗的技術あるいは民俗工藝に含めることもできる。
4) ポルトガルの最も重要なロマン派人士は、フランスやイギリスに政治亡命中にこの思想を受け入れた。1824年を挙げたのは、この年にアルメイーダ・ガレ（Armeida Garret）がドゥアルテ・レッサ（Duarte Lessa）に宛てた手紙で、民間文藝への関心という新しい潮流に言及しているからである。参照、José Leite de Vasconcellos, *Etnografia Portuguesa*. Vol. 1. Lissabon 1933, p. 250.
5) 参照、A. Jorge Dias, *Bosquejo Hisorico da Etnografia Pourtuguesa*. In :Rivista Portuguesa de Filologia. Vol. II. Coimbra 1952. p. 1-24.
6) José Leite de Vasconcellos, op. Cit., p. 30-31.
7) 同様の動向をスペインについて見ると、スペインの国民的(ナショナル)フォークロアのシンボルとなることが多いのは、アンダルシア地方の民俗衣装や音楽やダンスである。
8) ポルトガルのギターは二重弦を6本張った独特のもので、古い楽器シストレ（Cistre）あるいは英語で言うギターから発達した。
9) リスボンのものとはかなり違った形態のファドがコインブラ（Coimbra）で行なわれている。これは、学生風のセレナードである。しかしリスボンのファドのような圧倒的な位置を占めるには至らなかった。なお付言すれば、リスボンのファドは女性歌曲である（もっとも一部では男性歌曲でもあるが）のに対して、コインブラのファドは男性によって歌われる。
10) Ernesto Veiga de Oliveira, *Instrumentos Musicais Populoaes Portugueses*. Liboa 1966, Note 73, p. 94.
11) Tomas Borba-Fernando Lopes Graça, *Dicionario de Musica*（*Ilustrado*）. Lisboa: Ediçao Cosmos 1956, p. 485-486.

12) これは、今から 30 年以上も前に、私がモンテムーロ山地（Montemuro）のグラールヘイラ村（Gralheira）で自ら経験したことでもある。
13) この種の状況を、私は、20 年前にポルトガル北西部の多くの教会堂献堂祭、特にポンテ・デ・リーマ（Ponte de Lima）において経験した。
14) これは、私の共同研究者であるベンジャミン・エネス・ペレイーラ氏（Benjamin Enes Pereira）から伺った。
15) 祭りの主催者側は、土地の民俗衣装を着けた女性に対して、換金できないとの条件付きで往復運賃に加えて、町の公園の特別席を提供した。

後記

★

フォークロリズムのドキュメントを ドイツ民俗学史から読み直す

　資料の部では、〈フォークロリズム〉の概念が提唱された事情を知ることができる初期の資料を数篇翻訳してまとめた。中心は、ハンス・モーザーが1964年に発表した論文「民俗学の研究課題としてのフォークロリズム」である[1]。それに加えて、ヘルマン・バウジンガーが中心になって実施されたフォークロリズムに関するドイツ民俗学会による各国へのアンケート、さらにアンケートへの4か国からの回答である。

　もっとも、時間的な順序から言えば、ハンス・モーザーがフォークロリズムを提唱した最初は1962年の「今日のフォークロリズムについて」であった[2]。この第一論文と1964年の第二論文は、どちらを紹介してもよかったのであろう。分量的には後者が幾らか多めであるが、邦語に直し、さらに訳注をつけるとなると、両方では過大と思われた。両者は、そこに取り上げられた話題や事例では異なっているが、論旨は重なる。第二論文を選んだ理由を敢えて挙げれば、その書き出しのエピソードが有名で話題になることが多いため、

---

1) Hans Moser, *Der Folklorismus als Forschungsproblem der Volkskunde*. In:Hessische Blätter für Volkskunde. Bd.55, Gießen 1964, S.9-57. なお本編は、この著者の次の論文集にも収録されている。Hans Moser, *Volksbräuche im geschichtlichen Wandel. Ergebnisse aus fünfzig Jahren volkskundlicher Quellenforschung*, hrsg. vom Bayerischen Naitonalmuseum München, Forschungshefte 10. München: Deutscher Kunstverlag 1985, S.359-392.

2) Hans Moser, *Vom Folklorismus in unserer Zeit*. Zeitschrift für Volkskunde, 58（1962）, S.177-209. Nachdruck Hans Moser 1985, S.336-358.

共通の知識として伝えておきたかったのと、問題点がよく整理されていることによる。しかし、概念の名称が〈フォークロリズム〉であるのは何故か、それはどこに由来するのか、といったことは第一論文に記されているので、解説で補っておきたい。またフォークロリズムに込められた意味内容となれば、ヘルマン・バウジンガーの存在が大きいが、以上のような構成のため、ハンス・モーザーに焦点を当てながら進めることにする。なお、以下の解説は 1989-90 年にハンス・モーザーの第二論文とバウジンガーのアンケートを勤務校の『紀要』に訳出したときに、それにほどこした説明を基本にしている。

1

ハンス・モーザーは、1930 年 4 月 11 日にミュンヒェンで生まれ、同市で成長し、ミュンヒェン大学でゲルマニスティク、演劇学、歴史学を学び、1927 年に民衆劇の研究でゲルマニストとして学位を得た。その後、ミュンヒェンの「工藝・民俗文化協会」(Verein für Volkskunst und Volkskunde, ――1902 年に Friedrich von der Leyen によって設立された) に属し、当時の全独研究助成互助会の奨学金に収入を仰ぎつつ、主にバイエルンの民衆劇の歴史的調査に従事し、特に古文献の掘り起こしと整理に力を注いだ。なお彼が所属した機関は、1938 年に「バイエルン州民俗調査室」(Bayerische Landesstell für Volkskunde) と改称され、バイエルンの地域の民俗全般の調査機関となった。ハンス・モーザーは、職歴としては、老齢に至るまでこの研究機関と歩みを共にした。第二次大戦末期に徴兵されたが、直接の軍務には不向きとしてリガの司令部に配属された。しかしこれがために、敗戦と共に嫌疑を受け、ソ連軍の収容所を転々とした後、1949 年にレニングラードで 20 年間の強制労働の判決を受けたが、その 3 か月後、突然釈放された。1950 年にミュンヒェンへ戻り、上記の民俗調査室の主任となった。1955 年にオーストリアの民俗学者

と結婚し、1967年に夫人の任地となったゲッティンゲンへ移った。夫人のエルフリーデ・モーザー＝ラート（Elfriede Moser-Rath）はやがてゲッティンゲン大学教授として民俗学を担当した。

　ハンス・モーザーのプロフィールとなれば、何と言ってもバイエルン地域の民俗探訪者で、また民俗学の分野では文献史料の第一級の専門家である。『ドイツ民俗地図』も、バイエルンの部はハンス・モーザーに負うところが大きい。発表されたものも大多数は、個々の民俗事象について実測と文献の両方から行なった精緻な調査報告である。しかしそれにとどまらず、ハンス・モーザーは、数度に渡ってその経験に根ざした提言によって、ドイツ民俗学の方向づけに大きな影響を及ぼした。

　その第一は、第二次大戦後のドイツ民俗学の再建過程で発表された『今日の民俗学について』である[3]。ドイツの民俗学は、ナチズムと歩調を合わせた致命的な過誤を犯したため、戦後は信用を失墜した。それゆえ一から出直すしかなかったが、その再建は、前代の過誤の依って来る所以を根底から洗いなおす作業を欠いてはすまなかった。そのさいモーザーが留意したのは、従来の民俗学が文献史料の意義を軽視したところがあり、その扱いにも弱点があったことである。モーザーはその克服を力説し、実践した。それゆえ、その手法は〈歴史民俗学〉（historische Volkskunde）と称される[4]。しかしそれは一般的に文献を重視するというのではなく、地域を限定して諸文献の相互の関係に留意することに意を用いるもので、そうであってこそ〈厳密な〉であり得るとするのである。またその観点から、従来は漠然とゲルマン時代に溯るなどといった観念が付着していた慣習や行事を丹念に跡付けたが、その成

---

3) Hans Moser, *Gedanken zur heutigen Volkskunde*. In：Bayerisches Jahrbuch für Volkskunde 1954 S.208-234.
4) 民俗学が文献史学と重なるべきことを説いたのは、この時期には数人が見られるが、ハンス・モーザーと並んで代表的なのはカール＝ジギスムント・クラーマー（Karl-Sigismund Kramer）で、両者は歴史民俗学の主導者として並記されることが多い。同時に、両者の手法や叙述のスタイルにはそれぞれ独自性がある。

果は鮮やかであった。それまでのドイツ民俗学を支配していた歴史観は、図式的に言うと、中世末期の一見土俗的あるいは非キリスト教的と見える習俗や行事については古ゲルマンの延命や変形と見ることが多かった。グリム兄弟の後継者たちがたどったいわゆる神話学の観点である。また近・現代における聖俗の習俗や行事を中世末期と接続しているとみなすこともしばしばであった。さらに両者を繋ぎあわせて、近・現代と古いゲルマンを直線的ではないにせよ連続したものと捉えるという行き方へも延びていった。それが、いわゆる〈ゲルマン連続性〉で、民俗学だけでなく、歴史学の分野ですらその観点を脱却していないところがあった。ハンス・モーザーは、その思考類型に実証的な側面から切り込みを入れたのである。

第二は、ここで取り上げたフォークロリズム概念の提唱である。この1960年代の仕事については、以下でやや詳しく紹介する。

第三は、1978年に発表したリール批判の論文「ヴィルヘルム・ハインリヒ・リールと民俗学——学問史の修正」である[5]。リールは、ドイツ語圏では学問的な民俗学の父といった評価をしばしば受けてきた。それは、グリム兄弟とその後継者たちの民俗学が神話学の性格を帯び、中世末期の文献史料の読み方においても現行の習俗の捉え方でも神話の名残りに重点を置くもので、そのため勢い探索は珍習奇俗に向かったことに対して、リールが当代の民衆行動に力点を置いたからである。リールはまた文章家でもあり、気の利いた構図[6]のもとに民衆の行動類型を活写した。しかし他方でリールは、保

---

5) Hans Moser, *Wilhelm Heinrich Riehl und die Volkskunde. Eine wissenschaftliche Korrektur.* In: Jahrbuch für Volkskunde. 1978, S.9-66,

6) 気の利いた構図の一例を挙げると、リールは、〈森の文化と畑の文化〉の2つの原理を措定してドイツ農村の歴史を整理したりしている。当時の社会問題であった森林伐採と共有地（入会地）の縮小をあつかっているが、同時期に森林伐採問題に強く注目した若きカール・マルクスとはまったく異なった文化論である。これについては簡単ながら次の拙文でふれたことがある。参照、「森の国ドイツの光と影」『AICA EYES』Vol.23,（1996）p. 10-13.

守的で、見ようによっては反動的な思想家でもあった。それは、リールの原点が 1848 年の三月革命にあったからである。リールはその動乱を最も生産的に克服したひとりであったが、同じ状況に未来社会の予兆を読んだカール・マルクスとは正反対の方向においてであり、二度とそうした体制転覆の危機を繰り返すべきではないとの信念を培ったのである。そしてその立場から、社会構造を分析し、また民生の重要性を説き、さらに民衆諸相の動向とその社会全体の中での位置づけにおいてしばしば独創的な把握を示した。それゆえリールは、19 世紀後半のドイツの社会思想のなかで看過すべからざる位置を占めるが、その評価は一様ではなかった。ナショナリズムの高まりからファシズムへという展開において、その立場から重視され愛読されたかと思うと、次いで第二次大戦後のナチズムへの反省のなかでも〈リールに返れ〉が合言葉になったからである。民俗学界でも、専門分野の再建が課題となるなかで、リール論争とも言われる見解の相違が表面化した。それは 1950 年代から 60 年代のことである。ハンス・モーザーのリール論もそのときのテーマとつながっているが、一般的な賛否ではなく、リールの叙述の実際を洗い直したのが特徴であった。すなわち、リールが多くの人々を魅了した流麗な文体と躍動的な民衆描写について、それがどこまで現実を踏まえたものであり、どこまでが様式的表現であったかを、リールの時代の社会的実態との対比において検討したのである。モーザーのリール論は、たとえばリールを指標としたヴィクトル・フォン・ゲラムプの大著[7]と比べると、問題意識を見本として提示したという程度の分量であるが、その指摘は的確であった。

---

7) Viktor von Geramb, *Wilhelm Heinrich Riehl. Leben und Wirken* (*1823-1897*). Salzburg: Otto Müller 1954.

2

　次に、目下のテーマのフォークロリズムであるが、そのためには、ドイツ語圏での民俗学の展開のなかから、その数齣を振り返る必要がある。

　第二次大戦後のドイツ語圏の民俗学の再建において、最初の大きな柱となったのは、ウィーンの民俗学者レーオポルト・シュミットであった。因みに、レーオポルト・シュミットが方法論を表明した論作には、1947年に発表された「精神科学としての民俗学」がある[8]。この論文でレーオポルト・シュミットは、民俗学とは〈伝承的秩序のなかの生に関する学問〉という有名な定義をおこなった。そのさい、民俗学の対象である伝承的秩序とは、〈無意識のうちに受容され、生き続けてゆくのが本来のあり方〉と説明した。この定義は、ドイツ系の民俗学の展開のなかでは、やはり注目すべきものである。と言うのは、レーオポルト・シュミット以前、とりわけ彼の先輩たちの民俗学の考え方は、多かれ少なかれナショナリズムの色彩を帯びていたからである。そのため、民俗学の核心を、表現は区々ながら民族意識の覚醒などにおくのが常であった。それに比べてレーオポルト・シュミットの特徴は、民族や国家や言語区分が民俗という側面での人間の生き方とは重ならないところのその本質があることを説いた点にあった。しかもその見解をレーオポルト・シュミットは、ナチ政権下の青年期に獲得し、また明言したのである。レーオポルト・シュミットの民俗学の構想としては、これは今も色褪せない観点と言えるであろう[9]。

---

8) レーオポルト・シュミットからヘルマン・バウジンガーへの民俗学の基本理念をめぐる推移についてほどこした解説は、拙論「フォークロリズムからみた今日の民俗文化」の第3節にそのまま取り入れたため、ここでは繰り返さず、削除すると共に別の観点からのコメントに入れ替えた。またレーオポルト・シュミットについてのやや詳しい解説は次の拙著を参照、『ドイツ民俗学とナチズム』創土社 2005、第7章第4節（p.486-512.）

ところがこのシュミットの見解に対して、十数年を経て批判が現れた。それがヘルマン・バウジンガーがその若書きの主著『科学技術世界のなかの民俗文化』のなかで行なったレーオポルト・シュミット批判がそれである。これには、ドイツ民俗学界の大きな展開が背景になっているところがある。ドイツ民俗学はナチズムに呑み込まれ同調に走ったために戦後は信用を失墜し指弾されるなど、専門学としての存亡の危機に陥ったが、それを克服して再建する事業をになった第一世代の代表がレーオポルト・シュミットであった。しかし1950年代の後半になると、戦後も15年近くを経過したこともあり、問題意識に変化が生じ、次の世代が自己主張を始めたのである。それは、ドイツ民俗学の過去の批判に独自の観点をあきらかにすると共に、先行する第一世代への不足をも批判するという形で進行したのである。その代表者がヘルマン・バウジンガーであった。

　ヘルマン・バウジンガーは、次のように主張した。すなわち、民俗学の対象は、必ずしもレーオポルト・シュミットが言うように、無意識のうちに受け継がれてゆくものではない。少なくともその一部、それも民俗学が最も慣れ親しんできた祭り行事、民俗衣装、民俗歌謡などにおいては、その継受は、ふるさとグループなどが担い手になっていることが多く、それは取りも直さず、民俗事象を伝統的文化財として意識したが故の受け継ぎであり保存であるというのである。しかも、それこそが、現代における民俗文化の継続の特質に他ならないと、とも言う。

　この見解において興味深いのは、レーオポルト・シュミットとヘルマン・

---

9) 民俗事象の分布が、国家（政治的単位）とも民族区分とも言語区分とも重ならないという視点は、この3種類の境界が複雑に入り組むヨーロッパ地域でも、それが方法論と民俗学の方法論となるには、レーオポルト・シュミットの考察を待たねばならなかった。なお付言すれば、日本の場合は、国家・民族・言語の区分がほぼ一致してきたため、なおさらその3種類の境界と民俗事象との関係には気づき難く、また本格的な考察を欠いたまま〈一国民俗学〉が言われるが、この名称が〈国〉が民俗事象を包摂する上位概念と考えられているとすれば、検討の必要があるであろう。

バウジンガーの重点の置き方にずれが存することである。レーオポルト・シュミットの定義の要点は、過剰な民族観念と強権政治の時代に、そのイデオロギーに侵されない立脚点を築くことであった。その当時にあって、ドイツ人の民俗事象が民族とも国境とも言語境界とも重ならない、と説いたのは、孤高の学問水準であったであろう。しかし、ヘルマン・バウジンガーは、レーオポルト・シュミットの見解の核心からずれたところで批判を展開した。民俗とは果たして無意識の行為であるか否かを突いたのである。そして、意識的であること、民俗研究者と通じるような意識で民俗を認めるところに民俗の担い手が担い手となる動機があるとしたのである。これは、言い換えれば、民俗知識の民間への逆流をも含む諸現象への着目である。それどころか、ヘルマン・バウジンガーは、そもそも民俗学の成立契機がそこにあるとも説いたのである。すなわち、民俗的という様式ないしは水準の行動がもつ特異な意味合いの意識化が一般的となり、その土台があってはじめて、その学知的形態の形成が可能になったのであり、それが民俗学であると言うのである。それゆえ、民俗学は近代の産物以外ではあり得ないことにもなる。このヘルマン・バウジンガーの考察は、レーオポルト・シュミットにとっては核心ではないところにメスを入れられたという面があるが、すれ違いがバネになって思索が進んだとも言い得よう。

3

そのハンス・モーザーが、フォークロリズムを力説するようになった事情を知るには、もう一度、ヘルマン・バウジンガーに戻る必要がある。ヘルマン・バウジンガーは1959年にテュービンゲン大学に教授資格申請論文として『科学技術世界のなかの民俗文化』を提出した。刊行は1961年である[10]。ヘ

---

10) 次の拙訳を参照、『科学技術世界のなかの民俗文化』文楫堂 2005.

ルマン・バウジンガーは歴史的な研究を疎かにしない点でも一頭地を抜いていたところがあり、その面でも遺漏がないが、ハンス・モーザーが特に注目したのは、そこで何度か繰り返され、また全体を通じての基本線のひとつでもある一つの観点であった。それは、学問知識への民間への還流を説いた件りであった。つまり、民俗学で言えば、民俗学の知識が民俗の担い手にも多かれ少なかれ共有されるという現象である。これは、決して民俗学だけのことではなく、他の分野でもそれを説く人があらわれていた。特にそれで知られるのは、社会哲学におけるエルンスト・トーピチュ[11]で、とりわけ政治と社会を対象に学問的・知的水準での理論や仮説とその一般社会への普及の交流を説いたのである。アカデミズムの側からは、民衆や国民の思念や志向をまったくの対象として観察し勝ちであるが、実際にはそこに政治家の政策表明からアカデミズムでの仮説、さらにマスコミによる世論調査の発表にいたるさまざまに学知化され、あるいは正統性につながる手続きを経た情報が民間に受容され、それによって改変した姿として民衆の思念が広がっているのである。それゆえ、広い意味での社会調査の対象が示す像には、すでに受容された学知が含まれている。その観点から見ると、民俗学の知識が民俗の担い手なる民衆に共有・分有されているのは当然であった。あるいは、民衆自体に民俗学者の性格が付着しているのである。それは、民俗学の成立によって出現した事態というより、そうした趨勢が学問の形をとったのが民俗学なのであった。これは、近・現代における民衆のあり方、すなわち大衆とは何かというテーマにもつながるが、それを問うた1950年代のドイツの社会思想[12]をも消化しつつ、民俗学の分野で理論化したのがヘルマン・バウジンガーであった。それゆえ、その理論は、民俗学の成立根拠を問うことに重点が存す

---

11) 参照、本書所収の「フォークロリズムからみた今日の民俗文化」の（注7）．
12) 〈大衆〉（Masse）というあり方における人間存在を本格的にあつかったのは、アドルノ（Theodor W. Adorno 1903-1969）を代表とする西ドイツのフランクフルト学派であった。ヘルマン・バウジンガーは、個々の論点というより、問題意識においてアドルノに最も学ぶところが多かった、としばしば述べている。

るのである。参考に、ヘルマン・バウジンガーの論説から具体例を挙げた一節を引いておく。後期ロマン派の詩人カール・マイヤー（1786-1870）の詩歌のなかに、羊飼いに呼びかける次のような詩句があって、それを材料に論じた箇所である[13]。

  杖にのんびり寄りかかり
  野面眺むる羊飼い
  神の恵みの賜物と
  そが幸せを知りたるや

　この詩が書かれた頃までは、農村生活を肯定的にとらえたり、村落にちなんだ職種を自然に抱かれたものとして尊ぶことは、その作者が教養をそなえた人士で、しかも村落生活とは無縁な立場にあることを示す確かな標識であった。作者ばかりか、読者においても同様であった。……ところが19世紀に入ると、従来こうした文学に描かれる対象であった存在までが、自らも文学に親しみ、文学に着目し、また先の詩句のような自己に光輝を付与する種類の表現に接して、想像力をはたらかせるようになったのである。その度合いは時とともに高まり、今日では、羊飼いは、自然をみつめる自分の行為がこよなき恵みであることを十分感得するに至っている。

　言うまでもなく、これはカール・マイヤーの詩歌そのものへの個別論ではなく、文化史的階梯における一般意識のあり方を問うている。ヘルマン・バウジンガーはこれに類した多数の例証を挙げるが、その主眼は、民衆意識とのかかわりでの民俗学の成立根拠に向けられている。またそれを見過ごして、単純な主観 VS 客観の関係を想定したところに、ドイツ系の民俗学の最初の

---

13) ヘルマン・バウジンガー（著）（拙訳）『科学技術世界のなかの民俗文化』2005、p.207.

躓きがあった。すなわち、観察する者としての民俗研究者と素朴な民俗伝承者という関係である。もとより、全ての民俗事象がその関係を否定されるわけではなく、また民俗事象の範囲をどう考えるかという問題も絡むであろう。一般的に言えば、祭りや行事などが、民俗文化財と意識化され、それ故に伝承されてゆくのに対して、衣食住のような生活や生存に密着した営為では概してその度合いは弱い。しかし、民俗衣装が例えば社会的位置の表示という伝統社会での機能を失いながらも保存されるとなると、そこには別の種類の意識や機能がはたらいていることになる。それは、古い家屋でも同じである。最も保守的な性格にあるはずの食の民俗ですら、〈郷土食〉の意識的伝承が叫ばれるようになるが、そこにはアイデンティティの模索やビジネスまでさまざまな要素がからんでいる。方言も、一時期の文明化の観点からの撲滅の時期が終わると、方言保存運動へ移行するが、それは、方言が伝統社会で果たしていた機能とは別の評価の故である。かく、民俗を民俗として意識し、それゆえに伝承する範囲は着実に広がっている。と言うより、その趨勢の学問次元での表現が民俗学であったはずであるが、民俗学はその自己認識を欠いて推移し、それゆえ道を誤まるのは必然的であった、とバウジンガーは論じたのである。

4

以上を踏まえて、次にハンス・モーザーである。民俗学の分野でフォークロリズムに着目して、提唱者と言ってもよい位置にあるのは、ハンス・モーザーであるが、それは、このヘルマン・バウジンガーの論作に出遭ったことに帰着する。しかし、重点の置き方がやや違っている。ヘルマン・バウジンガーが民俗学のディシプリンを問題にすることに主眼を置いていたのに対して、民俗事象の現場を問い直したのである。

ハンス・モーザーが長くかかわってきたのは、『ドイツ民俗地図』に関係し

た民俗調査であった。本人もそこに自己の本領を自認していたことは、1985年にハンス・モーザーの80歳を記念してバイエルンの「民俗学研究所」が編集した主要論文集のサブタイトルは「50年にわたる実地調査から」となっていることからも知ることができる[14]。また次のようなエピソードもある。先に記したようにハンス・モーザーは5年間の兵役と捕虜生活を経て1950年に復員したが、その翌年にすでに「戸叩き夜の歴史——その形態と意味」というモノグラフィーを先輩の記念論集に寄稿した[15]。注目すべきは、それが当時の民俗学の風潮への批判で始まっていることである。ハンス・モーザーが言うには、そこで彼が掲げたようなタイトルは時代遅れとみえるであろうが、それは民俗学（フォルクスクンデ）とは、社会学的かつ心理学的な現代の諸問題と取り組むことをもってその課題とするような傾向だからであると言う。しかしまたその前年にユンゲンハイムで開催されたドイツ民俗学会の大会では、民俗学が過去を克服するために、上古への追憶に依拠して進めるのはなく、過去の生起した事象を有機的に解明する学問であるべしとの要請を表明していたことを重く見て、それに応える方法を提示する、ともしている。ハンス・モーザーがそれによって考えていたのは、文献史料に依拠した厳密な学問としての民俗学であった。

　そのハンス・モーザーにとって、ヘルマン・バウジンガーの著作は、大きな刺激になったようである。あるいは、20歳以上年若い研究者の論考に指針を読むだけの度量を持っていたことを特筆すべきかも知れない。バウジンガーの出現を歓迎した年長者は決して少なくなかったが、すでに一家をなしていた学究としてはやはり異例であった。もっとも、ハンス・モーザーのそ

---

14) Hans Moser, *Volksbräuche im geschichtlichen Wandel. Ergebnisse aus fünfzig Jahren volkskundlicher Quellenforschung.* München (Forschungshefte Hrsg. von Bayerischen Nationalmuseum München) 1985.

15) Hans Moser, *Zur Geschichte der Klöpfelnachtbräuche, ihrer Formen und ihrer Deutungen.* In: Bayerisches Jahrbuch für Volkskunde 1951 / FS für Josef Maria Ritz, S.121-140. 上記の論集にも収録されている。Hans Moser 1985, S.1-28.

れまでの研究のなかに、民俗の意識化への問題関心はみとめられ、バウジンガーも先行研究として何度かそれに注意を向けていた[16]。それゆえ、両者が接続する素地はあったのである。しかしまた、バウジンガーのまとまった理論の支えを得ることによって、それは、ほとんど爆発的なまで、表現されることになった。それが1962年の第一論文「今日のフォークロリズムについて」であった[17]。また続いて1964年には第二論文「民俗学の課題としてのフォークロリズム」を発表した。注目すべきは、フォークロリズムという術語の命名が、第一論文において解説されていることである。それは他ならぬ論文の冒頭でもあるが、そこには、本邦では必ずしも知られていない民俗学史上の問題も含まれている。しかもそれは、ヨーロッパ民俗学の発展史にもかかわるところがある[18]。とまれ、その第一論文の書き出しを次に挙げる。

---

16)民俗事象が固定的なものではなく、時代思潮と絡みながら変動を閲したことを実証的に研究した先人として、ヘルマン・バウジンガーは、ハンス・モーザーとカール＝ジギスムント・クラーマーの2人をしばしば挙げている。参照、ヘルマン・バウジンガー（著）（拙訳）『科学技術世界のなかの民俗文化』p.17（序-注15）、28（第1章-注10）、81（第2章-注1）、119（第2章-注76）、140（第2章-注126）、150（第3章-注21）。共に歴史民俗学の改革者とされる2人であるが、また両者はヘルマン・バウジンガーへの年長の理解者であった。

17) Hans Moser, *Vom Folklorismus in unserer Zeit*. In: Zeitschrift für Volkskunde.58（1962）, S.177-209. また次にも収録されている。Nachdruck Hans Moser 1985, S.336-358. この論文を資料として訳載しなかったのは、主要には分量によるが、また第二論文との重複の故である。内容面では、後者の方が民俗学の課題に的を絞っており、整理されたものとなっている。しかし第一論文は対象の範囲をきわめて広くとっており、論者がその着想を得て一気に広い視界を得たことが如実に伝わるところがある。今回は翻訳での紹介は見合わせたが、次に、邦語による「ドイツ民俗学方法論集」を編むことを計画しており、そこに収録を考えている。

18) 第一論文の最初でそれが扱われるが、そこには、民俗学史の基本ながら、日本では馴染みが薄い脈絡が含まれる。日本ではネオロマン派の民俗学への高い評価が残っており、それを無視して紹介すれば、反感を誘いかねず、延いてはフォークロリズムという問題意識も根付かづかずに終わることを危惧した面も幾らかあり、第二論文に絞って紹介してきたのにはそれも無縁ではなかった。

1891年、カール・ヴァインホルトは、『民俗学協会誌』を創刊し、その巻頭で課題を表明したが、実はそれに先立って、終刊となる『民族心理学・言語学誌』の最後の巻に、予告的に、一種の宣言文として「フォルクスクンデは何をなすべきか」を掲載していた。そこで、彼はこう述べた。あらゆる種類の民間伝承を収録し、それについて執筆するのは、〈人気のある趣味〉となっているが、それに手を出す愛好家たちは、苦労を知らず、専門知識をもたないまま、いともたやすく〈学問の色合い〉をつけることができる、と。〈フォークロリスト——彼らはこう自称するのだが——は既に国際的な団体を結成し、学問として通用するこのモダンなスポーツのための雑誌を各国語で刊行した〉。しかしこれまでのところ、彼らが提示したものには美点は少しも見当たらなかった、とも言う。なぜなら、ヴァインホルトの判断基準は高度な要求をもっていたからである。〈フォルクスクンデとは、フォークロリストたちが想像しているよりずっと高度なものである。そのためには、歴史学、言語学、人類学、心理学、歴史法学、また経済・技術・自然科学の歴史、さらに文学、藝術を理解していることがもとめられ、また何よりも明晰な悟性をそなえていなければならない〉。その論考の最後は、再び、精神のあり方を区分する要請で締めくくられる。幅広い作業領域は、〈真剣な研究を必要とするが、それゆえまた《フォークロリストたち》はこうした要求を笑い飛ばし、冷笑して退けるであろう。これらの人士たちは、《反発的かつ高慢に》批評家を名乗り、大上段に振る舞い……知ったかぶりをするが、少なくともドイツ・フォルクスクンデからは程遠いのである。〉

　ヴァインホルトが闘った敵が地歩を占めていたのは、アングロサクソン世界であった。1846年にイギリス人ウィリアム・トムズが、〈フォークロア〉を専門学の名称として提唱し、1878年にはロンドンで「フォーク・ロア協会」が結成され、その直後から定期誌『フォーク・ロア』が刊行された。そこでなされたのは、人類学、民族学、先史学、比較宗教学であったが、実際にはどれも生かじりで、確固たる方法を具えてもいなかった。これら

の諸分野の概念と観念を、何であれ好みの文化圏に嵌めこみ、起源をめぐる空疎な仮説のために歴史発展を無視し、後世に形作られた民俗文化を架空の起源に横滑りさせる図式的な意味づけが専らであった。自立した学問への発展を妨げるこれらすべては、決してイギリス人とアメリカ人のあいだだけのことではない。しかも、70年前よりも、現在の方がその度合いは大きいのである。ヴァインホルトが、歴史的に生長した民俗文化に焦点を合わせた研究をめざし、そのためには充分な予備知識と〈特に、明晰な悟性をそなえるのは当然のことである〉と要求したとき、それは、明らかに、自国の国民を対象としていた。自国民を侮辱することだけは、決してすべきでなかった。むしろ、自国の高度な目的のために、研究を獲得しようとしたのである。彼の要求は、民衆世界の特定の断面、とりわけ祭り行事や民俗衣装や民俗工藝におけるピトレスクな魅力への感情主導の、あるいは趣味的で浅薄な偏愛に抗することにあった。また、ロマン的な熱狂を通して、幾つかの特徴を過大評価して理想化された空想的・アルカイックな世界を再構成する希求などであった。これらすべてとは対照的に、なお通用するのは、カール・ヴァインホルトがその創設した研究誌の冒頭においた序論に述べたのが、それであった。すなわち、〈フォルクスクンデは、正確な研究と適切な方法によって学問へと高まるのであり、またそれによってこそ、フォークロリストが引き込まれがちな半可通の危険を免れることができるのである。〉

　カール・ヴァインホルトは、〈フォークロア〉に対して〈フォルクスクンデ〉を学問名称として全ドイツ語圏に浸透させる上で決定的な役割を果たした。彼の言う質の違いが、原則的なものとして一般的に理解されたわけではないが、潜在的には何ほどかの影響を及ぼしはした。もっとも、ドイツ語の学問名称が、どの程度、いつ、どこで、それを標榜した闘士がこめた意味で質の高い概念となり得たかには、ここでは立ち入らない。ただ言えるとすれば、〈ドイツ・フォルクスクンデ〉が大きく呼号された短期間の〈千年王国〉（［訳注］ナチス・ドイツを指す）は、それにはまったく程遠かっ

たのである。それどころか、その時期、ドイツ・フォルクスクンデは世界の趨勢に遅れ、そればかりか——これまた斟酌するべくもないが——アカデミズムのなかでも悪評を蒙ったのである。1961年に、フォルクスクンデの名称に関する「専門委員会の勧告」が、括弧付きで〈フォークロリスティク〉を付属名称とし、新たな人員枠の確定にあたってもこの専門分野の強化を緊急な必要性を考慮の外においたのは、信用失墜につながるものの名残りであった。これには、このディシプリンの主導者であるヘルマン・バウジンガーが抗議の声を挙げ、修正を表明したものである。

　この価値転換的な言い換えについては、次のことも考えられよう。つまり、フォークロアやフォークロリスティッシュやフォークロリスティクの語彙が、最近、文化関係の出版物や幾つかのめざましいビジネス誌に驚くほど頻繁に現れ、そのためポピュラーになり、さまざまな場合に使われるようになっている。その意味するところもまことに多彩で、種々の局面で用いられているが、それについては別の場所で取り上げたい。フォルクスクンデの関心分野における新たな〈流行のスポーツ〉と言ってもよく、これらの概念で好きなように切り盛りされるが、その根拠は、フォークロアが、美術や文化政策やまたとりわけコマーシャルにおいて種々のかたちで役立つフロンティアとして再発見されたことにある。

　これは、実際に進行している現実である。それゆえこの種類の活用を、応用フォークロリスティクと呼んでもよいであろう。それは応用フォルクスクンデとも通じるが、またその志向において相違する。とは言え、その効用には重なりもあり、境界線は曖昧でもある。これへの簡潔で打ってつけの名前として、フォークロリズムを当てることができよう。これは、非常に範囲の広い包括概念である。そして、2つのことがらを指し示している。一つには、文明水準の平準化が進行するなかで高まりつつある〈土俗的であること〉（Volkstümlichkeit　民俗性）への一般的関心である。土俗性そのものにとどまらず、その関連品もふくまれるが、それらのなかにはなお独自の生が独自性と原初性、力と色彩を保持しているか、保持している

かのように見えるとされるのである。二つには、こうした関心を満たし、強め、覚醒するために、特にフォークロリズム的なアトラクションを企画して〈土俗性〉を伝達しようとする実践である。たしかにさまざまな可能性がある。なお現存する真正の伝統形態を特定の方向へ改造し、また生の諸領域から取り出したり、独立させたり、人工的あるいは藝術的に作り変えたり、低級にしたり、だいなしにしたりする。また、実際の材料を欠いているところでは、民俗的なものを模倣し、それどころか自由に作り出し、挙げ句の果て、期待をもった今日の広範な人々に本ものと偽ものの強烈な混ぜものを提供することもある。フォークロリズムの概念で理解されるべきかかる事態を最も明瞭に表現するとすれば、それは、セカンド・ハンドの民俗文化の仲介と演出ということになろう。しかしそうは言っても、厳密な定義はやはり無理であろう。他の多くの議論の余地ある定義にさらにひとつを付け加えるのが必要と言うなら、むしろ、発現する諸形態を類型的な事例で示す方が容易なのである。

〈フォークロリズム〉という術語の提唱が、ドイツ民俗学史のかかる脈絡を背景にしていたのは、意外であるかもしれない。もっとも、この一節を解きほぐし各部分を漏れなく説明するのは措くしかない。ここで必要な要点に絞ると、19世紀末にカール・ヴァインホルトが今日のドイツ民俗学会の前身にあたる全国組織を創設した当時、英語の〈フォークロア〉とその派生語〈フォークロリスト〉、またドイツ語風の形容詞形〈フォークロリスティッシュ〉が流行の言葉になっていたというのである。しかもそれを掲げたのは、概してディレッタントであったと言う。またそれは、もともとイギリスの中心的な機関誌そのものが、半可通の溜まり場というところがあったとも、ハンス・モーザーは判定している。この評価には、反撥もあろうし、事実としてまったく正しいかどうかという問題もないではない。しかし、これにはまたハンス・モーザーがこの文章を執筆した頃の民俗学界の議論が重なっている。1950年代の後半から1960年台初めは、イギリスの民俗学の古典にして根幹

の性格をもってきたところもあるジェームズ・ジョージ・フレイザーの民俗学の非学問性が強く指摘されていた時期であった[19]。それもあって、英米の民俗学の不足を突く文脈は必ずしもハンス・モーザーの独断ではなかった。そしてそこから改めて、カール・ヴァインホルトの早い時期の発言を振り返ったのである。19世紀末に、ヴァインホルトが、〈フォークロア〉とその派生語を掲げる半可通たちを退けて、ドイツ・フォルクスクンデが学問的となり得るための方法を提示した件である。しかし、ドイツ・フォルクスクンデが、実際には、ヴァインホルトが目指した通りの学問性には到達せず、それどころか〈千年王国〉と歪曲を共にすることになったことには、ハンス・モーザーも当然のことながら言及している。千年王国とは、ナチス・ドイツの比喩である。また細かく見れば、カール・ヴァインホルトの民俗学の構想そのものにも限界はあった[20]。それゆえ、フォルクスクンデで名指されるドイツの民俗学が学問的に高度なものとなり得たかどうかという問題が残りはするが、ともかくも真剣味のある試行錯誤を伴っていたことは否定できない。それに対して、フォークロアはドイツ語にとっては外来語であり、本来は専門用語でもあるが、それを名乗ることが、さながら〈流行のスポーツ〉の観を呈したと言うのである。しかもそれは、ヴァインホルトが困惑し指弾した当時だけのことではなく、その後も継続し、二度の世界大戦を間にはさんで

---

19) フレイザーに代表されるネオロマン派の民俗学への批判は1930年代のスウェーデンで始まったが、1950年代にドイツ民俗学界がそれを受け入れ、その後の展開につながってことについては、次の報告書に取り上げ、またそれは最近の拙著に収録した。参照、平成6「ドイツ民俗学とナチズム——第二次大戦後のドイツ民俗学の展開とナチズム問題」（文部省科学研究費助成金による研究 平成4年度）— これは加筆して次の著作の第二部とした、『ドイツ民俗学とナチズム』（創土社 2005）、特に第2部第8章第5、6節（p.525-560.）

20) カール・ヴァインホルトの民俗学史の位置と同時代の若い世代がそれを飽き足らないものとした事情については次の拙論を参照、『ドイツ民俗学とナチズム』創土社 2005、第1章第4節「カール・ヴァインホルトとハイマン・シュタインタール」

ますます一般化していったと言う。そこで、ハンス・モーザーは同時代の世相を挙げる。

　職業的なダンサーやシンガーやミュージシャンやアーティストたちが、古い民俗衣装、古い楽器、古い行事用具など大仰な道具一式を具えたアンサンブルを組んで各国を廻っているが、それらと並行して、多くの国々で素人バンドも出現している。それは、特に、ふるさと保全や民俗文物保存の活動から成長した契約組織的な団体で、彼らの最大の特徴は、民俗行事や民俗衣装の伝承のために地元で催しを行なうことにある。しかしこれらの団体もまた、最近では、流動性を高めている。民俗舞踏の国際大会が、旅行に飢えた青年たちのグループを刺激するのは無理がないが、伝統に固執する年季の入った伝承者までが刺激を受けて腰を上げるようになっている。南仏のニースのようなモダンな場所まで、観光シーズンには「フォークロア・フェスティヴァル」というタイトルで、雑多な寄せ集めのアトラクションが行なわれる（一番最近は1962年7月）。実際、それは、グループの出身地にはお構いなく、それぞれが好きなものを披露するチャンスをもったごった煮であった。さらに、何百年周年とか何十周年といった祭典でも、それを盛り上げる上で、外国の民俗衣装の団体が、催しを多彩にしてくれるというので、歓迎されたりしている。

　たとえばミュンヒェンでは1958年に都市誕生の800年祭が祝われたが、そのときには「ヨーロッパの歌と踊り」が企画された。それには、外国の7団体がけばけばしい出立ちで登場したが、その最初は、（偶々その団体がミュンヒェンにいたからではあったが）インドネシアの学生たちによるフォークロア・グループであった。また1959年には、サヴォイとバイエルンの〈フォークロア*・グループ〉が、ドイツ・ミュージアムの大会議場で「諸民族を結ぶ民衆祭典」を挙行した。1961年には、同じ会場で、「オランダ週間」の期間に、〈オランダ人とドイツ人〉から成る250人のダンサーとシンガーが、民俗衣装で〈友好のしるしの民俗の夕べ〉を開催した。それ

から間もなく、キリスト教労働者同盟が、ザルヴァートル酒場で、「フランスとバイエルンの民俗(フォルクストゥーム)の夕べ」が開催されたが、そこでは、この2つの国・地域の〈歌謡とフォークロア*・プログラム〉が披露された。その様子については、〈満員のホールは拍手が鳴り止まなかった〉と新聞各紙が報道したものである。

　これは、フォークロアがどういう場合に使われているかについての、第一論文に直近の時期の動きから事例を拾っているのである。これは見様によれば、〈フォークロア〉が外来の専門用語の段階から一般語彙の一つへと変質している様子でもある。またその使われ方は、土俗的であることや民俗的であることを意味するドイツ語〈Volkstum〉の言い換えであることが多い。〈フォルクストゥーム〉は、極端な場合は民族の内奥にひそむ本質といった神秘的な意味であり、同時に土俗的であること、田舎めいたことをも意味するのである。民族性などとも訳され、またナチス・ドイツが呼号した用語としては、民族体とでも訳すことになる[21]。ともあれ、民俗学があつかう主要な対象を指す言葉であり、ハンス・モーザーもこれを用いていた。なお注意すべきは、この引用文で、*をつけた箇所である。これらは〈Folklore〉という名詞ではなく、そこから派生した形容詞形〈folkloristisch〉（フォークロリスティッシュ）である。つまりフォークロアとその派生語が、ドイツ語では〈Volkstum〉や〈volkstümlich〉にとって代わっているという言語的現象である。

　〈フォルクストゥーム〉の代わりに〈フォークロリスティッシュ〉という言い方がなされる度合いが、特に民俗行事において高まっている。たとえば、ミュンヒェンでは1962年のファッシング行列（これは中止になったが）

21）〈Volkstum〉については、次の拙論を参照（後に拙著2005に収録）、2002‐2004「ドイツ思想史におけるフォルクストゥームの概念」（愛知大学国際問題研究所『紀要』第91/93号）、次に収録、2005『ドイツ民俗学とナチズム』第2章（p.203-258.）

の宣伝には、次の表現がみとめられた。〈グラッサウ、インスブルック、ザルツブルク、バイセンベルク、エーバースベルク、これら各地から、お笑い団体が参加を申し込んでいる。彼らは、フォークロア的*な仮面で街を行進する計画を立てている〉。つまり各地の民俗行事が演じられるが、それらの行事は決して〈お笑い〉のためのものではない。それゆえ、これはフォークロリズムの領域で誤認が発生している事例と言えよう。

すなわち、カール・ヴァインホルトが否定的に見た〈フォークロア〉の語の氾濫の現代的様相である。しかしまた、その語の使われ方は、本来の意味よりも遥かに幅広くもあれば、特異でもある。

〈フォークロア〉は、このところ、観光客誘致のためのキャッチフレーズとなっている。旅行会社の広告や、外国旅行の宣伝パンフレットにこの語が踊っているが、その中身は、それぞれの人がそこから想像するものに任せられていると言ってもよい。たとえば、「ヴェニスの町と内海」の広告には〈社交とスポーツとフォークロアの催し〉と謳われている。同様に、「シチリアの夏」では〈藝術とフォークロアとスポーツ〉とある。因みにそれに先立つ季節の「シチリアの春」では〈太陽、藝術、フォークロア、そして歴史〉であった。それどころか、遥かな「常春の国」にまで登場する。曰く、〈カナリア諸島、モロッコ——息を呑む絶景、魅惑的な刺激、青い空、輝く太陽、異国的なフォークロア、クルージングでリフレッシュ…〉。

最後のカナリア諸島はポルトガルの遥か南西、大西洋上に浮かぶ亜熱帯の島々で、ドイツ人には、ちょうど日本人にとってのハワイやグアム島にあたるリゾート地である。なお付言すると、ここでもヘルマン・バウジンガーが理論的な背景になっている。その『科学技術世界のなかの民俗文化』の第2章「空間の膨張」には「膨張を刺激するエキゾチシズム」の一節があって、民俗文化にとって異郷や異国情緒とは何かをめぐる考察がなされている[22]。

ここでハンス・モーザーが見本として幾つかの事例を挙げている種類の現象は今日では普通に見られるものであるが、それを指示するために〈フォークロリズム〉の術語が選ばれたのは、そうした現象と絡みあった言語的様相であった。しかしもうひとつ注目しておくべきことがらがある。ここでの引用文を見ると、一か所でハンス・モーザー自身による概念的整理を除くと、〈フォークロリズム〉（独 Folklorismus）という名詞形は現れないことである。一般語彙となっているのは、〈Folklore〉であり、〈folkloristisch〉である。ところが、第二論文の書き出しの有名なエピソードでは、民俗学者に質問された土地の古老が意表を突いた答えをする[23]。

　…いかにも実直そうなその老人は、ナイーヴな質問をした他所者を調べるような目つきで見詰めていたが、やがて事情を知った人に特有の考え込んだ表情を浮かべて、それ以来慣用句となる言葉を口にした。〈まあ、フォークロアだね〉。

すでに紹介にあたって解説をほどこしておいたが[24]、老人が口にした〈フォークロアだね〉の原文は、形容詞形の〈フォークロリスティッシュ〉である。ところがハンス・モーザーは、〈それ以来慣用句となる言葉〉として〈フォークロリズム〉を念頭において論じている。これは、基本語と派生語とのあいだでよく見られる流動的な関係でもある。すなわち基本語 Folklore の形容詞形 folkloristisch に対応する名詞としては—— ismus 語尾の形態を想定しても少しも無理ではないのである。一例をとれば、民主制 Demokratie（民主制）の形容詞形は demokratish であるが、そこから、それに対応する名詞としては Demokratie と共に Demokratismus（民主主義）もまた想定される。し

---

22) ヘルマン・バウジンガー（著）（拙訳）、2005『科学技術世界のなかの民俗文化』文楫堂 p.113-128,
23) 参照、ハンス・モーザー「民俗学の課題としてのフォークロリズム」本書 p. 363.
24) 拙論 1992「フォークロリズムからみた今日の民俗文化」——本書では p. 22-44.

かも folkloristisch の場合は、Folklore から直接というより（つまり folklorisch ではなく）人間を表す派生形 Folklorist を介在させているだけに、対応する名詞形としては Folklorismus を想定するのがより自然でもある。これがハンス・モーザーが、言語使用の実状から術語 Folklorismus を引き出した言語的な仕組みということになる。しかも興味深いのは、Folklorismus は一般語彙の性格にはなく、その語形では老人が口にするはずがないのである。事実、1960 年代初頭では、それはほとんど用いられていない。文献的には、僅かに、社会学者ルネ・ケーニヒがその概説書のなかで術語として挙げている程度であるが[25]、その取り上げ方に既存の術語という面があることから推理すると、ある程度は用いられていたのであろう。またハンス・モーザーが第一論文で絵画と音楽の分野での事例を多数あげていることもそれに呼応するようである[26]。ともあれ、社会学での用例を念頭におきながら、民俗学に導入したという脈絡が考えられるのである。

かくして民俗学にフォークロリズムが措定されたのであるが、その効果には非常に大きなものがあった。視野が一挙に拡大したのである。また、それをまざまざと映しているのが、ハンス・モーザーの第一論文である。それまで民俗学が必ずしも正面から取り上げてはいなかった諸々の現象が射程に入ってきたのである。ツーリズムもその一つである。この箇所が対象についての遺漏のない記述であるかどうかはともかく、ハンス・モーザーは一種のモデルとして次のような事例に注をしている[27]。

---

25) René König（Hg.）, *Soziologie*. Frankfurt a.M.（Das Fischer Lexikon） 1958, S.73-274.
26) 参照、本書所収の「フォークロリズムからみた今日の民俗文化」にほどこした（注3)。
27) ここではハンス・モーザーの論集の頁を挙げる。参照、Hans Moser, *Volksbräuche im geschichtlichen Wandel. Ergebnisse aus fünfzig Jahren volkskundlicher Quellenforschung*, hrsg. vom Bayerischen Naitonalmuseum München, Forschungshefte 10. München: Deutscher Kunstverlag 1985, S.343f.

ツーリズムによって職業的なフォークロリズムが成立する様については、地球上の異なった地域からの二つの事例を挙げよう。『南ドイツ新聞』（1961年12月27日付け）に、こんな見出しが載った。「アイヌ人による北海道アトラクション、消滅しつつある日本の先住民、観光客の好奇心に応えてポーズをとる」。……

もうひとつのルポルタージュ（同じく南ドイツ新聞、1962年5月10日）の見出しはこうである。「戦士たちの首長、今はチップで暮らす」。これは、カナダのインディアンのことで、彼らの主要な収入源は、国家の援助を除くと、もっぱら観光である。……

伝説的な昔の誇り高いインディアン（もっとも、最近の研究では、もともとそういうものは存在しなかったとされるが）、映画や読み切り小説に描かれたロマンの輝きに満ち、高貴と残忍性が効果的に入り混じった〈西部劇〉、それはウオルト・ディズニーが案出しカリフォルニアのディズニー・ランドという人工的な模倣のなかにしか存在しない。あるいは、プラント氏が開設したニューハンプシャー州のお伽の国「天空の城」の出来事である。これらの施設は、企業や観光会社や映像産業から多大の収入を得ている。そして世界中に有名を馳せているのであるから、正にフォークロリズムの極致である。

つまり、伝統的に民俗学が対象としてきた自文化の伝承的な生活慣習や行事と、こうした地球上の諸地域で民族文化の変容や、商業的な施設やアトラクションがほぼ同列に目に入るようになったのである。

しかしまた、その視野の拡大は、逆に視野の拡散に接するような問題性をも帯びることとになった。それは歴史的な遡及においてである。ハンス・モーザーは、フォークロリズムを次のような現象にまで適用した[28]。

---

28) 同じく論集の頁を挙げる。参照、Hans Moser, *Volksbräuche im geschichtlichen Wandel*. 1985, S.346f.

社会層序の交流に際して、民俗的要素を意識的に模倣することについては、幾つかの事例を挙げるだけで充分であろう。15世紀の市民的なファスナハト行事を思い浮かべてもよい。それが、市民が農民を嘲るなかで、農民的気圏を永久に目前のものとするからではなく、幾つかの出し物では、農民の祭り（たとえばナイトハルト劇のなかでの農民の踊り）や行事（たとえば鋤耕のような一般的に農民に起源をもつ）を模倣して演じるからである。〈農民劇〉は、旧バイエルン地域の小都市やザルツブルクで催され、後者では1612年に禁止されたほどである。もっとも、それがどのようなものであったかは、資料から定かには復元し得ない。歴然としたフォークロリズム形態としては、16、17世紀に上述のような宮廷のイニシアティヴで上層の参加者によって提示された民俗的モチーフのグループがあった。それに加えて、宮廷的な〈農民の結婚〉あるいは〈商売〉を〈流行として〉(modisch) に遊戯化したものであった。領主の新郎新婦に招かれた客たちは国民衣装を着けて現れた。なかには、ヨーロッパ以外の国々の民俗衣装も混じっていたが、だからとて、その時のは（また一般的に言っても）民俗衣装ではなかった。そうした宮廷行事の発展を通じて──いずれにせよミュンヒェンでは──地元の農民の行事を模倣することにおいてもクオリティの度合いは高まっていった。1719年に、参加者は、バイエルンの高地地方と低地地方の衣装だけで現れ、木製の皿と粘土の器だけで飲食し、石のジョッキで呑んだ。椅子も木作りで、テーブル・クロスは亜麻であった。そして、バイオリン、バグパイプ、シャルマイ（＝カラムス）での演奏がついた。

ここではその名称が言及されるに過ぎないにせよ、中世後期の宮廷劇のジャンルであるナイトハルト劇や、ファスナハト行事のなかの農民風俗を模倣した部分にも注意が向けられ、また16、17世紀のある種の催しは〈歴然たるフォークロリズム〉とまで明言される。しかしそうなると、今日からも見て〈民俗的〉の範疇に入る要素への着目が非常に古くから行なわれていたことへ

の留意にはなるが、フォークロリズムの概念としては拡散の危険をはらむことにもなる。土俗的な意味での〈民俗的〉な要素への着目そのものは、いつの時代にもあったのであって、古代ギリシアのサテュロス劇もそうであれば、日本の古代の久米舞にまでその側面を見ることはできよう。日本に適用して敷衍するなら、茶道における侘びの観念や、豊臣秀吉が大阪城内に設けた山里丸となれば、言わずもがなである。しかしそこまで広がるとなると、特定の現象を限定するものとしての概念としては脆いものとならざるを得ない。そもそも民俗学の意味での〈民俗〉という概念ないしは観念が近代の産物であることにも、改めて思いを致す必要が生じるであろう。

　先に提唱論文2篇の内、第二論文の方を紹介したことに触れたが、それは、第一論文が初発的な魅力に富む一方、概念の特定には問題があるためでもあった。またハンス・モーザーが続いて同趣旨の論考を執筆したのにも、民俗学の課題としてのフォークロリズムとば何かを再考する必要性を覚えた面があったと思われる。

5

フォークロリズム概念の受容にあたって[29]

　ここでは、ハンス・モーザーによるフォークロリズム概念の提唱論文とヘルマン・バウジンガーによるフォークロリズムに関するヨーロッパ数カ国へのアンケートおよびその回答4種類を収録した。これらは、その趣旨は繰り返す必要のないほどであるが、敢えてその効用を記せば、次のような事態を考えてみてもよい。

　たとえば、民俗行事に用いられる藁人形が家屋に吊るされるのは、今日で

---

29) これより以下は、1990年にハンス・モーザーとヘルマン・バウジンガーを訳出したとき、それに添えた解説の最後の部分を再録した。

も割合頻繁に見られる光景である。ところがその藁人形が魔除けであることを中心軸として判断すると、必然的にその家屋に住む人々は、魔物の跳梁に恐怖する俗信世界に生きていることになる。しかしそれがリアリティを持たないことは明らかであって、その点では、事態を見誤ることが多いのは、他ならぬ民俗学者ということになる。要するに、他者もまた自分と同じ世界に生きているという人間存在の基本的条件への反省を欠き、自分が信じてはいない俗信を被再録者にはいとも簡単に想定して憚らないのである。

　他方、フォークロリズムの観点から見るとどうであろうか。民俗的な藁人形は異質な世界の徴標であり、それを生活空間に配置する人は、その都度何らかの意味をそれにこめるのである。それはインテリアであることもあれば、古き世界や古き秩序への接続や配慮であることもあり、一般的に言えば、多層的・多面的な存在である人間が、そうした自己を表出するあり方の一つである。

　これはフォークロリズムをも取り上げたテュービンゲン大学での討論会で言及されたやや図式的な見解であるが[30]、しかしまたかかる意味において民俗性を帯びた事象は、現代人に必然的なものとなる。しかし他方では、それゆえに、さまざまな営為とも絡み合う。観光産業との結びつきもそうであるが、作為性が最も重大になるのは、政治との関わりであろう。すでにモーザー論文においても、民俗事象に対する為政者の側からの着目や介入の事例が挙げられていた。

　もっともこれ自体は、政体や政治路線の種類や良否とはかかわりなく、一般的ですらある。たとえば、ナチス・ドイツは民俗的な要素を活用する規模においても目的意識において別格であったが、また民俗衣装のヒトラーなど

30）この解説の執筆時には、フォークロリズムの概念が定着していった里程標として、1966年にヘルマン・バウジンガーがテュービンゲン大学で行なったシンポジウムに言及した。その箇所は後に拙論2003「フォークロリズムの生成風景 − 概念の原産地への探訪から」（本書所収, 特に p.87-106.）に取り入れたので、ここでは重複を避けて削除した。

は、古い時代から現代にいたるまで、支配者が時に民衆的・土俗的な装いで登場してきた果てしない系譜の一齣でもある（口絵参照）[31]。それゆえ、民俗的な要素の活用はナチズムに限定されることではない。ソ連時代のロシアでは民俗的な光景にレーニンが登場する絵本が作られてもいた。アレクサンドル・コーノノフの創作童話「ソコーリニキ村の樅の樹祭り」はその端的な事例であるが、同時に、社会主義のソ連がクリスマスのキリスト教性を回避した側面をもみせている（口絵参照）[32]。スターリンが農作業の現場や工場を訪れて農民や現場と歓談する写真などもソ連政府の広報にしばしば掲載されたが、これまたソ連の政治家にかぎられることでもない。そもそも、生業の場だけでなく、民衆の祭りの場への為政者の登場は、統治における本質的なものの一つで、その事例は枚挙にいとまがない。今日のアメリカでも、収穫感謝祭やクリスマス・ツリーの除幕式には大統領あるいは大統領夫人が見せ場をつくるのが恒例となっている。フォークロリズムと呼ぶかどうかはともかく、土俗的な性格の伝統に憩う民衆への政治の関わりは、政治的演出における定番の一つと言ってもよい。しかしそれは演出なのであり、それぞれの政体や路線とどこまで有機的にからんでいるかは一様ではなく、また一概に良しあしが決まるわけでもない。なおドイツ民俗学界のフォークロリズムを

---

31) ナチ党が政権獲得直後から企画した大規模な農民集会については次の拙論を参照、「ナチス・ドイツの収穫感謝祭 ― ナチスのイヴェントに民俗イヴェントの源流を探る」『ドイツ民俗学とナチズム』（創土社 2005 所収）の口絵に記録写真を掲載した。本書では、角度を変えて、ナチスの支配下に入った労働戦線のレクリエーション部門「歓喜力行」の機関誌『ふるさとと民族体』（*Heimat und Volkstum*）創刊号（1933年）に掲載されたバイエルンの民俗衣装を着けたヒトラーの写真を紹介する。

32) この作品はアレクサンドル・コーノノフ（Александр Терентьевич Кононов 1895-1957）が 1944 年に発表した短い創作童話であるが、その 1954 年の絵本は、挿絵も併せて日本に紹介された。参照、А. Кононов, *Елка в сокольниках*. МОСКВА 1954.；日本向けの翻訳は次を参照、ア・コーノノフ（著）岡田よしこ［嘉子］（訳）『ソコーリニキのこどものもみの木まつり』モスクワ 1956.

めぐる議論では、早く1965年にヴォルフガング・ブリュックナーが「ふるさととデモクラシー――西ドイツにおける政治的フォークロリズム」と発表して、現代政治における行政面からのふるさと意識の涵養と伝承文化としての民俗事象の活用にメスを入れていた[33]。

こうしてフォークロリズムは西ドイツの民俗学界の共通のテーマとなっていったが、特に数年後には一層拡大する機会をもった。1967年にヘルマン・バウジンガーが西ドイツ民俗学会の機関誌の編集責任者となり、以後、誌面作りが従来とは異なった様相を示すようになった。その新しい潮流に沿った活動の一環として、1969年にフォークロリズムの実状を問うアンケートが各国に送付されたのがそれである。そしてアンケートの本文と短い解説文、それに直ちに回答のあった5カ国からの報告が機関誌に掲載された。ここではそのアンケートの本文および解説文、また回答4種類を併せて訳出した。これらの資料を紹介するのは、ハンス・モーザーとバウジンガーが発した刺激がどう展開したかを見るのに便だからである。

なお言い添えれば、このアンケートが作成・送付された1968-69年は、先進各国で学生運動が盛り上がりを見せ、ヴェトナム戦争の大波が国際世論を覆っていた時期である。説明文に政治的な話題が見られるのは、その反映でもあろう。見ようによれば、その時々の世相から話題を取り入れて民俗学の課題を提示したのは、バウジンガーの柔軟性であった。かくして、このアンケートは、フォークロリズム概念が国際的に共有される上で転機となった。

もっとも、フォークロリズムとは何かと改めて問うと、その意義は、広大で複雑な問題圏を明るみに出したところに特質があると言うべきで、必ずしも概念として画定されたものではない面もあった。その点も提唱者たちの自覚に入っており、バウジンガーが頭韻の語呂合わせで言い表したように〈weniger prazis als pragnant〉、すなわち厳密なと言うより、含蓄ある概念なの

---

33) Wolfgang Brückner, *Heimat un Demokratie. Gedanken zum politischen Folklorismus in Westdeutschland*. In: Zeitschrift für Volkskunde, 61（1965）, S. 205-213.

である。それだけにその効力は大きく、たとえばこの数十年といった私たちの同時代に次々と作られ、また今も作られつつある新しい祭り行事などに正面から取り組むことができるようになったのもそうである。また比較的近い歴史的時代についてもその観点からの観察によって得られるところがあることは、インゲボルク・ヴェーバー＝ケラーマン女史の『十九世紀ドイツの農村生活』でもこの術語が活用されていることが示している[34]。すなわち、伝統継受はまったく自生的な性格の伝承ではなく、むしろ伝統に対する自覚は農村生活の一面であったという側面からの解明である。

---

34) Ingeborg Weber-Kellermann, *Landleben im 19. Jahrhundert*. München : C. H. Beck 1987 この著作では、結論に先立って本文の最後に「ツーリズムとフォークロリズム」（Tourismus und Folklorismus p. 398f.）一節が設けられ、19世紀後半の農村、とりわけアルプス山麓では都会の保養客・観光客の受け入れが農村を社会的にも住民の意識の上でも変化させつつあったことが取り上げられている。なお、インゲボルク・ヴェーバー＝ケラーマンのこの著作をとりあげたのは、本稿のもとになった1990年の解説では、近刊であり話題作でもあったからであった。その際には、〈数年前に刊行されて評価の高い……近作〉という言い方をしていたのである。

初出一覧と転載にあたっての謝辞

本書に収録した論考と資料の多くは諸誌に発表したものであり、本書を編むにあたり、転載を許可されたことに謝意を表し、初出データを以下に記す。

論考の部

フォークロリズムからみた今日の民俗文化——ドイツ民俗学の視角から
三河民俗談話会『三河民俗』第3号（1992年5月）

外からみた日本の民俗学
愛知大学文學會『文學論叢』第107輯（平成6［1994］年10月）

現代社会と民俗学
愛知大学国際コミュニケーション学会『文明21』第8号（2002年3月）

フォークロリズムの生成風景——概念の原産地への探訪から
日本民俗学会『日本民俗学』第236号（2003年11月）

民俗文化の現在
愛知大学文學會『文學論叢』第124輯（平成16［2004］年10月）

〈ユビキタス〉な民俗文化
愛知大学国際コミュニケーション学会『文明21』第13号（2005年3月）
　初出のタイトル：「民俗文化と〈ユビキタス〉の概念」

〈民俗文化〉の語法を問う
愛知大学国際コミュニケーション学会『文明21』第14号（2005年3月）

民俗学にとって観光とは何か——フォークロリズム概念の射程を探る——
2006年3月　愛知大学国際コミュニケーション学会『文明21』第16号、p. 77-91.

ナトゥラリズムとシニシズムの彼方——フォークロリズムの理解のために
愛知大学国際コミュニケーション学会『文明21』第19号（2007年12月）、第20号（2008年3月）、第21号（2008年9月）、第22号（2009年3月）、第23号（2009年9月）

資料の部（翻訳）

ハンス・モーザー「民俗学の研究課題としてのフォークロリズム」
愛知大学国際問題研究所『紀要』第 90 号（1990）／ 91 号（1991）

ヘルマン・バウジンガー「ヨーロッパ諸国のフォークロリズム
　　――西ドイツ民俗学会から各国へ送付されたアンケート」
愛知大学国際問題研究所『紀要』第 91 号（1991）

次の諸報告（1969 年）は今回新たに訳出した
ハンス・トリュムピ「スイスのフォークロリズム」
ヨーゼフ・ブルスタ「ポーランドのフォークロリズム」
テクラ・デーメーテール「ハンガリーのフォークロリズム」
ジョルジェ・ディアス「ポルトガルのフォークロリズム」

あとがき：1969 - 1989 - 2009：20年刻みの三つのエポック

振りかえるとまことに長い年月であった。フォークロリズムのテーマにこれだけの時間を要するとは予想していなかったのである。しかし改めて考えると、無理がないとも言える。それはこの術語の性格に関係している。特定の対象や範囲を確定する限りではなく、むしろ方向を指示するところに特徴を有するからである。方向指示器か信号のようもので、うながされて眼をその方角へ向けると、さもなければ死角にとどまっていたであろう多くのものが視野に入ってくる。そして実際にその方向を進んでゆくと、当初は大きなよすがであったその信号はいつしか直接の意味をもたなくなる。しかし道のとりように迷いが生じれば、すでにはるか後方となってしまった曲がり角の点滅を振りかえって、改めて進路を確かめることができる。

術語のそうした役割については、最初の紹介でもすでにふれていた。それが1989年のことであった。その年にハンス・モーザーの提唱論文を訳して勤務校の紀要に掲載したのである。もっとも、一回ですませるには分量が過ぎたので、翌年に残りを載せたが、その際、ヘルマン・バウジンガーが手がけた「フォークロリズムに関するアンケート」を併せて補強を図った。ドイツ民俗学界はハンス・モーザーの論文によってこの術語に気付かされたが、広くヨーロッパ各国の民俗学界に知られたのはバウジンガーのメリハリの利いた質問調査によってであった。それが1969年のことである。したがって、バウジンガーが国際的に呼びかけてから20年を経て日本に伝えたことになる。もちろんそれ以前に数人の先人がその試みをしておられたことは本文でも詳しく取り上げた。

かくして1989年から翌年にかけて紹介したのであるが、その直後にハンス・モーザー博士は亡くなった。博士とは訳出に先だって文通を交わしていたが、二回の連載を手に取られたのはすでに病床おいてであり、たいそう喜ばれことを、訃報に付された夫人の手紙によって知った。夫人はエルフリーデ・モーザー＝ラート博士で、当時はゲッティンゲン大学の民俗学科の教授

あとがき

であった。その女史もすでに亡くなり、はや 10 年になる。

　1989 年から翌年にかけての紹介に思い出が深いのは、そうした交流に加えて、そこにつけたやや長めの解説がその後の出発点になったからでもある。「フォークロリズムのドキュメントをドイツ民俗学史から読み直す」はその 20 年前の解説にほかならない。時間が経っているので、省いたり幾らか書き直したりしたのは致し方ないが、(これも省いた箇所であるが) 解説は次のような時事的な話題でしめくくっていた。

　　翻って目下の世相に目を向けると、各地で新しい祭り行事やイヴェントの企画が賑わわしく、また政府と政権政党による「ふるさと創生」なる政策が進行中である。紛れもなく政治的フォークロリズムであるが、これを歴史的にどう位置づけ、その仕組みや機能を解明する作業はどの程度進んでいるのであろうか。そもそもそれらが民俗学の課題としてどの程度まで意識されているのであろうか。それを言うのは、西洋の一角にその意識が擡頭し、かつ波及を見せているために自ずと対比へと関心が向かうからである。その起点となったハンス・モーザーの論文とヘルマン・バウジンガーの一文であるが、読過してそうした展開に思いを馳せる人があれば幸いである。

　ふるさと創生事業を推進した竹下登内閣の在任期間は 1987 年 11 月から 1989 年 6 月までであった。もっとも、その政策が進展するにつれて明らかになったとところでは、〈ふるさと〉という語をのぞけば民俗学に縁の深いものはむしろ僅少であった。しかし政府が〈ふるさと〉の標語を掲げることには、政策の底流に一考を要するものが含まれていたとは言い得よう。注目すべきは、ふるさとの看板の下で着手された事業が多種多様であった事実で (全国三千余の都道府県市区町村に使途を特定せず一億円を交付した結果は大半が勉強料に費えたとも言われるが)、それ自体が状況をよく示している。民俗学への関心からは、この専門分野と他の分野のあいだに境界線を引きがちだ

あとがき

が、現実がその分野にかかわる活動に向かうか、異種の企画に進むかは、そのときどきの実際的な判断によるのであって幾らも交替できるのである。民俗学があつかう種類の事象とその外にある事象とのあいだの交替可能性の問題は、本書でも「民俗学の現在」の他、折に触れてとり上げたテーマでもある。

以上は筆者がはじめてフォークロリズムに言及した1989年を振り返ってみたのだが、現在、そこから二昔を隔ててさらに一年を経過している。日月は過客の思いを新たにするに十分である。しかしまた、ここで取り上げたような方面への目配りがどれだけ進んだであろうか。たしかに目配りの水準でなら動きはあったと言わなければならない。この数年、日本民俗学のなかでも現代フォークロアを標榜する組織やグループが成立したようである。しかしそれは必然的に、民俗学にとって現代とは何か、現代と過去とは何によって区分するのかといった問題に解答をあたえなければならないことを意味しよう。さらに現代フォークロアが一定の独立性をもつとするなら、従来の民俗学とは異なった立脚点がもとめられ、専門的な術語を整える作業へも進まなければならない。それを果たさなければどうなるであろうか。ヘルマン・バウジンガーが1959年（1961年刊行）に大都市民俗学にちなんで書き記した批判が、半世紀経った現在にもなおあてはまりかねない事態がそれであろう。新たな領域に目を移しながら、それに照応する態勢を欠いているとすれば、勢いそれは溝を跳び越すような姿勢をとることになるが、

> その跳び越しには、多くの場合、あだっぽい、ごまかしの風情がただよっている。要するに、これまでの農民研究のカテゴリーのままでおこなおうとするからである。
> ——ヘルマン・バウジンガー（著）拙訳『科学技術世界のなかの民俗文化』文楫堂 2005, p. 25.

そうした視点の定まりやカテゴリーへの作業をめぐっては、今も際立った

あとがき

進捗があるとは見えない。そうであるなら、三色限りの信号機さながら基本をおおまかに指し示すフォークロリズムの指標にもなお意味があるのではなかろうか。

＊

「あとがき」を筆者の消息を記す場となし得るなら、ドイツ民俗学の一角にかかわってきた者から見た本邦の状況にふれてみたい。本書のタイトルで小文をまとめることを試み、最初の形を整えたのは七年前であった。それゆえ、「あとがき」を七回書き直したことになる。上には、2009 年のときのものを載せた。十年刻みに絶対的な意味があるわけではないが、ドイツ民俗学会が世界に向けてフォークロリズムを発信したときから 30 年の節目での実現をめざしたものの、それまた不調に終わったのは心残りだからである。遅延は、日本の文化人類学からも民俗学からも、本書のテーマがそれらの分野に該当しないと見られたが故であった。これら二分野の識者たちが、フォークロリズムに言及しながら、意味を取り違えている事情には本書の数カ所でふれたが、それは本書が延び延びにならざるを得なかった所以とも一連である。

いずれも、ドイツ民俗学からの刺激を受けとめることができる態勢にはないようである。常々感じていることでもあるが、日本民俗学の場合、その拠りどころの堅牢な城郭たることにはつゆほども疑念がないようである。外部からもたらされる情報は、風鈴の軒端に揺れる程度でよく、音の涼やかなのがいかにも風通しのよい風情を添えてくれれば十分なのである。しかし日本民俗学が独自であるとすれば、他の国々や地域や文化圏の民俗学も独自の立脚点をもっているはずである。彼此をすり合わせるには、よほど深いところまで下りなければならないが、その必要性を感じていそうな人はあまり見当たらない。兵糧にも事欠かず百年も千年も籠城できると思いこんでいる人たちには、本書のような問題意識はいかなる必然性ももち得ないであろう。事実、このテーマに取り組んでいるあいだ、日本民俗学の識者たちから筆者に向けられた合い言葉は〈学術性に欠ける〉というものであった。学術の奥行きを前にしてはその入口に立つか立たないかの位置を自覚しているが、日本

あとがき

民俗学の準縄に恐懼し、ひれ伏さないのが逆鱗を刺激したらしい。しかし、たとえばハレ・ケ・ケガレの論法で西洋文化をも裁断できると信じているのが学術的であるとは、とても思えないのである。

　七年のあいだに、収録する内容をそのつど組み変えた。全体の分量はほとんど同じであるが、「論考の部」の最後に配置した「ナトゥラリズムとシニシズムの彼方」や「民俗学にとって観光とは何か」の代わりに、当初はグリム兄弟を取り上げた小文などを含めていた。また「外から見た日本の民俗学」においてとりあげた幾つかのモチーフを独立させた、枝分かれの試論も入っていた。今回はぶいたそれらの数篇も合わせれば一書を編むに足り、機会があれば何らかの配列を考えてみたい。

　資料の部では紙数の条件に合わせてドキュメントの収録を限定するほかなかった。ヴォルフガング・ブリュックナーの〈政治的フォークロリズム〉の提唱論文や、コンラート・ケストリーンが文化史を見直す概念としてフォークロリズムを検討した足跡などは、本来、ここに収めてもよかったのである。それゆえ不可避の遺漏でもあるが、それらは、目下、計画している『ドイツ民俗学読本』にフォークロリズムの一項目を設けて補填するつもりでいる。

＊

　本書を構成する拙文それぞれの成り立ちについても記しておきたい。出発点はハンス・モーザーとバウジンガーの提唱論文の紹介とそれに付した解説で（1989-90）、解説の方は「フォークロリズムのドキュメントをドイツ民俗学史から読み直す」と半ば重なっている。引き続いて「フォークロリズムから見た今日の民俗文化」を初め口頭で、次いで翌年、筆者がかかわっている民俗学の地域誌に掲載した（1992）。口頭での発表のときには宮田登先生が来賓であった。その会誌上の小文を本書全体のタイトルに選んだのは、このテーマをめぐって筆者の考える要点をほぼ盛りこんでいるからである。それですべてが通じるかどうかはともかく、端折って言えば、それで十分でもあった。たとえば「ナトゥラリズムとシニシズム」の大半は、この1992年の小文中に数行で表現していた要点を具体例とともに敷衍した性格にあると

あとがき

　言ってもよいのである。それもあって、筆者が世話人をつとめる三河民俗談話会の例会で話をした記録「外から見た日本の民俗学」(1994)を除けば、まる十年のあいだ、このテーマを取り上げることがなかった。

　フォークロリズムをめぐって発言を再開したのは、隣国からの手引きであった。ドイツへは毎年わずかな期間ではあれ訪ねているが、このテーマに関しては、中国と韓国の同学の士から示された理解が本質的な動因となったのである。2002年に愛知大学国際コミュニケーション学部の授業の一環として西安市郊外で野外調査が行なわれたさい、学部のフィールドワーク委員会を運営していた立場もあって、実施責任者の周星教授に同行して現地を訪れた。その折、西安市社会科学院で講演をしては、との誘いがあり、西安市社会科学院民俗研究所の趙宇共教授の主催の下、地元の民俗研究者の前で話をした。それが「現代社会と民俗学」(2002)で、やがて周教授によって中国語訳がなされて二誌に掲載された。それが中国の民俗研究者に幾分かの刺激になったのは、まことに面映ゆいことであったが、効果を得たのは周教授のレベルの高い文章表現によるところが大であるのは、筆者の乏しい漢文の感覚からもうかがえた。それがまた2005年の昆明での発表にもつながった。旧知の李子賢雲南大学教授から三江並流の地域で国際学会を開くとして誘いを受け、日頃つきあっている比較民俗学会(小島瓔禮会長)の同僚と共に世界自然遺産の地をめぐる旅程に参加した。筆者の発表テーマはフォークロリズムに関係したものが望ましいとの意向を受けていたものの、日本を発つときには原稿は前半しかできていなかった。「ユビキタスな民俗文化」(2005)がそれであるが、原稿の後半は、昆明から大理を経てチベットに真近い丙中洛まで往復二千キロのバスのなかで、嘱目の光景を折り込みつつメモをとったのだった。この長途の見学旅行では、大学生の頃の同期生である中村生雄氏と図らずも一緒になった。氏が宗教民俗学の研究の半ば、一昨年(2010)早世された今、険峡の岩を食む名にし負う怒江の激湍を共にたどった夏の日々があらためて目に浮かぶ。

　本書で最も長文となった「ナトゥラリズムとシニシズムの彼方」(2007-09)

あとがき

　も、一回で終わりにならなかったのは、中国での発表を折り込んだためであった。当時、中国民俗学会副会長であった北京大学の高丙中教授から、中国でもフォークロリズムについて関心が高まっているとして、日本での取り組みをについて説明の誘いを受けたのである。2007年3月26日に北京大学社会学・人類学研究所において「フォークロリズム」について話をし、翌3月27日は朝陽門外の古観、東嶽廟の一堂において、中国民俗学会の方々との座談会に臨み「法民俗学」の話題で議論になった。この両日には、北京師範大学で学位を得たばかりの西村真志葉さんが通訳を担当されたが、いずれも講演に先立って周星教授を中心に三人でドイツ語の基本術語を日中でどう統一的に表現するかを相談した。さらに3月28日は人民大学において、現代フォークロアについて話をした。同大学哲学系の林美茂助教授（現在は教授）の誘いによるもので、その担当される大教室での哲学の講義の一コマであった。林氏は、愛知大学の大学院において筆者の西洋民俗学の科目を履修されたことがあったのである。

　筆者の発表はほとんどが愛知大学の数種類の紀要においてであるが、フォークロリズムのテーマについては日本民俗学会の機関誌に一文を寄せた。「フォークロリズムの生成風景」（2003）は岩本通弥東京大学助教授（当時）の編集にかかる小特集に因んでいる。またそれが韓国の研究者の関心を寄せるところとなり、中央大学校民俗学科の任章赫教授を通じて韓国民俗学会から誘いを受けた。折から同僚の片茂永教授が学会の大会に合わせて愛知大学国際コミュニケーション学部の学生によるフィールドワークを企画され、そのため数種類の機縁が重なって江原道の江陵をおとずれた。そのときの発表が「民俗文化の現在」（2004）である。時節は、江陵端午祭にあたり、ちょうど同祭儀のユネスコの世界遺産登録に向けた運動の真最中であった。ユネスコの審査員団と同席するめぐりあわせにもなったが、翌年、江陵の祭儀は、世界無形文化遺産に登録を果たした。また江陵は日本の歴史の教科書にも名前が挙がる李珥（栗谷）の出身地でもあり、今に残るその生家烏竹軒を拝観して感銘を深くしたものである。

あとがき

　筆者の論考は、学部や大学院での授業を想定し、またそれに間に合わせるために作成することが多い。先行研究や参照すべき文献からの引用を多くふくみ、またそれが比較的長めであるのは、読過しさえすれば参照すべき書目の如何についても具体的に知り得るであろうとの配慮である。それは本書の性格に適っていよう。多くがドイツ語の文献であり、手近にし得る便宜を有せず、内容面でも既知として共有を期し得ないのは、受講する学生だけのことではないからである。また受講者のなかには、若い学生だけでなく、社会人の方々の姿を見ることもある。とりわけ懐かしいのは渡邊昌泰氏で、当初は講義の聴講者であったが、やがて大学院に入学し筆者のゼミに所属して絶えず話を交わすようになった。いつも時間に追われている筆者を気遣って学部の数多いゼミ生の面倒をも見てくれ、彼らにとっては頼りがいのある先輩でもあった。才気煥発である上に、世界の半数近い国々を訪ねた経験をもち、旅行好きの筆者とは師弟というより友人のような間がらであったが、一昨年（2010）の七月、周囲の密かに不安をつのらせるなか宿疾の再発によって55年の生涯を終えた。本書に収録した最も新しい数篇はそうした日々の産物である。

*

　上にも記したように、刊行へ行きつくのに紆余曲折があり、腐心を余儀なくされた。その経緯からもマイナーな上にもマイナーな書種であることは自明であるが、それだけに本書を引き受けていただいた創土社社主酒井武史氏には深甚の謝意を致したい。また本書の刊行に助成金をみとめられた勤務校愛知大学に厚くお礼を申し上げる。

2012年3月3日　S. K.

【事項索引】

【あ、ア行】

アイデンティティ　90, 108, 125, 151, 152, 492, 525
アイヌ（民族）　175, 176, 538
曖昧表現　168, 171
紅い前掛け　27
握手　29, 30
アトラクション　108, 111, 134-136, 176, 179, 180, 182, 205, 241, 292, 294, 295, 299, 302, 305, 310, 359, 375, 378, 403, 413, 484, 487, 504, 531, 533, 538
アフリカ　8, 253, 258, 261, 455, 504, 509, 510
亜麻　284, 294, 379, 404, 539
アメリカ・インディアン　175, 510
アルプス　33, 89, 99, 180, 231, 232, 287, 309, 311, 355-357, 363, 390-392, 395, 462, 463, 465, 467
アルプホルン　309, 310, 355
アンケート　6, 13, 14, 37, 90, 177, 196, 218-220, 394, 449, 453, 455, 459, 467, 515, 516, 540, 543, 547
イヴェント　36, 38-41, 43, 82, 105, 111, 114-119, 125-127, 182, 308, 310, 465, 504, 548
医学　27, 81, 136, 193, 238, 239
生きた化石　130, 187
異教　49, 290, 324, 326, 330-336, 401
移住団地　214
イデオロギー　29, 30, 189, 226, 227, 232, 481, 522
稲作儀礼　27, 28, 41, 108, 126
インディアン（カナダ）　455, 538
馬　58, 132, 164, 168, 169, 179, 268, 278, 284, 306, 315, 377, 392, 393, 405, 413, 491, 494, 501
エイズ　27, 81
映画　67, 176, 226, 228, 229, 231-233, 235, 236, 241, 307, 375, 376, 383, 405, 407, 413, 414, 416, 488, 490, 504, 505, 509, 538
営利　106, 314, 368, 409, 418, 453
エキゾチシズム　17, 32, 535
エキゾチック　7, 192, 504
疫病　27, 28, 108, 110
エコ・ツーリズム　183
エスノロジー　318, 452, 455
江戸時代　27, 352
園藝博覧会　118
演出　17, 35, 36, 41, 88, 90, 114, 120, 131, 135, 136, 139, 180, 182, 189, 202, 336, 380, 395-397, 411, 413, 453, 457, 463, 465-467, 478, 486, 503, 508, 531, 542
応用民俗学　96, 365, 368, 381, 386, 398, 402, 411
オートクチュール　35, 89
オクトーバーフェスト　97, 392, 396, 410
鬼祭り　39
オラトリオ　481
音楽　12, 15, 25, 26, 178, 179, 213, 230, 235, 306, 307, 326, 329, 336, 365, 386, 391, 394, 410, 415, 416, 456, 466, 475, 477-485, 487, 490, 493, 495, 496, 499, 501, 504, 506, 537

【か、カ行】

カーニヴァル　97, 111, 287, 288, 299, 301, 401, 453, 454, 503
改革開放政策　82
外来者　187-189, 192, 466, 467
科学技術世界　5, 31, 58, 59, 62, 64, 91, 94, 122, 202, 214, 219, 221, 239, 521, 522, 535, 549
花卉栽培　114
家具　82, 400, 487
学術用語　87, 123, 146, 171, 205
カトリック教会　387
ガラス裏絵　485

555

刈取り 74
環境 10, 16, 19, 27, 39, 44, 61, 76, 88, 116, 118, 120, 130, 136, 156, 170, 269, 359, 381
観光人類学 9, 200, 201, 222
感傷的 450
祇園祭 110, 111, 119
飢饉 282, 283
汽車 61, 75
技術機器 60, 61, 63, 75-77, 237, 239
基層文化 141, 142
キッチュ→俗美（きっちゅ）
客体化 200-202, 207
教会 55, 113, 123, 134, 268, 288, 336, 346, 348, 385, 387, 396, 401, 403, 408, 409, 412, 463, 478, 501, 505, 506, 508, 510
教育 17, 32, 66, 137, 141, 149, 188, 193, 238, 343, 365, 379, 386-388, 390, 467, 474, 479, 488, 495, 499
共産党 35, 90, 454
郷土 79, 80, 90, 148, 162, 292, 355, 367, 399, 462, 525
キリスト教 49, 52, 55, 123, 134, 135, 261, 268, 315, 322-324, 331-334, 336, 347-350, 404, 518, 534, 542
クラブ 51, 53, 68, 181, 216, 292, 305, 307, 313, 368, 370-373, 375, 376, 378, 384, 392, 396-400, 402, 403, 406, 415-417, 456, 482
クラブ組織 216, 368, 384, 397, 400, 402
クリスマス 288, 371, 484, 487, 542
訓練 255, 257, 260
経営学 82
経済 24, 73, 74, 82, 144, 149, 154, 187, 189, 230, 240, 276, 385, 386, 419, 462, 474, 479, 497, 498, 528
携帯電話 13, 75, 76, 133, 241
藝能 22, 37-41, 89, 98, 131, 256
ゲルマン 50, 55, 290, 295, 296, 323, 335,

336, 389, 403, 406, 517, 518
現代フォークロア 4, 21, 56, 122, 129, 134, 135, 137, 195, 198, 202, 549, 553
原義 17, 35, 36, 39-41, 43, 89, 95, 149, 166, 196
研究機関 48, 149, 178, 452, 516
現代社会 8, 9, 12, 16, 17, 20-22, 24, 29, 35, 36, 40, 41, 44, 64, 66, 74, 75, 77, 79, 83, 85, 86, 109, 110, 119-121, 124, 125, 129, 132, 134, 137, 138, 170, 184, 200, 202, 552
現代科学 198
建築 73, 85, 178, 399, 477, 495
工業 24, 67, 149, 162, 190, 218, 238, 283, 285, 450, 455, 479, 510, 511
興行 100, 180, 294, 308, 395, 482
工業社会 24, 67
工藝品 176, 400, 487
広告 82, 105, 122, 178, 378, 412, 413, 456, 457, 535
口承文藝 62, 66, 214, 347
交通 76, 81, 316, 413
合理的 60, 81, 84, 277
五月樹 306, 408
黒人 252, 258
国民性 457, 494
穀物栽培 279, 284
国連 28
コミュニケーション 6, 114, 118, 120, 158, 189, 281, 552, 553
小麦 74, 111, 113, 275, 278, 284
コメディアン 206
娯楽 204, 232-235, 336, 389, 390, 411, 454, 467, 480, 485, 488
古老 17, 34, 35, 89, 132, 133, 370, 372, 463, 536
コンピュータ 58, 122-124
婚姻・婚姻儀礼 258, 485
コンサート 41, 183, 308
コンテクスト 200, 202, 206, 207, 209

【さ、サ行】

祭祀　126, 132, 141, 158
雑誌　45, 47, 185, 241, 457, 486, 502, 528
サミット　43, 44
サンタクロース　7, 13
三都夏祭り　110, 111, 118
地方・村方文書　26
四合院　73, 85
市場経済　74, 149, 240
自制　252, 257
自然科学　251, 273, 528
自然状態　252, 258, 260
地蔵　27
自動車　58, 62-64, 75, 76, 132, 168, 371
資本主義　74, 240, 243
地元民　9, 33, 44, 100, 187-189, 192, 197, 363, 414
社会関係　282, 450
社会学　4, 15, 19, 23, 25, 60, 132, 170, 202, 213, 223, 317, 452, 498, 526, 537, 553
社会主義　74, 479, 542
ジャガイモ　176, 282
収穫　113, 245, 275, 278, 282, 331, 387, 393, 412, 479, 486, 542
収穫倍率　278
習俗　26, 49, 51, 54, 130, 158, 167, 178, 179, 216, 236, 244, 247, 283, 284, 301, 302, 372, 375, 382, 463, 467, 468, 477, 479, 485, 486, 502, 506, 508, 518
呪術　9, 81, 84, 134, 136, 155, 179, 247
術語使用　150, 172
受難劇　96-101, 106, 222, 397
上演　36, 290, 294, 378, 380, 388, 395, 397, 410, 482, 485, 488
商業　17, 205, 364, 368, 380, 401, 418, 456, 496, 538
少数民族　125, 130, 132, 135, 137, 179
上層　155, 249, 254, 297, 463, 539
衝動　250, 251, 258, 332

消費人類学　13
ショー　17, 35, 89, 131, 308, 313, 357, 380, 381, 386, 391, 397, 402, 409, 456-459, 461, 503, 505
食生活　79, 80
食文化　73, 80, 161
女性　35, 75, 82, 85, 90, 111, 146, 187, 251, 281, 299, 300, 321, 341, 353, 354, 454, 494, 503-505
白山行事　41
審美　475
新聞　38, 105, 112, 113, 122, 175-177, 181, 289, 295, 304, 305, 364, 365, 368-370, 372-374, 377-379, 381, 383, 387, 402, 406, 408, 412, 413, 415, 457, 467, 487, 488, 502, 534, 538
信　奉　82, 289, 290, 292, 297, 364, 376, 377, 381, 384, 404, 505, 511
心理学　193, 256, 526, 528
人類学　4, 6-10, 13, 19, 20, 23, 71, 132, 142-145, 149, 157-159, 177, 190, 199-202, 207, 211, 222, 224, 245, 249, 252-254, 359, 396, 511, 528, 550, 553
水田　277, 278
鋤　278, 284, 539
政治　6, 57, 73, 74, 90, 125, 174, 220, 237, 260, 324, 386, 404, 451, 454, 457, 464, 465, 477, 479, 491, 492, 494, 498, 503, 522, 523, 541-543, 548, 551
生活文化　72-77, 79, 80, 83, 85, 141, 148, 154, 239
生業→生業（なりわい）
政治的フォークロリズム　6, 90, 220, 451, 457, 498, 543, 548, 551
聖体大祝日　113
西洋文化　104, 228, 253, 257-259, 269, 270, 273, 285, 551
聖霊降臨節　402, 406, 413
世界観　84, 403, 457, 475
世界保健機構　28

557

索引

『世界民俗学文献目録』 45, 48, 54, 68
セカンド・ハンド 17, 35, 88, 202, 453, 531
世間話 61
ゼ・ポヴ 502
戦後 20, 26, 29, 48, 57, 93, 149, 151, 215, 223, 233, 403, 407, 486, 498, 502, 505, 517, 519-521
善光寺 112, 113, 118-120
洗練 86, 182, 358, 387, 390, 411, 480, 494
相看 83
葬儀 90, 116
創作 38, 131, 165, 227, 330, 332, 341, 350, 394, 405, 407, 412, 475, 477, 482-484, 542
俗信 39, 49, 51, 64, 291, 295, 336, 348, 350, 365, 372, 409, 541
俗美（キッチュ） 450, 497, 498

【た、タ行】

大都市民俗学→都市民俗学
第二次世界大戦 20, 26, 29, 33, 48, 57, 94, 220, 225, 363, 407, 479, 486, 498, 502, 505
中国 68, 80, 82, 109, 111, 117, 125, 126, 163, 165, 166, 168, 510, 552, 553
中世 11, 52, 100, 115, 157, 158, 179, 216, 249, 256, 267, 269, 285, 287, 294-296, 300, 315, 320, 374, 382, 450, 468, 518, 539
彫刻 270, 348, 379, 485, 496, 510
調度 399
調理 76
地理学 23
テイク・オフ 24
定義 29-31, 35-37, 59, 72, 88, 144, 161, 196, 215, 327, 453, 520, 522, 531
ディズニーランド 7, 8
鉄道 76, 110, 375
テレビ局 42, 43, 100, 181, 305, 373, 415, 454, 467, 482
田園詩 263, 264, 269, 270
電器店 133
電気製品 58, 133
伝承的秩序 29, 30, 520
伝承文化 10, 11, 31, 43, 44, 134, 135, 196, 197, 215, 216, 543
天神祭 110, 111, 119
電線 63, 133
電柱 133
天然痘 27, 28, 81
典礼 101, 123
ドイツ民俗学会 13, 37, 68, 90, 98, 177, 219, 220, 240, 292, 515, 526, 531, 543, 550
道教 81, 82
都会 17, 64, 65, 80, 101, 133, 134, 277, 295, 385, 484, 494, 499, 501, 503, 504, 506, 508
読書 317, 318, 466, 487
怒江（ヌーチャン） 129, 130, 132, 133, 552
都市民俗学 4, 9, 409, 549
土俗性 348, 409-411, 474, 494, 530, 531
土着性 411, 464
トポス 270, 285

【な、ナ行】

ナショナリズム 29, 93, 125, 233, 313, 401, 450, 477, 478, 491, 492, 519, 520
生業（なりわい） 27, 154, 155, 366, 450, 542
難病 81
二次的 197, 202, 206, 209, 230, 450, 458, 475, 483
偽もの（偽物） 127, 135, 311, 531
偽物 208, 211, 234
日常生活 55, 60, 82, 141, 317, 475
日本民俗学 4, 16, 18, 19, 90, 107, 140, 144, 147, 151-153, 160, 170, 195, 198,

558

220, 222, 314, 315, 322, 323, 325, 359, 549, 550, 553
日本民俗学会　90, 107, 160, 220, 553
日本民俗文化大系　22, 150-153, 163
熱帯雨林　83
年貢皆済　27
年中行事　155, 197, 287, 299, 323, 347, 380, 406, 485, 486
農耕　154, 264, 267, 450, 479

【は、ハ行】

肺結核　81
ハイゼンベルク効果　32
花博覧会　117
花フェスタ　112, 114, 116, 118-120
花祭り　41, 42
バラエティ（番組）　410, 454, 457, 499
晴れ着　179, 328, 339, 345, 458, 493
パロディ　39, 205, 228, 411
ハロウィン　13, 240, 241, 243, 283, 335
バロック　157, 215, 265, 267, 387, 450
パラボラアンテナ　133
播種　74, 275, 278
稗　283
秘境　130
ビジネス　76, 81, 82, 84, 104, 108, 117, 127, 189, 192, 241, 308, 356, 525, 530
美術　162, 478, 480, 530
羊飼い　264, 267-270, 285, 391, 462, 524
肥料　277, 278
非連続　79, 80
ファスナハト　14, 15, 287, 288, 299-301, 378, 382, 384, 403, 404, 463, 465, 485, 486, 539
ファッション　73, 82, 85, 116, 131, 225
風水　81, 82, 84, 85
Folk culture　149
フォークロア　4, 21, 34, 56, 89, 122, 129, 134, 135, 137, 160, 178-180, 183-185, 195, 198, 201-203, 222, 229, 231, 308,

317, 364, 365, 395, 449-451, 454, 456-458, 465, 467, 474-478, 480-483, 486-488, 492, 499, 501, 502, 504, 506-510, 528-536, 549, 553
普段着　73, 458
復活祭　97, 339, 412, 486, 487
仏教　55, 56, 81, 112, 119, 152, 153, 322
葡萄栽培　277
兵士　228, 348, 462
ペルヒテ　369-375, 377, 378, 382
封建（制・領主）　74, 136
方言　31, 33, 37, 38, 62, 89, 238, 288, 306, 363, 372, 394, 410, 416, 463, 479, 487, 525
豊穣　27, 289, 381, 382, 406
法則　32, 33, 256, 258, 260, 273, 280, 476
疱瘡　27, 28, 81
方法　7, 13, 24, 29, 56, 58, 85, 96, 98, 114, 132, 134, 146-148, 151, 155, 180, 185, 203, 225, 242, 245, 247, 287, 366, 369, 394, 395, 404, 409, 417, 481, 486, 504, 520, 526, 528, 529, 532
牧歌　231, 264, 265, 276, 277, 296
保存会　37, 368, 379, 467
ホラー・テイル　67
本能　250-252, 258, 493
本もの（本物）　128, 136, 208, 211, 491, 531

【ま、マ行】

マイクロフォン　131
マス・メディア　41, 42, 44, 210, 365, 457, 481
三河民俗談話会　552
水俣病　27
身分制度　27
民家　82, 281, 399, 400, 503, 507
民間伝承　68, 69, 151, 160, 161, 168, 344, 350, 351, 385, 390, 394, 450, 528
民間療法　27, 81, 238, 239
民衆文化　62, 74, 150, 156-158, 169, 211,

559

234, 236, 237, 239, 286, 364, 476, 480, 496
民主主義　74, 92, 479, 536
民族学　6, 7, 143, 159, 179, 207, 254, 452, 488, 528
民俗工藝　51, 400, 456, 477, 478, 486, 487, 490, 506, 507, 529
民俗社会　141-145, 207
民俗舞踊　365, 368, 456, 475, 506
民謡　51, 52, 134, 225, 262, 264, 308, 311, 313, 314, 349, 357, 399, 477, 497, 499
無意識　29-31, 520-522
昔話　50-52, 70, 108, 182, 214, 319, 493
虫送り　27, 108
無名　51, 73, 224
迷信　62, 64, 67, 69, 81, 387, 493
モデル　80, 82, 83, 85, 114, 159, 227, 287, 451, 452, 476, 479, 496, 503, 537

【や、ヤ行】

野獣人間　251, 260
野人　287-297, 302, 351, 357
野人踊り　287-289, 291-294, 302, 351, 357
ユダヤ人　97, 259, 324
ユネスコ　8, 46, 48, 553
ユビキタス　104-106, 121-124, 128, 231, 552
指相撲　181, 182, 304, 305, 415
ヨーデル　309, 310, 461, 464, 466
寄席　89, 205, 206, 216, 482, 483, 488

【ら、ラ行】

ラジオ　75, 133, 181, 226, 228, 304, 306, 365, 368, 415, 416, 457, 467, 482, 483, 487, 499, 505
リスク　82, 402
傈僳族　129, 135, 139
流行　16, 27, 28, 32, 43, 55, 82, 83, 121, 123, 141, 170, 197, 225, 233, 236, 242, 289, 291, 306, 324, 412, 415, 474, 480, 484, 506, 530-532, 539
立願　97, 506
両次大戦間　478, 479, 485, 496, 498
料理　79, 80, 131
レストラン　76, 80, 490, 497, 509, 510
連続　4, 79, 80, 120, 122, 208, 209, 297, 331, 407, 468, 518

【人名索引】

【A】

Adolf Bach →バッハ，アードルフ
Adolf Spamer →シュパーマー，アードルフ
Adolph-Charles Adam →アダン，アドルフ
Albert Becker →ベッカー，アルベルト
Albert Schweizer →シュヴァイツァー，アルベルト
Albrecht von Haller →ハラー，アルブレヒト・フォン
Alfred Kroeber →クローバー，アルフレッド
Amalia Rodrigues →ロドリゲス，アマリア
August Harmann →ハルトマン，アウグスト
August Tiersch →ティールシュ，アウグスト

【B】

Bela Bartok →バルトーク，ベーラ

【C】

Carlotta Grisi →グリジ，カルロッタ
Charles de Gaulle →ド・ゴール，シャルル
Charles VI. →シャルル6世（フランス国王）
Christian Weisse →ヴァイセ，クリスティアン
Claude Levy-Strauss →レヴィ＝ストロース，クロード
Clemens Brantano →ブレンターノ，クレー

メンス

【D】

Daniel Chodowiecki →ショドフィエスキー, ダーニエール
Dieter Narr →ナル, ディーター

【E】

Eduard Hoffmann-Krayer →ホフマン＝クライヤー, エードゥアルト
Edward Taylor →タイラー, エドワード
Elfriede Moser-Rath →モーザー＝ラート, エルフリーデ
Émile Zola →ゾラ, エーミル
Ernst Laur →ラウル, エルンスト
Ernst Topitsch →トーピチュ, エルンスト
Erzherzog Johann →ヨーハン太公
Eugen Fehrle →フェーレ, オイゲーン
Eugen Roth →ロート, オイゲーン

【F】

F. Rybicki →リュービキー
Ferenc Lehar →レハール, フェレンチ
Fran Deppe →デッペ, フランツ
Fran von Kobell →コベル, フランツ・フォン
Frant Zell →ツェル, フランツ
Franziska Gräfin zu Reventlow →レーヴェントロー, フランツィスカ
Fredric Chopin →ショパン, フレデリック
Friedrich Nietzsche →ニーチェ, フリードリヒ
Friedrich Sieber →ジーバー, フリードリヒ
Friedrich W. Murnau →ムルナウ, フリードリヒ

【G】

G. Bacewiczowna →バセフィスゾフナ
G. W. Fr. v. Hegel →ヘーゲル, フリードリヒ

Georg Phillip Harsdörfer →ハルスデルファー, ゲオルク・フィリップ
George Laurence Gomme →ゴンム, ジョージ・ローレンス
George (Ⅳ) →ジョージ4世 (イギリス国王)
Gerhard Lutz →ルッツ, ゲルハルト
Giambattista Vico →ヴィーコ, ジャムバッティスタ
Gottfried Keller →ケラー, ゴットフリート
Grimm Jacob →グリム, ヤーコプ

【H】

Hans Naumann →ナウマン, ハンス
Hans Sachs →ザックス, ハンス
Hans Trümpy →トリュムピ, ハンス
Heidemarie Hatheyer →ハタヤー, ハイデマリー
Heinrich Voß →フォス, ハインリヒ
Herzog Max von Bayern →マックス大公 (バイエルン)
Homeros →ホメロス

【I】

Igna Vinzen Zingerle →ツィンガーレ, イグナーツ・ヴィンツェンツ
Imanuel Kant →カント, イマーヌエル
Imre Kalman →カルマン, イムレ
Ingeborg Weber-Kellemann →ヴェーバー＝ケラーマン, インゲボルク

【J】

J. Harasymowicz →ハラシモウィッチ
J. Kapeniak →カペニアク
J. Kaprowicz →カスプロウィッチ
J. Kurek →クレーク
Jamer George Frazer →フレイザー, ジェームズ・ジョージ
Janos Horvath →ホルヴァート, ヤーノシュ

索引

Jean Jaques Rousseau →ルソー，ジャン・ジャック
Jennerwein（Wildschütz）→イェンナーヴァイン（密猟者）
Johann Jacob Bachofen →バッハオーフェン，ヨーハン・ヤーコプ
Johann Jakob Bodmer →ボードマー，ヨーハン・ヤーコプ
Johann Jakob Breitinger →ブライティンガー，ヨーハン・ヤーコプ
Johann Wolfgang Goethe →ゲーテ，ヨーハン・ヴォルフガング
John Meier →マイヤー，ヨーン
John Michael "Ozzy" Osbourne →オズボーン，オジー
John Murray →マレー，ジョン
Jorge Dias →ディアス，ジョルヘ
Josef Burszta →ブルスタ，ジョゼフ
Josef Dünninger →デュニンガー，ヨーゼフ
Joseph Haydn →ハイドン，ヨーゼフ
Jules-Joseph Perrot →ペロー，ジュール
Justus Möser →メーザー，ユストゥス

【K】

K. Sikorski →シコルスキー
K. Stryjenski →シヘンスキー
Karl Adrian →アードリアン，カール
Karl Baedeker →ベデカー，カール
Karl Ehrenbert von Moll →モル，カール・フォン
Karl Mayer →マイヤー，カール
Karl Reiser →ライザー，カール
Karl Weinhold →ヴァインホルト，カール
Karol Szymanovski →シマノフスキー，カロル
Kaspar Maase →マーゼ，カスパル
Klemens Metternich →メッテルニヒ，クレーメンス
Konrad Köstlin →ケストリーン，コンラート

【L】

Lazlo Peter →ヤシュロ，ペーター
Leni Riefenstahl →リーフェンシュタール，レニ
Leon Schiller →シラー，レオン
Leopold Schmidt →シュミット，レーオポルト
Leopood Kretzenbacher →クレッツェンバッハー，レーオポルト
Longos →ロンゴス
Loren Westenrieder →ヴェステンリーダー，ローレンツ
Lucien Levy-Bruhl →レヴィ＝ブリュール，リュシアン
Ludwig I. →ルートヴィヒ1世（バイエルン国王）
Ludwig II. →ルートヴィヒ2世（バイエルン国王）
Ludwig van Beethoven →ベートーヴェン，ルートヴィヒ
Luis Trenker →トレンカー，ルイース
Lukas Cranach →クラナッハ，ルーカス

【M】

Maria Kresz →クレス，マリーア
Marie Andree-Eysn →アンドレー＝アイゼン，マリー
Martin Opitz →オーピッツ，マルティーン
Martin Scharfe →シャルフェ，マルティーン
Martin Schongauer →ショーンガウアー，マルティーン
Max Höfler →ヘーフラー，マックス
Max Horkheimer →ホルクハイマー，マックス
Maximilian Schmidt →シュミット，マクシミリアン
Michael Eyquem de Montaine →モンテーニュ，ミシェル・ド・
Michael Haberlandt →ハーバーラント，ミ

ヒアエル
Michael Joseph Jackson →ジャクソン, マイケル

【O】
Oskar Eberle →エーバーレ, オスカー
Oskar Kolberg →コールベルク, オスカー
Oskara Brenner →ブレンナー, オスカー
Oskara Krämer →クレーマー, オスカー
Otto Bismarck →ビスマルク, オットー・フォン

【P】
Paul III. Anton von Estherhazy →エステルハージ, パウル3世・アントーン
Paul Sébillot →セビヨ, ポール
Peter Scholl-Latour →ショル＝ラトゥール, ペーター
Pietro Longhi →ロンギ, ピーエトロ
Platon →プラトン
Prinzregent Liutpold →リウトポルト（バイエルン王国摂政）
Publius Vergilius Maro →ウェルギリウス

【R】
Ralph Linton →リントン, ラルフ
Regina Bendix →ベンディクス, レギーナ
Richard Billinger →ビリンガー, リヒァルト
Richard Handler →ハンドラー, リチャード
Richard M. Dorson →ドーソン, リチャード・M
Richard Wagner →ワーグナー, リヒァルト
Richard Weiss →ヴァイス, リヒァルト
Robert Redfield →レッドフィールド, ロバート

【S】
S. Wislocki →ウィスロスキー
S. Zeremoski →ゼレモスキー

Salomon Gessner →ゲスナー, ザロモン
Santi Raffaello →ラファエロ, サンテイ
Sofie von Württemberg →ゾフィー（ヴュルテムベルク公女）
Stanislav Moniuszko →モニウスコ, スタニスラフ
Stefan George →ゲオルゲ, シュテファン

【T】
Tacitus →タキトゥス
Tekla Dömötör →デーメーテール, テクラ
Theocritos →テオクリトス
Theodor Wiegand Adorno →アドルノ, テードル・W
Theophile Gautier →ゴーティエ, テオフィル
Thomas Cook →クック, トマス

【U】
Ur-Rainer →ライナー兄妹（初代）

【V】
Victoria →ヴィクトリア女王（イギリス）
Victor-Marie Hugo →ユゴー, ヴィクトル
Viktor von Geramb →ゲラムプ, ヴィクトル

【W】
W. Lutoslawski →ルトスラフスキー
W. Reymont →レイモント
W. Skoczylas →スコーシラス
Walter Benjamin →ベンヤミン, ヴァルター
Walter Hävernick →ヘーヴァーニック, ヴァルター
Wilhelm Hain →ハイン, ヴィルヘルム
Wilhelm Heinrich Riehl →リール, ヴィルヘルム・ハインリヒ
Wilhelm Mannhardt →マンハルト, ヴィルヘルム

索引

Wilhelmine Reichardt →ライヒァルト, ヴィルヘルミーネ
Wilhelmine von Hillern →ヒラーン, ヴィルヘルミーネ・フォン
William Edward Gradstone →グラッドストーン, ウィリアム・エドワード
William Graham Sumner →サムナー, ウィリアム・グラハム
William Shakespear →シェイクスピア, ウィリアム
Willy Millowitsch →ミロヴィッチュ, ヴィリー
Wily Milowitsch →ミロヴィッチュ, ヴィリー
Wolfgang Brückner →ブリュックナー, ヴォルフガング
Wolfgang Jacobeit →ヤコバイト, ヴォルフガング

【Z】

Z. Mycielski →ミシェルスキー
Zofia Stryjenski →シヘンスキー, ソフィア
Zoltan Kodali →コダーイ, ゾルタン

【あ行】

赤松啓介　156
池田源太　157
伊藤幹治　143, 199, 200, 202, 203, 206, 208, 209, 211, 212, 217, 359
井上正蔵　344
岩竹美加子　201
岩本通弥　553
大槻憲二　156
小沢俊夫　319, 322
折口信夫　196, 197

【か行】

高丙中　553
小泉文夫　15

【さ行】

坂井洲二　14
周星　552, 553

【た行】

千葉徳爾　153
趙宇　552
陶立璠　166

【な行】

野本寛一　153, 154

【は行】

福田アジオ　160
古家信平　142

【ま行】

宮田登　16, 18, 19, 551
宮本常一　147, 148, 170, 190

【や行】

柳田國男　4, 43, 44, 53-56, 64-71, 150, 156, 161, 190, 198, 315-318, 320, 323, 325, 359

【わ行】

和歌森太郎　140, 141, 143, 147, 148, 162, 172
和辻哲郎　273, 282, 283, 285

【ア行】

アードリアン, カール　352
アダン, アドルフ　329
アドルノ, テードル・　103, 104, 218, 223-225, 228-231, 234, 236, 242, 243
アンドレー＝アイゼン, マリー　377
イェンナーヴァイン（密猟者）　412
ヴァイス, リヒァルト　225, 302, 391, 414
ヴァイセ, クリスティアン　388
ヴァインホルト, カール　49, 292, 418,

528, 529, 531, 532, 535
ヴィーコ,ジャムバッティスタ　461
ヴィクトリア女王(イギリス)　311
ウィスロスキー　481
ヴェーバー＝ケラーマン,インゲボルク　215, 544
ヴェステンリーダー,ローレンツ　390
ウェルギリウス　264, 276
エーバーレ,オスカー　380
エステルハージ,パウル3世・アントーン　311-313
オーピッツ,マルティーン　265
オズボーン,オジー　336

【カ行】

カスプロウィッチ　477
カペニアク　487
カルマン,イムレ　496
カント,イマーヌエル　258
クック,トマス　356
グラッドストーン,ウィリアム・エドワード　261
クラナッハ,ルーカス　336
グリジ,カルロッタ　329
グリム,ヤーコプ　49-52, 54, 70, 98, 238, 247, 292, 518, 551
クレーク　487
クレーマー,オスカー　406
クレス,マリーア　393, 495
クレッツェンバッハー,レーオポルト　101
クローバー,アルフレッド　142, 145, 161
ゲーテ,ヨーハン・ヴォルフガング　267, 314, 330, 337, 338, 340, 341, 348, 356, 358
ゲオルゲ,シュテファン　334
ケストリーン,コンラート　6, 220, 551
ゲスナー,ザロモン　265, 267, 269, 270, 276
ケラー,ゴットフリート　215, 415, 544

ゲランプ,ヴィクトル　519
ゴーティエ,テオフィル　326, 329-333
コールベルク,オスカー　477, 483, 487, 488
コダーイ,ゾルタン　25, 174, 495
コベル,フランツ・フォン　394
ゴンム,ジョージ・ローレンス　317, 325

【サ行】

ザックス,ハンス　296
サムナー,ウィリアム・グラハム　170
ジーバー,フリードリヒ　302
シェイクスピア,ウィリアム　187, 331
シコルスキー　481
シヘンスキー　478
シヘンスキー,ソフィア　478
シマノフスキー,カロル　478
ジャクソン,マイケル　336
シャルフェ,マルティーン　384
シャルル6世(フランス国王)　294
シュヴァイツァー,アルベルト　261
シュパーマー,アードルフ　254-257
シュミット,マクシミリアン　395
シュミット,レーオポルト　29-31, 215, 386, 398, 520-522
ジョージ4世(イギリス国王)　311
ショーンガウアー,マルティーン　298
ショドフィエスキー,ダーニエール　356
ショパン,フレデリック　12, 350, 477
ショル=ラトゥール,ペーター　454
シラー,レオン　337, 338, 478
スコーシラス　478
セビヨ,ポール　54
ゼレモスキー　477
ゾフィー(ヴュルテムベルク公女)　466
ゾラ,エーミル　250

【タ行】

タイラー,エドワード　253
タキトゥス　389

ツィンガーレ，イグナーツ・ヴィンツェンツ　414
ツェル，フランツ　228, 400, 462, 464, 466
ディアス，ジョルヘ　332, 501
ティールシュ，アウグスト　414
デーメーテール，テクラ　490
テオクリトス　276
デッペ，フランツ　233
デュニンガー，ヨーゼフ　398
ド・ゴール，シャルル　454
ドーソン，リチャード・M．　209, 211, 451-453
トーピチュ，エルンスト　523
トリュムピ，ハンス　461
トレンカー，ルイース　376

【ナ行】

ナウマン，ハンス　254-256
ナル，ディーター　7, 262, 265, 266, 372, 378, 387, 399, 406, 465, 475-478, 482, 485, 490-493, 495, 498, 504, 507
ニーチェ，フリードリヒ　224
ネーメト，ラシュロ　494

【ハ行】

ハーバーラント，ミヒァエル　397
ハイドン，ヨーゼフ　12, 312
ハイン，ヴィルヘルム　98, 222, 236, 265, 308, 314, 317, 318, 327, 359, 397, 398, 400, 414, 518
バセフィスゾフナ　481
ハタヤー，ハイデマリー　233
バッハ，アードルフ　101, 238, 287, 335, 393
バッハオーフェン，ヨーハン・ヤーコプ　335
ハラー，アルブレヒト・フォン　356
ハラシモウィッチ　487
ハルスデルファー，ゲオルク・フィリップ　265

バルトーク，ベーラ　25, 174, 495, 498
ハルトマン，アウグスト　400
ハンドラー，リチャード　200-202
ビスマルク，オットー・フォン　313
ヒラーン，ヴィルヘルミーネ・フォン　232
ビリンガー，リヒァルト　380
フィッシャルト，ヨーハン　461
フェーレ，オイゲーン　405
フォス，ハインリヒ　265, 276
ブライティンガー，ヨーハン・ヤーコプ　462
プラトン　260, 304
ブリュックナー，ヴォルフガング　6, 220, 221, 230, 543, 551
ブルスタ，ジョゼフ　474
フレイザー，ジェームズ・ジョージ　54, 244-249, 325, 532
ブレンターノ，クレーメンス　342
ブレンナー，オスカー　398-400
ヘーヴァーニック，ヴァルター　468
ヘーゲル，フリードリヒ　252, 253, 258
ベートーヴェン，ルートヴィヒ　227
ヘーフラー，マックス　400
ベッカー，アルベルト　400, 401, 403
ベデカー，カール　356
ペロー，ジュール　329, 330
ベンディクス，レギーナ　203, 205, 208
ベンヤミン，ヴァルター　224
ボードマー，ヨーハン・ヤーコプ　461, 462
ホフマン＝クライヤー，エードゥアルト　45, 48, 52, 53, 56, 68-71
ホメロス　332
ホルヴァート，ヤーノシュ　492
ホルクハイマー，マックス　223-225, 229

【マ行】

マーゼ，カスパル　241, 242
マイヤー，カール　524

マイヤー, ヨーン　46, 48, 52, 53, 56, 57, 69, 70
マックス大公 (バイエルン)　394
マレー, ジョン　356
マンハルト, ヴィルヘルム　49, 54, 246, 247
ミシェルスキー　481
ミロヴィッチュ, ヴィリー　206, 410
ムルナウ, フリードリヒ　231
メーザー, ユストゥス　337
メッテルニヒ, クレーメンス　313
モーザー＝ラート, エルフリーデ　517, 547
モニウスコ, スタニスラフ　477
モル, カール・フォン　337
モンテーニュ, ミシェル・ド・　260, 261, 263, 264

【ヤ行】

ヤコバイト, ヴォルフガング　268
ヤシュロ, ペーター　495
ユゴー, ヴィクトル　329
ヨーハン大公　462

【ラ行】

ライザー, カール　293
ライナー兄妹 (初代)　308, 311, 314
ライヒァルト, ヴィルヘルミーネ　393
ラウル, エルンスト　380
ラファエロ, サンテイ　304
リーフェンシュタール, レニ　231
リール, ヴィルヘルム・ハインリヒ　98-100, 102, 103, 222, 223, 236, 237, 395, 400, 414, 518, 519
リウトポルト (バイエルン王国摂政)　396
リュービキー　481
リントン, ラルフ　145
ルートヴィヒ1世 (バイエルン国王)　393
ルートヴィヒ2世 (バイエルン国王)　412

ルソー, ジャン・ジャック　356, 414, 461
ルッツ, ゲルハルト　70, 371, 452, 462
ルトスラフスキー　481
レイモント　477
レヴィ＝ストロース, クロード　7
レヴィ＝ブリュール, リュシアン　253, 254
レーヴェントロー, フランツィスカ　334
レッドフィールド, ロバート　142, 144, 145
レハール, フェレンチ　496
ロート, オイゲーン　374, 414
ロドリゲス, アマリア　12, 350, 505
ロンギ, ピーエトロ　355
ロンゴス　264

【ワ行】

ワーグナー, リヒァルト　320

河野　眞（こうの・しん）

1946年、兵庫県伊丹市生まれ。京都大学文学部ドイツ文学科卒業、同大学院修士課程修了。愛知大学国際コミュニケーション学部教授、同大学院国際コミュニケーション研究科教授。

著書
『ドイツ民俗学とナチズム』（創土社）

訳書
レーオポルト・クレッツェンバッハー『郷土と民衆バロック』（名古屋大学出版会）
レーオポルト・シュミット『オーストリア民俗学の歴史』（名著出版）
ルードルフ・クリス／レンツ・レッテンベック『ヨーロッパの巡礼地』（文楫堂／現社名：文緝堂）
ヘルベルト & エルケ・シュヴェート『南西ドイツ　シュヴァーベンの民俗　年中行事と人生儀礼』（文楫堂／現社名：文緝堂）
ヘルマン・バウジンガー『科学技術世界のなかの民俗文化』（文楫堂／現社名：文緝堂）
ヘルマン・バウジンガー『フォルクスクンデ／ドイツ民俗学　上古学の克服から文化分析の方法へ』（文緝堂）
ヘルマン・バウジンガー『ドイツ人はどこまでドイツ的？　国民性をめぐるステレオタイプの虚実と因由』（文緝堂）
インゲボルク・ヴェーバー＝ケラーマン他『ヨーロッパ・エスノロジーの形成／ドイツ民俗学史』（文緝堂）

フォークロリズムから見た今日の民俗文化

2012年3月27日　第1刷発行

著　者　河野　眞
発行人　酒井　武史
発　行　株式会社 創土社
〒165-0031　東京都中野区上鷺宮 5-18-3
TEL　03（3970）2669
FAX　03（3825）8714
http://www.soudosha.jp

カバーデザイン　神田昇和
印刷　モリモト印刷株式会社
ISBN:978-4-7988-0211-4 C0039
定価はカバーに印刷してあります。